WILLIAM BOSSENBROOK   GESCHICHTE DES DEUTSCHEN GEISTES

WILLIAM BOSSENBROOK

Geschichte des deutschen Geistes

SIGBERT MOHN VERLAG

Aus dem Amerikanischen übertragen von Georg Hincha.
Das Original erschien unter dem Titel »The German Mind« 1961
in Wayne State University Press, Detroit
© 1961 Wayne State University Press, Detroit
© 1963 Sigbert Mohn Verlag, Gütersloh
Ausstattung und Typographie H. P. Willberg
Gesamtherstellung Mohn & Co GmbH, Gütersloh
Buch Nr. 1880. Printed in Germany

MEINER FRAU

Vorwort

Warum sind die Deutschen nicht in der westlichen Wertgemeinschaft »integriert«? Das ist die Schlüsselfrage zum deutschen Problem. Dieses Buch will den Versuch machen, einige elementare Antworten zu geben. Wie in der Einleitung ausgeführt, beruht das Buch auf der Hypothese, daß Deutsche und Franzosen die Hauptrollen bei der dialektischen Entwicklung der europäischen Wertgemeinschaft spielten. Die Werte selber werden in ihrer historischen Entwicklung gesehen und nicht etwa als ideologische Erbstücke verstanden, die man wahlweise als »Demokratie«, »Rationalismus«, »Humanismus« und so fort bezeichnen könnte. Dementsprechend wird der deutsche Geist nicht als ein abseitiges Produkt der deutschen Sonderentwicklung aufgefaßt, sondern als wesentliches Element in dem sich entfaltenden Selbstverständnis des Westens. Diese Auffassung wird in der Einleitung dargelegt.

Ein großer Teil des vorliegenden Buches war ursprünglich als Beitrag zu einer allgemeinen Geschichte der Deutschen gedacht, wie sie Professor Allan Nevis vorgeschlagen hatte. Aus verschiedenen Gründen schien es mir jedoch zweckmäßig, das Werk auf die Darstellung zu beschränken, wie der deutsche Geist das wechselnde Bild widerspiegelt, das sich die Deutschen von ihrer Rolle in der Welt machten.

Aus diesem Grunde habe ich die Wandlungen der geistigen Struktur stärker hervorheben müssen als den Charakter der einzelnen Epochen und die Analyse der Kausalzusammenhänge. Da es mir um den historischen Entwicklungsprozeß zu tun war, durfte ich mich auf die Sekundärliteratur stützen, die in der Bibliographie am Ende des Buches aufgeführt ist.

Ich bin Herrn Professor Milton Covensky und Herrn Professor Harold A. Basilius für viele Anregungen und zahlreiche bibliographische Hinweise zu besonderem Dank verpflichtet. Die Herren Professoren Hayden White und Orville Linck haben das Manuskript gelesen und viele Verbesserungsvorschläge gemacht.

W. B.

Inhalt

Einleitung:
DIE DEUTUNG DER DEUTSCHEN GESCHICHTE 11

ERSTER TEIL
VON EINER HEILIGEN ORDO ZUR GLAUBENSFREIHEIT 23
800–1600

  I. Die Formen: sacrum imperium, sacerdotium, Sektenwesen 25
 II. Vereinheitlichung und Differenzierung
     des westlichen Christentums 54
III. Die Suche nach religiöser Unmittelbarkeit
     und kultureller Autonomie 72
 IV. Wege zur Reformation 97
  V. Der Konflikt der Konfessionen 128

ZWEITER TEIL
VON DER KOSMISCHEN ORDNUNG ZUM SCHÖPFERTUM
DES GEISTES 155
1600–1850

 VI. Die Kräfte: Utopie, Wissenschaft, Staat 157
VII. Die barocke Synthese und ihre Auflösung 177
VIII. Das Reich des Geistes 210
 IX. Revolution, Romantik und Nationalismus 237
  X. Der Zusammenprall der Ideologien 274

DRITTER TEIL
VOM HISTORISMUS ZUR TECHNISCHEN EXISTENZ 307
1850–1950

 XI. Ideen: Mythos, Staatsräson und ökonomischer Determinismus 309
XII. Wissenschaftliche Technologien, machtstaatliche Geschichte
     und Kultur 331
XIII. Der Einbruch des Irrationalismus in Politik und Denken 355
XIV. Reaktionen auf den Nihilismus 390
 XV. Der Krieg der Technologien 421

Anmerkungen – Bibliographie – Register 442

Einleitung: Die Deutung der deutschen Geschichte

Die Erklärung des Nationalsozialismus ist das Hauptproblem jeder Betrachtung der deutschen Geschichte. Die einfachsten Erklärungen interpretieren ihn als den Ausdruck eines vorübergehenden Irreseins oder aber als Äußerung eines unzerstörbaren Nationalcharakters. Beide Auffassungen spiegeln den Widerwillen wider, der auf den Zusammenbruch des Nationalsozialismus und die Enthüllung seiner Unmenschlichkeit folgte; eine rationale Erklärung bieten sie jedoch nicht.

Eine historische Erklärung muß unter anderem die Frage beantworten, wie der Nationalsozialismus mit den Leistungen zu vereinbaren ist, die der deutsche Geist nicht nur in früheren Jahrhunderten, sondern gerade auch in der Gegenwart vollbracht hat. Waren es doch Deutsche, die unser neues Welt- und Menschenbild wissenschaftlich begründeten; man denke an Einstein und Planck, Freud und Max Weber, an Nietzsche, Jaspers und Heidegger. Eine Untersuchung der kulturellen Rolle der Deutschen dürfte daher zu einer tieferen Deutung des Nationalsozialismus führen.

Die historischen Interpretationen, die in den letzten zehn Jahren vorgelegt worden sind, unterscheiden sich nicht nur hinsichtlich des Zeitraums, den sie in Betracht ziehen, sondern auch durch die Geschichtsauffassungen, die ihnen zugrunde liegen. Eine kurze Betrachtung dieser Interpretationen soll zugleich in die Anlage dieses Buches einführen, das den Versuch macht, die deutsche Entwicklung im Rahmen des Säkularisierungsprozesses zu beleuchten, der den Westen in charakteristischer Weise geformt hat*.

DIE GEOPOLITISCHE ANALYSE

Der Nationalsozialismus, so wird behauptet, war die spezifisch deutsche Form der Massengesellschaft, wie sie sich im 20. Jahrhundert herausbildete. Der Einbruch der Massengesellschaft nahm in den drei europäischen Haupt-

---

* Die Bibliographie am Ende des Buches führt die meisten allgemeinen Werke auf, die der Diskussion dieser Interpretationen zugrunde liegen.

zonen, nämlich in West-, Mittel- und Osteuropa, verschiedene Formen an. In Westeuropa sicherte die Vorherrschaft des Bürgertums in Staat und Gesellschaft, daß die Einheitlichkeit der Wertungen innerhalb bewährter nationalstaatlicher Konventionen bestehen blieb. In Mitteleuropa dagegen bewirkten das Fortbestehen der traditionell abgestuften Hierarchie sowie die multinationale Zusammensetzung der Bevölkerung, daß der Staat zum Machtinstrument einer bestimmten sozialen oder ethnischen Gruppe wurde; der Nationalismus wurde daher zum Ausdruck einer Massenerhebung, die sich über politische und soziale Institutionen hinwegsetzte. In Osteuropa wiederum, das zum Territorium des russischen Kaiserreiches gehörte, wurde eine überwiegend agrarische Gesellschaft von einem mit Ausländern durchsetzten monarchisch-bürokratischen Staatsapparat gelenkt und war von einem starken Missionswillen erfüllt; der Kommunismus verwandelte sie in eine Industriegesellschaft, die von einem Einparteienstaat mit weltumspannendem Sendungsbewußtsein regiert wird.

Dieser Erklärungsversuch, der die großen regionalen Unterschiede innerhalb Europas höher bewertet als seine kulturelle und ideenmäßige Einheit, betrachtet die Weltgeschichte nicht als eine Entwicklung geschlossener Kultureinheiten, sondern von sozialen und politischen Strukturtypen aus. Auf diese Weise können Verbindungen zwischen Europa und der außereuropäischen Welt mittelständischer Kolonialgebiete, alter Agrargesellschaften und gemischter Kastensysteme hergestellt werden, und derartige Beziehungen sind in der Tat in der Situation, in der sich die Welt im 20. Jahrhundert befindet, überaus bedeutsam geworden.

Sieht man diese regionalen Unterschiede als wesentlich an, so kann man Mittel- und Osteuropa oder gar die Welt als Ganzes nicht mit westeuropäischen Maßstäben messen und davon ausgehen, daß der bürgerliche Liberalismus einen allgemeingültigen Wert darstelle. Überdies muß man dann zwischen der Massendemokratie des 20. Jahrhunderts, der es um Wohlstand und Gleichheit geht, und dem Liberalismus des 19. Jahrhunderts unterscheiden, dem die Freiheit und die Rechtsordnung als wesentlich galten.

Die Revolutionen des 20. Jahrhunderts, hervorgerufen durch den Einbruch der technisierten Lebensform und der Massengesellschaft, sind grundsätzlich anderer Art als die bürgerlichen Revolutionen des frühen 19. Jahrhunderts, die auf rationalistischen und romantischen Ideologien beruhten.

Man nimmt an, der technische Aufschwung unseres Jahrhunderts werde größere Veränderungen hervorrufen als alle früheren Jahrhunderte seit dem Übergang von der Jagd zur Landwirtschaft. Das 20. Jahrhundert ist nicht einfach eine weitere Übergangszeit, sondern es führt in eine völlig neue Ordnung hinein, wobei umfangreiche soziale und politische Erhebungen und Erschütterungen eintreten können – wie eben die kommunistische Revolution und der Nationalsozialismus.

Der totalitäre Nationalismus will die traditionellen politischen und sozialen Formen auflösen und eine Massengesellschaft mit einem einheitlichen Volkswillen unter einem charismatischen Führer an ihre Stelle setzen. Das Tausendjährige Reich zum Beispiel gab vor, die Kontinuität der historischen, traditionellen und verfassungsmäßigen Entwicklung zu überwinden und die Beweglichkeit und Elastizität zu gewinnen, die dem zunehmenden Entwicklungstempo der Technik angemessen ist.

Dieser erste Erklärungsversuch legt also den Nachdruck auf die Faktoren, die zu der gegebenen Zeit in einem geopolitischen Raum wirksam waren, lenkt jedoch gleichzeitig von wichtigen Motiven vieler moderner Nationen ab: von ihrem Selbstgefühl und ihrem Sendungsbewußtsein.

DIE IDEOLOGISCHE BEURTEILUNG

Der liberalistische Erklärungsversuch beachtet die historische Kontinuität der Ideen im Verhältnis zu den Institutionen stärker als die Analyse von Kräften in ihrer räumlich-zeitlichen Konstellation. Dementsprechend wird der Nationalsozialismus als Konsequenz eines moralischen Versagens aufgefaßt. Es war den Deutschen nicht gelungen, eine wirkliche, liberale Demokratie innerhalb eines Nationalstaates aufzubauen, wie sie in den westlichen Ländern verwirklicht worden war. Die Deutschen hatten um die Wende vom 18. zum 19. Jahrhundert den Anschluß verloren. Noch bis zur Aufklärung war die deutsche Entwicklung dem allgemeinen Beispiel gefolgt; doch danach entstand ein tiefgehender Gegensatz, der besonders darin zum Ausdruck kam, wie die führenden Köpfe des deutschen Idealismus und der Romantik auf die beiden wichtigsten Faktoren reagierten, die den europäischen Liberalismus entscheidend beeinflußten: auf den Rationalismus der Aufklärung und auf die große Französische Revolution.

Die deutsche Unterscheidung zwischen Volk und Staat war mit dem westlichen Liberalismus unvereinbar. Der Staat nahm in Preußen unter Friedrich dem Großen und seinen unmittelbaren Nachfolgern den Charakter eines Machtstaates an, während der Begriff Volk durch die Romantik einen kulturellen Beiklang erhielt und sogar mit der Rasse in Verbindung gebracht wurde. Das nationale Denken und Fühlen der Deutschen verlief in philosophischen und ideologischen Bahnen und galt wenig – anders als in den westlichen Ländern, wo es schon seit langem mit einer konkreten politischen Gestaltung assoziiert wurde. Die nationalistischen Ideologien in Deutschland konzentrierten sich schließlich auf Grundbegriffe wie Volk und Staat, Rasse und Boden, auf Begriffe also, die gefährliche Wertungen einschließen, wenn man sie vom liberalen und demokratischen Standpunkt aus betrachtet. Im Schmelztiegel eines liberalen Nationalstaates verlieren sie ihre »dämonischen« Potenzen; aber in der deutschen Situation trugen sie zum machtstaatlichen Hegemoniestreben, zum autoritären Charakter einer militärisch-bürokratischen Ordnung und zum totalitären Irrationalismus bei.

Das Unvermögen der Deutschen, dem politischen Beispiel des Westens zu folgen, zeigte sich am Scheitern mehrerer liberaler Bewegungen, zum Beispiel der Revolution von 1848, des Versuchs der preußischen Liberalen, eine parlamentarische Ordnung zu errichten, und der Weimarer Republik. Der Mißerfolg dieser Versuche wird hauptsächlich darauf zurückgeführt, daß zwei Seelen in der Brust der deutschen Liberalen wohnten: Sie wollten Freiheit, doch zugleich einen starken Staat; sie erstrebten die deutsche Einheit, aber gleichzeitig auch die deutsche Oberherrschaft über die benachbarten Slawen.

Im Gegensatz zu der westlichen Unterscheidung zwischen Staat und Gesellschaft unterschieden die Deutschen zwischen Staat und Nation; die Nation galt primär als Träger besonderer kultureller Werte und erst in zweiter Linie als Verkörperung des demokratischen Ethos des Volkes; selbst die Unterordnung der Nation unter den Machtstaat trat demgegenüber zurück.

Der machtstaatliche Nationalismus, der in der zweiten Hälfte des 19. Jahrhunderts mit der Herstellung der deutschen Einheit unter preußischer Führung aufkam, wurde schließlich, besonders im ersten Weltkrieg und in der Nachkriegszeit, als die bestimmende Kraft bei der Entstehung der deutschen Nationaltradition angesehen. Aber das Gefühl für die Schwächen des von Bismarck geschaffenen einheitlichen Machtstaates hielt doch noch andere nationalistische Vorstellungen lebendig, vor allem unter den Intellektuellen.

Im späten 19. Jahrhundert finden wir auch in Frankreich eine nationalistische Idee, die die Tradition eines katholischen, monarchischen, regional aufgegliederten Frankreich wiederbeleben und sich der »dekadenten« Tradition der Dritten Republik entgegenstellen wollte. Nun fehlte aber den Deutschen ein großes nationales Ereignis, wie es die Französische Revolution war, ein Ereignis, das einen Einschnitt in ihrer nationalen Geschichte bedeutet hätte und einen Konflikt von Traditionen herbeiführen könnte. Blickten die Deutschen zurück, so sahen sie nur die allmählich zerbröckelnde

Macht des Heiligen Römischen Reiches. Doch selbst für den Nationalsozialismus stellte dieses Reich keine Tradition, sondern lediglich ein mythisches Symbol dar.

ÖKUMENISCHES SELBSTVERSTÄNDNIS

Die ideologische Beurteilung der modernen deutschen Entwicklung orientiert sich offensichtlich ausschließlich am Beispiel der Geschichte der westlichen Nationen; dagegen zieht sie kaum in Betracht, wie die Deutschen ihre eigene Rolle in der Weltgeschichte auffaßten. Dieses deutsche Selbstverständnis mußte von der Mittellage zwischen den westlichen Nationen und der ökumenischen Welt des orthodoxen russisch-griechischen Messianismus und Imperialismus ausgehen. Wie die Russen, so betrieben auch die Deutschen die Geschichtsphilosophie als ein Mittel zum Ausdruck ihrer kulturellen Individualität. In beiden Völkern folgte dieses Bemühen aus der Fortexistenz eines *sacrum imperium*, während die Franzosen sich selber als Vertreter der Nation fühlten, die den Fortschritt der Kultur vorantrieb.

Die Deutschen waren sich ihres Spannungsverhältnisses zu der »überlegenen« westlichen Kultur unter französischer Führung immer bewußt. Nicht minder deutlich stand ihnen die Aufgabe vor Augen, die »rückständigen« Slawen zu christianisieren und zu germanisieren, als deren Beschützer sich wiederum die Russen fühlten. Nach Westen, im Hinblick auf Frankreich, war die deutsche Orientierung nationalistisch, während sie nach Osten, gegenüber der slawischen Welt, weitgehend ökumenisch blieb. Der Begriff Nationalismus hat eine säkulare, der Begriff ökumenisch eine religiöse Konnotation. Diese Doppelrolle der Deutschen erzeugte einen höheren Grad von Schicksalsbewußtsein, als man ihn unter den anderen westlichen Völkern findet.

In seinem Frühstadium hatte das *sacrum imperium* oder Heilige Römische Reich eine ökumenische Vereinigung Westeuropas unter deutscher Führung dargestellt. Der Zusammenbruch dieser deutschen Hegemonie begann mit der Errichtung der päpstlichen Vorherrschaft über die westliche Christenheit im 11. bis 14. Jahrhundert. Als die nationalen Monarchen der westeuropäischen Länder ihre Unabhängigkeit von der Hegemonie des Papstes durchsetzten, entstand Europa. Die Deutschen verloren ihre führende Rolle und wurden eines der Völker innerhalb der europäischen Völkerfamilie.

Jedoch behielten die Deutschen das Bewußtsein ihrer ökumenischen Rolle in dem Maße, wie sie sich nach Osten ausdehnten und ihrer »zivilisatorischen« Mission in diesen Gebieten nachgingen. Der Gegensatz zur slawischen Welt mit ihrer überwiegend griechisch-orthodoxen Religion und ihren byzantinischen Kulturauffassungen hielt in den Deutschen das Gefühl wach, ein Vorposten der westlichen Welt zu sein, und dieses deutsche Gefühl stärkte wiederum den russischen Anspruch, das einzige Bindeglied zwischen europäischer und asiatischer Kultur zu sein. Das Denken der deutschen Philosophen Herder, Hegel und Marx durchzog den langen Streit zwischen Westlern und Slawophilen im 19. Jahrhundert ebenso wie den Konflikt, der sich innerhalb des Kommunismus zwischen den Befürwortern der »Weltrevolution« und den Anhängern des »Sozialismus in einem Lande« abspielte.

Frankreich verbindet dank seiner Mittellage die Völker des Mittelmeeres mit denen des Nordens. Zwar hatten die Deutschen eine ähnliche Nord-Süd-Achse, doch war ihre Ost-West-Orientierung bei weitem stärker. Frankreich und Deutschland waren also die Angelpunkte der europäischen Kultur. England, Spanien, Italien, Skandinavien, Polen und Rußland waren im großen und ganzen peripher. Die Dialektik französischer und deutscher kultureller Eigenart bildete den wichtigsten intellektuellen Brennpunkt des Westens in der Neuzeit.

Seit dem 12. Jahrhundert übernahm Frankreich die kulturelle Führung Europas, und in der Gegenwart wurde es außerdem der Umschlagplatz der Ideologien und das Hauptquartier der revolutionären Bewegung. Franzosen spielten eine wichtige Rolle bei der objektiven, rationalen Betrachtung von Mensch und Weltall; das zeigt sich deutlich in den beiden wichtigsten europäischen Bewegungen, die eine intellektuelle Synthese erstrebten: der Scholastik und der Aufklärung.

In Frankreich gelangen die beiden grundlegenden kulturellen Synthesen, nämlich die Vereinigung des mittelalterlichen aristokratisch-ritterlichen Sozialideals mit seinem Gegensatz, der scholastischen Dialektik von Vernunft und Glauben, und die Verbindung der modernen bürgerlich-konventionellen Gesellschaft mit seinem Widerpart, der revolutionären Rolle des Intellektuellen. Die in sich ruhende geographische Gestalt Frankreichs, seine zentralstaatliche Form und die Klarheit des französischen Geistes mögen dafür verantwortlich sein, daß dieses Land die Rolle eines Umschlagplatzes für kulturelle und intellektuelle Bewegungen übernahm, auch wenn deren Ursprung in manchen Fällen woanders zu suchen ist.

Die Deutschen, die ein von allen Seiten offenes, in sich amorphes Land mit starken landschaftlichen Gegensätzen bewohnen, wandten sich von der objektiven, rationalen Ordnung ab und verfielen einem subjektiven Dynamismus von Glauben und Geist, jedoch innerhalb des traditionellen sozialen und politischen Rahmens. Anstatt eine neue Ordnung zu entwerfen, suchten sie die theonome Essenz des *sacrum imperium* mit seiner charakteristischen deutschen Verschmelzung von Körper und Geist zurückzuerlangen. Ihnen ging es um Selbstverwirklichung, die sich in höchst spekulativer Natur- und Geschichtsphilosophie ausdrückte, formuliert von einsamen großen Denkern.

Daher rührt die deutsche Reaktion auf die Heteronomie der priesterlichen *ordo* und der kosmischen Ordnung der Vernunft. Diese Reaktion gipfelte in der Glaubensfreiheit der Reformation und in dem reinen Schöpfertum des Geistes der Romantik. Diese charakteristischen deutschen Bewegungen, die Reformation und die Romantik, gaben dem Dynamismus des persönlichen Glaubens und dem Schöpfertum des Geistes den höchsten Ausdruck in Europa; aber mit der Schaffung einer objektiven Ordnung, sei es priesterlichen oder säkularen Charakters, hatten sie nichts zu tun. Die deutsche Entwicklung sollte daher nicht im Hinblick auf eine rationale intellektuelle Synthese oder die Schaffung politischer und sozialer Institutionen beurteilt werden. Sie muß vielmehr als Polarisierung einer inneren, subjektiven Dynamik und einer äußeren, objektiven Ordnung aufgefaßt werden. Dieselbe Polarität kennzeichnet die Bewußtwerdung des technischen Umbruchs unserer Zeit.

Seit etwa 1850 nahm die deutsch-französische Polarität allerdings andere Formen an, da sich die schöpferische Führung Frankreichs innerhalb der europäischen Gemeinschaft abschwächte. Den Franzosen ging es hauptsächlich um das Problem der nationalen Dekadenz, den Deutschen hingegen, von Nietzsche bis Heidegger, um die weiterreichende Frage nach dem Nihilismus, den der allgemeine Säkularisierungsprozeß hervorbrachte. Da die Deutschen, anders als die Franzosen, keine nationale Form zu bewahren hatten, sich aber ihrer Rolle in der Welt sehr wohl bewußt waren, ist es nur natürlich, daß ihre Sorge sich hauptsächlich auf den Verschleiß religiöser und geistiger Werte richtete.

DER SÄKULARISIERUNGSPROZESS

Die Säkularisierung der Werte hat die tiefsten Veränderungen in der modernen Kultur hervorgerufen. Ihre ganz unmittelbaren Folgen, Dekadenz und Nihilismus, stellen die Kehrseite einer technisch geordneten Welt dar, in der alle früheren wesentlichen Werte der heiligen *ordo*, der kosmischen Ordnung, der sozialen Hierarchie, der humanistischen Kultur und des Stadt- und Landlebens in der Auflösung begriffen sind. Diese Kehrseite der technisierten Gesellschaft ist aber bedeutend wichtiger als die an der Oberfläche sichtbare, perfekte Ausstattung mit Maschinen und explosiven

Energien. Der Einbruch der Technik schließt nicht nur die Eroberung des Weltraums und die Mechanisierung der Lebensweise ein, sondern auch eine grundlegende Veränderung der kulturellen Werte, wie sie die Menschheit seit der neolithischen Revolution nicht mehr erlebt hat.

Der Grundgedanke des Nihilismus besagt, daß die Abnutzung religiöser und spiritueller Werte in der westlichen Kultur, die seit dem hohen Mittelalter oder, nach Nietzsche, seit dem Höhepunkt der griechischen Kultur zu beobachten ist, ein unumkehrbarer Vorgang sei. Dieser Prozeß könnte mit der gleichmäßigen Verteilung freier Energie (Entropie) im Weltall nach dem zweiten Gesetz der Thermodynamik verglichen werden[1].

Es wird behauptet, daß dieser Abnutzungsprozeß den Deutschen im 19. Jahrhundert zum Bewußtsein kam. Schon die frühe intellektuelle Entwicklung in Deutschland von Eckehart bis Böhme ist durch die Betonung der Polarität immanenter göttlicher und dämonischer Kräfte in Natur und Geschichte gekennzeichnet. Während des 18. und 19. Jahrhunderts wurde die religiöse Polarität von Göttlichem und Dämonischem in eine immanente Dialektik der Vernunft umgewandelt. Diese neue Dialektik fand ihren Höhepunkt bei Hegel, der seine eigene Philosophie für die Erfüllung der Geschichte hielt und verkündete, der Philosoph sei nun folglich nicht mehr notwendig und müsse dem Funktionär oder dem Techniker weichen.

Man sollte also erwarten, daß der Säkularisierungsprozeß im technischen Umbruch seine Vollendung finden würde. Jedoch hat die Säkularisierung ebenso ihre Grenzen wie die Christianisierung. Wenn eine totale Christianisierung nur durch eine »eschatologische Tat« vollzogen werden kann, so kann die totale Säkularisierung erst dann verwirklicht werden, wenn der umfassende technische Umbruch abgeschlossen ist. Wissenschaft und Marxismus zum Beispiel sind keineswegs schon die Endprodukte der Säkularisierung. Die Wissenschaft ist zwar dabei, eine reine Technik zu werden; noch aber besitzt sie einen Rückhalt in einer »Weltanschauung«. In ähnlicher Weise hält der Marxismus noch immer einen Erlösungsplan für Millionen von Menschen bereit, obgleich seine Entwicklung dazu führen wird, daß er nur noch Anleitungen für den wirtschaftlichen und sozialen Fortschritt liefert.

Die Ambivalenz des Säkularisierungsprozesses hat ihren Ursprung in der christlichen Auffassung, die die Polarität von Gott und Welt oder vom Reich Gottes und dem Reich dieser Welt hervorhob. Die christliche Spiritualisierung bedeutete ihrerseits eine Säkularisierung der alten, magiebestimmten Welt, insofern nämlich, als sie die Welt der Natur von der Welt der Geschichte unterschied und diese als den Bereich betrachtete, in dem sich primär die Absichten Gottes in bezug auf das menschliche Schicksal auswirkten[2]. Die Reformation spiegelte dieselbe Ambivalenz wider, als sie die Rationalisierung von Staat und Kultur einerseits, die Spiritualisierung von Glauben und Gottesdienst andererseits herbeiführte.

Von den deutschen Denkern der Gegenwart ist die Säkularisierung nicht als die Ablösung einer heiligen und magischen *ordo* durch eine säkulare und rationale Ordnung aufgefaßt worden, sondern vielmehr als ein geschichtlicher Vorgang, an dem sich zwei Aspekte unterscheiden ließen: der Niedergang der ursprünglichen Werte und die Erfüllung eines neuen Zeitalters. Der Deutsche blickt auf die Auflösung der heiligen *ordo* des *sacrum imperium* zurück, während er gleichzeitig den Anbruch einer neuen Zeit vorwegnimmt. Dabei geht es ihm jedoch mehr um die innere Dynamik dieses Vorgangs als um die Gestalt oder Form, die die neue Ordnung annehmen wird. Er begreift die Säkularisierung als einen zeitlichen Vorgang, in dem die Menschheit zum vollen historischen Bewußtsein ihrer Möglichkeiten und ihrer Grenzen gelangt. Das Hauptproblem, das die deutschen Philosophen und Historiker darin sahen, war die Rolle des Deutschen innerhalb dieser Entwicklung.

Ein weiterer Aspekt des Säkularisierungsprozesses ist seine offensichtliche Unumkehrbarkeit; ebenso wie die Entropie kann er nur in einer Richtung verlaufen. Die ideologische Geschichtsauffassung rechnete mit der Möglichkeit beliebiger Vorwärts- und Rückwärtsbewegungen, wie die Beliebtheit der Wörter »Renaissance« und »Revolution« in liberalen und sozialistischen Geschichtsinterpretationen zeigt. Wer die Geschichte als Ereignis auffaßt, nimmt damit zugleich an, daß der Kreislauf der Natur durch Zielsetzung durchbrochen werden kann; wer aber die Geschichte als einen Prozeß versteht, geht davon aus, daß sie sich als objektive und unumkehrbare Bewegung zu einem Zustand funktionaler Perfektion vollzieht.

Der deutsche Historiker ist sich der Polarität dieser beiden Geschichtsauffassungen sehr wohl bewußt; hat er doch den Säkularisierungsprozeß und seine drohende Folgeerscheinung, den Nihilismus, mit höchster Wachheit beobachtet. Er war es immer gewohnt, scharf zwischen Wandlungen großen Ausmaßes, wie sie zum Beispiel in den Naturgesetzen und -konstanten beschrieben werden, und denjenigen Veränderungen zu unterscheiden, die sich als isolierte Einzelerscheinungen in der Geschichte vollziehen. Im ideologischen Zeitalter hatten die Historiker dem Prozeßcharakter der Geschichte nur wenig Aufmerksamkeit geschenkt, da sie befürchteten, der schöpferischen Freiheit der Individualität Gewalt anzutun. Heute beginnen wir wieder zu erkennen, daß sich die beiden Auffassungen von Geschichte als Prozeß und Geschichte als Ereignis ebensowenig ausschließen wie entsprechende Auffassungen in den Naturwissenschaften: Auch dort werden Vorgang und Ereignis als gleichberechtigte Kategorien anerkannt.

Dieses Buch handelt von der Auseinandersetzung des deutschen Geistes mit dem Säkularisierungsprozeß. Die Logik dieses Prozesses in seiner deutschen Form rührt von der dem Christentum inhärenten Tendenz her, die Freiheit und Reinheit von Glauben und Geist zu erstreben und darin die Erfüllung der Geschichte zu sehen. In einem Zeitraum, der mindestens die ersten fünf Jahrhunderte nach Karl dem Großen umfaßt, traten drei Idealtypen religiöser Haltung auf, die repräsentiert werden durch das Heilige Römische Reich *(sacrum imperium)*, die sakramental-hierarchische Kirche *(sacerdotium)* und ketzerische Gruppen (Sektenwesen). Mit Karl dem Großen beginnt das eigentliche *sacrum imperium*. Die Reaktionen darauf, das *sacerdotium* und das Sektenwesen, lassen sich als Folgen der christlichen Spiritualisierung verstehen, die aber ihrerseits säkularisierend wirken: Das *sacerdotium* bemühte sich um eine Unterscheidung zwischen einer priesterlich-sakramentalen *ordo* und der Ausübung der weltlichen Macht; das Sektenwesen ging noch weiter und unterschied zwischen der bestehenden, mit der Welt ausgesöhnten sakramentalen *ordo* einerseits und der herannahenden rein spirituellen Gemeinschaft andererseits. Diese grundlegende Konstellation religiöser Formen durchlief später die Phase der Säkularisierung, wobei die Formen ihren ursprünglichen religiösen Charakter im Laufe der neueren deutschen Geschichte verloren.

Der Gesamtvorgang wurde durch drei Typen von Veränderungen bestimmt, die für die deutsche Geschichte charakteristisch sind und sich wie folgt zusammenfassen lassen:

1. Da den Deutschen eine einheitliche Nation fehlt, werden alle neuen, revolutionären Antriebe, die sich anderswo in politischen und sozialen Formen auswirken können, abgelenkt und enden in fruchtlosen konfessionellen, ideologischen oder technischen Konflikten.

2. Der Deutsche neigt dazu, den klassischen Ausdruck einer fremden Denk- oder Kunstrichtung zu übernehmen und derart ins Extrem zu treiben, daß die klassische, rationale Struktur in den Irrationalismus einer rein subjektiven Dynamik verwandelt wird. Die Reformation und die Romantik mögen als Beispiele genügen.

3. Der Säkularisierungsprozeß bringt eine stetige Zunahme des historischen Bewußtseins mit sich, das sich aber nicht in einer objektiven Ordnung verwirklichen will, sondern statt dessen einen Ausweg in der, um mit Nietzsche zu sprechen, »Umwertung aller Werte« sucht.

Die Dynamik dieser Wandlungsvorgänge wird von den meisten Interpreten aus der Spiritualisierungstendenz des Christentums abgeleitet. So geschieht es, daß die Entwicklung des deutschen Geistes oft in einer Kurve dargestellt wird, die ihren Höhepunkt im Idealismus und in der Romantik hat und dann schnell in die Niederungen der Machtpolitik und der materialistischen Werte absinkt. Die deutsche Geistesentwicklung kann aber auch anders dargestellt werden: nämlich als eine fortschreitende Vergeudung und Entleerung der religiösen und spirituellen Werte, die im *sacrum imperium*, im *sacerdotium* und im Sektenwesen enthalten waren, woraus sich schließlich die völlige Nivellierung der gegenwärtigen technisierten Massengesellschaft ergab. Der Gang der Entwicklung kann auch durch eine ansteigende Linie wiedergegeben werden; die Spiritualisierung erscheint dann als Durchgangsstadium zwischen der archaischen, magiebestimmten Welt des *sacrum imperium* und dem zukünftigen Durchbruch einer wissenschaftlich-technischen *ordo* als weltumspannendes Phänomen. Wir bevorzugen diese letzte Interpretation; auf diesem Hintergrund wollen wir den Wandlungen des deutschen Geistes nachgehen.

ERSTER TEIL
Von einer heiligen ordo zur Glaubensfreiheit
800-1600

I. Die Formen: sacrum imperium, sacerdotium, Sektenwesen

Tausend Jahre lang war der Begriff des Reiches die stärkste Einigungsidee des Westens. Nach den Wirren der Völkerwanderungszeit und den großen Invasionen des 5. Jahrhunderts lag es nahe, die politischen und religiösen Traditionen Roms zu idealisieren. Rom wurde geradezu das Symbol für geordnete Verwaltung und wahren Glauben. Bot es doch nicht nur die Erinnerung an die alten Cäsaren, die Verkörperung des *imperium*, der umfassenden Oberherrschaft; es war auch die Residenz der Päpste geworden, der Nachfolger des Petrus, des größten Apostels, der das universelle Priestertum der Kirche verkörperte.

Die Verbindung dieser beiden Idealtypen brachte allerdings ein Problem mit sich, das Europa und speziell die deutschen Länder noch jahrhundertelang beschäftigen sollte: Wie konnte das *imperium*, die Ausübung der irdischen Macht, mit dem *sacerdotium* verbunden werden, das doch Entsagung und Opfer verlangte? Im christlichen Denken war dieser Gegensatz schon lange als Problem bekannt. Er bildete im »Gottesstaat« des heiligen Augustin das Hauptthema. Vom 8. bis zum 11. Jahrhundert waren beide Ideale im *sacrum imperium*, dem Heiligen Reich, miteinander verschmolzen. In den darauffolgenden drei Jahrhunderten hielt das *sacerdotium* der Päpste die beiden Prinzipien in, wie man wohl sagen darf, einem labilen Gleichgewicht. Das Sektenwesen lehnte radikal jede staatliche Macht und Autorität ab, um Raum zu schaffen für den uneingeschränkten und unmittelbaren Gehorsam gegenüber dem obersten und einzigen Herrscher, gegenüber Gott.

Sowohl Karl der Große wie auch Otto der Große fühlten sich als Priesterkönige. Als Gegenstück zum himmlischen Herrscher hatte der König auf Erden nicht nur den Frieden zu erhalten, sondern auch dafür zu sorgen, daß das irdische Königreich die Herrlichkeit des himmlischen widerspiegelte. Das Wort Reich bezog sich also nicht auf den Begriff eines Staats mit seinem Territorium innerhalb bestimmter Grenzen, sondern auf eine geheiligte Autoritätsbeziehung, die von der himmlischen Ordnung stammte und sich in einem Herrscher und seinem treuen Gefolge verkörperte; hier haben wir die frühmittelalterliche Variante des uralten Begriffs einer heiligen Monarchie vor uns.

DIE WIEDERHERSTELLUNG DES REICHES UNTER KARL DEM GROSSEN

Daß Karl (768–814)* sich am Weihnachtstag des Jahres 800 gerade vom Papst zum Kaiser krönen ließ, hat die Gemüter lange Zeit beschäftigt. Heutzutage neigen wir dazu, auf die »Substanz der Macht«, auf materielle Hilfsquellen und militärische Stärke, mehr Gewicht zu legen als auf Symbole und Ideen. Der Kaisertitel allein bedeutete aber noch keinen Zuwachs an realer Macht, und die Umstände der Krönung scheinen Karls Anhänger stärker beeindruckt zu haben als ihn selber. Er hätte den Kaisertitel auch von sich aus annehmen können, aber die Tatsache, daß er ihm vom Papst verliehen wurde, schuf nun einen Präzedenzfall, der weittragende Folgen für die Beziehungen zwischen Päpsten und Kaisern in den folgenden Jahrhunderten haben sollte.

Karl war der erste Germanenkönig, der den Kaisertitel annahm. Er beanspruchte gleichzeitig die Oberherrschaft über die Stammesfürsten und die Repräsentanten des Kaisers von Byzanz. Die Kaiserwürde sollte ihn vom Status eines barbarischen Eroberers zu einer Souveränität gleich der der römischen Cäsaren erheben.

Der Konflikt mit dem Oströmischen Reich konnte nicht ausbleiben, nicht nur wegen gewisser Interessengegensätze in Italien, sondern vor allem wegen seines imperialen Anspruchs, der für Byzanz nichts als die Machtergreifung eines barbarischen Stammeshäuptlings darstellte. Andererseits begann man im Westen, die Herrscher von Byzanz als Schismatiker und Ketzer zu betrachten, und zwar wegen ihrer bilderstürmerischen Tendenzen. Trotz dieser tiefgehenden Gegensätze brachte Karl der Große eine Annäherung an Konstantinopel zustande, die von der beiderseitigen Erkenntnis ausging, daß keines der beiden Kaiserreiche imstande war, das andere zu besiegen. Der große muslimische Kalif Harun al-Raschid erkannte Karl sogar als den Führer der Christenheit an.

Die Reichsidee schloß außerdem die Vorstellung von einer Staatsordnung ein, unter der möglichst viele Menschen Frieden und Gerechtigkeit finden sollten. Die Gleichsetzung von Reich und Friedensordnung kam schon in der römischen Auffassung zum Ausdruck, daß das Recht allgemeingültig sei und höher stehe als jeder Stammesbrauch. Diese Auffassung wurde noch durch den philosophischen Begriff des Naturrechts gestützt, von dem das positive Recht, das heißt die einzelnen Gesetze, abgeleitet sein sollten.

Andersgeartet war die germanische Konzeption des Rechts, die sich noch durch das ganze Mittelalter lebendig erhielt. Sie besagt, daß das Recht aus

* Im folgenden bezeichnen die Jahreszahlen bei regierenden Häuptern Anfang und Ende ihrer Herrschaft, bei allen anderen Geburts- und Sterbejahr.

einem Gemeinschaftsbewußtsein entsteht, das sich zunächst in ortsgebundenen Bräuchen und Praktiken ausdrückt. Diese germanische Idee war ein wirksames Gegenmittel gegen die mediterranen Auffassungen von Universalität und Hierarchie, wie sie in Kirche und Reich verwirklicht waren.

Die aufsteigende Macht einer bedeutenden Landaristokratie bewies ebenfalls, daß die lokalen Kräfte nichts von ihrer Lebendigkeit verloren hatten, wenn sie sich auch erst nach dem Tode Karls des Großen voll entfalten konnten.

Karl der Große konnte das Gleichgewicht zwischen den verschiedenen Kräften und Werten aufrechterhalten: zwischen den universellen und den lokalen, den römischen und den germanischen. Während er den Sachsen und Bayern ihre Unabhängigkeit oder ihre Autonomie nahm, ließ er ihre Sprache und ihre Bräuche unangetastet. Die Sammlung von Liedern und Gedichten, die er anlegen ließ, beweist, wie sehr er die germanische Kultur schätzte; dafür sprechen auch sein Geschmack, seine Kleidung, seine Gewohnheiten und seine Liebe zu Kampf und Jagd. Mit diesen Neigungen und Gewohnheiten eines barbarischen Stammeshäuptlings verband er ein lebhaftes Interesse an theologischen Diskussionen und an der antiken Literatur. Gelegentlich scheint er mit gelehrten Freunden Zusammenkünfte nach Art der antiken Symposien abgehalten zu haben; sie hüllten sich in Togen, nahmen lateinische Namen an und disputierten über schwierige philosophische Fragen, etwa das Wesen der Tugend und der Gerechtigkeit.

DIE RELIGIÖSE UND KULTURELLE ERNEUERUNG
UNTER DEN KAROLINGERN

Karl der Große bemühte sich sehr darum, das religiöse Leben des einfachen Volkes von den Spuren heidnischer Formen und Praktiken zu reinigen. Man darf nicht vergessen, daß das Christentum der erst vor kurzer Zeit unterworfenen und bekehrten Stämme des Frankenreiches kaum mehr als einen dünnen Firnis darstellte. In der Regel wurde das Christentum zuerst von den Stammesführern angenommen, und danach paßte sich die große Masse mehr oder weniger äußerlich den neuen Verhältnissen an. Der christliche Glaube wurde natürlich im Laufe der Bekehrung den jeweiligen örtlichen Bräuchen angeglichen: zum Beispiel wurde die Verehrung heiliger Haine und Gewässer jetzt mit den Wundertaten von Heiligen in Verbindung gebracht.

Es fiel diesen unterworfenen Völkern allerdings auch nicht leicht, mit Christus einen Heiland anzunehmen, dessen Erlösungstat in einem schändlichen Tod am Kreuz bestand. Im Heliand, einer altsächsisch geschriebenen dichterischen Schilderung des Lebens Jesu, wird er denn auch als kriegerischer Held ausgegeben, der sogar in die Hölle hinabsteigt, um den Satan und seine Dämonen zu bekämpfen. Die Taufe wurde als Aufnahme in die Schar der Getreuen Christi hingestellt, und ganz wie ein germanischer Heerführer verlangte Christus von seinen Gefolgsleuten unbeirrbare Treue und Ergebenheit. Die Heiligen wurden als volkstümliche Helden gedeutet, die ihre teuflischen Gegner im Martyrium besiegten.

Nach Meinung Karls des Großen und seiner Ratgeber setzte jeder Versuch, das allgemeine geistige und geistliche Niveau der Bevölkerung zu heben, eine höhere Bildung der Geistlichkeit voraus. Die Geistlichen mußten vor allem wieder mit der religiösen und kulturellen Tradition der Antike vertraut gemacht werden; hatte doch die fränkische Kirche im 7. und 8. Jahrhundert einen kulturellen Tiefstand erreicht, während der Aberglaube blühte. Der Anstoß zu einer Reform ging ursprünglich von angelsächsischen Missionaren und Gelehrten wie Sankt Bonifatius und Alkuin aus; dieser wurde auch Karls Ratgeber für die Reform.

In England waren zwar Christentum und lateinische Kultur durch die Einfälle der Barbaren fast völlig ausgerottet worden; sie waren aber wiederaufgelebt, als von Irland und Rom aus Missionare auf die Britischen Inseln entsandt wurden. Der Pflege des Lateinischen kam hier der Umstand zu Hilfe, daß zwischen dieser Sprache des Gottesdienstes und der Gelehrsamkeit und der englischen Volkssprache kaum Ähnlichkeiten zu bemerken waren; während in Gallien die Umgangssprache dem literarischen Latein offensichtlich verwandt war und daher zweifellos zu seiner Verunstaltung beigetragen hat, legte man auf den Britischen Inseln Wert darauf, die lateinische Sprache in Kult und Wissenschaft rein zu erhalten. Damit hing es zusammen, daß die Gelehrten sich wieder den literarischen Formen der Antike zuwandten. Sankt Bonifatius behauptete sogar, nur wer die antike Kultur verstanden habe, könne die Bibel begreifen. Dieser Gedanke wurde auf dem Festland übernommen, besonders in den Gebieten östlich vom Rhein, wo die kulturellen Voraussetzungen ähnlich waren wie in England. Die Auffassung setzte sich durch, man müsse die Sprache der Kirchenväter Hieronymus und Sankt Augustinus verstehen, um aus den Quellen des christlichen Glaubens schöpfen zu können.

Dieses Streben zu den Quellen kennzeichnet die karolingische Renaissance ebenso wie später auch die vergleichbaren Erneuerungsbewegungen bis in das 17. Jahrhundert. Die immer wiederholte Rückbesinnung auf die Antike hat Kultur und Religion des Westens wesentlich stärker geprägt als irgendein anderer Faktor vor dem Aufkommen der modernen Wissenschaft.

Alkuin (um 730–804) betrachtete Grammatik und Rhetorik als die Grundlagen der Bildung, da sie zugleich in die lateinische Sprache und Literatur einführten. Er war das Haupt der sogenannten Hofschule; später wirkte er als Abt des berühmten Klosters zu Tours, das er zu einem intellektuellen Zentrum machte, in dem vor allem das Abschreiben alter Handschriften besorgt wurde.

Wohl zu keiner anderen Zeit sind Bücher derart geschätzt, ja sogar verehrt worden. Da sie handgeschrieben waren, konnte man nur schwer ein Exemplar erwerben, und der Preis war weit höher als in unserem Zeitalter der Massenproduktion. Auch ist das Buch aus dem Christentum ebensowenig wegzudenken wie aus dem Islam. Bei den Christen waren Buch und Altar, je auf ihre Weise, gleich wichtig; im Islam dominierte eindeutig das Buch, der Koran.

Die wichtigste aller kulturellen Neuerungen der Karolingerzeit war wohl die Schriftreform. Sie bestand in der Einführung von Großbuchstaben nach dem Vorbild der Majuskelschrift lateinischer Inschriften. Damit wurde die Kursivschrift abgelöst, die fast unleserlich geworden war, seitdem es keine gebildete Laienschicht aus Kaufleuten und Beamten mehr gab, die die Schrift im täglichen Gebrauch gepflegt hatte. Das Schreiben war zu einer Kunstfertigkeit geworden. Das galt vor allem für das Abschreiben, Ausschmücken und Illustrieren von Büchern in den Klöstern. Oft wurden rein dekorative Absichten verfolgt, wie zum Beispiel beim Ausmalen der großen Anfangsbuchstaben der einzelnen Bücher der Bibel. Aber im Utrechter Psalter wird der Text von Zeichnungen begleitet, die der Erbauung des einfachen Lesers dienen sollen.

Der Stil der künstlerischen Ausgestaltung verrät oft außerchristliche Einflüsse; sie äußern sich besonders in der Vorliebe für verschlungene geometrische oder organische Formen, die den Raum zwischen den Zeilen ausfüllen. In gewissen irischen und angelsächsischen Handschriften fehlen Menschendarstellungen ganz, oder sie werden dem Gesamtmuster untergeordnet. In karolingischen Manuskripten sieht man die menschliche Gestalt nach klassischer Weise wieder häufiger; aber das Bild wirkt nicht plastisch, sondern erscheint als zweidimensionales, flächiges Gebilde wie die Buchstaben. Man kann die Illustrationen gewissermaßen wie eine Schrift »lesen«. Es handelt sich eben nicht um die räumliche Darstellung eines ruhenden Gegenstandes wie in der Antike, sondern um eine zeitbezogene Wiedergabe des Geschehens, das im Text der heiligen Bücher berichtet wird.

Die großen Abteien, wie etwa Tours im linksrheinischen und Fulda im rechtsrheinischen Gebiet, waren für das religiöse und kulturelle Leben der damaligen Zeit wichtiger als irgendeines der Bistümer. Die Abteien besaßen große Ländereien, legten Sümpfe trocken und rodeten Wälder. Sie wendeten die antike Ackerbautechnik wieder an und erhielten handwerkliche Fertigkeiten lebendig. Jedes Kloster berief sich auf einen Heiligen als seinen Gründer; Reliquien von ihm wurden in der Krypta der Klosterkirche aufbewahrt. Nach volkstümlicher Ansicht stellten sie eine sichtbare Verbindung zu dem Heiligen her, dessen Kraft auf diese Weise wirksam blieb.

Reliquien spielten im Westen eine ähnliche Rolle wie die Heiligenbilder in der Ostkirche. Karl der Große schrieb ein Buch, das *Liber Carolina* (791), in dem er wie die Ikonoklasten bestritt, daß den Bildern göttliche Eigenschaften innewohnten. Er griff auch den Cäsarenkult und die Vorstellung von der Heiligkeit bestimmter Orte an. Aber mit seiner relativ rationalistischen Haltung war er seinen Untertanen weit voraus.

Bemerkenswert ist der scharfe Unterschied, den er zwischen Reliquienverehrung und Bilderanbetung macht: Das Bild war für ihn nur ein Kunstwerk, das eine gewisse Ähnlichkeit mit dem Darzustellenden besaß; die Reliquie dagegen hatte einen unmittelbaren Bezug zu den Wundertaten eines Heiligen.

Die karolingische Renaissance schuf die Grundlage für eine Verschmelzung der antiken Tradition mit dem Reich und der Kirche des Westens. Obgleich das Reich Karls des Großen unter seinen Nachfolgern auseinanderbrach, war hier ein Modell geschaffen worden, an das spätere Erbauer der Einheit Europas anknüpfen konnten. In den folgenden Jahrhunderten wuchs der Ruhm Karls des Großen ins Legendäre. Kein Herscher hat den Glanz seines Bildes je überstrahlen können. Für Deutsche wie für Franzosen ist er der große Begründer der europäischen Einheit.

DIE VERBINDUNG VON AGRARGESELLSCHAFT UND KLOSTERKULTUR
UNTER DEN OTTONEN

Es dauerte mehr als hundert Jahre, bis der Zerfall des Karolingerreiches in kleinere Teile ein Ende fand. Während derselben Zeit vollzog sich die endgültige Verschmelzung der Agrargesellschaft mit dem religiösen Ethos der heiligen Monarchie. Von Otto dem Großen (936–973) bis zu Heinrich II. (1002–1024) fand diese Form der Monarchie ihre besonders charakteristische Ausprägung. Die Lebensweise am Hofe der Sachsenkönige spiegelt die landwirtschaftliche Basis der Gesellschaft besonders klar wider. Ebenso wie Karl der Große zogen auch die Sachsenkönige von einem königlichen Besitztum zum anderen, so daß es keine feste Residenz gab; gekrönt und beerdigt wurden die Könige allerdings in Aachen. Unter den vielen Königssitzen kann der zu Ingelheim als besonders typisch angesehen werden: Innerhalb der Schutzmauern lagen die Wohngemächer des Königs und seines Gefolges, eine Kapelle sowie die Wirtschaftsgebäude und Gehege für die Pferde, das Vieh und die Getreidevorräte. Die wichtigsten politischen Entscheidungen fielen an der Tafel, an der der König mit seinen wichtigsten Beamten und seinen Dienstmannen zusammensaß, wobei eine strenge Rangfolge eingehalten wurde. Die Feudalaristokratie ahmte diese patriarchalische Regierungsweise in bescheidenerem Rahmen nach.

In noch höherem Maße als während der Karolingerzeit konzentrierten sich Gelehrsamkeit und Kunst in den großen Abteien, deren wirtschaftliche Existenz durch umfangreichen Landbesitz gesichert war. Jedes Kloster konnte sich selbst versorgen; es beherbergte außer den Mönchen auch Bauern, die einen großen Teil der schweren Landarbeit verrichteten, und dazu eine wachsende Zahl von Handwerkern, die den Mönchen beim Weben, bei der Metallbearbeitung und anderen Arbeiten halfen. Die Mönche behielten auf dem Feld und in der Werkstatt nur gewisse Aufsichtsfunktionen; sie selber unterstanden ihrem Abt als oberster Autorität.

Das Leben in einem Kloster war bedeutend besser organisiert als auf einem Rittergut. Schon die genau geregelten Zeiten des Gottesdienstes gliederten den Tageslauf in bestimmte Abschnitte; so ist es kein Wunder, daß man Mönchen die Erfindung der Uhr (um 1000) zuschreibt. Die Arbeitsteilung im Kloster war hoch entwickelt; man hatte Spezialisten für Buchmalerei, Elfenbeinschnitzerei, Goldschmiedearbeit, Emaillierung, Seidenweberei, Glockenguß und Buchbindearbeiten. Die Glasherstellung und die Mischung von Ölfarben wurden in einem Kloster erfunden; Mönche waren die wichtigsten Architekten und Baumeister, bis die Städte im 12. Jahrhundert eine Schicht von Handwerkern und Architekten hervorbrachten.

Ebenso wie in der Karolingerzeit lagen die größten künstlerischen Leistungen auf dem Gebiet der Illustration von Handschriften und Büchern; Bildhauerei und Architektur blieben demgegenüber noch bis ins 11. Jahrhundert hinein zurück. Die meisten Kirchen aus der Zeit der Sachsenkaiser sind heute zerstört oder so stark umgebaut, daß man ihre ursprüngliche Form nicht mehr erkennen kann. Dagegen haben wir noch viele Handschriften aus dieser Zeit, zweifellos dank der Verwendung von Pergament als Schreibmaterial an Stelle von Papyrus.

Unter den Sachsenkaisern (919–1024) erreichte die Buchillustration ihre Blütezeit, besonders in den großen Abteien wie Reichenau, Sankt Maximin in Trier und Sankt Emmeran in Regensburg. Reichenau war besonders wichtig als Sitz der kaiserlichen Kanzlei, in der die Staatsdokumente hergestellt wurden. In Reichenau erreichte auch die mittelalterliche Miniaturenmalerei um 1000 ihren Höhepunkt.

Die Schreibstuben der Klöster waren in Wirklichkeit große Werkstätten, in denen auch Arbeitsteilung herrschte. Bloße Abschreiber standen den Illuminatoren oder Dekorateuren gegenüber, und die erfahrenen Maler kunstvoller Anfangsbuchstaben waren nicht mit den Herstellern der Illustrationen zu verwechseln. Die künstlerischen Formen und Motive waren im wesentlichen aus der Karolingerzeit übernommen; der engere Kontakt der Ottonen mit Italien und Konstantinopel brachte aber auch byzantinische Einflüsse mit sich.

Ein Buch galt nicht als Kommunikationsmedium oder als Kunstwerk allein, sondern als Behälter zur Aufnahme der göttlichen Wahrheit, vergleichbar den kostbaren Gefäßen für die Sakramente. Der Schmuck und die kunstvolle Ausgestaltung verliehen jedem Buch einen ganz individuellen Charakter. Natürlich verloren die Bücher diese Eigenschaft, sobald sie in Massen hergestellt wurden. Die kostbarsten Bücher waren die Bibel und liturgische Werke; die Evangelien boten der Illustration und Ausschmückung die Hauptthemen.

DIE ARCHAISCHE RELIGIOSITÄT

Die ottonischen Handschriftenmaler machten den Versuch, das Göttliche sichtbar werden zu lassen. Bilder und Symbole waren also nicht bloße didaktische Illustrationen oder gemalte Predigten[1]. In der Karolingerzeit war man nicht so weit gegangen. Die Evangelisten zum Beispiel wurden möglichst lebensecht dargestellt; man zeigte sie schreibend und in der kontemplativen Haltung von Philosophen. In einem Evangelium aus der Zeit Ottos III. dagegen wird der Evangelist Lukas ganz anders gemalt: Er sitzt auf einem Regenbogen und hält Christus und sein Symbol, umgeben von Propheten und Engeln, in den erhobenen Händen. Die Sprache oder vielmehr die Schrift des religiösen Symbolismus hat hier offenbar die Oberhand über jede lebensnahe Abbildung gewonnen; ein komplexes ikonographisches Schema, das auf theologischen Überlegungen beruht, ist an die Stelle der idealisierten Darstellung des arbeitenden Lukas getreten. Noch bedeutsamer scheint die Haltung der ganzen Gestalt: Die Starrheit des Blicks und die Steifheit der Arme verraten etwas von der fast erschreckenden Dringlichkeit, mit der die Symbole des Heils der Menschheit nahegebracht werden sollten.

Die gefühlsstarke Religiosität dieser Zeit spiegelt sich auch auf einer im

Kloster Reichenau aufbewahrten Miniatur wider: Ein Engel verkündet den Hirten die Geburt Christi; die Handlung ist jedoch auf eine höchst schematische Anordnung reduziert. In der Mitte steht der Engel auf einem Felsenhügel; die marionettenhaften Gesten, mit denen er seine Botschaft begleitet, scheinen nicht durch die natürlichen Bewegungen der Glieder zustande gekommen zu sein – sie vermitteln die zusätzliche Information, daß die Botschaft dringlich ist. Es handelt sich also nicht um eine anschauliche Wiedergabe der betreffenden Textstelle. Die Gesten sind den Symbolen geschriebener Sprache vergleichbar. Die abgebildeten Gegenstände sind auch nicht in der natürlichen Dreidimensionalität angeordnet. Die Felsen sind nur symbolische Stützen, die die überwältigende Erscheinung der monumentalen Engelsfigur hervorheben sollen. Die Gestalten scheinen alle auf der Fläche zu liegen wie die Buchstaben einer Schrift. Sie sind nicht durch ihr Nebeneinander verbunden, sondern nur durch die Symbolbedeutung der Gesten. Überdies sieht jede einzelne Gestalt wie eine Marionette, wie ein Aggregat unabhängiger Einzelteile aus. Jeder Körperteil scheint also ein isolierter Gegenstand zu sein; das spirituelle Erleben erst, die Ehrfurcht und das Erstaunen angesichts der Vision, gibt den starren Figuren ihre Ganzheit und ihren Sinn.

Andererseits beweist das Kruzifix im Kölner Dom, daß man im ottonischen Zeitalter den menschlichen Körper auch realistisch darstellen konnte. Die Spannung von Muskeln und Sehnen auf den Armen und der Brust, hervorgerufen vom Gewicht des leblosen, zusammengesunkenen Körpers, ist selten präziser gelungen. Dieser Realismus verbindet sich allerdings mit einer archaisch wirkenden Symmetrie, besonders bei der Anordnung des Haars und beim Faltenwurf des Lendentuchs, aber auch bei den Gesichtszügen, den Gliedern und dem geschwollenen Unterleib. Ein streng formaler Entwurf wird so von der Natürlichkeit der Muskelspannung überlagert.

Archaische Autonomie, das heißt das Fehlen einer natürlichen Gliederung der Einzelformen, findet sich auch in der Architektur, und zwar zumindest in zwei von den wenigen noch erhaltenen Kirchen der Zeit: der Klosterkirche von Gernrode und Sankt Michael in Hildesheim. Der Rhythmus der Bögen mit ihrem Wechsel von Säulen und Pfeilern vermittelt nicht den Eindruck einer Gesamtbewegung zum Altar hin. Das Kirchenschiff endet mit einem großen Bogen vor dem Altarraum, der in mystisches Halbdunkel gehüllt bleibt. Die Bogengänge lassen aus den Seitenschiffen fast selbständige Räume entstehen. Diese lockere Beziehung der Einzelteile zueinander zeigt sich auch außen, wo die betonte Selbständigkeit der einzelnen Türme auffällt, von denen aus man, wie von den Beobachtungstürmen einer Festung, weit ins Land schauen kann.

Die religiöse Grundstimmung der Epoche war der gemeinsame Nenner aller Künste. In Büchern wie in Bauwerken spürt man die Ehrfurcht und die Scheu vor göttlichen und teuflischen Mächten, die miteinander um Leib und Seele des Menschen kämpften. Vor den allgegenwärtigen dämonischen Kräften schützte man sich durch die Wunderkraft der Sakramente und der Reliquien zugleich: Der Altar diente nicht nur sakramentalen Zwecken, sondern auch der Aufbewahrung von Reliquien, wie auch in der Krypta die Gebeine von Heiligen neben denen der adligen Herren des Landes ruhten. Die wunderbare Verwandlung von Brot und Wein in Fleisch und Blut verband sich mit der magischen und mystischen Kraft, die die Toten in ihrem Kampf gegen den Bösen erworben hatten und die den Lebenden durch die heiligen Reliquien weitervermittelt wurde.

Der Gottesdienst verwirklichte sich in konkreten liturgischen Symbolen, in der Feier des Sakraments unter Gesängen und Gebeten. Die Predigt spielte nur eine sehr kleine Rolle. In den Klosterkirchen waren Tag und Nacht in sieben Abschnitte für Gebet und Lobgesang eingeteilt. Diese Einteilung war göttlichen Ursprungs, war opus Dei und spiegelte den Lob- und Preisgesang wider, den der himmlische Chor Gott darbrachte.

In den religiösen Auffassungen der Zeit waren Himmlisches und Irdisches untrennbar miteinander verwoben. Die Idee des »Übernatürlichen« kam eigentlich erst im 13. Jahrhundert auf. Bis dahin waren die Grenzen zwischen dem Spirituellen und dem Räumlich-Zeitlichen verschwommen oder wurden gar verwischt, galt doch zum Beispiel der irdische Herrscher als Projektion des himmlischen Königs. Er war ein Priesterkönig, dem die Seelen der Menschen ebenso anvertraut waren wie ihre Körper. Er war der Beschützer und Bewacher der Kirche, und hauptsächlich von dieser Funktion leitete er seine zeitliche, irdische Autorität und Souveränität ab. Wie Gott seine Apostel und Heiligen auf Erden hatte, so hatte der König seine Priester und Mönche, die das Werk des Herrn über Himmel und Erde besorgten. Treue und Ergebenheit wurden von ihnen allen erwartet. Sünde wurde als Verrat angesehen, für den Gott sich rächen würde. In dieser Religiosität gab es keinen Platz für einen Glauben im Sinne einer inneren Überzeugung, die auf einem Bekenntnis oder einer Lehre beruhte.

Von Otto dem Großen bis zu Heinrich II. nahmen die sächsischen Kaiser ihre Herrschaftsaufgabe als Priesterkönige überaus ernst. Otto bereitete sich durch Fasten und Gebet vor, bevor er sich die Kaiserkrone aufsetzte. Sein Glaube an Träume als Offenbarungen göttlicher Führung und sein Eifer beim Sammeln von Reliquien beweisen, wie vollkommen er die Religiosität der heiligen Monarchie bejahte. Unter diesen Umständen war es nicht reine politische Zweckmäßigkeit, die ihn veranlaßte, sich so stark auf die Bischöfe als Hauptträger der Regierung zu stützen.

Die wichtigsten kirchlichen Zentren, die sich für eine Unterstützung der kaiserlichen Herrschaft eigneten, waren die großen rheinischen Erzbistümer Mainz, Köln und Trier, aber auch eine Reihe von Bistümern, die über das ganze Land verstreut waren. Die Erhebung der Bischöfe in den Rang von Fürsten verpflichtete sie zu Kriegs- und Hofdiensten für den Kaiser, und die neuerlangte Würde veranlaßte sie, den Glanz religiöser Zeremonien noch zu erhöhen. Sie erbauten großartige Kirchen. Die meisten der Bischöfe hatten ein ausgeprägtes Gefühl für Rang und Würden; stammten doch viele von ihnen aus der Aristokratie und auch, besonders unter Otto dem Großen, aus der königlichen Familie.

OTTO III. UND DIE RENOVATIO IMPERII

Der Zerfall des *sacrum imperium* begann unter den letzten Sachsenkaisern, vor allem aber unter Otto III. (983–1002). Ihm ging es nicht mehr um den mystischen Gehalt des heiligen Imperiums, vielmehr wollte er Rom als Zentrum der religiösen und politischen Autorität wiederherstellen. Otto war drei Jahre alt, als sein Vater starb. Die Herrschaft über das Kaiserreich und die Erziehung des Prinzen lagen weitgehend in den Händen seiner sehr begabten Mutter, der ehemaligen byzantinischen Prinzessin Theophano, die ihn nach der Tradition von Byzanz erzog und ihm mit Gerbert von Reims einen Tutor gab, der im Westen als der gelehrteste Mann seiner Zeit galt. Ihnen beiden verdankt er die hohe Auffassung von der Würde und Aufgabe des Kaisertums, die ihn während seiner Regierungszeit geleitet hat.

Man darf Otto III. nicht nach seinen tatsächlichen Leistungen beurteilen, sondern nach der Leitidee, die ihnen zugrunde lag. In den nur sechs Jahren seiner Herschaft unternahm er es, Rom wieder zur Hauptstadt der Welt zu erheben. In Rom sollte sich wieder die Weltherrschaft der Cäsaren mit dem Missionsauftrag der Apostel Petrus und Paulus verbinden, deren Gebeine in der Stadt ruhen; Roms Vormachtstellung als Zentrum der Souveränität und als Zentrum des wahren Glaubens sollte wiederhergestellt werden.

Wie sich bei Ottos Erziehung vermuten läßt, verband sich diese grandiose Idee mit einem gewissen Byzantinismus: Er führte das byzantinische Hofzeremoniell ein und ahmte Titel und Institutionen des byzantinischen Imperialismus nach. Er selbst neigte immer mehr zu strengem Asketismus, während gleichzeitig in Italien eine neu erwachte Religiosität den mönchischen Einsiedler zu Ehren brachte, der für Byzanz so charakteristisch war. Otto selber und einer seiner Vertrauten, der Bischof von Worms, zogen sich im Büßergewand in eine Höhle zurück und verbrachten dort vierzehn Tage in Fasten und Gebet. In Zeiten religiöser Verzweiflung soll Otto ernsthaft erwogen haben, die kaiserlichen Gewänder abzulegen und sich als Pilger nach Jerusalem zu begeben.

In seinen kaiserlichen Verlautbarungen nannte er sich selbst einen »Diener der Apostel Christi«. Aber gerade in dieser theokratischen Auffassung seiner Aufgabe liegt seine eigentliche Bedeutung. Daher erschien er den slawischen Völkern der östlichen Grenzgebiete auch als der apostolische Herrscher, der sie in die Hut einer umfassenden Kirche und der dazugehörigen weltlichen Herrschaft zu führen und nicht etwa dem deutschen Kaiserreich und der deutschen Kirche anzugliedern versuchte.

Als er Polen, Tschechen und Ungarn unabhängige Bistümer gestattete, anstatt sie an die deutsche Kirche zu binden, wich Otto III. von der Politik seiner Vorgänger ab und folgte der byzantinischen Praxis. Er besuchte das Land der Tschechen auf einer Pilgerfahrt zum Grabe Sankt Adalberts in Prag, der ein Freund von ihm gewesen war und als Missionar den Märtyrertod erlitten hatte. Dem Herzog Boluslav von Polen verlieh er den alten Titel eines Patriziers und Verbündeten des römischen Volkes; dieser Titel wurde üblicherweise durch die Päpste zuerkannt. So nahm er Grenzvölker unter seinen Schutz, die bisher der Aufsicht der Päpste unterstanden.

Ottos Jugendlichkeit, seine Vorstellung von einer *renovatio imperii* und seine asketische Frömmigkeit veranlaßten eine spätere Generation, ihn ein »Weltwunder« zu nennen, während die Historiker ihn gewöhnlich als unpraktischen Träumer ansehen. Aber wir wissen heute, daß Phantasie und neue Gedanken ebenso wichtig sind wie Politik und Wirtschaft; und der mittelalterliche Traum von einem Universalreich, dem später vor allem auch Friedrich II. und der größte Dichter des Christentums, Dante, anhingen – dieser Traum ist nicht ohne Folgen geblieben.

DIE BEWEGUNG FÜR DIE FREIHEIT DER KIRCHE

Das *sacrum imperium*, später allgemein das Heilige Römische Reich genannt, sah sich im 11. Jahrhundert einer entscheidenden Veränderung seiner Lage gegenüber: Die Bischöfe von Rom verlangten nicht nur die Anerkennung ihrer geistlichen Oberherrschaft, sondern auch die Unabhängigkeit von weltlicher Kontrolle. In den folgenden vier bis fünf Jahrhunderten nahm diese Bewegung verschiedene Formen an, deren wichtigste das Reformpapsttum und das Sektenwesen waren.

Das Reformpapsttum gewann seine größte Bedeutung im 11. und 12. Jahrhundert. Es zielte darauf ab, die Kirche von allen feudalistischen und kaiserlichen Fesseln zu befreien. Die Päpste wollten sich an Stelle der Kaiser zu Führern der Christenheit im Kampf gegen die Ungläubigen erheben, darüber hinaus aber auch zur letzten Autorität in der europäischen Völkerfamilie, zu ihrer obersten Instanz. Aber nur eine Kirche, die sich von allen politischen und sozialen Hintergedanken befreit hätte, könnte diese Führerrolle übernehmen.

Weniger entschieden trat das Sektenwesen auf, das auf dem Begriff der evangelischen Armut beruhte. Es wollte die Kirche von den gefährlichen Versuchungen der Macht und des Reichtums befreien und sie zu der Armut und der Predigt zurückführen, die Christus von seinen Jüngern verlangt hatte. Nach dem Vorbild der urchristlichen Gemeinde versuchte eine Reihe von Häresiebewegungen, ihre Vorstellungen von einer gereinigten Kirche durchzusetzen. Der Einfluß dieser Ideen führte zur Gründung von Bettelmönchsorden innerhalb der Kirche: der Franziskaner und der Dominikaner. Darüber hinaus erwarteten einzelne, darunter auch Dante, daß ein messianischer Papst oder Kaiser ein neues Zeitalter des Geistes herbeiführen würde.

Unter den Nachfolgern Ottos III. sahen besonders Heinrich II. und Heinrich III. (1039-1056) ihre theokratische Aufgabe darin, die Kirche von Mißbräuchen zu befreien. Heinrich III. stand mehr als einmal im Büßerhemd an der Spitze seines Heeres. Auch hielt er sich nicht für würdig, an Feiertagen die Kaiserkrone aufzusetzen, bevor er nicht durch eine Kasteiung Buße getan hatte. An seinem Recht, Bischöfe und Äbte einzusetzen, hielt er fest, doch verzichtete er darauf, von ihnen eine Bezahlung entgegenzunehmen, wie es bisher üblich war. Damit erkannte er den Standpunkt der päpstlichen Reformpartei an, daß Simonie, das heißt der Kauf und Verkauf kirchlicher Ämter, eine Sünde sei. Er setzte jeden ab, der sich in seinem Privatleben unwürdig verhielt, und setzte neue Päpste ein; der wichtigste unter ihnen war Leo IX. (1049-1054), der davor Bischof von Toul in Lothringen gewesen war und einer der wenigen deutschen Päpste des Mittelalters werden sollte. Unter ihm setzte sich das Reformpapsttum in Rom endgültig durch.

Die Reformbewegung richtete sich in erster Linie gegen Mißstände wie die Heirat von Geistlichen und die Simonie; in der westlichen Kirche jener Zeit waren die niederen Geistlichen ebenso wie in der Ostkirche in der Regel verheiratet. Weiterhin sollte die Reform die Kirche aus allen weltlichen Verstrickungen lösen, insbesondere auch aus der Verpflichtung, auf Grund von Landbesitz am Staatsdienst teilzunehmen.

Aber erst als die im 11. Jahrhundert weitverbreitete Tendenz zur asketischen Abkehr von der Welt eine Wendung zum Positiven nahm, sah die Reformbewegung ihr Ziel klar vor sich: Nur wenn die Kirche sich von ihren weltlichen Fesseln losmachte, konnte sie die Welt erobern; so glaubt ja die westliche Asketik allgemein, daß die Abkehr von der Welt die Kräfte zu ihrer Überwindung liefere. Das Schlagwort von der »Freiheit der Kirche« hatte einen doppelten Sinn: es konnte die Unabhängigkeit der Kirche von weltlichen Einwirkungen bezeichnen und damit die Möglichkeit, ihren eigentlichen Aufgaben besser nachzukommen; es konnte aber auch die Errichtung des päpstlichen Absolutismus in der Kirche und einer Theokratie über weltliche Herrscher und Mächte bedeuten.

Anders gesagt: Die Dynamik, die dem Kampfruf »Freiheit für die Kirche« innewohnte, stammte nicht von der negativen Forderung nach der Beseitigung weltlicher Fesseln, sondern vielmehr aus dem positiven Anspruch, eine »rechte Ordnung« in der Welt einzuführen, in der der Priester einen beträchtlichen Machtzuwachs erfahren sollte: Als Vermittler des Heils der Welt würden ihm Zeitliches und Spirituelles in gleicher Weise unterstehen; eine Priesterhierarchie mit dem Papst an der Spitze nähme den Platz der heiligen Monarchie und des Kaisers ein, Christus würde über Cäsar herrschen, das *sacerdotium* über das *imperium*.

DAS GREGORIANISCHE REFORMPROGRAMM

Der ambivalente Charakter der Reformbewegung trat mit aller Deutlichkeit zutage, als sich die Päpste an ihre Spitze stellten, vor allem aber Gregor VII. (1073-1085), der wie kein anderer Papst vor oder nach ihm seiner Zeit mit seinen Idealen und seiner Persönlichkeit das Gepräge gegeben hat. Doch zeichnete ihn nicht so sehr die Neuartigkeit seiner Gedanken aus wie die Unerbittlichkeit, mit der er sie bis zu den äußersten Konsequenzen verwirklichte. Seinen Zeitgenossen erschien er als Revolutionär; sie nannten ihn den »heiligen Satan«. Gregors Satz: »Der Herr sagte nicht: ›Ich bin die Tradition‹, sondern: ›Ich bin die Wahrheit‹«, darf als Leitmotiv seines Wirkens gelten. Seine Auffassung vom Papsttum läßt sich wie folgt zusammenfassen: Christus hat die Kirche als Mittlerin des Heils gegründet und Petrus und seine Nachfolger zu ihrem Oberhaupt bestimmt; folglich standen Kirche und Papst höher als die Reiche und Herrscher dieser Welt, die nur dazu da waren, die äußere Ordnung aufrechtzuerhalten, innerhalb deren die Kirche der Menschheit das Heil bringen konnte. Dies war das oberste Ziel auf Erden; also mußten alle Rücksichten auf die bisherige Praxis der Investitur und auf den Reichtum der Kirche entfallen. Die Kirche konnte sich nicht länger mit den Angelegenheiten des *sacrum imperium* abgeben, in denen Temporalia und Spiritualia ununterscheidbar geworden waren.

Daraus ergaben sich nun ganz bestimmte Konsequenzen für die Macht des Papstes. Erstens besaß der Papst als Haupt der Kirche die uneingeschränkte Gewalt, Bischöfe zu ernennen und abzusetzen sowie Synoden einzuberufen; seine Legaten oder Gesandten standen im Rang höher als die Bischöfe. Folglich war der Papst zweitens der oberste Herrscher der Welt; er konnte die weltlichen Regenten einsetzen und abberufen, und sie schuldeten ihm Huldigung und Treue und waren verpflichtet, seine Schuhe zu küssen. Eine andere Konsequenz bestand darin, daß der Papst die Möglichkeit hatte, die Untertanen eines Herrschers von Gehorsam und Treue ihm gegenüber zu entbinden. Diese unumschränkten Vollmachten waren notwendig, um die Kirche von jeder weltlichen Kontrolle zu befreien und das Primat der Kirchenbehörden aufrechtzuerhalten.

Gregor versuchte auch, einen Gürtel päpstlicher Lehen um die Grenzen des römischen Christentums zu legen. Ungarn, Spanien, Korsika und Sardinien erkannten tatsächlich die Oberlehnsherrschaft des Papstes an. So übernahm das Reformpapsttum die Führung in der Verteidigung des wahren Glaubens. Gregor war auch der erste Papst, der einen Kreuzzug gegen die Moslems plante; das Papsttum begann, das Imperium zu transzendieren.

Der Investiturstreit, in dem *sacerdotium* und *imperium* aufeinanderstießen, hätte noch beigelegt werden können (wie es bald darauf in Frankreich und England geschah), wenn er sich nicht zu einem grundsätzlichen Konflikt über die Frage ausgeweitet hätte, wie weit die Autorität jeder der beiden Mächte in weltlichen und in geistlichen Dingen reichen sollte. In Frankreich und England beruhte die Königsmacht allerdings nicht auf einem Bündnis mit der Kirche, sondern auf Landbesitz und Eroberungen. Der Anspruch der deutschen Priesterkönige auf Oberlehnsherrschaft über die Kirche hatte eine lange Tradition, die bis zu Karl dem Großen zurückreichte. Wir Heutigen dürfen auch nicht vergessen, daß eine Trennung von Staat und Kirche für damalige Zeiten etwas schlechthin Unvorstellbares war. Wenn Kaiser Heinrich IV. (1056–1106) ein so frommer Reformer wie sein Vater gewesen wäre und die Kirche nicht als politisches Machtinstrument betrachtet hätte, wäre die Trennungslinie zwischen den beiden Mächten vielleicht nicht so scharf ausgefallen; denn viele sahen ein, daß die Kirche einer Reform bedurfte, sollte sie nicht in der feudalistischen und imperialen Ordnung untergehen und ihren geistlichen Aufgaben entfremdet werden. Aber mußte die Freiheit der Kirche notwendig die Unterordnung der Herrscher unter die Theokratie des Papstes bedeuten, wie die Reformpartei in Rom meinte?

POLARITÄT IN GEDANKEN, KÜNSTEN UND HANDLUNGEN

Der Investiturstreit brachte die unausgesprochenen Voraussetzungen zum Bewußtsein, auf denen die geheiligte Ordnung der Dinge bisher geruht hatte, und ließ die Grenze zwischen den Temporalien und den Spiritualien im menschlichen Dasein erkennbar werden. Diese beiden Bereiche waren ja, wie wir gesehen haben, im Heiligen Reich Ottos des Großen und seiner unmittelbaren Nachfolger ununterscheidbar gewesen. Das Wormser Konkordat (1122), das die erste Phase des Kampfes abschloß, trug der neuen Lage Rechnung: Der Kaiser erhielt das Recht, Bischöfen und Äbten das Land und entsprechende Souveränitätsrechte zu verleihen; die Kirche wählte die geistlichen Herren aus und bestätigte sie durch die Übergabe der kirchlichen Insignien.

Das geschärfte Bewußtsein von der Polarität spiritueller und zeitlicher Werte zeigte sich auch in dem Streit um die Beziehungen zwischen Glauben und Vernunft. In der Vergangenheit bestand die Methode der Argumentation darin, sich an die Autorität der Kirchenväter zu halten und aus ihren Schriften geeignete Zitate zusammenzustellen. Jetzt aber begeisterten sich junge Gelehrte der Domschulen von Paris, Reims und Chartres an der »Entdeckung« der Vernunft als eines Mittels, die geheimnisvollen Beziehungen zwischen Glauben und Wissen zu enträtseln. Für einige von ihnen, so für Abälard, waren weder Kirchenväter noch Konzilien oder Päpste als Autorität annehmbar, da die Berufung auf sie unvermeidlich zu Widersprüchen in der Formulierung der wichtigsten christlichen Dogmen führte.

Diese Gelehrten suchten in der Logik des Aristoteles ein Hilfsmittel für die rationale Überwindung solcher Widersprüche. Ihre Motive waren zweifellos nicht rationalistischer Art in dem modernen Sinne einer skeptischen Haltung gegenüber dem Glauben selbst. Sie blieben im Rahmen des »wahren Christentums«, wollten sich jedoch nicht mit der rein autoritativen Begründung seiner Wahrheit begnügen, sondern zwingende rationale Glaubensbeweise geben. Damit wurde aber eine gewisse Rationalisierung auf Kosten des sakramentalen Mysteriums unvermeidlich.

Die religiöse Gärung offenbarte sich am deutlichsten in der Fülle von Kirchenbauten, die seit dem 11. Jahrhundert entstanden. Am Bau der Kathedrale von Chartres soll die gesamte Gemeinde mit einem Eifer teilgenommen haben, der an einen Kreuzzug erinnerte. Männer, Frauen und Kinder spannten sich vor die Karren mit Steinen und Bauholz; unter Leitung des Priesters begleiteten sie die Arbeit mit Hymnen und Gebeten.

Ein neuer monumentaler Stil, die Romanik, trat in Erscheinung, und die Architektur begann die Buchmalerei wieder zu überflügeln. Den romanischen Stil repräsentieren die Bischofskirchen in den alten römischen Städten des Rheinlandes, in Trier, Mainz, Speyer und Worms, aber auch die von der Hirsauer Reformbewegung gegründeten Klosterkirchen.

Für die romanischen Kirchen ist es charakteristisch, daß der Teil des Gebäudes, in dem sich die Gemeinde versammelt, nur ein Anhang zum Altar- und Chorraum zu sein scheint. Die großen Türme, die sich über dem Chorraum erheben, sind wie Gedenksteine am Grab des Herrn, der durch das Sakrament auf dem Altar und durch die Reliquien in der Krypta verkörpert wurde. Hier ruhten die spirituellen Kräfte, die die Mächte des Bösen zu überwinden vermögen. Christus und seine Apostel wurden auf den Bogenfeldern der Portale dargestellt, wie sie in einem immerwährenden Strafgericht die Geretteten von den Verdammten trennen. In den Skulpturen und Wandgemälden kehrt dieses Motiv wieder. Die alten hieratischen Formen können nicht darüber hinwegtäuschen, welche Inbrunst, ja religiöse Raserei hier ihren dynamischen Ausdruck sucht; diesem Zeitalter der Kreuzzüge war die Vorstellung geläufig, daß Christus und seine Heiligen in einem ewigen Kampf gegen Satan und seine Legionen standen.

Der romanische Stil war gewissermaßen eine architektonische Entsprechung zur Kreuzzugsidee. Dafür spricht nicht nur die militante Religiosität einiger seiner Elemente, sondern auch der Umstand, daß eine Reihe der bedeutendsten romanischen Kirchen entlang der Pilgerstraßen errichtet wurden, besonders am Wege von Frankreich nach Spanien. In Frankreich hatten der Gedanke des Gottesfriedens und die frühen Kreuzzüge ihren Ursprung genommen.

Am Ersten Kreuzzug nahmen weder Könige noch Kaiser teil; denn die meisten von ihnen hatten sich mit den Päpsten, die die Inspiratoren der Bewegung waren, wegen des Reformprogramms überworfen. Daher übernahm der französische Adel die Führung des Ersten Kreuzzuges (1096 bis 1099). Die Predigten Bernhards von Clairvaux, des wichtigsten Propagandisten des Zweiten Kreuzzuges (1147–1149), beeinflußten schließlich, in der ersten Hälfte des 12. Jahrhunderts, auch die deutschen Länder; von da an bis zur Mitte des 13. Jahrhunderts rollten immer wieder Wogen der Kreuzzugsbegeisterung über ganz Europa hinweg.

Die Reformbewegung, so können wir vorläufig zusammenfassen, trug dazu bei, die östliche und die westliche Kirche endgültig voneinander zu trennen und auch die Kluft zwischen Christen und Moslems zu vertiefen. Gleichzeitig verlor das Reich seine Kontakte mit der byzantinischen Welt. Es galt nun auch nicht mehr als Verkörperung der Christenheit; zwar hatte es noch die Ostgrenzen des Christentums gegen Schismatiker und Heiden zu verteidigen, der eigentliche Führer war jedoch der Papst. Ihm unterstanden die Herrscher und ihre Königreiche, auch in Fragen des Kampfes gegen Ungläubige und Häretiker.

BERNHARD VON CLAIRVAUX GEGEN ARNOLD VON BRESCIA

Nicht einer der Päpste des 12. Jahrhunderts sollte das Reformprogramm zu Ende führen. Tatsächlich war die Kirche schon wieder in Gefahr, nach dem Aufschwung des Investiturstreits und des Ersten Kreuzzugs in geistliche Apathie und materiellen Luxus zu versinken. Es blieb einem Mönch, dem heiligen Bernhard von Clairvaux (1091–1153), vorbehalten, die Übel in Kirche und Gesellschaft aufzudecken.

Bernhard unternahm den Versuch, die Kirche von dem schädlichen Luxus und Pomp zu befreien und sie gegen die Versuchungen zu schützen, die nicht nur durch den Besitz von Macht und Einfluß entstehen, sondern auch durch die Anmaßung des Verstandes, die Geheimnisse des Glaubens zu enträtseln. Im Grunde war Bernhard konservativ, und sein Denken bewegte sich noch in den Bahnen des *sacrum imperium*. Er beabsichtigte auch nicht, eine priesterliche »rechte Ordnung« zu errichten oder eine rein spirituelle Gemeinschaft nach Art der Sekten zu schaffen. Die Geistlichen sollten ihr Leben nach dem Beispiel Christi und seiner Apostel leben, die Lauen sollten das Kreuz nehmen: So würde man der Ausbreitung der Ketzerei Herr werden. Der Glaube, dessen Äußerlichkeiten allmählich zu stark betont wurden, sollte seine spirituelle Kraft zurückerhalten.

Bernhards Predigten vor den Mönchen von Clairvaux sprechen in der demütigen Haltung des Mystikers von der Sehnsucht nach Vereinigung mit dem Allerhöchsten. Aber es handelt sich nicht um die Mystik östlicher Herkunft, nach deren metaphysischer Lehre die Seele auf den Stufenleitern der Kontemplation zum Endstadium einer ekstatischen Vereinigung mit der Gottheit aufsteigt, wobei die historische Gestalt Jesu, sein dienender Leidensweg und selbst sein Tod am Kreuz so gut wie keine Rolle spielen. Bernhards Mystizismus konzentrierte sich im Gegenteil auf den leidenden Christus und die Stationen seines Weges von der Krippe bis zum Kreuz, auf seinen Abstieg vom himmlischen Richteramt zum irdischen Dienst am Menschen.

Auf diese Weise kam ein viel realistischeres Bild des Erlösers zur Geltung. Die Pilgerfahrten und die Kreuzzüge ins Heilige Land hatten die Gedanken schon auf die konkrete Umwelt Christi gelenkt: auf die Orte, an denen er geweilt, die Wege, die er betreten hatte. Nicht mehr nur sein Tod am Kreuz, sondern sein und seiner Jünger Lebensweg wurden als beispielhaft erkannt und forderten Andacht und Nachfolge besonders von denen, die bekannten, ausschließlich ihm dienen zu wollen.

Das Gebot Christi an seine Jünger, sie sollten keine Belohnung für ihr Verkündigungswerk erwarten, wurde jetzt auf alle Seelenhirten, Priester und Mönche ausgedehnt. Hatte die frühere Gregorianische Reform zunächst versucht, die Geistlichkeit von weltlicher Aufsicht unabhängig zu machen, so bestand nun der nächste und weit wichtigere Schritt darin, das geistliche Leben von dem zersetzenden Einfluß des Reichtums, des äußerlichen Prunks und der Macht zu befreien – also von den Folgen des kirchlichen Strebens nach Universalherrschaft.

Der wichtigste Fürsprecher evangelischer Armut war zu Zeiten Bernhards von Clairvaux einer der Schüler Abälards, Arnold von Brescia (gestorben 1155), ein überaus beredter Vertreter einer Schicht volkstümlicher Prediger. Er forderte ein Leben in Armut für die gesamte Geistlichkeit, darüber hinaus aber auch die vollständige Trennung von Kirche und Staat.

Eine radikale Verwirklichung evangelischer Armut hätte revolutionäre Folgen gehabt, die über den Verzicht auf Reichtum hinausgingen. Sie hätte nämlich bedeutet, daß die Legitimität von Bischöfen und Priestern und die Wirksamkeit der von ihnen vollzogenen Sakramente künftig nach der Würdigkeit ihres Lebens beurteilt worden wären. Die Konzeption von der apostolischen Kontinuierlichkeit der geistlichen Autorität, die von Christus her über seine Jünger durch das Sakrament der Ordination weitergeleitet wird, wäre zusammengebrochen; die Kirche wäre nicht mehr ein sakramental-hierarchischer Organismus, sondern eine geistliche Gemeinschaft gewesen. Diese Idee ist übrigens im Mittelalter und in der Neuzeit immer wieder aufgelebt.

Im Jahre 1141 verurteilte eine Synode, weitgehend unter dem Einfluß Bernhards von Clairvaux, sowohl Abälard als auch Arnold. Dieser stand wenige Jahre später an der Spitze der römischen Kommune, die sich gegen den Papst erhob, und für kurze Zeit war er der eigentliche Beherrscher Roms und versuchte, die republikanischen Institutionen der Stadt auf demokratischer Basis wiederherzustellen. Schließlich wurde er aus Rom vertrieben und von Kaiser Friedrich I. gefangengenommen, der ihn hängen und seine Leiche verbrennen ließ. Weder Kaiser noch Päpste konnten eine Rebellion gegen die gottgewollte Herrschaft verzeihen und standen sich bei der Unterdrückung solchen Aufruhrs in nichts nach.

In der Person Arnolds von Brescia verbanden sich somit zwei Tendenzen: die Volksbewegung in den Städten und die Forderung nach apostolischer Armut. Besonders in Nord- und Mittelitalien, in Südfrankreich und im Rheinland waren neue Städte entstanden, deren sich die Kirche nicht recht anzunehmen wußte. Vor allem ging sie nicht auf die religiösen Bedürfnisse der unteren Volksschichten ein; ihre Organisation war ja der Agrargesellschaft angepaßt. Volkstümliche Prediger, nur zu geneigt, die höhere Geistlichkeit zu kritisieren, füllten das Vakuum aus und brachten eine Oppositionsbewegung zustande, die in den Sekten der Katharer und Waldenser gipfelte. Übrigens rekrutierten sich diese Strömungen nicht nur aus den Städten; insbesondere in Frankreich stießen auch viele Bauern und Edelleute zu ihnen.

REFORMPAPSTTUM UND SEKTENWESEN

Gregors Traum von einer Universalherrschaft der Kirche kam unter Innozenz III. (1198–1216) der Verwirklichung nahe. Er war der erste Papst, von dem behauptet wurde, er sei »niedriger als Gott, aber mehr als ein Mensch«. Der Papst galt dieser Anschauung als Mittler zwischen Gott und Mensch.

Hiermit hängt nun der scharfe Unterschied zwischen der Autorisierung irdischer Macht und der von Gott eingesetzten kirchlichen Autorität eng zusammen: Die oberste spirituelle und sakramentale Macht galt als die Quelle aller Herrschaft auf Erden, als ihre Voraussetzung und Bestätigung. Auf diesen weitreichenden Ansprüchen beruhten die päpstlichen Gesandtschaften, die Ausdehnung der richterlichen Zuständigkeit des Papstes sowie seines Rechts, kirchliche Ämter zu besetzen. Die Priester zeichneten sich vor Laien jeden Ranges durch die ihnen zukommende Verwaltung der Sakramente aus, die für das Heil der Menschheit erforderlich waren; im Laufe des 12. Jahrhunderts wurden die sieben Sakramente von anderen religiösen Handlungen abgehoben, wodurch die Monopolstellung der Priester noch stärker hervortrat.

Diese Abgrenzung des Übernatürlichen vom Natürlichen, des Priesters vom Laien bedeutete für das Denken jener Zeit natürlich nicht einen unversöhnlichen Gegensatz zweier Prinzipien; zwischen dem Bereich der Natur und dem der Gnade bestand keine unüberbrückbare Kluft. Die Polarität wurde nur hervorgehoben, um dem Menschen die Überlegenheit der Gnade bewußt zu machen. Die Gnade war Erfüllung und Krönung der Natur.

Thomas von Aquin (1225–1274), der große scholastische Philosoph und Theologe des 13. Jahrhunderts, beschrieb eine hierarchische Stufenleiter, die sich vom Himmel bis zur Erde zog und auf der alle menschlichen Tätigkeiten, von der niedrigsten Instinktreaktion bis zur höchsten Vision des Göttlichen, ihren Platz und ihren Sinn fanden. Unbeschadet dessen sollten alle menschlichen Handlungen auf das oberste Ziel, die Vereinigung mit Gott, gerichtet sein.

Die Lehre vom stufenweisen Fortschreiten ermöglichte es der Kirche, fest auf dem Boden ihrer irdischen Unternehmungen zu stehen und doch zugleich die Blicke der Menschen auf das himmlische Reich zu richten. Um die Vereinbarkeit der beiden Reiche aufrechtzuerhalten, mußte die Kirche oft Kompromisse schließen und dem natürlichen Trieb nach Macht, Reichtum und Prestige durch Eroberungen entgegenkommen.

Aber die alten oppositionellen Kräfte, Sektenwesen und kaiserlicher Weltmachtanspruch, meldeten sich bald wieder unter neuer Gestalt zu Wort und bedrohten die großartige hierarchische Ordnung.

Die Häresie der apostolischen Armut, die bisher auf vereinzelte Individuen beschränkt geblieben war, wuchs sich jetzt zu einer organisierten Bewegung unabhängiger Gemeinden mit eigenen religiösen Führern aus, und es entstand sogar eine selbständige Religionsphilosophie. Im Rückgriff auf die urchristliche Gemeinde vor der Entstehung einer bischöflichsakramentalen Hierarchie forderte sie, alle Menschen hätten in täglicher Erwartung der Wiederkunft Christi zu leben. Die gesamte Gemeinde sollte sich demgemäß vom Leben der sie umgebenden »heidnischen« Welt strikt fernhalten, und die Geistlichen hatten sich nach den Vorschriften der evangelischen Armut zu richten, die Christus seinen Jüngern erteilt hatte.

Der religiöse Gehalt des Sektenwesens hatte, unbeschadet gewisser Unterschiede zwischen einzelnen Sekten, im Christentum eine sehr alte Tradition. Ihm lag die Auffassung zugrunde, daß die Gemeinde aus Geretteten oder Erwählten bestehe und bereits in dieser Welt das Reich Gottes darstelle; sie sei also nicht eine von Christus und seinen Jüngern eingesetzte Institution zur Ausbreitung des Heils. Es bedarf keiner näheren Begründung, daß die Sekten daher – wenigstens im Prinzip – jeden Kompromiß mit der Welt ablehnten und alle Formen der Herrschaft und der Kultur als etwas von Grund aus Böses ansahen.

Innozenz III. bekämpfte die beiden wichtigsten Häresien, die Katharer- und die Waldenserbewegung, mit negativen Maßnahmen, indem er zu Kreuzzügen gegen sie aufrief, die Inquisition schuf und die Obrigkeit aufforderte, die Ketzer zu bestrafen. Mit der Zeit aber erhielt die Kirche in den Franziskanern und Dominikanern ein Mittel, den Häresien wirksamer zu begegnen. Im Gegensatz zu den älteren Orden zogen sich diese Bettelmönche nicht von der Welt in ihre abgeschiedenen Klöster zurück, sondern widmeten sich der öffentlichen Predigt und dem Missionswerk. Mit ihrer persönlichen Bedürfnislosigkeit in Verbindung mit dem geistlichen Dienst für das einfache Volk erfüllten sie das Ideal der evangelischen Armut. Insbesondere verkörperte der heilige Franz von Assisi (1181–1226) die christliche Jüngerschaft, die in dem großen hierarchischen Gebäude der Kirche beinahe untergegangen wäre.

DER WELTLICHE MESSIANISCHE IMPERIALISMUS FRIEDRICHS II.

Neben den Sekten sahen sich die Päpste in der ersten Hälfte des 13. Jahrhunderts noch einer weiteren Bedrohung gegenüber, als Friedrich II. (1212 bis 1250), eine der rätselhaftesten Persönlichkeiten der Geschichte, seine politischen und kulturellen Ziele zu verfolgen begann. Der Hohenstaufe war in der halborientalischen Welt Süditaliens unter deutschen Beamten, normannischen Edelleuten, Sarazenen und Griechen aufgewachsen und hatte wenig Deutsches an sich. Neben einer verblüffenden Vielfalt von Neigungen und Interessen erwarb er schon frühzeitig einen ausgeprägten Sinn für die Feinheiten des politischen Kräftespiels.

Er stützte sich nicht auf eine deutsche Hausmacht, sondern auf das süditalienische Königreich, in dem er eine für seine Zeit radikale Zentralisierung einführte. Er zerstörte Ritterburgen, verbot Privatfehden und untersagte das Tragen von Waffen. Alle Rechtsstreitigkeiten mußten vom König als dem Ursprung der Gerechtigkeit entschieden werden, während der kirchlichen Rechtsprechung enge Grenzen gezogen wurden. Die Regierungsmaßnahmen wurden von einer Hierarchie besoldeter Beamter ausgeführt. Der Handel wurde gefördert, und ein ausgeklügeltes System indirekter Steuern brachte der Staatskasse beträchtlichen Gewinn. Diese Besonderheiten der Herrschaft Friedrichs II. sollten etwa zwei Jahrhunderte später in den absoluten Monarchien des nördlichen Europa wiederkehren.

Friedrichs Lebensstil war dem der islamischen und byzantinischen Fürsten des Mittelmeergebiets nicht unähnlich. Harem, Menagerie, Liebe zur Wissenschaft und zur Troubadourdichtung lassen ihn als das typische Produkt einer Kultur- und Völkermischung erscheinen, wie er auch in der Wahl seiner Bediensteten über die Grenzen seines eigenen Gebiets hinausging: Ein griechischer Admiral befehligte seine Flotte, und sein Heer enthielt ein starkes Kontingent Moslems.

Der Streit um die Oberaufsicht über die Kirche verwandelte sich alsbald in einen Kampf um die Macht in Italien. Es konnte den Päpsten nicht entgehen, daß Friedrich II., ähnlich wie vor ihm Otto III., auf dem Sprunge war, Rom zum Zentrum des Kaiserreichs zu machen und die Stellung des Papsttums entsprechend herabzusetzen.

In der entscheidenden Phase wurde aus der Machtprobe zwischen Friedrich II. und Gregor IX. (1227–1241) und Innozenz IV. (1243–1254) allerdings ein Propagandakrieg; und dafür waren die Päpste besser gerüstet. Sie exkommunizierten Friedrich und belegten ihn mit dem Kirchenbann; doch diese Waffen stumpften bei häufigerem Gebrauch ab. Die Päpste predigten auch gegen ihn und riefen zum Kreuzzug auf wie bisher nur gegen Häretiker und Ungläubige, und sie konnten als besonders wirksames Mittel ihre neuen Missionsträger, die Franziskaner und Dominikaner, gegen ihn einsetzen.

Die Volksprediger, die aus diesen Orden hervorgingen, verbreiteten überall, daß Friedrich II. der Antichrist sei, jenes Tier aus der Apokalypse, und daß er daran glaube, die Menschheit sei durch drei große Betrüger, Moses, Jesus und Mohammed, getäuscht und in Konflikte und Uneinigkeit geführt worden. Dieses Gerücht kann nun allerdings nicht auf Friedrich II. zurückgeführt werden; aber es war zu seiner Zeit so verbreitet, daß es als Symptom für eine Welle der Kritik und Skepsis gelten kann. Die Blüte der Häresie und die Entstehung der Bettelorden fallen zwar in dieselbe Zeit und sprechen ihrerseits für eine neue Strömung emotional gefärbter Frömmigkeit, die besonders die unteren Schichten der Städte ergriffen hatte. Die Koexistenz so gegensätzlicher Erscheinungen ist nichts Unerhörtes; sie beweist nur, daß in der ersten Hälfte des 13. Jahrhunderts eine heftige intellektuelle und religiöse Gärung im Gange war.

Friedrich II. blieb jedenfalls die Antwort nicht schuldig: Er warf Gregor vor, die lombardischen Städte zu unterstützen und damit Ketzerei und Aufrührerei zu fördern; er forderte die Kirche auf, zu apostolischer Armut zurückzukehren und auf den Erwerb von Wohlstand und Macht zu verzichten; damit machte er sich die Argumente der radikalen Sekten zu eigen. Andererseits versuchte er, die übrigen europäischen Monarchen zu einer Zusammenarbeit und zu gemeinsamer Verteidigung des monarchischen Prinzips gegen den päpstlichen Herrschaftsanspruch zu bewegen. Friedrich II. selbst beanspruchte, als Nachfolger der Cäsaren und daher als Verkörperung einer universalen Gültigkeit von Herrschaft und Recht zu gelten. Dieses Denken kam der neubelebten aristotelischen Auffassung einer in sich geschlossenen, autonomen politischen Gemeinschaft sehr nahe.

Friedrich kleidete seine Ideen – wie auch seine Taten – in die Form religiöser Symbole und Ausdrucksweisen. So bezeichnete er sich als den von Gott erwählten Herrscher, dessen Aufgabe es sei, Frieden und Gerechtigkeit zu bringen und Aufruhr und Zwistigkeiten zu beenden, die die Häresien angestiftet hatten.

Diese Obertöne eines messianischen Imperialismus in Verbindung mit einem nüchternen Sinn für Politik und einer fast schon wissenschaftlichen Skepsis haben Friedrich II. zu einer Persönlichkeit gemacht, über die die Historiker kein einheitliches Urteil finden konnten. Mit Otto III. teilt er die Vorstellung von einer universalen kaiserlichen Berufung, die nicht an die deutsche Hegemonie gebunden war. In der Phantasie des Volkes nahmen beide Kaiser legendäre Züge an.

Es ist nun an der Zeit, sich zu fragen, was aus dem Heiligen Römischen Reich als einer universalen und ökumenischen Idee geworden ist. Um diese Frage zu beantworten, muß man sich vor Augen halten, daß das Prestige und das Ansehen des Reiches nicht auf der Ausübung von Macht über Völker und Territorien beruhte, sondern auf seinem Anspruch, eine universelle Idee, ein allgemeingültiges Prinzip zu verkörpern. Seine Anfänge lagen in der Zeit Karls des Großen und bestanden in dem Zusammenschluß wahrer Christen gegen Heiden und Ungläubige; unter den Sachsenkaisern und ihren unmittelbaren Nachfolgern wurde daraus das *sacrum imperium*, eine Widerspiegelung des himmlischen Königreichs auf Erden. Aber die Aura der Heiligkeit ging infolge der päpstlichen Reformbewegung weitgehend verloren.

Der Ausdruck »Heiliges Römisches Reich« wurde wahrscheinlich erstmalig von Kaiser Friedrich Barbarossa gebraucht; aber diese Bezeichnung konnte nicht darüber hinwegtäuschen, daß er und seine Nachfolger, besonders auch Friedrich II., in zunehmendem Maße gezwungen waren, sich angesichts der päpstlichen Ansprüche auf weltliche Rechtfertigungen und Machtmittel zurückzuziehen. Als sie sich in Italien eine feste Machtbasis zu schaffen versuchten, beriefen sie sich daher auf die Cäsaren und das römische Recht. Nach dem Tod Friedrichs II. im Jahre 1250 brach ihre Herrschaft in Italien zusammen; das Papsttum war Sieger geblieben.

DER SÄKULARSTAAT UND DAS DRITTE ZEITALTER

In den folgenden Jahrhunderten sahen sich die Päpste den neu aufkommenden Nationalstaaten gegenüber, deren Entstehung sie selber gefördert hatten, um einerseits ein Gegengewicht gegen das Reich zu schaffen und andererseits eine Gemeinschaft freier Völker im christlichen Glauben zu einigen und unter ihrer Führung zu halten. Als die Päpste in Verfolgung dieser Ziele zunächst die religiöse Grundlage und danach auch die politische Macht des Reiches zum Einsturz brachten, bereiteten sie die Entstehung des heutigen Europa vor; aber dieses neue Europa, das sich erst im 17. Jahrhundert auskristallisierte, war von einer organischen christlichen Gemeinde weit entfernt. Es war vielmehr eine säkulare Staatengemeinschaft, in der sich die gegensätzlichen Machtinteressen die Waage hielten und die ihre Dynamik aus der fortschreitenden Beherrschung der Naturkräfte bezog.

Die treibende Kraft der neuen Gemeinschaft war Frankreich. Schon im 12. und 13. Jahrhundert erhoben die französischen Könige ihren Führungsanspruch. Im Gegensatz zu den deutschen Monarchen war es ihnen gelungen, rings um das kapetingische Gebiet mit Paris als Zentrum einen starken Machtstaat zu errichten; von diesem Kernland aus erweiterte sich die Königsmacht nach allen Richtungen. Sobald die Kapetinger auf die eine oder andere Weise ein Stück Land hinzugewonnen hatten, richteten sie dort ihre Verwaltung zur Kontrolle des neuen Gebiets ein. So wuchs die französische Königsmacht, anders als die deutsche, von ihrem kleinen mittelalterlichen Hinterland zu einem festgefügten, umfassenden Staatswesen empor. Das deutsche Reich hatte seine Wurzeln dagegen in einer ererbten Aufgabe gefunden, nicht in einem begrenzten Feudalbesitz; und erst im 19. Jahrhundert wurde die feudalistische Ausgangsbasis zum entscheidenden Faktor bei der Begründung der Einheit des Deutschen Reiches unter preußischer Führung. Es ist merkwürdig genug, daß Frankreich von der feudalistischen Beschränkung zu einem ökumenischen Universalismus fortschritt, während Deutschland gerade den umgekehrten Weg einschlug.

Obwohl das Reich nach 1250 als politischer Faktor ausfiel und zum Spielball der politischen Interessen zweier deutscher Herzogsfamilien wurde (wobei die Habsburger siegreich blieben), erhielt sich die Idee des Reiches noch lange, und seine Bedeutung nahm in dieser Form nur noch zu. Der große italienische Dichter Dante tadelte die Kaiser und Päpste, weil sie Italien und das Reich ihren dynastischen und machtpolitischen Interessen geopfert hätten; Frieden und Ordnung könnten nur von einem Kaiser wiederhergestellt werden, der über Parteien und Partikularinteressen stünde, die Gerechtigkeit sicherte und die Kirche zu ihrer früheren Heiligkeit, ihrer Armut und ihrem Dienst zurückführte.

Das Papsttum lieferte nicht nur den Hohenstaufenkaisern, sondern auch den häretischen Sekten einen unerbittlichen Entscheidungskampf. Es war ihm nicht gelungen, die Häresien völlig zu unterdrücken; kleine Gruppen waren übriggeblieben und führten ein unauffälliges Winkeldasein. Nichtsdestoweniger bildete sich innerhalb des Sektenwesens eine neue historische Perspektive heraus, deren Bedeutung erst vor kurzem voll verstanden wurde. Es handelte sich um die Orientierung auf den Anbruch eines »Dritten Zeitalters«; dieser Begriff bezeichnete künftig einen Leitgedanken vieler revolutionärer Bewegungen der Gegenwart, sowohl säkularer als auch geistlicher Natur.

Schon der heilige Augustin (354–430) hatte in seinem einflußreichen

»Gottesstaat« behauptet, die weltliche Herrschaft, verkörpert im irdischen Staatswesen, müsse stets von der geistlichen Gemeinschaft der Kirche getrennt bleiben, deren Bestimmung die ewige himmlische Stadt sei. Kirche und Staat würden nebeneinander bestehenbleiben bis ans Ende der Zeiten, bis also ein neuer Himmel und eine neue Erde entstehen würden. Das Römische Reich war in dieser Sicht nur ein Sonderfall, nur eine von vielen Formen, die die Macht im Laufe der Geschichte annehmen konnte; die Kirche hingegen blieb sich immer gleich und war die göttliche Einrichtung für die Errettung der Menschheit: Sie würde also bis zum Ende der Zeiten fortbestehen. Daher gab es aber nur zwei Zeitalter in der Geschichte der Menschheit; ihre Trennungslinie war die Erlösungstat Christi, die von der Kirche fortgesetzt wurde.

Die Vorstellung von einem Dritten Zeitalter erhielt ihren ersten Anstoß durch eine Gruppe von Franziskanern, die in ihrem Orden auf strenger evangelischer Armut bestanden; es sollte keinen Landbesitz, keine Kapitelhäuser und keine Kirchen geben. Diese »Spiritualen« übernahmen, obgleich ihnen das päpstliche Verdammungsurteil drohte, die eschatologischen Ideen des Zisterzienserabtes Joachim von Fiore, der eine neue, höchst bedeutsame Geschichtsinterpretation vorgelegt hatte; seine Gedanken wurden im Jahre 1254 als »Einleitung in das Ewige Evangelium« veröffentlicht.

Joachim unterschied drei Zeitalter; das erste war das des Vaters, das heißt das Zeitalter des Alten Testaments und der Herrschaft des Gesetzes; das zweite das Zeitalter des Sohnes mit der Herrschaft der Kirche; schließlich das Zeitalter des Heiligen Geistes, das sich durch den Vorrang des Mönchs auszeichnete. Dieses letzte Zeitalter würde die Erfüllung der zwei vorhergehenden bringen. Daher würde die hierarchische Klerikerkirche nicht in das Ende der Zeit überleiten, sondern nur den Weg bereiten für das neue Zeitalter der Vervollkommnung des Geistes; in dieser Epoche würde das Christentum eine Wiedergeburt erleben, indem es zu seinen Ursprüngen zurückkehrte. Der Gedanke eines Dritten Zeitalters, einer Geistzeit, sollte vielen führenden Denkern Europas nachgehen und besonders auch in Deutschland bis zu Hegel und seinen Anhängern nachwirken.

Als die Spiritualen vom Papst verdammt und in die Illegalität gedrängt worden waren, wurde ihre Kritik an der bestehenden Kirche zunehmend radikaler. Für die Anhänger Joachims von Fiore galten nicht die Hohenstaufen, sondern der Papst als Antichrist; ihre Ideen verbanden sich mit denen der gibellinischen Widersacher des Papsttums zu der Hoffnung auf einen großen kaiserlichen Erlöser, der die neue Zeit eröffnen würde. Während der Papst in Avignon residierte, trat in Rom wiederum ein Demagoge von der Art Arnold von Brescias mit Namen Cola di Rienzi auf, der in seinen Predigten verkündete, Rom werde in alter Größe wiedererstehen und von neuem die Führung der christlichen Völker übernehmen. Seine Ideen übten einen gewaltigen Einfluß auf die Vorkämpfer der italienischen Renaissance aus, und wirken noch auf die Anhänger Kaiser Ludwigs des Bayern (1314-1347) in seinem Streit mit Papst Johannes XXII. nach. Jedoch wurden diese Ideen durch eine ganz andere Auffassung ergänzt, aus der die neuzeitliche Trennung von Kirche und Staat folgte. Papst Johannes jedoch, der ähnlich hochfliegende Ansprüche auf die Oberherrschaft erhob wie Bonifatius VIII., erklärte Kaiser Ludwig für abgesetzt, da er nicht vom Papst bestätigt worden war.

Ludwig der Bayer fand die Unterstützung zweier Hochschullehrer aus Paris, deren Werk »Defensor pacis« (1326) die erste wirkliche Rechtfertigung des Säkular- oder Laienstaates genannt werden darf. Es trat für die vollkommene Autonomie und Selbstverantwortlichkeit des Staatswesens ein, das auf der Volkssouveränität beruhen sollte. Die Kirche sollte sich auf ihre geistlichen Angelegenheiten beschränken, die Gemeinschaft der Gläubigen den Kern der Kirche bilden und höher stehen als die Hierarchie.

Ähnliche Gedanken, die ebenfalls Ludwig dem Bayern zu Hilfe kamen, gingen von einer Gruppe sektiererischer Franziskaner aus, unter ihnen vor allem von dem englischen Philosophen Wilhelm von Ockham (um 1290 bis 1349), dessen pluralistische Philosophie einen Angriff auf die Stufentheorie des heiligen Thomas von Aquin darstellte; er unterstellte den Papst und die Kirche der Souveränität des Kaisers und der Bestätigung durch die Heilige Schrift; diese beiden Autoritäten waren nach ihm ihrerseits voneinander unabhängig und lagen nicht innerhalb der organischen Ordnung eines *sacrum imperium* oder einer priesterlichen Hierarchie.

WANDLUNGEN IN DEN ORDNUNGSVORSTELLUNGEN

Mit dieser Grundannahme von der Existenz zweier unabhängiger Reiche, des säkularen und des spirituellen, begann die Auflösung der mittelalterlichen Ordnung. Das *sacrum imperium*, das päpstliche *sacerdotium*, das Sektenwesen hatten alle die fundamentale Einheit der Welt vorausgesetzt; zwischen himmlischen und irdischen Angelegenheiten gab es keine scharfe Trennung, und Meinungsverschiedenheiten gab es nur über den Weg zur Verwirklichung der spirituellen Ziele. Die Auseinandersetzung zwischen den göttlichen und den dämonischen Mächten fand jedenfalls in beiden Bereichen statt; nur hatte das Göttliche bereits im Himmel den Sieg davongetragen, während sein Triumph auf Erden sich gemäß dem göttlichen Heilsplan bis zur Erlösung der Menschheit verzögerte.

Diese Voraussetzungen, die der christliche Glaube machte, waren allen drei Formen religiöser Gemeinschaft eigen. Die Unterschiede in der Akzentuierung waren aber fundamental genug, um noch die folgenden Jahrhunderte zu beeinflussen, zumal da der schon im späten Mittelalter beginnende Säkularisierungsprozeß dahin tendierte, von den konkreten Erscheinungsformen nur das abstrakte Prinzip übrigzulassen, das sich bis in die Gegenwart hinein neue Inkarnationen suchte.

Das *sacrum imperium* war von der Überzeugung durchdrungen, daß alles Seiende einen spirituellen Aspekt habe. Die Spiritualität verkörperte sich im Kaiser, im Bischof, in der Kirche, dem Sakrament, einem Buch, einer Statue, aber auch in allen anderen Dingen. Nikolaus von Cues, Jakob Böhme und Leibniz konzipierten umfassende dynamische Weltbilder, in denen Geist und Materie in einem schöpferischen Prozeß der Selbstverwirklichung untrennbar miteinander verbunden waren. Eine etwas anders akzentuierte Denkweise charakterisiert eine Reihe von Denkern, die von Paracelsus bis zu Herder und Goethe, von Liebig bis zu Carl Gustav Jung und Ernst Jünger reicht: Für sie besteht das Weltall nicht aus lebloser Materie, die der Mensch für seine eigenen Zwecke beliebig manipulieren kann; es ist vielmehr ein lebendiger Organismus, den der Mensch verstehen lernen und dessen Lebensformen und -vorgänge er achten muß, um sich mit ihm in Beziehung setzen zu können.

Das *sacerdotium* hob die Mittlerrolle von Sakrament und Priesterschaft bei der Erlösung des Menschen hervor und betonte dadurch die Unterschiede zwischen den Spiritualien und den Temporalien. Diese Lehre gipfelte in der scholastischen Unterscheidung zwischen Glauben und Vernunft, deren Gegensatz allerdings im Rahmen einer hierarchisch-sakramentalen *ordo* aufgehoben ist. Diese Denkweise ist wiederum charakteristisch für Luther, Kant, Friedrich den Großen, Bismarck und alle jene Denker, die die Polarität von Glauben und Vernunft, von Subjekt und Objekt oder von Mensch und Welt betonten und die in der französischen Geistesgeschichte besonders häufig anzutreffen sind.

Der dritte Typ einer religiösen Gemeinschaft, den das Sektenwesen vertrat, war weniger durchstrukturiert, zeichnete sich jedoch durch eine historische Orientierung aus. Seine Fürsprecher im Mittelalter waren die Führer der großen Sektenbewegungen wie Arnold von Brescia und Rienzi, die für eine Rückkehr zu dem vergangenen Goldenen Zeitalter eintraten. Aber diese Gemeinschaftsform wurde außerdem auch von einigen Gemeinden gelebt, die sich von der Umwelt zu isolieren versuchten und in der beständigen Erwartung einer neuen Ordnung der Dinge verharrten. Der gesamte Zeitraum zwischen dem ursprünglichen Goldenen Zeitalter und dem kommenden Jahrtausend hat für diese Auffassung einen Übergangscharakter; man kann nichts anderes tun, als entweder die Wiederherstellung eines früheren Zustandes mit seinen alten und ursprünglichen Werten herbeizusehnen oder seine Hoffnung auf ein kommendes tausendjähriges Reich oder eine Utopie zu setzen. Für diese Übergangszeit ist die Gestalt des charismatischen Führers besonders bezeichnend. Die beschriebenen Gedankengänge finden sich bei sehr verschiedenartigen Persönlichkeiten: bei Thomas Müntzer wie bei Zinzendorf, bei Fichte ebenso wie bei Richard Wagner, Karl Marx und Hitler.

Im Laufe der deutschen Geistesgeschichte blieben diese religiösen Gemeinschaftstypen schärfer differenziert als anderswo, denn sie blieben abstrakte Gedankengebäude, die oft einen sehr persönlichen und radikalen Ausdruck fanden. Gelegentlich verbündeten sich auch zwei von ihnen gegen einen dritten, wie zum Beispiel das *sacrum imperium* und das Sektenwesen gemeinsam dem *sacerdotium* entgegentreten konnten. Es bleibt festzuhalten, daß die weiterlebende Vorstellung von der Gemeinschaft als einer dynamischen Ganzheit und von einem kommenden Dritten Zeitalter in der Lage war, entweder große philosophische Systeme oder aber unerbittliche Eroberungskriege zu erzeugen.

II. Vereinheitlichung und Differenzierung des westlichen Christentums

DIE BEDEUTUNG ÖSTLICHER UND WESTLICHER ORIENTIERUNG

Die kulturelle Entwicklung eines Volkes hat zwei Achsen: Auf der vertikalen läßt sich die Beziehung zwischen dem Ideal und dem Stand seiner aktuellen Realisierung darstellen; die horizontale gibt Widerstand oder Aufnahmebereitschaft gegenüber den Einflüssen wieder, die aus der Nachbarschaft hinzuströmen. Im vorigen Kapitel sprachen wir von der Vertikalen. Die zweite Achse war für die deutsche Entwicklung nicht weniger bedeutsam; befand sich Deutschland doch dank seiner europäischen Mittellage im Einflußbereich sowohl der slawisch-byzantinischen Kultur im Osten wie auch der französisch-romanischen im Westen.

Das *sacrum imperium* des 10. Jahrhunderts war sich sehr wohl der Aufgabe bewußt, die im Osten in Gestalt des slawischen Heidentums seiner harrte. Im 13. und 14. Jahrhundert folgten weitere Vorstöße nach Osten, die zur Gründung von Niederlassungen führten; die deutsche und die slawische Kultur sollten davon nachhaltig beeinflußt werden. Fast zur gleichen Zeit empfingen die Deutschen ihrerseits im Westen neue kulturelle Anregungen, besonders von Frankreich, wo sich das durch die Reformbewegung geschärfte religiöse Bewußtsein mit der wiederentdeckten antiken Bildung verbunden hatte.

Bei beiden Vorgängen spielte das Reich als solches keine aktive Rolle. Die deutsche Ostbesiedlung war eine Volksbewegung, an der Bauern, Bürger und Edelleute teilnahmen; die Aufnahme des »westlichen Rationalismus« war im wesentlichen das Werk von einzelnen, ohne daß sich das Mönchstum, der wichtigste Kulturträger des *sacrum imperium*, daran beteiligt hätte.

In den letzten fünf Jahrzehnten haben die deutschen Historiker die Frage erörtert, ob die neubesiedelten Gebiete im Osten einen Einfluß auf die kulturelle Entwicklung Deutschlands gehabt haben, der mit der Bedeutung der an Frankreich grenzenden Westgebiete verglichen werden könnte. Der Streitfrage lag insofern ein nationalistisches Vorurteil zugrunde, als gewisse Historiker annahmen, daß die Landnahme im Osten die deutsche Geschichte entscheidend geprägt habe (vergleichbar der fortschreitenden Besiedlung Amerikas von Ost nach West) und die Grundlage aller spezifisch deutschen Kulturleistungen geworden sei, während die westlichen Grenzgebiete die rationalistischen Tendenzen von Frankreich übernahmen. Nun kann allerdings nicht geleugnet werden, daß sich ein Unterschied in den kulturellen Leistungen zwischen Ost- und Westdeutschland herausgebildet hat; aber er hat nie einen so entscheidenden Einfluß gehabt, daß man die »Grenzland-These« gewisser amerikanischer Historiker übernehmen müßte. Die Eigenständigkeit der deutschen Kultur erklärt sich vielmehr aus dem Zusammenspiel der beiden Achsen, von denen wir gesprochen haben.

Überhaupt ist die Ostwanderung ebensowenig als isoliertes nationales Unternehmen zu betrachten wie die verschiedenen Kreuzzugsoperationen im Mittelmeergebiet; sie war eine Auswirkung der freigesetzten schöpferischen Energien, die dem westlichen Christentum seine endgültige Gestalt gaben, indem sie seine Grenzen nach außen verschoben und zugleich Philosophie und Kunst um neue Formen und Werte bereicherten, die hauptsächlich aus Frankreich stammten.

VORAUSSETZUNGEN DER OSTKOLONISATION

Etwa von der Elbmündung bis zur Adria rückten die deutschen Grenzen ostwärts vor, jedoch nicht in gerader Front, sondern in drei Keilen. Der stärkste stieß entlang der Ostseeküste nach Nordosten vor, wobei sich die Bewegungen zu Lande und zur See gegenseitig ergänzten. Eine zweite Stoßrichtung gegen Böhmen wurde von den Gebirgen und den starken slawischen Staaten der Böhmen und Polen aufgefangen. Ein dritter Keil drang die Donau abwärts vor. Allerdings war die Bevölkerung dieser Gebiete im 12. und 13. Jahrhundert bereits christianisiert; es gab daher keinen ersichtlichen Grund zu Kreuzzügen und zur Missionstätigkeit. Nicht zuletzt trug das Auftreten starker Herrscherpersönlichkeiten in Böhmen, Polen und Ungarn dazu bei, dem Vordringen der Deutschen Einhalt zu gebieten. Doch in den nordöstlichen Gebieten entlang der Ostseeküste und in den weiten Ebenen des Ostens gab es keine solchen Hindernisse. Im 12. Jahrhundert, als die große deutsche Ostbewegung sichtbare Fortschritte zu machen begann, waren die Slawen und Letten dieses Gebiets noch überwiegend Heiden und lebten in Stammesverbänden. Dieses Land stand nun den Deutschen mit ihrer politischen, wirtschaftlichen, religiösen und kulturellen Überlegenheit offen.

Im 11. und 12. Jahrhundert nahm die Bevölkerung der nördlichen Hälfte Europas schnell zu. Dieser Zuwachs wurde vor allem durch eine innere Kolonisierung und die Gründung neuer Städte und Dörfer aufgefangen, bis zu einem gewissen Grade aber fand er ein Ventil auch in der Ostwanderung. Innere Kolonisierung bedeutete lediglich, daß man Sümpfe trockenlegte und Wälder rodete, um die Anbaufläche zu vergrößern. Im Gegensatz zu Frankreich wurden in Deutschland und England zu dieser Zeit sehr viele Wälder in Ackerland verwandelt, so daß man hier geradezu den Prototyp des »Pioniers« suchen sollte[1]. In der zweiten Hälfte des 12. Jahrhunderts hatte die innere Kolonisierung einen Sättigungspunkt erreicht; der neu hinzukommende Bevölkerungsüberschuß floß daher in die Gebiete östlich der Elbe. Es darf nicht außer acht gelassen werden, daß der natürliche Zuwachs der schon an der Grenze siedelnden Bevölkerungsteile ebenso stark und expansiv war wie der Bevölkerungsdruck im Innern des Landes.

Der Landhunger des deutschen Adels war nicht geringer als der der Bauern. Die Adligen nahmen an Kreuzzügen gegen die heidnischen Slawen oder an den zahlreichen Kriegen gegen die einheimischen Fürsten teil und gelangten auf diese Weise in den Besitz von Ländereien, die sie natürlich mit Bauern aus der Heimat zu besiedeln trachteten. An der Grenze scheinen weite Gebiete dünn besiedelt gewesen zu sein, sei es wegen der Verheerung dieser Landstriche durch Kriegszüge, sei es wegen der primitiven Ackerbautechnik der einheimischen Slawen.

Der Besiedlungsvorgang wurde allmählich systematisiert. Ein »Lokator« genannter Beauftragter des Gutsherrn warb unter den daheim gebliebenen Bauern mit lockenden Angeboten: Er versprach Neuland, dazu Fische und Wild in Mengen, niedrige Pachten und Abgaben. Dann führte er die Auswanderer auf ihr neues Land und empfing als Vergütung Landzuteilungen oder das Recht, gewisse Abgaben und Gebühren einzutreiben.

Norddeutsche Siedler waren sehr begehrt, denn sie waren an den ständigen Kampf mit den Fluten von Meer und Strom gewöhnt, und verstanden es, Deiche und Marschen anzulegen. Überdies verwendeten die deutschen Bauern den schweren Radpflug mit eiserner Schar; sie waren daher in der Lage, den weniger geeigneten Boden zu kultivieren, dem die Slawen mit ihren primitiveren Methoden nicht beikommen konnten.

Die wichtigste Neuerung, die die deutschen Besiedler einführten, war zweifellos die Stadt. Die Slawen hatten zwar Handelszentren und Niederlassungen gekannt, aber keine organisierten Stadtgemeinden mit eigenen Gesetzen, die sie von der Feudalordnung auf dem flachen Lande unabhängig gemacht hätten. Das 13. Jahrhundert sah nun entlang der Ostseeküste

Städte wie Danzig, Riga, Dorpat und Reval entstehen. Mehrere dieser Küstenstädte wurden von Lübecker Kaufleuten gegründet; daher diente das lübische Stadtrecht diesen Neugründungen als Muster, während die Städte im Binnenland ihr Recht hauptsächlich von Magdeburg, dem alten Missions- und Bischofszentrum an der Elbe, übernahmen. Unter den neuen Binnenstädten wurden Prag, Breslau, Krakau, Posen, Frankfurt an der Oder und Thorn die wichtigsten Handelszentren. In all diesen Städten bestand die herrschende Klasse aus deutschen Bürgern, die Handel und Manufaktur des Kolonialgebiets in der Hand hatten und dem Stadtleben ihr Gepräge gaben.

Eine große Rolle in der nun folgenden Entwicklung spielten der Deutsche Ritterorden und die Hanse, zwei jener Gemeinschaftsbildungen, die für das Mittelalter so charakteristisch sind. Die Jahre um die Mitte des 13. bis zur Mitte des 14. Jahrhunderts sind durch das Aufkommen dieser Bünde und ihren Aufstieg zum Gipfel von Macht und Einfluß gekennzeichnet.

DIE ERRICHTUNG DER ORDENSHERRSCHAFT IN PREUSSEN

Der Deutsche Ritterorden (gegründet 1190) war, ebenso wie der Templer- und der Hospitaliterorden, ursprünglich zu dem Zweck gegründet worden, Pilger auf dem Weg ins Heilige Land zu beschützen und die Moslems zu bekämpfen; er bestand aus kriegstüchtigen Adligen, die das Mönchsgelübde der Keuschheit, der Armut und des Gehorsams abgelegt hatten. Ein weitblickender Hochmeister des Ordens, Hermann von Salza (1209–1239), sah die Notwendigkeit voraus, für den Fall, daß die Christen das Heilige Land verlören, ein neues Betätigungsfeld zu finden. Zuerst ließen sich die Ritter auf Einladung des Königs von Ungarn in Siebenbürgen nieder, wurden jedoch buchstäblich des Landes verwiesen, als sie eine Macht im Staat zu werden drohten. Hermann versicherte sich daraufhin bei seinem Freund Kaiser Friedrich II. nicht nur einer neuen Ordensregel, die eine straffere Organisation ermöglichte, sondern auch bestimmter Bodenkonzessionen an der Südküste der Ostsee.

Die Aufforderung, die heidnischen Preußen östlich der Weichsel zu christianisieren und zu unterwerfen, war ursprünglich von Herzog Konrad von Masowien ausgegangen. Fast während des ganzen 13. Jahrhunderts mußte Polen die verheerenden Angriffe der Mongolen über sich ergehen lassen und war überdies in eine feudalistische Anarchie abgeglitten. Dänemark, ebenfalls im Ostseeraum engagiert, war 1227 von einem Bund norddeutscher Fürsten besiegt worden und hatte nur Estland weit im Norden behalten können. Unter diesen Umständen war die politische Lage für den Auftritt des Ordens günstig. Auch waren die Päpste daran interessiert, im Ostseegebiet, besonders entlang der Ostküste, Missionsstationen zu errichten; ein militärischer Orden, der aus vielen deutschen Rittern bestand und als Schwertbrüderorden bekannt wurde, schuf im Jahre 1201 in Livland einen Vorposten für Missionszüge. Ein Jahr zuvor hatten deutsche Kaufleute, angeregt durch die päpstlichen Missionsbischöfe des Gebiets, die Stadt Riga gegründet.

Den deutschen Ordensrittern gelang es jedoch, jede engere Bindung an Kaiser oder Papst zu vermeiden; praktisch blieben sie von jeder fremden Kontrolle unabhängig. Unter der geschmeidigen Führung Hermann von Salzas sicherten sie sich die kaiserliche Bestätigung all ihrer Eroberungen, da alles herrenlose Land dem Kaiser unterstand; doch zugleich hatten sie dieses Land als päpstliches Lehen inne. Papst und Kaiser waren fern, ihre Einmischung kaum zu befürchten. Was noch wichtiger war: die bischöfliche Gewalt war in den Orden eingegliedert.

DER ORDEN ALS KOLONISATOR

Im zweiten Drittel des 13. Jahrhunderts gingen die Ordensritter daran, die slawischen Preußen zu unterwerfen. Hatten sie ein Gebiet erobert, so errichteten sie Festungen und Burgen zu seinem Schutz. Ein beständiger Strom von Adligen aus dem Westen lieferte die dringend benötigten Ersatztruppen für Kriegszüge und für die Bemannung der Befestigungsanlagen. Außerdem war es ein ernstes Problem, die Ordensgebiete gegen Litauer und Russen zu verteidigen. Als die Ritter 1242 und vor allem 1260 von den Litauern geschlagen wurden, sahen sie sich einem ausgedehnten Aufstand gegenüber, der ihre Regierungsgewalt in diesem östlichen Land ernstlich gefährdete. Ein vom Papst ausgerufener Kreuzzug und die Unterstützung der ostdeutschen Fürsten ermöglichten es den Ordensrittern jedoch, ihre verlorenen Burgen und Besitzungen wiederzugewinnen. Im Jahre 1283 war der gesamte preußische Widerstand endgültig zusammengebrochen, und die verheerten Gebiete waren mit deutschen Bauern besiedelt. Preußen und Deutsche, die unter den gleichen Gutsherren lebten, waren nach einiger Zeit nicht mehr voneinander zu unterscheiden.

Der Deutsche Orden war auch gezwungen, den Schwertbrüdern in Livland zu Hilfe zu kommen. Von der Hauptmacht der Deutschen zu weit entfernt, um Ersatztruppen zu erhalten, und bedrängt von den Dänen in Estland sowie von Russen und Litauern, waren diese Ritter immer in einer gefährlichen Lage. Im Jahre 1237 wurden sie in den Deutschen Ritterorden eingegliedert, der daraufhin die Verteidigung Livlands und Kurlands übernahm. Ein Versuch, nach Osten vorzustoßen und den Russen Nowgorod zu entreißen, wurde 1242 von Alexander Nevskij vereitelt. Dagegen konnte sich der Orden westwärts über die Weichsel hinaus bis nach Pommern ausdehnen, wo er sich mit der von Westen ausgehenden deutschen Expansion vereinigte.

Mit diesen letzten Eroberungen verlegte der Deutsche Ritterorden den Polen den Zugang zur Ostsee. Das Wiederaufleben Polens und seine Union mit Litauen unter der Dynastie der Jagellonen im 14. Jahrhundert bereiteten eine Reihe von Kriegen vor, die dazu führten, daß die Ordensritter im 15. Jahrhundert vom polnischen König abhängig wurden und alles bis auf die ursprünglichen Eroberungen verloren.

Die große Leistung der deutschen Ordensritter bestand nicht allein in der Verbreitung deutschen Einflusses entlang der Ostsee nach Osten, sondern ebenso in der Errichtung eines starken Staates. Unter der Zentralgewalt des Hochmeisters, der seine Macht durch Komture in den verschiedenen Bezirken ausübte, erzielte der Orden eine einheitliche, zentralisierte Verwaltung, die sich mit dem Verwaltungssystem des Königreichs Sizilien unter Friedrich II. vergleichen läßt. Ihr stand hier weder die sonst übliche unabhängige Feudalschicht gegenüber noch die eigenständige Rechtsprechung von Bischöfen und Äbten; denn die Kirche war im Orden aufgegangen, und die Größe der feudalen Güter unterlag strengen Beschränkungen.

Der Orden betrieb eine planvolle Kolonisierungspolitik, vor allem nach 1280, als er seine Oberhoheit in Preußen errichtet hatte. Man zählt dreiundneunzig Städte und etwa vierhundert Dörfer, die der Orden gegründet hat[2]. Viele dieser Städte wurden Mitglied der Hanse; Orden und Hanse unterhielten freundschaftliche Beziehungen und gingen zusammen gegen gemeinsame Feinde vor. Die Bauern wurden sehr mild behandelt; die meisten unterstanden unmittelbar der Ordensaufsicht, nicht einem adligen Gutsherrn. Daher ist es nicht verwunderlich, daß die Bauern aus den angrenzenden Fürstentümern zu Tausenden in die Ordensländer strömten.

Die Schwertbrüder in Livland konnten nicht die gleiche Politik verfolgen; denn hier standen dem Orden festgefügte kirchliche Autoritäten, Feudalherren und Freistädte gegenüber, mit denen sie zu rechnen hatten. Was für die Zukunft der dort lebenden Deutschen noch wichtiger war: Der Orden umfaßte nur eine dünne Schicht von Geistlichen, Bürgern und Adligen, die über eine einheimische Bauernschaft von anderer Sprache und Kultur herrschten. Nur wenige deutsche Bauern siedelten in diese abgelegenen Gegenden über.

Die großen, düsteren Ordensburgen wie die Marienburg, die Residenz des Hochmeisters, zeugen nicht nur von der Macht der Ritter, sondern auch von ihrem asketischen, militärischen Geist. Es ist behauptet worden, dieser Geist militärischer Askese habe eine säkularisierte Wiederverkörperung im späteren preußischen Staate gefunden, und zwar besonders in den Junkern, die seine Hauptstütze in Armee und Verwaltung waren. Jedoch förderte der Orden auch Handel und Verkehr; Städte wie Danzig, Königsberg und Riga wurden bedeutende Zentren der deutschen Handelsexpansion an der Ostsee, die im 13. und 14. Jahrhundert tatsächlich ein deutsches Meer war.

DIE HANSE UND DIE HANDELSBEZIEHUNGEN IN NORDEUROPA

Die deutsche Handelsexpansion gipfelte in der Entwicklung der Hanse, jenes berühmten Städtebundes, der in seiner Blütezeit zwischen 1250 und 1350 mehr als siebzig Städte umfaßte.

Wie auch andere Städtebünde wuchs die Hanse aus kleinen Anfängen empor. Die Kaufleute aus den norddeutschen Städten unternahmen weite Reisen, um auf den großen Messen in der Champagne Handel zu treiben; als diese ihre Bedeutung verloren, wandten sie sich nach Brügge in den Niederlanden. An beiden Umschlagplätzen begegneten sie italienischen Händlern, die die Erzeugnisse des Mittelmeergebiets anboten. Die deutschen Kaufleute suchten aber auch in großer Zahl England auf, das damals ein wichtiger Lieferant von Rohwolle war; die Wollstoffe, die in den flandrischen Städten hergestellt wurden, stellten den wichtigsten Artikel im Außenhandel der nordeuropäischen Staaten dar.

Die deutschen Kaufleute schlossen sich zu einem Schutzbündnis zusammen; daraus entwickelte sich ein Städtebund, der vom Rhein bis zur baltischen Küste der Ostsee reichte. Regensburg, Nürnberg und Augsburg vermittelten den Handel der baltischen Städte mit dem Mittelmeergebiet; dort nahm vor allem die große Handelsstadt Venedig die deutschen Waren auf.

Die norddeutschen Städte Hamburg, Lübeck und Danzig übernahmen die Führung der Hanse. Lübeck war das Ausgangszentrum für den Handel im Ostseeraum und außerdem das Bindeglied zwischen den Städten im Westen und den neuen baltischen Städten und Handelsniederlassungen. Die wichtigsten nördlichen Umschlagplätze waren Visby auf Gotland und Nowgorod, das die Verbindung zum russischen Hinterland herstellte. Das Angebot der baltischen Städte bestand vor allem aus Heringen, Häuten und Pelzen sowie den Waldprodukten der Grenzgebiete; dafür wurden

Rohwolle, Tuche und Luxusgegenstände aus West- und Südeuropa eingetauscht. Als die flandrischen und rheinischen Städte anwuchsen und gezwungen waren, Lebensmittel einzuführen, fanden die baltischen Städte neue Absatzmöglichkeiten für die Erzeugnisse ihres agrarischen Hinterlandes.

Die Hanse hatte nur eine sehr lockere Organisation. Nur in Krisenzeiten, wenn der freie Handel durch ausländische Mächte bedroht wurde, schlossen sich die Mitglieder zu einer wirklichen Einheitsfront zusammen. Die gefährlichste Bedrohung ging von Dänemark aus, das eine strategisch günstige Position innehatte, da es die Meerengen kontrollierte, die in die Ostsee führen, und den Heringsfang an der Südküste Schwedens gefährdete. Aber im Frieden von Stralsund (1370) zwang die Hanse Dänemark, auf die Kontrolle des Sunds zu verzichten und gewisse politische Garantien zu geben, darunter ein Mitspracherecht bei der Wahl des Königs. Die Hanse stand nun auf der Höhe ihres politischen und kommerziellen Einflusses im Ostseegebiet. Es war ihr gelungen, den Handel mit englischer Wolle, flandrischen Tuchen und mit den Fischerei- und Waldprodukten des Ostseeraums zusammenzufassen und daraus das weitgespannte Netz ihrer Handelsbeziehungen zu knüpfen.

Nach der Mitte des 14. Jahrhunderts verlor die gesamte Ostbewegung viel von ihrer Schwungkraft. Das mag teilweise mit der Pestepidemie zusammenhängen, die in den Jahren 1348 und 1349 die Bevölkerung katastrophal dezimierte und zu den großen sozialen und religiösen Wirren beitrug, die in der zweiten Hälfte des Jahrhunderts aufkamen. Im 15. Jahrhundert traten überdies weitere politische Mächte auf den Plan: Engländer und Holländer, Russen und Polen machten ihren Einfluß geltend.

Charakteristisch für diese deutsche Kolonialbewegung war es, daß ihr Wirkungsfeld nicht wie die Neugründungen im Heiligen Land durch weite Meere vom Mutterland getrennt war, sondern mit ihm eine direkte Verbindung hatte und daher nichts anderes als eine Ausdehnung seiner Grenzen darstellte. Die sozialen Formen, die man in die Kolonialgebiete übertrug, erlitten jedoch das übliche Schicksal: Da sie aus ihrem ursprünglichen Zusammenhang gelöst wurden, den sie in dem Herkunftsgebiet besaßen, wurden sie simplifiziert und stärker funktionalisiert. Staaten, die unter solchen Bedingungen gegründet werden, zeigen die Tendenz, nicht nur ausgedehnter zu werden, sondern auch eine straffere Organisation zu erhalten; in ganz ähnlicher Weise neigt man dazu, Burgen und Kirchen größer und in einem strengeren Stil zu bauen als im Mutterland.

Der wichtigste Anstoß zu einer kulturellen Entwicklung ging jedoch von Frankreich aus; er machte sich besonders in der höfischen Literatur, dem gotischen Stil und der scholastischen Philosophie bemerkbar. In diesen Bewegungen wurden der wiederbelebte religiöse Idealismus und Subjektivismus mit einem zunehmenden Rationalismus und Naturalismus konfrontiert.

FRANZÖSISCHES RITTERTUM UND HÖFISCHE MINNE

Der Adel war diejenige soziale Schicht, die ihre Wertungen und Interessen am nachdrücklichsten formulierte und sich dafür eigene kulturelle Formen schuf. Das Rittertum als Institution ging vor allem aus dem niedrigen Adel hervor, der sich durch Abenteuerlust und Beweglichkeit auszeichnete. Die Ritter rekrutierten sich aus den jüngeren Söhnen der Adelsfamilien und aus den Reihen der *ministeriales*. Sie traten in den Dienst eines großen Feudalherrn und beteiligten sich an Kreuz- und Italienzügen. Neben der Geistlichkeit wurde dieser Dienstadel nun ein wichtiger Kulturträger.

Das Ethos der Ritterlichkeit betraf zunächst die Beziehungen zwischen dem ritterlichen Herrn und der Dame und erweiterte sich zu einem Gefüge von Tugenden, zu denen nicht nur Tapferkeit in der Schlacht und Treue zum Herrn gehörten, sondern auch der durch einen Eid bekräftigte Wille, Witwen und Waisen zu schützen und die Kirche und den Glauben zu verteidigen. Um die Burgherrin als Mittelpunkt entstand ein höfisches Leben, wobei im Verhalten gegenüber der Frau bestimmte Formen vorgeschrieben waren, die in dem Begriff Ritterlichkeit (chevalerie) zusammengefaßt wurden. Es gehörte zu den Aufgaben der Herrin, die Söhne der Vasallen ihres Herrn in ritterlichem Geist und höfischen Formen zu unterrichten und sie auf den Eintritt in die Gesellschaft vorzubereiten.

Die Einfuhr von Teppichen und Spiegeln, von Seide, Brokat und anderen Luxusartikeln veränderte die Lebensgewohnheiten des Adels ebenso wie der Kontakt mit fremden Völkern, der sich bei den verschiedenen militärischen Unternehmungen in Italien, Spanien und dem Heiligen Lande ergab; eine Verfeinerung der Gefühle und des Geschmacks und eine stärkere Nuancierung des Verhaltens und der Empfindungen waren die Folge.

Das wichtigste Ergebnis dieser Veränderungen war ein neues Menschenbild. Sowohl die lyrische als auch die epische Dichtung verkündeten ein neues Ideal: die Überwindung der natürlichen Triebe und Begierden nicht durch göttliche Gnade, sondern durch die Liebe zur Herrin, eine Liebe allerdings, die Unerreichbares erstrebte und in der die Distanz zwischen dem Liebenden und der kühlen, fernen Geliebten eine innere Spannung erzeugte, in der der Dichter voll glühender Leidenschaft seine Verse schuf. Eine unendliche Sehnsucht, »die sich nie erfüllt«, wurde als höchstes Glück empfunden[3].

DIE DEUTSCHE VARIANTE: WALTHER VON DER VOGELWEIDE

Bei Walther von der Vogelweide (um 1170 bis um 1230), dem größten unter den deutschen Minnesängern, finden wir eine individualisierende Tendenz, die über den höfischen Frauenkult hinauswies. Walther stammte aus dem niederen Adel; wir treffen ihn als wandernden Troubadour zuerst in Österreich an; er hat vielen Fürsten und drei Kaisern gedient. Gegen Ende seines Lebens erhielt er von Friedrich II. ein kleines Lehen, das es ihm ermöglichte, sein Wanderleben zu beenden. Walthers Dichtungen verraten eine sehr persönliche Einstellung gegenüber den Problemen, die seine Zeit bewegten – von der Liebe bis zur Reichspolitik.

Die Liebe war für ihn mehr als eine bloße höfische Konvention; sie galt ihm aber auch nicht als eine erhabene metaphysische Idee. Für diese beiden Auffassungen hatte Liebe nichts mit Ehe oder erotischer Leidenschaft zu tun: Sie hätten ihre erhabene Reinheit beeinträchtigt. Man heiratete nicht aus Liebe, sondern aus politischen Gründen und nach seinen Standesinteressen; und suchte man die Befriedigung sinnlicher Begierden, so fand man sie bei einer Frau außerhalb seiner eigenen Klasse. Walther von der Vogelweide nun versuchte, die natürliche Leidenschaft zwischen Mann und Frau mit der seelischen Verzückung der höfischen Minne zu vereinbaren. Damit aber bereitete er eine Abwertung der Herrin vor, die bisher die einzige Frau gewesen war, der man seine Liebe entgegenbringen konnte. Walther leitete daher das Ende des goldenen Zeitalters der höfischen Lyrik, des Minnesangs, ein.

Walther trat außerdem den politischen Mißständen seiner Zeit entgegen; er hatte sie vor allem in der chaotischen Zeit kennengelernt, die zwischen dem Tod Heinrichs IV. und der Thronbesteigung Friedrichs II. lag und in der das Papsttum unter Innozenz III. die führende politische Macht darstellte. Walther selbst war ein Anhänger der Hohenstaufenkaiser und schrieb die Schuld am größten Teil der unglücklichen Verhältnisse in Deutschland der Habsucht und dem Ehrgeiz der Päpste zu. Er beklagte auch den moralischen Niedergang seiner Zeit, den Mangel an Zucht, Mäßigung und Festigkeit.

Ein höfisches Epos war die Geschichte einer großen Liebe, eines Strebens nach spiritueller Reinigung oder schlicht eines Abenteuers. Der Stoff wurde alten Quellen entnommen; die Taten Alexanders des Großen, die germanischen Wanderungen, wie sie sich zum Beispiel im Nibelungenlied spiegeln, und die Leistungen Karls des Großen und seiner Krieger wurden gleichermaßen verwendet. Die volkstümlichsten und phantastischsten Geschichten waren keltischen Ursprungs und handelten von König Artus und den

Abenteuern der Ritter seiner Tafelrunde. Viele dieser Epen enthielten nur phantasievolle Berichte von Rittern, die Jungfrauen aus den Fängen von Riesen, Unholden, Hexen und Zauberern erretteten, denen die ganze Fülle der Zaubermittel zu Gebote stand. Das moderne Gegenstück zu diesen Geschichten ist der Zukunftsroman.

In Wolfram von Eschenbachs »Parzival« geht es um mehr als die Suche nach Abenteuern; das eigentliche Abenteuer ist hier vielmehr die Suche nach dem heiligen Gral, dem Symbol des geistlichen Rittertums. Er sucht ihn mit dem ganzen Einsatz seiner ritterlichen Tapferkeit, muß aber schließlich erfahren, daß er nur durch Buße und Demut seiner würdig werden kann. Wolfram (um 1170 bis um 1220) stellt damit die allgemein christlichen Tugenden höher als die sittlichen Vorstellungen einer besonderen Kaste.

Die höfische Kultur in Deutschland gipfelte in einer Generation von Dichtern, die ihren schöpferischen Höhepunkt um das Jahr 1200 hatten. Danach verebbte die Bewegung, und nur die konventionellen Formen der höfischen Gesellschaft und ihre Sehnsüchte spiegelten sich noch in der Dichtung.

DIE FRANZÖSISCHE GOTIK: LOGISCHER BAUPLAN UND DYNAMISCHE RAUMBEHANDLUNG

Der gotische Stil stammt aus der weiteren Umgebung von Paris, wo er etwa von der Mitte des 12. bis zur Mitte des 13. Jahrhunderts seine klassische Form gewann. In Deutschland kam er erst im letzten Drittel des 13. Jahrhunderts zu voller Geltung. Spitzbögen, Rippengewölbe, Strebebögen und Bündelsäulen, die als isolierte Bauelemente schon im romanischen Stil verwendet worden waren, verbanden sich in der gotischen Kirche zu einer funktionalen und dynamischen Ganzheit; sie erlaubten es, die Schwere aufzulösen und den Druck zu verteilen, damit aber die Wände zu entlasten und Raum zu schaffen für die riesigen Glasfenster. Jeder Gebäudeteil erfüllt seine eigene Funktion, doch zusammengenommen bilden sie eine logische Struktur. So entsteht statt der statischen Schwere des romanischen Stils ein dynamisches Gleichgewicht.

Der romanische Stil war im wesentlichen ein Ausdruck des *sacrum imperium*; tatsächlich sind auch einige seiner größten Baudenkmäler in Deutschland mit den Namen der Kaiser verknüpft. Der blockartige Charakter romanischer Bauten gab die Majestät und Macht des Reiches wieder. Der gotische Stil dagegen, eine Verschmelzung der urbanen Rationalität mit der religiösen Leidenschaft der Reformer und Kreuzfahrer, ist ein Versuch, die Dynamik von Glauben und Denken im sakralen Bauwerk wiederzufinden.

In der Gotik wird der Raum bewußt so gestaltet, daß er geradezu greifbar wirkt. Während in romanischen Kirchen noch die Wände vorherrschten und den Menschen einzuschließen schienen, sind sie in der Gotik verschwunden, und das Licht, das durch die Fenster einströmt, vereinigt den inneren mit dem äußeren Raum. Der Innenraum wird nicht mehr nach romanischer Art aufgeteilt, der Blick wird zu der hochragenden Gewölbekrone emporgezogen und folgt den Bewegungen der Bögen bis zum Altar. Die Natur wird nicht mehr als Tummelplatz dämonischer Kräfte angesehen. Die Franziskaner verehrten alle Naturformen als Schöpfungen Gottes und hielten sie ihrem Wesen nach für gut; in Übereinstimmung mit dieser Lehre wird pflanzliches und tierisches Leben reichlich dargestellt. Groteske Phantasie und naive Verspieltheit haben die Abbildungen ebenso bestimmt wie die Lehrmeinungen der großen Enzyklopädien. Die ganze Spannweite der menschlichen Erfahrung, von Gott auf seinem himmlischen Thron bis zur kleinsten Kreatur, die die Erde trägt, ist in diesen Schilderungen eingefangen.

HALLENKIRCHEN UND SPÄTGOTISCHE BILDHAUERKUNST

Beim Bau der französischen Kathedralen, zum Beispiel in Amiens und in Reims, wirkten deutsche Baumeister und Handwerker mit; der Kölner Dom, neben dem Straßburger Münster das bedeutendste gotische Bauwerk in Deutschland, ist von Amiens unmittelbar beeinflußt worden. Während aber die französische Kathedrale eine klassische Ausgewogenheit zeigt, verrät ihr deutsches Gegenstück durch allzu starke Betonung der vertikalen Linien an der Außenfront ihre Überreife.

Die Gotik war ein Prozeß des Wachstums und der organischen Weiterentwicklung funktionaler und spiritueller Möglichkeiten, neuer religiöser Werte und sozialer Bedürfnisse. Die architektonische Entsprechung dieser neuen Tendenzen waren die Hallenkirchen, die gegen Ende des 13. Jahrhunderts zu erscheinen begannen und ihre Blütezeit erst im 15. Jahrhundert erlebten. Es handelt sich um einen Typ von Kirchen, die auf eine Stadtgemeinde und die jetzt so wichtig gewordene Predigt zugeschnitten waren. Man findet sie zuerst in Nordwestdeutschland, von wo aus sie sich ostwärts in die neuen Siedlungsgebiete ausbreiten, um dort ihre reifste Form zu finden.

Die Konzeption der Hallenkirchen bedeutet eine Auflösung der klassischen gotischen Raumaufteilung und darüber hinaus eine Aufgabe der traditionellen Basilikaform. Die vertikalen und horizontalen Linien werden nicht mehr betont und die Seitenflügel mit dem Kirchenschiff zu einer einzigen großen Halle vereinigt: Die Decken der Seitenschiffe werden bis zur Höhe des Mittelschiffes angehoben, und die Mittelpfeiler und Säulen verschwinden. Querschiffe und Chor werden ebenfalls mit dem Hauptraum vereinigt, der nun alles beherrscht. Im Grunde ist hier die gotische Tendenz, die einzelnen Räume zu verbinden, zur Vollendung gelangt. Dafür ist aber der himmelwärts drängende, aufschwebende Charakter des klassischen gotischen Baustils verlorengegangen: Das Auge folgt der horizontalen Erweiterung des Raums in alle Richtungen, nicht ausschließlich zum Altar hin. In den Hallenkirchen spürt man daher den Geist der im Gottesdienst mystisch miteinander vereinten Gemeinde.

Verfolgen wir die Entwicklung der gotischen Bildhauerei und Schnitzkunst, so stellen wir eine ähnliche Tendenz fest, den Blick nach innen zu wenden. Die Figuren auf der romanischen Fassade blicken unverwandt in verzücktem Staunen auf das himmlische Licht und sind voller Ehrfurcht, als hätte sich soeben ein Wunder vor ihren Augen abgespielt. Die gotischen Figuren dagegen wenden sich einander zu, als gehörten sie zu einer festlichen Gesellschaft, die der Krönung der himmlischen Jungfrau beiwohnt, oder als seien sie in eine ernste Disputation über die Probleme des Glaubens vertieft. Sie sind daher nicht mehr nur äußerliche Zeichen und Symbole für Göttliches und Dämonisches, sondern sie gewinnen inneres Leben.

In der Spätgotik treten die Figuren auch aus der Wand hervor, als wollten sie einen eigenen Platz einnehmen. Sie sind nicht mehr dazu da, lediglich die vertikalen Linien der Grundstruktur des Gebäudes hervorzuheben. Diese zunehmende Unabhängigkeit der Skulptur von der Architektur wurde allerdings erst in der Renaissance voll verwirklicht.

In den deutschen Skulpturen der ersten Hälfte des 13. Jahrhunderts tritt diese Tendenz ebenfalls deutlich in Erscheinung, besonders bei bestimmten Figuren im Bamberger und im Naumburger Dom. Der Bamberger Reiter ist nicht nur die vollendete Darstellung eines Ritters; seine ganze Haltung verrät jene dynamische Spannung, die für die Gotik insgesamt charakteristisch ist. Er scheint soeben in den Sattel gesprungen zu sein und aufmerksam zu beobachten, was in der Ferne geschieht. Diese Gestaltung eines konkreten physischen und psychologischen Augenblickszustandes nähert sich bereits dem Naturalismus der späten Renaissancezeit, ohne doch den spirituellen Idealismus zu opfern, der die Gotik kennzeichnet. Dieselbe Polarität von Naturalismus und Idealismus spiegelt sich in den Gründerfiguren im Chorraum des Naumburger Doms; jede von ihnen steht wie ein einzelnes Standbild um ihrer selbst willen da und drückt doch zugleich auf ihre eigene Weise die gemeinsame Trauer um einen der Ihren aus, der in der Schlacht gefallen ist. Die eindrucksvolle Gruppe erinnert jedoch eher an romanische Monumentalität als an gotische Eleganz.

ARISTOTELES UND DIE GEISTIGE KRISE IN PARIS

Auch im Reich des Geistes brachten die beiden Jahrhunderte zwischen 1150 und 1350 eine grundlegende Umgestaltung. Wie die christliche Basilika durch die neue funktionalistische und spiritualistische Denkweise der Gotik eine neue dynamische Form erhielt, so wurde auch die christliche Lehre neu belebt, und zwar durch die Hereinnahme der aristotelischen Metaphysik in die Scholastik. Schon im frühen 11. Jahrhundert hatten sich Abälard und andere Denker vom starren Dogma abgewandt und die Technik der logischen Definition angewendet; sie verschärften dadurch den Gegensatz von Vernunft und Glauben. Einen neuen Anstoß dazu lieferten nun die wissenschaftlichen und philosophischen Erkenntnisse der Antike, die durch islamische Vermittlung über Spanien und Süditalien nach Westeuropa gelangten. Das Kernstück dieses großen neuen Wissensschatzes war das Werk des Aristoteles, der versucht hatte, das gesamte Wissen in ein gewaltiges System einzuordnen.

Es waren denn auch nicht die neuen Erkenntnisse, die die Gemüter verwirrten, sondern die umfassende, rational widerspruchsfreie Geschlossenheit der aristotelischen Synthese, die noch von ihrem Interpreten, dem islamischen Philosophen Averroes (1126–1198), unterstrichen wurde: Der Mensch war eine Partikel des Weltgeistes, der mit Gott identisch ist und das aktive Prinzip darstellt, das der ewigen Wiederkehr der Naturerscheinungen zugrunde liegt. Averroes wies darauf hin, daß der Philosoph gewisse Vorstellungen, die aus den heiligen Schriften abgeleitet worden waren, zurückweisen müsse, zum Beispiel die vom persönlichen Gott und von der persönlichen Unsterblichkeit, aber auch die miteinander gekoppelten Begriffe Himmel und Hölle, obgleich es für die breite Masse zweckmäßig sein möge, weiter daran zu glauben.

Die Philosophie, die sich mit Aristoteles identifizierte, verzichtete damit völlig auf die frühere enge Beziehung zur Theologie. Diese neue Lehre, von mehreren Mitgliedern der Fakultät der freien Künste an der kürzlich gegründeten Universität von Paris vertreten, wurde von den kirchlichen Behörden natürlich verdammt. Dadurch entstand eine scharfe Kontroverse über das Verhältnis von Philosophie und Theologie und darüber hinaus auch über die Autonomie der Universität. Die Intervention des Papsttums hatte Erfolg: Den Päpsten gelang es nach und nach, Angehörige des Dominikanerordens in die Theologische Fakultät zu bringen, die zwischen aristotelischer Philosophie und christlicher Theologie vermitteln konnten.

Die Versöhnung war vor allem das Werk zweier Dominikaner, des Deutschen Albertus Magnus und des Italieners Thomas von Aquin. Beide stammten aus dem niederen Adel. Albertus lehrte von 1245 bis 1248 in Paris, Thomas von 1256 bis 1261; danach kehrten beide in ihre Heimat zurück. Thomas war ein Schüler des Albertus Magnus; er übertraf ihn zwar an logischer Schärfe, nicht jedoch in der Breite des Wissens.

Der Streit um die aristotelische Philosophie war verbunden mit den Beziehungen zwischen Vernunft und Glauben. Thomas zeigte, daß sie keine Gegensätze darstellten, sondern in ihrem Bereich Gültigkeit besäßen, daß aber der Glaube die übergeordnete Funktion habe. In seinem enzyklopädischen Hauptwerk, der *summa theologiae*, wollte Thomas alle Erkenntnisse in eine harmonische, hierarchische Ordnung bringen: Eine Stufenfolge führt von der sinnlich-animalischen zur rational-menschlichen Ebene und weiter zur intuitiv-mystischen Vision des Göttlichen. Jede Stufe geht in die nächsthöhere über, bewahrt jedoch zugleich ihren eigenen Charakter. Außer dieser hierarchischen Struktur ist es für den Thomismus kennzeichnend, daß dem Menschen eine Mittlerrolle zwischen der Welt der Natur und der Welt der Gnade oder dem Übernatürlichen zugesprochen wird. Thomas enthüllte also, und zwar durch die der Dialektik oder Logik innewohnenden Dynamik, die Spannungen zwischen diesen Bereichen.

Dieses große, nie vollendete Gedankengebäude stellte eine umfassende christliche Apologetik dar, die beweisen sollte, daß das Christentum die Universalreligion sei und die Erfüllung alles antiken Denkens bringe.

Albertus Magnus (gestorben 1280) war ein Denker anderer Art; zwar neigte auch er zur Synthese, doch weniger mit Hilfe der Logik als durch Intuition und mystische Einsicht. Seine ausgedehnten Kenntnisse, auch auf den Gebieten der Botanik, Chemie und Physik, machten ihn hochberühmt, allerdings zugleich auch ein wenig der Magie verdächtig. Für das Denken des Albertus Magnus war Aristoteles weniger wesentlich als die neuplatonische Philosophie, die das ganze Mittelalter nachhaltig beeinflußt hat.

Albertus neigte dazu, das Weltall und den Menschen gewissermaßen von oben statt aus einer mittleren Höhe zu betrachten. Das Universum stellte für ihn ein großartiges, buntes Gefüge dar, das von einem göttlichen Schöpfergeist durchwoben ist, der allerdings nicht von den Sinnen erfaßt werden kann, sondern nur durch eine Art intuitiver Wahrnehmung der Schöpfungen, die er beständig hervorbringt. Hier weicht Albertus Magnus von Thomas von Aquin ab, für den die Sinne sozusagen die Fenster waren, durch die der Verstand seine Informationen über die Welt erhält.

DIE DEUTSCHE MYSTIK: MEISTER ECKEHART

In weit entschiedenerer Form kehren diese Ideen, wenn auch mit anderer Akzentuierung, in der spekulativen Mystik eines anderen großen Dominikaners wieder. Meister Eckehart (ca. 1260–1327) war adliger Herkunft; er wurde Lehrer in Paris, später Provinzialvorsteher seines Ordens und schließlich Prediger und Lehrer an der Dominikanerschule zu Köln. Seine in lateinischer Sprache abgefaßten Werke enthalten ein scholastisches Gedankengebäude wie das von Thomas und Albertus; aber seine deutschsprachigen Predigten sind von den glühenden Visionen eines Mystikers erfüllt.

Als Mystiker befaßte sich Eckehart nicht mit logischen Unterscheidungen oder umfassenden intellektuellen Synthesen; er fragte vielmehr nach dem Göttlichen in der Seele. Man hat ihn geradezu den »Entdecker der menschlichen Seele« genannt. Die Seele gilt ihm nicht als Substanz, sondern als eine Aktivität, durch die und in der Gott geboren werde; die Geburt Gottes findet statt, sobald die Seele sich völlig von jeder Sorge und von allen Äußerlichkeiten gelöst hat, keine eigene Willensrichtung mehr kennt und einen Zustand vollkommener Passivität und Einsamkeit erreicht hat. Dann wird der göttliche Funke in der Seele zu einer verzehrenden Flamme und umfängt sie ganz. Eckehart meinte, der Mystiker solle sich jedoch nicht einfach in die innere Einsamkeit zurückziehen oder die Auslöschung des Ichs in einer ekstatischen *unio mystica* anstreben, denn diese beiden Wege könnten, als Selbstzweck aufgefaßt, zu einer Art von Selbstgenuß führen. Vielmehr müsse der Mystiker in seinem Bewußtsein die Spannung wachhalten, die dadurch entsteht, daß die Seele zugleich nach außen und nach innen gerichtet ist. Der Funke in der Seele sollte ein Strahlungszentrum werden, das sein Licht über die ganze Welt wirft und überall anzeigt, daß das schöpferische göttliche Prinzip in der Seele sich jetzt seiner selbst bewußt werde.

Eckehart hatte damit den Schwerpunkt der Religiosität von äußerlichen Institutionen wie der Kirche und dem Sakrament in das Innere der Seele verlegt. Mystik impliziert die Möglichkeit des persönlichen und unmittelbaren Zugangs zu Gott für jedes einzelne Individuum. Institutionen und Dogmen haben demgegenüber eine negative Funktion: Sie lenken von der unmittelbaren Vereinigung mit Gott ab. Der Mystiker ist deshalb noch kein prinzipieller Gegner von Kirche und Sakrament; aber da er das Hauptgewicht auf die reine, innerliche Frömmigkeit legt, gelangt er zu einer weit radikaleren Haltung als diejenigen, die etwa das unwürdige Leben der Geistlichen verurteilen. So überrascht es nicht, daß gewisse Stellen aus

Eckeharts Schriften zu Häresien erklärt wurden. Ein Jahr nach seinem Tode wurde seine gesamte Lehre in aller Form verurteilt.

Die deutsche Mystik führte zu einer Spiritualisierung der Religion, oft auch zu starker Betonung von Gefühlserfahrungen, Visionen und Ekstasen. Diese Folgen sind in den Schriften zweier Schüler Eckeharts deutlich zu sehen: Heinrich Seuse (ca. 1295–1366) und Johann Tauler (ca. 1200–1361), beide hervorragende Prediger (insbesondere Tauler); sie kleideten die Lehren ihres Meisters in volkstümliche Formen, ohne bedeutende eigene Beiträge hinzuzufügen. Sie predigten in der Volkssprache und fanden daher viel mehr Widerhall als die offizielle Geistlichkeit.

Im 14. Jahrhundert entstanden zahlreiche mystische Dichtungen, die die Sehnsucht der menschlichen Seele nach Vereinigung mit Gott zum Ausdruck brachten. Da viele der Gedichte von Nonnen adliger Abkunft verfaßt waren, nimmt es nicht wunder, daß hier das romantisch-ritterliche Motiv der Liebe zum Unerreichbaren wiederkehrt; selbst die Metaphern, die das Vereinigungsstreben ausdrücken, stammten oft aus den Liebesgedichten der Minnesänger.

DER INNERDEUTSCHE ZWIESPALT: OST- GEGEN WESTORIENTIERUNG

Wir beurteilen all diese kulturellen Strömungen als zentrifugale Tendenzen innerhalb des westlichen Christentums. Sobald sich das Papsttum vom *sacrum imperium* befreit und dessen religiöse Vitalität untergraben hatte, sah es sich auch schon kulturellen Kräften gegenüber, die, von ihren Fesseln befreit, zu sich selber finden wollten und nur mit Mühe in dem sakramental-hierarchischen Rahmen integriert werden konnten.

Diese zentrifugalen Tendenzen wurden nun in der deutschen Situation noch weiter verstärkt. Selbst die Ostexpansion, ursprünglich ein deutsches Gegenstück zu den mediterranen Kreuzzügen, hatte ein anderes Ergebnis als diese; denn die neuerworbenen Territorien waren weder so weit entfernt wie die Kreuzfahrerstaaten, noch stellten sie lediglich, wie im Falle Spaniens, nationale und religiöse Rückeroberungen dar.

Waren die deutschen Gebietserwerbungen einerseits eine Erweiterung des Mutterlandes, so bildeten sie andererseits auch ein Sprungbrett für weitere Eroberungen. Dieses Doppelgesicht der östlichen Grenzgebiete hat die Deutschen vor allem im Laufe des letzten Jahrhunderts belastet. Die amerikanische Westbewegung hatte schließlich die natürlichen Grenzen erreicht und war damit eine vollendete historische Tatsache geworden; aber für die Deutschen blieb die Ostexpansion eine immerwährende Herausforderung, deren Intensität durch die beiden jüngsten Lösungsversuche unterstrichen wird. Die von Hitler praktizierte Antwort bestand in dem Versuch, das gesamte Hinterland der Ostgrenze zu erobern und zu unterwerfen; der andere Lösungsversuch, der gegenwärtig vorgeschlagen wird, bedeutet die Aufgabe des gesamten Kolonialgebiets und damit den Verzicht auf eine deutsche Aktivität im Osten.

Im Westen hatte Frankreich der lateinischen Tradition eine klassische, rationale Gestalt gegeben. Die Deutschen begegnen hier der höfischen Kultur, der Gotik und der Scholastik, und übernahmen diese Strömungen, nachdem diese ihren Höhepunkt in Frankreich bereits überschritten hatten. Daraus mag sich die tiefsitzende Abneigung der Deutschen gegen »strenge Form und reinen Stil« ebenso erklären wie ihre Tendenz, die Individualität und Subjektivität in den Entlehnungen aus Frankreich hervorzuheben, und zwar nicht nur im Mittelalter, sondern auch in den folgenden Jahrhunderten [4].

Während also die klassischen französischen Schöpfungen eine gegliederte Synthese anstrebten, betonten die Deutschen die polare Spannung zwischen den Elementen des Systems und übersetzten sie ins Subjektive. Die deutsche Auffassung legte kein Gewicht mehr auf die Gesellschaft als ein System von Konventionen mit der höfischen Liebe als Triebkraft; oder auf die Kirche als einer irdischen Einrichtung zur Anbetung des Überirdischen; noch auf die Philosophie, verstanden als eine Denklehre, die zur Erkenntnis der höchsten Wahrheit anleitet. Die Deutschen kehrten vielmehr den Blick von diesen objektiven Gebilden ab und wandten sich der Erfahrung der Liebe als spirituelle Erhebung zu, dem Gefühl der mystischen Gemeinschaft im Hause des Herrn und dem göttlichen Funken in der Seele des einzelnen.

Es handelt sich also um eine doppelte Ausrichtung des deutschen Denkens: eine östliche Orientierung mit dem Blick auf Expansion und Eroberung einerseits, eine westliche, rezeptive und subjektivistische Orientierung andererseits. Diese zweifache Ausrichtung erklärt die Wichtigkeit, die das deutsche Denken der Polarität beilegt. Anders als die Franzosen hatten die Deutschen keinen Mittelpunkt, von dem aus Mensch und Welt hätten gedeutet werden können. Daher spielte sich die deutsche Entwicklung nicht in einem traditionsbestimmten Rahmen ab, sondern in der anhaltenden Spannung zwischen zwei kulturellen Fronten.

III. Die Suche nach religiöser Unmittelbarkeit und kultureller Autonomie

Das westliche Christentum erlebte zwischen 1350 und 1450 eine Reihe schwerer Erschütterungen, deren Folgen in ihrem ganzen Ausmaß nur schwer abzuschätzen sind. Zu den schwerwiegendsten Ereignissen gehören eine große Pestepidemie, der Schwarze Tod (1348–1352), die große Kirchenspaltung (1378–1415), mehrere verhängnisvolle Kriege, wie der Hundertjährige Krieg (1339–1453) zwischen Frankreich und England und die Hussitenkriege in Mitteleuropa (1420–1431), schließlich eine Reihe von Aufständen der unteren Klassen in Stadt und Land, insbesondere in der zweiten Hälfte des 14. Jahrhunderts. Diese Ereignisse erzwangen tiefgehende Umgestaltungen, allerdings offenbar weniger im politischen und sozialen Bereich – jedenfalls in Deutschland – als in der religiösen Haltung und der intellektuellen Ausrichtung.

DER SCHWARZE TOD UND DIE VERSCHIEBUNG
DER GESELLSCHAFTSSTRUKTUR

Unter dem »Schwarzen Tod« versteht man eine Beulenpest, die von Ratten und Läusen übertragen wird. Von Asien aus wurde sie in die Mittelmeerhäfen eingeschleppt und breitete sich über Italien entlang den Handelsstraßen nach Norden und Westen aus. Etwa dreißig bis fünfzig Prozent der Bevölkerung des nördlichen und westlichen Europa wurden von der Seuche dahingerafft. Zwei Drittel der Studenten an der Universität Oxford fielen ihr zum Opfer. Die Epidemie breitete sich nicht gleichmäßig aus; während manche Gebiete fast völlig entvölkert wurden, blieben andere weitgehend verschont. Alle Gesellschaftsschichten scheinen aber gleich stark gelitten zu haben.

Die Historiker neigen dazu, die unmittelbaren Auswirkungen von Katastrophen zu verkleinern; so ist auch behauptet worden, die Zerstörungen, die dem Schwarzen Tod zugeschrieben werden, seien vielmehr Manifestationen gewisser grundlegender Wandlungen, die schon lange im Gange waren. Vor allem, so heißt es, habe die Epidemie bestimmte Tendenzen verstärkt: das Aufhören des schnellen Bevölkerungszuwachses, die Landflucht, die Hinwendung zu außersakramentalen Formen der Religiosität, den allgemeinen Pessimismus und die Resignation. Diese Tendenzen, so wird behauptet, sind charakteristische Symptome dafür, daß eine Gesellschaft und eine Kultur ihren Höhepunkt überschritten haben und in ihre absteigende Phase eingetreten sind.

Wir wollen den Schwarzen Tod sowohl als Ursache wie auch als Symptom grundlegender Wandlungen in einem Übergangsstadium auffassen. Jedenfalls fällt es auf, daß die Seuche in den Küstenzonen offenbar heftiger gewütet hat als in Zentraleuropa. Doch betrachten wir dieses Gebiet ja als einen Teil des westlichen Christentums und nicht als isolierte nationale Einheit; denn als eine Familie selbständiger Nationen trat Europa zwar schon in der hier behandelten Periode (1350 bis etwa 1600) in Erscheinung, reifte jedoch erst später zu seiner eigentlichen Gestalt heran.

Hungersnöte waren im Mittelalter nichts Ungewöhnliches. Der Getreideanbau war der Hauptzweig der Landwirtschaft; er lieferte die wichtigsten Lebensmittel. Mißernten waren daher verhängnisvoll; der Gartenbau war zu wenig entwickelt, um mit Gemüselieferungen auszuhelfen, und der Getreidetransport von reicheren in ärmere Anbaugebiete war schwierig zu bewerkstelligen. Eine Reihe von Mißernten und nachfolgenden Hungersnöten in den vierziger Jahren des 13. Jahrhunderts hat wahrscheinlich die physische Widerstandsfähigkeit der Bevölkerung geschwächt und dadurch die verheerenden Wirkungen der Seuche noch verschlimmert.

In den Städten führte der Bevölkerungszuwachs zu einer Übervölkerung; innerhalb der Stadtmauern wurde jeder freie Platz ausgenutzt, und die Überfüllung des Wohnraums bot der Epidemie günstigen Nährboden. Die meisten Städte sahen sich im 14. und 15. Jahrhundert gezwungen, die ländliche Umgebung unter ihre Gewalt zu bringen, um die Nahrungsmittelversorgung zu sichern und die Vorstädte einzugliedern, die sich außerhalb der Stadtmauern gebildet hatten.

Der durch die Pest verursachte Bevölkerungsrückgang hatte zur Folge, daß nun mehr Lebensmittel für die dezimierte Bevölkerung zur Verfügung standen. Unvermittelt fielen die Preise, die bisher proportional zur Bevölkerungszunahme gestiegen waren. Die Preise für landwirtschaftliche Erzeugnisse sanken am tiefsten und zogen dadurch eine Verkleinerung der Anbaufläche nach sich. Das bei der inneren Kolonisierung kultivierte Land verwandelte sich wieder in Ödland. Die Überlebenden waren wohlhabender als zuvor und genossen ihren Reichtum. Hatte die Pest doch gezeigt, wie kurz das Leben sein konnte. Mit der Zunahme von Luxusgütern vermehrte sich auch die Zahl der Handwerker, die diese Erzeugnisse herstellten. Da in den städtischen Zentren größere Freiheit und bessere Lebensbedingungen herrschten, wanderten viele Dorfbewohner in die Städte ab[1].

In den nächsten drei Jahrhunderten oder noch darüber hinaus erlebten die ländlichen Klassen, das heißt die Bauernschaft und der Adel, einen wirtschaftlichen Niedergang im Verhältnis zur Stadt. Der Adel war von der Wirtschaftsentwicklung besonders hart betroffen. Seine Zinseinnahmen waren in der Regel durch Gewohnheitsrecht festgelegt; nun fielen die Agrarpreise, und die Manufakturwaren wurden allmählich immer teurer. Die Adligen versuchten daher, höhere Abgaben und Tribute von den Bauern einzutreiben; diese antworteten mit der Flucht in die Städte oder, wenn ihnen keine Wahl blieb, mit periodisch wiederkehrenden Aufständen.

Mit dieser allgemeinen wirtschaftlichen und sozialen Erschütterung lief ein Niedergang der Moral und der Sitten parallel. In Kirche und Politik hatte der Tod unversehens große Lücken gerissen, die mit nicht immer geeigneten Nachfolgern ausgefüllt werden mußten. Abenteurer und Geschäftemacher traten auf den Plan und machten sich die Schwankungen im sozialen und wirtschaftlichen Leben zunutze. Die Niveausenkung des gesellschaftlichen Lebens zeigte sich in der prunkvollen und oft bizarren Tracht der Oberklassen, in übertriebenen Gesten und Posen, in grausamen und zugleich verweichlichten Sitten und im Bekenntnis zu hochfliegenden ritterlichen Idealen[2].

Die Übervölkerung innerhalb der Stadtmauern machte die Städte nicht nur zu einer leichten Beute für die Pest und andere Epidemien, sondern bereitete auch antisemitischen Stimmungen den Boden. Großen Widerhall fanden auch die Predigten religiöser Schwärmer und Schwindler, die das Weltende und die Wiederkunft Christi voraussagten. Ähnlich wie schon im 11. Jahrhundert gingen die Wogen der religiösen Hysterie hoch, führten aber nicht zu Reformen und Kreuzzügen: Prozessionen von Flagellanten, die einander den Rücken blutig peitschten, zogen von Stadt zu Stadt. Animalische Zügellosigkeit und ekstatische Askese höchsten Grades zugleich gaben der Zeit das Gepräge. Eine ansteckende Furcht vor dem Tode und einem schrecklichen Weltende schien die Gemüter der Menschen verwirrt zu haben.

DAS GROSSE SCHISMA UND DER NIEDERGANG DES RELIGIÖSEN LEBENS

Dieser überreizte Geisteszustand wurde noch verworrener, als im Jahre 1378 die große Kirchenspaltung einsetzte. Das Schisma entstand durch einen Konflikt zwischen dem italienischen Papst Urban VI. (1378-1389) und der großen französischen Fraktion im Kardinalskollegium. Die Franzosen widersetzten sich der Rückverlegung der päpstlichen Residenz von Avignon nach Rom und lehnten Urbans Vorschlag ab, Reformen einzuführen und in das Kardinalskollegium mehr Italiener aufzunehmen. Sie wählten daher einen anderen Papst, Klemens VII. (1378-1394), der weiterhin in Avignon residierte. Da jeder der beiden Päpste versuchte, seinen Machtbereich so weit wie irgend möglich auszudehnen, reichte die Spaltung bis in die Kirchgemeinden hinein.

Die nationalen Monarchien, deren Herrscher nach öffentlicher Anerkennung strebten und die überdies eine gewisse Kontrolle über die Kirche ausübten, verhinderten den offenen Ausbruch einer Anarchie in der Kirche. Aber die politischen Rivalitäten unter den Herrschern ließen auch keine Übereinkunft zu, die der Spaltung ein Ende gesetzt hätte. Der König von Frankreich unterstützte den Papst zu Avignon und wußte sich darin mit der Mehrheit der Geistlichen und Laien seines Volkes einig. Die Reaktion in den deutschen Ländern war dagegen zwiespältig; zwar unterstützten der Kaiser und viele der Fürsten den römischen Papst, aber in einzelnen Landesteilen, besonders in den Grenzgebieten, gab es widerstreitende Regional- und Parteiinteressen. Das Papsttum hatte, zumindest für den Augenblick, aufgehört, das einigende Band der westlichen Christenheit zu sein.

Das religiöse Leben lag völlig darnieder. Die Päpste exkommunizierten sich gegenseitig, und jeder belegte die Anhänger des anderen mit dem Kirchenbann. Damit wurde aber die Gültigkeit der Sakramentshandlungen in Frage gestellt. Die Unsicherheit der Gläubigen hat zweifellos viel dazu beigetragen, daß die Neigung wuchs, sich außersakramentaler Mittel – von der *unio mystica* bis zu wunderwirkenden Reliquien – zu bedienen, um der göttlichen Gnade teilhaftig zu werden.

Die Kirchenspaltung machte es auch unmöglich, die Christenheit zu einem Kreuzzug gegen die Türken zu vereinen, die auf dem Balkan drohend heranrückten. Dabei ist es erstaunlich, wie sich Päpste, Kaiser und viele Gelehrte an die Idee klammerten, das Christentum müsse wiedervereinigt werden, obwohl der frühere mittelalterliche Enthusiasmus immer mehr verblaßte; allerdings ging es ihnen jetzt nicht mehr um die Eroberung des Heiligen Landes, sondern um die Verteidigung der östlichen Bollwerke des Christentums. Die Gefahr, daß die Türken die Reste des Oströmischen Reiches einschließlich Konstantinopels erobern könnten, alarmierte den Westen und ließ die alte Gegnerschaft gegenüber der Ostkirche weitgehend verstummen.

Eine noch größere Gefahr waren die Hussiten in Böhmen; ihre zugleich nationale und religiöse Bewegung, angeführt von Johann Hus (1369–1415), einem Professor der Prager Universität, bedrohte nicht nur die Einheit der Kirche, sondern auch die deutsche Position in einem Grenzgebiet, in dem Slawen und Deutsche bisher in Harmonie gelebt hatten.

DIE KONZILIARE BEWEGUNG UND DER FEHLSCHLAG DER REFORM

Da keiner der beiden Päpste zurücktreten wollte und die beiden Kardinalskollegien fortfuhren, ihre eigenen Päpste zu wählen, schien es kein anderes Mittel zur Überwindung der Spaltung zu geben als die Einberufung einer allgemeinen Kirchenversammlung. Die bedeutendsten Fürsprecher dieses Gedankens waren einige Professoren der Universität Paris. Unter den Dozenten und Studenten von Paris waren Vertreter aller christlichen Völker zu finden; die Universität war daher in der Lage, angesichts der effektiven Machtlosigkeit von Kaiser- und Papsttum die Meinung der Christen in der Ökumene zu repräsentieren.

Nach einem ergebnislosen Konzil zu Pisa (1409), das lediglich noch einen dritten Papst hinzuwählte, gelang es dem Konzil zu Konstanz (1414 bis 1418), die Spaltung zu beenden; doch das Konzil enttäuschte diejenigen, die sich durchgreifende Reformen und eine Wiedergeburt und Erneuerung des Christentums erhofft hatten. Nach vielen Debatten und noch mehr Geheimverhandlungen gab das Konzil der Beendigung der Spaltung den Vorrang vor dem Problem einer Reform. Die drei Päpste wurden abgesetzt, zum Rücktritt gezwungen oder isoliert und ignoriert. Das Kardinalskollegium wählte einen neuen Papst, Martin V. (1417–1431), der nichts Eiligeres zu tun hatte, als die Reformbestrebungen zu sabotieren und das Konzil aufzulösen.

Das Konzil hatte während seiner Beratungen zwei Beschlüsse gefaßt; der erste stellte das Konzil über den Papst, und der zweite sah vor, daß allgemeine Konzile in regelmäßigen Abständen zusammenkommen sollten. Diese Maßnahmen machten den Eindruck, als sollte eine Art parlamentarisches System als Gegengewicht gegen den jahrhundertealten Absolutismus der Päpste geschaffen werden. Es läßt sich aber absehen, daß eine Verwirklichung der Beschlüsse allenfalls eine Oligarchie großer Bischöfe, ähnlich der Oligarchie der Fürsten im Reich, ergeben hätte.

Kein Papst hätte einer solchen Entwicklung untätig zusehen können; hätte sie doch vom Standpunkt der katholischen Kirche aus eine noch schlimmere Spaltung als das soeben überwundene Schisma bedeutet, nämlich eine Rückkehr zu den theologischen Streitigkeiten und zu den Machtkämpfen, die eine frühere Phase der Kirchengeschichte gekennzeichnet hatten. Gerade um diese Konflikte zu beenden, hatte die katholische Kirche seit Jahrhunderten die Vereinheitlichung des Glaubens angestrebt und die Unterwerfung unter die geistliche Autorität des Papsttums durchgesetzt. Es ist daher nicht verwunderlich, daß Martin V. bei der Auflösung des Konzils erklärte, es widerstreite dem Glauben, über den Kopf des Papstes hinweg ein Konzil einzuberufen.

Das wichtigste Hindernis auf dem Wege zu einer Reform dürfte das aufkeimende Mißtrauen zwischen den »Nationen« gewesen sein, deren Vertreter sich in Konstanz versammelt hatten. Das Konzil war nach einem Vorschlag der Universität Paris in Nationen gegliedert worden, vor allem, um eine italienische Majorität zu verhindern. Diese Nationen entsprachen ihren heutigen Nachfolgern nur wenig; zum Beispiel waren in der deutschen Nation auch die skandinavischen Völker enthalten. Aber die Tatsache einer solchen Gruppierung der Völker zeugte doch für ein aufkommendes Nationalgefühl.

Italienische und deutsche Kaufleute, die Geschäftsreisen nach England oder Frankreich unternahmen, trafen eine immer stärkere fremdenfeindliche Stimmung an. Im Reich hörte man oft darüber klagen, daß die kirchlichen Positionen überwiegend von Italienern eingenommen wurden, und zwar gerade auf den höheren Stufen der kirchlichen Hierarchie.

Die nationale Komponente in religiösen Angelegenheiten zeigte sich auch darin, daß die Herrscher, besonders in den Küstenländern, immer häufiger den Berufungen und den Besteuerungen, die der Papst vornahm, Widerstand entgegensetzten.

DER HUSSITENAUFSTAND UND DER CHRISTLICHE KOMMUNISMUS

Das Konzil zu Konstanz hatte das Problem der Häresie in einer Weise behandelt, mit der ihren eigentlichen Wurzeln kaum beizukommen war. Es verfolgte eine Politik der gewaltsamen Unterdrückung: Die Ideen Wiclifs wurden verworfen, Johann Hus und sein Schüler Hieronymus von Prag in den Jahren 1415 und 1416 verbrannt. Von dem brennenden Wunsch erfüllt, die gelehrten Konzilsväter zu seiner Denkweise zu bekehren, war Hus aus eigenem Entschluß zum Konzil gekommen; der Kaiser hatte ihm freies Geleit gewährt. Seine Hinrichtung löste in Böhmen einen Entrüstungssturm aus, der nicht nur Böhmen vom Reich zu trennen drohte, sondern in seiner radikaleren Phase auch nahe daran war, ganz Mitteleuropa in einen riesigen Bauernaufstand zu stürzen.

Die Hussitenbewegung durchlief mehrere Phasen. Hus kritisierte die Auffassung, die kirchliche Hierarchie trage einen unteilbaren und sakramentalen Charakter. Er bestand darauf, daß die Verkündigung des Evangeliums die Hauptaufgabe der Geistlichen sei, die sich im übrigen als moralische und religiöse Vorbilder erweisen sollten. Diese Ansichten waren nicht sonderlich neu; größtenteils waren sie unmittelbar von Wiclif entlehnt; aber in Böhmen hatten sie eine explosive Wirkung, da die obere Geistlichkeit, gegen die sie sich richteten, in ihrer Mehrheit deutscher Abkunft war. Hus war von »bewußtem Stolz« erfüllt, ein Slawe zu sein und zu einem »heiligen Volk« zu gehören. Die religiöse Erneuerung des Slawentums wurde der Korruption und Degeneration der deutschen Reichskirche gegenübergestellt; in säkularisierter Form kehrt die gleiche Frontstellung im Panslawismus des 19.Jahrhunderts wieder, der ursprünglich von tschechischer Seite ins Leben gerufen worden ist.

Die Verbrennung von Johann Hus radikalisierte seine Anhänger. Die Extremisten gingen hauptsächlich aus den unteren Bevölkerungsschichten hervor, besonders aus der Bauernschaft. Auf einem Berg in Südböhmen gründeten sie eine neue Stadt und nannten sie Tabor. Hier versammelten sie sich zu Tausenden, um jenes in Offenbarungen erschaute Königreich zu errichten, das die tausendjährige Periode der Vorbereitung auf die Wiederkunft Christi eröffnen sollte. Es war die von Gott verordnete Mission der Taboriten, während dieser Zeit die Welt mit Feuer und Schwert zu reinigen. Wäre dies vollbracht, so würde Christus kommen und sein Reich gründen, in dem es weder Herrscher noch Beherrschte, weder Steuern noch Abgaben, weder Priester noch Sakramente geben würde. Selbst die Heilige Schrift würde überflüssig, da das Liebesgebot des Evangeliums jedermann ins Herz geschrieben wäre.

Die Beseitigung aller Klassenunterschiede auf Grund der »evangelischen Freiheit« war vermutlich das ideologische Hauptmotiv der Taboriten. Bauern und Bürger verkauften ihr Hab und Gut; auf dem Berge Tabor »hielten sie alle Dinge gemein«.

Der christliche Kommunismus erfaßte Böhmen wie ein Sturmwind. Wohin die Massen der Taboriten kamen, ließen sie verwüstete Burgen, Kirchen und Klöster zurück. Papst Martin V. rief die Christenheit zu einem Kreuzzug auf, aber jedes Heer, das sich den Taboriten entgegenstellte, erlitt eine schmachvolle Niederlage. Bedeutende militärische Führer, zuerst der blinde Zizka und später der Priester Prokop, entwickelten neue Taktiken, wie man sie in der Schweiz anwendete. Gepanzerte Wagen, die Güter und Krieger beförderten, gaben den Taboriten Beweglichkeit und sicherten sie gegen Reiterangriffe.

Voller Elan stießen die Hussiten über die Grenzen Böhmens hinaus in die mittleren und nördlichen Regionen des Reiches vor. Einige Vorstöße führten bis an die Ostsee; sie hinterließen verwüstete Landstriche mit einer Bevölkerung, die bereit war, gegen den Landesherrn und den Bischof aufzustehen.

Der Radikalismus der hussitischen Sozialideen gab der Bewegung zwar ihre Schwungkraft, rief aber auch den Widerstand des Adels und des Bürgertums hervor, spaltete die Bewegung und führte schließlich zu ihrer Niederlage. Das Konzil zu Basel (1431-1449) brachte in den Prager Kompaktaten (1433) ein Abkommen mit dem konservativen Flügel zustande, der vornehmlich aus Angehörigen der Oberklasse bestand; darin erhielten die Hussiten gewisse Zugeständnisse, darunter den Laienkelch, und Böhmen sollte dafür in den Schoß der Kirche zurückkehren.

Die radikalen Taboriten wurden im folgenden Jahr von den Konservativen vernichtend geschlagen und aufgerieben. Unter den Restgruppen entwickelte sich eine pazifistische Richtung zu der kleinen Sekte der »Böhmischen Brüder«, deren Mitglieder sich einer mystischen Frömmigkeit verschrieben.

Seitdem sich die Idee der evangelischen Armut einmal mit sozialrevolutionären Tendenzen verbündet hatte, war sie gleichbedeutend mit dem Willen zu Umsturz in Kirche und Staat. In den Augen der herrschenden Klasse wollte fortan jeder, der das himmlische Königreich erwartete, mit Gewalt eine neue Wirtschafts- und Sozialordnung herbeiführen; Grund genug, alle Reformbestrebungen in die Illegalität zu drängen. Aber die Ideen blieben lebendig und brachen im 16. Jahrhundert mit Gewalt hervor.

VOLKSTÜMLICHE FRÖMMIGKEIT UND MYSTISCHE VERSENKUNG

Die religiöse Stimmung des Spätmittelalters war durch die Furcht vor dem göttlichen Strafgericht und eine Todesangst gekennzeichnet, die sich in schauerlichen, morbiden Darstellungen von Todeskampf, Fäulnis und Zersetzung äußerte. Die zahlreichen Kriege, Seuchen und Naturkatastrophen galten als Zeichen des kommenden Untergangs; die Welt war alt geworden und näherte sich ihrem apokalyptischen Ende.

Manche Historiker machen die Kirche für die übermäßige Beschäftigung mit Tod und Gericht verantwortlich: Sie habe die freudige Erwartung des

»Königreichs« zurückgedrängt, um die Wichtigkeit ihrer Sakramente für das Heil hervortreten zu lassen; nachdem nun die Kirchenspaltung und die Häresien den Glauben an die Sakramente erschüttert hatten, wurde die Furcht übermächtig und trieb die Menschen dazu, außerhalb der Sakramente eine Stütze zu suchen: in Reliquien, Pilgerfahrten und absurden Geheimpraktiken. Die so entstandene religiöse Krise lief der bedrohlichen Entwicklung der religiösen und politischen Institutionen parallel und entlud sich vor allem in Massenwahn und Massenhysterie.

Im Jahre 1476 brachte ein einfacher Schweinehirt in Nikolashausen durch seine Predigten Tausende dazu, am Altar der Jungfrau Maria zu beten, weil sie nur dort, wie er behauptete, die Vergebung der Sünden erlangten. Er predigte vom nahenden Weltende und verlangte die Abschaffung des Privateigentums und die Tötung der Priester, da sie keinen göttlichen Auftrag mehr besäßen. Seine Zuhörer forderte er auf, Luxus und Schmuck abzulegen und zu der alten Einfachheit und Mäßigkeit zurückzukehren. Seine Anhänger hielten ihn für einen Propheten und rissen sich um einen Stoffetzen seiner Kleidung. Endlich konnte ihn der Bischof von Würzburg in Gewahrsam nehmen; aber Tausende von Menschen versammelten sich vor der Festung und verlangten seine Freilassung. Die Menge wurde zerstreut, viele wurden getötet, und der Pfeifer von Niklashausen, wie man ihn nannte, starb auf dem Scheiterhaufen.

In diesen und ähnlichen Vorgängen erkennen wir die wichtigsten Merkmale des religiösen Massenwahns breiter Volksschichten im späten Mittelalter: Haß gegen die Priester, Vorhersage des kommenden Weltendes, Sehnsucht nach einer Rückkehr zu der Einfachheit des Urchristentums, als alle Güter Gemeineigentum waren. Die gleichen Merkmale trug die Taboritenbewegung, und sie kehren auch im großen Aufstand von 1525 wieder; aber dazu bedurfte es umfassender sozialer Erhebungen.

In scharfem Gegensatz zu dieser volkstümlichen Religiosität stand die *devotio moderna* genannte Bewegung, die Ende des 14. Jahrhunderts in der kleinen Gemeinde Deventer in den Niederlanden entstand. Einer der vielen Volksprediger, die es damals gab, sammelte eine Schar von Freunden und Jüngern, die kein Gelübde ablegten, sondern ihr Leben im Geiste der Bergpredigt einrichteten. In den Niederlanden und entlang des Rheins entstanden immer mehr Gruppen solcher »Brüder des gemeinsamen Lebens«. Sie verdienten sich ihren Lebensunterhalt durch verschiedene Betätigungen; hauptsächlich kopierten sie Bücher, wie es seit jeher die Mönche taten. Im Laufe der Zeit gewannen sie hohes Ansehen durch ihre, wie wir sagen würden, höheren Schulen, in denen Nikolaus von Cues, Erasmus, Luther und andere Persönlichkeiten ihre erste Bildung erhielten.

Die Frömmigkeit der Brüder des gemeinsamen Lebens zeichnete sich durch gesunde Nüchternheit aus und kam daher den praktischen Bedürfnissen des Bürgertums ganz besonders entgegen. Bei ihnen gab es weder die visionären Höhenflüge eines Eckehart noch die Hysterie fanatischer Volksmassen; die Mystik wurde von den Gipfeln einer überspannten Ekstase und der Vereinigung mit Gott zu einer schlichten und ruhigen, innerlichen Frömmigkeit herabgemildert. Die »Nachfolge Christi«, als deren Verfasser einer der Brüder, Thomas a Kempis, gilt, dokumentiert diese Frömmigkeit und stand als Quelle der Erbauung jahrhundertelang nur der Bibel nach. Diese Form der Frömmigkeit konnte sowohl Protestanten als auch Katholiken in ihren Bann ziehen; denn sie war undogmatisch, brauchte keine Institutionen und verlangte nur die Rückkehr zum ursprünglichen, einfachen Leben, wie es im Evangelium vorgeschrieben war; sozialrevolutionäre Konsequenzen ergaben sich daraus nicht.

Die spätmittelalterliche Frömmigkeit liebte es, Episoden und Vorkommnisse aus dem Leben Christi auszuschmücken und zu dramatisieren: Er war auf die Erde herabgestiegen, um Freud und Leid des Alltags mit den Menschen zu teilen. Gelegentlich wird sogar dargestellt, wie er als Knabe dem etwas beschränkten Joseph Streiche spielt. So konnten heilige Dinge bis zu einem gewissen Grade trivial aufgefaßt werden.

Sowohl dieses realistischere wie auch das mystisch-sentimentale Christusbild der *devotio moderna* sind Symptome dafür, daß die Unterscheidung zwischen dem Heiligen und dem Profanen verwischt wurde; man versuchte, sowohl die himmlische Seligkeit als auch die Höllenqualen konkret vorwegzunehmen. Auf diese Weise wurde die spätmittelalterliche Religion gefährlich mit Gefühlen übersättigt; und es bedurfte nur noch des Funkens einer starken Persönlichkeit wie Luther, um die Explosion auszulösen.

NIKOLAUS VON CUES UND DER ZUSAMMENFALL DER GEGENSÄTZE

Nikolaus von Cues (1401–1464) symbolisiert eine dritte, verwandte religiöse Tendenz dieser Zeit. Der Sohn eines armen Fischers konnte dank der Hilfe eines wohlhabenden Gönners die Schule der Brüder vom gemeinsamen Leben und die Universitäten zu Padua und Heidelberg besuchen. Padua war damals ein wichtiges Zentrum mathematischer und naturwissenschaftlicher Forschungen, während in Heidelberg die Theologie an erster Stelle stand. Auf dem Basler Konzil hatte sich Nikolaus von Cues anfänglich auf die Seite der Konziliare geschlagen; als das Konzil dazu überging, die Fundamente der römisch-katholischen Kirche anzutasten, ergriff er jedoch die Partei des Papsttums. Er war der Freund und Vertraute mehrerer Päpste, wurde zum Kardinal ernannt und starb als Bischof von Brixen.

Das Leitmotiv seines Lebens war die Sorge um die Einheit der Christenheit. Die christliche Welt bestand für ihn nicht nur aus dem Westen, sondern schloß die ganze Menschheit ein, die früher oder später die Taufe empfangen mußte. Nach seiner Ansicht setzte die Einheit aber die Leitung durch eine einzige Persönlichkeit voraus, nicht durch eine Vielzahl von Oberhäuptern, wie es die radikale Fraktion in Basel verlangt hatte. Jedoch bedeutet dies nicht, daß er einen Absolutismus im Sinne einer diktatorischen Einmannherrschaft für Kirche oder Staat vertreten hätte; Papst und Kaiser waren für ihn vielmehr gleichberechtigte Häupter eines Organismus, der sich aus vielen, geordnet funktionierenden Teilen zusammensetzte. Was Nikolaus von Cues wirklich im Auge hatte, war eine Rückkehr zum *sacrum imperium* der Sachsenkaiser. Damals teilten sich Papst und Kaiser in die Führung einer geeinten Christenheit; es war eine Welt, in der die säkularen Temporalien von den ewigen Spiritualien nicht zu trennen waren.

Als päpstlicher Legat in Deutschland und als Bischof von Brixen in Tirol kämpfte Nikolaus von Cues unermüdlich gegen die Mißstände in der Kirche an. Er wollte dafür sorgen, daß alle kranken und verkümmernden Organe der Kirche wieder geheilt und geübt würden, um gemeinsam mit dem Haupt wieder ihre heilige Aufgabe wahrzunehmen.

Nikolaus von Cues wollte die Rückkehr zum *sacrum imperium* nicht durch Gewalt herbeiführen, sondern durch eine schöpferische gedankliche Synthese. So radikal diese Denkweise war, kann sie doch als Weiterentwicklung einer Auffassung angesehen werden, die wir schon bei Albertus Magnus und bei Meister Eckehart angetroffen haben.

Der Cusanus berichtet, daß ihm auf einer Schiffsreise von Konstantinopel nach Rom der entscheidende Gedanke einfiel, jene Idee vom Zusammenfall der Gegensätze, wodurch man das Eine und das Viele in harmonische Übereinstimmung bringen könne. Er hatte die Reise nach Konstantinopel als päpstlicher Gesandter unternommen, um die griechisch-orthodoxe Kirche zur Teilnahme an einer Kirchenversammlung zu bewegen, die das große Schisma zwischen Ost- und Westkirche beenden sollte.

In seiner Denkstruktur erinnert er an Leibniz, dessen ökumenischen Universalismus und dessen einheitliches philosophisches Gesamtbild er vorwegnahm. Diese einzigartigen deutschen Denker suchten beide nicht nach einer Methode der objektiven Erkenntnis, sondern eine dynamische Innerlichkeit als Grundlage eines einheitlichen Welt- und Menschenbildes. Nikolaus von Cues fußte seinerseits auf Meister Eckehart, dessen mystische Spekulation erstmalig ähnliche Ziele verfolgte.

In der Philosophie des 15. Jahrhunderts war die Situation nicht harmonischer als im religiösen, politischen und sozialen Leben. Seit der Mitte des 14. Jahrhunderts war in Deutschland eine Reihe von Universitäten gegründet worden, vornehmlich von den Landesfürsten. In den Hochschulen stießen die philosophischen Lehrmeinungen mit aller Heftigkeit aufeinander. Thomisten und Ockhamisten, Averroisten und Scotisten, alle jene Schulen und Sekten, die für das spätmittelalterliche Denken charakteristisch sind, behaupteten, eine unschätzbar wichtige Methode zur Erkenntnis der Wahrheit gefunden zu haben.

Wie alle mittelalterlichen Philosophen fußte auch der Cusanus in gewissem Maße auf der antiken Philosophie. Die Denker des Mittelalters versuchten nachzuweisen, das Christentum sei die wahre Universalreligion, und bedienten sich dabei der Lehren der griechischen und römischen Philosophen; sie waren davon überzeugt, daß die antike Philosophie einer Vervollkommnung zustrebte, in deren Endphase solche Schulen wie die Stoa und der Neuplatonismus weit genug entwickelt waren, um dem neuen Glauben dienen zu können. Die großen Scholastiker und Nikolaus von Cues selber glaubten sich berufen, diesen Auftrag der Philosophie erfüllen zu helfen.

Der Cusanus ging allerdings über die mittelalterlichen Lehrmeinungen hinaus. Er erstrebte eine neue Synthese auf Grund der Vorstellung, daß Gott der ganz Andere ist, den man weder logisch definieren noch durch die Ansammlung empirischer Daten über sein Schöpfungswerk erkennen könne; er bezweifelte die Erkenntnismethode und zugleich auch die Gültigkeit der erlangten Kenntnisse.

Nach Nikolaus von Cues beruht die Erkenntnismöglichkeit auf einer dreifach geschichteten Grundlage. Die erste Voraussetzung ist die Beobachtung; sie liefert jedoch nur Annäherungen und keine Vollständigkeit. In zweiter Instanz erlaubt es die Logik, Wahres und Falsches zu unterscheiden; sie stellt also Widersprüche heraus und führt nicht zur Harmonie. Drittens schließt sich die Methode an, die der Cusanus von Meister Eckehart übernommen hat: die Zusammenschau der Gegensätze.

Die meisten mittelalterlichen Philosophen, unter ihnen vor allem Thomas von Aquin, hatten sich herauszufinden bemüht, wie weit der Verstand in der Lage sei, dem Menschen Gottes Wege verständlich zu machen. Diese Anschauung ging von der Annahme aus, der Verstand sei ein logisches Werkzeug, das unterscheiden kann, das also zum Beispiel jene grundlegende Differenz zwischen Gott und Welt festzustellen erlaubt. Aber ist Gott der Eine und die Welt das Viele, wie kann dann das Viele aus dem Einen hervorgehen? Wie kann die Mannigfaltigkeit der Phänomene dieser

Welt mit der Einzigkeit des Absoluten in Übereinstimmung gebracht werden?

Nikolaus von Cues stellte zunächst den Satz auf, Gott müsse als der Absolute sowohl das Größte wie das Kleinste umfassen. In ihm vereinen sich daher die Gegensätze. Die Mathematik beweist die Möglichkeit eines Zusammenfalls der Gegensätze: Ein Durchmesser, unendlich erweitert, wird gleich der Kreislinie; in ähnlicher Weise wird ein Punkt, der sich ausdehnt, eine Linie; die Seiten eines Dreiecks, unendlich erweitert, fallen in einer Geraden zusammen. Alle Dinge sind daher nichts als Abstufungen zwischen Extremen, die ihrerseits nur Abstufungen sind. Einen absoluten Stellenwert gibt es nicht. Die Erde kann kein absoluter Mittelpunkt sein, wie das ptolemäische Weltbild annahm; es muß mehrere Zentren geben. Damit erweist sich Nikolaus von Cues als Vorläufer des Kopernikus.

Sein Relativismus bedeutet den Zusammenbruch der hierarchischen Konzeption, die das scholastische Denken bisher beherrschte. Er erkannte, daß jedes Ding seine Individualität besitzt, da es eine eigene, unabhängige Position hat und nicht nur eine Annäherung an einen absoluten Punkt oder ein Zentrum darstellt. Gott schuf alle Dinge gleichzeitig, oder, was dasselbe bedeutet: Er hat nie aufgehört zu schaffen. Die Schöpfung erfolgte somit nicht in einer Reihe von aufeinanderfolgenden Stufen und erzeugte keine Abhängigkeitsverhältnisse.

Man ist überrascht von der Eindringlichkeit und der Tiefe der Gedanken dieses Kirchenmannes, der sein Leben lang bemüht war, die Einheit der Kirche mit dem Papsttum an der Spitze zu sichern. Während er aber den alten Werten und Institutionen eine neue, rational begründete Geltung zu verschaffen suchte, kam er in Gefahr, die Grenzen der priesterlichen Ordnung zu sprengen; denn diese Ordnung implizierte trotz der thomistischen Stufenfolge zahlreiche scharfe Unterscheidungen, zum Beispiel zwischen Vernunft und Offenbarung, zwischen Gnade und Natur; auf diese Weise war ein klarer Trennungsstrich zwischen dem Übernatürlichen und dem Natürlichen gezogen. Für Nikolaus von Cues waren Vernunft und Offenbarung nun keine Gegensätze mehr, sondern sie waren in ihren Extremen identisch, und dies nicht erst in einem mystisch-ekstatischen Sprung, wenn der Verstand seine Grenze erreicht hat. In seiner Philosophie ist das Weltall in einen unaufhörlichen Schöpfungsvorgang eingeordnet. Der Mensch wird sich dieses Prozesses bewußt und nimmt schließlich daran teil. Daher kann es nicht die Aufgabe des Verstandes sein, eine Methode für die Stützung von Dogmen zu liefern, sondern seiner selbst als Offenbarung bewußt zu werden. Damit ist auf der höchsten spekulativen, intuitiven Ebene eine Identifizierung von Vernunft und Offenbarung erreicht.

Allen drei Erscheinungsformen der spätmittelalterlichen Philosophie war die Tendenz gemeinsam, eine Begründung außerhalb der hierarchisch-sakramentalen Ordnung zu suchen – oder doch an ihrer unmittelbaren Peripherie. Die Offenbarung wurde entweder als Vision eines neuen Königreichs interpretiert, in dem Gütergemeinschaft herrscht und keine Autoritäten mehr bestehen; oder als eine Wendung nach innen, um das Bild Christi in der eigenen Seele zu finden; oder schließlich als das Bewußtsein, daß sich die Einheit und Vielfalt des Kosmos im kleinsten Teilchen widerspiegelt. Dieselbe Tendenz verriet sich in der zunehmenden Bedeutung der sekundären Ordnung des Gottesdienstes, zum Beispiel der Anbetung von Heiligen und Reliquien und der Pilgerfahrten. Der Nachdruck, der sowohl auf subjektive Frömmigkeit wie auch auf die Äußerlichkeiten der Anbetung gelegt wurde, kennzeichnet zentrifugale Tendenzen, die von der hierarchisch-sakramentalen Ordnung, nicht aber von der Kirche wegführten [3].

KORPORATIONS- UND KLASSENBEWUSSTSEIN

In dem Maße, wie die Lebenskraft der Universalmächte Kirche und Reich nachließ, suchten die Menschen Sicherheit in Korporationen und lokalen Zusammenschlüssen. Das Spätmittelalter war besonders produktiv in der Hervorbringung von Vereinigungen, Bünden und Korporationen, die nicht nur Standes- und Berufsinteressen vertraten, sondern auch politische und religiöse Zwecke verfolgten. Die Kirche wurde als eine Gemeinschaft von Gläubigen betrachtet, die verschiedenen Nationen angehörten; das Reich galt als organische Gesamtheit von Zusammenschlüssen auf allen Ebenen der sozialen Skala. Eine höchst bedeutsame Konsequenz davon war, daß für viele Menschen Papsttum und Kirche, Kaiser und Reich nun Gegensätze darstellten.

Während die Gesellschaft theoretisch auch weiterhin als eine funktionale Einheit aus verschiedenen Ständen – Geistlichkeit, Adel und Bürgertum – angesehen wurde, trug die verstärkte Tendenz zu korporativen Zusammenschlüssen faktisch dazu bei, die Grenzen zwischen den verschiedenen Klassen zu vertiefen. Aber nicht nur zwischen den einzelnen sozialen Schichten, also zwischen Geistlichen, Adligen und Bürgern, wuchs die Spannung, sondern auch innerhalb jeder dieser Schichten: zwischen höherer und niederer Geistlichkeit, zwischen Fürsten und Edelleuten, zwischen Meistern und Gesellen.

Zum ersten Male in der Geschichte des Westens wurde sich auch der Bauer seiner Lage bewußt. Für die zeitgenössische Literatur war der

Bauer dem Edelmann und dem Bürger an Witz und Schläue überlegen. Doch selbst die Oberklassen idealisierten die Einfachheit und Natürlichkeit des Bauernlebens; allerdings betrachteten sie den Bauern zugleich als stumpfen Rohling, vor dessen Wutanfällen und ungehemmten Ausbrüchen man nicht sicher sein konnte.

Trotz der Gegensätze zwischen Adligen, Bürgern und Bauern begannen sich die Unterschiede in der Lebensführung gegen Ende des 15. Jahrhunderts zu verwischen: Die Kleidung wurde einheitlicher; der Bürger begeisterte sich für Turnierspiele; die unteren Schichten der Stadtbevölkerung waren zum großen Teil aus den Dörfern zugewandert; viele Ritter waren so arm, daß sie bescheiden wie Bauern lebten, während Bauernsöhne im Kriegsdienst ihr Glück suchten und in den Ritterstand aufstiegen. Solche Übergänge von einem Stand in den anderen hingen zum Teil damit zusammen, daß sich innerhalb der einzelnen Gruppen Aufspaltungen vollzogen, so daß ihr innerer Zusammenhalt lockerer und ihre Abgrenzung gegeneinander schwächer wurde.

Da der Niedergang der Königsmacht und der Sieg einer fürstlichen Oligarchie Ritter, Bauern und Städter von einer Mitwirkung an den Reichsangelegenheiten ausgeschlossen hatte, ist es nicht verwunderlich, daß diese Gruppen hofften, ein großer messianischer Kaiser werde auf die eine oder andere Weise den Glanz des Reiches wiederherstellen.

Die Bauern erzählten sich lange schon die Sage von einem messianischen Kaiser, der auf einem Schimmel aus dem Schwarzwald hervorreiten und die Ordnung wiederherstellen würde. Ursprünglich sollte es sich um Friedrich II. handeln; im 15. Jahrhundert wurde ihm das Bild Friedrich Barbarossas substituiert, von dem es später hieß, er sitze im Kyffhäuser und warte dort, bis das Volk ihn zu Hilfe rufe. Diese messianischen Hoffnungen müssen auf dem Hintergrund der geläufigen Prophezeiungen des nahenden Weltendes und des Auftretens des Antichristen gesehen werden. In der Phantasie des Volkes spielten der kaiserliche Messias und der päpstliche Antichrist genau umrissene Rollen. Unter den Gebildeten und bei den herrschenden Klassen hielt die sehr beliebte Astrologie ganz ähnliche Vorahnungen wach; besonders einflußreich waren die Weissagungen des Hofastrologen Friedrichs III., Johann Lichtenberger, die später von Luther publiziert wurden.

MAXIMILIAN UND DAS NEUE »EUROPA«

Unter Maximilian (1493–1517) kam das Kaisertum wieder zu Macht und Ansehen. In seiner Persönlichkeit spiegelten sich die scharfen Widersprüche seiner Zeit. Wie er sich für den Humanismus interessierte und sich der Machtpolitik widmete, so gab er sich auch der frommen Verehrung wundertätiger Bilder und Reliquien hin. Er umgab sich mit Künstlern und Gelehrten, die von der modernen Begeisterung für die Kultur der griechischen und römischen Antike erfüllt waren, sammelte aber gleichzeitig deutsche Volksdichtungen und Volkslieder und entwarf den Plan eines großen Museums der deutschen Literatur. In der Politik vermischte er romantische Ideen vom Reich mit realistischen Hausmachtinteressen. Viele seiner Pläne grenzten an Phantastereien; dazu gehörte zum Beispiel das Vorhaben, sich selber zum Papst zu machen und auf diese Weise das päpstliche und das kaiserliche Amt zu vereinen. Kaum war ein solcher Plan gefaßt, so wurde schon der nächste bedacht; am Ende wurden nur wenige ausgeführt. Diese Ruhelosigkeit und die Vielfalt zum Teil widerspruchsvoller Ziele mögen teilweise seinem persönlichen Temperament und der übersprudelnden Lebendigkeit seiner Zeit zuzuschreiben sein, zu einem Teil aber auch mit der Überfülle der Probleme zusammenhängen, denen er sich – wie alle Habsburger – schon deshalb gegenübersah, weil er recht verschiedenartige Gebiete in seiner Gewalt halten mußte.

Auf seinem Italien-Zug mag sich Maximilian zwar als Nachfahre der Hohenstaufen-Kaiser vorgekommen sein; doch in Wahrheit war das Reich nun nichts anderes mehr als eine unter vielen rivalisierenden Mächten, und es ist wohl nicht abwegig, zu sagen, daß es sich nun überhaupt nicht mehr um die Idee des Reiches handelte. Maximilian verfolgte nichts als die dynastischen Ansprüche des Hauses Habsburg; selbst der Krieg gegen die Türken galt allgemein als lokal begrenzter Streit um die Behauptung habsburgischer Interessen in Ungarn, obwohl die Habsburger im Verein mit dem Papsttum und den Venezianern versuchten, die Kämpfe als Kreuzzug für die Sache des Christentums hinzustellen. Es ist bezeichnend genug, daß die französischen Könige, die sich die »allerchristlichsten« nannten, mit dem Sultan ein Bündnis gegen die Habsburger schlossen. Die Zeit, da die gesamte Christenheit eine geschlossene Front gegen die Ungläubigen bildete, war endgültig vorbei.

Eine neue Ökumene entstand, die die Humanisten »Europa« nannten. Das neue Staatensystem war ein Komplex selbständiger Mächte, die ihren Blick immer häufiger auf die großen Meere richteten. Das Wort Europa selbst war natürlich nicht neu; die Antike hatte es gekannt, und in der Zeit

Karls des Großen war es wieder in Gebrauch gekommen, doch im Zeitalter der Kreuzzüge gegen den Osten von neuem in Vergessenheit geraten. Von nun an bezeichnete es eine säkulare Staatengemeinschaft, die sich durch die Autonomie von Politik, Wirtschaft, Religion und Kultur auszeichnete, nicht zuletzt aber auch durch den Glauben an die unbegrenzte Schöpferkraft des Menschen.

Die neue geographische Orientierung und der Begriff des autonomen Individuums machten sich an der Wende vom 15. zum 16. Jahrhundert auch im Wirtschaftsleben bemerkbar. Die Eröffnung der Seewege nach dem Fernen Osten, die Entdeckung des neuen Erdteils im Westen und das Aufkommen des Typs des großen kapitalistischen Unternehmers mußten die westliche Gesellschaft allmählich tiefgreifend umgestalten. Die wichtigsten Handelszentren verlagerten sich vom Mittelmeergebiet, wo die italienischen Städte bisher eine führende Stellung eingenommen hatten, in die Länder an der Westküste: Portugal, Spanien, die Niederlande, Frankreich und England. Die selbstverantwortliche Persönlichkeit durchbrach die mittelalterliche Wirtschaftsordnung; der Unternehmer hatte kein Interesse an einer traditionellen Lebensführung oder gar an bloßem Geldgewinn; ihn fesselten vielmehr das gleiche »Abenteuer des Risikos, des Erfolges und der Macht« wie auch den zeitgenössischen Forscher und Wissenschaftler.

Obwohl die italienischen Städte bereits unter der Verlagerung der Handelswege zu Anfang des 16. Jahrhunderts litten, erreichten die deutschen Städte eine wirtschaftliche Blütezeit, die erst gegen Ende des 19. Jahrhunderts wieder übertroffen werden sollte. Die Prosperität kam beide Male als »Boom« und hielt nur kurze Zeit an.

JAKOB FUGGER UND DIE NEUE TECHNIK

Die Blütezeit des 16. Jahrhunderts erklärt sich durch den Umstand, daß die deutschen Städte inmitten eines Netzes europäischer Handelsstraßen lagen. Die zentralen und östlichen Reichsgebiete lagen somit nicht mehr an der Peripherie, von der aus man in koloniales Hinterland vorstoßen konnte; sie stellten vielmehr ein Durchgangsland dar zwischen dem Mittelmeer und dem Norden und zwischen den Handelsplätzen an der Nordsee und denen an der Ostsee. Hatte die Hanse ihren politischen Einfluß auch weitgehend eingebüßt, so waren doch Hamburg, Lübeck und Danzig noch bis zur Mitte des 16. Jahrhunderts blühende Handelsstädte; auch Köln und Frankfurt am Main waren wichtige Umschlagplätze. Aber die süddeutschen Städte, die in der Nähe der Alpenpässe lagen und die Verbindung mit dem Norden herstellten, spielten doch die Hauptrolle. Hier finden wir denn auch die großen Patrizierfamilien der Fugger, der Welser und der Höchstetter. Begünstigend trat der Umstand hinzu, daß die Fürsten noch nicht die staatliche Kontrolle von Handel und Manufaktur eingeführt hatten, so daß die Handelsbeziehungen, wenn man von unvorhersehbaren Raubüberfällen absieht, relativ ungestört waren.

In den süddeutschen Städten begegnet zum erstenmal der Typ des echten Kapitalisten. Als Jakob Fugger (1459–1525), der eigentliche Begründer des Reichtums und der Macht seiner Familie, einmal gefragt wurde, wann er sich zur Ruhe zu setzen und seinen Wohlstand zu genießen gedenke, gab er zur Antwort, er hoffe, sein Leben lang Geschäfte zu treiben und seinen Reichtum zu vermehren. Für die Politik interessierte er sich nur dann, wenn die Preise der Waren und die Sicherheit von Anleihen bedroht schienen. Zu seiner Vaterstadt Augsburg hatte er keine tieferen Beziehungen; als sie belagert wurde, war er schnell bereit, sie für immer zu verlassen: Reichtum verlieh Internationalität und Beweglichkeit. Schließlich hatten die Fugger ja Niederlassungen in allen wichtigen Städten Europas, und jede von ihnen konnte zum Stammhaus erhoben werden. Für seine Arbeiter baute Jakob Fugger Wohnsiedlungen, die noch heute in Augsburg zu besichtigen sind. An der Förderung der Künste beteiligte er sich nicht, und als er ein Landgut und einen Adelstitel erwarb, geschah auch dies im Interesse seines Ansehens und seines geschäftlichen Erfolges.

Der Großkaufmann dieser Zeit begleitete nur noch selten seine Waren persönlich auf dem Wege zu weit entfernten Märkten. Er leitete die Geschäfte von seinem Büro aus, mietete Begleiter für seine Warentransporte und engagierte Geschäftsführer zur Verwaltung seiner Niederlassungen. Im 15. Jahrhundert führte diese Arbeitsteilung zur schriftlichen Rechnungslegung. Die genaue Kalkulation machte die doppelte Buchführung und verständlicherweise auch die Einführung der arabischen Ziffern notwendig. Der süddeutsche Handel wurde auf diese Weise eine selbständige Organisation, ein eigenständiges Gebilde wie der Staatsapparat; er wurde nicht mehr mit der Persönlichkeit des kaufmännischen Unternehmers identifiziert.

War der Reichtum der Familie Fugger auch ursprünglich durch Handel erworben worden, so flossen die Hauptgewinne doch aus dem Bergbau und dem Bankgeschäft, die sich gegenseitig ergänzten. Im 15. Jahrhundert wurde der Bergbau durch die steigende Nachfrage nach Erz belebt: Man brauchte Eisen für Gewehre und Kanonen, und Könige und Fürsten brauchten Gold und Silber, um die steigenden Ausgaben für Kriegführung, Hofhaltung und Verwaltung zu decken. Neue Techniken des Schacht- und

Pumpenbaus, die Verfügbarkeit großer Kapitalien und neue Handelsmethoden ermöglichten es dem Bergbau, den plötzlich gestiegenen Anforderungen gerecht zu werden.

Tatsächlich fanden die größten Fortschritte im 15. und 16. Jahrhundert, abgesehen vom Buchdruck, wahrscheinlich im Bergbau und in der Metallurgie statt. Auf beiden Gebieten war Deutschland führend. Der Bergbau war ein besonders lohnender Ansatzpunkt für kapitalistischen Unternehmergeist. Seine Zufälligkeiten und Unberechenbarkeiten und das Risiko einer Erschöpfung der Vorräte begünstigten den, der die größten Kapitalreserven hatte.

Unter den technischen Umwälzungen jener Zeit werden in der Regel die neuen Entwicklungen im Buchdruck, in der Schiffahrt und in der Rüstung verstanden. Die Erfindung der beweglichen Drucktypen, des Papiers und der Druckerschwärze, die Verbesserung von Kompaß und Navigationsbesteck und die Verwendung von Schießpulver in Handfeuerwaffen und Kanonen spielten eine große Rolle in der Entfaltung des, wie wir heute sagen würden, Industriekapitalismus; denn die neuen Entwicklungen waren keinen Zunftbeschränkungen unterworfen. Der Buchdruck wurde, nachdem Gutenberg um das Jahr 1440 in Mainz die beweglichen Typen erfunden hatte, schon bald ein kapitalistischer Industriezweig; bereits um das Jahr 1500 arbeiteten in Westeuropa über tausend Buchdruckpressen, und die Druckereien in Nürnberg beschäftigten nicht weniger als hundert Arbeiter.

Ein weiterer wichtiger Fortschritt bestand in der ausgedehnteren Verwendung von Energie, das heißt in der zweckmäßigeren Ausnutzung des Windes und der Wasserkraft oder auch tierischer und menschlicher Kraft, um Felle zu bearbeiten, Holz zu sägen, Garn zu spinnen und Erz zu zerkleinern. Mit Eimern, die an einer endlosen Kette befestigt waren, wurden Schächte entwässert; diese Wasserhebemaschine nahm viele spätere Erfindungen vorweg.

Noch wichtiger als die Erfindungen selber war aber die Möglichkeit, die technischen Vorgänge schriftlich festzuhalten. Bisher wurden technische Kenntnisse in der Werkstatt vom Meister an den Lehrling weitergegeben; Neuerungen galten als Geheimnisse, die man sorgfältig zu hüten hatte und die unter Umständen beim Tode eines Meisters der Nachwelt verlorengingen. Eine der ersten technischen Abhandlungen beschrieb den Hausbau. Bergbau und Metallurgie fanden ebenso große Aufmerksamkeit; in den »De re metallica libri XII« von Georg Agricola (1494–1555) wurden sie eingehend beschrieben.

Die meisten dieser frühen Bücher über Technik behandelten lediglich die Anwendung praktisch brauchbarer Regeln und Methoden; sie enthielten Anleitungen, aber kaum theoretische Erörterungen. Die Anfänge einer theoretischen Darstellungsweise finden sich bei Leonardo da Vinci und bei seinem geistesverwandten deutschen Zeitgenossen Albrecht Dürer. Bei beiden befruchteten sich Technik, Naturwissenschaft und Kunst gegenseitig, und sie waren auf jedem dieser Gebiete zu Hause. Leonardos Zeichnungen sind Vorläufer der modernen Blaupausen. Die bildliche und graphische Darstellung der Naturerscheinungen und der Erzeugnisse des Menschen nahm jetzt einen ungewöhnlichen Aufschwung.

ALBRECHT DÜRER UND DIE NEUE KÜNSTLERISCHE AUSDRUCKSFORM

Auch die Kunst und ihre einzelnen Zweige strebten in dieser Zeit nach Autonomie. Malerei und Bildhauerei machten sich von der Architektur unabhängig, und die Kunst vermittelte nicht mehr ausschließlich religiöse Wertvorstellungen. Als der Bau von Kirchen von der Mitte des 14. Jahrhunderts an zum Erliegen kam, entwickelten Malerei und Bildhauerkunst neue, eigene Techniken. Wenn die Ausschmückung von Kirchenwänden und Altären auch immer noch wichtige Aufgaben stellte, verlieh die Staffelei dem Maler doch eine bisher unbekannte Beweglichkeit und erlaubte es ihm, Werke zu schaffen, die dem Geschmack des Bürgertums entsprachen und zum Schmuck der Wohnungen verwendet werden konnten. Der Künstler war nun nicht mehr auf die Bauhütte an der Kirche angewiesen; er zog sich in seine Werkstatt und sein Studio zurück und arbeitete dort an den Aufträgen wohlhabender Bürger.

Die Malerei begann, die Wünsche und Stimmungen eines Individuums auszudrücken; Einzelpersonen, konkret in Raum und Zeit hineingestellt, konnten jetzt porträtiert werden, und ihre Umgebung wurde nicht symbolisch dargestellt, sondern gab eine Landschaft mit der ihr eigenen Atmosphäre wieder. Noch herrschten religiöse Motive vor, aber die porträtierten Personen waren oft auch Zeitgenossen des Malers.

Überaus bedeutsam war es, daß man nun Form und Inhalt zu unterscheiden begann. Die jeweils verwendete Technik wurde vom darzustellenden Gegenstand völlig unabhängig; die Heilige Familie konnte mit denselben Mitteln gemalt werden wie eine vornehme Bürgerfamilie. Diese Verselbständigung der Kunst bedeutet einen der wichtigsten Übergänge zur Kultur der Gegenwart.

Zu Beginn des 15. Jahrhunderts hatten die niederländischen Maler, voran Hubert und Jan van Eyck, den Menschen und seine Umgebung mit großem Realismus dargestellt. Noch die kleinsten Einzelheiten der Physiognomie, der Kleidung und der Gegenstände ringsum wurden wiedergegeben. Die italienischen Künstler, von Masaccio bis Leonardo da Vinci, beobachteten Anatomie und Perspektive und konzentrierten sich auf die Bewegungen des Menschen im dreidimensionalen Raum, der für sie nicht, wie für die späte Gotik, eine Ansammlung einzelner Elemente darstellte, sondern wirklich einen »homogenen, kontinuierlichen und zentral erfaßten Raum[4]«.

Ein Vergleich mit der modernen Kartographie, deren Anfänge ebenfalls in jener Zeit liegen, mag den Unterschied verdeutlichen. Die von den Seeleuten auf dem Mittelmeer verwendeten *portolani* genannten Karten bestanden aus einer Reihe von navigatorischen Besteckangaben zwischen den Ausgangs- und Bestimmungsorten der Schiffsrouten. Faßte man die einzelnen Richtungs- und Entfernungsangaben zusammen, so erhielt man die Linien der Mittelmeerküste. Dieses Verfahren ließ sich jedoch nur in begrenzten Gebieten anwenden. Für die Abbildung der Erdoberfläche als Ganzes eignete sich dagegen die Mercatorprojektion mit dem Gitterwerk der »Längen« und »Breiten«, die ein gleichmäßiges, kontinuierliches Bild von Kontinenten und Meeren abgab. Genau wie auf den Bildern mit zentraler Perspektive wurden die Gegenstände an der Peripherie deformiert.

Den italienischen Künstlern gelang es, die alten Faustregeln der Handwerker durch ihre theoretisch begründeten, wissenschaftlichen Methoden vollständig zu ersetzen. Als der größte deutsche Maler, Albrecht Dürer (1471–1528), nach Italien kam, stellte er fest, daß sich die Künstler von den Zünften so gut wie völlig befreit hatten.

Die deutsche Malerei des 15. und 16. Jahrhunderts war sowohl von den Niederlanden als auch von Italien her beeinflußt. Gerade bei Dürer, der einige Zeit in beiden Ländern zugebracht hat, findet sich der Konflikt beider künstlerischer Ausdrucksweisen; er beherrscht die bis ins kleinste gehende Behandlung des Details und beweist zugleich seine Ehrfurcht vor Anatomie und Perspektive als wesentlichen Gegebenheiten der Natur.

Im 15. Jahrhundert übten sich die Maler in Italien und im nördlichen Europa im wesentlichen in der Technik und in der überladenen, farbensprühenden Darstellung religiöser und profaner Gegenstände. Aber gegen Ende des Jahrhunderts zeichnete sich ein Umschwung ab; in Florenz ließ Savonarola Luxusgegenstände vernichten und predigte die Rückkehr zu Mäßigkeit und Einfachheit und die Vorbereitung auf den Tag des Gerichts, und in der Kunst Michelangelos und Dürers wurde die Religion als ein Kampf der Seele dargestellt.

Werfen wir einen Blick auf einen Zeitgenossen Albrecht Dürers. Matthias Grünewald (1470–1528) benutzte die realistischen Techniken der Spätgotik, um die Widersprüche und die Trivialisierungen wiederzugeben, von denen wir oben sagten, daß sie die spätmittelalterliche Religiosität charakterisierten. Auf seinem berühmten Isenheimer Altar sehen wir im Hintergrund das himmlische Licht, das durch die Wolken bricht und Land und Meer bescheint, davor Maria mit dem Kinde und die einfachen Gegenstände, die man zum Baden des Neugeborenen braucht, zugleich aber auch den himmlischen Chor der Engel, die dem Heiland ekstatisch Lobgesänge darbringen. Diese Zusammenstellung des realistischen Alltags und der frommen Ekstase weist bereits über die Spätgotik hinaus zum Barock. Widersprüche gab es auch bei Dürer; aber bei ihm handelte es sich um den Kontrast von naturwissenschaftlich begründetem Naturalismus und subjektivem Idealismus, von Renaissance und Reformation.

Albrecht Dürer war der Sohn eines Goldschmieds aus Nürnberg, dem Mittelpunkt der Gold- und Silberwarenherstellung und der Produktion wissenschaftlicher Präzisionsinstrumente, dem Zentrum auch der mathematischen und astronomischen Forschungen; außerdem besaß Nürnberg eine der wichtigsten Druckereien. Auf den ersten Blick scheinen diese Verhältnisse den Künsten nicht eben den günstigsten Nährboden zu liefern; doch für jene Zeit war gerade die Nachbarschaft von Wissenschaft und Kunst charakteristisch.

Dürer hatte sich in der mühsamen Goldschmiedearbeit gründlich geübt und brachte daher den neuen graphischen Techniken, die im 16. Jahrhundert in Deutschland in Blüte standen, großes Interesse entgegen, nämlich dem Holzschnitt und dem Kupferstich. Die erhabenen Flächen des Holzschnitts begünstigten eine großzügige, relativ grobe Linienführung, die sich sehr gut für volkstümliche Drucke eignete; die eingravierten Linien beim Kupferstich dagegen verlangten nach Verfeinerung und Genauigkeit im Detail. Die neuen Techniken übertrafen an Bedeutung sogar die Malerei, da sie im Druck wiedergegeben werden konnten. Der Buchdruck sicherte also nicht nur literarischen Erzeugnissen, sondern auch den Kunstwerken eine weitere Verbreitung. Wohlhabende Bürger waren die wichtigsten Kunden, aber gedruckte Pamphlete und Flugblätter fanden auch in den unteren Klassen ihr Publikum. Holzschnitt und Kupferstich spielten die gleiche Rolle wie heute Karikaturen und Comic strips.

Damit waren neue Ausdrucksmittel für eine stark emotional gefärbte Religiosität gefunden. Dürers großartige Holzschnitte zur Offenbarung des Johannes geben mit ihrem Widerspiel von Schwarz und Weiß treffend und naturalistisch die Kräfte der Zerstörung wieder, die auf die Menschheit einwirken. Im Gegensatz zu früheren Darstellungen liegt der Hauptakzent auf der unheilvollen Drohung des Kommenden, nicht auf den realen Folgen der Katastrophe. Das Verderben schwebte schon eine Zeitlang über der friedlichen Landschaft; dann breitet sich die Panik aus, und die Apokalyptischen Reiter verheeren die Erde. Hatten sich die bisherigen mittelalterlichen Darstellungen großenteils mit symbolischen Andeutungen begnügt, so erzielte Dürer durch die naturalistische Schilderung eine unvorstellbare Wirkung.

Die innere Dynamik der Religion kam in Dürers zahlreichen Zeichnungen zur Passion Christi auf dem Ölberg und im Garten Gethsemane zum Ausdruck. In diesen Szenen kontrastiert die bloße Trauer der Jünger mit dem Gefühl einer schrecklichen Einsamkeit, die den Menschensohn umgibt, als er vor seiner furchtbaren Wahl steht. Wieder geht hier der Naturalismus der Ausführung und der Stimmung des Bildes mit einem intensiven subjektiven Empfinden Hand in Hand.

Zwei berühmte Kupferstiche Dürers spiegeln die Horizonterweiterung in den humanistischen und naturwissenschaftlichen Studien jener Zeit wider. Auf dem einen von ihnen sehen wir den großen Kirchenvater Hieronymus in seiner Studierstube arbeiten. Hieronymus hatte die offizielle Übersetzung der Bibel aus dem Griechischen ins Lateinische, die Vulgata, angefertigt; daher galt er den Humanisten als ideales Vorbild einer Verbindung der göttlichen Erleuchtung mit antiker Bildung, obgleich er, wie viele andere, von der Frage beunruhigt war, welche Auswirkung die Beschäftigung mit den heidnischen Klassikern wohl auf das Heil der Seele haben möge. Die von Dürer entworfene Szene strahlt die Atmosphäre eines kontemplativen, dem Studium und der Meditation gewidmeten Lebens aus. Hund und Löwe, die an der Eingangstür schlafen, scheinen auf der Wacht zu liegen und Störungen von der Außenwelt her abzuwenden. Die perspektivischen Linien und das einfallende Licht streben auf den Gelehrten zu, der in seine Studien vertieft ist, und betonen offenbar die Verinnerlichung und Zurückgezogenheit. Die Gegensätze des täglichen Bedarfs sind ebenso realistisch gezeichnet wie das Handwerkszeug des Gelehrten. Von dem Bild geht der Eindruck der Weltabgeschiedenheit und der Konzentration aus.

Der zweite Kupferstich, die »Melancholie«, strömt einen anderen Geist aus. Die mächtige, grübelnd dasitzende Frauengestalt, die den Blick vom Sonnenuntergang abwendet, ist von wissenschaftlichem Gerät und von Handwerkszeug umgeben, unter dem vor allem Meßinstrumente und eine Waage auffallen. Obgleich ein spielendes Kind und ein schlafender Hund der Szenerie einen Hauch Intimität verleihen, geht von der Gestalt der Eindruck der Niedergeschlagenheit aus, als grübele sie über die vergeblichen Versuche des Menschen, in die Geheimnisse der Natur einzudringen.

Dürers Hauptinteresse, wie auch das vieler zeitgenössischer italienischer Maler, galt dem Studium der Perspektive und der Proportionen des menschlichen Körpers und anderer organischer Formen. Seine Arbeiten bezeugen das umfassende naturwissenschaftliche Interesse seiner Zeit; allerdings scheint bei den Künstlern des Nordens die Naturschilderung immer mit dem Gefühl der Eitelkeit menschlichen Tuns verbunden zu sein.

MITTELALTERLICHE UND NEUZEITLICHE BLICKRICHTUNGEN

Drei Persönlichkeiten der Jahrhundertwende verkörpern somit die neuen Strömungen der Zeit: Kaiser Maximilian, der Kaufmann Jakob Fugger, der Maler Albrecht Dürer. Diese Zeitströmungen beherrschten jedoch Politik, Wirtschaft und Kunst nicht mit der gleichen Ausschließlichkeit wie in Italien. Der Schwebezustand, bei dem sich Altes und Neues die Waage hielten, blieb fortan bis ins 20. Jahrhundert hinein für die deutschen Verhältnisse charakteristisch und trug zu dem Mangel an politischer, soziologischer, ja sogar kultureller Schöpferkraft bei. Die Deutschen konnten zwar Ideen radikal bis zu Ende denken, aber es gelang ihnen nicht, die Folgerungen für das praktische Leben zu institutionalisieren.

Es ist der Geschichtswissenschaft schwergefallen, die neuzeitlichen von den mittelalterlichen Zügen des 14. und 15. Jahrhunderts zu trennen. Tatsächlich gerät in dieser Übergangsperiode alles in Bewegung; aber eigentliche Entwicklungslinien lassen sich kaum nachzeichnen. Die spirituellen Bewegungen, von denen in diesem Kapitel die Rede war – christlicher Kommunismus, mystische Frömmigkeit und metaphysischer Idealismus –, sind nichts spezifisch Neuzeitliches; sie waren Variationen über die alten Themen, nämlich Sektenwesen, *sacerdotium* und *sacrum imperium*. Allerdings gewannen sie in ihrer spätmittelalterlichen Form neue Aspekte hinzu: Die Hussitenbewegung hatte nicht nur die Motive der alten Sekten, die Rückkehr zum Kommunismus des Urchristentums, sondern auch ein nationales und sozialrevolutionäres Ziel, das sich aus der Lage ihrer Träger im deutschen Grenzbereich ergab und das erst im 19. und 20. Jahrhundert wieder aufgegriffen wurde; die *devotio moderna* erstrebte eine Vereinfachung und Vergeistigung des christlichen Lebens, in dessen Zentrum das Evangelium stehen sollte, ergänzt durch die Antike – in ausführlicherer Form wiederholt später der Humanismus des Erasmus die gleiche Einstellung; der metaphysische Idealismus des Nikolaus von Cues schließlich enthielt das philosophische Leitbild des *sacrum imperium* und wies zugleich in die Richtung, die Leibniz und die Philosophen der Romantik einschlagen sollten.

In Politik, Wirtschaft und Kultur findet sich dieselbe Vermischung mittelalterlicher und neuzeitlicher Elemente: Kaiser Maximilian schätzte die Ritterorden, beschäftigte aber auch bezahlte Landsknechtshaufen; kapitalistische Unternehmen führten die doppelte Buchführung ein, blieben aber Familienunternehmen (zum Beispiel die Fugger) und wandelten sich nicht in Aktiengesellschaften um; der Künstler, der die neuen Techniken, wie etwa den Druck mit beweglichen Lettern, zu benutzen wußte, fühlte sich doch noch als Handwerker im Sinne der Zünfte. Viele Italiener dagegen entwickelten bereits universelle technologische Gesichtspunkte. Bei Dürer bemerken wir den zeittypischen Widerspruch zwischen dem faustischen Streben nach schrankenloser Erkenntnis und der Sehnsucht nach der kontemplativen Ruhe des Heiligen und des Weisen, die der Antike und dem Mittelalter als Ideal vorschwebte.

Die meisten der modernen Tendenzen gingen bemerkenswerterweise von Italien, Böhmen und den Niederlanden aus, also von der Peripherie des Reiches; die Grenzgebiete entlang des Rheins, der Elbe und der Donau waren immer die Gegenden, in denen die heftigsten politischen und religiösen Gärungen zu beobachten waren. Die zentrale Lage Deutschlands mag daran schuld sein, aber auch der Umstand, daß die größten Flüsse eben an den Grenzen des deutschen Siedlungsgebiets entlangführten; da diese Flüsse zu jener Zeit die wichtigsten Verkehrsadern darstellten, mögen sie das Eindringen fremder Einflüsse gefördert haben.

Im Grunde dürfte das Durcheinander der intellektuellen Strömungen und Einstellungen auf den Pessimismus zurückzuführen sein, der einerseits durch Katastrophen, andererseits durch die Verzweiflung am kirchlichen Erlösungswerk hervorgerufen war; die Welt schien wieder von den dunklen dämonischen Mächten beherrscht, die bislang durch das Vertrauen auf die göttliche Vorsehung gebannt waren; jetzt aber schien Gottvertrauen ohne unmittelbaren Nutzen zu sein, und der Mensch, hineingestellt in eine Auseinandersetzung zwischen Himmel und Hölle, verließ sich mehr als je auf Reliquien und wunderwirkende Bilder, auf Astrologie und Alchimie, ja selbst auf Zauberei und Geisterbeschwörung.

Es gab jedoch auch Anzeichen eines wiederkehrenden Vertrauens zu den kulturellen Leistungen des Menschen, zu den schöpferischen Kräften des Universums und zum Erlösungsgeschehen. Diese Tendenzen konnten sich im Deutschland des 16. Jahrhunderts besonders leicht durchsetzen, da sie von drei bedeutenden Persönlichkeiten getragen wurden: von Erasmus, Paracelsus und Luther – ein Beispiel für die deutsche Eigentümlichkeit, daß neue Strömungen große Männer hervorbringen, statt Veränderungen der politischen und gesellschaftlichen Struktur zu bewirken.

IV. Wege zur Reformation

DIE NEUE HISTORISCHE PERSPEKTIVE

Wir sind bereits der Auffassung begegnet, daß die zunehmende Kompliziertheit und Verderbnis der menschlichen Verhältnisse nur durch die Rückkehr zu einem früheren Zustand der Einfachheit und Harmonie überwunden werden könne. Darunter nun konnte mehreres verstanden werden: die Sündlosigkeit des Menschen im Paradies, das Urchristentum, das weder Priester noch Gesetze oder Eigentum kannte, oder schließlich sogar das ideale Gemeinwesen kontemplativer Heiterkeit und Gelassenheit des antiken Philosophen. Diese »Utopien der Vergangenheit« waren dem Menschen des Mittelalters nicht fremd; im 16. Jahrhundert aber nahmen die Vorstellungen von »Wiedergeburt« und »Reform« sehr viel schärfere Konturen an.

Die Vorstellung von einer Regeneration der Gesellschaft und der Kultur durch eine Rückkehr zu den antiken Quellen nationaler Größe wurde im 14. und 15. Jahrhundert zuerst von einer Gruppe von Intellektuellen, den »Humanisten«, in Italien vertreten. Sie erstrebten jedoch weder – wie viele der Kaiser – eine Restauration des alten Römischen Reiches noch eine Wiederherstellung früherer Institutionen und unterschieden sich darin zum Beispiel von Arnold von Brescia und Cola di Rienzi, die wie die meisten Menschen des Mittelalters zu glauben schienen, seit den Zeiten der Griechen und Römer habe sich im Prinzip nichts geändert. Die Humanisten dagegen waren sich bewußt, daß sie durch eine an Wandlung reiche Zeit, die sie das Mittelalter nannten, von der antiken Welt getrennt waren. Diese Kluft konnte man nur noch durch die Beschäftigung mit der antiken Literatur und Kunst überwinden, wenn man die Verhaltensnormen und den Stil des künstlerischen Ausdrucks dieser Welt wiedergewinnen wollte, von denen die Humanisten annahmen, daß sie die wahre Natur des Menschen widerspiegelten; diese Normen, so meinten sie, waren in den Kompliziertheiten und Künsteleien der Scholastik, der Gotik und der ritterlichen Minne nahezu in Vergessenheit geraten.

Dachte man an eine Rückkehr zu den antiken Quellen, so betraf dies nicht allein die Kultur, sondern auch die Religion. Schon im Laufe des Mittelalters hatten mehrere häretische Bewegungen die Wiederherstellung der urchristlichen Gemeinde verlangt. Nun sollten Wiedergeburt und Reform durch eine Rückbesinnung auf die reinen Quellen des Christentums herbeigeführt werden, wie sie bei den Kirchenvätern und in den Evangelien vorlagen; hier war die wahre Lehre von der Erneuerung des Menschen zu finden, noch nicht verfälscht durch die Spitzfindigkeiten der aristotelischen Logik und der scholastischen Dogmatik.

Der Wunsch nach einem Neubeginn wurde auch durch den Gedanken angeregt, daß der Mensch nicht durch eine maßgebende Tradition, in der er lebt, oder durch starre Lebensformen der Vergangenheit festgelegt ist, die er allenfalls wiederherstellen kann; er ist vielmehr frei, die Vergangenheit zu deuten und die Zukunft nach seinem Willen zu formen. Daher glaubte sich der Mensch jetzt an der Schwelle eines neuen Zeitalters unbegrenzter Möglichkeiten.

Die franziskanischen Spiritualisten hatten die Idee eines neuen Zeitalters so abgewandelt, daß sie die aktuelle Erwartung eines dritten Zeitalters des Geistes, die Ablehnung der Kirche und die Errichtung einer neuen Ordnung der Gerechtigkeit und des Friedens zum Inhalt hatte; eine weitere Variante fand sich bei den mittelalterlichen und den neuzeitlichen Alchimisten, die den Menschen zu den schöpferischen Vorgängen in der Natur in Beziehung setzen wollten, um ein technokratisches Zeitalter der Langlebigkeit und des Überflusses zu eröffnen.

Die Schlagworte »Wiedergeburt« und »Reform« setzen die Auffassung voraus, daß der Mensch in einem doppelten Sinne frei ist: unabhängig nämlich von den prägenden Kräften der Vergangenheit in Gestalt von Traditionen oder im Sinne einer Restauration, frei aber auch von vorgefaßten Zukunftsbildern, sei es als rational entworfene Utopie oder als Vorstellung eines unabwendbaren »Dritten Zeitalters«. Diese Auffassung wurde zuerst von den Humanisten bewußt vertreten; sie dürfen daher mit Recht als Väter der modernen Geisteshaltung betrachtet werden.

Der Wille zu Wiedergeburt und Reform war besonders stark, allerdings auch sehr unklar in seiner Zielsetzung, bei den Italienern und den Deutschen. Beiden Völkern fehlte eine staatliche Tradition auf der Grundlage einer starken nationalen Monarchie; beide hatten lange unter der Abhängigkeit von der Tradition des Römischen Reiches gestanden, und nach dem Verfall des mittelalterlichen Reiches hatten beide immer dringlicher eine Restauration entweder der alten republikanischen Institutionen oder der kaiserlichen Souveränität erstrebt. Auf der Schwelle der Neuzeit begegnete ihnen nun eine weitere Stufe der Idee einer »Rückkehr«: Antike Form und die Wahrheit des Evangeliums wurden zu Idealen, zu denen der Mensch immer wieder zurückfinden mußte, um die ursprüngliche Verheißung und die prophetische Gewißheit zu gewinnen, die die antike Welt besessen hatte.

Die drei führenden intellektuellen Persönlichkeiten Deutschlands in der ersten Hälfte des 16. Jahrhunderts, Paracelsus, Erasmus und Luther, repräsentierten nicht nur drei sehr individuell geprägte Interpretationen ihres jeweiligen Gebiets, der Natur, der Kultur und der Heiligen Schrift; ihnen war auch das allgemeine Bedürfnis der Zeit nach einer Wiedergeburt und einer Reform gemeinsam. Für sie bedeuteten Natur, Kultur und Bibel nicht rein autonome Sphären in dem modernen säkularen Sinne, zu denen sie lediglich eine bestimmte intellektuelle Haltung eingenommen hätten; auch sahen sie diese Gebiete nicht auf mittelalterliche Weise als Schichten innerhalb des hierarchischen Aufbaus an, wobei jede Schicht in der Pyramide ihre Bedeutung von der anderen bezöge; vielmehr faßten sie ihre Fachgebiete als verschiedene Wege auf, auf denen die Menschen seit jeher Gott gesucht hatten.

Paracelsus, Erasmus und Luther glaubten überdies, daß zu ihrer Zeit diese Wege zerredet und durch kirchliche Dogmen und gelehrte Haarspalterei unkenntlich gemacht worden seien; man mußte sie daher wieder freilegen und das Studium der Natur, der Kultur und der Heiligen Schrift in ihrer ursprünglichen Reinheit in Angriff nehmen, so wie sie in der Geschichte vorlagen und der unbefangenen Beobachtung zugänglich waren.

DIE FRAGESTELLUNG DER ASTROLOGIE UND DER ALCHIMIE

Die Welt der Natur wurde um 1500 noch weitgehend mit den Augen der Alchimie und der Astrologie angesehen, jener alten Wissenschaften, die ihre Blütezeit in der westlichen Welt im 15. und 16. Jahrhundert erlebten. Der italienische Humanist Marsilio Ficino (1433-1499) hatte das »Corpus Hermeticum« aus dem Griechischen ins Lateinische übersetzt und damit das alchimistische Hauptwerk der Antike, das auf babylonische und persische Quellen zurückging, weiteren Kreisen zugänglich gemacht.

Zwei Merkmale unterscheiden die Alchimie und die Astrologie von der modernen Naturwissenschaft. Einmal wurde angenommen, daß wissenschaftliche Erkenntnis nur durch Inspiration gewonnen und nur von einigen wenigen, den »Adepten«, erlangt werden könne, die in die Geheimnisse der Natur eingeweiht seien und ihre verborgenen Prozesse einsehen könnten; nur ihnen war das geheime Wort, die Zahl oder Formel bekannt geworden, mit deren Hilfe man sich mit der Natur in Einklang setzen könne. Ihre Geheimnisse wurden vor der großen Masse ebenso sorgfältig gehütet wie die geheimen Fertigkeiten einer Handwerkerzunft. Im Gegensatz dazu zeichnet sich die moderne Wissenschaft durch die Öffentlichkeit und allgemeine Zugänglichkeit ihres Tuns aus.

Zweitens waren Alchimie und Astrologie geneigt, mehr an unmittelbarem Nutzen für Gesundheit, Reichtum und Weisheit zu versprechen, als sie einlösen konnten. Die Alchimie zum Beispiel suchte den Hoffnungen, die man sich allgemein in dieser Hinsicht machte, dadurch zu entsprechen, daß sie durch Experimente ohne theoretische Fundierung unedle Metalle in Gold verwandeln und das Lebenselixier und den Stein der Weisen finden wollte. Sie unterschied nicht zwischen theoretischem Wissen und seiner praktischen Anwendbarkeit, während die moderne Wissenschaft sich hauptsächlich um die Theorie bemüht und die Anwendung der Technik überläßt; jedenfalls galt dies bis vor kurzem.

Die große Popularität, die Alchimie und Astrologie zu dieser Zeit genossen, mag auch der Frage nach dem Sinn des Zufalls im menschlichen Leben entsprungen sein, die sich auch in der krankhaften Furcht vor dem Tode und vor dem apokalyptischen Weltuntergang äußerte. Die scholastische Philosophie hatte zu zeigen versucht, daß sich der göttliche Wille in einem geordneten Universum offenbare, in dem alle Dinge einen Bezug zu dem göttlichen Plan einer Erlösung des Menschen haben. Nun bewies die Furcht vor dem bevorstehenden Tod und dem drohenden Gericht, daß das Vertrauen zu dieser göttlichen Vorsehung verlorengegangen war.

Als der Mensch im 15. und 16. Jahrhundert Vertrauen zu seinen eigenen Fähigkeiten gewann, verließ er sich kaum noch auf die vorausschauende Gnade Gottes. Aber noch war es ihm nicht gelungen, statt dessen die Konzeption eines Weltalls zu entwickeln, das eine Ordnung auf Grund allgemeingültiger und unveränderlicher Gesetze darstellte. Der Verlust der Glaubensgewißheit führte daher zunächst zu einer Wiederbelebung der Furcht vor dunklen Mächten, die schon in der Spätantike und im Frühmittelalter geherrscht hatte. Daraus erklärt sich der plötzliche Aufschwung der Zauberei und des Hexenwesens, die neben Astrologie und Alchimie blühten und die dunklen Mächte in ihre Gewalt zu bringen, ja auch für ihre eigenen Zwecke auszunutzen versuchten. Die Anklage, mit dem Teufel und seinen Günstlingen durch Schwarze Magie oder durch Hexerei im Bunde zu stehen, richtete sich nicht nur gegen Frauen, sondern auch gegen Astrologen und Alchimisten.

Die großen Geister der Epoche begegneten dem Problem des Zufälligen im menschlichen Leben auf einer höheren Ebene. Macchiavelli wies darauf hin, daß selbst in einer rational kalkulierten Politik noch die besten Pläne oft durch eine unglückliche Wendung zunichte gemacht werden. Daher muß man sich eine immerwährende Wendigkeit und Wachheit bewahren, um gegenüber den Glückszufällen gewappnet zu sein. Die Astrologie versuchte eine »wissenschaftliche« Lösung; sie ging von der Voraussetzung aus, daß der günstige oder ungünstige Ausgang eines jeden Ereignisses im Leben des Menschen durch eine bestimmte Konstellation der Himmelskörper determiniert sei; sie nahm an, daß das unendlich Große das unmeßbar Kleine bestimme; das Universum wurde nicht quantitativ, sondern qualitativ aufgefaßt. Den einzelnen Sternen und Planeten wurden ganz bestimmte Eigenschaften zugeschrieben, und wer mit ihnen diese Eigenschaften teilte, stand dadurch in einer geheimnisvoll-wirksamen Beziehung zu ihnen. Geburt und Lebenslauf jedes einzelnen Menschen stehen unter dem beherrschenden Einfluß einer Konjunktion oder Konstellation von Sternen, die als Wächter des menschlichen Schicksals fungieren, da sie die Verkörperung der göttlichen Weisheit sind.

Ein Einfluß der Gestirne wurde nicht nur für den Gesamtverlauf des menschlichen Lebens angenommen, sondern auch für alle Ereignisse und Vorkommnisse des täglichen Lebens. Ihre Macht galt als ebenso umfassend wie die eines Heiligen oder eines Dämons. Nach Paracelsus war die Hälfte allen Unglücks dem Wirken der Himmelskörper zuzuschreiben[1]. Kaum eine Entscheidung konnte gefällt, kaum eine Reise unternommen werden, ohne daß die Sterne befragt worden wären. Der Kalender mit entsprechenden Voraussagen und astrologischen Ratschlägen war für viele Leute das wichtigste Buch; er stand allenfalls der Bibel nach.

Während die Astrologie versuchte, die Zufälligkeiten zu eliminieren, indem sie grundsätzlich alles Geschehen für vorhersagbar erklärte, schloß sie gleichzeitig den Menschen in ein großes Kräftenetz ein, aus dem er erst dadurch befreit wurde, daß die moderne Wissenschaft den Gegensatz von Geist und Materie hervorhob; die Materie ist der Kausalität unterworfen, der Geist dagegen gehört in den Bereich der individuellen Selbstbestimmung.

Die Philosophie der Humanisten versuchte aus der Sackgasse der Astrologie auszubrechen, indem sie die spezifische Würde und den Wert des Menschen unterstrich. In seiner berühmten »Rede von der Würde des Menschen« vertrat Pico della Mirandola (1463–1494) die Auffassung, was den Menschen auszeichne, sei nicht der Umstand, daß er zu einer Gattung von Lebewesen gehöre, die in der Weltordnung einen besonderen Platz einnehmen, sondern die Tatsache, daß er vom Schöpfer mit der Fähigkeit begabt sei, auf der Leiter der Schöpfung emporzusteigen. Er kann bis zu den Engeln hinaufsteigen und bis zu den Tieren hinabfallen. Das Besondere am Menschen sei daher sein Drang nach oben und nicht irgendeine statische Qualität oder Position; sein Schicksal ist nicht durch die Sterne festgelegt. Da er nach dem Bilde Gottes geschaffen ist, hat er die Freiheit, sein Schicksal selbst zu bestimmen. Wir haben diese Idee zumindest implizit bereits in der Mystik von Eckehart und Nikolaus von Cues angetroffen.

In der Lehre der Alchimie wurde der Freiheit des Menschen ein wesentlich größerer Spielraum zugesprochen. Die Alchimie beruhte auf der Konzeption einer umfassenden Einheit oder Ganzheit, die aber nicht als ein Netz kausaler Beziehungen, sondern als organischer Schöpfungsprozeß verstanden wurde. Die verschiedenen Formen, die die vier Elemente Luft, Wasser, Feuer und Erde annehmen können, bezeugen die Mutationen, die dem schöpferischen Vorgang zugrunde liegen.

Der Alchimist beschäftigte sich mit der Verwandlung von unedlen Metallen in Edelmetalle und mit der Suche nach dem Elixier des Lebens und dem Stein der Weisen; er versuchte, in den Schöpfungsprozeß einzudringen, damit der Mensch das erlangen könne, was ihm offenbar das Wertvollste schien: Gold, Gesundheit und Weisheit, und zwar in dieser Reihenfolge. Diese Forschung ersetzte jetzt die Suche nach dem heiligen Gral. Das Interesse späterer Forscher an der Erfindung eines Perpetuum mobile und auch Goethes Studium der Urpflanze waren ähnlich motiviert.

Der Lehre der Alchimie lag die Methode zugrunde, mit Hilfe der Magie den schöpferischen Geist aus seinem materiellen Gefängnis zu erlösen und ihn dem Menschen nützlich zu machen, etwa so wie Michelangelo die Form befreien wollte, die in einem rohen Holz- oder Steinblock eingeschlossen war, um sie sichtbar zu machen.

Die magischen Experimente wurden von der Vision geleitet, daß der Mensch über unbegrenzte Möglichkeiten verfüge, Wissen und Macht zu erlangen, von dem »Faustischen«, wie man seit Goethes großem Werk sagt, das nach Dr. Johannes Faustus (ca. 1480–1540) betitelt ist, einem Wissenschaftler und Magier von legendärem Ruf; es ist behauptet worden, daß diese magische Komponente der Alchimie in unserer modernen Auffassung weiterlebe, wir könnten Macht über die Kräfte der Natur gewinnen.

Unter den Vertretern der magisch-wissenschaftlichen Lehren nimmt Agrippa von Nettesheim (1486–1535) auf Grund seines Werkes »De occulta philosophia« einen wichtigen Platz ein. Dieses Werk ist um 1510 verfaßt, jedoch erst zwanzig Jahre später veröffentlicht worden, nachdem der Verfasser noch eine Kritik an der Gültigkeit aller Erkenntnis hinzugefügt hatte. Das Buch ist eine enzyklopädische Zusammenfassung des okkulten Wissens der Antike und des Mittelalters, ein seltsames, synkretistisches Konglomerat aus neopythagoreischer Zahlentheorie, babylonischer Astrologie, Buchstaben- und Wortsymbolik der Kabbala, florentinischem Neoplatonismus und antiker und mittelalterlicher Mystik. In der ursprünglichen enzyklopädischen Arbeit versuchte Agrippa von Nettesheim, eine philosophische Grundlegung der Magie zu liefern, die der vornehmste Schlüssel zur Erkenntnis des Universums und seines Schöpfers sein sollte. Später verwarf er die magische Erkenntnis, allerdings nicht deshalb, weil sie nicht imstande gewesen wäre, die in sie gesetzten Hoffnungen zu erfüllen, sondern aus einem Gefühl des Überdrusses und aus Sehnsucht nach der Einfachheit des Evangeliums[2]; in seiner Person zeigt sich somit die Spannung zwischen der neuen optimistischen Einschätzung der menschlichen Möglichkeiten, Wissen und Macht zu erringen, und der pessimistischen, resignierten Stimmung des Spätmittelalters.

DER ANGRIFF DES PARACELSUS AUF DIE ZEITGENÖSSISCHE MEDIZIN

Wesentlich entschiedener als Agrippa überschritt Paracelsus (1493-1541) die Schwelle zur Neuzeit. Obgleich sein Hauptgesichtspunkt ebenfalls alchimistisch und astrologisch war, befaßte er sich in der Hauptsache nicht mit okkultem Wissen und entsprechenden Praktiken, sondern mit der Natur; er wollte die Mittlerfunktion des Okkultismus überflüssig machen und den Menschen in eine direkte Verbindung zu dem großen Schöpfungswerk der Natur bringen, die die Werkstatt, das Laboratorium Gottes ist.

Paracelsus wurde in Einsiedeln in der Schweiz geboren. Er erhielt den recht sonderbaren Namen Theophrastus Bombastus von Hohenheim; der Sitte der Zeit folgend, nahm er aber eine Art Berufsnamen an: Paracelsus bedeutet »größer als Celsus«, ein Arzt im alten Rom, dessen enzyklopädisches Werk über die Medizin im Laufe der Jahrhunderte große Verbreitung erlangte.

Der Vater des Paracelsus war ebenfalls Arzt. Er verlegte seinen Wohnsitz nach Kärnten, einem der wichtigsten Bergbaugebiete im Osten des Habsburgerreiches. Es lag nahe, daß Mineralogie und Alchimie eng miteinander verbunden waren: Der Alchimist versuchte in seiner Werkstatt nachzuvollziehen, was die Natur bereits in ihrem großen Schmelztiegel vorgeführt hatte. Paracelsus erlernte bei seinem Vater nicht nur die Heilkunst, sondern erwarb auch ausgedehnte Kenntnisse in der Mineralogie und Metallurgie.

Von entscheidendem Einfluß für seinen Werdegang waren die ausgedehnten Reisen, die ihn in den Jahren 1512 bis 1524 durch ganz Europa führten und auf denen er an mehreren Universitäten, aber auch unter den verschiedensten Volksschichten ein ausgedehntes Wissen sammelte, das von den Eigenschaften der Pflanzen und Mineralien bis zu den Einzelheiten der Krankheiten und des Seelenlebens des Menschen reichte. Einen großen Teil dieses Wissens erwarb er sich durch das Experiment; daraus erklärt sich seine Opposition zu den Humanisten, die sich auf Texte verließen. Sein Leben lang polemisierte er gegen die antiken Autoritäten in der Medizin, zum Beispiel den Moslem Avicenna (980–1037), dessen Hauptwerk »Canon medicinae« das wichtigste medizinische Lehrbuch jener Zeit war. Da Paracelsus aber auch das Scheinwissen seiner Kollegen attackierte, kam er in einen beständigen Konflikt mit einer schon recht fest etablierten Berufsgruppe.

Von 1525 bis 1528 ließ er sich als Arzt und Lehrer nacheinander in Salzburg, Straßburg und Basel nieder. In Basel gelang es ihm, den berühmten Drucker Johannes Froben zu heilen, der ihn daraufhin dem Maler Holbein und dem großen Humanisten Erasmus von Rotterdam vorstellte. Paracelsus wurde zum Stadtphysikus und Universitätsprofessor ernannt. Aber wie überall hielt es ihn auch in Basel nicht lange; sein Aufenthalt dauerte nicht einmal ein Jahr (1527–1528). In seinen Vorlesungen sprach er Deutsch, da das Lateinische, wie er meinte, zu sehr mit den traditionellen Fachausdrükken belastet sei. Seine hochfahrende Art, die eigenen Ansichten vorzutragen, und seine rücksichtslosen Angriffe auf antike Autoritäten und auf die zeitgenössischen Ärzte riefen natürlich die Gegner auf den Plan; er wurde angeklagt, ein Scharlatan und Quacksalber zu sein, und sogar beschuldigt, bei der Anstiftung des Bauernaufstandes von 1525 seine Hand im Spiele gehabt zu haben. Bei Nacht entfloh er aus Basel, um der Einkerkerung zu entgehen; und bis zu seinem Tode im Jahre 1541 blieb er nun auf Wanderschaft. Die meisten seiner zahlreichen Schriften, die er oft unterwegs in aller Eile zu Papier brachte, fanden erst sehr viel später den Weg in die Druckerpresse [3].

Paracelsus erklärte nachdrücklich, die Heilung Kranker, die Vermehrung der medizinischen Kenntnisse und ein Gefühl der göttlichen Berufung, einer Mission, müßten bei einem Arzt Hand in Hand gehen. Ein Mann, der so entschiedene Ansichten vertrat, dem wunderbar anmutende Heilungen gelangen und der aus der Medizin geradezu eine priesterliche Berufung machte, mußte ebenso viele Feinde wie Schüler haben; an seinen Namen knüpften sich Legenden, die noch lange nach seinem Tode unter dem Volk weiterlebten und in denen von seinem Pakt mit dem Teufel ebenso die Rede war wie von seiner Unsterblichkeit.

DER EINHEITLICHE LEBENSPROZESS

Seine wichtigste Idee war wohl die von der Einheit des Menschen mit der Natur: Der Mensch ist eine kleine Welt für sich, ein Mikrokosmos in dem großen All, dem Makrokosmos. Daher ist alles, was es in der Welt gibt, auch im Menschen vorhanden. Die innere Bezogenheit aller Naturphänomene aufeinander ist der Grund dafür, daß die Natur sich selbst genügt, in dem Sinne nämlich, daß sie sowohl schöpferische wie auch zerstörerische Kräfte birgt; sie besitzt in sich alle Mittel, um ihre eigenen Gleichgewichtsstörungen, ihre Krankheiten, aus sich heraus zu überwinden.

Das Universum, der Makrokosmos, ist von Kräften belebt, die vornehmlich einen qualitativen Charakter haben und sich nicht auf die quantitativen Kategorien Materie und Bewegung reduzieren lassen. Solche Kräfte sind zum Beispiel die Sterne; sie sind nicht etwa nur freibewegliche Körper, die sich mit Hilfe der Begriffe Materie und Bewegung hinreichend beschreiben ließen. An Stelle der recht statischen aristotelischen Elemente Erde, Feuer, Wasser, Luft gab Paracelsus drei chemische Kräfte an, die Quecksilber, Schwefel und Salz hießen und von denen jede eine bestimmte Funktion hatte: Der Schwefel diente dem Wachstum und der Reproduktion, das Quecksilber der Regeneration und das Salz der Aufrechterhaltung des Gleichgewichts. Es handelt sich also nicht um Substanzen, sondern um Grundformen des Lebensprozesses, deren Trennung vom Menschen zum Tode führt.

In Übereinstimmung mit dieser Auffassung vom einheitlichen Lebensprozeß nimmt Paracelsus an, daß die Natur eine alles durchdringende Lebenskraft oder einen Geist enthält, die oder der sich im Menschen zum Selbstbewußtsein erhebt und einen Ausdruck der immanenten schöpferischen Aktivität Gottes ist. Es gibt weder eine Dualität von Seele und Körper noch von Geist und Materie; sie stellen lediglich verschiedene Aspekte eines schöpferischen Gesamtprozesses dar. Die Natur ist ein umfassender Prozeß fortgesetzter Schöpfung, in dem noch nichts zur Vollendung herangediehen ist. Die besondere Aufgabe des Menschen besteht darin, die Natur zur Vollkommenheit zu führen; zu diesem Zweck ist er in das Universum hineingestellt worden. Die Welt ist gewissermaßen eine gewaltige Werkstatt, in der die Rohstoffe und die Energien für diese schöpferische Aufgabe zur Verfügung stehen. Wenn der Alchimist unedle Metalle in Edelmetalle verwandelt, setzt er sich mit der Natur in Übereinstimmung. Aber Schöpfung bedeutet mehr als materielle Veränderung; es gehört zu ihr auch die geistige Umwandlung, und sie bezweckt die Befreiung jenes *spiritus mundi*, des »Lichts der Natur«, das die höchste Offenbarung ist.

Für Paracelsus war der Arzt ein Priester, ein Mittler zwischen Mensch, Natur und Gott. In der Krankheit wird die Einheit des Menschen mit der Natur offenbar; die Krankheit ist eine Störung der göttlichen Harmonie. Da jede der Naturkräfte gute und ungute Wirkungen haben kann, muß die eine die andere ausgleichen. Für jedes Leiden gibt es eine bestimmte Medizin. Darüber hinaus braucht jeder Mensch ein ganz bestimmtes Heilmittel, da er eine eigene kleine Welt in einer großen Welt darstellt, die ihrerseits wieder von ganz eigener Art ist. Aber der Arzt muß nicht nur die angemessene Medizin, sondern auch die rechte Zeit erkennen, zu der er sie anzuwenden hat; denn jedes Einzelleben ist ein Teilchen innerhalb des schöpferischen Gesamtprozesses und nimmt in dem Gesamtverlauf einen kleinen Zeitabschnitt ein; das heißt aber, daß das Einzelleben unter einer bestimmten astrologischen Konstellation steht. Auf diese Weise verband Paracelsus Astrologie und Alchimie, wobei er sie beide zugleich individualisierte und spiritualisierte.

Er schuf eine Naturphilosophie oder, wenn man will, eine Naturreligion, in der die Natur eine Kategorie der Erkenntnis oder der Offenbarung darstellte. Auch trug er in gewissem Maße zu jener Entzauberung der Welt bei, die die moderne Wissenschaftsentwicklung kennzeichnet; wir meinen die Aufgabe der Glaubensvorstellung, daß in der Welt unaufhörlich ein dramatischer Wettstreit guter und böser Mächte um Körper und Seele des Menschen im Gange sei. Das Buch der Natur enthüllt nicht nur das ganze Wesen des Menschen, sondern auch die Absichten Gottes im Hinblick auf den Menschen; jedermann ist in der Lage, dieses Buch bis zu einem gewissen Grade zu entziffern, und jeder tut es auch. Jeder Mensch kann und soll sein eigener Arzt werden. Man muß jedoch nicht nur mit dem körperlichen Auge, sondern auch mit dem Auge des Geistes lesen; denn all unsere Erkenntnis ist nur eine Selbstoffenbarung des schöpferischen Geistes in der Natur.

Diese äußerst spekulative und stark mystische Naturphilosophie hat auf das deutsche Denken noch bis zur Mitte des 19. Jahrhunderts und sogar noch darüber hinaus einen gewaltigen Einfluß ausgeübt; ihre Grundlage, die Auffassung der Natur als ein schöpferischer Prozeß, läßt sich vor allem bei Goethe und den Romantikern nachweisen.

Die ganze Renaissance war von der magischen Weltauffassung durchdrungen; sie schloß den optimistischen Glauben ein, daß das Universum einen schöpferischen Vorgang darstelle, in dem der Mensch einen Platz als Techniker und Künstler, nicht als Ausbeuter, einnimmt und diesen Vorgang zu seiner Vollendung führt; der Mensch wird Utopia erschaffen. Paracelsus hatte auch die joachimitische Konzeption eines kommenden neuen Zeitalters übernommen, jedoch nicht im Sinne einer Apokalypse, sondern einer Zeit, da der schöpferische Geist im Menschen zu voller Bewußtheit gelangt. Die Utopien der Renaissance waren nur die Anwendung des Begriffs einer totalen Gestaltwandlung auf die Gesellschaft.

ITALIENISCHER UND DEUTSCHER HUMANISMUS

Unter Humanismus versteht man in der Regel das Wiederaufleben des Interesses an der Kultur der alten Griechen und Römer. Das ganze Mittelalter hatte tausend Jahre lang aus den Quellen der antiken Literatur und Philosophie geschöpft; der Mensch des Mittelalters meinte in dem gleichen Zeitalter zu leben wie Alexander und Aristoteles, Cäsar und Cicero. Wenn wir heute vom »Altertum« oder von der »Antike« sprechen, so besagt dieser Ausdruck, daß wir uns von den Großen der Antike durch eine Kluft getrennt fühlen, die wir als Mittelalter bezeichnen. Aber dem Mittelalter fehlte dieses Gefühl eines historischen Abstandes; man beutete die Schriften der Alten ebenso aus wie die Reste der antiken Baudenkmäler und verwendete die antike Grammatik, Rhetorik und Logik, um Geistliche im rechten Sprachgebrauch zu unterweisen; und ohne sich der geschichtlichen Unvereinbarkeit bewußt zu sein, benutzte man die heidnischen Schriften, um die eigenen grundlegenden Glaubensvorstellungen zu stützen.

Im 14. Jahrhundert machte sich in Italien eine neue Haltung gegenüber der Antike bemerkbar. Die Italiener begannen die Welt des alten Rom als ihre eigene nationale Vergangenheit anzusehen, von der sie Formen und Werte zur Regeneration ihrer eigenen, seit langem von französischen Einflüssen überfremdeten Kultur übernehmen konnten; sie schüttelten die Vorherrschaft der französischen Vorbilder, die nun als Fesseln empfunden wurden, ab und besannen sich allmählich auf die Besonderheiten ihrer eigenen, in der Welt des antiken Rom verwurzelten Kultur. Die republikanischen Regierungsformen, die in den italienischen Stadtstaaten eingeführt wurden, boten Gelegenheit, den Redner und Dichter wieder als Stimme bürgerlicher und patriotischer Gefühle zur Geltung kommen zu lassen; Florenz, das wichtigste Kulturzentrum, lieferte dafür die besten Beispiele. Auch fanden viele Humanisten des 14. Jahrhunderts Beschäftigung in den Kanzleien der Stadtregierungen; in öffentlichen Verlautbarungen aller Art versuchten sie nun, Form und Stil der Alten, insbesondere Ciceros, nachzuahmen. Als Abkömmlinge des alten Rom fühlten sie sich ihren nördlichen Zeitgenossen weit überlegen. Italien würde, so meinten sie, diesen Barbaren des Nordlandes nach Jahrhunderten der gotischen Nacht wieder die wahre Kultur bringen.

Nach 1450 wurde Rom zum wichtigsten Zentrum des Humanismus, der hier unter päpstlichem Schutz eine noch umfassendere Tätigkeit entfaltete. Das Hauptinteresse der Humanisten galt der Kultur als Ausdruck einer bestimmten Persönlichkeit und eines bestimmten Stils in Literatur, Malerei und Bildhauerei. Sie wurden in dieser Periode freischaffende Gelehrte und Literaten und standen außerhalb der Schulen, Zünfte, Mönchsorden und des bürgerlichen Lebens. Ihr Ziel war es, die Künste von den starren Regeln und Formen der Grammatik und Logik zu befreien, die in den Schulen gelehrt wurden; der Stil sollte die ursprüngliche Schöpferkraft eines Menschen widerspiegeln, seinen Charakter, wie wir heute sagen würden, nach damaliger Auffassung also den Ausdruck des göttlichen Geistes im Menschen. In dem Maße, wie der Mensch die Welt formt und gestaltet, kommt der göttliche Plan in ihm zum Bewußtsein. Wir haben diesen Gedanken schon bei Paracelsus angetroffen; in Italien fand er sich auch bei so großen Künstlern wie Leonardo da Vinci und Michelangelo, vor allem aber in jenem Hymnus auf die überlegenen Qualitäten des Renaissance-Menschen, in Pico della Mirandolas berühmter »Rede über die Würde des Menschen« (1486).

Pico und sein älterer Zeitgenosse Marsilio Ficino waren die führenden Köpfe in den intellektuellen Zirkeln in Florenz, die sie die Platonische Akademie nannten und die Platos Philosophie mit dem Christentum auf folgende Weise miteinander zu vereinbaren suchten: Im Universum als Ganzem und ebenso im Menschen finden wir die Widerspiegelungen der göttlichen Idealformen; das göttliche Bild im Menschen wird hervorleuchten, sobald man es von seinen materiellen Schlacken reinigt, das heißt, sobald der Mensch seine einzigartige Freiheit erkennt, gewissermaßen zwischen Himmel und Erde zu schweben. Hier wurde also das Streben des Menschen nach oben stärker betont als Gottes Gnade, sich auf ihn herabzusenken, um ihn von seinen Sünden zu erlösen. Alle Religionen richten Symbole des einen wahren Gottes auf, den sie suchen; aber das Christentum hat selbstverständlich die höchste Erkenntnis des Göttlichen erlangt. Diese Idee sollte später eine gewaltige Bedeutung für die Entwicklung des Begriffs der Naturreligion gewinnen.

Der italienische Humanismus übte auf das Denken der deutschen Studenten und Gelehrten einen Zauber aus, dem sich niemand entziehen konnte, der einmal mit ihm in Berührung gekommen war, zum Beispiel während der großen Konzile in Konstanz und Basel, als viele führende italienische Humanisten nach dem Norden kamen. Mehr noch als Frankreich wurde Italien zum intellektuellen und literarischen Mekka; die zweite Hälfte des 15. Jahrhunderts erlebte ein Maximum an Pilgerfahrten deutscher Studenten nach Italien und den Höhepunkt ihrer »Wanderjahre«. Im 16. Jahrhundert begannen Humanisten, Dichter und Gelehrte, sich als Universitätsprofessoren niederzulassen, Kirchenämter zu übernehmen und in den Dienst der Fürsten und Städteregierungen einzutreten.

Nun waren aber die italienischen Humanisten von dem Gefühl der kulturellen Vorrangstellung ihrer Nation erfüllt, die auf der Überlegenheit ihrer römischen Vorfahren beruhte; und ihr Individualismus erkannte keine Zünfte, sozialen Gruppen und kirchlichen Institutionen an: Wie konnte dieser Humanismus interpretiert werden, damit er zu den politischen, sozialen und kulturellen Bedingungen nördlich der Alpen paßte?

Die Deutschen konnten die alten Römer schwerlich als ihre Vorfahren anerkennen; darüber hinaus schrieben die Humanisten den Einfällen der germanischen Barbaren die Schuld an der Auslöschung der antiken Kultur und an der Dunkelheit des Mittelalters zu. Noch schwieriger mußte es erscheinen, innerhalb des deutschen Stadtlebens einen vergleichbaren Typ des schrankenlosen Individualismus ins Leben zu rufen.

Die italienischen Städte waren in Wirlichkeit unabhängige Stadtstaaten, die das umliegende Land beherrschten und den Adel bis zu einem gewissen Grade an das Stadtleben heranführten. Im Reich dagegen blieb die Isolierung der Stadt vom flachen Land bestehen; die Städte waren nur Inseln im Meer der aus Fürsten, Rittern und Bauern bestehenden Umgebung. Daher herrschten in den deutschen Städten bei den Künstlern der besondere Handwerksgeist und die Neigung, in »Berufen« zu denken; die handwerkliche Fertigkeit galt mehr als das aristokratische Ideal des Universalmenschen, das in den italienischen Städten aus einer Synthese der aristokratischen Dilettierfreudigkeit mit dem bescheideneren Anspruch des bürgerlichen Handwerks hervorgegangen war.

Nördlich der Alpen gab es nur wenige universale Geister von der Art Leonardo da Vincis oder Michelangelos. Unter den Deutschen kamen ihnen Nikolaus von Cues und Albrecht Dürer immerhin nahe; aber im allgemeinen fand sich kaum jene Verbindung von Kunst und Wissenschaft, die sich in Italien als fruchtbar erwiesen hatte. Die Deutschen schienen aber geneigt, die eigentümliche Verbindung der Wissenschaft oder der Kunst mit der Religion beizubehalten, die für das Mittelalter charakteristisch war. Aus der Isolierung ihres Handwerks oder ihrer Klasse ließen sie sich nur durch den Ruf nach einer religiösen Reform herauslocken, die für die meisten Humanisten in Deutschland etwas mit der Erziehungsreform, für einige wenige auch mit einer nationalen Wiedergeburt zu tun hatte. So spielte der deutsche Humanismus zwar eine wichtige Rolle in den Universitäten, nicht aber im politischen Leben oder in der Herausbildung eines Ideals der kulturellen Eigenständigkeit.

Die mittelalterliche Universität beruhte auf dem Gedanken, die freien Künste sollten eine bildungsmäßige Vorbereitung auf das Studium der Theologie, der Medizin oder der Rechtswissenschaft sein. Unter den sieben freien Künsten galten Grammatik, Rhetorik und Logik (das *trivium*) als die wichtigsten Künste des sprachlichen Ausdrucks. Im 14. und 15. Jahrhundert wurde wieder die alte Klage laut, die Schuld an der Korruption und der Häresie sei der mangelhaften Bildung der Geistlichkeit zuzuschreiben. Die Humanisten erhoben ähnliche Vorwürfe: Die Künste würden zugunsten der Fachberufe vernachlässigt, die künstlerische Ausbildung sei unzureichend.

DIE KONFLIKTE ZWISCHEN HUMANISTEN UND SCHOLASTIKERN

Das Interesse an der Logik wurde durch die Scholastik und durch die Beliebtheit von Disputationen und Debatten gefördert und drängte die Lehren vom literarischen Ausdruck – die Rhetorik und die Grammatik – in den Hintergrund.

Die Humanisten wandten sich gegen zwei Eigentümlichkeiten der damaligen Theologen und Philosophen: ihre spitzfindige Argumentationstechnik und ihr barbarisches Latein, das die Humanisten »Küchenlatein« nannten.

Der Streit erreichte seinen Höhepunkt mit der Veröffentlichung der sogenannten »Dunkelmännerbriefe« (1515–1517) durch zwei führende Humanisten, Crotus Rubianus und Ulrich von Hutten. Dieses Werk war die Antwort auf einen Angriff, den die Scholastiker zu Köln gegen den hochgelehrten älteren Humanisten Johann Reuchlin (1455–1522) geführt hatten. Reuchlin hatte seine Sprachstudien nicht auf das Griechische und Lateinische beschränkt, sondern auch hebräische Schriftwerke untersucht und eine Grammatik des Hebräischen zusammengestellt. Die Kölner Scholastiker unter Führung eines gewissen Johannes Pfefferkorn, eines konvertierten Juden, verlangten, daß alle hebräischen Schriften, natürlich mit Ausnahme der Bibel, verbrannt würden, um die Christianisierung der Juden zu beschleunigen.

Die Humanisten traten einmütig und entschlossen den scholastischen Dunkelmännern und Barbaren entgegen und warfen ihnen fast unterschiedslos Unwissenheit, Bigotterie und moralische Verworfenheit vor, aber auch ein noch größeres Verbrechen: nämlich einen überaus häßlichen lateinischen Stil zu schreiben. Die Humanisten selber wollten zu der reinen Latinität ihres großen Vorbildes Cicero zurückkehren. Form und Stil wurden ihnen wichtiger als Inhalt und Substanz; denn, so argumentierten sie, der Stil reflektiert nicht nur einen scharfen Verstand, sondern den ganzen Menschen, und nie hatte man einen vollkommeneren Ausdruck aller emotionalen, intellektuellen und phantasiemäßigen Fähigkeiten der Menschen erreicht als in der antiken Literatur.

Die Humanisten glaubten, daß sie die Kluft des dunklen Zeitalters, das sie von der Antike trennte, überspringen müßten, um zu einer Religion und Kultur zurückzukehren, die das Menschliche und das Göttliche wirklich zu einer lebendigen Einheit zusammenfassen könnte. Sie empfanden den Abstand, der sie von der antiken Welt trennte – vergleichbar der Perspektive, die die Maler entwickelten, als sie den Abstand zwischen dem Beobachter und dem Gegenstand bewußt wahrnahmen. Wie der Künstler erkannte, daß der wahrgenommene Gegenstand einen eigenen, ihm zugeordneten Raum einnahm, so suchten die Humanisten die Alten im Lichte ihres eigenen Zeitalters zu sehen; ihre Philosophie und Literatur mußten im Kontext der Umstände und Wertvorstellungen interpretiert werden, aus denen sie erwuchsen. Nur eine Rückkehr zu den Ausdrucksweisen und dem Schreibstil der Alten würde eine Erneuerung des Geistes und der Werte des frühen Christentums und der antiken Kultur ermöglichen.

Die Humanisten vertraten die Ansicht, unter den Händen der Scholastiker hätten Religion und Kultur ihre ursprüngliche Verheißung und Bedeutung eingebüßt. Die Griechen und Römer hatten in idealer Weise menschliche Formen und Werte entwickelt, die weder früher noch später übertroffen worden waren. Es war daher kein Zufall, daß die universalste aller Religionen, das Christentum, gerade in dieser Kulturwelt entstanden ist. Zu diesen seinen Quellen der Kultur und der Religion mußte der Mensch zurückkehren, um ihre gemeinsamen Ursprünge und ihre ursprüngliche Harmonie und Einfachheit zu erkennen, die jetzt durch barbarische Ausdrucksformen und komplizierte theologische Argumentationen entstellt waren.

In der Kultur, so behaupteten die Humanisten, findet der Mensch zu seiner besonderen menschlichen Gestalt. Weder das rein intellektuelle Hilfsmittel der Philosophen, die Logik, noch das Meßinstrument des Wissenschaftlers kann den inneren Geist des Menschen getreu wiedergeben. Nur die Literatur kann das religiöse Streben und die künstlerische Eingebung, die beide den Menschen auszeichnen, zutreffend zum Ausdruck bringen. Die Aufgabe bestand somit darin, die griechischen und lateinischen Texte in ihrer alten Reinheit und Bedeutsamkeit wiederherzustellen und sie von den Interpolationen der mittelalterlichen Gelehrten zu reinigen; auch sollten diese Texte künftig nicht wie bisher auszugsweise in Anthologien zu finden sein, sondern in ihrer vollständigen Originalfassung zugänglich werden.

Die Wiederherstellung der reinen Texte führte notwendigerweise zur Entwicklung kritischer Methoden, mit deren Hilfe man das Unechte vom Authentischen trennen konnte. Damit war der Grund für die moderne philologisch-historische Forschung gelegt, ein Wissenschaftszweig, in dem Deutschland eine hervorragende Stellung einnehmen sollte.

DIE NATIONALISTISCHE TENDENZ DES DEUTSCHEN HUMANISMUS

Die Deutschen fühlten sich im Gegensatz zu den romanischen Völkern mit den alten Römern nicht durch eine geschichtliche Tradition verbunden, und der Abgrund, der sie von der Welt der Antike trennte, war ihnen bewußt. Nun erlitt aber die allgemeine Entwicklung der Christenheit durch ein neues Epochenbewußtsein, das sich aus dem Wunsch nach Wiedergeburt und Reform in Religion und Kultur ergab, einen Bruch; daher konnte die Losung »Zu den Quellen« für die Deutschen zweierlei bedeuten: eine Rückwendung zu den griechischen und römischen Quellen der westlichen Religion und Kultur oder aber eine nationale Wiedergeburt durch die Rückkehr zu der germanischen Vergangenheit. Nicht nur im 16. Jahrhundert, sondern auch später, bis ins 20. Jahrhundert hinein, wurde man sich dieser gegensätzlichen Möglichkeiten immer wieder bewußt.

Eine Beschäftigung mit den alten Teutonen ist vor allem bei Conrad Celtis (1459–1508) und Ulrich von Hutten (1488–1523) nachweisbar. Celtis war der Sohn eines Bauern, Hutten stammte aus der Reichsritterschaft. Celtis war einer der ersten deutschen Humanisten, die nach Italien reisten (1486–1487); er kehrte mit dem festen Entschluß zurück, seine Landsleute aus der mittelalterlichen Barbarei zu befreien. Auf Wanderungen durch die deutschen Ostgebiete versuchte er, unter den Humanisten die Gründung literarischer Gesellschaften anzuregen, die die Scholastik bekämpfen und eine echt deutsche Kultur schaffen helfen sollten. Seine poetischen Landschaftsschilderungen sind von einem Natur-Pantheismus durchtränkt, der sich von den heiligen Wäldern und Feldern der alten Germanen und von den Lehren der priesterlichen Bruderschaft der Druiden inspirieren ließ.

Die alten Germanen wurden von den national gesinnten Humanisten verständlicherweise nicht mehr als bloße Zerstörer der antiken Zivilisation angesehen, die für den Anbruch der gotischen Nacht, des dunklen Zeitalters, verantwortlich waren. Die Entdeckung der »Germania« des Tacitus war dabei von entscheidendem Einfluß; Celtis fertigte die erste Überset-

zung dieses wichtigen Werkes an und hielt in Wien Vorlesungen über die
»Germania« wie auch über Friedrich Barbarossa. Tacitus hatte ein idyllisches Bild von den einfachen Tugenden der Germanen entworfen und es den schwächlichen, dekadenten Römern seiner Tage vor Augen gehalten. Die romantischen deutschen Nationalisten fanden bei ihm die Argumente, mit denen sie den Ansprüchen des Romanen auf ihre kulturelle Hegemonie entgegentraten.

Der wichtigste nationalistische Unruhestifter unter den Humanisten war Ulrich von Hutten. Mit aller Bitterkeit haßte er das Papsttum, das, wie er glaubte, die Deutschen finanziell ausbeutete, den Untergang der Macht des Reiches verschuldet hatte und das wichtigste Symbol der fremden romanischen Oberherrschaft war.

Er verfaßte ein Gespräch, in dem sich der Römer Scipio, der Karthager Hannibal und der Germane Arminius darüber auseinandersetzen, wer von ihnen der größte Führer gewesen sei. Arminius war jener germanische Fürst, dem es gelungen war, ein Bündnis der germanischen Stämme herzustellen und die Legionen des Augustus im Teutoburger Wald zu schlagen. Hutten stellte Arminius als den Verteidiger der Heimaterde dar, der als solcher den beiden anderen, die nur auf Eroberungen erpicht zu sein schienen, überlegen ist. Damit tritt zum ersten Male die Arminius-Legende in Erscheinung, die bei den nationalen Bestrebungen der Deutschen noch bis weit ins 19. Jahrhundert hinein eine so bedeutsame Rolle spielte.

Im Reich mußte jedoch das nationale Motiv einer Rückkehr zu den Ursprüngen gegenüber dem Hauptproblem der Zeit zurücktreten, nämlich einer Reform der Kirche. Hutten hatte offensichtlich in seinem wütenden Haß auf das Papsttum, den ausländischen Ausbeuter, zugleich mit der Nationalkultur auch eine Nationalkirche erstrebt; aber für den größten Humanisten des Nordens, Desiderius Erasmus (1465–1536), bestand das wichtigste Problem in einer Regeneration der Religion und der Kultur durch eine Rückkehr zu den Quellen des Christentums, nämlich zu der antiken griechisch-römischen Kultur und zugleich zu der Lehre der Evangelien.

DIE QUELLEN DES ERASMISCHEN HUMANISMUS

Erasmus wurde in den Niederlanden geboren und verbrachte auch den größten Teil seines Lebens in den Westgebieten des Reiches, in der Zone der lebhaftesten geistigen Gärung. Die Niederlande und die Schweiz stellen die Endpunkte des vielbefahrenen Weges dar, auf dem Handelsgüter ebenso wie Ideen ausgetauscht wurden: des Rheins und seiner Nebenflüsse, der

Verbindung zwischen der Nordsee und dem Mittelmeergebiet. An den Ufern des Rheins lagen wie Perlen aufgereiht so bedeutende Städte wie Köln, Straßburg, Basel, aber auch die wichtigsten Zentren religiöser und sozialer Wirren und Unruhen.

Erasmus war der illegitime Sohn eines Priesters und einer Bürgerstochter; beide starben an der Pest, als er noch sehr jung war. Sein Leben lang fühlte er den Makel seiner dunklen Herkunft, und vielleicht erklärt sich dadurch wenigstens zum Teil sein Durst nach Anerkennung durch die kirchliche und gesellschaftliche Prominenz. Er besuchte eine Schule der Brüder des gemeinsamen Lebens. Ihnen verdankte er die Verbindung von praktischer und mystischer Frömmigkeit, aber auch sein Interesse an der Literatur, das durch spätere Einflüsse noch vertieft und erweitert wurde. Seine Vormünder hielten es für das beste, den begabten Studenten, der durch seine zweifelhafte Abkunft belastet war, in das Kloster Steyn zu schicken.

Das Klosterleben hatte auf ihn eine ambivalente Wirkung. Einerseits förderte es seine kontemplative und meditative Geisteshaltung und die Neigung zu dem zurückgezogenen Leben eines Gelehrten; aber andererseits fand er die klösterlichen Fesseln sein Leben lang lästig. Während er der Roheit und Brutalität »des Lebens« auszuweichen versuchte, sehnte er sich doch zugleich nach Einfluß und Ruhm in der Welt des Geistes und der Literatur, wo er sich am ehesten zu Hause fühlte, in jener Welt, die sich gerade in der Gesellschaft der Städte entlang des Rheins und an den weltlichen und kirchlichen Fürstenhöfen ausbreitete.

Eine Anstellung als Sekretär des Bischofs von Cambray eröffnete ihm die Möglichkeit, das Kloster zu verlassen und in das freie Leben hinauszutreten. Er wurde nach Paris geschickt (1495–1499), wo er Theologie studierte und gleichzeitig Gelegenheit hatte, sich die Hörner abzustoßen; von Zeit zu Zeit führten ihn Anfälle von Reue nach Steyn zurück. Unter den herrschenden theologischen Lehrmeinungen scheint ihn keine einzige besonders gefesselt zu haben.

Von entscheidender Bedeutung für seine intellektuelle und spirituelle Entwicklung war eine Reise nach England (1505), wo er unter den Einfluß der humanistischen Zirkel um John Colet und Thomas Morus geriet. In Colet begegnete er einem verwandten Geist, dem weder die logischen Klügeleien der Scholastik noch das magische Dunkel der neopythagoreischen Schule und der Kabbala zusagten, sondern der den Weg der Nachfolge Christi durch eine unmittelbare Rückkehr zu den Evangelien gewählt hatte. Damit hatte Erasmus ein geistiges Zentrum seines Lebens gefunden, wenn es auch nicht geeignet war, seiner ruhelosen Seele eine anhaltende Gelassenheit zu schenken.

Er war kein wandernder Scholar, er wünschte sich aber auch keine feste Anstellung, und doch war er immer auf der Suche nach Sicherheit, nach einem spirituellen und nach einem wirtschaftlichen Halt, den er jedoch nirgends recht fand. Das Bedürfnis nach wirtschaftlicher Sicherheit veranlaßte ihn, die Gunst reicher und einflußreicher Persönlichkeiten zu erstreben und sich um kirchliche Sinekuren zu bewerben. Erst relativ spät, im Alter, brachte ihm die Beliebtheit seiner Schriften Ruhm und Vermögen und damit ein gewisses Sicherheitsgefühl ein. Die Druckerpresse war in gewissem Sinne die wichtigste Voraussetzung seines Erfolges, was auch für Luther gilt. Die letzten zwei Jahrzehnte seines Lebens verbrachte Erasmus in Basel im Hause Frobens, des großen Verlegers seiner Werke.

Die Beweglichkeit des Geistes, die uns bei Erasmus so kennzeichnend entgegentritt, ist nur eine Widerspiegelung der Zeitstimmung. Es herrschte ein nahezu universeller Synkretismus, ein allgemeines Geben und Nehmen und Mischen der verschiedensten Gedanken und Geisteshaltungen. Humanismus und Mystik, Pietismus und Scholastik steuerten ihre Auffassungen bei, die nun alle, da sie aus ihren ursprünglichen Zusammenhängen gelöst waren, ein fast völlig freies Spiel treiben konnten. Eine besonders charakteristische philosophische Richtung war der recht vage, mystische und spekulative Platonismus der florentinischen Akademie, mit dem Erasmus während einer langen Italienreise von 1506 bis 1509 in unmittelbare Berührung kam. Das Hauptmotiv der meisten humanistischen Reformer war jedoch der Wunsch, zu der Einfachheit des frühen Glaubens zurückzukehren. Inmitten dieser Flut von Ideen und Geisteshaltungen war jedoch von einer Rückkehr zu der Starrheit des Dogmas und des Ritus keine Sicherheit zu erwarten, man mußte sie vielmehr in den schlichten Geboten der Lehren Jesu suchen, wie sie in den Evangelien dargestellt sind; dies war das Leitmotiv in den wirklich gewaltigen literarischen und wissenschaftlichen Leistungen des Erasmus.

In dem bekanntesten seiner Werke, dem »Lob der Torheit«, richtet er nicht nur nach der üblichen Weise der Humanisten die Pfeile des Witzes und der Satire auf die Unwissenheit der Geistlichen und Mönche, sondern entwirft auch ein Bild von den Schwächen der Menschheit im allgemeinen:

»Ohne mich«, sagt die Torheit, »ist im Leben kein Bund, keine Gemeinschaft angenehm noch dauernd, und zwar würde das Volk nicht lange seinen Fürsten, der Herr nicht seinen Diener, die Zofe nicht ihre gnädige Frau, der Lehrer nicht seinen Schüler, der Freund nicht den Freund, die Gattin nicht den Gatten, der Wirt nicht den Mieter, der Gefährte nicht den Gefährten, kurz, kein Mensch den anderen dulden, wenn sie sich nicht gegenseitig bald täuschten, bald schmeichelten und klug einander nachgäben, wenn schließlich nicht alles durch eine Beigabe von Torheit gewürzt wäre.«

Oft wird so die Torheit als die höchste Weisheit hingestellt, eine Weisheit, die in den zwischenmenschlichen Beziehungen von größerem Wert ist als technische Meisterschaft, philosophischer Tiefsinn oder religiöser Enthusiasmus. Erasmus ging es nicht wie Paracelsus um das Verhältnis des Menschen zum Universum und auch nicht wie Luther um seine unmittelbare Beziehung zu Gott; es war ihm hauptsächlich um den konkreten Einzelmenschen zu tun, seine Leiden und Freuden, seine Vorurteile und Ideale; der Mensch wird nicht als isoliertes Individuum genommen und einem göttlichen Richter gegenübergestellt, aber auch nicht als Schnittpunkt okkulter Kräfte angesehen, sondern als Mensch unter Menschen, deren Schwächen und Nöte er teilt.

Dieser im eigentlichen Sinne natürliche Mensch ist nicht durch den theologischen Begriff der Erbsünde noch durch die astrologische Vorstellung eines in den Sternen geschriebenen Schicksals beeinträchtigt; er braucht weder Reliquien und Heilige noch Horoskope und Schmelzproben, um sich der Erlösung zu versichern. Er benötigt nur das Vorbild des Menschensohnes, der dienend und lehrend vorlebte, wie sich wahre Menschlichkeit mit dem Göttlichen verbinden läßt. Wie aber konnte das Bild eines Christus gemäßen Lebens nach jahrhundertelanger Verdunkelung durch dogmatische Verhärtung, Sakramentslehren und Aberglauben in seiner ursprünglichen Reinheit wiederhergestellt werden? Für Erasmus konnte die Umkehr nur von den wenigen Aufgeklärten in Gang gebracht werden, die in der Lage waren, die im Laufe der Zeiten angehäuften Dogmen und all den Aberglauben abzustreifen und zu jenem Gesamtbild des Menschen zurückzukehren, das von Sokrates und den großen griechischen Philosophen vorgezeichnet worden war und das seine endgültige Form durch Christus und in den Lehren der Apostel und der Kirchenväter erhielt.

DIE VERBINDUNG VON KLASSISCHER KULTUR
UND CHRISTLICHER RELIGION

Dem Humanismus des Erasmus lag eine Vereinigung der klassischen Kultur und der christlichen Religion zugrunde, eine Verschmelzung, die schon von den Kirchenvätern, vor allem von Sankt Hieronymus, bewußt herbeigeführt worden war; Hieronymus hatte die Vulgata übersetzt und seinen Stil sorgfältig an Cicero geschult. Es ist nicht verwunderlich, daß Erasmus einen großen Teil seiner wissenschaftlichen Tätigkeit der Publikation von kritischen Ausgaben der Werke dieser großen Vorläufer widmete und Kommentare dazu verfaßte.

Er begnügte sich jedoch nicht mit den Schriften der Kirchenväter, sondern stieß bis zu den unersetzlichen Quellen vor, den Heiligen Schriften selber. Auf diesem Gebiet konnte er seine größten Leistungen zum Nutzen der Religion vorlegen: die erste Ausgabe des griechischen Textes des Neuen Testaments (1516) und eine lateinische Übersetzung (1519), die die Vulgata ersetzen sollte. Die Unzulänglichkeiten im Vulgata-Text waren bereits von dem großen italienischen Humanisten Lorenzo Valla nachgewiesen worden. Die Wichtigkeit des griechischen Textes lag in der Wiedergabe der »wirklichen Worte« Christi und seiner Apostel, so daß man ihre wörtliche und unmittelbare Bedeutung ermitteln konnte, ohne nach einem verborgenen symbolischen oder allegorischen Sinn dahinter zu suchen [4].

Die allgemeingültige Menschlichkeit, die Christus dienend und lehrend vorgelebt hatte, machte es nach Erasmus allen Menschen möglich, seinen Spuren zu folgen. Man brauchte die schlichten Lehren Christi nur mit denen des Sokrates und anderer Weiser zu vergleichen, um ihre Einfachheit und konsequente Allgemeingültigkeit einzusehen. Sowohl Jesus als auch Sokrates wollten die Beziehungen zwischen den Menschen im Sinne des Friedens, der Toleranz und der Aufklärung ordnen und solche Übel wie Krieg, Habgier und Klassenhaß aus der Welt schaffen.

Was das Christentum mit der griechischen Philosophie gemeinsam hatte, beschränkte sich offensichtlich auf das Gebiet der Sittlichkeit und der Ethik, während es im religiösen Bereich den Glauben und das Sakrament als den Weg vorschrieb, die Unwürdigkeit des Menschen aufzuheben. An diesem Punkt brach denn Erasmus auch mit Luther. Zwar sympathisierte er mit seiner Ablehnung gedankenloser Frömmigkeit und äußerlicher Religiosität; doch der Unterschied in ihren Ausgangspositionen wurde sofort daran erkennbar, daß sie radikal verschiedene Antworten auf die Fragen gaben: Kann der Mensch, der das Gute kennt, danach handeln? Grob gesagt, antwortete Erasmus positiv und Luther negativ. Erasmus trat ernsthaft für eine Reform innerhalb der Kirche ein, aber hauptsächlich sollte sie über eine Erziehung der führenden Persönlichkeiten der Kirche zustande kommen, während die einfachen Menschen nach seiner Ansicht einen niederen Typ von Religion brauchten, in der Sakramente, Heilige und Reliquien weiterhin die Gewißheit der Erlösung symbolisierten.

Erasmus erkannte bald, daß sich Luther nur störend auswirken konnte, wenn die Reform durch eine Hebung der Kultur und des Bildungsstandes erfolgen sollte; denn diese setzte eine Atmosphäre der Eintracht und Toleranz voraus. Erasmus kannte keine inneren Kämpfe, und er war auch kein

Mann der Tat. Es entsprach seinem Charakter, keinen festen dogmatischen Standpunkt einzunehmen, da er sich unter allen Umständen die Beweglichkeit des Denkens erhalten wollte. Das war aber nicht mehr möglich, nachdem der bittere und hitzig geführte Streit ausgebrochen war, den Luther mit seiner Verurteilung des Ablaßhandels im Jahre 1517 ausgelöst hatte.

In seinem letzten Lebensjahrzehnt stand Erasmus in Opposition zu Luther, ohne die bestehenden kirchlichen Einrichtungen und ihre Mißbräuche zu verteidigen. Die Folge war, daß ihm von beiden Seiten Feigheit vorgeworfen wurde. Dennoch bewunderten ihn nach wie vor viele der bedeutendsten Persönlichkeiten seiner Zeit und suchten seine Freundschaft.

DIE SAKRAMENTALE HIERARCHIE UND DIE EINFACHE FRÖMMIGKEIT

Im Mittelalter war die Religion mit der Politik, der Gesellschaft und der Kultur bis zur Ununterscheidbarkeit verflochten, vor allem im alten *sacrum imperium*. Nun hatten die Reformbewegungen seit dem 11. Jahrhundert versucht, den Unterschied zwischen Spiritualien und Temporalien stärker herauszuarbeiten. Aber die Tendenz, das Zeitliche mit spirituellen Werten zu durchdringen, war nicht weniger stark. Es war daher für das mittelalterliche Denken und Tun ein wesentliches Ziel, zwischen diesen Gegensätzen durch entsprechende Institutionen, Praktiken und Ideen zu vermitteln, und zwar in der Weise, daß sich eine Stufenleiter vom Irdischen bis zum Höchsten erstreckte, so daß sie in Gott gipfelte; und auf jeder Stufe dieser Hierarchie waren Spirituelles und Zeitliches, Glauben und Vernunft, Heiliges und Profanes miteinander vermischt.

Die Kirche, die diese Lehre von der hierarchischen Gliederung billigte, konnte verständlicherweise nicht den radikalen Dualismus verschiedener häretischer Gruppen akzeptieren, die die Ansicht vertraten, die christliche Gemeinde müsse sich völlig von der Welt isolieren, da sie von Grund aus böse sei. Die Kirche betrachtete sich selber als die priesterlich-sakramentale Vermittlung zwischen Gott und dem Menschen; sie hatte sich daher mit dieser Welt abzufinden und mußte »Kompromisse« mit der menschlichen Schwachheit schließen. Nur besonders begnadete Menschen waren in der Lage, ein wahrhaft religiöses Leben in völliger Abgeschiedenheit zu führen; für sie standen die Klöster bereit. Aber die große Masse der Menschheit konnte so weitgehenden Anforderungen nicht genügen. Daher hielt die Kirche viele Abstufungen des christlichen Lebens bereit, um nicht nur individuellen Besonderheiten, sondern auch den Unterschieden zwischen den verschiedenen kulturellen und sozialen Gruppierungen gerecht zu werden.

Als sich im 14. und 15. Jahrhundert das Gefühl für die menschliche Schuld verschärfte und die Besorgnis vor dem göttlichen Strafgericht wuchs, reagierte die Kirche mit der Vermehrung der Mittel, mit denen sich der sündige Mensch vor Gottes ewigem Gericht rechtfertigen konnte. Es darf also nicht vergessen werden, daß diese Vervielfachung der Heiligen, Reliquien und wundertätigen Bilder eine Antwort auf die Bedürfnisse der volkstümlichen Frömmigkeit war. Mit dem Sakrament der Buße hatte die Kirche eine detailliertes System abgestufter Sündenstrafen entworfen, durch die man die Vergebung der Sünden erlangen konnte. Der von einem Bischof oder Papst gewährte Ablaß war ein Verfahren, die Sündenstrafen gewissermaßen durch eine Geldbuße zu ersetzen. Dies nun forderte Luthers Kritik heraus und veranlaßte ihn schließlich, mit der priesterlich-sakramentalen Ordnung insgesamt zu brechen.

Neben dieser Übersteigerung der Äußerlichkeiten des Glaubenslebens verzeichnete man aber auch eine Intensivierung der entgegengesetzten Ausprägung, der nach innen gewandten Frömmigkeit. So zeigte sich, daß viele Einzelpersonen und Gruppen auftraten, die die Welt des Äußerlichen transzendieren wollten, das Weltliche ebenso wie das Kirchliche. Unter den Brüdern des gemeinsamen Lebens glaubte man, die wahre Quelle der Erlösung sei nicht die priesterlich-sakramentale Ordnung, sondern die Heilige Schrift.

Weder die gefühlsbetonte Religiosität, die sich auf die Verehrung wundertätiger Reliquien, blutender Hostien und weinender Marienbildnisse konzentrierte, noch die quietistischen Formen der nach innen gewandten Frömmigkeit, die das göttliche Bild in der Einsamkeit der Seele finden wollte, besaßen genügend Antriebskräfte, um eine religiöse Revolution auszulösen; doch häuften sie den Zündstoff an, den ein Martin Luther zur Explosion bringen konnte.

LUTHERS INNERER KAMPF

In der Jugend Martin Luthers gab es nichts, was seine spätere Entwicklung hätte ahnen lassen. Er wurde im Jahre 1483 in Thüringen als Sohn bäuerlicher Eltern geboren, die bald nach Mansfeld in Sachsen umzogen, einem blühenden Bergbaugebiet. Als Bergmann konnte es sich der Vater immerhin leisten, seinen Sohn auf eine Universität zu schicken; er hatte den kleinbürgerlichen Ehrgeiz, den Sohn, der ein ausgezeichneter Schüler war, die juristische Laufbahn einschlagen zu lassen und ihn eine reiche Bürgerstochter heiraten zu sehen. Im Jahre 1505 erwarb Luther an der berühmten Universität Erfurt den Grad eines Magister Artium. Aber im gleichen

Jahre – er hatte bereits das Jura-Studium aufgenommen – entschloß er sich plötzlich, in ein Kloster einzutreten.

Das war an sich nichts Ungewöhnliches. Es kam nicht selten vor, daß ein junger Mann eine aussichtsreiche Berufslaufbahn aufgab, um ein Leben der Entsagung zu führen. In Luthers Leben mögen sich gewisse Motive entdecken lassen, die ihn allmählich veranlaßten, Mönch zu werden: Er war in der bäuerlichen Furcht vor Hölle und Teufel, vor Dämonen und Hexen aufgewachsen; er hatte eine Schule der Brüder des gemeinsamen Lebens besucht und als Student an der Erfurter Universität ein halbklösterliches Leben geführt, wo er auch unter den Einfluß der Philosophie Ockhams geriet, der nachdrücklich auf die Strenge und Unumschränktheit des göttlichen Richters hinwies.

Der Entschluß, in ein Kloster einzutreten, scheint durch das Erlebnis eines heftigen Gewitters ausgelöst worden zu sein, das ihn auf dem Wege von Mansfeld nach Erfurt überfiel; in dieser Lage gelobte er, ein Mönch zu werden, wenn er das Unwetter lebend überstehen sollte. Wir gehen wohl nicht fehl in der Annahme, daß sich hinter seinem sorglosen Auftreten ein sensibles Gewissen und ein tiefer Ernst verbargen. Weder die Vorhaltungen seiner Eltern noch die seiner Freunde konnten ihn von dem einmal gefaßten Entschluß abbringen. Unter den fünf Mönchsorden, die in Erfurt vertreten waren, wählte er die Augustiner-Eremiten; es handelte sich um ein Reformkloster, das im Rufe stand, das asketische Ideal mit besonderer Strenge zu verfolgen [5].

Man hätte annehmen sollen, daß Luther nun, nachdem er sich von der Welt zurückgezogen hatte, seelischen Frieden gefunden hätte. Der von der Klosterregel vorgeschriebene Rhythmus von Gebet, Gottesdienst und Studium schenkte dem Novizen auch eine gewisse Gelassenheit, die jedoch nicht lange anhielt. Die nächsten fünf Jahre waren wieder von der quälenden Suche nach dem Frieden der Seele erfüllt, und die Furcht vor dem Tode und dem Strafgericht Gottes, die ihn ins Kloster getrieben hatte, wurde wieder wach; ja sie wurde hier noch stärker, da eine der wichtigsten Regeln vom Mönch verlangte, er solle all sein Denken und Tun auf Gott richten.

In dem Kloster, in dem Luther lebte, wurde großer Wert auf Selbsterkenntnis und auf die Lektüre der Heiligen Schrift gelegt. Damit sollte ein rein passives Leben nach der klösterlichen Schablone vermieden werden; aber die Selbstanalysen führten viele Mönche zu schweren Skrupeln; wurde doch der Grad ihrer Hingabe an Gott danach beurteilt, wie weit sie sich von weltlichen und sinnlichen Gedanken frei machen konnten.

Über die Hingabe in diesem Sinne hinaus quälte Luther aber noch eine viel weitergehende Frage: Wie konnte er sich vor einem Gott rechtfertigen, der heilig und gerecht ist und der daher nichts weniger als diese Eigenschaften auch vom Menschen fordern mußte? Da Gottes Heiligkeit und Gerechtigkeit vollkommen waren, schien es aussichtslos, sich ihm stufenweise nähern zu wollen; offenbar erwartete er vom Menschen ebenfalls die Vollendung. Wie aber kann der Mensch gewiß sein, daß Gott nicht sein Gesicht abwendet, selbst wenn er sein Äußerstes gibt? Nichts kann Gott zwingen, die Hingabe des Menschen anzunehmen; weder ihr Umfang noch ihre Intensität bieten eine Sicherheit.

Diese Gottesvorstellung erzeugte das Gefühl einer schrecklichen Einsamkeit, das Luther bei dem Gedanken überfiel, er werde einst allein vor dem Angesicht des obersten Richters stehen. Und dieser Augenblick konnte jederzeit eintreten; denn der Tod stand immer vor der Tür. Wir hatten gesehen, daß die Kirche durch Sakramente und andere Mittel eine Art von kollektiver Sicherheit zu schaffen versuchte: Wenn der schwache und sündige Mensch vor den Richter hintrat, konnte er sich auf die große Mittlerin, die Kirche, verlassen; sie war von Christus selbst gegründet und übermittelte dem Menschen durch die Sakramente die göttliche Gnade, die Christus durch seinen Opfertod für die Sünden der Menschheit dem Menschen gewonnen hat. Aber selbst wenn man voraussetzte, daß dies alle Sünden der Menschen aufwöge, wenn sie nur glaubten – wie konnte er selber, Martin Luther, sicher sein, daß die göttliche Gnade auch ihm zukomme?

RECHTFERTIGUNG DURCH DEN GLAUBEN

Luthers große Sorge um die Kluft zwischen dem gerechten Gott und sich selber beruhte nicht nur auf einem überstarken Empfinden seiner Sündhaftigkeit, sie hatte auch intellektuelle Gründe. Er hatte in den Jahren seines inneren Kampfes intensiv die Heilige Schrift und die Werke der Theologen studiert.

Sein Prior hatte ihn in Erfurt zum Studium der Theologie veranlaßt. Später, im Jahre 1508, trat er in das Kloster zu Wittenberg ein. Kurfürst Friedrich der Weise hatte in der kleinen sächsischen Stadt an der Elbe im Jahre 1502 eine Universität gegründet, an der Luther seine theologischen Studien fortsetzte; auch nahm er eine Lehrtätigkeit an der Fakultät der freien Künste auf. Nach einer kurzen Rückkehr nach Erfurt und einer Reise in Ordensangelegenheiten nach Rom im Jahre 1510 konnte er sich fest in Wittenberg niederlassen. Im Jahre 1512 promovierte er zum Doktor der Theologie und übernahm als Professor das Lehramt, das bisher der Vikar seines Ordens, Johannes von Taupitz, wahrgenommen hatte. Mit ihm hatte Luther mindestens ein Jahr lang engen Kontakt gehalten, und er war es auch, der Luthers Aufmerksamkeit auf das Studium der Mystiker gelenkt hatte, da sie ein Weg seien, die Kluft zwischen Gott und Mensch zu überbrücken.

Durch Luther wissen wir, daß er aus der Schule Ockhams kam. Die scholastische Philosophie Wilhelms von Ockham und seiner Anhänger eliminierte aus der Gottesvorstellung alle begreifbaren Merkmale und sah Gott als abstrakte Verkörperung von Wille und Macht an. Gott war ein absoluter Herrscher und durch keine Verpflichtungen an den Menschen gebunden, der gegen ihn gesündigt hatte. Unter dem Einfluß dieser Auffassung verschärfte sich Luthers innerer Kampf bis ins Unerträgliche; die Intensität seiner Verzweiflung wird offenbar, wenn er bekennt, daß er manchmal nahe daran war, Gott zu hassen oder zu lästern. Doch recht unvermittelt, in den Jahren 1511 und 1512, lichtete sich das Dunkel.

Die Lektüre der Mystiker von Bernhard von Clairvaux bis zu Tauler sowie eines anonymen Werkes, der »Theologia Germania«, bereitete den Umschwung vor. Für diese Mystiker war Gott nicht ein wütender Sturm, sondern eine kleine, leise Stimme; man verfolgte ihn nicht, sondern er trat selber in die Seele des Menschen ein, wenn dieser es am wenigsten erwartete. Damit wurde Luther wieder auf den heiligen Augustin und schließlich auf Paulus verwiesen, die beide nach schweren inneren Kämpfen, denen eine plötzliche Erleuchtung folgte, das Gefühl der Ferne und zugleich der Nähe Gottes erfahren hatten.

Von Paulus lernte Luther, daß der Kampf zwischen dem Fleisch und dem Geist nie aufhört und der Geist von sich aus keine Kraft hat, das Fleisch zu besiegen; denn je mehr man die sinnlichen Begierden zu unterdrücken versuchte, desto lebhafter wurde die Phantasie erregt. Geist und Leib sind im Menschen so eng miteinander verbunden, daß es unmöglich ist, sie zu trennen. Daher war das Bemühen der Mönche, den Geist von sinnlichen Wünschen zu reinigen, zum Scheitern verurteilt. Luther gab sein qualvolles Beten und Fasten auf und hielt die entsprechenden Klosterregeln kaum noch ein; schien ihm doch dies alles nicht nur nutzlos, sondern er hielt es geradezu für eine Sünde, sich anmaßen zu wollen, Gott auf diese Weise umstimmen zu können.

Luther brauchte lange, um zu dem paradoxen Schluß zu kommen, daß Gott uns gerade dann, wenn er uns am fernsten scheint, in Wirklichkeit am nächsten steht. Er gewann nun die Einsicht, daß Gottes Gerechtigkeit nichts mit einem Verdienst des Menschen zu tun habe, aus dem sich gewissermaßen ein legaler Anspruch herleiten ließe. Gottes Gerechtigkeit bedeutete vielmehr eine Gnade, eine Anerkennung der Unzulänglichkeit allen menschlichen Bemühens, in Gottes Augen Rechtschaffenheit und Vollkommenheit zu erlangen; und nur wenn der Mensch seine Unwürdigkeit und Schwäche einsieht, wird Gott sich seiner annehmen. Aber der Mensch muß auch den festen Glauben haben, daß Gott ihm dann seine Gnade gewährt. Dies eben sei die Bedeutung des Satzes: »Der Gerechte wird seines Glaubens leben« (Röm. 1, 17). Diese Verheißung erfolgt freiwillig und ohne jedes Verdienst. Der Mensch hat das Gewissen nicht dazu erhalten, daß er in den Stand gesetzt wird, sich zu bessern und in Gottes Augen Verdienste zu erlangen, sondern damit er seine prinzipielle Unvollkommenheit wahrnimmt und erkennt, daß seine Erlösung nur aus Gnade geschehen kann. Man kann Gott nicht zwingen; Gott gewährt seine Gnade nach seinem eigenen souveränen Willen, und der Mensch kann nichts anderes tun, als seiner Verheißung zu glauben.

In den Evangelien als dem Wort Gottes teilt sich diese Verheißung dem Gläubigen zwingend mit. Glaube und Verheißung gehen daher Hand in Hand, es besteht eine Wechselwirkung zwischen ihnen; und jeder, der mit den Augen des Glaubens liest, kann die Erkenntnis nachvollziehen, daß der Mensch nicht auf Grund seiner Verdienste, sondern aus frei gewährter Gnade erlöst werden wird.

Mit anderen Worten: Je weniger man Gott menschliche Eigenschaften zuschreibt, je ferner er dem Blicke rückt, desto stärker empfindet der Mensch seine Kleinheit und Unvollkommenheit, und er erkennt, daß er sich von allen Hilfsbegriffen und Vermittlern lossagen muß: Weder metaphysische Begriffe noch kirchliche Institutionen oder priesterliche Handlungen werden ihm weiterhelfen, sondern allein der *Wille zum Glauben*, ein Wille, der sich ganz auf Christus ausrichtet, in dem sich das Göttliche und das Menschliche auf eine dem Verstand unbegreifliche Weise verbunden haben. Ohne Christus gäbe es keine Versöhnung zwischen Gott und dem Menschen, ja es gäbe gar keine Religion. Ohne Christus könnte und würde der Mensch Gott nicht kennen. In Christus verkörpert sich das Göttliche in einer realen Person in Raum und Zeit, nimmt das Heilige und Vollkommene die Gestalt eines hilflosen Kindes an und stirbt einen schimpflichen Tod. Aber diese Tiefe der Erniedrigung offenbart zugleich die unermeßliche Größe der göttlichen Gnade. In Christus begegnen wir zugleich dem rächenden Gott und dem sündigen Menschen.

VON DER KRITIK AN DEN MISSTÄNDEN ZUR ABLEHNUNG
DER AUTORITÄT

Für Luther bedeutete die religiöse Innerlichkeit zunächst nur eine Rückkehr zu der Reinheit des Glaubens des heiligen Augustin und des Paulus und die Ablehnung der Scholastik und des Aristoteles. Aber einige seiner Gesinnungsgenossen in Wittenberg dachten weit mehr an die Konsequenzen, die für eine Neugestaltung des Gottesdienstes und der kirchlichen Organisation zu ziehen wären. Erst ganz allmählich ging auch Luther selber dazu über, auf Grund des »wiedergefundenen Glaubens« die kirchlichen Mißstände, schließlich auch die kirchliche Autorität als solche anzugreifen.

Sein Amt als Theologiedozent in Wittenberg brachte es mit sich, daß er allmählich eine kritische Haltung einnahm: Den Doktoren war von der Kirche die Aufgabe gestellt, in ihrem akademischen Unterricht die Reinheit der religiösen Wahrheit zu erhalten und zu verteidigen. Als Luther von 1513 bis 1516 Vorlesungen über die Psalmen und den Römerbrief hielt, merkten die Studenten bald, daß in den dumpfen Hallen der Theologischen Fakultät ein frischer Wind zu wehen begann. Luthers Abweichungen von der offiziellen Lehre waren anderer Art als die der früheren Reformer: Weder predigte er evangelische Armut, noch griff er die kirchliche Organisation und die Dogmen an, wie es Wiclif und Hus getan hatten. Aber er übernahm auch nicht die rein asketische Innerlichkeit der Mystik, die die kirchlichen Einrichtungen und Amtshandlungen lediglich als symbolische Verkleidung der Religion gelten lassen wollte. Luther nahm vielmehr eine Akzentverschiebung vor: Religion bedeutete ihm nicht primär die äußerliche Beobachtung von Riten und die Teilnahme an Kulthandlungen, sondern den reinen Glauben im Sinne einer inneren Überzeugung von der Gewißheit der Verheißungen; die spirituellen Werte von Ritus und Kultus ließen sich wohl aus dem Glauben ableiten, nicht aber aus der sakrosankten Autorität einer Institution.

Am 31. Oktober 1517 brachte Luther an der Tür der Schloßkirche zu Wittenberg fünfundneunzig Diskussionsthesen an. Im wesentlichen besagten sie, daß die Bezahlung eines Geldbetrags zum Erlaß der Sünden keinesfalls die innere Reue und Buße ersetzen könne. Damit war nicht unbedingt eine Kritik an der Institution als solcher ausgesprochen, sondern nur an der Praxis der Ablaßerteilung; der Ablaß war kommerzialisiert worden, ja er wurde geradezu verhökert durch Leute wie den Dominikaner Tetzel, der allem Anschein nach den Eindruck zu erzeugen wußte, der bloße Kauf eines Ablaßzettels sei ein hinreichender Ersatz für Buße und Sündenstrafen, und dies gelte für die Lebenden ebenso wie für die Toten;

dies ging aus einem Vers hervor, der Tetzel zugeschrieben wird: »Sobald das Geld im Kasten klingt, die Seele in den Himmel springt.«

Drei Faktoren veranlaßten Luther, sein Leben, das bisher der Meditation und der Lehre und Forschung gewidmet war, zu ändern. Zunächst und vor allem hatte er in seinen inneren Kämpfen ein neues religiöses Bewußtsein und eine neue Festigkeit gewonnen, die es ihm erlaubten, die Institutionen und Riten nach und nach einer kritischen Prüfung auf ihren Wertgehalt hin zu unterziehen. Zum zweiten hatte seine Kritik am Ablaßhandel und an anderen Praktiken ein so großes Echo gefunden, daß er sich im Mittelpunkt einer großen Volksbewegung sah. Schließlich zwang ihn der Gegendruck, der von den kirchlichen Behörden ausgeübt wurde, nach und nach dazu, den traditionellen Einrichtungen der Kirche den Rücken zu kehren und alles aufzugeben, was zu seinen Grundüberzeugungen in Widerspruch stand.

Luther war von dem Widerhall, den seine Thesen fanden, höchst überrascht. Er hatte sie als Anregung für einen Disput mit seinen gelehrten Amtsbrüdern gemeint; nun aber wurden sie dank der Druckerpresse überallhin verbreitet. Inhaltlich stimmten sie zu der wachsenden Unzufriedenheit und Kritik am Papsttum, die von vielen Wanderpredigern und von Humanisten wie zum Beispiel Ulrich von Hutten geschürt worden waren. Das Papsttum wurde als eine ausländische Macht angesehen, die die Deutschen ausbeutete. Der Erlös aus dem Ablaßhandel des Jahres 1517 sollte teilweise dem Erzbischof von Mainz, Albert von Hohenzollern, zufließen, damit er sich die Erlaubnis des Papstes erkaufen konnte, mehr als ein Kirchenamt zu bekleiden; der Rest sollte dem Bau des Petersdomes in Rom zugute kommen. Die Ständeversammlungen kritisierten gleichzeitig die Transaktionen italienischer Bankiers und Kaufleute, durch die dem Lande viel Geld verlorenging. Der heftige Unwille mancher Ständeversammlungen äußerte sich zum Beispiel in der Bezeichnung »Höllenhund in Rom« für den Papst.

Natürlich versuchten die einzelnen kirchlichen Autoritäten, auf Luther einen Druck auszuüben, um weiterem Streit aus dem Wege zu gehen und einer Störung der öffentlichen Ordnung vorzubeugen. Aber ihm lagen Nützlichkeitserwägungen im Hinblick auf die möglichen politischen und sozialen Auswirkungen zunächst fern. Er war der Überzeugung, daß er mit der Mitteilung seiner Grundeinsichten nur der Freiheit eines Christen folge; dies nahm er vor allem in seiner Eigenschaft als Professor der Theologie für sich in Anspruch. Im Jahre 1519 führte er in Leipzig einen Disput mit seinem bedeutendsten Gegner unter den Wissenschaftlern, mit Dr. Eck aus Ingolstadt; dabei ließ er sich von der geschickten Argumentation seines

Opponenten dazu hinreißen, nicht nur die Autorität des Papstes abzulehnen, sondern sogar die der Konzile, und zwar im Hinblick darauf, daß das Konzil zu Konstanz seinerzeit Hus verurteilt hatte. Schließlich mußte Luther als Konsequenz seiner Auffassung zugestehen, daß in letzter Instanz das Gewissen jedes einzelnen die Bibel für sich auslegen mußte. So wurde er schrittweise zu der Einsicht geführt, daß sein Grundprinzip, die Rechtfertigung allein aus dem Glauben, mit der Struktur der Kirche seiner Zeit unvereinbar war.

In drei großen Streitschriften, die im Jahre 1520 veröffentlicht wurden und weite Verbreitung fanden, legte er seine Grundgedanken von der christlichen Freiheit nieder: »An den christlichen Adel deutscher Nation«, »Von der Freiheit eines Christenmenschen« und »Von der babylonischen Gefangenschaft der Kirche«. Luther griff darin, wie er selber sagte, die Mauern an, die um die Christen gezogen sind. Im wesentlichen war damit der Anspruch des Papstes gemeint, niemand dürfe ein Konzil einberufen außer ihm, und niemand anders sei befugt, die Heilige Schrift auszulegen. Diesem Universalanspruch stellte Luther seinerseits die Konzeption von der allgemeinen Priesterschaft der Gläubigen gegenüber. Jedermann kann sich Gott unmittelbar nähern und sein eigener Priester sein, unter einer Bedingung allerdings: Er muß gläubig sein; der Glaube – und nur er – ist unumgänglich. Darüber hinaus ist die Kirche nicht als der bevollmächtigte und einzige Interpret der Bibel anzusehen; denn jeder Gläubige muß für sich selber der Heiligen Schrift die Verheißung der Erlösung entnehmen. Der Anspruch des Papsttums auf Unfehlbarkeit stellt daher eine unerlaubte Überschreitung seiner Befugnisse dar; nicht einmal ein Konzil kann sich zwischen Gott und den Gläubigen stellen. Die Sakramente werden von Luther als Symbole der inneren Wandlung aufgefaßt; eine magische Kraft wohnt ihnen nicht inne.

Mit diesen Sätzen ist nach Luther die Freiheit des Christenmenschen beschrieben. Aus ihnen ergibt sich, daß eine wirkliche Reform nicht durch kirchliche oder staatliche Maßnahmen eingeführt werden kann; eine Veränderung kann nur durch eine innere Wandlung erreicht werden, die sich schließlich nach außen auswirken würde.

DIE FREIHEIT DES MODERNEN MENSCHEN

Weder Paracelsus noch Erasmus oder Luther hatten die vollständige Säkularisierung der Welt vorausgesehen, die dem modernen Menschen bevorzustehen schien; doch jeder von ihnen trug auf seine Weise zu dieser Entwicklung bei. Während sie nach ihrem Selbstverständnis die Wege suchten, die unmittelbar zu Gott führen, hat sich der moderne Mensch immer weiter auf die Wege konzentriert, ohne sich eigentlich um ihre Richtung zu kümmern. Der Weg, der über die Natur zu Gott hinführen sollte, endete in der mechanistischen Naturwissenschaft, der Weg über die Kultur führte in die historische Forschung, und die Verheißung des Evangeliums wurde durch die Bekräftigung eines Glaubensbekenntnisses ersetzt. Luthers Suche nach einem unmittelbaren Weg zu Gott setzte den Säkularisierungsprozeß fort, der damit begann, daß das *sacerdotium* das *sacrum imperium* seines sakrosankten Charakters entkleidete. Auf lange Sicht gesehen, nahm Luthers Entscheidung den weltlichen Bereichen der Politik, der Gesellschaft und der Kultur jede direkte religiöse Bedeutung und führte zu ihrer völligen Säkularisierung. Der heutige Mensch scheint noch darüber hinausgehen zu wollen: Er richtet seinen Blick auch nicht mehr auf den Weg, den er beschreitet – er begnügt sich mit dem Reiseerlebnis.

V. Der Konflikt der Konfessionen

Luther übte mit seiner religiösen Haltung eine weit größere unmittelbare Wirkung auf Kirche und Staat aus als Erasmus und Paracelsus. Keiner von ihnen hat übrigens die Kirche als Ganzes in Frage gestellt, sondern sie hatten nur jeweils bestimmte Aspekte des Christentums kritisiert. Paracelsus wies dem Arzt eine neue Funktion zu und entwarf ein neues Bild der Natur; zum Vorkämpfer eines Reformprogramms wurde er nicht, obgleich manche seiner Ideen und Gedankenverbindungen eine gewisse Affinität zu den Auffassungen sektiererischer Zirkel und umstürzlerischer Gruppen hatten.

Erasmus mied zwar den harten politischen Tageskampf; da aber seine Ideen von anderen übernommen wurden, wurde er zwangsläufig selber zum Symbol und in gewissem Sinne auch zum Verfechter eines Reformprogramms. Selbst Luther bestand sehr nachdrücklich darauf, daß es vor allem auf die innere Wandlung durch die Kraft des Glaubens ankomme, und hielt sich mit Reformvorschlägen zurück.

DIE POLITISCHEN UND SOZIALEN GRUPPIERUNGEN UND IHRE EINSTELLUNG ZUR REFORM

Wandte man die religiösen Einstellungen Luthers und des Erasmus auf die Probleme des Tages an, so ließen sich daraus Glaubenssätze formulieren, auf denen Reformprogramme aufgebaut werden konnten. Diese Glaubenssätze wurden zu Losungen rivalisierender Gruppen und nahmen damit den Charakter von Bekenntnissen an. In der ersten Hälfte des 16. Jahrhunderts waren die Grenzen zwischen den verschiedenen religiösen Gruppen zwar noch fließend; doch bestand die Möglichkeit, Kompromisse und Vergleiche abzuschließen. Aber in der zweiten Hälfte des Jahrhunderts verhärteten sich die Fronten zwischen Katholiken, Lutheranern und Calvinisten, zumal dann, wenn die weltlichen Herrscher zugunsten der einen oder der anderen Konfession Partei ergriffen. Damit verlagerte sich das Problem von einer Reform der Kirche zu der Organisation von Separatkirchen mit je eigenem Bekenntnis.

Die Wirkung, die von den neuen Ideen ausging, wurde durch drei große politische und soziale Gruppierungen innerhalb des Reiches modifiziert; jede von ihnen übernahm diejenigen Gedanken, die ihr auf Grund ihrer traditionellen Orientierung am nützlichsten waren, und jede von ihnen war überdies inneren Spannungen ausgesetzt.

An erster Stelle ist der Kreis um den Kaiser zu nennen; er stand stark unter dem Einfluß der erasmischen Reformgedanken, während jedoch der Kaiser selbst seinem Charakter nach der Tradition verhaftet blieb; überdies nahmen ihn die komplizierten Probleme seines weitverzweigten Herrschaftsgebiets so in Anspruch, daß er für die religiösen Fragen im Reich nur wenig Aufmerksamkeit erübrigen konnte.

Zweitens bestanden gewisse soziologisch labile Gruppen: die Ritter, die Bauern und die unteren Schichten der Stadtbevölkerung. Zum Teil versuchten sie, Luthers Position auf die Nation oder ihre Klasse zu beziehen; andere übernahmen die Ideen und Ziele der Sektenbewegungen.

Die einflußreichen Landesfürsten und die Oligarchien in den Städten schließlich nahmen die Gelegenheit wahr, sich der kirchlichen Gesetze und Verordnungen zu entledigen und eigene Kirchenverwaltungen einzusetzen.

ERASMISCHE UND LUTHERISCHE REFORM

Das erasmische Ideal, nämlich Aufklärung in Verbindung mit Toleranz und Frömmigkeit, fand bei vielen Humanisten, die den politischen Kreisen nahestanden, lebhaften Anklang; glaubten sie doch, daß die Kirche in ihrer damaligen Gestalt teils dem Aberglauben, der Bigotterie und der Unwissenheit der Menge, teils dem sinnentleerten Jargon der Scholastik entgegenkam. Die Humanisten waren davon überzeugt, das Christentum müsse zu den einfachen Grundwahrheiten der Lehre Christi zurückkehren, die ihrem Geist und Wesen nach denen der heidnischen Weisen der Antike glichen.

Weiterhin waren sie der Meinung, daß die Reform von oben kommen und insbesondere mit der Erziehung und Aufklärung der Geistlichkeit beginnen müßte; die höhere Bildung würde der Religiosität zugute kommen. Die Aufgabe des Fürsten sei es, für Frieden und Toleranz zu sorgen, damit Kultur und Frömmigkeit sich gegenseitig befruchten können. Zu diesem Zweck sollte der aufgeklärte Herrscher mit dem humanistischen Gelehrten zusammenarbeiten. Die neuen absoluten Herrscher holten auch tatsächlich Humanisten, Künstler und Wissenschaftler an ihren Hof und schienen damit eine Reform von oben vorbereiten zu wollen. Der spanische König Karl, der im Jahre 1519 als Karl V. zum Kaiser gekrönt wurde, umgab sich mit Männern wie dem Burgunder Gattinara (gestorben 1530), einem Freunde des Erasmus, der auch mit anderen Angehörigen des Kreises um den Kaiser in Briefwechsel stand.

Für die Deutschen war Karl V. ein Habsburger, der Enkel Maximilians, der seinerzeit versucht hatte, die Größe des Reiches zu wahren und zugleich eine deutsche Nationalkultur zu fördern; Maximilian war aus diesem Grunde das Idol der Humanisten und das Symbol für ein Erwachen des Nationalgefühls, das einige von ihnen beseelte. Ulrich von Hutten, der am häufigsten mit Erklärungen an die Öffentlichkeit trat, hatte den Versuch gemacht, den entstehenden Nationalismus mit Luthers Opposition und mit der Wiederbelebung des Reiches zu verknüpfen. Diese Pläne mißlangen jedoch, und zwar hauptsächlich deshalb, weil dem neuen Kaiser alle Häretiker zuwider waren, aber auch deshalb, weil er sich ein Reich nach mittelalterlichem Muster dachte, das also nicht auf die deutsche Nation beschränkt blieb.

Luther war prinzipiell gegen eine Auswertung seiner religiösen Überzeugung in politischen und sozialen Reformprogrammen. Seine innere Erfahrung hatte ihn unvergeßlich gelehrt, daß jedes noch so gutgemeinte Werk, also auch eine Reform von Institutionen, von der Gefahr bedroht war, daß das Göttliche wieder in eine Institution, eine Form, jedenfalls in etwas Totes eingeschlossen werden könnte; damit wiederholte er die Angriffe der Propheten und der frühen Christen auf die Institutionalisierung, auf die Unterwerfung des Geistes unter das Ritual oder unter den Buchstaben des Gesetzes. Wenn Luther die priesterlich-sakramentale Rolle der Kirche angriff, so lehnte er doch die priesterlichen Aufgaben nicht grundsätzlich ab, verlagerte sie jedoch auf, wie er es nannte, die Predigt »des Wortes«.

Es war Luther somit nicht eigentlich um die Gründung einer Kirche zu tun; das überließ er den Fürsten. Vielmehr betrachtete er die Übersetzung der Bibel, die er im Jahre 1521 begann, als seine größte Leistung. Da jeder Gläubige sein eigener Priester war und das Wort unmittelbar, ohne die Vermittlung einer kirchlichen Autorität, finden konnte, war es eine notwendige Voraussetzung, ihm die Bibel in einer Form darzubieten, daß er sie auch lesen konnte. Für Luther war der Sinn der Bibel eindeutig, aber er legte sich keine Rechenschaft darüber ab, daß die Bedeutung ihrer Sätze anderen Menschen, die nicht über die gleiche tiefe Erfahrung verfügten, nicht unbedingt ebenso klar wurde.

Die Reaktionen auf Luthers Grundhaltung waren unterschiedlich. Der päpstliche Legat Alexander, ein prominenter Humanist, verfocht die Auffassung, Luthers Position sei rein subjektivistisch und öffne der Willkür des einzelnen in moralischen und religiösen Dingen Tür und Tor, sobald keine kirchliche Autorität dem einfachen Menschen mehr vorschreibe, was gut oder religiös wahr sei.

Die entgegengesetzte Einstellung wurde von den religiösen Radikalen vertreten: Nichts sei zulässig, was nicht durch die Bibel belegt werden könne; die Heilige Schrift müsse wörtlich genommen, und zwar auch in der Anwendung auf die politischen und sozialen Verhältnisse. Damit widersprachen sie Luthers Auffassung, daß die Bibel als Ganzes nicht Gottes Wort sei, sondern es nur enthalte.

Eine dritte Reaktion kann in der Politik der Fürsten gesehen werden, die sich beeilten, das Vakuum, das Luthers Zurückweisung der päpstlichen Autorität hinterlassen hatte, mit ihrer eigenen Souveränität auszufüllen. Luthers Betonung der Innerlichkeit der religiösen Erfahrung einerseits, die Ausdehnung der Fürstenmacht andererseits trugen dazu bei, die Religion zu einer Angelegenheit des Geistes zu machen, deren Gegenpol die Macht war. Die Macht sollte sich zwar nicht in die innere religiöse Erfahrung einmischen, doch durfte sie im Interesse der öffentlichen Ordnung auf der Einheitlichkeit der Lehre und des Gottesdienstes bestehen.

Bei seinen Angriffen auf das Papsttum geriet Luther in immer größere Abhängigkeit von den Fürsten; denn sie verteidigten die Laien gegen die verschiedenen Formen der Ausbeutung durch die Kirche; außerdem schützten sie die Freiheit der Predigt und der Lehre vor dem kaiserlichen Verbot. Hier aber liegt auch der Ursprung jener verhängnisvollen Beziehung zwischen dem Fürsten und dem Professor, jenes Verhältnisses, das die deutsche Entwicklung noch bis ins 20. Jahrhundert hinein mitbestimmen sollte.

Man kann sich vorstellen, daß der lutherische Protestantismus die Nationalreligion der Deutschen und die Grundlage einer vollständig unabhängigen Kirche geworden wäre; es ist ebensogut denkbar, daß innerhalb eines modifizierten Katholizismus eine autonome Kirche etwa nach dem Muster der hussitischen Kirche in Böhmen entstanden wäre. Im ersten Falle wäre eine Reihe von Nationalkirchen gegründet worden; das hätte der allgemeinen politischen Struktur Europas entsprochen, so daß das Papsttum in seinem Einfluß auf Italien beschränkt worden wäre. Im zweiten Falle wäre eine Anzahl autonomer nationaler Kirchenverwaltungen geschaffen worden, die innerhalb der katholischen Kirche verbleiben und den Papst nominell weiterhin als Oberhaupt anerkennen würden.

Betrachtet man die Krisenperiode von 1521 bis 1555, so muß man sich vor Augen halten, daß die Reformbewegung auf halbem Wege stehenblieb. Weder Luthers Hoffnung auf eine Nationalkirche noch die erasmischen Wünsche nach einer reformierten katholischen Kirche mit lokaler

Autonomie wurden verwirklicht. Aber auch der Traum der sozial unruhigen Schichten, die Freiheit des Christenmenschen werde Konsequenzen für eine neue soziale und politische Ordnung haben, blieb unerfüllt.

BIBLISCHE NORM UND INNERES LICHT: DER RADIKALISMUS

Das Schicksal, das dieser Traum erlitt, entschied sich weitgehend in dem Jahrzehnt von 1520 bis 1530. Die Deutschen standen zu dieser Zeit am Rande einer Entwicklung, die wie eine soziale Revolution aussah. Luthers Auffassung von der Freiheit eines Christenmenschen gab vielen die Vision einer neuen religiösen und gesellschaftlichen Ordnung ein: Nicht nur, daß der Druck der Gutsherren und Geistlichen beseitigt würde – alle Menschen würden sich in einer wirklich spirituellen Kirche vereinen.

Außerdem waren sowohl die Anhänger des Erasmus als auch die Radikalen der Ansicht, daß die Bibel einen normativen Charakter habe; sie enthalte explizit moralische Verhaltensvorschriften und die Normen sozialer und politischer Gerechtigkeit. Sie unterschieden sich allerdings radikal in ihren Auffassungen von der Anwendung dieser Normen. Die Parteigänger des Erasmus traten dafür ein, daß sie durch »aufgeklärte« institutionalisierte Autoritäten durchgesetzt werden sollten, etwa durch weise Fürsten und durch gebildete Geistliche, die über der »natürlichen« Barbarei der Menge standen. Nach den Radikalen ergab sich die Anwendung schon aus der inneren Erleuchtung in der Seele jedes Menschen, und die Zwangsmaßnahmen kirchlicher und staatlicher Behörden könnten sich dabei nur störend auswirken.

Für Luther enthielt die Bibel in erster Linie die Verheißung des Heils, eine Verheißung, die vom Gläubigen in eine innere Überzeugung umgewandelt werden müsse; erst durch diese Umwandlung ergäben sich dann die Normen des Verhaltens und die Prinzipien der gesellschaftlichen Ordnung. Außerdem hegte Luther immer die Befürchtung, daß ein heiliger Inhalt mit irgendeiner Form verwechselt werden könnte; daher zögerte er prinzipiell, neue Formen zu befürworten oder die Abschaffung alter Formen gutzuheißen. Die Religion sollte tunlichst von einem Engagement in weltlichen Dingen freibleiben, um sich nicht an Äußerlichkeiten zu verlieren.

Viele Wanderprediger und zahlreiche kurzlebige Flugblätter zogen jedoch über die »verderbte Geistlichkeit« und den »Antichrist« in Rom her und forderten die Abschaffung sämtlicher sakramentalen Formen des bisherigen Gottesdienstes. Während sich Luther auf der Wartburg aufhielt, brach im Jahre 1521 in Wittenberg und an anderen Orten der Bildersturm los. Einige gemäßigte Professoren der Wittenberger Universität, darunter Melanchthon, bemühten sich, den Aufruhr zu bändigen; doch andere, wie etwa Karlstadt, predigten die Souveränität der Gemeinde und entwarfen das Bild einer idealen geistlichen Gemeinschaft. Die Situation war heikel; denn nur zu leicht hätten nun die Machthaber alle Reformbestrebungen für subversiv erklären können. Luther wurde zurückgerufen, und er trat gegen das Prinzip der souveränen Gemeinde wie auch gegen die rücksichtslose Abschaffung aller alten Formen und Praktiken auf; nach seiner Auffassung konnte eine Kirche nicht ohne Amtsträger auskommen, die der Gemeinde übergeordnet sind. Der legalistischen und puritanischen Auffassung von der Regelung des Verhaltens in religiöser und in moralischer Hinsicht stellte er die innere Freiheit des Christen gegenüber.

Unter den sektiererischen Rebellen in Wittenberg und andernorts fand sich eine Anzahl von Schwärmern, die man »die Zwickauer Propheten« nannte. Zwickau war zu dieser Zeit eine kleine Bergbaustadt in der Nähe der böhmischen Grenze; dort waren taboritische und lutherische Einflüsse zusammengetroffen. Die Zentren der Bergbaugebiete – dazu gehörte auch Luthers Heimatstadt Mansfeld – waren immer Unruheherde; in Zwickau scheinen allerdings die Weber die aktivste Gruppe gestellt zu haben. Im Mittelalter waren in gewissen Gegenden »Weber« und »Häretiker« geradezu Synonyme.

Unter den Zwickauer Radikalen tat sich Thomas Müntzer (1490–1525) hervor; er galt als besonders eigenwillig und gefährlich, war aber zugleich einer der gelehrtesten Theologen und Humanisten seiner Zeit. Unter Luthers Einfluß hatte er in Zwickau als erfolgreicher Prediger gewirkt, bis es ihn im Jahre 1521 hinaustrieb, um die Saat des religiösen Radikalismus in ganz Mitteldeutschland auszustreuen.

Auf der Seite der Radikalen war Müntzer der weitaus bedeutendste Gegenspieler Luthers. Wie viele andere hatte auch er die joachimitische Idee eines Dritten Zeitalters des Geistes übernommen, das sich in einem Tausendjährigen Reich manifestieren und die Erfüllung der Weissagung Christi bringen sollte, sein Geist werde am Ende zu den Menschen herabsteigen und über sie herrschen. Eine weitere, damit zusammenhängende Vorstellung Müntzers war die von der Wiederkehr des Prophetenamtes, insbesondere unter den Armen und Ungebildeten, die träumen und Visionen haben; auf diese Weise offenbare sich die »innere Welt«, während Luthers Betonung der Bibel als Wort Gottes nur eine neue Tyrannei an die Stelle des Papsttums setzen würde. Drittens glaubte Müntzer, die Auserwählten, die wahren Propheten, würden schließlich die Gottlosen, die die oberen Ränge in Kirche und Staat einnahmen, überwinden.

Müntzer zog von Ort zu Ort und faßte schließlich im Jahre 1524 in dem thüringischen Städtchen Mühlhausen Fuß, von wo aus er seine Ideen unter den unteren Schichten der Stadt- und Landbevölkerung verbreiten konnte. Er wurde der wichtigste Inspirator des Bauernaufstandes von 1525, dessen Fehlschlag auch sein Schicksal besiegelte.

In Sebastian Frank (1499–1545) haben wir einen anderen Typ des Radikalen vor uns: einen Individualisten, der sich von sektiererischem Utopismus ebenso freihielt wie von der kirchlichen Autoritätshörigkeit und dem Glauben an die Sakramente. Er stand stark unter dem Einfluß der spekulativen Mystik des Spätmittelalters und verehrte Erasmus von Rotterdam.

Der wesentlichste Grundgedanke seiner Lehre war wohl der von der unsichtbaren Kirche – gewiß keine neue Idee, doch von Frank zu positiver Wirkung gebracht: Christus wohnt in jedem Menschen, und zwar in Gestalt eines »inneren Lichts«, das seine Seele erleuchtet; jeder einzelne sollte daher auf seine Weise die Verbindung zu der göttlichen Quelle des Lichts herstellen dürfen. Frank sprach sich damit gegen alle Spielarten der Sakramentsgläubigkeit und der Buchstabenanbetung aus.

Bemerkenswert war auch Sebastian Franks Geschichtsinterpretation: Das innere Licht liegt ständig im Kampf mit den Kräften der Autorität, die durch den Papst und die Priester vertreten werden; es handelt sich um einen dialektischen Prozeß, in dem dem Häretiker die Aufgabe zufällt, die innere Erleuchtung, die der Geist in der Seele des Menschen bewirkt, wachzuhalten, damit sie nicht durch Zwangsmaßnahmen aller möglichen Art ausgelöscht wird. Halten wir fest, daß hier erstmals dem Häretiker eine positive Rolle in der Gesellschaft zuerkannt wird.

Sebastian Frank hatte in Augsburg ein Priesteramt bekleidet, wurde dann lutherischer Prediger in Nürnberg und lebte von 1528 an als freier Schriftsteller; seinen Lebensunterhalt allerdings mußte er sich in einem bescheidenen und mühsamen Gewerbe verdienen: der Seifenherstellung. Zuletzt mußte er vor seinen Verfolgern nach Basel ausweichen, und dort verliert sich seine Spur, wie zur Bestätigung seiner eigenen These, der Häretiker müsse im Dunkeln leben.

Müntzer und Frank exemplifizieren die beiden radikalen Ausprägungen des religiösen Radikalismus im 16. Jahrhundert. Der kollektivistische Radikalismus nahm im 16. Jahrhundert wiederholt einen großen Aufschwung, dann auch wieder im 20. Jahrhundert; der individualistische Radikalismus hatte allgemein einen großen Erfolg und trat auch in den nachfolgenden Jahrhunderten immer wieder in Erscheinung.

DIE GEFAHR EINER SOZIALEN UMWÄLZUNG

Wir haben bereits gesehen, daß die revolutionär gestimmten Gruppen hauptsächlich unter den Rittern, den Bauern und den Bürgern zu finden waren. Diese Klassen sahen sich neuen wirtschaftlichen, sozialen und politischen Kräften gegenüber und befanden sich daher in einem Gärungszustand. Ob es ihnen aber um die Rückgewinnung alter Rechte oder um die kommende neue Ordnung der Dinge zu tun war, läßt sich nicht leicht entscheiden, und zwar deshalb nicht, weil diese Schichten in ihrer Position schwankend waren: Einerseits sehnten sich viele Menschen wehmütig nach dem alten Heiligen Reich zurück; andererseits mußten sie sich mit der »neuen Ordnung« auseinandersetzen, die durch den Absolutismus der Fürsten, den Großgrundbesitz und die merkantile Form des Kapitalismus, der sich nun herausbildete und den Niedergang dieser Klassen ankündigte, gekennzeichnet war.

Das wichtigste Unruhezentrum lag im Südwesten, vornehmlich in den alten Herzogtümern Schwaben und Franken. Seit dem Zerfall dieser Herzogtümer waren hier besonders viele Fürstentümer und Bauernhöfe aufgeteilt worden. Auch hatte in diesem Gebiet das Beispiel der Schweiz am nachdrücklichsten gewirkt; dort hatten sich Bauern und Bürger gemeinsam gegen die fürstliche und kirchliche Oberherrschaft erhoben und die Freiheit errungen. In den schweizerischen Kantonen, die einen hohen Grad von Selbstbestimmung und Selbstregierung besaßen, fanden Radikale und sektiererische Gruppen eine Zufluchtstätte, aber auch eine Ausgangsbasis zur Verbreitung ihrer Ideen.

Die Ritter hatten sich zur Hebung ihres Lebensstandards hauptsächlich auf Söldnerdienst und Räuberei verlegt. Vermutlich wären sie als Stand allmählich untergegangen und in Vergessenheit geraten, wenn sie nicht eine Ideologie und einen Führer gefunden hätten, den berühmten *condottiere* Franz von Sickingen (1481–1523). Er war unter Reuchlin erzogen worden und hatte verschiedentlich in kaiserlichen Diensten gestanden. Er befestigte seine Besitzungen am Mittelrhein mit vielen starken Burgen, von denen aus er ständig Fehden mit den Fürsten und Städten am Rhein ausfocht. Auch geriet er unter den Einfluß der Gedanken Martin Luthers, wie sie von Ulrich von Hutten interpretiert wurden, der eine Zeitlang in Landstuhl bei Sickingen Zuflucht fand. Franz von Sickingen wollte offenbar die Fürsten und das »neue« römische Recht verdrängen und das Heilige Reich und das alte germanische Recht an ihre Stelle setzen, die großen kirchlichen Fürstentümer zerstören und eine Nationalkirche schaffen.

Unter Sickingens Führung zog der Adel gegen seinen alten Feind, den

Erzbischof von Trier, zu Felde, der jedoch von einem Bund von Fürsten unterstützt wurde und siegreich aus dem Kampf hervorging. An demselben Tage, als seine Burg Landstuhl eingenommen wurde, erlag Franz von Sickingen seinen Verwundungen. Der Traum eines allgemeinen Kreuzzugs unter Führung des Adels gegen die großen Feinde des Reiches, die Fürsten und die Priester, war zu Ende.

Zwischen 1443 und 1517 gab es sporadisch Bauernaufstände, den »Bundschuh«. Die Unruhe der Bauern ist zum Teil auf die Übergriffe der Grundbesitzer zurückzuführen, die das Gewohnheitsrecht der Bauern beschnitten, Feld, Wald und Gewässer gemeinsam zu nutzen. Das römische Recht, das in den Gerichten immer häufiger angewendet wurde, schützte die Besitzerweiterungen der Grundbesitzer, so daß sich die Bauern nur immer wieder auf den alten Brauch berufen und ihn dem rationalen Gesetz der Gutsherren gegenüberstellen konnten. Es scheint auch, daß die Bauern die Minderung ihrer Bedeutung im allgemeinen Funktionszusammenhang empfanden; das altgermanische Gemeinschaftsgefühl schwand angesichts des neuen fürstlichen Absolutismus und des Gutsherrentums dahin. Luther legte hier mit Hilfe der Heiligen Schrift die Basis eines neuen Rechtsempfindens.

Der große Bauernkrieg des Jahres 1525 trug wie die meisten Bauernerhebungen einen sehr uneinheitlichen Charakter. In verschiedenen Teilen Südwest- und Mitteldeutschlands rotteten sich die Bauern zusammen, doch zu geschlossenen Aktionen kam es nicht; die einzige gemeinsame Willenskundgebung wurde in den Zwölf Artikeln niedergelegt, die unter anderem forderten: freie Nutzung von Feld, Wald und Strom; Wahl eigener Pastoren; allgemeine Herabsetzung der Abgaben und Dienstleistungen. Allmählich nahmen die Radikalen die Führung in die Hand, so vor allem in Franken, wo sich die Stadtbevölkerung den Bauern anschloß. Aber es fehlte an phantasiebegabten Führern, die den Bauern eine Aufgabe innerhalb der Gesamtstruktur des Reiches hätten zuweisen können. Ein abtrünniger Adliger, Florian Geyer, ein ehemaliger Landsknechtshauptmann, kam dieser Rolle noch am nächsten; er predigte die Bruderschaft des Adligen und des Bauern, doch scheint er von den Bauern, die den Adel haßten, immer mit Mißtrauen betrachtet worden zu sein. Alle Versuche, die regionalen Aufstandsbewegungen zusammenzufassen, schlugen fehl.

Sobald die Bauern sich in Ausschreitungen ergingen, Burgen niederbrannten und Adlige ermordeten, zogen sie den Zorn Luthers auf sich; er hatte zwar von den Grundbesitzern eine humanere Behandlung der Bauern verlangt, rief nun aber die Fürsten auf, die »räuberischen und mörderischen Rotten der Bauern« niederzuwerfen und zu töten. Luthers Formulierungen ließen nichts an Deutlichkeit zu wünschen übrig; seine heftige Reaktion läßt sich wohl so erklären, daß er meinte, die Bauern hätten Gottes Wort entstellt, um ihren Aufstand und ihr Wüten zu rechtfertigen. Auch hatten sie Autoritäten angetastet, die von Gott eingesetzt waren, um den Menschen in Zucht zu halten; die Obrigkeit existierte nach Luther aber eben zu dem Zweck, in der Gesellschaft geordnete Verhältnisse aufrechtzuerhalten, so daß Gottes Wort gepredigt werden konnte.

Die Bauernheere wurden nacheinander besiegt, die gesamte Bewegung brutal unterdrückt. Müntzer wurde gefoltert und geköpft. Noch flackerte gelegentlich die Unruhe unter den Bauern auf, doch eine politische Bedeutung gewann sie nicht mehr, und erst im 19. Jahrhundert sollten die unteren Bevölkerungsschichten wieder eine revolutionäre Rolle spielen. Zweifellos hat Luthers ablehnende Haltung gegenüber den Bauern und den mit ihnen verbündeten Städtern dazu beigetragen, daß die unteren Klassen der lutherischen Bewegung entfremdet wurden, die künftig mehr und mehr zu einer Angelegenheit des mittleren und gehobenen Bürgertums wurde.

Die einfachen Angehörigen der Zünfte lagen ebenfalls seit langem im Streit mit der Oligarchie der Zunftmeister, die die herrschende Schicht in den Städten darstellten. Da Gesellen und Lehrlinge von den Meistern auf Distanz gehalten und ihre Organisationen unterdrückt wurden, schlossen sie sich aus Rache nicht selten den Bauern an.

Der bekannteste Fall von Aufruhr in den Städten war derjenige, der seinen Höhepunkt in den Jahren 1534–1535 in Münster in Nordwestdeutschland fand. Auch hier wieder wurden die religiösen Ideen Luthers und Müntzers mit den sozialen und wirtschaftlichen Bestrebungen verbunden. Die Auseinandersetzungen um die Reform begannen mit der Austreibung des Bischofs aus der Stadt. Im Laufe des Kampfes gegen die Patrizier rief die Reformpartei unter ihrem radikalen Führer Bernt Rothmann die kommunistischen Wiedertäufer zu Hilfe.

Die Wiedertäufer waren im wesentlichen die Nachfolger der mittelalterlichen Sektierer, etwa der Taboriten; doch hatten sie durch Luthers Bewegung neuen Auftrieb erhalten. Als geschlossene Gruppe traten sie zuerst in Zürich auf, von wo sie jedoch durch Zwingli vertrieben wurden. Darauf breiteten sie sich entlang des Rheins nach Norden bis nach Friesland aus, ostwärts bis nach Mähren. Ihre Bewegung fand vor allem unter den Handwerkern in den Städten großen Widerhall.

Ihre Ideen hatten viel Ähnlichkeit mit denen der Zwickauer Radikalen, zu denen auch Müntzer gehörte. Auch sie stellten das innere Licht des Prophetentums der äußeren Tyrannei durch die Bibel und das Sakrament gegenüber. Aber sie vertraten auch das Primat der Gemeinde nach Art der

Sektierer. Nur wer wiedergeboren und gerettet war, konnte durch die Taufe ein Glied der Gemeinschaft werden. Die Ethik des Evangeliums, wie sie in der Bergpredigt zum Ausdruck kam, sollte in allen Einzelheiten befolgt werden, womit auch die Gütergemeinschaft begründet war. Jeder Staatsdienst war verpönt: er galt als Götzendienst. Die Gemeinschaft der Wiedergeborenen erwartete die Ankunft des Herrn; in jedem Augenblick konnte er erscheinen und den Triumph der Gemeinschaft über die Welt bedeuten, die sie jetzt verfolgte.

Ein Teil der Wiedertäufer neigte mehr zu einer quietistischen Abkehr von der Welt; andere fühlten sich aufgerufen, die Gottlosen zu vernichten. Diese Richtung gewann in Münster die Oberhand, als die Stadt durch einen Bund sowohl katholischer als auch lutherischer Fürsten einer langen Belagerung unterworfen wurde. Jan Mathys und Johann von Leiden, beide gebürtige Holländer, stellten sich an die Spitze der Bewegung. Sie verwirklichten die Güter- und die Weibergemeinschaft; und obwohl sie ihre Gegner mit aller Grausamkeit verfolgten, nötigten sie durch ihre Tapferkeit und ihre Glaubensstärke doch Bewunderung ab. Die Stadt fiel schließlich, und die Wiedertäufer und ihre Anhänger wurden verjagt oder getötet.

Eine Verfolgungsjagd, die nun einsetzte, zerstreute die Wiedertäufer in alle Richtungen. Sie suchten Zuflucht in relativ ruhigen Ländern, in der Schweiz, in Böhmen und vor allem in Holland, wo sie nach ihrem Anführer Menno Simons »Mennoniten« genannt wurden. Diese Splittergruppen, die ihren Weg auch in die Neue Welt fanden, gaben jede sozialrevolutionäre Aktivität auf und wandten sich einem rein innerlichen, quietistischen Gemeindeleben zu.

Das war der entscheidende Sieg der Fürsten über die soziale Revolution. Das Luthertum war nun von jedem Makel frei, subversive Tendenzen zu verfolgen. Die Hauptprobleme, die sich jetzt stellten, betrafen die Versöhnung der verschiedenen Glaubensrichtungen und das Verhältnis zwischen dem Kaiser und den Fürsten.

DIE MISSLUNGENE VERSÖHNUNG

Noch lebte die Meinung fort, eine allgemeine Kirchenversammlung könne es fertigbringen, die Christen in einer gereinigten Kirche wieder zusammenzuführen. Auch daß in den lutherischen Gebieten – selbst im Kurfürstentum Sachsen, in dem Luther lebte – die Klöster, die Beichte und die Messen nicht verboten waren, deutete darauf hin, daß sich die Lage noch nicht verhärtet hatte.

Das Bemühen, die verschiedenen protestantischen Gruppen miteinander zu versöhnen, wurde entscheidend durch die Persönlichkeit Ulrich Zwinglis (1484–1531) gefördert. Unter seinem Einfluß setzte sich in Zürich von 1522 an allmählich die Reformation durch und räumte mit Reliquien, Heiligenbildern und der Messe auf. In der Hauptsache ging es Zwingli um einen moralischen Neubeginn, wie ihn Erasmus forderte; Zwingli war von ihm nicht weniger als von Luther beeinflußt. Im Jahre 1529 trafen sich Luther und Zwingli zu einer Disputation über das Wesen des Abendmahls; eine Übereinstimmung konnte jedoch nicht erzielt werden. Wiederum zeigte es sich, daß Luther sich bis aufs äußerste sträubte, grundlegenden Veränderungen zuzustimmen, sei es in den religiösen Formen oder in der politischen und sozialen Struktur.

Auf dem Reichstag zu Augsburg im Jahre 1530 schienen die Gemäßigten in beiden Lagern, sowohl unter den Protestanten (wie man sie jetzt nannte) als auch unter den Katholiken, in der Lage zu sein, einen Kompromiß zu schließen. Luther wurde von Melanchthon vertreten, der wie Zwingli durch den Humanismus des Erasmus beeinflußt und daher einer Versöhnung zugeneigt war. Erasmus selber war nicht anwesend, stand aber in engem Kontakt mit denjenigen Kreisen um Karl V., die in der Reform ein Mittel sahen, die Protestanten wieder in den Schoß der Kirche zurückzuholen.

Als Grundlage eines Kompromisses verfaßte Melanchthon das berühmte Augsburger Bekenntnis. Lange Verhandlungen und Debatten unter den Theologen folgten, doch sie waren zum Scheitern verurteilt. Die Katholiken trugen eine Widerlegung vor, und die Anhänger Zwinglis weigerten sich, die Interpretation des Abendmahls anzunehmen. Eine Versöhnung zwischen Protestanten und Katholiken konnte nicht gelingen, solange die Protestanten in sich uneins waren und dogmatische Streitfragen unter den Theologieprofessoren ausgetragen werden mußten.

Der Friede von Augsburg (1555) setzte dem langen Kampf um die religiöse und politische Einheit des Reiches vorläufig ein Ende. Gesiegt hatten die lokalen Regierungsgewalten: die Fürsten in den einzelnen Ländern, die herrschenden Klassen in den Städten. Die Obrigkeit – die Autorität, der man Gehorsam schuldete – hatte sich endgültig durchgesetzt. Es begann der unaufhaltsame Zerfall des Reiches in einzelne Teilstaaten, jeder mit einem absoluten Herrscher an der Spitze, der die Religion seiner Untertanen festsetzen durfte.

Karl V., enttäuscht, müde und krank, dankte ab und zog sich nach Spanien zurück, um bis zu seinem Tode im Jahre 1558 ein Einsiedlerleben zu führen, ein Mann, der viele Schlachten gewonnen, viele taktische Siege errungen, doch einen Krieg verloren hatte. Dank seiner Klugheit und dem Besitz großer Territorien hatte er einzelne Triumphe davongetragen, aber die Entwicklungstendenzen der Zeit verliefen in anderer Richtung – nicht auf die Einheit der Konfessionen, nicht auf das Primat der einen Kirche und auch nicht auf die Zusammenfassung der Christenheit unter einem einzigen Herrscher hin.

DIE EXPANSIVKRAFT DES LUTHERTUMS UND DES CALVINISMUS

Um die Mitte des 16. Jahrhunderts sah es noch so aus, als sollte der Protestantismus nicht nur das Reich, sondern auch ganz Europa überschwemmen. Sein Vormarsch schien unaufhaltsam. Ein venezianischer Gesandter vermeldete im Jahre 1557, daß neun Zehntel der Deutschen zum Protestantismus übergetreten seien. Das war zwar übertrieben; doch schien der alte Glaube jede Widerstandskraft eingebüßt zu haben. Nur die Habsburger, die Wittelsbacher und einige Herrscher der kleinen Staaten hielten noch zur alten Kirche. Selbst im Landadel gelangen dem Protestantismus große Einbrüche, insbesondere in den habsburgischen Gebieten. Die großen Kirchenfürstentümer am Rhein, insbesondere die Erzbistümer Mainz, Trier und Köln, schienen sich ebenfalls nicht mehr lange halten zu können; die Mehrheit ihrer Bevölkerung war bereits protestantisch geworden. Wären diese Kurfürstentümer übergetreten, so hätten die Protestanten die Mehrheit im Kurfürstenkollegium erhalten. Die meisten Reichsstädte und Universitäten standen bereits auf der protestantischen Seite.

»Der Schwung der ersten Stunde schwächt sich ab, je länger er wirkt; die lebendige Leidenschaft versteinert zu Regelbuch und Formelspruch; die Offenbarung wird zum Gemeinplatz, und eine Religion, die als Vision begann, endet in der Orthodoxie[1].« Das gilt in besonderem Maße für das Luthertum: An seinem Beginn war es eine große Vision der christlichen Freiheit; aber schon um die Mitte des Jahrhunderts verhärtete es sich in starrem Dogmatismus.

In der Folge breitete sich das Luthertum nur noch nach dem Trägheitsgesetz weiter aus. Innerhalb des Reiches raubten ihm der Streit um Einzelfragen der Lehre und der konfessionelle Partikularismus immer mehr von seiner Kraft. Darüber hinaus konnte sich das Luthertum nur in den skandinavischen Ländern dauerhaft festsetzen; dort hatten die Landesherren die Initiative ergriffen und eine weitverbreitete starke Opposition überwunden. Das Luthertum breitete sich zwar auch nach Frankreich, England und besonders in die Niederlande aus, unterlag aber teils dem Druck feindlich gesinnter Regierungen, teils dem Vormarsch des Calvinismus, jener neuen Variante des Protestantismus, teils auch der katholischen Gegenreformation.

Die zweite Phase der Reformation wurde durch zwei Romanen eingeleitet, den Franzosen Johann Calvin (1509-1564) und den Spanier Ignatius von Loyola (1491-1566). Sie verliehen den religiösen Bewegungen der zweiten Hälfte des 16. Jahrhunderts neue Schwungkraft und Angriffslust. Während das Luthertum ursprünglich einen spontanen, volksverbundenen Charakter trug, waren der Calvinismus und die Gegenreformation von vornherein propagandistisch und missionarisch.

Calvin entzog sich der Verfolgung, der er in seinem Heimatland ausgesetzt war, indem er in die Schweiz auswanderte. Nach einem ersten Aufenthalt im Jahre 1536 ließ er sich seit 1541 ständig in Genf nieder; er machte diese Stadt zum Hauptquartier seiner überaus wirkungsvollen Missionspropaganda. Ebenso wie Zwingli verdankte auch er Luther die Grundauffassung von der Rechtfertigung allein durch den Glauben, aber er gab ihr eine andere Akzentuierung: Calvin betonte nicht die innere Erfahrung der Heilsgewißheit, sondern die souveräne Tat Gottes, nach der einige ausersehen sind, gerettet zu werden, während andere entsprechend zur Verdammnis verurteilt sind. Die Calvinisten fühlten sich als eine Gruppe von Auserwählten, als Werkzeug in Gottes Hand zur Verwirklichung seines Ruhmes. Gott wurde als eine aktive Kraft verstanden; der Mensch seinerseits war nicht ein bloß passiver Empfänger der göttlichen Gnade, sondern ein Beauftragter Gottes zur Verwirklichung der göttlichen Ziele. Der Calvinismus war somit aktivistischer als das Luthertum, das nach dem ersten Aufbäumen zu einer fast quietistischen Passivität neigte.

Die calvinistische Betonung der »heiligen Gemeinschaft«, in der jeder das Seine beizutragen hatte, wurde von den Lutheranern als Rückkehr zur Religion der guten Werke gewertet. Aber für die Calvinisten waren die Werke nur eine Projektion des Glaubens; sie empfanden die Spannung zwischen dem Glauben und den Werken nicht als so stark wie die Lutheraner. Für den Calvinisten stellten sich nämlich die Werke innerhalb einer Berufung dar, auf Grund derer der Mensch zum Ruhme Gottes arbeitet. Die lutherische Auffassung trug demgegenüber weit mehr einen statischen Charakter; zum »Beruf« gehörte die Zufriedenheit mit der Stellung, die Gott einem im Leben zugewiesen hatte.

Der Calvinismus hatte auch ein viel stärkeres politisches Interesse als das deutsche Luthertum. Dank seiner festgefügten Organisation, die sich auf die Gemeinde stützte, konnte er einer Regierung, die den Glauben verfolgte, aktiven Widerstand entgegensetzen. Das Luthertum in Deutschland dagegen setzte sich kaum gegen Verfolgungen zur Wehr; dieses schwächliche Zögern mag darauf zurückzuführen sein, daß die Fürsten bei der Kontrolle über die kirchliche Organisation eine partikularistische Politik verfolgten, wie sie ja überhaupt einer Zusammenarbeit, auch mit ihresgleichen, immer abgeneigt blieben. In den skandinavischen Ländern dagegen zeigte das Luthertum einen ganz anderen Geist.

Der rigorose Moralismus des Calvinismus und die demokratischen Formen seiner kirchlichen Organisation trugen dazu bei, daß sich von den calvinistischen Kirchen immer wieder Splittergruppen abspalteten, nicht so sehr wegen dogmatischer Differenzen, sondern aus der Überzeugung, daß die religiöse Gemeinschaft, der sie bisher angehört hatten, moralisch und spirituell lax geworden sei. Dieser Vorgang hatte eine gewisse Ähnlichkeit mit einer Tendenz in der mittelalterlichen Kirche, wo sich von den alten Mönchsorden immer neue Orden abspalteten mit der Begründung, man müsse zur Strenge der Ordensregel zurückkehren.

Eine große Bedeutung gewann das Sektenwesen im 16. und 17. Jahrhundert in England; calvinistische und anabaptistische Strömungen trafen sich bei den Kongregationalisten, Baptisten und Quäkern. Sie widersetzten sich ebenso der Staatskirche wie auch dem Absolutismus der Regierung. Die daraus resultierende Verbindung von religiösen und politischen Ideen brachte radikal demokratische Auffassungen hervor, die in hohem Maße zur Dynamik der puritanischen Revolution beitrugen.

Anders verhielt es sich mit dem Luthertum: Nachdem es sich mit dem absolutistischen Fürstenstaat vermählt hatte, galt jeder religiöse Dissens als offene Rebellion. Die Gemeinde nahm nicht die Rolle des Episkopats ein, da sich der Fürst selber als Nachfolger des Bischofs betrachtete. Auch konnte man die Kirche nicht dem Staat gegenüberstellen, da der Fürst ebenfalls die Kirche organisierte. Die Möglichkeit, eine abweichende religiöse Auffassung auf dem Wege über die Gemeindeorganisation zur Geltung zu bringen, gab dem Calvinismus die Kraft, feindlich gesinnten Regierungen zu widerstehen und darüber hinaus das Luthertum ohne große Mühe zu verdrängen.

Der Calvinismus konnte sich in Deutschland in jenen Gebieten entlang des Rheins und der Ostgrenzen durchsetzen, wo der Katholizismus unter Bischöfen, Fürsten und Großgrundbesitzern fortbestand. Zahlreiche Calvinisten flohen aus Frankreich oder auch aus den Niederlanden in die rheinischen Fürstentümer, um den Verfolgungen und den Kämpfen auszuweichen, die in den sechziger Jahren des 15. Jahrhunderts einsetzten und mit steigender Intensität bis zum Ende des Jahrhunderts anhielten. Diese Flüchtlinge bildeten einige verstreute Gemeinden, die man hier und da tolerierte, zum Beispiel in Cleve, Jülich, Berg und Mark, wo die Landesherren katholisch waren, aber einem erasmischen Reformprogramm zuneigten. Einige Fürsten im Rheinland traten zum Calvinismus über und führten ihn in ihren Territorien ein. Der führende Verfechter des Calvinismus unter ihnen war der Kurfürst von der Pfalz, Friedrich III. (1559 bis 1576). Die in seinem Gebiet gelegene Universität Heidelberg wurde das Hauptzentrum der »reformierten«, das heißt calvinistischen Theologie. Der Heidelberger Katechismus (1563) wurde die am weitesten verbreitete Darstellung der calvinistischen Lehre.

DIE PROTESTANTISCHE ORTHODOXIE

Unter dem Druck des Calvinismus verschärften sich die theologischen Kontroversen, und die Grenzen zwischen den Religionsgruppen versteiften sich. Noch als Luther im Jahre 1546 starb, war es nicht immer leicht gewesen, einen Katholiken von einem Protestanten zu unterscheiden – wenn man die radikale »Linke«, die Wiedertäufer, außer acht läßt, da sie praktisch geächtet waren. Die Unterschiede waren quantitativer Natur und hingen weitgehend davon ab, wie viele der gottesdienstlichen und organisatorischen Formen der alten Kirche beseitigt worden waren. Manchmal hielt ein Priester den Gottesdienst zuerst für seine katholischen Gemeindemitglieder ab, danach für die Protestanten, wobei die Messe weggelassen wurde, eine Praxis, die allem Anschein nach für die konfessionell stark gemischten Gebiete charakteristisch gewesen sein dürfte. Aber das Eindringen der religiösen Konflikte, die in den sechziger Jahren in Frankreich und den Niederlanden ausbrachen, trugen nun dazu bei, daß sich die Fronten verhärteten und Verfolgungen einsetzten.

Angesichts des Calvinismus, der von vielen mit der radikalen Sekte der Wiedertäufer in Verbindung gebracht wurde, begann sich das Luthertum auf sich selbst zu besinnen. Abweichungen von der Lehre des »Meisters« wurden als Ansätze zur Ketzerei deklariert. Melanchthon, der Luthers Erbe in Wittenberg angetreten hatte, trug unbewußt noch zu der Verwirrung um die wahre Lehre bei, indem er die Thesen des Augsburger Bekenntnisses über das Abendmahl abänderte, um den Calvinisten entgegenzukommen. Daraufhin entwickelten sich unter den lutherischen Theologen zwei Richtungen: Die eine teilte Melanchthons Kompromißbereitschaft und wurde demgemäß als krypto-calvinistisch bezeichnet, die andere bestand aus den unerschütterlichen Verfechtern einer konsequenten Orthodoxie.

Jeder Fürst versuchte nun, für die Bevölkerung seines Territoriums maßgebliche Glaubenssätze zu formulieren. Es war nur natürlich, daß es sich dabei nicht wie im Mittelalter nur um Definitionen bestimmter einzelner Dogmen handelte, sondern um vollständige Darlegungen der gesamten

Glaubensartikel, gewöhnlich »Bekenntnisse« genannt. Die Annahme dieser Lehrgebäude wurde wichtiger als die innere Glaubenserfahrung, die nun sogar in den Ruf kam, etwas Sektiererisches an sich zu haben. Für Luther hatte der Glaube an die göttliche Heilsverheißung eine vertrauensvolle Hingabe bedeutet, das Wagnis, sich nicht auf die üblichen Erlösungsmittel zu verlassen, die die Kirche für alle bereithielt; nun aber, in den Wirren religiöser und politischer Konflikte, suchte man die absolute Verheißung und Sicherheit in der rechten Formulierung der Lehre.

Vom heutigen Standpunkt ist man geneigt, die Unterschiede zwischen diesen widerstreitenden Gruppen als geringfügig anzusehen; aber auch in unserer Zeit ist der Streit um Ideologien und Grundsatzfragen mit einer Heftigkeit entbrannt, die spätere Generationen in einem ähnlichen Licht sehen dürften. Überdies waren die Meinungsunterschiede zwischen Lutheranern, Calvinisten und Katholiken zum Beispiel über das Abendmahl seinerzeit keine isolierten Fragen; da alle Teile eines Bekenntnisses aufeinander bezogen sind, waren sie vielmehr entscheidend für die Gesamteinstellung einer Glaubensrichtung. Die grundlegenden Unterschiede im Ethos der einzelnen Konfessionen wurden im übrigen in den nächsten zwei oder drei Jahrhunderten immer deutlicher, als nämlich der Säkularisierungsprozeß die verschiedenen Auffassungen von Autorität und Freiheit, Beruf und Gesellschaft, Weltanschauung und Wissenschaft in ein helles Licht rückte.

Die Trennung in Lutheraner und Calvinisten schwächte den Protestantismus, während der Katholizismus seine Kräfte zum Gegenangriff sammelte. In den achtziger Jahren wurde seine neue Stärke offenbar, und der größte Teil Süd- und Westdeutschlands, wo die verschiedenen religiösen Parteien sich die Waage hielten, wartete nur auf das Signal zum Handeln.

DIE KATHOLISCHE WIEDERGEBURT

Die Wiedergeburt des Katholizismus um die Jahrhundertmitte war ein Ereignis, dessen Bedeutung durch die herabsetzende Bezeichnung »Gegenreformation« gewöhnlich falsch eingeschätzt worden ist. In Wirklichkeit handelte es sich um das höchste Stadium einer Reformbewegung, die, wie wir gesehen haben, im 15. Jahrhundert begann und von der das Luthertum und seine Bundesgenossen nur ein Teilaspekt waren.

Um die Mitte des 16. Jahrhunderts erwachte in der Kirche unter fester päpstlicher Führung ein neuer Missionswille, der sich wieder auf seine mittelalterlichen Kraftquellen, das Reformkonzil und neue religiöse Orden, stützte und zu der Überzeugung gelangte, daß nicht nur eine innere Reform und Erneuerung möglich seien, sondern auch die Ketzerei ausgerottet und die Kirche in ihrer früheren Ausdehnung wiederhergestellt werden könnte, und zwar in ganz Deutschland und noch darüber hinaus. Die Wiedergewinnung der religiösen Einheit sollte nicht durch Kompromiß und Versöhnung im Geiste des Erasmus vor sich gehen, sondern durch eine eindeutige Abgrenzung von allem, was häretisch war und als solches gekennzeichnet werden mußte. Mit dieser entschlossenen Haltung begann eben das, was man gewöhnlich als Gegenreformation bezeichnet.

Die katholische Wiedergeburt gewann ihre größte Schwungkraft, ebenso wie auch der militante Protestantismus, von außerhalb der deutschen Grenzen: Ihre Hauptquellen waren Spanien und Italien. Der verlorene Boden sollte durch eine neuerliche entschiedene Bekräftigung der kanonischen Regeln und durch eine Rückkehr zu der römischen Tradition einer einheitlichen Autorität wiedergewonnen werden. Was das Mittelalter erreicht hatte, sollte nicht wieder durch eine Rückwendung zu der christlichen Urgemeinde, wie sie die Protestanten vorschlugen, in Frage gestellt werden.

Um die Jahrhundertmitte trat eine Reihe von Reformpäpsten auf, die in Rom mit Hilfe der Jesuiten »Ordnung machten« und die Leitung des Konzils von Trient (1545-1563) fest in die Hand nahmen.

Form und Inhalt des neuen Ordens wurden durch diese Perspektiven bestimmt. Er wählte den Kampf nach außen, gegen Häresie und Heidentum, anstatt sich auf die Erneuerung des kontemplativen religiösen Lebens zu konzentrieren. Loyola, ein ehemaliger Soldat, schuf eine stark zentralisierte Organisation, die in dem Ordensgeneral gipfelte, über ein sorgfältig ausgearbeitetes Rekrutierungssystem verfügte und ein Verfahren zur wirksamen gegenseitigen Kontrolle besaß. Seine »Exercitia spiritualia«, die auf seinem eigenen intensiven Bekehrungserlebnis und auf den Schriften von Mystikern basierten, stellten ein psychologisches Übungsbuch dar, das die Phantasie und den Willen disziplinieren sollte. Jeder Jesuit machte eine lange Probezeit durch, in der sich seine Eignung und seine Bereitschaft zu erweisen hatten, sich dem Gesamtwillen des Ordens zu unterwerfen. Auch nachdem die Entscheidung gefallen war, hatte sie das Ordensmitglied regelmäßig durch die systematische Wiederholung der »Exercitia« zu bekräftigen.

Die Zucht des Geistes und des Willens wurde nun auch auf die Schulen übertragen, die die Jesuiten aufbauten und die ihren größten Einfluß zwischen 1550 und 1650 ausübten. Der Thomismus war die Grundlage der Hochschulbildung; da er ursprünglich dazu bestimmt war, dem Rationalismus der Moslems zu begegnen, eignete er sich auch dazu, den Katholizismus gegen die Häresien zu verteidigen; und schon sein strenger Aufbau sicherte geistige Disziplin und Überlegenheit in der Debatte. In den unteren Schulen machte sich der humanistische Einfluß durch die Betonung der alten Sprachen und Literaturen bemerkbar. Durchgängig wurde besonderer Wert auf den Erwerb und die Einprägung der Elementarkenntnisse durch systematische Übung sowie auf die Fähigkeit zu kraftvoller und überzeugender Argumentation gelegt. Die Jesuitenschulen waren so hervorragend und gewannen solches Ansehen, daß auch viele Protestanten ihre Kinder auf diese Schulen schickten.

Aber zu Beginn des 17. Jahrhunderts wurden die Jesuiten in protestantischen wie auch in katholischen Kreisen auch durch die politischen Machenschaften bekannt, die ihnen zugeschrieben wurden. Zwar lehnten sie es gewöhnlich ab, Kirchenämter zu übernehmen; doch gewannen sie großen Einfluß als Erzieher in den höheren Gesellschaftsschichten und als Beichtväter des Adels, der Fürsten und der Könige im katholischen Teil Europas. In diesen Positionen gab ihnen die Entwicklung des Absolutismus, der die feudalistischen Fesseln abwarf, sich jedoch noch nicht der »Regel des Gesetzes« oder der Staatsräson unterwarf, die Möglichkeit in die Hand, das Gewissen des Fürsten zu werden. Sie übernahmen damit gewissermaßen die Rolle, die früher die Hofastrologen spielten. Dank ihrer intimen Kenntnisse der menschlichen Antriebsstruktur und der Charaktertypen konnten sie zweifellos einen großen, wenn auch indirekten Einfluß auf das politische Geschehen ausüben.

Nirgends waren die Gelegenheiten der Kirche, sowohl im Erziehungswesen als auch in der Politik nützlich zu sein, zahlreicher und drängender als im Reich. Die Kirche schien hier allmählich zu unterliegen; schon hatten die Protestanten die meisten Universitäten für sich gewonnen, und es bestand die Gefahr, daß sie auf dem Wege über die Säkularisierung von Ländereien und Grundbesitz Kirchen- und Klosterbesitz in die Hand bekämen. Aber wichtiger noch als der Verlust solcher Außenpositionen war der spirituelle Verfall und die Demoralisierung der Kirche selber. Man hätte diese Schwächezustände der allgemeinen Apathie und Resignation zuschreiben können, die die Kirche angesichts des anscheinend unaufhaltsamen Vormarsches des Protestantismus ergriffen hatten. Aber die jesuitischen Reformer machten den Mangel an geeigneten Ausbildungsstätten für den Priesternachwuchs dafür verantwortlich; die Priester waren unwissend, vernachlässigten ihre Pflichten, lebten im Konkubinat – die Klöster aber waren praktisch verödet.

Gegen Ende des 17. Jahrhunderts gelang unter fast übermenschlichen Anstrengungen eine bedeutsame Verbesserung der Verhältnisse. Die Laufbahn des Peter Canisius (1521–1597), des ersten Deutschen, der im Jahre

1543 in die Gesellschaft Jesu aufgenommen wurde, ist charakteristisch für die näheren Umstände des Neubeginns. Nach einer langen Ausbildung in Köln wurde er im Jahre 1546 zum Priester geweiht; im Jahre 1548 errang der Siebenundzwanzigjährige den Doktorgrad. Der begabte Prediger begann seine Missionstätigkeit in Bayern, Österreich und Böhmen, wo der Katholizismus noch einen festen Stand hatte. Er erkannte, daß man eine gut ausgebildete und fromme Priesterschaft brauchte; daher unternahm er es selber, in Ingolstadt, Prag, München und Innsbruck Jesuitenkollegs zu gründen und die in Köln, Augsburg und Würzburg schon bestehenden zu fördern. Er beriet zahlreiche Fürsten und Bischöfe und drängte sie, auf Reichstagen und Kirchenkonzilen entschieden gegen die Protestanten Stellung zu nehmen. Überdies verfaßte Canisius ein Buch zur religiösen Unterweisung der Jugend, das allgemein als Lehrbuch eingeführt wurde. Alle diese Tätigkeiten erstreckten sich über ein halbes Jahrhundert, in dem in der katholischen Kirche neues Leben zu pulsieren begann.

Die Jesuiten legten großen Wert auf einen eindrucksvollen Ritus und auf volkstümliche Gebete und riefen zu regelmäßiger Kommunion und Beichte auf. Aber die Gegenreformation würde kaum so große Fortschritte gemacht haben, wenn ihr nicht die Landesherren zu Hilfe gekommen wären; und gerade auf dem Gebiet der Politik konnten die Jesuiten ihre größten Erfolge verzeichnen. Doch ging es dem Katholizismus nicht anders als dem Protestantismus: Er unterwarf sich dem aufkommenden Absolutismus, wurde zu politischen Zwecken mißbraucht und verlor seinen anfänglichen Schwung.

RELIGIÖSE TRENNUNG UND TOLERANZ

Als im Jahre 1618 der Dreißigjährige Krieg ausbrach, war mehr als ein Drittel des deutschen Territoriums für die katholische Kirche zurückerobert. Aber entscheidend blieb der Umstand, daß Deutschland trotz des missionarischen Eifers des Calvinismus und des Katholizismus nicht zur religiösen Einheit gelangte. Deutschland blieb weiterhin zwischen Katholiken, Calvinisten und Lutheranern aufgeteilt, wobei die letzten zahlenmäßig überwogen. Demzufolge orientierten sich die deutschen Länder in kultureller Hinsicht nach drei verschiedenen Richtungen: dem katholischen Süden, dem calvinistischen Nordwesten und dem lutherischen Nordosten. Diese regionale Differenzierung sollte noch lange nachwirken und auf die Entwicklung der deutschen Nationalkultur einen entscheidenden Einfluß nehmen.

Andererseits ließ die religiöse und kulturelle Verschiedenheit unter den

Hunderten von deutschen Staaten eine bemerkenswerte Lehr- und Meinungsfreiheit zu. Viele Herrscher regierten über eine Bevölkerung gemischten Bekenntnisses und waren daher genötigt, Toleranz zu üben; aber eine kleine, doch bedeutsame Anzahl unter ihnen war auch aus Überzeugung tolerant. In denjenigen Gebieten, wo sich die verschiedenen religiösen Parteien annähernd die Waage hielten, kam es leicht zu einer Annäherung der Standpunkte. Die calvinistischen Hohenzollern etwa konnten ihre lutherischen Untertanen nicht zum Übertritt bewegen, erwiesen sich jedoch als tolerant gegenüber den Andersgläubigen.

Der König von Polen, der sich in seinem Reich einer brodelnden Mischung von Konfessionen und religiösen Gruppen gegenübersah, berief im Jahre 1645 eine Versammlung von Katholiken, Lutheranern und Reformierten nach Thorn ein, um einen Ausgleich herbeizuführen. Ein unmittelbarer Erfolg stellte sich jedoch auch nach einer Reihe weiterer Zusammenkünfte nicht ein; doch waren diese Versuche charakteristisch für das wachsende Bedürfnis einer Anzahl aufgeklärter Herrscher und Gelehrter, die religiösen Konflikte zu überwinden. Der einflußreichste von ihnen war Georg Calixtus (1586–1656) von der Universität Helmstedt. In Thorn versuchte er darzulegen, daß Lutheraner und Calvinisten ebenso wie Katholiken verpflichtet seien, zu den Grundsätzen des Christentums zurückzukehren, die in den ersten fünf Jahrhunderten seiner Existenz niedergelegt worden waren; das folgende Zitat zeigt jedoch zugleich, daß auch der Toleranz eines so aufgeklärten, humanistischen Gelehrten Grenzen gesetzt waren: »Wir lehnen nicht alles, was der Papst hat, fanatisch ab; denn täten wir es, so lehnten wir das Christentum ab. Aber wir beklagen es, daß sich der Papst nicht mit dem begnügt, was er von den Aposteln geerbt hat... Der Antichrist sitzt wahrlich im Tempel Gottes, und doch bleibt es der Tempel Gottes, durch die bewahrende Kraft Christi. Luther hatte nicht die Absicht, Neuerungen einzuführen: Er hielt sich an die Glaubensbekenntnisse der ersten Jahrhunderte. Wenn es vor dem 16. Jahrhundert keinen Luther gab, so gab es doch auch kein Konzil zu Trient, das neue Dogmen aufrichtete...«[2]

Die innere Dimension der religiösen Erfahrung, die Luther und Loyola erschlossen hatten, drohte nun aber in dem intellektualisierten Rahmen dogmatischer Formeln unterzugehen, die die Orthodoxie absichern sollten. So wurde zum Beispiel Aristoteles bemüht, um die Rechtfertigung durch den Glauben in ein begriffliches Gewand zu kleiden. Doch gerade diese dogmatische Veräußerlichung, die jetzt an die Stelle der Heiligenbilder und Reliquien der alten Kirche getreten war, rief eine Reaktion in Form einer emotional bestimmten Innerlichkeit hervor, die sich in geistlichen

Liedern und Hymnen und in einer Erbauungsliteratur vom Typ der *imitatio Christi* ausdrückte; diese Tendenz gipfelte schließlich im Pietismus, der im nächsten Kapitel zu besprechen sein wird.

KULTURELLE AUSWIRKUNGEN: DIE BEDEUTUNG DER UNIVERSITÄTEN

Sowohl der Protestantismus als auch der Katholizismus schwankten also zwischen einer intellektualisierten dogmatischen Orthodoxie und einer tiefempfundenen leidenschaftlichen Frömmigkeit. Daraus ergaben sich nun verschiedene kulturelle Wirkungen. Das Luthertum drückte seine spezifische Andachtshaltung vor allem in der Musik, im Gemeindegesang aus; daher seine wunderbare Fülle von geistlichen Hymnen und Liedern. Der Katholizismus dagegen erlebte eine Neubelebung des Kirchenbaus; darin wurde der Einfluß der Jesuiten besonders deutlich spürbar. Die Katholiken verfolgten die Absicht, durch Raumgestaltung und Ausschmückung genau berechnete Wirkungen auf den Andächtigen auszuüben. Diese Tendenz kam vor allem in der Verbindung ekstatischer Gefühlsbetontheit mit einer realistischen Ausführung von Heiligen- und Madonnenbildnissen zum Ausdruck. Diese Kombination ist ein Merkmal des Barock, einer Stilform, die ihren Höhepunkt in Deutschland erst in der zweiten Hälfte des 17. und im frühen 18. Jahrhundert erreichte, und zwar sowohl in kirchlichen wie auch in profanen Bauwerken.

Der Gegenpol, die dogmatische Tendenz, ließ die Universitäten zu besonderer Bedeutung gelangen, und dies vor allem in den protestantischen Gebieten. Man hat davon gesprochen, daß zu dieser Zeit ein Bündnis zwischen Fürst und Professor bestanden habe. Jeder Fürst war bemüht, auf seinem Territorium eine Universität zu gründen, an der seine Version der Theologie gelehrt werden konnte. Den Universitäten fiel die wichtige Aufgabe zu, Juristen und Pastoren heranzubilden, für die dank der Verbreitung des römischen Rechts und der neuen theologischen Interessen ein vermehrter Bedarf bestand.

In dem geistigen und gesellschaftlichen Leben Deutschlands kam den Universitäten eine besondere Bedeutung zu. Man hat sie mit den französischen Salons verglichen, deren große Zeit ebenfalls im 17. Jahrhundert begann und in denen Menschen unterschiedlicher Interessen zwanglos ihre Kenntnisse über die verschiedensten Dinge austauschten, wobei die Gespräche mit blendendem Witz und mit Bonmots gewürzt waren, eine Konversation, die in einer Atmosphäre des guten Tons und Geschmacks vonstatten ging und durch die schöpferische Kraft des *esprit* beflügelt wurde.

Aber die deutsche Universität war ganz anderer Art. Im 16. und 17. Jahrhundert hatte sie nicht die Funktion eines Schiedsrichters in Fragen des guten Geschmacks, sondern die einer Autorität in theologischen und juristischen Fragen. Die Fürsten wandten sich nicht selten an die Professoren, um Gutachten zu Glaubensfragen und Rechtsgrundsätzen einzuholen. Damit wurde die Universität eine Art Appellationsgericht in Dingen, die den Bereich des Geistes angingen; der Geist aber war dem Prinzip der Macht entgegengesetzt, die im Staat verkörpert war. Auf diese Weise wurden *sacerdotium* und *imperium* in der Reformationszeit gegeneinander abgegrenzt.

Während die katholische und die protestantische Theologie eine neue scholastische Komponente erhielten, spielten die humanistischen Studien, die alten Sprachen und ihre Literatur, weiterhin eine wichtige Rolle im allgemeinen Unterrichtswesen von der Elementarschule bis zur Universität; sie wurden durch das Gewicht, das die Protestanten auf die Bibel und ihre Auslegung legten, noch stärker angeregt. Um einen gehörig vorgebildeten Nachwuchs für das Priesteramt sicherzustellen, hatte Melanchthon den Griechischunterricht in höheren Schulen angeregt. Damit schuf er das Gymnasium, die Basis der Erziehung für Generationen von Pfarrern, aus deren Familien so viele berühmte deutsche Gelehrte im 19. Jahrhundert hervorgegangen sind.

Tatsächlich wurde die Basis der großen humanistischen Gelehrsamkeit, die Deutschland im 19. Jahrhundert aufzuweisen hatte, in den Universitäten des 17. Jahrhunderts gelegt. Der wichtigste Grundstein dabei war die philologisch-historische Methode der Erforschung von Religionen und Kulturen. Die Anwendung dieser Methode war auf protestantischer Seite hauptsächlich durch den Wunsch motiviert, mit historischen Argumenten den Nachweis zu führen, daß die charakteristischen katholischen Institutionen wie das Papsttum, das Mönchswesen und die Sakramentenlehren in den ersten fünf oder sechs Jahrhunderten des Christentums nicht existiert hatten, daß sie vielmehr mittelalterliche Erfindungen waren. Gewisse Gelehrte, darunter Calixtus, folgerten daraus, daß Katholiken ebenso wie Protestanten bestimmte Merkmale aufweisen, die in jenen ersten Jahrhunderten nicht vorhanden waren; andererseits ließen sich gewiß gerade in dieser Frühzeit Glaubensinhalte und Praktiken auffinden, die beiden Konfessionen gemeinsam waren, und diese Gemeinsamkeiten stellten folglich das eigentliche Christentum dar. In dieser Argumentation verrät sich das Fortbestehen des humanistischen Bestrebens, zu den reinen Quellen des christlichen Glaubens in seinen ursprünglichen kulturellen Bezügen zurückzukehren.

Da die Katholiken ihrerseits nachweisen wollten, daß ihre Institutionen die Verkörperung der göttlichen Wahrheit und Gnade darstellten, verfaßten sie Bücher über Heiligenlegenden und die Geschichte des Mönchstums, wobei auch sie die Textkritik anwandten. Die Suche nach Kriterien, mit deren Hilfe man Texte, Urkunden und Überlieferungen als authentisch erweisen könnte, trug zur Begründung einer ganzen Reihe von Wissenschaften bei, die sich mit der Erforschung von Texten, Siegeln, Münzen und Urkunden befaßten, wobei es sich hauptsächlich darum handelte, die Echtheit eines Dokuments dadurch nachzuweisen, daß man Ort und Zeit seiner Entstehung bestimmte. Damit entwickelte sich ein deutliches Bewußtsein der Geschichtlichkeit bestimmter Glaubensinhalte und Institutionen. Da man nun erkannte, daß sie auf Grund bestimmter Bedürfnisse und Bestrebungen längst vergangener Zeiten entstanden waren, wurde der Glaube an ihre Unwandelbarkeit erschüttert.

ERASMUS GEGEN LUTHER: DER WIDERSTREIT ZWEIER PRINZIPIEN

Im religiösen Denken des 17. Jahrhunderts traten zwei Tendenzen zutage, die die Schärfe der Auseinandersetzungen milderten und, auf lange Sicht gesehen, zur Grundlegung der religiösen Toleranz beigetragen haben.

Einerseits drängten eine Reihe von Fürsten und eine Anzahl von Gelehrten auf eine Versöhnung der streitenden Konfessionen; sie wiesen darauf hin, daß der gemeinsame Nenner ihres Glaubens und Handelns das Wesentliche am christlichen Glauben darstelle, während die Unterschiede zwischen ihnen von untergeordneter Bedeutung seien. Es lag nahe, auch die weitergehende Annahme zu machen – wie es etwa der Engländer Herbert von Cherbury tat –, daß der gemeinsame Nenner aller Religionen mit den Grundelementen der Naturreligionen identisch sei.

Von anderen wurde betont, daß die Religion eine rein innerliche und mystische Erfahrung sei; Dogma und Ritus stellten nur Hüllen dar. Wer im 17. Jahrhundert diese Auffassung vertrat, widersprach damit der Ansicht, daß eine bestimmte Konfession in ihren theologischen Formeln den wahren Glauben verkörpere. Dazu gehörten natürlich die »Stillen im Lande«, aber es waren doch nur Einzelne und kleine Gruppen. Jedoch der weitreichende Einfluß, den diese Auffassung ausübte, deutet darauf hin, daß man nun entdeckt hatte, Religion sei eine Angelegenheit des individuellen Gewissens. Diese Gedankengänge trugen dazu bei, die Mauern des Dogmas und der Tradition einzureißen und den modernen Liberalismus zu begründen; deutlich spiegelt sich in ihnen der kritische Geist des Erasmus wider.

Der hervorragendste Exponent der »Freiheit des Glaubens« aber war Luther. Hier muß man jedoch zu differenzieren wissen: Einerseits gibt es die Freiheit, das zu glauben, was das Gewissen befiehlt; dies ist die neuzeitliche Ansicht. Andererseits besagte Luthers Auffassung, daß die Freiheit sich aus der im Evangelium gegebenen Heilsgewißheit ergebe. Diese Art der Freiheit ist ein Gnadengeschenk, das notwendig vom Glauben begleitet wird. Für Luther war dies die einzige Art von wirklicher Freiheit, die dem Menschen zugänglich ist, da sie das Wichtigste für ihn bedeutete, nämlich das ewige Heil.

Die verschiedenen Konfessionen waren in dieser Sicht gewissermaßen verfassungsmäßige Garantien, die die Bedingungen für den Glauben festlegten, der für die letztgenannte Art von Freiheit notwendig war. Sie leiteten das Verständnis des göttlichen Wortes in die rechten Bahnen, so daß der Mensch nicht durch trügerische Ideen oder falsche Vorstellungen irregeleitet würde.

Offensichtlich hatte auch die erasmische Konzeption der Meinungsfreiheit – die nicht mit der Freiheit des Glaubens verwechselt werden darf – die Existenz gewisser Garantien angenommen; jedoch galten diese für die wenigen Aufgeklärten gegenüber den unwissenden Massen. Diese Garantien sollten entweder von einem weisen Landesherren und einer aufgeklärten Priesterschaft geleistet werden oder später auch die Form wirklicher Verfassungsgarantien erhalten. Erst viel später, im 19. Jahrhundert, setzte sich die Auffassung durch, daß alle Menschen aufgeklärt werden könnten. Heute vollends existiert diese Unterscheidung überhaupt nicht mehr, oder sie ist jedenfalls auf die Frage einer größeren oder geringeren Leichtgläubigkeit und Verführbarkeit reduziert worden.

Blicken wir zum Vergleich auf das *sacrum imperium* zurück, so fallen noch zwei andere entscheidende, einander ergänzende Veränderungen ins Auge. Erstens war die religiöse Einheit, auf die das Reich seit seinen Anfängen gegründet war, endgültig zusammengebrochen. Weder der Protestantismus noch der Katholizismus hatte ein entscheidendes Übergewicht erlangt, wie es in den meisten westlichen Ländern der Fall war. Auf lange Sicht gesehen, stand die religiöse Spaltung einer echten nationalen Einigung der Deutschen im Wege; allgemein gesprochen veranlaßte sie die Deutschen, politischen Lösungen auszuweichen und sich auf die Positionen der tieferen, aber miteinander unvereinbaren »Weltanschauungen« zurückzuziehen. In dem geeinigten Deutschland des späten 19. Jahrhunderts spiegelten die einzelnen Parteien eben jene »fundamentalen« Unterschiede der »Weltanschauung« wider, die aus dem Konflikt der religiösen Ideologien der zweiten Häfte des 16. Jahrhunderts stammten.

Eine zweite entscheidende Veränderung, die sich schon lange angekündigt hatte, war der Sieg der Fürsten innerhalb des Reiches. Aus einem

Bündel feudalistischer Ansprüche erhob sich nun endgültig der Territorialstaat mit einem absoluten Herrscher an der Spitze. Da der Friede zu Augsburg den Landesherren die Entscheidung über das religiöse Bekenntnis ihrer Untertanen zuerkannte, hatte die Kirche als unabhängige Macht zu existieren aufgehört; sie konnte ihren Einfluß weder durch die Erhebung von Steuern und Abgaben noch durch die Festlegung von Dogma und Ritus, noch durch die Aufsicht über den Klerus zur Geltung bringen. Dies galt im wesentlichen für die Katholiken ebenso wie für die Protestanten. Religion und Regierung wurden untrennbar miteinander verknüpft. Damit hatte sich in gewissem Sinne eine genaue Umkehrung der Reformbewegung des 11. Jahrhunderts vollzogen, die die Kirche gerade aus den Fesseln der Politik befreien wollte. Die neue Lage bedeutete nun aber keineswegs eine Rückkehr zum *sacrum imperium*; vielmehr war nun die Kleinstaaterei begründet – und durch die Religion noch verstärkt – worden, die erst im Verlauf des 19. Jahrhunderts überwunden werden konnte.

ZWEITER TEIL
Von der kosmischen Ordnung zum Schöpfertum des Geistes 1600-1850

VI. Die Kräfte: Utopia, Wissenschaft, Staat

Viele Historiker setzen für die erste Hälfte des 17. Jahrhunderts das Aufkommen der modernen Welt- und Lebensauffassung an. Die Hauptgestalten dieser Periode, Descartes und Hobbes, Pascal und Böhme, Bacon und Comenius, Galilei und Kepler, Althusius und Grotius, Milton und Rembrandt, waren die Begründer der modernen Kultur, an deren Entstehung auch Deutschland teilhatte, wie die Namen Kepler, Althusius, Jakob Böhme und Comenius beweisen. Aber diese Namen, sieht man von Kepler ab, haben einen ganz besonderen Klang, wenn man sie mit denen des Italieners Galilei, des Franzosen Descartes, des Engländers Bacon und des Holländers Grotius vergleicht; sie erinnern an eine mystische, magische, okkulte Atmosphäre, die mehr mit dem gedanklichen Klima des Mittelalters als mit dem der Neuzeit zu tun hat. Man darf daher die Meinung vertreten, daß Deutschland zwar den Frühling eines neuen Zeitalters miterlebte, ohne jedoch den rationalistischen Geist zu teilen, der für die westlichen Völker charakteristisch wurde.

Einsame, unorthodoxe Denker von tiefer Mystik scheinen die Besonderheit der deutschen Kultur auszumachen. Der dialektische Radikalismus des deutschen Denkens, jene Tendenz der Philosophen, jeden Gedanken bis zu dem einen oder dem anderen Extrem zu Ende zu denken, offenbart sich in diesen großen Einzelnen wie in den Dissidentengruppen, seien sie nun sektiererisch oder revolutionär. Andererseits waren die typisch deutschen Denker auch nicht die Schöpfer von Gedankensystemen oder die Entdecker neuartiger Grundgedanken; sie spiegelten vielmehr, mit individuellen Schattierungen und zunehmend mit säkularer Färbung, das eine Grundthema wider: die dynamische Ganzheit, die ihre Wurzeln im *sacrum imperium* hat. Die Reihe dieser deutschen Denker setzt sich von Eckehart und Nikolaus von Cues über Paracelsus und Jakob Böhme bis zu Leibniz, Schelling und Hegel fort.

Im 17. Jahrhundert hatten die Grundgedanken dieser mystischen und spekulativen Gedankenwelt folgende Inhalte gewonnen: 1. Es gibt im Menschen und in der Natur einen göttlichen Geist, eine göttliche Kraft, die sich durch einen Schöpfungsprozeß in der Geschichte verwirklicht. 2. Diese Verwirklichung geschieht durch die Ausgliederung und Vereinigung von Gegensätzen, die sowohl schöpferisch als auch zerstörerisch wirken. 3. Der göttliche Schöpfungsprozeß bewegt sich auf eine großartige Erfüllung im Reich des Geistes zu, das bereits jetzt den Geist der Erwählten erleuchtet, die den Weg bereiten. Dies ist ganz offensichtlich ein stark verallgemeinertes Abbild der Gedanken und Bestrebungen, die den gedanklichen Hintergrund einer Reihe relativ isolierter Philosophen bilden; in der ersten Hälfte des 17. Jahrhunderts waren Jakob Böhme und Johann Amos Comenius die einflußreichsten und in ihrer Eigenart am deutlichsten ausgeprägten unter ihnen.

JAKOB BÖHME UND DIE SELBSTVERWIRKLICHUNG DES GÖTTLICHEN IN NATUR UND GESCHICHTE

Böhme (1575–1624) lebte als Schuhmacher in Görlitz in Schlesien. Sein bescheidenes Handwerkerdasein wurde von Zeit zu Zeit durch ekstatische Visionen und tiefe Spekulationen unterbrochen. Seine unorthodoxen Gedanken brachten ihn in Konflikt mit den lutherischen Pastoren; sechs Jahre lang wurde ihm jede schriftstellerische Betätigung untersagt. Doch die Kraft seiner Visionen zwang ihn, sein Schweigen zu brechen; seine letzten Jahre, von 1612 bis 1624, waren die produktivsten Jahre seines Lebens.

Böhme ist das wichtigste Bindeglied in der Reihe der Denker, die sich von Eckehart bis Hegel erstreckt; er verband die Ideen von Eckehart, Nikolaus von Cues, Paracelsus und Luther und formte sie zu einer Theosophie um, die im Laufe der Säkularisierung, der sie von Leibniz bis Hegel unterzogen wurde, jene Merkmale annahm, die im allgemeinen als der spezifisch deutsche Beitrag zur Philosophie angesehen werden. Er wird daher oft der »teutonische Philosoph« genannt.

Seine Grundidee besagte, das Weltall und alles, was es enthält, sei eine Selbstoffenbarung oder Selbstverwirklichung Gottes. In seinem Urzustand ist das Göttliche gewissermaßen formlos, ein Nichts, eine Leere. Der göttliche Wille strebt aus diesem »Abgrund der Indifferenz« heraus nach einer Selbstverwirklichung, indem er sich in Gegensätze aufspaltet. Dem Auftreten der Engel folgt daher der Abfall Satans und seiner Scharen; der Erschaffung Adams folgt die der Eva, und der Sündenfall führt zum zweiten Adam, zu Christus dem Erlöser.

Ein ähnlicher Vorgang des »Abfalls« und der Wiedervereinigung spielt sich in der Geschichte ab: Die Dekadenz des Katholizismus bringt die messianische Gestalt Luthers hervor. Darauf folgt wieder ein Niedergang in

Form des dogmatischen Konfessionsdenkens und der Verfolgung derjenigen, die den wahren Glauben während des »Abfalls« lebendig erhalten haben.

Die wahre Kirche besteht nach Böhme aus der Gemeinschaft der echten, spirituellen Gläubigen. Sind sie jetzt auch in vielen Sekten und Bekenntnissen über die ganze Welt verstreut, so werden sie doch in den »letzten Stunden«, die das Reich des Heiligen Geistes einleiten werden, zusammengeführt. Dann wird die höchste Offenbarung geschehen und die Vereinigung der irdischen und der jenseitigen Welt sichtbar werden; die Trennung, die seit dem Sündenfall und der Vertreibung des Menschen aus dem Paradiese bestand, wäre dann aufgehoben.

So wurde Gott durch seine Selbstverwirklichung der Ursprung von Christus und Satan, von Mensch und Natur, Gut und Böse, Liebe und Haß. Sie alle zusammen stellen eine dynamische Ganzheit dar, die allumfassend ist und daher keine Fenster nach außen hat, die nur nach innen auf den göttlichen Willen blickt, wie er in einem unaufhörlichen Kampf der Gegensätze offenbar wird. Diese Aktivität des Willens kennt keine Übergangsstufen zwischen Gut und Böse; sie stehen in einem absoluten Dualismus zueinander und sind beide in Gott enthalten. Die lutherische Auffassung Gottes als eines mit einem Willen begabten Wesens wurde hier also so radikal formuliert, daß die Gottheit in ein metaphysisches Prinzip verwandelt wurde.

Noch ein weiterer Aspekt von Böhmes Gottesvorstellung gewann im 18. und 19. Jahrhundert zunehmend an Bedeutung; er betrachtete Gott nicht als ein statisches, vollkommenes Wesen, sondern als ein fortwährendes Werden. Die erstgenannte Auffassung hatte in Verbindung mit der Vorstellung, Gott wohne droben im Himmel, in das ptolemäische Bild eines hierarchischen Kosmos gepaßt. Doch das kopernikanische Weltbild schloß prinzipiell jedes »Oben« und »Unten« aus; es machte der Vorstellung von einem feststehenden Himmel ebenso wie von einer ruhenden Erde ein Ende. Da es nun keinen festen Punkt im Raum geben kann, kann es auch keinen Himmel im räumlichen Sinne geben[1]. Somit wird der Himmel zu einem »künftigen Zustand«, und Gott wird ein Offenbarungsvorgang, das heißt, eine Selbstverwirklichung in der Zeit.

Böhme war auch von der Lehre des Joachim von Fiore beeinflußt, die, wie wir gesehen haben, eine neue geschichtliche Perspektive entwarf und möglicherweise so bedeutsam wie die neue Kosmologie wurde. Sie wurde im 17. und 18. Jahrhundert mit einem neuen Gehalt gefüllt: Die Dreieinigkeit wurde das Symbol für den Vorgang der göttlichen Selbstverwirklichung in Natur und Geschichte; demgemäß wurde hervorgehoben, daß die drei Zeitalter des Vaters, des Sohnes und des Heiligen Geistes einander überhöhen und im Zeitalter des Geistes gipfeln. Damit war Christus nicht mehr die feste Mitte der Geschichte, sondern ein Durchgangsstadium auf dem Wege der Verwirklichung einer rein spirituellen Religion[2].

Hatten Himmel und Erde bisher als unverrückbar fest gegolten und der Unterscheidung zwischen Geist und Natur entsprochen, so ist im kopernikanischen Weltbild die Natur vom Geist durchsetzt; er kommt auf die Erde herab, um Herz und Verstand des Menschen zu erleuchten. Das »innere Wort«, der Geist, tritt an die Stelle der Gnade, die die Kirche im Sakrament spendet. Der Blick zurück zum *sacrum imperium*, noch für Nikolaus von Cues charakteristisch, wird abgelöst durch die Erwartung eines neuen »Reichs«, das nun ein Zeitalter des Geistes sein sollte.

ALCHIMISTISCHE ERLÖSUNG DURCH TECHNISCHES WISSEN

Die Betonung der inneren Welt entsprach nicht nur einer Rebellion gegen die Vorherrschaft von Institution und Sakrament in der alten Kirche und von Bibel und Dogma in der protestantischen Kirche, sondern auch einer Revolte gegen die Einschließung des Menschen in einem Netz von Kausalrelationen, wie sie das Weltbild der Astrologie annahm.

Das Denken dieser frühen Periode der Neuzeit verfolgte verschiedene Wege, um den Menschen von dem Gedanken einer kausalen Notwendigkeit zu befreien, die ihn den Bewegungen der Himmelskörper unterwarf und ihm einen festen Platz in der Struktur des Weltalls sowie bei der Verwirklichung des göttlichen Zwecks in der Geschichte zuwies.

Wir sind bereits der humanistischen Auffassung begegnet, daß der nach dem Bilde Gottes geschaffene Mensch nicht eine feste Stellung zu Himmel oder Erde einnehme und auch nicht auf die Grenzen seines eigenen Zeitalters festgelegt sei, sondern unter allem, was der Mensch in der Vergangenheit gedacht und vollbracht hat, die Normen und Werte seines Verhaltens wählen könne.

Vor allem wurden Astrologie und Alchimie nun endgültig intellektualisiert und spiritualisiert und lösten damit ihre alte Verbindung zu Dämonenlehre und Magie, die allerdings noch in den unteren Bevölkerungsschichten fortlebten. Astrologie und Alchimie wurden in eine Naturphilosophie überführt, die das deutsche Denken bis zur Mitte des 19. Jahrhunderts stark beeinflußte.

Im 17. Jahrhundert nun umfaßte diese Naturphilosophie drei Grundgedanken, deren allgemeine Umrisse wir bereits bei Paracelsus angetroffen hatten: 1. Die Welt stellt ein sich selbst genügendes, harmonisches Zusammenspiel von Kräften dar und ist mit einem lebendigen Schöpfungsgeist begabt.

2. Die Ganzheit wiederholt sich in jedem Einzelwesen; dies ist das Verhältnis von Makrokosmos zu Mikrokosmos, das bei Paracelsus so stark in den Vordergrund trat. 3. Der Mensch schließlich ist gehalten, ein umfassendes Wissen zu erwerben, und zwar sowohl von materiellen als auch von geistigen Dingen; dadurch wird ein Zeitalter der Harmonie entstehen, in dem die Wissenschaften dem Allgemeinen dienen werden.

Dieser letzte Gedanke führte ein neues Element ein; es beruhte zum Teil auf dem religiösen Utopismus der Sektenbewegungen, im wesentlichen aber auf der Umwandlung alchimistischer in naturwissenschaftliche und technische Vorstellungen. Die bisherige, rein pragmatische Suche nach Gold, nach dem Lebenselixier und esoterischen Kenntnissen wurde nun aufgegeben zugunsten der Erweiterung des wissenschaftlichen, das heißt allgemeinzugänglichen Wissens und der Ausarbeitung von Verfahren, die allgemein der Verbesserung des menschlichen Daseins dienen könnten. Das 17. Jahrhundert sah den Beginn der naturwissenschaftlich begründeten Technik, und dies nicht nur im Hinblick auf die Erfindungen des Fernrohrs und des Mikroskops, sondern vor allem dadurch, daß man nun zu der Idee fand, der Mensch könne dadurch Macht über die Natur gewinnen, daß er sein Wissen über sie erweitert[3]. Zwar hatte der Begriff des Wissens bereits in der Alchimie eine wesentliche Rolle gespielt, doch hatte es sich um magisches, um geheimes Wissen gehandelt, das der »Adept« erwerben konnte, um seine Kräfte zu steigern. Die moderne Wissenschaft und Technik sind eben dadurch charakterisiert, daß sie die Methoden der Wissensgewinnung ebenso erweitern wie die Anwendung des Wissens zum allgemeinen Nutzen.

Francis Bacon (1561–1626) brachte in seiner Philosophie diese Wandlung besonders deutlich zum Ausdruck. Zwar lehnte er die Entdeckungen von Kopernikus und Galilei ab, und Kepler, Harvey und Gilbert wurden von ihm ignoriert oder mißverstanden; doch er war der entschiedenste Vertreter der Idee, daß das Wissen von der Natur zu ihrer Beherrschung führe. In seiner »Nova Atlantis« entwarf er das Bild einer idealen, auf Naturwissenschaft und Technik beruhenden Gesellschaft. Mit Nachdruck bezeichnete er die Sinneserfahrung als ein Mittel, die bestehende Gesellschaft zu einem idealen Utopia umzuformen; darin zeigt es sich, daß er von ursprünglich alchimistischen Gedankengängen ausgeht. Auch war er, wie er selber zugibt, in gewissem Maße Paracelsus verpflichtet.

Doch im Gegensatz zu diesem sah Bacon die Natur als von Grund auf böse an[4]. Daher ging es ihm nicht darum, die *anima mundi* aus ihren stofflichen Fesseln zu erlösen, sondern den Menschen aus den Ketten der ihm feindlichen Natur zu befreien. Er versuchte daher, dem Menschen einen

Weg zu zeigen, der über die naturgegebenen Grenzen von Raum und Zeit, Kausalität und Substanz hinausführte. Das dazu erforderliche Wissen mußte der Natur selber abgerungen werden, ganz ähnlich wie man in einem Gerichtsverfahren einen widerstrebenden Zeugen befragt; es sei hier daran erinnert, daß Bacon von Hause aus Jurist war. So würde der Mensch die Natur unterwerfen und hier auf Erden in einem Reich des Friedens und der Fülle seine eigene Erlösung herbeiführen.

Bacons »Nova Atlantis« und Thomas Campanellas »Civitas soli« (1602) waren zwei hervorragende Beispiele für die Utopien, die auf der Grundannahme der »neuen Alchimie« beruhten, daß die Technik eine Umwandlung der Gesellschaft herbeiführen könne. Die berühmte »Utopia« des Thomas Morus (1516) war zwar durch den Humanismus ihres Verfassers motiviert; doch die ausgeprägtesten Vertreter dieser Gattung, darunter auch Aldous Huxleys »Wackere neue Welt«, handeln von dem Glauben an die umformende Kraft der Technik.

Man hat mit Recht behauptet, daß der moderne technische Fortschritt sein Heilsmotiv von der Alchimie geerbt habe, die es ihrerseits vom Christentum übernommen hat; er hat jedoch den wichtigen Unterschied eingeführt, daß nun der Mensch sein eigener Erlöser werde. Man darf also sagen, daß die Technik an die Stelle der Sakramente getreten ist, nachdem sich die transzendente Welt auflöste und die Heilserwartung des Menschen im subjektiven Glauben keine Genüge mehr fand, sondern nach neuen, objektiven Maßstäben Ausschau zu halten begann[5]. Anders ausgedrückt: Zu unseren Lebzeiten gewinnt Paracelsus offenbar die Oberhand über Luther und über Erasmus.

COMENIUS UND DIE ERZIEHUNG FÜR UTOPIA

In dem verworrenen und streitbaren Jahrhundert zwischen 1550 und 1650 gingen die Ideen der Schrittmacher der Gegenwart nicht selten merkwürdige Mischungen ein. Ein charakteristisches Beispiel dafür ist das Werk des Johann Amos Comenius (1592–1670), des großen Erziehungsreformers aus Böhmen. Er studierte an den calvinistischen Universitäten Heidelberg und Herborn. Als Mitglied der Böhmischen Brüder, eines Ablegers der Hussitenbewegung, wurde er aus Böhmen vertrieben, als die Gegenreformation ihren Schatten über das Land warf. Eine Zeitlang fand er mit seinen Gefährten Zuflucht in Polen, bis er auch dort der Gegenreformation weichen mußte. Seine Gedanken zur Erziehung wurden in Schweden und England günstig aufgenommen. Schließlich ließ er sich in Holland nieder, der wichtigsten Zuflucht für alle Verfolgten zu dieser Zeit.

Die Unruhen und Wirren dieser Jahre mögen dafür verantwortlich sein, daß jetzt viele Geschichten von wandernden Abenteurern und Pilgern erschienen, von Cervantes' »Don Quixote« (1605–1615) bis zu Bunyans »Pilgerreise« (1678); ihre deutschen Gegenstücke waren im 17. Jahrhundert der berühmte Räuberroman »Simplicissimus« von Grimmelshausen (um 1668) und die weniger bekannten Pilgererzählungen von Comenius und seinem Freund Johann Valentin Andreae (1586–1654). Andreae, der Pfarrer im Württembergischen war, sah sich auf seiner Pilgerfahrt durch eine phantastische Welt allegorischer guter und böser Kräfte reisen und schließlich auf eine Insel gelangen, wo er eine utopische Gesellschaft antraf, die nach Campanellas »Civitas soli« organisiert war, allerdings in einer realistischeren Atmosphäre. Im »Labyrinth der Welt« hat die Fabel einen eher faustischen Charakter, da der Pilger auf seiner Reise mancherlei Weisen, Gelehrten, Philosophen, Alchimisten, Rosenkreuzern und Vertretern verschiedener Religionen begegnet. Aber er versucht, über all diese Formen von Sonderwissen hinauszugelangen, in die unsichtbare Kirche einzutreten und dort die Vision des Allerhöchsten zu erfahren.

In diesen Pilgerfahrten drückt sich die Sehnsucht nach einer Welt aus, in der Krieg und Religionskämpfe ein Ende haben und der Mensch sein Wissen und seine Technik zum Wohle aller verwenden wird. Die mystische Vision einer ewigen Harmonie muß sich mit universellem Wissen verbinden, um das entstehen zu lassen, was Comenius die »Pansophie« nannte, eine Lehre, die alles Wissen von Gott und der Natur umfaßt und die den Menschen aus der Dunkelheit in das Licht führt, wo die Verschmelzung des Geistes mit der Wissenschaft Frieden und Aufklärung bringen würde. Die Religion sollte die Gemeinsamkeiten in allen Glaubensrichtungen hervorheben und so die Vision einer kosmischen Harmonie widerspiegeln. Diese Rückkehr zur ursprünglichen Einfachheit und zur Harmonie mit Gott würde eine Wiedergeburt und eine Erneuerung von Mensch und Gesellschaft herbeiführen.

Comenius war fest davon überzeugt, daß die Welt altere und die säkulare Ordnung an der Schwelle eines apokalyptischen Reiches stehe, dessen Kommen unmittelbar bevorstehe. Für ihn zeugten das Wachstum der Wissenschaften und die vielen neuen Erfindungen alle von der großen Veränderung, die sich bereits am Horizont abzeichnete. Hier verschmolzen die Erwartung eines Tausendjährigen Reiches, wie sie für die Sektenbewegungen charakteristisch war, mit den utopischen Bestrebungen des Alchimisten und Naturforschers.

Die von Paracelsus und Bacon stammende Vorstellung von der umgestaltenden Kraft des wissenschaftlichen, auf Beobachtung und Sinneswahrnehmung beruhenden Wissens lag auch der Erziehungslehre des Comenius zugrunde. Hatten Humanismus und Protestantismus das gedruckte Buch in den Mittelpunkt der Erziehung gestellt, um die Jugend an die antiken Quellen der Kultur und der Religion heranzuführen, so empfahl Comenius, die Volkssprache zu lehren: Durch die Muttersprache konnten dem Kind Gedanken und Vorstellungen leichter, nämlich in Form konkreter Bilder, zugänglich gemacht werden. Ferner legte er, ebenfalls wie Bacon, großen Wert auf praktische Kenntnisse; der Schüler sollte das schöpferische Werden in der Natur nachempfinden und sich selber als heranreifende schöpferische Persönlichkeit fühlen, die in einer organischen Beziehung zur Entwicklung des pflanzlichen und tierischen Lebens steht. Die Erziehung sollte also vor allem einen direkten Zugang sowohl zur Natur als auch zu der Heiligen Schrift eröffnen, ohne der Vermittlung theoretisierender Lehrgebäude zu bedürfen, seien sie nun durch mathematische Formeln oder durch religiöse Dogmen ausgedrückt.

Offensichtlich wurde zwischen dieser Naturphilosphie und der Bibel kein Widerspruch empfunden. Beide wurden als verschiedene Formen der Offenbarung angesehen, all denen zugänglich, die an den göttlichen Schöpfungsvorgang glaubten. Doch ergab sich ein echter Konflikt, als das Relativitätsprinzip im kopernikanischen Weltbild zur Grundlage einer mathematisch-mechanistischen Weltauffassung gemacht wurde.

DAS KOPERNIKANISCHE WELTBILD UND KEPLER

Das neuzeitliche mathematisch-mechanistische Bild eines seelenlosen Weltalls wurde der vom Humanismus und vom Protestantismus vertretenen Spiritualität sowohl Gottes als auch des Menschen konfrontiert. Im 19. Jahrhundert hat sich diese Polarität auskristallisiert: auf der einen Seite das objektive, mechanistische Weltbild der Physik, auf der anderen der subjektive, spirituelle Beobachter und Ausbeuter der Natur, der von den Kausalgesetzen des Naturgeschehens relativ frei war. Diese Anschauung wurde im 16. und 17. Jahrhundert durch Kopernikus, Kepler, Galilei und Newton begründet.

Nikolaus Kopernikus (1473–1543), der Sohn eines deutschen Kaufmanns, studierte an der polnischen Universität Krakau und später in Padua und Bologna. Nach einiger Zeit kehrte er nach Frauenburg in Ostpreußen zurück; dort wirkte er als Domherr und als Arzt und ging astronomischen Studien nach. Sein Werk über die Umläufe der Himmelskörper wurde erst nach seinem Tode im Jahre 1543 veröffentlicht.

Die von einem seiner Freunde verfaßte Einleitung zu diesem Werk gab zu verstehen, daß es in der Absicht des Kopernikus lag, ein mathematisches Modell zu entwerfen, das die Berechnungen erleichterte, und nicht etwa eine physikalische Beschreibung zu liefern. Daher konnte man nach wie vor den Augenschein gelten lassen, nach dem sich Sonne und Planeten um die Erde bewegen. Es trifft tatsächlich zu, daß Kopernikus selber keine Beobachtungen über die Bewegungen der Himmelskörper hinterlassen hat. Daraus mag sich die Tatsache erklären, daß seine Lehre erst dann kirchlichen Widerspruch hervorrief, als dreiundsiebzig Jahre später, im Jahre 1616, Galilei (1564-1642) die Zensur der Kirche herausforderte. Galilei hatte nämlich mit dem von ihm entwickelten Fernrohr Sonnenflecken, den Ring des Saturn sowie in Gestalt der Monde des Jupiter »ein kopernikanisches Sonnensystem en miniature[6]« beobachtet. Für ihn stand es außer Frage, daß die kopernikanische Theorie eine zutreffende Beschreibung des Sonnensystems darstellte. Von da an war der Siegeszug der kopernikanischen Revolution nicht mehr aufzuhalten.

Johann Kepler schließlich (1571-1630) gab dem kopernikanischen System eine mathematische Begründung. Kepler war als Sohn protestantischer Eltern in einer vorwiegend katholischen Umgebung in Württemberg geboren. Er studierte in Tübingen Theologie und Mathematik, freundete sich mit Andreae an und kam durch ihn mit jenen Kreisen in Berührung, die einen Ausgleich zwischen Luthertum und Calvinismus anstrebten. Dieser Mittelweg aber trug ihm ständige Reibereien mit den kirchlichen Autoritäten ein. Er unterrichtete in der Steiermark Mathematik, bis er im Jahre 1600 eine Einladung Tycho Brahes, des dänischen Astronomen, annahm, als sein Assistent nach Prag zu kommen. Als Brahe im folgenden Jahre starb, trat Kepler seine Nachfolge als Hofmathematiker Rudolfs II. an. Er blieb in kaiserlichen Diensten bis zum Tode des Kaisers im Jahre 1612; anschließend ging er nach Linz, um am dortigen Gymnasium bis 1628 zu unterrichten. Seine letzten Lebensjahre waren von der Anklage der Hexerei verdüstert, die man gegen seine Mutter erhob, und außerdem durch die Schwierigkeiten überschattet, die er antraf, als er von Kaiser Ferdinand II., Wallenstein und dem Reichstag zu Regensburg eine Vergütung für seine Arbeit erhalten wollte.

Es kam Kepler sehr zustatten, daß er sich auf die Fülle astronomischer Beobachtungen stützen konnte, die Tycho Brahe zusammengetragen hatte. Mit Hilfe dieser Daten gelang es ihm, die elliptischen Bahnen der Planeten um die Sonne in mathematischen Formeln zu erfassen. Mit allem Nachdruck drängte er Galilei, am kopernikanischen Weltbild festzuhalten. Er trug selber am meisten dazu bei, die kopernikanische Revolution voranzutreiben, indem er die seit den Tagen der Griechen herrschende Vorstellung von den zyklischen Sternenbahnen durch die Beschreibung der elliptischen Umläufe ersetzte. Die Griechen waren davon ausgegangen, daß sich in den Himmelskörpern eine göttliche Weisheit verkörpere; die Sterne mußten daher Kreisbahnen beschreiben, da der Kreis als die vollkommenste geometrische Gestalt galt. Diese qualitative Auffassung der Geometrie wurde nun durch eine quantitative abgelöst; Kepler begründete die Gültigkeit der kopernikanischen Theorie so, daß sie jederzeit rechnerisch nachgeprüft werden konnte.

Zwar wurde das mathematisch-mechanistische Weltbild von Kepler und Galilei vorbereitet und schließlich gegen Ende des Jahrhunderts von Newton endgültig formuliert, doch Kepler selber stand noch unter dem Einfluß der astrologischen Auffassung vom Universum mit einigen platonischen und pythagoreischen Einsprengseln. Unter seinen Werken schätzte er die »Harmonices mundi libri V« (1619) selber am höchsten ein, die, wie der Titel anzeigt, von dem großen Thema der »Harmonie der Welt« handeln[7]. Nach Kepler war das Weltall von einem lebendigen Geist, einer Seele, durchwaltet, die alles Irdische und alles Himmlische in einer allumfassenden Wirkungskraft zusammenfaßte, einer Kraft, die von der Sonne ausging, die Planeten in ihre Bahnen zwang und die umfassende Harmonie herstellte, die der Schöpfer im Universum angelegt hatte. Erinnert diese Universalkraft auch an die Newtonsche Schwerkraft, so war diese doch eine rein mechanische Größe, die man nur quantitativ und funktionell erfassen konnte, während Keplers Lebenskraft noch an eine qualitative Geistsubstanz denken läßt.

Die quantitative, mathematische Auffassung vom Universum bedeutete die Anwendung der Begriffe Masse, Rauminhalt, Energie und Bewegung anstelle der aristotelischen Kategorien Substanz, Essenz, Akzidens und Erscheinungsform, die die mittelalterliche Anschauung bestimmt hatten. Die Konsequenzen, die diese gedankliche Revolution in den nächsten drei Jahrhunderten für die grundlegende Umgestaltung der Anschauungen von Mensch, Weltall und Gesellschaft hatte, sind kaum zu überschätzen.

Gegen Ende des 17. Jahrhunderts sah die allgemeine Einstellung der neuen Wissenschaft, grob gesagt, wie folgt aus: Das Weltall ist nicht qualitativ, sondern quantitativ zu beschreiben; alle Dinge sind ihrem Wesen nach Materie in Bewegung; und die Natur strebt nach Einfachheit, das heißt nach sparsamstem Energieverbrauch. Aus diesen Grundgedanken ergab sich ein Weltbild, das eine sich selbst genügende mechanische Ordnung darstellte; und der Mensch, das geistbegabte Wesen darin, lernt es, sich von diesem seelenlosen Mechanismus zu distanzieren und zu isolieren; verstehen und kontrollieren kann er ihn nur durch Messungen und abstrakte mathematische Formeln. Der Mensch will somit nicht mehr den *spiritus mundi* aus seinen materiellen Fesseln befreien, sondern eine unbeschränkte Beherrschung des Mechanismus erreichen. Hier finden wir im Kern das naturwissenschaftlich-technische Ideal der Gegenwart ausgedrückt.

KOHÄSIONSKRÄFTE FÜR STAAT UND GESELLSCHAFT: ALTHUSIUS

Wie die Naturwissenschaft, so strebte auch das politische Denken vor allem nach der Entdeckung einer umfassenden Kraft, nach einem Kohäsionsprinzip in der Gesellschaft, das der Schwerkraft in der Natur vergleichbar wäre. Als Antriebskräfte, die den Zusammenschluß der Einzelnen in Gesellschaften, den Staaten, motivieren, wurden der Altruismus, der Eigennutz und der Kampf ums Dasein genannt. In diesen Richtungen entwickelte sich die spekulative Philosophie in den westlichen Ländern, insbesondere in England, wo die Revolutionen des 17. Jahrhunderts einen günstigen Nährboden für Hobbes und Locke bereitet hatten, die bekannter geworden sind als ihre Zeitgenossen auf dem Kontinent: Grotius und Althusius.

In Deutschland ergaben sich aus den Wirren der Konfessionsstreitigkeiten mehrere Formen politischer Theorie und Praxis. Zunächst sind die Utopien zu nennen, die, wie wir bereits gesehen haben, der Niederschlag eines Gemisches naturphilosophischer und sektiererischer Ideen waren; repräsentativ für diese Richtung sind Andreae und Comenius. Ihr Einfluß beschränkte sich zunächst im wesentlichen auf Rosenkreuzler, Illuminaten und Freimaurer und gewann erst im 18. Jahrhundert allgemeine Geltung unter den Intellektuellen.

Im pragmatisch-politischen Sinne erfolgreicher waren drei andere Anschauungen: daß es ein Naturrecht gebe, das über dem Regierenden steht; daß die Herrschaft auf einem Vertrag zwischen dem Herrscher und den Untertanen beruhe; und daß die Souveränität beim Volk liege. Diese Ideen gingen bis auf die Antike zurück und hatten auch unter den mittelalterlichen Gelehrten eine Rolle gespielt. Nun wurden sie neu belebt, vor allem durch die Jesuiten und die Calvinisten; sie bedurften einer Rechtfertigung für den Widerstand gegen »gottlose Herrscher«, die die Anhänger des »wahren Glaubens« verfolgten. Die französischen Hugenotten, die schottischen Presbyterianer und die holländischen Reformierten – sie alle Calvinisten – griffen diese Gedanken je auf ihre Weise auf, um ihren Widerstand – allerdings nicht eine Revolution – zu rechtfertigen. Die Theorie vom Recht auf Widerstand setzte voraus, zwischen dem Herrscher und den Beherrschten bestehe ein Vertrag, der festlege, welche Interessen und Rechte vom Herrscher gewahrt werden müssen.

In Deutschland war Johannes Althusius (1557–1638) der Hauptverfechter dieser Gedanken. Er stammte von der holländischen Grenze, unterrichtete an der calvinistischen Schule in Herborn, wurde Syndikus in der Reichsstadt Emden und schließlich der Hauptvertreter der politischen Theorie des Calvinismus an der Universität Leyden. Seine politischen Ideen waren natürlich stark vom Erlebnis des Widerstandes der Niederlande gegen Spanien geprägt; außerdem hatte er den Zusammenschluß der niederländischen Städte und Provinzen zu einer föderativen Republik vor Augen, und auch die calvinistische Kirche war von unten her aufgebaut: von den örtlichen Gemeinden über die Provinzialversammlungen bis hinauf zur Landessynode.

Althusius vertrat eine, wie man heute sagen würde, pluralistische Konzeption der Gesellschaft. Ihr liegt die Souveränität des Volkes zugrunde, die sich jedoch in einer Reihe von Zusammenschlüssen ausdrückt, und zwar in aufsteigender Linie von der Familie über die Zunft, die Kommune und die Provinz bis hinauf zu der umfassenden Gemeinschaft, die wir Staat nennen[8]. Es ist wichtig festzuhalten, daß der Staat danach nicht aus Individuen besteht, die zueinander in einem Vertragsverhältnis stehen, sondern daß er sich aus Vereinigungen oder Gemeinschaften zusammensetzt. Ein Widerstand gegen Gewaltherrschaft konnte daher auch nur von diesen Gemeinschaften getragen werden, durch die das Volk seine Souveränität ausübt.

Dieses Bild der vielfach geschichteten Sozialstruktur nach Althusius kehrt nun immer wieder, von Justus Möser im 18. Jahrhundert bis zu Otto von Gierke im 19. Jahrhundert. Ein föderativer Gesellschaftsaufbau entsprach auch durchaus den Bedingungen, die entlang des Rheins vorlagen, wo nämlich eine beträchtliche Mannigfalt der politischen und sozialen Struktur gegeben war. Leider aber lösten sich im Laufe des 17. Jahrhunderts gerade diejenigen politischen Gemeinschaften vom Reich, in denen die pluralistischen und politischen Voraussetzungen am besten erfüllt waren, nämlich die Schweizer Eidgenossenschaft und die Niederlande. Das politische Gravitationszentrum des Reiches verlagerte sich nun endgültig nach Osten, wo in den Grenzgebieten ein patriarchalischer Absolutismus zum herrschenden Prinzip wurde.

ABSOLUTISMUS ALS REGIERUNGSPRINZIP

Die wohl charakteristischsten Vertreter dieses Absolutismus waren August I. von Sachsen (1553–1586), der Führer der Lutheraner, und Maximilian I. von Bayern (1597–1651), der Führer der Katholiken. Beide

Herrscher sorgten für die Ausdehnung der bürokratischen Verwaltungsform und der merkantilistischen Praktiken. Die Regierungsmaßnahmen wurden zunehmend häufiger durch Befehl des Fürsten veranlaßt anstatt durch herkömmliche Verfahren oder durch die Entschließungen der Landstände. Der Beamtenstand rekrutierte sich überwiegend aus den Universitäten und dem Mittelstand; kriecherische Servilität und Unterwürfigkeit der Beamten gegenüber dem Herrscher wurden immer üblicher. Allerdings nahm die Kriecherei vor der »Obrigkeit« ihre widerlichsten Formen erst etwa hundert Jahre später an.

Zwischen 1550 und 1650 wurde die Lage noch dadurch gemildert, daß die meisten Fürsten und Beamten mit ihren Untertanen ein starkes Pflichtgefühl und Verantwortungsbewußtsein teilten, das besonders unter den Lutheranern stark ausgeprägt war. Gewiß waren die Untertanen zu unbedingtem Gehorsam gegenüber den gottgebenen Autoritäten gehalten; aber hoch und niedrig waren sich gleichermaßen bewußt, zu ihrem Stande berufen zu sein, so daß ein Gefühl der persönlichen Verantwortung und Pflicht die politische und soziale Ordnung durchdrang. Erst in dem Jahrhundert nach dem Dreißigjährigen Krieg (1618-1648) rissen der bürokratische Funktionalismus und das Hofzeremoniell eine tiefe Kluft zwischen den herrschenden Klassen und ihren Untertanen auf.

Was am Deutschland des 17. Jahrhunderts jedoch am meisten auffällt, ist die Isolierung der Philosophen vom öffentlichen Leben. In Frankreich und England war der Intellektuelle eng mit den Hauptströmungen seiner Zeit verbunden: Hobbes und Locke nahmen an den Revolutionen ihres Jahrhunderts teil. Nun darf man allerdings nicht außer acht lassen, daß die westlichen Länder tiefgehende strukturelle Veränderungen erfuhren, während Deutschland, zumindest in der ersten Hälfte des Jahrhunderts, unter einem beträchtlichen wirtschaftlichen Niedergang, unter sozialer Entwurzelung und im Dreißigjährigen Krieg unter politischer Anarchie litt. Auch sei daran erinnert, daß diese Polarität von schöpferischem Denken einerseits und politischem und sozialem Verfall andererseits eine in der deutschen Geschichte immer wiederkehrende charakteristische Erscheinung darstellt und eine Folge des Fehlens einer festen nationalen Gestaltung ist.

In der Zeit von 1550 bis 1650 waren die religiösen Konflikte in Frankreich, England und den Niederlanden in Wirklichkeit Bürgerkriege, in denen ideologische Meinungsverschiedenheiten zwischen verschiedenen politischen und religiösen Gruppen ausgetragen wurden. Im Gegensatz dazu waren am Dreißigjährigen Krieg in Mitteleuropa hauptsächlich souveräne Staaten beteiligt. Im Westen gingen aus diesen Bürgerkriegen in sich gefestigte nationale Gemeinschaften hervor, während die Religionskriege in Deutschland die Unabhängigkeit und souveräne Macht der verschiedenen größeren und kleineren Staaten nur noch verstärkten.

Ein sehr bedeutsamer Unterschied bestand auch in bezug auf die allgemeinen kulturellen und materiellen Bedingungen, die den Hintergrund dieser Kämpfe bildeten. Die westlichen Länder erlebten im Laufe des Jahrhunderts ein goldenes Zeitalter der Literatur und Kunst. Das Wirtschaftsleben der Küstenländer erlebte dank der Ausdehnung des Überseehandels einen Aufschwung, der auch die Gründung großer Kolonialreiche mit sich brachte. Doch Mitteleuropa und die italienische Halbinsel blieben von diesen großen kulturellen und kommerziellen Expansionsbewegungen und Staatengründungen unberührt. Sie hatten damit die kulturelle und wirtschaftliche Blütezeit eingebüßt, die von dem 14. bis zur Mitte des 16. Jahrhunderts angedauert hatte. Für Deutschland brach wieder eine Erschöpfungs- und Zerfallsperiode an, wie sie in der deutschen Geschichte charakteristischerweise immer nach einem gewaltigen Ausbruch schöpferischer Energien einzutreten scheint; die große Woge versickerte in Hunderten von kleinen Rinnsalen, den Fürstentümern und Kleinstaaten.

Seit dem 13. Jahrhundert waren in Deutschland die Städte die Hauptträger der Kultur gewesen; ihre Einwohner hatten in Handel und Politik Initiative und Selbständigkeit bewiesen. Auch hatten sie dem Luthertum in den frühen Phasen seiner enthusiastischen Expansion seine wichtigste Antriebskraft verliehen. Nun aber wurden die Fürsten die Hauptstützen der Religion, der Kultur und des wirtschaftlichen Lebens. Ihre beherrschende Stellung gewann noch durch den Niedergang der lokalen Faktoren, der Ritter, Bauern und Städter. Zumal die Städte machten eine Zeit schwerer Krisen durch, die noch durch den Dreißigjährigen Krieg verstärkt wurden. Hat dieser Krieg heute auch in den Augen vieler Historiker manches von seinem katastrophalen Charakter eingebüßt, so leugnet doch niemand, daß er ein großes Unheil darstellte, das sich, jedenfalls in bezug auf Mitteleuropa, mit der Pest vergleichen läßt.

Auf lange Sicht hatte die Verlagerung der Handelswege vom Mittelmeer zum Atlantik entscheidende Konsequenzen. Zwar gelang es den süddeutschen und rheinischen Städten vorübergehend, sich in Spanien und Portugal einzuschalten; doch schließlich mußten sie ihre bisherige Rolle vor allem zugunsten der Holländer und der Engländer abgeben. Die englische Konkurrenz verdrängte sogar die Hansestädte aus ihrer beherrschenden Stellung in der Nord- und Ostsee.

Um das Jahr 1600 hatten die deutschen Städte noch viel von ihrem äußeren Glanz; doch ihre wirtschaftliche Blüte war dahin. Seit der Revolution im Bergbau, die im 15. Jahrhundert eintrat, war Deutschland der Hauptlieferant von Edelmetallen gewesen; nun aber machten ihm die reichen Erzlager der Neuen Welt diesen Rang streitig. Überdies hatte die finanzielle Krise der zweiten Hälfte des 16. Jahrhunderts so bedeutenden Kaufmannsfamilien wie den Fuggern und den Welsern einen schweren Schlag versetzt, nicht zuletzt auch deshalb, weil sich Philipp II. von Spanien weigerte, seine Schulden anzuerkennen. Das enge Bündnis der süddeutschen Unternehmer mit den Habsburgern in Deutschland und in Spanien brachte ihnen zwar anfangs beträchtlichen Wohlstand, verstrickte sie aber schließlich auch in den Niedergang des Reichtums und der Macht Spaniens.

Das Kapital floß nun in Ländereien und Schlösser ab; risikobehaftete Investitionen wurden vermieden. Zwar entstanden prächtige öffentliche Bauten und Residenzen, doch dieser äußere Glanz verbarg einen inneren Verfall. Es gab allerdings auch Ausnahmen wie Hamburg und Frankfurt am Main, zwei Städte, die sich dank ihrer günstigen Lage weiterhin gut entwickelten.

Die Fürsten griffen immer häufiger in das Wirtschaftsleben ein; sie beeinflußten die Zunftangelegenheiten und setzten Zölle und Tarife fest, womit sie ihre Einnahmen beträchtlich erhöhten, oft genug aber auch den Handel behinderten. Die Bauern auf dem flachen Lande hatten sich noch nicht von dem unglücklichen Ausgang ihres Aufstandes im vorigen Jahrhundert erholt. Sie wurden von allen Seiten ausgebeutet.

Außerdem litten alle Klassen gleichermaßen unter einer verheerenden Preisinflation, die ihren Höhepunkt in der zweiten Hälfte des 16. Jahrhunderts erreichte und bis ins 17. Jahrhundert hinein anhielt. Ihre Ursachen waren die Ausdehnung des Marktes und der Zufluß von Edelmetallen. Aber die Inflation war auch ein Symptom der tiefgreifenden Umschichtung des wirtschaftlichen Lebens, die durch den Übergang zu neuen Formen des Unternehmens und der wirtschaftlichen Kontrolle herbeigeführt worden war. Der Krieg beschleunigte diese Veränderungen ebenso erheblich, wie es der Schwarze Tod im 14. Jahrhundert getan hatte.

Der Dreißigjährige Krieg ist ein weiteres Beispiel für das gewaltige Durcheinander und die chaotische Verwirrung, die in Deutschland in Krisenzeiten einzutreten pflegen. Er erinnert damit an die »Zeit der Wirren« (1598–1613) in Rußland, die allerdings durch den Zusammenbruch der Zarenmacht entstand und mit ihrer Restauration wieder der Ordnung Platz machte. In Deutschland hingegen führte der Mangel an jeder Art von Zentralgewalt in Krisenperioden zu einem Tohuwabohu; und traten zu dieser Zeit ausländische Interventionen ein, so sammelten sich nicht etwa diejenigen Kreise, denen die Nation höher stand als religiöse oder Klasseninteressen, um den Träger der Krone als Zentrum des Widerstands; die Verteidigung ging vielmehr von zahllosen örtlichen Zentren aus, vor allem von den Städten.

DIE VEREINIGUNG DER KRÄFTE IM DREISSIGJÄHRIGEN KRIEG

In dem Hin und Her der Armeen, den Belagerungen und Plünderungen der Städte und der Verwüstung und Beraubung großer Gebiete durch Söldnerbanden sind drei langwirkende Tendenzen erkennbar, die bis in das vorhergehende Jahrhundert zurückreichen. Zwei von ihnen, der Streit zwischen Katholiken und Protestanten um die Vorherrschaft und das Streben der Habsburger nach einer politischen Vormachtstellung innerhalb des Reiches, spitzten sich im Laufe des Krieges zu. Aber die dritte Tendenz, nämlich das Interesse fremder Mächte, vor allem Schwedens und Frankreichs, an den Angelegenheiten des Reiches verstärkte fortgesetzt die zentrifugalen Faktoren. Infolgedessen überlagerten territoriale und dynastische Interessen die religiösen und konfessionellen Zielsetzungen, und der Krieg weitete sich zu einer Kraftprobe unter den europäischen Staaten und Fürstentümern aus. In diese letzte Kriegsphase fällt der Aufstieg zweier neuer Territorialstaaten an der Ostgrenze, Österreichs und Preußens.

Die Armeen, wie sie von Wallenstein und den übrigen Befehlshabern aufgestellt wurden, rekrutierten sich aus dem Abschaum des Volkes und lebten am Schicksal des Landes vorbei. Sie trugen nicht nur dazu bei, daß die Zerstörungen, die dieser Krieg anrichtete, alles bisher Bekannte übertrafen; sie zogen auch die militärischen Operationen in die Länge, da nach jeder Schlacht Zeit geopfert werden mußte, um Lebensmittel zu requirieren. Überhaupt waren viele Feldzüge, selbst die der Schweden, in Wirklichkeit eher große Raubzüge als sinnvoll geplante militärische Unternehmungen mit einer bestimmten Zielsetzung.

Der Westfälische Frieden (1648) brachte für den Konfessionsstreit einen Kompromiß zustande: Deutschland wurde zu gleichen Teilen unter Protestanten und Katholiken aufgeteilt. Zur Festsetzung der Demarkationslinie wurde willkürlich der Stand des Jahres 1624 angenommen. Protestantischen Minderheiten innerhalb des so festgelegten katholischen Territoriums – und umgekehrt auch den Katholiken in protestantischen Gebieten – wurde Glaubensfreiheit zugebilligt. Auch wer nach dem Jahre 1624 in das Gebiet einer andersgläubigen Mehrheit zugezogen war, konnte sich nach seinem Gewissen entscheiden, durfte jedoch keine Gemeinden bilden und öffentliche Gottesdienste abhalten. Diese Vorschriften bedeuteten einen großen Fortschritt in Richtung auf die religiöse Toleranz. Als besonders wichtig erwies es sich, daß sich Protestanten und Katholiken in Zukunft gegenseitig gelten ließen; die Vorstellung, daß durch die Vorherrschaft einer der beiden Konfessionen die religiöse Einheit wiederhergestellt werden würde, verlor allmählich an Boden.

Weniger erfreulich waren die Folgen des Friedensschlusses für die Macht und den Status des Reiches: Es hatte als politische Kraft innerhalb Europas zu existieren aufgehört.

Zunächst und vor allem verlor das Reich die Schweiz und die Niederlande, die tüchtigsten Verteidiger der Westgrenze gegen die Spanier und Franzosen. Die Schweden sicherten sich bestimmte Gebiete an den Mündungen dreier bedeutender Flüsse, der Oder, der Elbe und der Weser, und kontrollierten damit den unmittelbaren Zugang zum Meer. Frankreich setzte sich in den Besitz von Städten wie Metz, Toul, Verdun sowie gewisser Territorien im Elsaß und bereitete damit den späteren Erwerb des Elsaß und Lothringens vor.

Zum zweiten wurden die Fürsten nun als vollständig souverän anerkannt und erhielten das Recht, Verträge und Bündnisse mit ausländischen Mächten abzuschließen. Damit war die Auflösung des Reiches als Herrschaftsgebiet endgültig bestätigt; es hatte sich in ungefähr dreihundert Einzelteile aufgelöst.

Als noch wichtiger erwies sich die Aufgabe des Vorhabens Maximilians und seines Enkels Karls V., das Kaisertum zur obersten, über den Fürsten stehenden Macht und Autorität im Reich zu erheben. Die Habsburger beschränkten sich von nun an darauf, ausschließlich die Interessen Österreichs zu vertreten. Allerdings hatten sie es in Mitteleuropa mit einem neuen staatlichen Machtfaktor zu tun, mit Brandenburg-Preußen, das in dem Jahrhundert nach dem Westfälischen Frieden Österreichs wichtigster Rivale in den Reichsangelegenheiten werden sollte.

DIE NEUEN KRÄFTE UND IHRE KONSTELLATION

Die neuen Mächte, die Europa in der Neuzeit zu beherrschen begonnen haben, Utopia, Wissenschaft und Staat, haben für uns einen säkularen Klang, obgleich sie doch, wie wir gesehen haben, aus dem Boden der Magie und Religion hervorgewachsen sind. Der Grad ihrer Säkularisierung und die Schnelligkeit ihrer Verbreitung differierten jedoch von Land zu Land. In Deutschland verlief der Säkularisierungsprozeß, soweit äußerlich erkennbar, langsamer als in Frankreich, wo sich das geistige Klima an der Wende vom 17. zum 18. Jahrhundert abrupt zu verändern schien. Frankreich war der intellektuelle Schrittmacher geworden, und zwar vor allem dank der dort herrschenden, voll ausgereiften rationalistischen Denkformen, aber auch deshalb, weil es in Gestalt der Salons ein geeignetes Kommunikationsmittel entwickelt hatte und ein führendes intellektuelles Zentrum, Paris, besaß. In Deutschland fehlten solche Institutionen zur Verbreitung neuer Ideen; daher führte der Säkularisierungsprozeß nicht zur Bildung einer tatkräftigen öffentlichen Meinung, sondern zur inneren Ausgestaltung der neuen Gedanken durch mehr oder weniger isolierte Einzelne. Diese Verlaufsform war für das deutsche Denken charakteristisch, vor allem gerade in dieser Phase seiner Entwicklung.

Die neue historische Orientierung der Selbstverwirklichung des Geistes hatte eine Veränderung im geistigen Klima Deutschlands zur Folge, die so einschneidend war wie das neue Weltbild. Das Zeitalter des Geistes sollte nun die Erfüllung der Geschichte darstellen und nicht mehr durch ein apokalyptisches Ereignis und einen messianischen Erlöser eingeleitet werden. Ferner sollte die Utopie nicht die Beschreibung eines »Augenblicks« in der Geschichte sein, sondern das Endprodukt eines langen Entwicklungsprozesses.

Die Konvergenz der alchimistisch-astrologischen Denkweise und der sektiererischen Auffassungen hatte die Vorstellung von einem einheitlichen Entwicklungsvorgang in Natur und Geschichte hervorgebracht, der in der Freisetzung des *spiritus mundi* gipfeln sollte. Diese Vorstellung beherrschte weithin das deutsche Denken und verzögerte die Herausbildung eines Dualismus von Geschichte und Natur, wie er das westliche Denken beherrschte, in dem sich das Newtonsche Weltbild durchgesetzt hatte.

Die bewußte Vereinigung mit dem Entwicklungsprozeß mit Hilfe des Experiments führte zu technischem Wissen. In Bacons Ausdrucksweise bedeutete Wissen Macht über die Natur, in der spiritualisierten Alchimie der Rosenkreuzler und der Pansophie des Comenius dagegen eine Vereinigung mit den kosmischen Schöpferkräften, doch für beide bedeutete es eine Utopie mit Überfluß, Gesundheit und Weisheit.

Für den Menschen der Neuzeit ist die Wissenschaft ein Mittel der Erlösung ebenso wie ein Mittel der Zerstörung geworden. An ihrem Beginn sicherte sie die Freiheit des Menschen von dem Geschick der Sterne oder den Launen übernatürlicher Wesen; die Reduktion des Weltalls auf eine mechanistische Ordnung machte es der Beobachtung und der Messung durch die neuen Instrumente zugänglich, die das 17. Jahrhundert erfand. Die kombinierte Anwendung der mechanistischen Hypothese und der instrumentalen Hilfsmittel führte zu der Erkenntnis, daß die wissenschaftliche Forschung prinzipiell langsam voranschreitet und von einem alchimistischen Schnellverfahren durch die Entdeckung eines Schlüssels zum Wesen des Weltalls keine Rede sein kann. Es gab nur einen Schlüssel: die positive und nicht-metaphysische Methode, das Weltall durch die Verbindung von Wissenschaft und Technik zu erkunden und so schließlich den Menschen nach Utopia zu führen.

Die unwandelbare Ordnung des Universums wurde nun zum Ideal erhoben und den Launen und der Willkür menschlicher Beziehungen gegenübergestellt. Aber man glaubte auch, diese Gegensätzlichkeit überwinden zu können; ließ sich doch die Entwicklung des Menschen als die Geschichte seines Versuchs deuten, rationale Mittel zur Überwindung der irrationalen Tendenzen der Menschheit zu finden, und es ließ sich daraus ablesen, daß alle Hoffnung auf einen aufgeklärten Herrscher zu setzen sei, der die wenigen Aufgeklärten vor dem unwissenden, abergläubischen Pöbel schützen und dem menschlichen Verhalten eine rationale Form geben würde. Auf diese Weise konnte die Geschichte ebenso wie die Natur gebannt, das heißt ihrer äußerlichen und willkürlichen Launen und ihrer unzerstörbaren, substantiellen Eigenschaften entkleidet werden.

Die staatlichen Möglichkeiten, die Betätigung des Menschen in rationalen Formen zu halten, stellten sich in zwei Aspekten dar. Zunächst konnte er die Konflikte zwischen einzelnen Gruppen so in die Wege leiten, daß ein vernichtender, die beteiligten Parteien auslöschender Krieg vermieden werden konnte. In Mitteleuropa gelang dies durch den verheerenden Dreißigjährigen Krieg, der durch den Westfälischen Frieden beendet wurde. Dieser Friedensschluß kann als konstitutionelle und legale Basis für die deutschen Länder angesehen werden, für das Gebiet also, das auf eine lange Zeit hinaus das Entscheidungszentrum Europas sein mußte, da es Europas großes Machtvakuum darstellte. Nach und nach wurden die zwischenstaatlichen Beziehungen der Staatsräson, dem Völkerrecht und den Methoden der Diplomatie unterworfen, um den Auseinandersetzungen der Staaten die Schärfe zu nehmen. Auf den Weltmeeren dagegen hielt der Krieg aller gegen alle unvermindert an, bis eine einzige Macht die Vorherrschaft erringen konnte.

Ein zweiter Aspekt betraf die Auseinandersetzungen von Einzelpersonen innerhalb des Staatswesens. Hierbei wurde der Staat, der zuerst völlig im Herrscher verkörpert war, zunehmend unpersönlicher; er wurde zu einer Institution, die über den Interessentengruppen stand und sich nicht mehr nur mit Kriegen und den Finanzen, sondern auch mit dem allgemeinen Wohl befaßte. Diese Tendenz gipfelte im 18. Jahrhundert im »aufgeklärten Despotismus«, der in Deutschland besonders charakteristischen Ausdruck fand. Der Staat wurde als diejenige Instanz angesehen, die einen grundlegenden Wandel herbeiführen und Utopia erschaffen konnte.

Doch weder die Natur in Gestalt der Wissenschaft noch die Geschichte in Gestalt des Staates konnten den Deutschen einen Weg nach Utopia zeigen; da die eine die mechanistische *ratio*, die andere die Gewalt verkörperte, konnte keine von beiden den Menschen zur Freiheit führen. Nur der endgültige Sieg des Geistes konnte diese modernen Formen alter Beschränkungen der menschlichen Existenz – denn darum handelte es sich – überwinden. Nur wer sich mit der Verschmelzung von Natur und Geschichte in einen einzigen gewaltigen Schöpfungsvorgang, der in diesem Sieg des Geistes gipfelt, in eins setzen könnte, würde die Erlösung finden. Dies war die charakteristische Entwicklungslinie des deutschen Denkens in dieser zweiten Periode seiner Geschichte.

VII. Die barocke Synthese und ihre Auflösung

Die Epoche, der wir uns nun zuwenden, wird von den Historikern gewöhnlich als das Zeitalter Ludwigs XIV. (1643-1715) bezeichnet, und es kann kein Zweifel bestehen, daß die Gestalt dieses großen Königs zumindest in politischer Hinsicht ihren Schatten über die meisten Ereignisse dieser Zeit geworfen hat. Vom Standpunkt der deutschen Geschichte aus könnte man aber ebensogut von einem Zeitalter Leibnizens (1646-1716) sprechen; Leibniz war die aktivste intellektuelle Kraft unter denjenigen, die alle politischen und geistigen Kräfte des Reiches zusammenfassen wollten, um dem Streben Ludwigs XIV. nach einer Hegemonie über Europa entgegenzutreten. Leibniz wollte die Konzeption des »Reiches« als einigenden Faktor in Europa wieder zur Geltung bringen; das Reich sollte als Kerngebiet des Christentums wiederhergestellt werden, um die religiösen Spaltungen und die politischen Machtkonflikte zu überwinden, die immer wieder zu Hegemoniekämpfen in Europa führen mußten.

LEIBNIZ UND DIE EINHEIT DES CHRISTENTUMS

Obgleich Leibniz Protestant war, begann er seine aktive politische und intellektuelle Betätigung im Dienste des Erzbischofs von Mainz. Der Erzbischof war nicht nur einer der Kurfürsten, sondern auch der Kanzler des Reiches – ein Amt von hohem Ansehen, doch von wenig Einfluß. Johann Philipp von Schönborn (1605-1673), der regierende Erzbischof, war auch aktiver Exponent einer Art Reichsbund gegen die französische Bedrohung des Rheinlandes. Der katholische Kirchenfürst herrschte übrigens über eine Stadt, die überwiegend protestantisch war; da er von vornherein zu religiöser Toleranz neigte, stand er Leibnizens Plänen einer religiösen Einigung sehr aufgeschlossen gegenüber.

Nach dem Tode des Erzbischofs unternahm Leibniz eine mehrjährige Auslandsreise (1672-1676); er besuchte London und Paris und hielt sich einige Zeit in Holland auf. Auf dieser Reise lernte er die wichtigsten Philosophen und Naturwissenschaftler seiner Zeit kennen. Von 1676 bis zu seinem Tode im Jahre 1716 arbeitete er als Bibliothekar und auch in anderen Berufen im Dienste der Kurfürsten von Hannover. Diese Sinekuren erlaubten ihm eine vielseitige Tätigkeit; davon sind besonders seine mathematischen und philosophischen Arbeiten bekanntgeworden. Doch sein Hauptziel blieb die religiöse und intellektuelle Einigung.

Am Hofe von Hannover erfuhr Leibniz die Unterstützung der Kurfürstin Sophie. Diese bemerkenswerte Frau versammelte nicht nur einen Kreis aufgeklärter Geister; ihr Einfluß erstreckte sich auch auf andere Höfe, zum Beispiel die von England und Preußen. Ihre Tochter Sophie Dorothea wurde die Mutter Friedrichs des Großen, ihr Sohn Georg König von England. Die Verbindungen Hannovers zu England hoben dieses Fürstentum der Welfen über das Niveau der deutschen Kleinstaaterei hinaus. Im Laufe des 18. Jahrhunderts wurde die große Universität Göttingen ein intellektuelles Zentrum Norddeutschlands; ihre einzige Rivalin war die Universität Halle.

Leibniz erinnert in mehrfacher Hinsicht an Nikolaus von Cues, nicht nur in bezug auf seine synthetische Denkweise und die Vielfalt seiner Interessen, sondern auch im Hinblick auf sein Bemühen um die Einheit des Reiches, und zwar auf einer höheren Ebene als der politischen oder gar der bloß religiösen allein. Beide erlebten sie eine Zeit des Zusammenbruchs und der Verwirrung, in der eine alte Ordnung verging und eine neue sich herausbildete. Nikolaus von Cues hatte sich mit der umfassenden Theorie des Nominalismus, Leibniz sich mit der neuen mechanistischen Wissenschaft auseinanderzusetzen. Beide interessierten sich für eine Synthese von Politik, Religion, Naturwissenschaft und Philosophie, nicht durch eine eklektische Verbindung einzelner Elemente aus jedem dieser Gebiete, sondern durch die Aufdeckung eines neuen verbindenden Prinzips, das für Nikolaus von Cues in dem Zusammenfall der Gegensätze, für Leibniz im Begriff der Monade vorlag.

Leibniz betrachtete das »Reich« auch deshalb als die notwendige Grundlage der Einheit des Christentums, weil es der einzigartige historische Ausdruck dieser Einheit war. Kaiser und Papst sollten bei der Wiederherstellung des Reiches zusammenwirken; der Kaiser, die »apostolische Majestät«, sollte die Schlüssel zu St. Peter erhalten und damit Spitze und Zentrum der Einheit zur Verteidigung des Christentums gegen seine Feinde symbolisieren.

Die Einheit im Innern sollte wie im Mittelalter dadurch herbeigeführt werden, daß man die Energien der Völker und Herrscher auf die auswärtigen Aufgaben und Missionsvorhaben des Christentums lenkte. Österreich sollte die Türken zurückschlagen und Frankreich seinen Eroberungswillen auf Ägypten und die Levante richten. Das Schicksal Englands lag in Amerika, und für die Niederländer war es natürlich, sich dem Orient zuzuwenden. Vor Rußland aber mußte man auf der Hut sein; es war der immer stärker werdende Riese, der seinen Schatten über die westliche Welt warf.

DAS UNIVERSUM ALS EINHEIT IN DER VIELFALT

Das Denken von Leibniz war – auch darin war er Nikolaus von Cues vergleichbar – eng mit den vielfältigen Unternehmungen verwoben, denen er sich widmete. Er war eher ein Journalist und Publizist als ein Philosoph. Sein einziges selbständig erschienenes Werk war die »Theodizee« (1710); seine anderen Werke, darunter auch die Monadenlehre (1714), wurden erst in seinen späteren Lebensjahren in Zeitschriften veröffentlicht. Er schrieb entweder lateinisch oder französisch. Leibniz ist ein Beispiel für die Mannigfaltigkeit der Interessen und den Reichtum des Wissens, die für den barocken Polyhistor charakteristisch waren, bevor im 18. Jahrhundert die Zeit des Spezialistentums anbrach. Er war zugleich Jurist und Theologe, Naturwissenschaftler und Historiker, Mathematiker und Philologe und natürlich auch ein wenig Philosoph. Bei all dieser ungeheuren Gelehrsamkeit war er aber auch ein schöpferischer Denker, der, um nur dies eine zu nennen, Newton die Priorität in der Entdeckung der Differentialrechnung streitig machte. Sein Schöpfertum darf wohl faustisch genannt werden: eine rastlose Sucht nach dem versöhnenden, verbindenden Prinzip, das allen Dingen zugrunde liegt. Diese Suche entspricht in verfeinerter Form dem alten alchimistischen Streben nach dem Urstoff oder dem Stein der Weisen.

Geistig stand Leibniz auf der Schwelle zwischen der paracelsisch-alchimistischen Weltauffassung und der naturwissenschaftlich-mechanistischen Naturanschauung. Als junger Mann war er eine Zeitlang Sekretär einer alchimistischen Rosenkreuzergesellschaft in Nürnberg gewesen. Die Welt des Qualitativen, Schöpferischen und Zweckhaften traf in seinem Denken mit der Welt der quantifizierbaren mechanistischen Kräfte zusammen. Wie aber konnte das mechanistische Weltbild, das die gleichförmige und unveränderliche Wirkung der Naturkräfte betonte, mit der religiös-metaphysischen und alchimistischen Vorstellung des schöpferischen Zwecks, das heißt mit der Vorwärtsbewegung zu einem idealen Ziel, vereinbart werden?

In der Monade entwarf Leibniz eine Weltauffassung, in der die individuelle Selbstbestimmung mit der Relativität des kopernikanischen Weltbildes kombiniert war. Die Monade zeichnet sich vor dem Atom durch ihre Individualität aus, durch die Tatsache, daß jede Monade von jeder anderen unterschieden ist. Die Atome hingegen sind sich alle gleich, da nur äußere Kräfte auf sie einwirken. Alle atomaren Veränderungen kommen daher von außen, alle monadischen ausschließlich von innen. Die Monade hat Individualitätsmerkmale, da sie der Ausdruck einer schöpferischen Kraft ist, die ihr innewohnt. Sie hat sozusagen keine Fenster zur Außenwelt.

In jeder Monade, wie klein sie auch sei, spiegelt sich das gesamte Universum, das seinerseits auch eine Monade ist. Jede Monade wird von einem inneren Trieb zum Bewußtsein ihrer selbst gedrängt, das heißt zur Erkenntnis ihrer eigenen, besonderen Aufgabe innerhalb der Gesamtheit. Wieder begegnen wir hier der Beziehung zwischen Mikrokosmos und Makrokosmos, die für diese Hauptrichtung des deutschen Denkens so charakteristisch ist.

Bei Leibniz treffen wir auch die paracelsische Vorstellung an, Gott sei die schöpferische Kraft des Universums. Gott ist nicht lediglich der große Techniker oder Mathematiker, der eine Maschine konstruiert, die künftig von selber in Bewegung bleibt, wie der Deismus annimmt. Gott ist vielmehr der Welt immanent; er ist die Monade aller Monaden, von denen jede ein kleiner Gott in ihrem eigenen Umkreis ist. Jede Monade faßt sich selber als ein sich selbst bewußtes Ich auf, das von der Welt unterschieden ist, denkt sich aber zugleich auch schöpferisch mit Gott und in der Welt. Jede sucht sich ferner in der Klarheit und Ordnung einer prästabilisierten Harmonie zu verwirklichen, die dieser Welt, der besten aller möglichen Welten, innewohnt. Diese Welt ist in Wahrheit die einzige, in der sich der göttliche Schöpfergeist verwirklichen könnte. Gibt es auch viele Dinge in dieser Welt, die uns nicht gefallen, so müssen wir doch daran denken, daß sie nicht für uns allein geschaffen ist. Im übrigen ist sie noch nicht vollendet, sondern bewegt sich noch auf die Erfüllung im Reiche Gottes zu.

DAS REICH DES GEISTES UND DAS REICH DES FLEISCHES

Leibniz gedachte die Wiedergeburt des *sacrum imperium* nicht im Sinne der alten sakramentalen Ordnung herbeizuführen, sondern als eine neue Ordnung des schöpferischen Geistes. Dies war wiederum auch der Traum der Alchimisten und vieler Häretiker; hier allerdings ist er spiritualisiert. Die Monadenlehre von der Vielfalt in der Einheit konnte das neue Harmonieprinzip abgeben; mit diesem Monadenbegriff wollte Leibniz eine spirituelle Repräsentation der alten Formen – Reich, Kaiser, Papst, Sakramente – erreichen, um ein einheitliches und gereinigtes Christentum wiederherzustellen. Im übrigen hoffte er auf das Erscheinen eines »dritten« großen Kaisers« nach Karl dem Großen und Otto dem Großen [1].

Gegen Ende seines Lebens, von 1712 bis 1715, hielt sich Leibniz in Wien auf. Er hatte lange mit dem führenden österreichischen Staatsmann Prinz

Eugen korrespondiert, der viele seiner Bestrebungen teilte und dessen Unterstützung zur Verwirklichung des neuen Heiligen Reiches des Geistes er nun zu gewinnen suchte. Er hoffte, vom Sitz des Kaisertums aus einen Weltbund der Kirchen, Völker und Wissenschaften vollendet zu sehen. Er plante vor allem, in Wien eine kaiserliche Akademie der Wissenschaften und der Künste zu errichten, die als Zentralinstitution der Welteinheit dienen und durch die Akademien in den wichtigsten Hauptstädten Europas sowie ostwärts über Rußland bis nach China wirken würde. Rußland würde auf diese Weise in den europäischen Kulturkreis einbezogen werden, und zwischen China und dem Westen ließe sich ein kultureller Kontakt herstellen. Die Akademie sollte das wichtigste Mittel werden, die besten Köpfe der Christenheit zur Verwirklichung der Harmonie zusammenzuführen; sie würde eine neue, einheitliche Kirche anstelle der alten sein, die durch die Streitigkeiten der Theologen zerstört worden ist. Ähnliche Gedanken sind auch schon früher ausgesprochen worden, zum Beispiel von Comenius. Die Verwirklichung der Pläne blieb nun aber weit hinter Leibnizens Hoffnungen zurück; nur die Berliner Akademie wurde gegründet. Die Atmosphäre der Gegenreformation im katholischen Süden stand diesem spiritualistischen Rationalismus entgegen, der im intellektuellen Grenzbereich zwischen Protestantismus und Katholizismus spielte.

In einem gegenüber den Leibnizschen Plänen viel engeren Rahmen verwirklichten die Habsburger eine Vereinigung von Völkern unter einer Dynastie, eine Verschmelzung von Künsten und Wissenschaften unter königlichem und aristokratischem Patronat sowie die Aufrechterhaltung des einen wahren Glaubens unter »Seiner apostolischen Majestät«. Sie erreichten daher bis zu einem gewissen Grade eine Herrschaft, einen Glauben, eine künstlerische Ausdrucksform. Wien errichtete das, wie man es genannt hatte, »Welttheater« des Barock, das in seiner Oper, seinen Festspielen und Maskenfesten die magische und mythische Welt der Vergangenheit und Gegenwart wiedergab. Die Kultur des aristokratischen Hofes und des Dorfes wurden in dieser patriarchalischen Gesellschaft und archaischen Wirtschaftsform vereint, in denen Adel und Bauernschaft noch eng aneinander gebunden waren; erst im 19. Jahrhundert trieb die bürgerliche Kultur einen Keil zwischen sie[2].

Wie in der Karolingerzeit und in der Zeit der Sachsenkaiser dienten auch jetzt Architektur, Bildhauerei und Malerei einerseits zur Umrahmung für das religiöse, politische und soziale Zeremonienwesen und andererseits zur Wiedergabe der bestehenden Ordnung der Dinge. In der Barockzeit war man sich natürlich beider Anwendungsformen sehr viel bewußter als in den früheren Kunstformen. Es darf jedoch gesagt werden, daß die *ordo* des *sacrum imperium* ihren letzten großen Ausdruck im barocken Stil gefunden hat.

Zweifellos muß der Barockstil als das letzte große Beispiel eines internationalen Stils angesehen werden, darin der Romanik, der Gotik und der Renaissance vergleichbar. Seine Wurzeln lagen im Italien des 16. Jahrhunderts, seinen klassischen Ausdruck fand er in der zweiten Hälfte des 17. Jahrhunderts; in den ersten Jahrzehnten des 18. Jahrhunderts erreichte sie ihren Höhepunkt. Vielleicht sind nie und nirgends in Europa so viele bedeutende Bauwerke in einer so kurzen Zeitspanne errichtet worden. Diese Blütezeit der Architektur spiegelte das neue Bewußtsein der imperialen Bestimmung wider, das von Wien ausging; es war von den Siegen über die Türken und die Franzosen ebenso angeregt worden wie auch von dem neuen Gefühl der Einheit, das sich um die Dynastie, die Aristokratie und die Kirche kristallisierte.

Die Mutterkirche der Jesuiten in Rom, Il Gesù (1568–1584), wurde eine Art Vorbild für alle späteren Barockkirchen und -paläste. Auch die älteren Mönchsorden übernahmen die neuen dynamischen Formen. Der Anstoß, der sich daraus für den Barockstil ergab, läßt sich daran abschätzen, daß allein die österreichischen Besitzungen der Habsburger zweitausendeinhundertdreiundsechzig Klöster mit fünfundsechzigtausend Mönchen und Nonnen beherbergten[3]. Während dieser Aufschwung der religiösen Barockarchitektur für die früheren und mittleren Entwicklungsphasen dieses Stils charakteristisch war, fand die barocke Kunst in ihrer letzten Phase, gegen Ende des 17. und zu Beginn des 18. Jahrhunderts, ihre eigentliche Form in dem großen Fürstenpalast und der aristokratischen Residenz.

Auch im Barock manifestierte sich die Spannung zwischen spiritualistischen und naturalistischen Kräften, die wir schon in Leibnizens Denken vorgefunden haben; sie spielte zwischen der inneren spirituellen Erfahrung, die von den religiösen Bewegungen so stark betont wurde, und dem mechanistischen Weltbild, einer Vorstellung, die den Menschen zur Marionette unpersönlicher Kräfte machte. Diese Spannung drückte sich im Barock durch so naturalistische Mittel aus wie die übertriebene Verzerrung von Gesichtszügen und Muskeln in der Bildhauerei und die völlige Aufhebung der räumlichen Begrenzung. Diese Wirkungen konnten nur dadurch erzielt werden, daß man die Statik der klassischen Renaissance-Formen zugunsten des räumlichen Dynamismus der Gotik aufgab. Das neue Raumgefühl war seinerzeit beim Übergang von dem romanischen Baustil zur spätgotischen Hallenkirche aufgekommen; im Barock findet nun eine weitere Ausdehnung dieser dynamischen Einheit des Raumes statt.

DIE BAROCKE RAUMDYNAMIK

Die außergewöhnliche Flexibilität der Barockarchitektur wurde vor allem dadurch ermöglicht, daß man anstelle der geschlossenen Bauweise der Renaissance einen lockeren Grundriß entwickelte. Die Bauten der Renaissance stellten mit ihren großen Kuppeln und ihren ausgewogenen Raumelementen eine Rückkehr zu der zentralisierenden Bauweise der Antike dar; sie hatten die Basiliken abgelöst, deren die Längenausdehnung betonende Struktur im Mittelalter vorherrschend war. Im Barock wurden nun beide Grundstrukturen kombiniert; sie ergaben ein Oval, eine Form, die offensichtlich gegenüber den zentralisierten und den länglichen Formen eine größere Beweglichkeit aufwies. Es handelte sich um das Gegenstück zu Keplers dynamischen Ellipsenbahnen der Planeten im Gegensatz zu den statischen Kreisbahnen des ptolemäischen Systems.

Bildhauerei und Malerei, die schon in der Renaissance von der Architektur völlig unabhängig geworden waren, strebten jetzt danach, sie zu beherrschen und flossen dabei mit ihr zusammen. Die Skulpturen von Göttern und Heiligen waren als plastische Formen nicht mehr von ihrem gemalten Hintergrund zu unterscheiden, der seinerseits mit den Bauelementen zusammenwuchs. Die Malerei weitete den Raum aus und schuf die Illusion, daß Wände und Decken verschwänden. Jede Kunstform verlor ihre Eigenfunktion und diente lediglich dazu, dem Betrachter je nachdem einen Gesamteindruck von der Größe oder von Verehrungswürdigkeit zu vermitteln. Allerdings tendierte die Malerei dank ihrer stärkeren illusionsschaffenden Kraft dazu, die anderen Künste zu überspielen; sie erzeugte den Eindruck einer Welt von Formen wie auf der Bühne eines Theaters.

In dem typischen Barockgebäude, dem Palast, treten zwei Aspekte dieses Stils deutlicher hervor: Alle Teile sind einer Gesamtauffassung, einer großen Form untergeordnet; und die Bewegung des Blicks wird an klaren Linien entlang nach außen geführt, wodurch der Eindruck eines unbegrenzten Raumes entsteht[4].

Die Urform des barocken Palastes entstammte einer Verschmelzung des italienischen Renaissance-*palazzo* und der Villa. Der Palast hatte eine Würfelform und war sich selber, das heißt einem Innenhofe, zugewendet. Er war ursprünglich den verworrenen Lebensbedingungen einer spätmittelalterlichen Stadt mit ihren engen Gängen und gedrängten Wohnverhältnissen angepaßt. Die Villa andererseits war außerhalb der Stadtmauern angelegt, gab den Blick frei auf Gärten und die Landschaft und verlockte daher zur Anlage von Terrassen, Alleen und Springbrunnen. Der Barockpalast verband nun die Merkmale beider Bauten; er löste die Würfelform auf und nahm die Form eines »I« oder »U« an, so daß die Flügel gewonnen wurden, die auf Gärten blicken ließen.

Die Akzentuierung liegt auf der Mitte des Bauwerks; dort finden sich der Treppenaufgang, die Festhalle und der Ballsaal. In den großen süddeutschen Palästen, etwa dem Wiener Belvedere und dem Würzburger Bischofsschloß, wird das Treppenhaus sogar zum Kernstück des gesamten Gebäudes. Die prachtvollen, weit ausschwingenden Treppen vermittelten ein Gefühl der Bewegung in der Vertikalen und der Horizontalen. Sie boten die Gelegenheit zu festlichem Einzug in die Haupthalle.

DIE LANDSCHAFTSARCHITEKTUR

Die barocke Raumkomposition kreiste um den sich bewegenden Beschauer, der sein Bild nicht nur in den reichlich angebrachten Spiegeln und Wasserflächen wiedersah, sondern sich auch schon durch die Größe der Anlagen erhoben fühlte. Die großartigen Treppen und weiten Säle mögen den heutigen Besucher zwar weit und leer anmuten, selbst wenn sie mit dem ursprünglichen Mobiliar ausgestattet sind. Aber diese Architektur war, wohl mehr als jede andere der Vergangenheit, bewußt so angelegt, daß sie den Hintergrund für Gesellschaften farbenprächtig gekleideter Damen und Herren bildete, die gewissermaßen ständig im Kostüm waren und sich stets bewußt blieben, nicht nur auf einer Bühne zu stehen, sondern zugleich auch die Zuschauer bei diesem Schaustück, dieser Festlichkeit zu sein.

Der barocke Palast öffnete sich nicht der freien Natur, dem Wald und den Feldern, dem See und Fluß, sondern er blickte auf eine Landschaft, die so angelegt war, daß sie eben dieser Funktion genügte, Hintergrund und Bühne für das menschliche Schauspiel zu sein, das sich in ihrer Mitte abspielte. Tatsächlich verschmolzen Palast und Park zu einer höfischen Welt, die sich von der rohen Natur und von der Ungeschliffenheit des einfachen Menschen abschloß.

Lange Fensterreihen gingen auf Gärten hinaus, in denen beschnittene Zierhecken mit geometrisch abgezirkelten Spazierwegen und Pfaden abwechselten, die wieder den Blick auf Springbrunnen und Statuen freigaben, hinter denen sich weite Ausblicke eröffneten. Die großen Springbrunnen, von denen nach allen Seiten Promenaden wie die Speichen eines Rades ausstrahlten, lagen einer einsamen Grotte mit merkwürdig entstellten Figuren gegenüber: Unter der Oberfläche sozialer und kultureller Verfeinerung geisterte im Barock noch das Wissen um eine Welt dunkler, dämonischer Kräfte.

Der Barockstil leistete einen fortdauernden Beitrag zur Städteplanung; er entwarf die ideale Stadt, die nicht nur das Ergebnis zufällig zusammengewürfelter Ansiedlungen, sondern die einheitliche Schöpfung eines souveränen Willens sein sollte[5]. Neue Städte wie Karlsruhe und Mannheim wurden jetzt gegründet, ältere umgestaltet und neu geformt. Hatte die mittelalterliche Stadt auf der nüchternen Erwägung beruht, daß man sich nur innerhalb der Mauern ausdehnen konnte, die vor dem feudalistisch regierten flachen Lande schützten, und hatte auch die Renaissance-Stadt die rationale Planung eingeführt, so entwarf doch erst der Barockstil den Gesamtplan, der die Raumaufteilung an der Umgebung orientierte. Die barocke Stadt hatte die Gestalt eines Sterns und blickte so auf die Landschaft hinaus wie der Palast auf seine Gärten. Die Stadt gliederte sich um die fürstliche Residenz, die inmitten eines großen, offenen Platzes lag. Von diesem Zentrum strahlten wiederum wie Radspeichen die Straßen aus, und Durchblicke öffneten sich in verschiedenen Richtungen; sie wurden nur durch die kaum sichtbaren dreieckigen Bastionen der Befestigungsanlagen begrenzt. Die befestigte Stadt diente gewöhnlich als fester Rückhalt, und zwar sowohl für den Nachschub als auch in taktischer Hinsicht, für die immer beweglicher werdende Kampfesweise in Gefechten.

Gegen Ende des 17. und zu Beginn des 18. Jahrhunderts trat eine Reihe großer einheimischer Architekten in Erscheinung, von denen die bedeutenderen Johann Bernhard Fischer von Erlach, Balthasar Neumann, Matthäus Daniel Pöppelmann und Jakob Prandtauer waren. Obgleich nun der französische Einfluß den italienischen überlagerte, schufen die Süddeutschen eine eigene einheimische Version des Stils, die ebenso wie die Spätgotik eine Überreife verrät, sowohl durch die Überfülle der Formen als auch durch allzu weit ausgreifende räumliche Abmessungen.

Frankreich war unter Ludwig XIV. nicht nur das volkreichste und mächtigste Land Europas, sondern auch die wichtigste Quelle der Inspiration für die klassische Periode des Barockstils in der zweiten Hälfte des 17. Jahrhunderts. Ein großer Palast, Versailles, das Symbol des Majestätskults, übertraf alle anderen und wurde zum Vorbild für fürstliche Residenzen an vielen anderen Orten. Seine Form war deutlich klassisch gewählt und ähnelte den Fassaden der römischen Kaiserzeit. Seine überwiegend horizontalen Linien kehrten auch in den großen Korridoren, etwa im Spiegelsaal, wieder; dagegen fehlte in Versailles die monumentale Aufgangstreppe, die die deutschen Paläste charakterisierte. Die französische Gesellschaft war in bezug auf die Handwerke und Dienstleistungen am stärksten funktional durchorganisiert und hatte auch eine größere funktionale Spezialisierung der Räume durchgeführt, etwa des Salons, des Speisesaals und der Schlafgemächer. In Deutschland war der französische Einfluß übrigens am stärksten im Norden zu verspüren, vor allem aber in Berlin, wo die Hugenottenkolonie etwa ein Viertel der Gesamtbevölkerung ausmachte.

DIE REPRÄSENTATION EINER POLITISCHEN UND SOZIALEN ORDNUNG

Im Barock haben wir es sichtlich noch mit einer Kunst zu tun, bei der nicht das Genie des Individuums nach einer Ausdrucksform suchte, sondern die eine Weltordnung repräsentierte. Die alten Griechen hatten den Kosmos als ewige Wiederkehr dargestellt, der mittelalterliche Mensch die Vermittlung der göttlichen Macht und Gnade in einer hierarchischen Ordnung wiedergegeben. Beide Anliegen wurden allmählich aufgelöst, als die Renaissance ihr neues Weltbild vorführte und die Reformation den Glauben zu einer inneren Gewißheit erklärte. Der Barockstil wandte sich nun wieder einer gottgegebenen politischen und sozialen Ordnung zu, wobei er die geheiligte Monarchie des Mittelalters wiederbelebte, jedoch nicht als Projektion einer himmlischen Ordnung, sondern als bewußt eingesetzte Institution zur Aufrechterhaltung der Ordnung und des wahren Glaubens[6].

Die politische und soziale Ordnung der Barockzeit zentrierte sich daher um den charismatischen Herrscher, dessen magische Kraft durch den Strom des Blutes innerhalb seiner Dynastie weitergegeben wurde und der als Gesalbter des Herrn durch göttliche Berufung die Ordnung der Dinge so bewahrte, wie es göttlichem Willen entsprach. Innerhalb der hierarchischen Ständeordnung wies er jedermann den ihm gebührenden Platz zu; nach der relativen Nähe zum König, der Quelle der Gnade, bestimmten sich der Rang und die Würde des einzelnen.

Dieser Majestätskult läßt sich, insbesondere was seine zeremonialen Erscheinungsformen angeht, bis zur heiligen Monarchie des alten Byzanz zurückverfolgen, die über Spanien an die französische Monarchie und zu den Habsburgern weitervermittelt wurde.

Das Zeremoniell, das sich um die Person des Herrschers rankte, wurde am Hofe Ludwigs XIV. am umfassendsten ausgebaut. Prinzipiell wurde der König durch zwei Tätigkeitsbereiche in Anspruch genommen: durch die Arbeit im Kabinett, wo er sich mit seinen bürgerlichen Ministern traf, um sich mit der Verwaltung der inneren und äußeren Angelegenheiten des Königreichs zu befassen, und durch das Hofleben, das nach dem Standpunkt jener Zeit nicht weniger wichtig war: Bei Hofe war ein ideales Abbild der politischen und sozialen Ordnung zu finden. Das *lever* und das *coucher*, das Aufstehen und das Zubettgehen des Monarchen, bildeten den täglichen liturgischen Rahmen der Abfolge höfischer Funktionen. Die Spitzen des Hochadels empfanden kein Gefühl der Erniedrigung und meinten nicht das Gesicht zu verlieren, wenn sie dem König noch so niedrige Dienste leisteten. Er war für sie ein charismatisches Symbol, das die Abstufungen und die Rangordnung innerhalb der »heiligen« Ordnung vorschrieb; die Dienste, die man ihm leistete, steigerten also in Wirklichkeit die Würde, die man besaß.

Im Barock nun fand diese geheiligte Ordnung ihren sichtbaren Ausdruck nicht so sehr durch den Symbolismus wie vielmehr durch die steigende Bedeutung von Illusion und idealer Form. Die vorgegebene Ordnung bedurfte keiner utilitaristischen oder ideologischen Rechtfertigung. Großartiges Auftreten und gewählte Kleidung aber hatten nicht nur eine dekorative Funktion; sie steigerten vielmehr die Wirkung des schönen Scheins. Man lebte immer in einem Rahmen, im Rahmen eines Ranges oder eines Standes; wer nur er selbst sein wollte, war ein Wilder, ein Barbar.

Auch die Architektur richtete sich in besonderem Maße auf das Ziel, einen greifbaren Rahmen zu schaffen, der allein schon diese gesteigerte Wirkung hervorbringen konnte. Man bemerkt denn auch, daß die Architekten sich wenig um die täglichen Lebensbedürfnisse kümmerten; sie vernachlässigten sogar die einfachsten hygienischen Vorkehrungen. Hunderte von Springbrunnen in den Gärten schlossen nicht aus, daß in dem ganzen Palast nicht ein einziges Badezimmer existierte. Die Tendenz zur Erzeugung der Illusion einer idealen Ordnung trug überdies dazu bei, die Grenze zwischen Fiktion und Wirklichkeit aufzuheben; so kam es, daß der Scharlatan, der Quacksalber, der Okkultist in dieser Gesellschaft nicht eben selten anzutreffen waren.

DIE WELT ALS SCHEIN

Von besonderer Wichtigkeit war im Barock die Illusion einer idealen Ordnung, die sich allerdings nicht von einer realen, sondern einer ebenfalls illusorischen, künstlichen Daseinsweise der Menschen abhob. Der Hof mit seinem liturgisch geregelten Tageslauf, seinen Festen, Schaustellungen, Bällen und Schauspielen stellte gewissermaßen ein Theaterstück innerhalb des Welttheaters dar. In diesem war der Mensch eine Marionette widerstreitender Kräfte, die um die Erlösung oder Verdammnis des Menschen rangen, auf der irdischen Bühne stand der Mensch zwischen Himmel und Hölle. So kehrte das Barockzeitalter zu der vertikalen Achse des Mittelalters zurück, versuchte jedoch, den Kampf der beiden Reiche nicht symbolisch, sondern theatralisch darzustellen und dabei alle illusionserzeugenden Mittel einzusetzen, die seine Architektur bereithielt, die, wie gesagt, selber nur eine Art

Bühnenausstattung darstellte. In diesem Welttheater, so wußte man, war man gleichzeitig Mitspieler und Zuschauer [7].

Die Vorstellung von einem Welttheater spiegelt den tiefen Pessimismus wider, der die Weltanschauung der Barockzeit kennzeichnet. Der Mensch des Barock hatte weder den mittelalterlichen Glauben an eine göttliche *ordo* und eine Vorsehung noch hatte er zu dem mechanistischen Weltbild Vertrauen gefaßt oder eine optimistische Vorstellung von der Geschichte der Menschheit gefunden wie die Aufklärung des 18. Jahrhunderts.

Der Barockstil spiegelte die untergehende Welt der Gegenreformation wider. Die religiösen Konflikte hatten einen weitverbreiteten Skeptizismus und eine Enttäuschung hervorgerufen, die in Lebensmüdigkeit gipfelten. Nichts schien Substanz und Dauer zu haben; der Zufall beherrschte die Welt. Im Leben des Kavaliers und des Höflings konnte die Laune oder die Kaprice des Monarchen oder seiner Mätresse einen Wendepunkt bedeuten. Die ganze Welt war ein Maskenball, eine einzige große Illusion, und ebenso stand es auch um die menschliche Anständigkeit und Aufrichtigkeit. Im Barockdrama war dementsprechend die hervorstechendste Figur der als Narr oder Diener verkleidete Fürst oder aber der als gerechter Herrscher oder großer Aristokrat verkleidete Leibeigene. Eine Flucht aus dieser Welt war nur auf zweierlei Weise möglich: indem man sich der Ewigkeit verschrieb und ins Kloster ging oder indem man sich im Theater dem Augenblick hingab. Die Gegenwart mußte mit Festspielen und Schaustücken ausgefüllt werden; denn ebenso wie die Barockzeit keinen leeren Raum duldete, so scheute sie auch die unausgefüllte Zeit.

Die Enttäuschung über die Sinnenwelt der Renaissance kommt bei einem der größten Philosophen des 17. Jahrhunderts zum Ausdruck, bei dem Franzosen Descartes. Er versuchte, die Philosophie nicht auf der Sinneserfahrung, sondern auf einem reinen Denkakt aufzubauen: »Ich denke, also bin ich.« Dieser Denkakt teilte aber der Welt des Gegenständlichen nur in bezug auf die räumliche Ausdehnung der Gegenstände einen rationalen Charakter zu, das heißt auf diejenigen Beziehungen, die meßbar und daher objektiv waren; die qualitative Welt der Farbe, des inneren Gefüges und der Wechselwirkungen hatte demgegenüber keinen rationalen, sondern in Wirklichkeit einen illusorischen Charakter, da sie rein subjektiv war. Sowohl Descartes als auch Newton, die beide ein mechanistisches Weltbild entwarfen, blieben übrigens gläubige Christen und stellten damit einen Dualismus zwischen dem rationalen Universum und der irrationalen Religion auf.

Leibniz versuchte, wie man sich erinnern wird, die Welt der Sinne und die Welt des Geistes in Übereinstimmung zu bringen, und zwar durch die dynamische Ganzheit der Monade, deren Hauptmerkmal ihre fortschreitende Selbstverwirklichung war. Auch das Barocktheater versuchte diesen Dualismus zu überwinden, indem es weder eine mechanistische Weltordnung noch einen reinen Subjektivismus anerkannte, sondern von der Sinnenwelt ausging, die jedoch nicht als Repräsentation einer sogenannten Realität aufgefaßt wurde, sondern als eine Bühne, auf der sich das menschliche Schauspiel ebenso wie das Drama des Übernatürlichen darstellen ließen.

Für das Barocktheater selber war es nun ganz besonders charakteristisch, daß man ausgeklügelte Techniken und Apparaturen aufwandte, um Auge und Ohr zu täuschen und auf diese Weise den Scheincharakter der Realität zu demonstrieren. Hatte die Renaissance die Perspektive ausgenutzt, um den Anschein der Realität zu erzeugen, so verwandelte das Barocktheater die Wirklichkeit in eine Illusion. Seine »Erfindung« des Bühnenbildes war daher sehr charakteristisch und stand in scharfem Gegensatz zu dem einförmigen Hintergrund aus Stein und Holz im Mittelalter und in der Renaissance. Jetzt konnte in der Horizontalen und in der Vertikalen der täuschende Eindruck großer Tiefe hervorgerufen werden; die Wände der Bühne und des Theaters entmaterialisierten sich und verschwanden. Außerdem bewegte sich die konkave Barockbühne in den Zuschauerraum hinein, während sie sich bei der konvexen Form des Renaissancetheaters von den Zuschauern entfernte. Das Barocktheater brachte damit eine Entwicklung zum Abschluß, die vom offenen Platz des Mittelalters über den perspektivischen Raumausschnitt der Renaissance zur völligen Verschmelzung von Zuschauerraum und Bühnenhandlung führte.

Die Barockbühne schuf damit einen neuen Raum, der weder zur Welt der Realität noch zur Welt der Illusion gehörte, da Schauspieler und Zuschauer sich bewußt waren, eine Zwischenzone einzunehmen, in der Geist und Sinne so miteinander verwoben waren, daß sie ununterscheidbar geworden waren. Obgleich die Barockzeit die Sinnenwelt für illusionistisch erklärte, entwickelte sie zugleich die sinnenfreudigsten Kunstformen; sie nahm an, daß der Mensch zugleich Schauspieler und Zuschauer war und daß diese Ambivalenz seine Sinne so steigerte, daß sie über sich selbst hinauswiesen, ohne jedoch selber aufgehoben zu werden. Es ist daher nicht überraschend, daß die Barockzeit eine Anzahl großer Mystiker hervorbrachte, die ebenfalls in dieser Zwischenzone eines gesteigerten Bewußtseins der sinnlichen und der geistigen Welt lebten.

Obgleich man davon gesprochen hat, die Jesuiten hätten die Kirche in ein heiliges Theater verwandelt, könnte man umgekehrt auch sagen, daß das Theater die Stelle der Kirche einnahm. Gewiß aber war das Theater in allen seinen Erscheinungsformen, Aufzügen, Schaustücken, Festspielen und Opern der große Mittler zwischen Hof und Kirche. Es bot das geeignete Medium, den idealen Schein vorzuführen, dessen allegorische Verkleidung aus Elementen der heidnischen und der christlichen Mythologie zusammengesetzt war. Die Tatsache, daß die Vorführungen in der Wiener Hofburg manchmal acht Stunden dauerten, beweist die Vorliebe dieser Zeit für Formen der Illusionierung, die in Wirklichkeit nur die Formen des liturgischen Ablaufs am Hofe und in der Kirche überhöhten.

Die Oper, ursprünglich nur als Rückkehr zum griechischen Theater aufgefaßt, war ein typisch barockes Gesamtkunstwerk, das Musik, dramatische Handlung und Tanz miteinander verband; wir finden darin auch die große Geste und den pathetischen Vortrag, die die Barockzeit liebte. Die außergewöhnliche Erweiterung der Stimmregister und der Zahl der Instrumente im 17. Jahrhundert ermöglichte es, diese Wirkungen hervorzubringen.

DAS ROKOKO ALS KUNST DER INNEREN VERFEINERUNG

Das Rokoko wird oft nur als eine elegantere Spätphase des Barockstils angesehen; in Wirklichkeit bedeutete es den Abschluß der barocken Darstellungsweise. Der König und der Adel fingen an, die Zeremonienfülle bei Hofe als lästig zu empfinden; sie bevorzugten nun kleinere Residenzen, an denen intimere Zusammenkünfte stattfinden konnten und die den Boden für die Entstehung der »Gesellschaft« bereiteten, jener Gesellschaft, deren Mittelpunkt der Salon wurde und der es nicht mehr um Repräsentation zu tun war, sondern um gemeinsame Unterhaltung und Erbauung und die sich gewissen Regeln des Verhaltens unterwarf. Als Reaktion darauf begannen Philosophen wie Rousseau, das Evangelium der Rückkehr zur Natur zu predigen; sie protestierten damit im Grunde gegen die Künstlichkeit der sozialen Konventionen, da diese keine »Ordnung« darstellten.

Spiegelte die Kunst des Rokoko auch nicht mehr eine geschlossene Weltordnung wider, so gab sie doch einen dekorativen und funktionalen Rahmen für die Gesellschaft ab. Zwar fehlten ihr die Robustheit und die Prachtentfaltung des Barockstils, doch erreichte sie Eleganz und Grazie. Ihre Symbole waren das Menuett und die gepuderte Perücke. Das Leben verlor seinen Ernst und gewann eine fröhliche Leichtlebigkeit, es wurde eine *fête galante*. Im Salon trat die leichte, witzige, schlagfertige Konversation an die Stelle des prunkvollen Zeremoniells und des strahlenden Schauspiels bei Hofe.

Nach der Jahrhundertmitte wurden nur noch wenige große Paläste gebaut. Die beiden wichtigsten Beispiele der Rokokoarchitektur waren der

Dresdener Zwinger (1711–1722), ein königliches Lustschloß, und Sanssouci (1745–1747), das Schloß Friedrichs II. in Potsdam. Gerade die Eleganz und Leichtigkeit von Sanssouci zeigen ganz deutlich den Kontrast zwischen dem dekorativen Stil des Rokoko und der verschwenderischen Pracht des Barock. Die Rokoko-Schlösser umgreifen den Platz und haben eine geschwungene Linienführung, so daß sie fast die Gärten umschließen, die jetzt die geometrische Anlage weitgehend aufgegeben haben und der englischen Mode folgen, Sträuchern und Bäumen ihren natürlichen Wuchs zu belassen und versteckte Plätzchen für ein intimes *tête-à-tête* auszusparen.

Die Innenarchitektur wurde im Rokoko wichtiger als die umfassende Gesamtplanung der Barockzeit. Das Mobiliar wurde völlig von Wänden und Fenstern losgelöst und bewußt dekorativ und funktional verwendet. Entsprechend der wachsenden Bedeutung sozialer Funktionen erhielten die Möbel ihren spezialisierten Charakter, den wir heute als selbstverständlich ansehen. Beispielsweise entwickelte sich die Kommode aus ihrem mittelalterlichen Prototyp, der Truhe, und der Stuhl nahm seine heutige Form an und unterschied sich damit vom lehnenlosen Schemel und vom zeremoniellen Thron. Die Schlafräume wurden von den Empfangszimmern getrennt. Die Fenster betonten nicht mehr den Gegensatz von Licht und Schatten, sondern dienten dazu, den Innenraum mit Licht zu erfüllen. Zarte Pastellnuancen auf Seide und Prozellan traten an die Stelle der harten Kontraste des Barock.

Auch die Musik gab die neuen Interessen und Formen des Zeitalters wieder. Der katholische Süden brachte die größten musikalischen Genies hervor, wohl nicht nur die größten dieser Periode, sondern aller Zeiten. In der zweiten Hälfte des 18. Jahrhunderts erreichte die deutsche Musik ihr goldenes Zeitalter. Sie wurde das Ausdrucksmittel universeller Werte, nicht nur solcher eines bestimmten religiösen Glaubens oder einer begrenzten Kultur. Nennen wir nur die typischsten Vertreter: Gluck, Haydn, Mozart, Beethoven. Mozarts Kammermusik, die zur Aufführung in kleinen Gesellschaften bestimmt war, wies dieselben Merkmale der Leichtigkeit, Eleganz und Grazie auf, die das Rokoko insgesamt charakterisierten.

DIE TECHNIK AUF UND UNTER DER ERDOBERFLÄCHE

Die Zivilisation der Barockzeit basierte auf einer Technik, die im wesentlichen auf Wind, Wasser und Holz angewiesen blieb; Holland mit seinen vielen Windmühlen und Kanälen ist ein bezeichnendes Beispiel dafür. Diese Technik beutete die Kräfte der Erdoberfläche aus: Wind und Wasser trieben Räder und Boote an [8]. Damit wurde eine bedeutende Beschleunigung der Fortbewegung auf Straßen und Wasserwegen angeregt; dafür spricht zum Beispiel die Einführung von Schlagbäumen sowie des Postkutschendienstes.

In der ersten Hälfte des 18. Jahrhunderts gab es allerdings in Deutschland noch erhebliche Beschränkungen des Personen- und Güterverkehrs. Der Merkantilismus hatte im übrigen eine Vielzahl von Tarifen und Gebühren nach sich gezogen, die an den Grenzen der wohl über dreihundert Kleinstaaten und an den Stadttoren erhoben wurden. Für Waren, die knapp fünfhundert Kilometer, etwa von Straßburg nach Holland transportiert wurden, mußten mehr als dreißig verschiedene Zölle und Gebühren entrichtet werden. Die besten Straßen gab es im südlichen Europa; im Norden waren sie relativ schlecht, und vielleicht hatte man sie bewußt so gehalten, um ausländische Waren fernzuhalten und die Menschen am Wegziehen zu hindern. Die Wirtschaftsfachleute dieser Zeit beklagten besonders lebhaft, daß die Deutschen eine Vorliebe für französische Waren wie auch für die französische Kultur hatten [9].

Zu Anfang des 18. Jahrhunderts erlebte diese Technik eine Krise, da die Holzvorräte erschöpft waren. Die Rodungen zur Gewinnung von Bauernland und die Verwendung von Holz zu allen möglichen Zwecken, selbst zum Bau von Maschinen, vor allem aber der große Bedarf an Holz als Brennmaterial bei der Eisengewinnung bedrohten die Waldbestände. Jedoch eine Reihe von Erfindungen, darunter die Anwendung der Kohle im Schmelzprozeß sowie die Verbesserung der Dampfmaschine leiteten noch rechtzeitig die neue Bergbautechnik ein, zuerst in England, später auch auf dem Kontinent.

Die Technik erfuhr eine noch gründlichere Veränderung dadurch, daß sich die Motivierung des technischen Fortschritts wandelte. Die Technik des Barockzeitalters, die noch weit bis ins 18. Jahrhundert hinein bestehen blieb, diente überwiegend unproduktiven Zwecken, wobei wir die Nützlichkeit von Kriegsgerät, Kanonen und Handfeuerwaffen dahingestellt sein lassen wollen. So verlangten die großen Theateraufführungen nach Mechanismen wie künstlichen Enten und Flötenspielern, nach raffinierten Wasserspielen und Feuerwerken; die Konstruktion dieser Vorrichtungen verriet eine technische Erfindergabe, wie sie kaum von den englischen Spinn- und Webmaschinen erreicht wurde, die am Anfang der industriellen Revolution standen.

War also die Technik des Barock eng mit den Künsten verknüpft, so tat sich im 18. Jahrhundert eine deutliche Kluft zwischen den schönen Künsten und den nützlichen Künsten auf, wie sich an der Denkweise der *philoso-*

phes, etwa Voltaires, ablesen läßt. Die Unterscheidung gewann allerdings erst im 19. Jahrhundert eine größere Bedeutung. Die nützlichen Künste gewannen ein großes Ansehen, als sie in der Aufklärung mit dem Fortschritt des Wohlstandes und des Glücks der Menschheit in Verbindung gebracht wurden; die schönen Künste, die nun nicht mehr einer »Ordnung« entsprachen, übernahmen es seit dem Rokoko, das Leben freundlicher und behaglicher zu machen.

Daß die Bergbautechnik von England ausging, ist dem Umstand zugeschrieben worden, daß England im 18. Jahrhundert im Vergleich mit den kontinentalen Ländern, zum Beispiel mit Frankreich und Deutschland, relativ rückständig gewesen ist [10]. In England gab es weniger Beschränkungen durch Zünfte und merkantilistische Vorschriften, aber auch weniger ideelle Hemmungen, die im künstlerischen und sozialen Ethos zum Ausdruck gekommen wären; und das Bürgertum hatte seine Selbständigkeit und seinen Einfluß nicht nur in Politik und in Religion, sondern auch in Handel und Industrie hinreichend erweitern können. In bezug auf das technische Wissen und Können allerdings galten Frankreich und Deutschland im Urteil der Zeitgenossen als führend, und die Deutschen brachten in Gestalt von Goethes »Faust« das erste große Werk hervor, das nicht nur die technischen Möglichkeiten für die Zukunft ins Auge faßte, sondern auch den ambivalenten Charakter der Technik für die Geschichte der Menschheit erkannte.

DIE KULTURVERLAGERUNG VON SÜD NACH NORD

Die Kultur und die industrielle Technik des Rokoko untergruben die barocke Synthese, und dies vor allem im Norden. Sowohl die Kultur als auch die Technik entsprachen den Wertungen des Bürgertums – die Kunst hatte dekorativ, die Technik nützlich zu sein –, die im 19. Jahrhundert insbesondere in Nordeuropa vorherrschend wurden. Der Barockstil bestand allerdings in abgeschwächter Form im Süden fort, vor allem in den habsburgischen Gebieten; zumal Wien hörte nicht auf, seinen früheren Ruhm widerzuspiegeln: in der Prachtentfaltung und im Zeremoniell des habsburgischen Hofes, im Prestige seiner Adelsfamilien, in der Brillanz von Oper und Schauspiel. Brachten auch die Romantik und die Revolution einige Nuancierungen, so blieben doch die Grundformen und der Geist des Barock im Süden noch bis in Hitlers Tage hinein erhalten.

Während der religiöse Konflikt seine Intensität weitgehend einbüßte, bestand im 18. Jahrhundert die Tendenz, die kulturelle Scheidung zwischen dem protestantischen Norden und dem katholischen Süden nur noch schärfer auszuprägen. Die Gegenreformation hatte die religiöse Opposition protestantischer und sektiererischer Herkunft im Süden weitgehend ausgelöscht; die Quellen religiöser und intellektueller Gärung waren beseitigt, der Konformismus gefördert worden. Im Norden dagegen erlebten Spiritualismus und Sektierertum nach dem Dreißigjährigen Krieg eine Metamorphose und gewannen in Gestalt des Pietismus und der Aufklärung neue Lebenskraft. Im Süden traten Spiritualismus und Sektierertum erst im 19. Jahrhundert wieder in Erscheinung, und zwar in durchaus säkularisierten Formen, als nämlich dort der Nationalismus zu keimen begann.

Das Zentrum der intellektuellen und politischen Gärung verlagerte sich also im 18. Jahrhundert in die nördlichen Teile Deutschlands, wo der preußische Staat unter Friedrich dem Großen eine führende Stellung einnahm, nicht nur in außenpolitischer Hinsicht, sondern auch in bezug auf die Entstehung des neuen aufgeklärten Despotismus. Pietismus und Aufklärung waren bürgerliche Bewegungen des Nordens; ihre Verschmelzung im Idealismus Herders, Kants und Goethes bildete die eigentliche Ursache der geistigen Vorherrschaft Deutschlands im 19. Jahrhundert.

Das norddeutsche Bürgertum wurde sich bald seiner kulturellen Sonderstellung bewußt. Der dem Barockzeitalter verhaftete Adel hatte seine Festaufführungen und Schaustellungen von den städtischen Plätzen und Straßen in die Fürstenschlösser verlegt. Im Süden, das sei hier angemerkt, blieben die unteren Volksschichten noch in engem kulturellem Kontakt mit dem Adel. Das Unabhängigkeitsgefühl, das das Bürgertum im Norden erlangte, verrät sich in den zahlreichen Gemälden holländischer Meister, die Zunftmeister und Stifter in ihrem besten Sonntagsstaat abbilden. In Holland und England, wo die Abgrenzung des Bürgertums von den unteren Volksschichten und vom Adel besonders entschieden war, fuhren die Bürger noch fort, die Sitten und modischen Gewohnheiten der Adligen nachzuahmen.

Die protestantischen Bürger des Nordens entwickelten im Pietismus und in der Aufklärung neue Ausgangspunkte eines ihnen gemäßen Weltbildes; die barocke Auffassung der Welt als Schein entsprach nicht dem Realismus und dem optimistischen Willen einer aufstrebenden Klasse.

SPIRITUELLE ERLEUCHTUNG UND RELIGIÖSE SUBJEKTIVITÄT

Wir haben gesehen, daß der Mystiker Böhme die Kirchengeschichte als fortgesetzten Abfall von der idealen spirituellen Beziehung zwischen dem Individuum und Gott darstellte. Während Luther eine ganz neue Vision dieser spirituellen Bindung vortrug, hatte die Reformationsbewegung schließlich nur eine neue dogmatische Orthodoxie hervorgebracht, jetzt nicht unter päpstlicher, sondern unter fürstlicher Oberhoheit. Gottfried Arnold (1666-1714) gab in seinem einflußreichen Werk »Unpartheyische Kirchen- und Ketzer-Historie« (1699-1700) die bedeutendste historische Rechtfertigung der spiritualistischen Bewegung. Er vertrat die Auffassung, daß die Häretiker die Fackel der wahren, spirituellen Religion über die verschiedenen dunklen Zeitalter der Orthodoxie hinweggerettet hatten. Aber er behauptete weiter, daß eine Wiedergeburt bevorstünde, die der wiederholten Abschwächung der Spiritualität ein Ende setzen und eine Rückkehr zu der Unschuld und Harmonie des Paradieses einleiten werde; dann würden die Brüderlichkeit und die Gemeinschaft der Heiligen eintreten. Arnold brachte offenbar die historische Perspektive des alten sektiererischen Spiritualismus zum Ausdruck, die ein Drittes Zeitalter des Geistes erwartete. Eine Zeitlang hatte er die Ansichten jener religiösen Radikalen geteilt, die die Welt mit Feuer und Schwert reinigen wollten. Nun aber dachte er an eine Wiedergeburt, die nicht den Sieg eines Erwählten bringen würde, sondern eine allgemeine spirituelle Erleuchtung. Der entstehende Pietismus hatte die früheren sozialrevolutionären Bestrebungen völlig aufgegeben und verhielt sich passiv. Er verlor praktisch den ganzen kämpferischen Schwung, der den Spiritualismus der Reformationszeit charakterisiert hatte, und gewann dafür an Gefühlstiefe und an Nuancierungen der religiösen Subjektivität.

Als Begründer des Pietismus wird allgemein Philipp Jakob Spener (1635 bis 1705), der zuerst Pfarrer in Frankfurt am Main war, später in Dresden und schließlich in Berlin, angesehen. Seine mystische Frömmigkeit, ähnlich der *devotio moderna* des Spätmittelalters, schuf sich ein Sprachrohr in kleinen Zirkeln, zu denen sich Laien, darunter auch adlige, zusammenfanden und die sich der Pflege verinnerlichter Frömmigkeit widmeten.

Wesentlich einflußreicher war August Hermann Francke (1663-1727), der die Bewegung zusammenfaßte und den Widerstand der orthodoxen Geistlichkeit überwand. Sein wichtigstes Betätigungsfeld war die Universität Halle; von dort strahlten sein theologischer und sein organisatorischer Einfluß auf die Umgebung aus. Für Francke war der Glaube wesentlich eine innere Erfahrung, die sich im Vorgang der Bekehrung ausdrückte. Seine eigenen religiösen Erlebnisse hatten ihm die verschiedenen psychologischen Stufen zum Bewußtsein gebracht, die der Glaube bei seiner Umwandlung durchlaufen mußte, bis er sich von der Annahme bloßer dogmatischer Formeln über Wiedergeburt, Erneuerung und Rechtfertigung zur lebendigen Seelenerfahrung geläutert hatte. Dieser Weg begann mit der Erkenntnis, daß die Seele der Welt verfallen ist. Die Gefährlichkeit dieses

Zustandes wurde durch einen auslösenden Anlaß klar ins Bewußtsein gehoben; dies führte zur Reue, schließlich zum Geschenk der göttlichen Gnade und zum Zustand der Heiligung. Der Nachdruck wurde hier auf die Buße gelegt, die aus dem Bewußtsein der Sünde und einem entschlossenen Willensakt erwächst, sein Leben zu ändern. Damit wurde aufs neue eine innere Lebendigkeit gefordert, die das bloße Fürwahrhalten von Dogmen ersetzen sollte.

Dank Francke gewann der Pietismus einen großen Einfluß auf die theologische Ausbildung, zunächst in Halle, danach auch an anderen theologischen Fakultäten, bis er schließlich die gesamte protestantische Orthodoxie durchdrang und umformte. Die Theologie konzentrierte sich jetzt auf die Bibel und löste sich von der aristotelischen und scholastischen Gedankenwelt. Der Nachdruck wurde auf die Ausbildung frommer und tatkräftiger Pastoren gelegt, die die Bibel bis ins kleinste kennen mußten. Sie hatten sich gründlich im Hebräischen und Griechischen auszukennen, um Textkritik und Exegese vornehmen zu können [11].

Auf dem linken Flügel der pietistischen Gruppen lebte die alte Hoffnung auf ein kommendes Königreich des Geistes fort. Diese Gruppen vertraten nach Art der früheren Sektenbewegungen die innere spirituelle Erleuchtung des Gläubigen gegenüber der Bibelhörigkeit und die Gemeinschaft der Heiligen gegenüber dem kirchlichen Institutionalismus. Es bildeten sich kleine Gemeinden von »Erleuchteten«, die sich von Böhmes Gedanken vom Abfall der offiziellen Kirchen inspirieren ließen; die meisten von ihnen brachen allerdings infolge interner Meinungsverschiedenheiten oder unter dem Druck der offiziellen Autoritäten wieder auseinander.

Graf Nikolaus von Zinzendorf (1700–1760) gründete in Oberschlesien um einen Kern von Mitgliedern der »Mährischen Brüdergemeine« eine sehr beständige und überaus einflußreiche Gemeinschaft, die »Herrnhuter Brüdergemeine«. Sie wurde eine Art Asyl für alle Arten von Spiritualisten und Sektierern. Die geistlich Erweckten lebten hier nach einer gemeinsamen Regel, und zwar in einer Weise, die eher an die Laiengruppen der Franziskaner als an die Sektengemeinschaften erinnerte. Zinzendorf betrachtete seine Gemeinde als die aktive, heilige Kirche innerhalb der allgemeinen Kirche, die durch den neuen Sauerteig wiederbelebt werden mußte; daher unternahm er zahlreiche Missionsreisen bis hin nach Amerika, um ähnliche Gemeinden zu gründen.

Das ganz persönliche Bekehrungserlebnis, das den Pietismus weithin charakterisierte, wurde in diesen neuen Gemeinschaften durch die fromme Kontemplation über Blut und Wunden des gekreuzigten Erlösers ersetzt; damit sollte sich die Gruppe zu den Höhen der Andacht erheben. Die ekstatische und mystische Anbetung wurde noch durch gemeinsames Gebet und Gemeindegesang gesteigert. Wer nicht völlig in Christus aufging, wurde von Zinzendorf als Atheist betrachtet. Diese Haltung ähnelt der spätmittelalterlichen Frömmigkeit im Hinblick auf die zentrale Bedeutung des gemeinschaftlichen und fast sinnlich-konkreten Nacherlebens des Geschehens am Kreuz[12]. Auch lassen sich viele Ähnlichkeiten zur jesuitischen Frömmigkeit der Barockzeit feststellen.

Aber diese radikale Seite des Pietismus unterstrich seinen Mißerfolg, eines seiner wichtigsten Ziele zu erreichen. Zwar verlieh er dem religiösen Leben der offiziellen Kirchen eine größere Gefühlstiefe, aber es mißlang ihm, die protestantischen Kirchen in Deutschland aus der Oberhoheit und Kontrolle der Fürsten zu lösen und sie in Gemeinschaften von Gläubigen zu verwandeln, deren Keimzelle die Gemeinde wäre.

Eine Leistung des Pietismus sollte jedoch noch besonders erwähnt werden, nämlich die Ausgestaltung der Kirchenmusik, die er nach sich zog. Der Umstand, daß der Protestantismus dank der Schlichtheit seines Zeremoniells nur beschränkten Gebrauch von optischen Möglichkeiten machen konnte, die Liturgie zu bereichern, führte zur Suche nach Wegen, die ganze Gefühlsbreite der Musik auszunutzen. In der Musik Bachs und Händels sehen wir die schönsten Ergebnisse dieser Bemühungen. Beide Komponisten stammten aus dem Zentrum des Reiches, aus Sachsen und Thüringen, wo der schöpferische Überschwang des südlichen Barock auf den Pietismus und Rationalismus des Nordens stieß und eine wahre Revolution in der Musik hervorrief.

Johann Sebastian Bach (1685–1750) war nur einer aus einer ganzen Dynastie lutherischer Kantoren in Sachsen. Etwa die letzten zwanzig Jahre seines Lebens verbrachte er in Leipzig. Obwohl er nur indirekt von der pietistischen Gefühlsströmung beeinflußt war, drückte sich seine tiefe, echt lutherische Liebe zur Musik in großen Kantaten aus, in denen die Verbindung barocker Farbigkeit und mathematischer Strenge des Aufbaus besonders auffällig ist. Georg Friedrich Händel (1685–1759) konnte auf ein viel bewegteres Leben zurückblicken, das ihn bis nach Italien und nach England führte, wo er die schöpferischste Phase seiner Laufbahn erlebte. Auch bei ihm finden wir das barocke Gesamtkunstwerk, das sich auf dem melodischen Ausdruck einzelner emotionaler Wirkungen aufbaut[13].

RATIONALISTISCHE AUFKLÄRUNG UND TOLERANZ

Der Pietismus war ebenso wie die Reformation eine eigenständige deutsche Entwicklung; dagegen drang die Aufklärung ebenso wie die Renaissance im wesentlichen aus dem Ausland ein. Die Aufklärung fand ihren besonders charakteristischen Ausdruck in Frankreich, wo sie sich grundsätzlich gegen die Kirche und ihre Dogmen richtete. Der Pietismus mußte zwar mit der Orthodoxie zusammenstoßen, ließ aber die Grundlagen des christlichen Glaubens unberührt, da er ihm vielmehr einen neuen Gefühlsinhalt vermitteln wollte. Jedenfalls hatten Pietismus und Aufklärung in Deutschland viel mehr gemeinsam als in Frankreich.

Obgleich die Aufklärung in vielfältigen Gestalten auftrat, war sie überall von der Grundüberzeugung getragen, das Denken des Einzelmenschen brauche nur aus den Fesseln des Aberglaubens, der Frömmelei und der Unwissenheit befreit zu werden, und die Erleuchtung seines Verstandes sei unfehlbar die Folge. Es darf behauptet werden, daß das innere Licht, von dem der Spiritualismus sprach, hier in säkularisierter Form vorlag, eben in dieser rationalen Erleuchtung der Aufklärung.

Der Rationalismus der Aufklärung erhielt jedoch einen positiveren Inhalt, da er die neue Kosmologie und die neue wissenschaftliche Methode übernahm und sie zur Grundlage einer neuen »Weltanschauung« und einer neuen sozialen und politischen Ordnung machte. Hatten Descartes und Newton noch ein rationalistisches Weltbild mit religiöser Orthodoxie vereinbart, so konnten die Führer der Aufklärung keinen solchen Kompromiß eingehen, und zwar in Frankreich noch weniger als in Deutschland, wo der Pietismus immerhin eine Brücke geschlagen hatte.

Wie sich diese negativen und positiven Aspekte der Aufklärung in Deutschland auswirkten, sei an zwei ihrer führenden Vertreter verdeutlicht, an Christian Thomasius und Christian Wolff.

Christian Thomasius (1655–1728) wird überlicherweise als Begründer der deutschen Aufklärung genannt. Er wurde in Leipzig als Sohn eines Juristen geboren und studierte Jurisprudenz, Philosophie und Mathematik. Als Professor an der Universität Leipzig kam er wegen seiner Verteidigung des Pietismus und der Volkssouveränität in Konflikt mit der örtlichen lutheranischen Geistlichkeit. Daher nahm er eine Einladung an, an die neugegründete preußische Universität Halle zu kommen, wo er den Versuch unternahm, Pietismus und Aufklärung miteinander zu versöhnen. Pietismus und Aufklärung hatten gemeinsame Feinde: die orthodoxe protestantische Geistlichkeit und die gelehrsame, aber schon weithin rückständige, noch dem Barockzeitalter verhaftete Professorenschaft, die die meisten deutschen Universitäten beherrschte. Zwar hatte Thomasius früher die aristokratische und weltbürgerliche Kultur Frankreichs bewundert, aber in seinen Vorlesungen und Schriften verwendete er die deutsche Sprache und vertrat die populären Werte des Bürgertums: Wohlstand und Bildung.

Bei Thomasius begegnen wir dem gemeinsamen Anliegen der Aufklärung und des Pietismus, den Geist von Dogma und Aberglauben zu befreien. Man sollte den Verstand, den Gott uns geschenkt hat, in allen Dingen zu Wort kommen lassen, abgesehen von denen, die mit der Religion zu tun hatten. Die Theologie ihrerseits sollte sich auf rein religiöse Probleme beschränken und sich nicht in die Philosophie einmischen, die für alle anderen Gebiete zuständig ist. Diese Unterscheidung zwischen Religion und Philosophie war offensichtlich ein Reflex der pietistischen Betonung einer Religion der reinen Innerlichkeit.

Das wichtigste Hindernis einer Erleuchtung des Verstandes bestand, wie Thomasius es sah, in der Existenz verschiedener Formen des Aberglaubens, der das Denken der breiten Volksschichten beherrschte. Man konnte nicht einmal eine ganz gewöhnliche Arbeit in Angriff nehmen, ohne sich vorher zu vergewissern, ob sie unter einem günstigen Vorzeichen stand. Die Alchimie war zu einer Sammlung von Zauberrezepten entartet, mit deren Hilfe man Reichtum, Liebe oder Jugend erringen konnte; sie hatte jede Verbindung mit der Philosophie verloren, wie sie sie noch in der Renaissance besaß, seitdem sich die Philosophie mit der mathematisch-mechanistischen Wissenschaft verbündet hatte. Um 1700 glaubten die meisten Menschen noch an böse Geister und an Hexerei; der einfache Mann sah ein überdurchschnittliches Wissen von der Natur als einen Beweis dafür an, daß der Gelehrte mit dem Teufel im Bunde stehe. Aber auch körperliche Eigenarten oder ungewöhnliche Gewohnheiten konnten einen dem Verdacht ausliefern, mit den Geistern Verbindung zu haben. Der Glaube an die Hexerei ging zwar unter den Gebildeten zurück, war aber noch allgemein verbreitet. Im 15. Jahrhundert war ihre Existenz durch Papst Innozenz VIII. kirchlich anerkannt worden. Das maßgebende Werk über die Diagnostizierung von Hexen, der »Hexenhammer« (1487), hatte im Jahre 1669 etwa achtundzwanzig Auflagen erlebt. Es wird geschätzt, daß zwischen 1575 und 1700 eine Million Menschen ihr Leben lassen mußten, weil man sie für von bösen Geistern besessen oder für Hexen hielt. Die letzte Hexenverbrennung Deutschlands fand im Jahre 1775 statt[14].

Thomasius eröffnete seinen Angriff auf diesen Unfug, nachdem er sich selber von dem Glauben an Hexerei frei gemacht hatte. Zwar glaubte er nach wie vor an den Teufel und die bösen Geister, aber er gewann die Überzeugung, daß sich eine Kontaktaufnahme mit dem Bösen nicht beweisen ließ, nachdem eine Untersuchung mehrerer Anklagen den unhaltbaren Charakter der Beschuldigungen enthüllt hatte. Seine pietistische Überzeugung von der Unverletzlichkeit der menschlichen Seele ließ ihn den Gedanken zurückweisen, daß die Seele durch einen bösen Geist oder auch durch die Kirche von außen her beherrscht werden könnte. Der Pietismus entwickelte also Luthers Auffassung von der spontanen und uneingeschränkten inneren Glaubenserfahrung in dem Sinne weiter, daß jedem Menschen gestattet werden müsse, sich Gott auf seine eigene, ganz persönliche Weise zu nähern.

Ein einflußreicherer Vertreter der Aufklärung war Christian Wolff (1679–1754), der ebenfalls als Professor in Halle wirkte und ein Freund von Thomasius war. Er wurde durch Friedrich Wilhelm I. aus Preußen ausgewiesen und ging daraufhin an die Universität Marburg, kehrte jedoch 1740 auf Einladung Friedrichs des Großen nach Halle zurück.

Wolff erfuhr den Widerstand der orthodoxen Geistlichkeit, als er zu verstehen gab, die Ethik des Konfuzius beweise, daß man keiner Offenbarungsreligion bedürfe, um zu dem höchsten Sittengesetz zu gelangen. Wolffs Denkweise spiegelte nicht den Pietismus wider, sondern die scholastische Logik und den Enzyklopädismus, die in die orthodoxe lutheranische Theologie eingedrungen waren; aber er verwandte sie, um die Ideen von Descartes und vor allem von Leibniz in ein umfassendes rationales und logisches System umzuwandeln. Dabei eliminierte er vieles von dem proteushaften Charakter der Leibnizschen Ideen. Wenn die Vernunft für Leibniz ein der Welt immanenter Schöpfungsvorgang war, so war sie für Wolff ein Werkzeug, alle Begriffe in eine rationale Einheit zu bringen. Die beste aller Welten war so beschaffen, daß alle Dinge in ihr ihren rationalen, das heißt praktischen Zweck hatten; alle Dinge existieren offenbar zum Wohle des Menschen und sind daher zu seinem Gebrauch bestimmt. Es ist die Aufgabe der Philosophie, den Menschen zu zeigen, wie die rationale Ordnung der Dinge im Hinblick auf ihr Glück eingerichtet ist.

Die Tatsache, daß Wolffs philosophische Werke auf deutsch geschrieben waren und augenscheinlich eine Erklärung für alles mögliche bereithielten, trug zu ihrer weiten Verbreitung und Popularität bei, vor allem unter dem Bürgertum, dessen Suche nach einer rationalen und säkularen Orientierung im 18. Jahrhundert besonders deutlich sichtbar wurde. Wolffs Ideen wurden überall in Deutschland verbreitet, von der Kanzel herab ebenso wie im Auditorium.

DIE ENTSTEHUNG EINER BÜRGERLICHEN GEISTESHALTUNG

Wolff bezeichnet damit den Übergang zu einer Form der deutschen Aufklärung, die gewöhnlich »Popularphilosophie« genannt wird. Bis zur Mitte des 18. Jahrhunderts war die Aufklärung überwiegend von Professoren und Gelehrten vorangetrieben worden; danach wurde sie von bürgerlichen Kreisen weiter ausgebreitet. Dieser Vorgang wurde durch die neue Meinungsfreiheit ermöglicht, die mit der Thronbesteigung Friedrichs des Großen (1740–1786) einsetzte; Friedrich war selber ein bedeutender Förderer der Aufklärung.

Das Bürgertum brach nun mit der barocken und merkantilistischen Auffassung, die Gesellschaft stelle eine Ordnung dar, die durch bestimmte, abgegrenzte Sozialgruppen mit je eigener Berufung charakterisiert werde. Nach dieser Auffassung wurde dem Bürger weder die Freiheit wirtschaftlichen Unternehmertums zugestanden, da auf diesem Gebiet der Staat die Initiative zu ergreifen hatte, noch konnte das Bürgertum etwas zu seiner eigenen Ortsbestimmung in der Gesamtstruktur aussagen. Zwar konnte der Bürger aufgefordert werden, dem König oder dem Fürsten mit seinem Rat im Kabinett zur Hand zu gehen; er konnte auch innerhalb der Verwaltung eine Rolle spielen; aber er konnte sich nicht bei Hofe zur Geltung bringen, wo, wie wir gesehen haben, die barocke Ordnung noch immer ihren Daseinssinn zum Ausdruck brachte. Die Höherwertigkeit des Adels beruhte auf der Tatsache, daß er die Ordnung der Dinge angab; er hatte gewissermaßen ein Monopol auf die Welt- und Lebensanschauung [15].

In der Aufklärung versuchte das Bürgertum, zu der Definition einer neuen Daseinsbestimmung des Menschen zu gelangen, die für alle Menschen gelten sollte, ohne Rücksicht auf die besonderen Funktionen der Klasse, der sie angehörten. Die Bürger wünschten sich eine Philosophie, die den Sinn des Menschen zu ihren eigenen, zunehmend rationalen und funktionalen Betätigungen in Beziehung setzen würde. Das deutsche Bürgertum war in seinen Bestrebungen in keinem Sinne revolutionär; es wollte lediglich die Vernunft aus den luftigen Höhen, in denen sie die gelehrten Philosophen plaziert hatten, herunterholen. Die Berufsphilosophen sahen in der Vernunft nur eine Eigenschaft, die Gott und dem Menschen zukam und daher mit der Weltordnung zu tun hatte; die Popularphilosophie des Bürgertums dagegen befaßte sich mit der Vernunft des Individuums und richtete sich auf praktische Interessen. Sie fühlte sich daher dem Empirismus und Utilitarismus der englischen Aufklärer verwandter als dem Rationalismus und Skeptizismus der Franzosen. Die französischen Aufklärer wurden am stärksten von Friedrich dem Großen gefördert, der sogar einen

Franzosen zum Präsidenten der Berliner Akademie ernannte. Diese populäre, utilitaristische Aufklärung wurde von Männern wie dem Berliner Verleger Friedrich Nicolai (1733–1811) verbreitet und ergriff allmählich das gesamte Bürgertum.

In der deutschen Aufklärung fand sich nur wenig Kritik am Absolutismus. Es war modisch, Tyrannen anzugreifen, doch diese Mode stammte größtenteils aus der klassischen Antike. Die Kritik richtete sich etwa gegen Herrscher wie Herzog Karl Eugen von Württemberg, dessen tyrannische Praktiken auch von Friedrich dem Großen verurteilt wurden. Aber die allgemeinen Beschränkungen der Freiheit der Kritik, selbst der Kritik von Mißständen, lassen sich unschwer an der Laufbahn des bedeutendsten Publizisten dieser Zeit ablesen, des Württembergers Johann Jakob Möser (1701–1785). Er wurde überall herumgestoßen und verbrachte fünf Jahre im Gefängnis, nur weil er sich in Ausübung seines Amtes als Berater dem Vorschlag Herzog Karl Eugens widersetzt hatte, den Franzosen zur Unterstützung im Siebenjährigen Krieg (1756–1763) ein Truppenkontingent zu schicken. Vor der Französischen Revolution konnte sich im deutschen Bürgertum kein politisches Bewußtsein im eigentlichen Sinne entwickeln.

Selbst auf dem anderen wichtigen Gebiet, dem der Religion, die das Leben und Denken der Menschen so viele Jahrhunderte lang beherrscht hatte, schlossen sich die Deutschen nur sehr zögernd der rationalistischen Kritik an, während die französischen Aufklärer gerade hier ihre entschlossensten Angriffe vortrugen. Die deutschen Universitäten hatten seit jeher die Aufgabe übernommen, über die Reinheit der Lehre zu wachen, und daher neigten ihre theologischen und philosophischen Fakultäten auch jetzt noch mehr dazu, die wichtigsten christlichen Dogmen gegen rationalistische Angriffe zu verteidigen, als ihre übernatürlichen Voraussetzungen preiszugeben.

Es traten aber doch einige wenige Philosophen und Theologen auf, die den Gedanken der übernatürlichen Offenbarung kritisierten. Sie vertraten die Meinung, daß sogenanntes heiliges Schrifttum ebenso wie jede andere Literatur auf innere Gültigkeit und Qualität überprüft werden sollte; die Bibel mußte daher im Zusammenhang der sonstigen Literatur der antiken Welt untersucht werden, und Christus war zunächst ein Mensch wie andere auch. Bedeutsamer als dieser rein negative rationalistische Versuch war die tiefsinnige Anschauung der Offenbarung als eines schöpferischen Vorgangs; so wurde es von Lessing und Herder gesehen, mit denen wir uns im folgenden Kapitel befassen werden.

Die wichtigste Folge der Ausbreitung säkularer Interessen war wohl die Entstehung eines Lesepublikums, das sich für andere Literatur als theologische Werke und Erbauungsschriften interessierte. Der Rückgang der Veröffentlichungen rein religiöser Werke, vor allem nach der Jahrhundertmitte, zeigt an, daß in Deutschland nun eine intellektuelle Gesellschaft, die über den Konfessionsstreitigkeiten stand, im Entstehen begriffen war. Die Hauptinteressen dieser Gesellschaft kamen in den sogenannten »moralischen Wochenschriften« zum Ausdruck, die Addisons »Spectator« nachahmten; sie spiegelten auch die gängige Tendenz wider, Sittlichkeit und Religion voneinander zu trennen.

Der Horizont des bürgerlichen Lebens in Deutschland begann sich also spürbar zu erweitern, und dies trotz des Provinzialismus, der durch so viele Kleinstaaten und auch durch den Mangel an einer großen Hauptstadt als Zentrum des nationalen Lebens hervorgerufen wurde. Unter anderem trug das Interesse an der Weltgeschichte und an globaler Geographie dazu bei, die Enge des Blickfeldes aufzuheben. Cook (1728-1779), der Name des Entdeckers Australiens, war nahezu in aller Munde. Unter dem Einfluß Voltaires richtete sich das Studium der Geschichte auf das, was wir heute Zivilisation nennen würden, und wies nach, wie die Künste und Wissenschaften zum Glück und zur sittlichen Hebung der Menschheit beigetragen haben. Die Kenntnis anderer Völker und Kulturen legte das vergleichende Studium nahe; sobald die vergleichende Methode auf die Religion angewendet wurde, unterstützte sie die rationalistische Kritik an der dogmatischen Orthodoxie und ließ an eine natürliche, dem gesunden Menschenverstand entsprechende Religion denken, innerhalb derer das höchste Wesen nur noch zur Erschaffung der Welt denknotwendig war, während das Sittengesetz der Verantwortung des Menschen überlassen blieb. Die Freimaurerlogen, die Friedrich den Großen und Goethe zu ihren Mitgliedern zählten, waren die wichtigsten Fürsprecher dieser recht verstandeskalten Religion, die gewöhnlich als Deismus bezeichnet wird.

Der Intellektualismus war aber nicht das einzige Merkmal dieser Zeit. Es machte sich auch eine starke sentimentale Strömung bemerkbar, die sich vor allem aus der Säkularisierung der charakteristischen Züge des Pietismus nährte: die Religion des Herzens zu betonen und kleine, intime Versammlungen seiner Gläubigen zu bevorzugen. Die Empfindsamkeit entwickelte den Briefwechsel in der zweiten Jahrhunderthälfte geradezu zu einer Manie; im Brief konnte man seine innersten Gefühle ausdrücken, und dies nicht nur gegenüber einem Kreis intimer Freunde, sondern auch gegenüber entfernteren Bekanntschaften. Die Empfindsamkeit schwelgte in zart nuancierten Emotionen; alle melodramatischen Effekte barocker Leidenschaftlichkeit waren ihm fremd. In den bekanntesten Romanen dieser Zeit, etwa denen des englischen Autors Richardson, vergoß die Heldin Tränen beim geringsten Anlaß, beim Mondschein, bei der Erinnerung an den Tod der Urgroßmutter. Diese Rokoko-Sentimentalität offenbarte sich auch in dem neuartigen Naturgefühl, das sich in der Vorliebe widerspiegelte, sich in Parklandschaften zu einem Picknick niederzulassen; und Schäfer und Schäferinnen in idyllischen ländlichen Szenen waren ein bevorzugter Gegenstand künstlerischer Darstellung.

Während in der rein intellektuellen Aufklärung Berlin die Hauptrolle spielte, waren Leipzig und Dresden die wichtigsten Zentren der Literatur und Kunst. Leipzig wurde durch seinen umfangreichen Buchmarkt berühmt; Dresden, die sächsische Hauptstadt, wurde wegen seiner Kunstsammlungen und seiner Oper ein »Klein-Paris« genannt. Sachsen erlebte überdies eine wirtschaftliche Blüte dank seiner guten Verbindungen, nach Osten zu Polen und nach Westen zu Frankreich; eine besonders große Rolle spielte hierbei die Herstellung der wichtigsten Luxusartikel dieser Zeit: der Seide und des Porzellans.

DIE DYNAMIK DES PREUSSISCHEN ETATISMUS

Die typischste Erscheinung dieses Zeitalters der Vernunft und Eleganz war der Preußenkönig Friedrich der Große (1740–1786). Er war der verkörperte Geist eines politischen Verhaltens, das man *raison d'état* nannte, in welchem sich die Politik von ihren alten patriarchalischen und patrimonialen Formen der Barockwelt löste, ebenso wie sich die Kunstformen des Rokoko von den Ausdrucksformen jener Welt frei gemacht hatten.

Durch seine calvinistische Erziehung und seine gründliche Beschäftigung mit den Ideen von Wolff kam Friedrich zur Vorstellung einer allgemeinen rationalen Ordnung, die im Grunde genommen deterministisch war. Im Gegensatz dazu hegte er aber auch Bewunderung für die große Persönlichkeit, die traditionelle Bindungen zerbrach und durch die Kraft der *virtù* – der heroischen Kühnheit und Tatkraft – eine neue Kausalkette in Bewegung setzte.

In politische Begriffe übersetzt, bedeutete diese Haltung die Anerkennung einer europäischen Ordnung, die auf einem Gleichgewicht der Kräfte beruhte, allerdings einem labilen Gleichgewicht; diese Ordnung war eine Sache rationaler Kalkulation, in welcher jeder Staat immer auf der Hut sein mußte, seine Machtinteressen zu wahren: man konnte nicht auf den Mechanismus des Gleichgewichtes vertrauen, wenn man seine Position sichern wollte.

Preußen war indes nicht einfach irgendein europäischer Staat. Sein Aufstieg innerhalb eines Jahrhunderts von einem zweitrangigen deutschen Staat zu der Position einer größeren europäischen Macht war nicht einer Dynastie zuzuschreiben, wie im Falle Österreichs, sondern der Kraft zweier Herrscherpersönlichkeiten, des Großen Kurfürsten und König Friedrich Wilhelms I., des Vaters Friedrichs des Großen. Sie hatten Preußen zu einer hervorragenden Militärmacht erhoben und dies trotz der geringen Hilfsquellen, die eine sorgfältige Verwendung der Staatseinkünfte nötig machten. Beide Herrscher hatten gerade Preußens Schwächen, seine exponierte Stellung in der norddeutschen Ebene und den verstreuten Charakter seines Territoriums als ein Mittel benutzt, um einen höchst beweglichen und disziplinierten militärisch-bürokratischen Staat unter der absoluten Kontrolle seines Herrschers zu erschaffen. Ein Emporkömmling wie Preußen, ohne traditionelle Stellung und ohne Prestige, mußte seinen großen und kleinen Nachbarn gegenüber immer wachsam bleiben; denn sie waren darauf aus, Preußen auf seinen früheren niedrigen Stand zurückzustoßen.

In vollem Bewußtsein der Unsicherheit der preußischen Position erkannte Friedrich der Große, daß er sich weder mit dem *status quo* begnügen noch einfach die Chancen ergreifen konnte, die sich durch die Kriege seiner Nachbarn um Prestige und Macht darboten, wie es der Große Kurfürst getan hatte. Preußen mußte die Initiative ergreifen; zu Beginn seiner Herrschaft schien Friedrich die Mächtekonstellation günstig für einen blitzartigen Vorstoß. Er fiel in Schlesien ein und entriß es den Habsburgern, womit er eine Reihe von kriegerischen Auseinandersetzungen begann. Sie gipfelten im Siebenjährigen Krieg (1756–1763), in dem Preußen gegen eine Mächtekoalition, bestehend aus Österreich, Frankreich und Rußland, stand und nur die finanzielle Unterstützung Englands hinter sich wußte. getan hatte. Preußen mußte die Initiative ergreifen; zu Beginn seiner Truppenbewegungen, die es ihm ermöglichte, mit jedem einzeln zu kämpfen, und schließlich sein Kriegsglück ließen ihn den Krieg erfolgreich beenden: Schlesien blieb preußisch.

Man kann die Wirkung von Friedrichs Persönlichkeit auf den Geist und die Vorstellungswelt der Deutschen, sowohl zu seiner eigenen Zeit als auch später, kaum übertreiben. Es ist nicht verwunderlich, daß er, wie Karl und Otto I., schließlich »der Große« genannt wurde.

Die Haltung der Zeitgenossen war allerdings zwiespältiger als die einer späteren Zeit. Die Deutschen mochten wohl durch die wahrhaft dämonische Kraft der Persönlichkeit Friedrichs, wie sie sich im Kampf gegen die große Koalition enthüllte, beeindruckt werden; aber sie verabscheuten nichtsdestoweniger den preußischen Kasernenstaat, der für Männer wie

Möser und Herder nur eine Maschine war, unbeschränkt in ihrem expansiven Machtstreben. Seiner bürokratisch-militärischen Struktur fehlten offensichtlich die organischen Wurzeln, die diese Denker auf dem Gebiete der gesellschaftlichen und kulturellen Formen suchten.

Im 19. Jahrhundert wurde Friedrich, der nach Sprache und Geschmack im wesentlichen französisch war und sich selbst als Herrscher über Barbaren bezeichnete, ein großes nationales Symbol. Schon in der zweiten Hälfte des 19. Jahrhunderts war seine Persönlichkeit nicht länger vom preußischen Machtstaat zu trennen; er war aus Preußen, das damals als notwendiger Kern der nationalen Einheit Deutschlands galt, nicht mehr wegzudenken.

Im 20. Jahrhundert, besonders im Ersten Weltkrieg, als sich Deutschland ebenso wie einst Friedrich der Große von einer großen Koalition umzingelt sah, trat sein Persönlichkeitstypus wieder in den Vordergrund. Aber nun wurden seine Kriegskünste geradezu zu einer militärischen Zauberformel reduziert: Blitzvorstoß in das feindliche Territorium, Gesamtanstrengung gegen die feindliche Einkreisung, letzter Widerstand und Wunder der Errettung vor vollkommener Vernichtung. Die ganze Entwicklung Preußens ist von neueren Historikern im Lichte der Gewaltmethoden Friedrichs des Großen interpretiert worden.

Im 18. Jahrhundert nahmen ausländische Bewunderer Preußens häufig an, daß sein Erfolg in Krieg und Diplomatie aus dem fortschrittlichen und aufgeklärten Charakter seines Herrschers erwuchs. In der Tat führte Friedrich zu Beginn seiner Regierungszeit einige Reformen im Geiste der Aufklärung ein: Abschaffung der Folter in Gerichtsverfahren, die Ausdehnung der Pressefreiheit, religiöse Toleranz. Aber er tat sehr wenig, um die Grundstruktur des Staates zu verändern, den er von seinem Vater geerbt hatte. Zu dieser Struktur gehörte die Aufrechterhaltung der absoluten Herrscherautorität, die Vorherrschaft der Militärverwaltung in der Regierung, die untergeordnete Rolle aller sozialen Gruppen im Staate und die merkantilistische Förderung von Handel und Verkehr, um Einkünfte für den Staatshaushalt zu gewinnen. Diese enge Integration von Armee, Finanzen und Außenpolitik unter einer obersten Leitung bewährte sich: Sie ermöglichte es Friedrich, den Siebenjährigen Krieg durchzuhalten.

Friedrichs des Großen wichtigste Leistung dürfte darin bestanden haben, daß er diesem Machtstaat eine rationale Form sowohl in der Theorie als auch in der Praxis gegeben hat. Der alte Absolutismus hatte die Zentralisierung von Autorität und Staatseinkünften für die Armee befürwortet, während die neuere, aufgeklärte Spielart den Akzent auf die Einheitlichkeit von Recht und Verwaltung zugunsten der ökonomischen und kulturellen Wohlfahrt der Untertanen legte. Vor allem aber unterminierte sie die Sanktionen, auf denen der alte patriarchalische Absolutismus des Gottesgnadentums beruht hatte, jene Konzeption, nach der eine gottgewollte Ordnung der Dinge existierte, in der die Gesellschaft in bestimmte Gruppen geteilt war, von denen jede ihre besondere Berufung hatte, der Herrscher eingeschlossen. Schon unter Friedrichs Vater war der Staat nur noch eine Anhäufung militärischer, fiskalischer und bürokratischer Dienststellen, die mehr oder weniger in einem dauernden Wettbewerb mit den maßgebenden Beamten und den Abgeordneten der Stände standen, welche wie der Herrscher ihre Autorität unmittelbar aus göttlichem Recht ableiteten und daher außerhalb des Staates standen. Aber der Rationalismus der Aufklärung vertrieb Gott sozusagen nicht nur aus dem Kosmos, sondern auch aus den politischen und sozialen Lebensbereichen der Menschen. In Friedrichs Konzeption hatte der Staat den Platz Gottes eingenommen und stand höher als der Herrscher und seine Untertanen. Zwar hegte Friedrich noch die verschwommene Idee, die Vorsehung habe ihn durch den Prozeß der dynastischen Erbfolge zum Staatsoberhaupt bestimmt. Aber ebenso wie der Adel in Armee und Diplomatie diente, der Mittelstand im Wirtschaftsleben und in der Verwaltung und der Bauer auf seinem Acker und in der Infanterie, so war Friedrich ein Diener des Staates.

Aber als »der erste Diener des Staates« hatte er ihm gegenüber eine besondere Verpflichtung. Er mußte alle persönlichen Interessen und Bequemlichkeiten dem Staatswohl opfern, wie er es im Siebenjährigen Krieg getan hatte. Auch war der Staat nicht ein bloßes Instrument zur individuellen Wohlfahrt und zum Glück seiner Bürger. Er schützte zwar ihr Leben und Eigentum und suchte die freie Betätigung ihrer Arbeitskraft zu sichern; aber um sie in den Stand zu setzen, dem Staate noch tatkräftiger zu dienen.

Daß die bewegende Kraft in diesem preußischen Staate tatsächlich mehr von seinem Herrscher ausging als von unten oder selbst vom Adel, wird durch den rapiden Niedergang Preußens nach Friedrichs Tod deutlich, als die Staatsleitung in mittelmäßige Hände fiel. Der Untertanenstaat wird durch seine eigene Natur dahin geführt, sich in starren Formen zu verhärten, wenn er nicht von der mitreißenden Kraft einer Persönlichkeit erfüllt ist. Die verschiedenen Dienstschichten neigen dazu, sich auf die Verteidigung privilegierter Stellungen zu beschränken, wenn sie nicht mehr durch den *élan* einer Herrscherpersönlichkeit beflügelt werden.

Es ist darauf hingewiesen worden, daß sich gerade die Erfolge des aufgeklärten Despotismus in Mitteleuropa am Ende als eine Belastung erwiesen: Sie verzögerten die Entstehung liberaler, demokratischer Formen und Praktiken[16]. Trotzdem betrachteten die Reformer in anderen Ländern viele deutsche Staaten, insbesondere Preußen, als die Länder mit den aufgeklärtesten Regierungen, die mehr als andere für die Wohlfahrt ihrer Bevölkerungen leisteten. Unzweifelhaft beugten diese Erfolge revolutionären Bewegungen zu Ende des Jahrhunderts vor. Aber indem der aufgeklärte Despotismus der alten Klassenhierarchie eine rationale Funktion zuerkannte – genau wie es der Rationalismus Wolffs mit dem Weltall im großen getan hatte –, verhinderte er den entscheidenden Durchbruch der nationalen und individuellen Selbstbestimmung.

KULTURELLE UND GEISTIGE DIFFERENZIERUNG INNERHALB DEUTSCHLANDS

Die wichtigste Folge der Barocksynthese und ihres Zerfalls war die Betonung des Unterschiedes zwischen Nord- und Süddeutschen. Natürlich lag ihr die religiöse Verschiedenartigkeit zugrunde, die jetzt durch eine kulturelle Differenzierung weiter vergrößert wurde. Das katholische Süddeutschland wurde weiterhin durch das Barock beeinflußt, das nur von der Romantik modifiziert worden war; Theater und Musik waren sogar noch im 19. Jahrhundert seine Hauptschöpfungen. Das nördliche, protestantische Deutschland hielt am Pietismus und Rationalismus fest bis zu ihrer Synthese im Idealismus und Klassizismus; seine großen schöpferischen Leistungen lagen auf dem Gebiet der Philosophie und der Literatur.

Ganz Europa wurde natürlich durch diese kulturelle Nord-Süd-Achse beeinflußt; sie war eine Folge der Verlagerung der intellektuellen und industriellen Schwerpunkte nach Norden, die Südeuropa rückständig und dekadent erscheinen ließ. Frankreich wurde davon nicht so stark berührt wie Deutschland, da seine Revolution eine endgültige Vereinheitlichung mit sich gebracht hatte, die sich im Triumph der rationalen Ordnung ausdrückte. Bei den Deutschen jedoch wurde Österreich, besonders nach der Mitte des 19. Jahrhunderts, schief angesehen, nicht nur wegen seines Völkergemischs, sondern auch wegen seiner offensichtlichen Dekadenz; Bismarck hatte daher nur geringe Schwierigkeiten, es von dem Hauptteil der Deutschen in dem neugeeinten Deutschland zu trennen, das er unter preußischer Vorherrschaft begründet hatte. Heute gibt es drei deutsche Staaten, den alten kolonialen Nordosten innerhalb der Sowjetzone, nach dem Süden hin Österreich und schließlich Westdeutschland mit dem Rhein als Rückgrat. Die kulturellen Zentrifugalkräfte innerhalb des deutschen Komplexes erwiesen sich als viel stärker als die zentripetalen Tendenzen, die durch eine moderne, nationalistische Entwicklung hervorgerufen wurden, wie sie sich beispielhaft in Frankreich abspielte.

Eine andere Form der Differenzierung ging vom Pietismus, Rationalismus und Etatismus des Nordens aus. Der Rationalismus übte als Fortschrittsphilosophie viel weniger Einfluß aus als anderswo, zum Beispiel in Frankreich; er wurde hauptsächlich für mittelständische Kreise wichtig, indem er die Verhältnisse so, wie sie sich darstellten, als recht erscheinen ließ und damit weiter zur Passivität der deutschen Mittelklasse beitrug, wenigstens soweit es Reformen und Revolutionen anging.

Die idealistisch-spirituellen Tendenzen im Pietismus und der rationale Funktionalismus, der im preußischen Etatismus mit einbegriffen war, sollten jedoch die beiden Hauptpole der deutschen Entwicklung im 19. Jahrhundert und weit in das 20. hinein werden.

Ein Pol, der Pietismus, mit seiner Betonung der nach innen gekehrten spirituellen Erleuchtung und Bekehrung, gab der Religion einen neuen Anstoß. Durch Schleiermacher und andere romantische Schriftsteller übte er seinen größten unmittelbaren Einfluß auf das religiöse Denken des 19. Jahrhunderts aus. Noch unmittelbarer, so darf man sagen, ist das innere Licht des Spiritualismus in dem immanenten schöpferischen Geist des Idealismus verweltlicht worden. Auch lieferte die Betonung der innigen Gemeinschaft derer, die durch den gleichen Geist vereint waren, eine Grundlage für die organische Auffassung der Volksgemeinschaft und für die Gegenüberstellung der »Gemeinschaft«, die auf einem inneren Imperativ beruhte, und der »Gesellschaft«, die ihrerseits eine äußerliche Konvention zur Grundlage hatte. Da ferner die spiritualistische Richtung die sozialrevolutionären Bestrebungen der älteren spiritualistischen Sektierer nicht mehr teilte, wurde die Hoffnung auf eine neue Ordnung von der weltlichen Untergrundbewegung des marxistischen Sozialismus übernommen, für den die Religion Opium für das Volk war.

Der andere Pol, der der rational-funktionalen Organisation, sollte einen ebenso wichtigen Einfluß auf die deutsche Entwicklung haben. Wie wir gesehen haben, wurde unter Friedrich dem Großen die Idee der hierarchischen Gesellschaftsordnung durch den preußischen Staat gestützt, allerdings nur in dem Sinne, daß jede Klasse eine eigene Funktion, aber nicht mehr eine symbolische Bedeutung hatte, die sie noch im Barock besaß. Der Staat ging dabei so vor, daß er die militärischen und bürokratischen Funktionen des Adels innerhalb seines Apparats weiterbestehen ließ und diesen Funktionen das höchste Prestige in der Gesellschaft verlieh. Der Geist des funktionalen Rationalismus durchdrang schließlich die gesamte Gesellschaft, und dies mag die Tatsache erklären, daß der entscheidende Einbruch der technischen Lebensform in Deutschland früher erfolgte als im übrigen Europa.

VIII. Das Reich des Geistes

Wenn wir vom »Reich des Geistes« sprechen, meinen wir eine weitere Phase des deutschen Strebens nach einer Religion des reinen Geistes, deren Anfänge in der Vergeistigung des *sacrum imperium* liegen. Während Cues, Paracelsus, Böhme und Leibniz am stärksten zu dieser Vergeistigung beitrugen, gelangten viele andere spiritualistische und sektiererische Denker zu neuen Einsichten. Der Verfall des »Reiches« als politische Erscheinung erreichte seinen Höhepunkt im 18. Jahrhundert, zur gleichen Zeit, als ein neues »Reich des Geistes« konzipiert wurde, das über den herrschenden Mächten und Fürstentümern stand. Die Arbeit an diesem geistigen Weltreich, in dem der einzelne zu innerer Freiheit gelangen konnte, wurde zum wichtigsten Ziel des philosophischen und religiösen Strebens in der zweiten Hälfte des 18. und im frühen 19. Jahrhundert.

DIE SPIRITUALISTISCHE TRADITION

Ein kurzer Rückblick auf den religiösen und philosophischen Ursprung der Vorstellung von einem Reich des Geistes möge dazu dienen, einige seiner archetypischen Grundlagen und die bemerkenswerte Kontinuität der spiritualistischen Tradition aufzuzeigen; denn diese Tradition erwuchs mehr aus einer inneren Selbstentfaltung und Wucherung bestehender Ansätze als durch das Hinzukommen neuer Ideen von außen.

Ihre erste Quelle war die antike Gnosis, der folgende Anschauungen zugrunde lagen: die Verehrung des dem Universum immanenten göttlichen Geistes, die Auffassung des Wissens als Erleuchtung des Geistes, durch die man auf der hierarchischen Leiter des Seins zur Kontemplation des reinen Geistes emporsteigt, und die Existenz eines begnadeten Propheten, Philosophen oder Weisen als Religionsstifter. Diese archetypischen Ideen wurden durch die Jahrhunderte weitergegeben, besonders durch den neuplatonischen Spiritualismus und die Naturphilosophie der Renaissance. Sie gingen über die Anschauungen von Paracelsus, Böhme und Leibniz auch in die Bewegung des Idealismus ein.

Eine grundlegende Neuorientierung vollzog sich im späten Mittelalter unter der Einwirkung der joachimitischen Auffassung von den drei Stadien der Bewegung des Menschen auf die Erlösung zu. Eine spiritualistische Geschichtsphilosophie von der Erfüllung in einem Zeitalter des Geistes trat an die Stelle der hierarchischen Leiter der Kontemplation.

Diese horizontale oder geschichtliche Orientierung der spiritualistischen Richtung durchdrang das sektiererische und spiritualistische Denken der Reformation. Meinungsunterschiede in bezug auf den Glauben entzündeten sich jetzt an der Streitfrage, wodurch das abschließende Zeitalter des Geistes eingeleitet würde: durch ein apokalyptisches Ereignis wie das Kommen eines göttlichen Erlösers, dadurch, daß die Auserwählten die Welt von den Bösen reinigen und auf diese Weise das Reich Gottes errichten; oder durch einen einheitlichen Entwicklungsprozeß in Natur und Geschichte, der in der endgültigen Befreiung des Geistes von seiner Gefangenschaft in der Materie gipfeln würde. Diese Vorstellungen von den Formen der Erlösung sind sehr alt und doch zugleich, in einem etwas anderen Gewand, sehr modern.

Noch eine weitere Veränderung ergab sich im 17. und 18. Jahrhundert, als ein neues Bild von der Ordnung des Kosmos aufkam, in dem Gott nur noch als Urheber, der Mensch nur noch als Beobachter fungierten. Somit standen sich Gott und Mensch nicht mehr in der Natur, sondern nur noch in der Geschichte gegenüber, aus der Gott ebenfalls sehr bald ausgeschlossen werden sollte.

Dem Menschen des Barock erschien die Geschichte im wesentlichen noch als nichtssagend, es sei denn als Dokumentation von Gottes Plan zur Erlösung des Menschen. In der Aufklärung jedoch entdeckten vor allem Voltaire und Turgot in der Geschichte das Fortschreiten der Vernunft und die Möglichkeit eines Sieges der Vernunft über die Unvernunft. Ganz allgemein beurteilte die Aufklärung die Vergangenheit nach ihren Leistungen in Kunst und Wissenschaft; das galt ihr als Maßstab der Vernunft.

Die Bewegung des deutschen Idealismus war zwar von dieser weltlichen Orientierung beeinflußt, doch kehrte sie zu der früheren spiritualistischen Tradition zurück. Sie sah in der Geschichte einen immanenten schöpferischen Prozeß, in dem jedes Zeitalter auf seine Weise schließlich zur Erfüllung des Geistes beiträgt. So wie Leibniz das Bild von der geschlossenen Welt der fensterlosen Monaden entwarf, so sollte die Geschichte als ein völlig sich selbst genügender Bezirk betrachtet werden, der gegen jede Einwirkung von außen abgeschirmt war, komme sie nun von der Gottheit oder von der menschlichen Vernunft.

DAS BILD DEUTSCHLANDS IM 18. JAHRHUNDERT

Der Höhepunkt der spiritualistischen Tradition in Deutschland im späten 18. und frühen 19. Jahrhundert kann einer Reihe besonderer Umstände zugeschrieben werden, die damals für Deutschland charakteristisch waren.

In den verschiedenen deutschen Ländern gewährte der Staat, unabhängig davon, ob er noch patriarchalisch war oder bereits die neue rational-funktionale Form des aufgeklärten Despotismus angenommen hatte, der individuellen und der Gruppenautonomie nur wenig Spielraum. Der Herrscher konnte nach Belieben seinen Untertanen den Beruf und die Karriere vorschreiben, ihre Reisen kontrollieren und bestimmen, welche Bücher sie zu lesen oder auch zu schreiben hatten. In der Praxis hing natürlich viel vom Charakter des Herrschers und der Qualität seiner Beamten ab, die ihrerseits wieder kleine Tyrannen sein konnten. Während der Herzog von Württemberg im Rufe stand, ein besonders harter Tyrann zu sein, war der Großherzog von Weimar als aufgeklärter Förderer von Kunst und Wissenschaft bekannt. Schon das Vorhandensein zahlreicher großer und kleiner Staaten macht es verständlich, daß in bezug auf Glaubens- und Meinungsfreiheit große Unterschiede bestanden.

In Preußen standen viele aus dem Mittelstand hervorgegangene Beamte den Ideen der Aufklärung sehr aufgeschlossen gegenüber, doch war damit die Freiheit der Meinung noch nicht zuverlässig garantiert. Unter dem mittelmäßigen Nachfolger Friedrichs des Großen, Friedrich Wilhelm II. (1786–1797), wurde auf Veranlassung eines Beamten mit Namen Wöllner eine Verordnung erlassen, die die Geistlichen einer Zensur unterwarf und ihnen untersagte, in ihren Predigten Gedanken zu äußern, die dem Dogma der Kirche entgegenstanden. Wenn auch der Sturm der Empörung, den dieses Edikt hervorrief, die praktische Durchführung verhinderte, so bewies es doch, wie willkürlich bürokratische Beamte unter einem absoluten Herrscher nicht selten vorgehen können.

Ein zweiter Umstand war die Synthese von Pietismus und Aufklärung. Sie hatten gemeinsam, zumindest im Norden, die Auflösung der Ordnung des Barock verursacht, indem sie darauf bestanden, daß das Individuum zu Kirche, Staat und Gesellschaft eine innere, lebendige Beziehung haben müsse, statt nur äußerlich ein Dogma oder den Glanz von Rang und Zeremoniell zu übernehmen. Doch gelang es keiner von beiden Richtungen, die Struktur des militärisch-bürokratischen Staates oder sein Werkzeug, die autoritäre Kirche, grundlegend zu verändern.

Der Pietismus unterwarf sich einem Bündnis mit der kirchlichen Orthodoxie gegen die aufgeklärte Kritik am religiösen Dogma und der biblischen

Wahrheit. Die Aufklärung ging unter in Wohlfahrtspolitik, religiöser Toleranz und in der Förderung der Künste durch aufgeklärte Herrscher wie Friedrich den Großen; sie hatte einen Staat und eine Gesellschaft angestrebt, die auf einer dynamischen öffentlichen Meinung basieren sollten, konnte dieses Ziel jedoch nicht erreichen.

In der zweiten Hälfte des 18. Jahrhunderts hatten Pietismus und Aufklärung ihre ursprüngliche Zielsetzung aufgegeben und ihren Elan verloren. Der Pietismus war zu einer bloßen sentimentalen Frömmigkeit entartet, und von der Aufklärung war nur noch die Überzeugung übriggeblieben, daß die Religion und die Künste nichts als ein Mittel zur Beförderung des menschlichen Glücks seien. Obwohl der Idealismus von dem ursprünglichen schöpferischen Geist des Pietismus und der Aufklärung genährt worden war, entging er dieser späteren Trivialisierung und widmete sich außerhalb von Kirche und Staat der Entwicklung eines neuen Geisteslebens, in dem die mystische Gemeinschaft des Pietismus und die rationale Kritik der Aufklärung vereint werden konnten. Der Idealismus war insofern ein echter Nachfahr der lutherischen Reformation, als er weder revolutionäre noch politische oder soziale Träume in sich barg.

Ein dritter Umstand von Bedeutung war der ausgesprochen religiöse Hintergrund der geistigen Führer. Sie waren entweder Geistliche wie Herder, oder sie hatten wie Lessing und Winckelmann Theologie studiert oder waren wie Kant und Goethe vom Pietismus beeinflußt. Noch das ganze 19. Jahrhundert hindurch waren Söhne von Pastoren in der deutschen Philosophie, Literatur und Wissenschaft führend. Hier hatte das Bürgertum ein Monopol inne, ähnlich wie die höheren militärischen Ränge dem Adel vorbehalten waren. Es war nur natürlich, daß begabte Bürgersöhne ihre Karriere in der Kirche zu machen versuchten, besonders auch in den nahe verwandten akademischen Berufen. Die soziale Gegenüberstellung von Militär und Beamtenschaft einerseits und Kirche und Universität andererseits verstärkte also die polare Spannung zwischen Staat und Geist.

Als vierter Umstand ist die Reaktion der deutschen Literatur auf die herrschenden französischen Formen des Rationalismus und des Klassizismus anzusehen. Im 18. Jahrhundert bevorzugte die neue Leserschaft französische Literatur; den Werken Goethes und Schillers wurde relativ wenig Beachtung zuteil. In den deutschen Ländern gab es nichts, was den Pariser Salons vergleichbar gewesen wäre; Goethe klagte über seine Einsamkeit und das Fehlen einer gebildeten Gesellschaft, in der Gedanken und Anschauungen hätten ausgetauscht werden können. Diese relative Isolierung der deutschen Denker und Künstler fand jedoch ihren Ausgleich: Genius und Inspiration wurden wichtiger als die Regeln und Konventionen, die von Salons und Akademien diktiert werden konnten.

Die französische Literatur war im 18. Jahrhundert zum größten Teil noch immer eine Funktion der Gesellschaft, während sich die deutsche Literatur bereits der »Offenbarung« der inneren schöpferischen Kräfte zugewandt hatte, die ihren Höhepunkt in der Romantik finden sollte. Der »Geist«, jenes Schlüsselwort, das Originalität und Spontaneität aussagen soll, fand seinen Ausdruck in Vielseitigkeit und Individualität, aber auch in der »inneren Form«, die durch ein harmonisches Verhältnis zwischen dem schöpferischen Innenleben und seiner äußeren Projektion in den Formen der Religion, der Kunst und der Institutionen erreicht wurde. Der Archetypus des »Geistes« war die Monade.

Die Verwirklichung dieses freien Schöpfertums durchlief einen inneren Wachstums- und Entwicklungsprozeß; das wird offensichtlich, wenn man das Gedankengut der drei Pioniere Lessing (1729–1781), Winckelmann (1717–1768) und Möser (1720–1794) mit dem der drei Großen des ausgereiften Idealismus, Herder (1744–1803), Kant (1724–1804) und Goethe (1749–1832), vergleicht. Die Pioniere suchten in der historischen Entwicklung von Religion, Kunst und Institutionen nach der inneren Form, die Vollender hingegen erforschten zuerst die schöpferische Kraft im Menschen selbst, die die religiösen Überzeugungen, den künstlerischen Stil und die institutionellen Formen prägt und gestaltet. Dazwischen lag das kometenhafte Aufbegehren gegen Tradition und Konvention, der »Sturm und Drang«.

OFFENBARUNG ALS ERZIEHUNG

Die Laufbahn Gotthold Ephraim Lessings bestätigt die Schwierigkeiten, die diejenigen zu überwinden hatten, die die Schriftstellerei zu ihrem Beruf zu machen versuchten, ohne in die Abhängigkeit von fürstlichen Gönnern und französischen Vorbildern zu geraten. Als Sohn eines sächsischen Pastors ging er 1741 auf die Universität Leipzig, um Theologie zu studieren. Doch zogen ihn weder die Theologie noch die Medizin so stark an wie die Literatur, besonders das Schauspiel. In Leipzig war der gefeierte Professor Gottsched der Diktator der Form und des Geschmacks; er vertrat die herrschende französische Pseudoklassik. Ihren Künsteleien stellte Lessing den »natürlichen« Genius eines Sophokles und Shakespeare gegenüber. Diese Tendenzverlagerung von den Franzosen zu den Engländern und den alten Griechen sollte für die Bewegung des Idealismus charakteristisch werden.

Das barocke Theater des 17. Jahrhunderts war in der Hauptsache dem Geschmack der höfischen und aristokratischen Kreise an großartigen Schauspielen und Prunkdarstellungen entgegengekommen. An der berühmten Dresdner Oper wurden zur Aufführung einer einzigen Oper achttausend Kerzen benötigt, und zweihundertfünfzig Personen waren zur Bedienung der Maschinerie eingesetzt worden, die komplizierte Bühneneffekte produzierte[1]. Im 18. Jahrhundert ging die Nachfrage nach diesen barocken Schaustellungen allmählich zurück, und das Interesse verlagerte sich auf die dramatische Entwicklung der Charaktere und der Handlung in moralischen Problemstücken.

Im allgemeinen wird Lessing als der eigentliche Schöpfer des deutschen Theaters angesehen, und zwar dank einer Reihe von Schauspielen, die er schrieb: von »Miß Sara Sampson«, das 1755 in Frankfurt an der Oder uraufgeführt wurde, bis zu »Nathan der Weise« (1799). In seinen Stücken versuchte er zu zeigen, daß auch das Bürgertum seine Verführungen, Selbstmorde und Morde hatte, die einen geeigneten Dramenstoff abgaben. Im »Nathan« verarbeitete er die uralte Geschichte von den drei Ringen, um Toleranz zu predigen. Auf diese Art machte er die Bühne zu einer Kanzel, von der die Tugenden des Bürgertums und die Aufklärung verkündet wurden. Für das gebildete Bürgertum seiner Zeit nahm das Theater im wesentlichen die Stelle der Kirche als Medium zur moralischen Erziehung ein.

Lessings Laufbahn pendelte zwischen den Polen der Verfolgung dieser neuen Werte und der Dringlichkeit wirtschaftlicher Sicherung hin und her. Unter anderem war er dramaturgischer Berater einer unglücklichen Theatergruppe in Hamburg, diente beim Militärgouverneur von Schlesien als Sekretär, arbeitete gegen Ende seines Lebens als Bibliothekar des Herzogs von Braunschweig in Wolfenbüttel. Eine Zeitlang lebte er dort wirtschaftlich recht gesichert und zufrieden. Später wurde er dann in eine heftige religiöse Kontroverse verstrickt.

Lessing veröffentlichte zwischen 1774 und 1778 Fragmente einer bis dahin nicht publizierten Arbeit eines Hamburger Professors namens Reimarus. Die Kontroverse wurde dadurch ausgelöst, daß dieses Werk eine äußerst kritische Haltung zur Offenbarung einnahm. Der Professor ging so weit zu behaupten, daß die Geschichte des Christentums mit einer Irreführung begonnen habe: Die Jünger hätten den Körper Jesu versteckt, um den Anschein zu erwecken, daß er »von den Toten auferstanden« sei. Die Veröffentlichung eines solchen Angriffs auf etwas, was als Grundlehre des wahren Christentums angesehen werden kann, rief derartige stürmische Proteste der Geistlichkeit hervor, daß es Lessing fast seine Stellung gekostet hätte. Seine allgemeingehaltene Antwort, die die Frage nach der Auferstehung offenließ, lautete dahingehend, daß der Glaube an die Offenbarung nicht die Bejahung vorgeschriebener Dogmen bedeute, sondern ein ständiges Suchen nach der Wahrheit einschließe. Diese Einstellung spiegelt sich in seinem bekanntesten Drama »Nathan der Weise« und, philosophisch formuliert, in der »Erziehung des Menschengeschlechts« wider, die 1780, ein Jahr vor seinem Tode, erschien.

Lessing stand sowohl der deistischen Position seiner Freunde unter den bekannten Philosophen der damaligen Zeit, Nicolai und Moses Mendelssohn, als auch den Anschauungen seiner orthodoxen Kritiker vom Übernatürlichen kritisch gegenüber. Er argumentierte, daß Gott sich nicht allein in der Ordnung und dem Plan des Universums offenbart, wie der übliche Deismus behauptete; er ist nicht nur der große Baumeister und Gesetzgeber des Weltalls, der sich, nachdem er sich seiner Aufgabe in Gestalt einer vollkommenen Schöpfung entledigt hat, für immer zur Ruhe setzte und es mehr oder weniger zufälligen Entdeckungen überließ, die einzigartige Harmonie seines Werkes zu enthüllen. Noch hat Gott andererseits, wie die Orthodoxen annahmen, seinen Willen in bezug auf Mensch und Universum ein für allemal in bestimmten Heiligen Schriften kundgetan, mit denen daher die Offenbarung abgeschlossen wäre. Die Orthodoxie und der Deismus hatten miteinander die Voraussetzung gemein, daß Gottes schöpferisches Tun in einem bestimmten Zeitraum stattgefunden hatte und sozusagen von außen her erfolgt war.

Für Lessing war Gott in Natur und Geschichte gleich gegenwärtig und offenbarte sich fortwährend in der wachsenden Selbsterkenntnis des Menschen. Vernunft und Offenbarung sind eins und schreiten in dem Maße fort, wie Gott der Menschheit in ihrer Selbsterziehung bewußt wird.

Eine solche Erziehung vollzieht sich in verschiedenen Stadien, und jedes einzelne Stadium bringt die dem Stand des Schülers angemessenen Mittel zu weiterem Fortschritt hervor. Im Anfang hatte Gott ein bestimmtes Volk, die Juden, zu Lehrern der Menschheit auserwählt. Aus ihrer religiösen Erfahrung entstanden zwei Elementarbücher, das Alte und das Neue Testament, und aus ihrer Mitte kam auch der größte Lehrer aller Menschen, Christus, der im Gegensatz zu der früheren Auffassung von der eifersüchtigen Stammesgottheit einen ethischen Gott verkörperte. Jede Zeit hat daher ein Gottesverständnis, das ihrem Entwicklungsstand entspricht. Der moderne Mensch mag in Gott den großen Mathematiker und Ingenieur sehen, eine Vorstellung, die dem Sinn des Menschen für die rationale Ordnung der Dinge entgegenkommt; doch ist auch dies wieder nur ein weiterer Abschnitt in der Entwicklung des Menschen als eines vernunftbegabten Wesens.

Die mit der Entwicklung der Vernunft identifizierte Offenbarung ist somit gleichbedeutend mit dem Versuch des Menschen, Gott auf verschiedene Art und Weise zu erklären; und bei seiner Suche formt er sich einen Gott nach seinen eigenen Vorstellungen. Aber indem die Menschheit ihr ideales Bild von Gott findet, wächst sie über das vorhergehende Stadium hinaus und strebt schon das nächsthöhere an. Die ganze Erziehung der Menschheit bewegt sich so auf eine Art letzter Vollendung zu.

Bei Lessing finden wir auch den Gedanken vom Zeitalter des Geistes, nun als Abschluß der Erziehung der Menschheit. Er weist auf die Tatsache hin, daß Joachim von Fiore und die franziskanischen Spiritualisten mit ihrer Lehre von den drei Stadien nur in der Annahme fehlgingen, daß das letzte Zeitalter des Ewigen Evangeliums bereits angebrochen sei. Wie Lessing es sieht, wird dieses letzte Stadium nicht durch irgendein apokalyptisches oder revolutionäres politisches oder gesellschaftliches Ereignis eingeleitet, sondern es kommt aus den Gedanken und Herzen der Menschen. Das Ewige Evangelium bedeutet also nicht eine neue Ordnung, eine Utopie, sondern einen Advent, eine Erwartung. Auf diese Weise wird die Lehre vom kommenden Königreich Gottes ganz verinnerlicht und vergeistigt[2].

FREIHEIT UND KLASSISCHE NORM

Winckelmann und Möser blickten eher zurück als nach vorn, um Normen für Gegenwart und Zukunft zu finden. Sie nahmen ganz allgemein an, daß Kunst und Institutionen ihrer eigenen Epoche im Vergleich zur Antike degeneriert waren. Winckelmann legte seiner Zeit den Maßstab der klassischen griechischen Kunst an; und Möser hielt die Einrichtungen der alten Germanen für vorbildlich. Sie entdeckten bei den alten Griechen und Germanen ein ideales Verhältnis zwischen dem Lebensstil einer Gesellschaft und dem Geist der Freiheit, der sie beseelte. Die verschwenderische Baukunst des Barock und Rokoko ebenso wie die Einförmigkeit einiger vom Rationalismus und Klassizismus vorgeschlagener Regeln waren für sie Ausdruck der unter dem Despotismus herrschenden Unfreiheit. Winckelmann versuchte zu zeigen, daß die »edle Einfalt und stille Größe« der klassischen griechischen Kunst der Freiheit der Stadtstaaten zu verdanken ist; und Möser, daß das dynamische Verhältnis von Freiheit und Besitz eine Funktion des Prinzips der freien Vereinigung bei den Germanen war.

Einige Gelehrte haben behauptet, daß Winckelmann und Möser die sogenannte »Tyrannei Griechenlands und Germaniens über den deutschen Geist« eingeleitet hätten. Jedoch darf nicht außer acht gelassen werden, daß beide noch dem rationalistischen und klassischen 18. Jahrhundert angehörten; denn sie bemühten sich beide darum, die idealen Normen der Kunst und der Institutionen bei den Griechen und Germanen zu finden. Mit anderen Worten, sie befaßten sich noch mehr mit der Allgemeingültigkeit goldener Zeitalter als mit den historischen Ursprüngen einer speziellen Kultur, wie es später die Romantiker taten.

Beide hatten auch teil am Entstehen eines kulturellen Nationalismus, der sich als Reaktion auf die kulturelle Hegemonie Frankreichs mit einer zum Ideal erhobenen Vergangenheit verband. Das Hauptmotiv war jedoch nicht eine Rückkehr zu den Quellen der Kultur als solchen, sondern ein dringliches Verlangen nach Schlichtheit und Aufrichtigkeit als Gegengewicht zu der Affektiertheit der bestehenden Kultur und Gesellschaft, jene Sehnsucht also, die wir schon im Humanismus und in der Reformation angetroffen haben. In dieser Hinsicht waren sie von Rousseau und seinem Evangelium der Rückkehr zur Ursprünglichkeit und Einfachheit der Natur beeinflußt; doch machte Rousseau auf sie nicht den aufwühlenden Eindruck wie auf die jüngere Generation des Sturm und Drang.

Man darf wohl sagen, daß die deutsche Kunstkritik ihre erste bestimmte Aussage über die ideale Norm der Schönheit in Joachim Winckelmanns »Gedanken über die Nachahmung der griechischen Werke in der Malerei und Bildhauerkunst« im Jahre 1755 machte. Sie stellen einen entschiedenen Bruch mit dem Barock dar und lösten die mehrfache Wiederbelebung klassischer und gotischer Bauweise aus, die für das späte 18. und fast das ganze 19. Jahrhundert charakteristisch wurde.

Das hatte zur Folge, daß die Kunstwerke jetzt auf ihre eigene Struktur hin angesehen und nicht primär als Verwirklichungen eines subjektiven Schöpfertums von einzelnen und Völkern betrachtet wurden. Die hervorragendsten Kunstwerke der Vergangenheit konnten daher nun aus den Zusammenhängen ihres Ursprungs gelöst und in Museen aufgestellt werden, um die verschiedenen Entwicklungsstadien der Kunst der Welt vorzuführen. Kunstwerke konnten von jetzt an auch zu Vergleichszwecken studiert werden, um Stiltendenzen und Stilkreise zu entdecken. Unbewußt trug Winckelmann durch den Einfluß seines berühmten Buches »Geschichte der Kunst des Altertums« (1764) zu dieser historisierenden Einordnung der Kunststile bei.

Winckelmann selbst war überzeugt, daß er das Werk der Renaissance fortsetzte, die Kunst von den Exzessen und Extravaganzen zu befreien, denen sie seit den Tagen Raffaels verfallen war. Preußen hatte er verlassen und der Theologie den Rücken gekehrt, um sich ganz der Geschichte und der Kunst zu widmen, als er 1748 Bibliothekar beim Grafen Heinrich von

Bünau wurde, dessen Besitz in der Umgebung von Dresden lag und der eine der größten Bibliotheken Europas besaß.

Dresden war unter August dem Starken (1649-1733) zum Hauptzentrum der Kunst in Europa geworden. Der von dem Architekten Pöppelmann erbaute Zwinger (1711-1722), ein Lustschloß, war das berühmteste Rokokobauwerk im Norden. Doch waren es vor allem die großen Kunstsammlungen Dresdens, darunter die Werke Raffaels, die Winckelmann mit den klassischen Elementen der Renaissancekunst bekannt machten und seine Aufmerksamkeit auf die eigentliche Quelle des Klassizismus lenkten.

1755 erhielt Winckelmann von Friedrich August II. von Sachsen, dem er sein frühes Schaffen gewidmet hatte, eine Pension und wurde nach Rom geschickt, wo er den Rest seines Lebens als eine Art Kurator antiker Ruinen verbrachte. Er war zum Katholizismus übergetreten und behauptete immer, daß er nur in Rom die kulturelle und gesellschaftliche Atmosphäre finden könne, in der sich Freiheit des Geistes mit einem Sinn für Form verband. Er war einer der ersten, die nach Italien statt nach Frankreich pilgerten und die entdeckten, daß der Süden keineswegs dekadent war.

In der schon genannten »Geschichte der Kunst des Altertums«, die Winckelmann in Rom verfaßte, versuchte er zu zeigen, daß die große Kulturleistung der Griechen weder ausschließlich den gegebenen Umständen noch dem Genie einzelner Künstler zugeschrieben werden kann. Die idealen Formen des klassischen Stils waren vielmehr der Höhepunkt eines Entwicklungsprozesses, der mit der Blüte demokratischer Freiheiten im Griechenland des 5. und 4. Jahrhunderts vor Christus zusammenfiel.

Die unübertroffenen Besonderheiten der klassischen Kunst waren nicht nur ein Produkt eines Volksgenius, sondern eines fortschreitenden Entwicklungsprozesses, in dem sich die Kunst archaischer Konventionen und Gesetze entledigt, um nur noch der Natur zu folgen. Der Höhepunkt wurde zur Zeit Phidias' und Praxiteles' mit der heiteren Freiheit nackter Formen erreicht. Die klassische griechische Kunst ahmte selbstverständlich die Natur nicht einfach nach; sie hatte erkannt, daß die Kunst, wie Plato sagte, die Natur transzendieren mußte, um zur Reinheit der Form zu gelangen. Da diese klassische Kunst »edler Einfalt und stiller Größe« einen Seelenzustand ausdrückt, ist in ihr keine Bewegung, sondern nur ein ideales »Sein«. Die Spannungen des Barock fehlen ihr daher ganz.

Da die griechische Kunst organischer Bestand eines Volkslebens und nicht bloß die dekorative Funktion eines Hofes war, reagierte sie ganz natürlich auf die Veränderungen der politischen und gesellschaftlichen Struktur der griechischen Welt. Als die Stadtstaaten ihre innere und äußere Freiheit verloren, verfiel die Kunst allmählich den Entartungen des Realismus, die zur Zeit des imperialistischen Despotismus Alexanders und seiner Nachfolger in Blüte standen. Winckelmann übernahm auch die damals geläufige Vorstellung, daß wirkliche Freiheit nur in kleinen Staaten möglich sei und die notwendige Basis für eine große Kunst darstelle.

Während Winckelmann so die These vertrat, die griechische Kunst sei der Ausdruck einer geschichtlichen Gesamtentwicklung eines bestimmten Volkes, die niemals mehr übertroffen werden könne, konnten doch die idealen Schönheitsnormen, die sich einmal herausgebildet hatten, allen Zeiten als Richtschnur dienen. Das Dogma von der idealen Schönheit war entstanden, das nahezu ein Jahrhundert lang zum Kanon der Kunstkritik wurde. Die zeitgenössische Kunst selbst reflektierte in der kühlen und strengen Einfachheit ihrer Werke einen von der Archäologie beeinflußten Klassizismus, der zu den verschwenderischen Formen und der leidenschaftlichen Gefühlsbetontheit des Barock in schroffem Gegensatz stand.

Das wachsende Interesse des 18. Jahrhunderts an der Rückkehr zu den antiken Quellen der Kultur zeigt sich in den archäologischen und historischen Studien dieser Zeit. In der zweiten Hälfte des Jahrhunderts wurde die neue Universität Göttingen im Hannoverschen zum Hauptzentrum der historischen und philologischen Forschung. Die Streitfrage, ob die Ilias und die Odyssee das Werk eines einzigen Genies waren oder aber das Gemeinschaftswerk des griechischen Volksgenius auf einer barbarischen, aber heroischen Stufe seiner Entwicklung, zeugt von der zunehmenden Neigung, in der Geschichte die Persönlichkeiten und die Entwicklungen ins Auge zu fassen und sie nicht nur als fortschreitende Überwindung des Aberglaubens und der Barbarei zu verstehen.

HIERARCHIE UND GERMANISCHE FREIHEIT

Obwohl Justus Möser nach Herkunft und Interessen das genaue Gegenteil von Winckelmann zu sein scheint, ist seine Geschichtsauffassung der seines älteren Zeitgenossen nahe verwandt. Möser gibt zu, von Winckelmann gelernt zu haben, daß sich der Stil einer Epoche nicht nur in ihrer Kunst, sondern auch in ihren Institutionen und ihrer Lebensweise ausprägt.

Möser sieht die Welt nicht aus der überlegenen Perspektive der Gesellschaft und Kultur einer Weltstadt, sondern aus der Sicht des kleinen Kirchenfürstentums Osnabrück, nahe der holländischen Grenze, wo er bis auf einen kurzen Aufenthalt in England praktisch sein ganzes Leben verbrachte. Osnabrück konnte damals ein Museum mittelalterlichen Lebens genannt werden; es gab dort solche Überreste der mittelalterlichen hierarchischen Struktur wie einen Fürstbischof, Landgüter, Gilden, Feudalismus und Leibeigenschaft. Es war also ein Mikrokosmos des alten »Reiches«. Eine bedeutende Verbindung mit der Außenwelt hatte Osnabrück: Zu dieser Zeit war der englische König außerdem Kurfürst von Hannover und Fürstbischof von Osnabrück.

Dank seiner außerordentlichen Begabung, besonders auf juristischem Gebiet, stieg Möser zu einer Position auf, die ihn zum einflußreichsten Mann in den Regierungskreisen von Osnabrück machte. Als rechtmäßiger Vertreter des Adels wie auch des englischen Königs nahm er im Grunde genommen die Stellung eines Premierministers ein.

Möser war von den hier angeführten Persönlichkeiten der einzige, für den die Praxis an erster Stelle stand. Er veröffentlichte eine Wochenzeitung, in der er angelegentlich die mittelalterliche Mannigfaltigkeit Osnabrücks gegen die Ideen der französischen »Philosophen« der Aufklärung verteidigte, deren Forderung nach einem einheitlichen Rechtskodex auf vernunftgemäßer Basis zur Einebnung der ererbten hierarchischen Struktur beitragen würde. Möser selbst war von der Aufklärung wenigstens so weit beeinflußt, daß er diese Struktur aus Nützlichkeitsgründen und nicht aus Gründen der Tradition und Religion in Schutz nahm; er behauptete, daß die mannigfaltigen Formen dieser Struktur aus einer konkreten Notwendigkeit erwachsen waren und nur dann abgeschafft werden durften, wenn diese Notwendigkeit nicht länger bestand, jedoch nicht auf Grund von theoretischen Prinzipien.

Die hierarchische Struktur erwuchs, so behauptete Möser weiter, aus dem Verlangen nach Sicherheit, Freiheit und sozialem Status; diese drei Erfordernisse sollten nicht voneinander getrennt und von einer konkreten historischen Situation isoliert werden, wie die analytischen Methoden der Rationalisten dies verlangten. Die Rationalisten spalteten die Gesellschaft in Individuen auf, von denen sich annehmen ließ, daß sie durch gleiche Interessen und Ziele verbunden seien, die den allgemeinen Idealen von Freiheit und Gerechtigkeit für alle untergeordnet werden sollten. Aber will der Mensch wirklich in erster Linie Freiheit und Gleichheit? Sind sie ihm nicht nur von den abstrakten Philosophen der Gegenwart in den Mund gelegt worden? Gemessen an der Vergangenheit, scheint er mehr um seinen Status als um die Gleichheit besorgt zu sein, das heißt um die günstigste Position auf der hierarchischen Stufenleiter. Er hat die Freiheit bisher immer mit dem Besitz der Rechte und Pflichten assoziiert, die eine bestimmte Stellung innerhalb der Rangordnung der Leiter mit sich bringt und deren Ausübung ihm eine positive Rolle in der Gemeinschaft garantiert. Die Freiheit und Gleichheit, die die Philosophen wünschten, würde schließlich dahin führen, diese substantielle Grundlage der menschlichen Freiheit zu vernichten und damit auch gerade die Garantien gegen den Despotismus aufzuheben. Uniformität, so behauptet Möser, ist der sicherste Weg zum Despotismus.

Er teilte mit dem frühen Liberalismus die Auffassung, daß die Koppelung von Landbesitz mit der Verpflichtung zum Ableisten eines öffentlichen Dienstes, besonders des Militärdienstes, die sicherste Garantie der Freiheit wäre. In der germanischen Gesellschaft war nach Möser diese Koppelung ideal gelungen. Die Verbindung dieser beiden Pfeiler der Freiheit war bis zu Mösers Zeit der wirksame Schutz gegen Konstitutionen, gegen das allgemeine Wahlrecht oder die Erklärung der Menschenrechte. Nur auf diejenigen, die durch ein Vermögen an der Gesellschaft beteiligt waren, vorzugsweise in Gestalt von Landbesitz, war Verlaß, wenn es galt, die Gemeinschaft gegen Unterdrückung und Eroberung zu verteidigen. Nur sie sollten daher den als Staat bezeichneten Zusammenschluß ausmachen; nur sie sollten als Bürger anerkannt werden.

In seiner »Osnabrückischen Geschichte« (1768 ff.) machte Möser diesen realistischen Freiheitsbegriff zur Norm der deutschen Verfassungsentwicklung. Er behauptete, daß das wechselnde Geschick dieser Freiheit die innere dynamische Entwicklung des »Reiches« ausmache, während die traditionelle Auffassung den Übergang der Herrschergewalt von den Römern auf die Germanen für wesentlich hielt. So wie er sie sah, war die Freiheit bereits durch imperialistische Abenteuer Karls des Großen nahezu ausgelöscht worden, besonders durch die Eroberung und Bekehrung der Sachsen, die unter allen deutschen Stämmen ihre glühendsten Verteidiger gewesen waren. Der Zusammenbruch des Imperiums Karls des Großen führte zur Herauskristallisierung eines Feudalstaates, in dem der Militärdienst nicht mehr an den Besitz von Land geknüpft war, sondern statt dessen zu einem Klassenprivileg wurde.

Erst im späten Mittelalter, als der Zusammenbruch von Feudalismus und kaiserlicher Macht die Entstehung zahlreicher Körperschaften und Vereinigungen ermöglichte, wie die Bünde der Städte, des Adels und der Bauern, sehen wir wieder die ursprüngliche Freiheit aufkommen. Seitdem, behauptet Möser, hat die Entwicklung des militärbürokratischen Staates die Freiheit unterminiert; eine Ausnahme bilden Länder wie England und die Niederlande, die kirchlichen Fürstentümer und die Freien Reichsstädte. Der Rationalisierungsprozeß in der gesellschaftlichen Entwicklung machte jetzt die Gründung solcher Gesellschaften wie der Rechtsanwalts- und Ärztegilden notwendig, die sich aus einem gemeinsamen wirtschaftlichen Interesse und auf Grund der gemeinsamen Verpflichtung zum öffentlichen

Dienst zusammenfanden, um bewußt der wachsenden Gefahr des Despotismus entgegenzutreten, die sowohl vom Thron als auch von der Masse her drohte.

Mösers Auffassung von einer organischen Gesellschaft als einem von unten nach oben aufbauenden System von Zusammenschlüssen, die auf einer Gemeinschaft der Interessen und des Dienstes beruhen, sollte auf spätere Staatsmänner und Denker großen Einfluß ausüben; sie lieferte die Grundgedanken, die Stein und die »alten Liberalen« später in die Verfassungsreformen Preußens und des Reiches einzubauen versuchten. Sie bildete auch die fundamentale ökonomische und politische Philosophie des Nationalliberalen Friedrich List, des Vaters des »Zollvereins« (einer Union deutscher Staaten zur Aufrechterhaltung eines einheitlichen Zolltarifs). Möser und Edmund Burke repräsentierten die Richtung des Liberalismus, die die alten Institutionen und Bräuche verehrte, weil sie eine größere Zweckmäßigkeit zeigten, das heißt den menschlichen Bedürfnissen gemäßer waren und daher am ehesten geeignet schienen, die Menschen in Gemeinschaften zusammenzuschließen und vor der Atomisierung durch den revolutionären Rationalismus zu bewahren.

Ein im Jahre 1773 erschienenes Werk über den Charakter der deutschen Kunst umfaßte drei Essays, die eine Art Unabhängigkeitserklärung gegenüber den herrschenden Vorstellungen darstellten. Sie bestanden aus der Einführung zu Mösers »Osnabrückischer Geschichte«, einer Shakespeare-Interpretation Herders und einer Interpretation von Goethe über die gotische Kunst, wie sie sich im Straßburger Münster repräsentiert. Zwei Gesichtspunkte dominierten: eine Anerkennung der schöpferischen Vielfalt der Kultur des Mittelalters, das mehr war als nur eine Epoche der Barbarei und des Aberglaubens; ferner die daraus folgende Annahme, daß Vielseitigkeit und Mannigfaltigkeit der Formen aus dem spontanen und natürlichen Schöpfertum im Schoße der gemeinsamen Werte und Strebungen entstehen. Nicht Gesetze bestimmen die große Kunst, sondern allgemeingültige kulturelle Werte, aus denen der Genius schöpfen muß.

ROUSSEAU UND DER STURM UND DRANG

Diese neue Vorstellung von der Natur als schöpferischer Spontaneität, die gleichzeitig in einem Kulturboden verwurzelt ist, wurde besonders lebhaft von der Bewegung vertreten, die als Sturm und Drang bekannt ist. Wie dieser Terminus aussagt, war es eine explosive Bewegung von kurzer Dauer, die ihren Höhepunkt in den siebziger und achtziger Jahren fand und dann schnell verebbte. Es war hauptsächlich eine literarische Bewegung, die von jungen Autoren getragen wurde; die bekanntesten unter ihnen sind Herder, Schiller und Goethe. Es handelte sich um eine stark emotionale Rebellion gegen den Provinzialismus und den Kastendünkel der deutschen Gesellschaft, gegen die Geziertheit und den kalten Intellektualismus der herrschenden französischen Kultur. Das Drama bot die beste Möglichkeit, die Revolte zu propagieren, und zwar nicht gegen bestimmte politische und soziale Mißstände, sondern gegen die allgemeinen gesellschaftlichen und kulturellen Hindernisse, die dem freien Ausdruck innerer Werte entgegenstanden. Das Drama trug das Merkmal der Rousseauschen Auflehnung des einzelnen gegenüber der Gesellschaft und der Zivilisation; und die Lieblingshelden der Dramatiker waren Führer von Räuberbanden oder Raubritter wie Goethes Götz von Berlichingen. Der Faust-Mythos der Renaissance bot ebenfalls einen beliebten Stoff; er wurde nicht nur von Goethe, sondern auch von anderen Schriftstellern der Bewegung als Symbol für den Versuch benutzt, die Grenzen zu durchbrechen, die von Kirche und Gesellschaft gezogen waren.

Jean-Jacques Rousseau (1712–1778) löste die Revolte aus, in der sich der langaufgestaute Protest Luft machte. Er war der Hauptkritiker der seinerzeit sogenannten »Zivilisation«, die sich durch große Errungenschaften in den Wissenschaften und Künsten auszeichnete. Er behauptete jedoch, daß die Kultur in Wahrheit unnatürlich wäre, da sowohl Wissenschaft und Kunst als auch die gesellschaftlichen Konventionen Formen geschaffen hätten, die den Menschen daran hinderten, sein wahres Ich auszudrücken. Alles in der Zivilisation schien ausschließlich dem Intellekt zu dienen, nicht dem Gefühl und der Überzeugung.

In seinen überaus einflußreichen Büchern, besonders im »Emile«, der sich mit der Erziehung befaßte, und im »Gesellschaftsvertrag«, in dem es um die Grundlagen der Gesellschaft geht, schlug Rousseau einen Weg der Rückkehr zum natürlichen Menschen vor. Er ging von der Annahme aus, daß der Mensch im Naturzustand aus freien, natürlichen Antrieben lebte, aber sobald er vom Baum der Erkenntnis gekostet hat, gibt es kein Zurück in das Paradies einer naiven und instinktgesicherten Existenz. Nichtsdestoweniger kann der Mensch sozusagen zu einer dritten, höheren Ebene aufsteigen, auf der er die Vernunft gebraucht, um gerade die Grenzen der Vernunft zu erkennen. Im »Gesellschaftsvertrag« stellte Rousseau die Frage, auf welche Weise der Mensch zu einer bewußten Freiheit gelangen und sich damit seine eigenen Gesetze geben könnte. Rousseaus Heilsplan war offenbar eine säkularisierte Version der jüdisch-christlichen Heilsgeschichte.

Nirgendwo erwies sich der Einfluß dieses Gedankengebäudes stärker als in Deutschland. In Frankreich wurde Rousseau zum Propheten der Volkssouveränität, in Deutschland jedoch zu einem Symbol der inneren Freiheit von den künstlichen Formen der Zivilisation; er wies den Weg zu einem organischen Wachstum und zu einer Entwicklung, die zum Bewußtsein der dynamischen inneren Form führte.

Selbstverständlich gab es viele Variationen dieses Grundthemas in einer Bewegung, die so reich war an schöpferischen Persönlichkeiten. Im allgemeinen wird das Abklingen der idealistischen Bewegung zwischen 1770, dem Jahr der ersten Begegnung zwischen Goethe und Herder in Straßburg, und 1832, dem Todesjahr Goethes, angesetzt. Innerhalb dieser sechs Jahrzehnte durchlief die Bewegung drei Phasen, die einander überschneiden und die sowohl in bezug auf die beteiligten Generationen als auch im Hinblick auf die Denkrichtungen nicht scharf abzugrenzen sind. Die klassische Phase fällt in die drei Jahrzehnte von 1770 bis 1799, die romantische in die Zeit von 1795 bis 1805 und schließlich die nationalistische zwischen 1805 bis 1815. Diese chronologische Einteilung gibt in jedem Falle einen Gipfelpunkt der Bewegung an. Romantik und Nationalismus, die als Reaktionen auf den Ausbruch der Französischen Revolution und auf den Napoleonischen Imperialismus entstanden, lenkten die Bewegung allerdings in neue Richtungen, von denen das nächste Kapitel handeln wird.

Herder, Kant und Goethe zeichneten sich durch einen weit ausgeprägteren spiritualistischen Synkretismus aus als die Pioniere des Idealismus. Sie stellten die innere schöpferische Freiheit des Individuums der Zivilisation (Geschmack und Toleranz) und dem mechanistischen Universum gegenüber, dessen Netzwerk kausaler Beziehungen das Individuum in Frage stellte. Von Erasmus, Luther und besonders auch von Paracelsus herkommende Grundgedanken waren im Denken jener Zeit miteinander verwoben, obwohl der übernatürliche Rahmen des Gedankenguts des 16. Jahrhunderts fast gänzlich ausgelöscht war. Sowohl Herder als auch Goethe sahen den Menschen und das Weltall als eine dynamische Ganzheit von Kräften an, während Kant, darin Luther folgend, einen Dualismus hervorhob, zwar nicht zwischen dem sündigen Menschen und Gott, wohl aber zwischen der Subjektivität des Menschen und der Außenwelt.

Jeder von ihnen widersprach gewissen Aspekten des französischen Rationalismus: Herder der Auffassung der Zivilisation als einer von Barbarei zu Aufklärung fortschreitenden Bewegung, Kant der Annahme, daß die Wissenschaft den Universalschlüssel zu Erkenntnis und Sittlichkeit liefere, Goethe schließlich der Vorstellung vom Kosmos als einer rein mathematisch-mechanistischen Ordnung.

DAS PROTEUSHAFTE WELTALL UND DIE NATION

Herder und Kant waren beide Ostpreußen. Der viel jüngere Herder studierte bei seinem Landsmann an der Universität Königsberg. Nach Abschluß seiner theologischen Studien wurde er Pfarrer in Riga; später unternahm er weite Reisen durch England, Frankreich und Holland. Das Tagebuch, das er im Jahre 1769 während der Überfahrt von Riga nach Frankreich führte, spiegelte den sich weitenden Horizont seines Denkens wider, das durch seine Freundschaft mit Goethe noch weitere Anregungen erhielt. Goethe veranlaßte ihn auch, nach Weimar zu kommen, wo er dann das Amt eines Generalsuperintendenten bekleidete.

Wir finden bei Herder eine Vielseitigkeit der Interessen, die der eines Leibniz vergleichbar ist, und auch seine Ideen hatten eine ähnlich überzeugende Kraft. Er war Theologe, Historiker, Dichter und Philosoph in einem. Auch er verspürte einen faustischen Drang, eine Sehnsucht nach unbegrenzter Macht, in die Geheimnisse aller Dinge einzudringen – jenes spezifische Merkmal des deutschen theosophischen Denkens von Paracelsus bis zu Jakob Böhme.

Wie Paracelsus glaubte auch Herder, daß das All ein lebendiger, von einem schöpferischen Geist beseelter Organismus sei. Der Natur und der Kultur wohnte der gleiche proteusartige göttliche Geist inne; alle Dinge im Universum unterlagen daher den gleichen Gesetzen des Wachstums und des Verfalls. In seiner Arbeit zur Philosophie der Geschichte der Menschheit werden Mensch und Natur in einen einzigen großen Entwicklungsprozeß hineingestellt; er zeichnet sich durch eine schöpferische Spontaneität aus, die sich in einer Vielzahl von Formen offenbart.

Die Kultur läßt dieses Merkmal vor allem in der Mannigfalt der Einzelformen, der Nationen, deutlich werden. Jede Nationalkultur, die zu sich selber findet, spiegelt das Menschsein auf ihre Weise; jede läßt ihre besondere Eigenart zumal am Anfang ihres Bestehens erkennen, wenn sie noch keinen fremden Einflüssen ausgesetzt ist und ihre Erstarrung noch nicht begonnen hat. Dieses letzte Stadium findet sich in der Zivilisation mit ihren scholastisch-intellektuellen Schemata, ihren künstlichen sozialen und literarischen Konventionen und ihren wie Maschinen funktionierenden bürokratisch-militärischen Staaten.

Herder fand den Schlüssel zur Entdeckung des unverfälschten Volksgeistes in den frühen Balladen und Liedern, Mythen und Sagen, Bräuchen und Riten eines Volkes.

Auf diese Weise ebnete er den Romantikern den Weg für ihre Suche nach den Ursprüngen und beeinflußte die Entwicklung des Nationalismus im 19. Jahrhundert, besonders unter den slawischen Völkern, die damals zu nationalem Selbstbewußtsein erwachten.

Für Herder gibt es in jedem Volk einen inneren Drang, seine eigene kulturelle Individualität zu verwirklichen. Dies geschieht am ehesten durch fortwährendes Zurückgreifen auf die eigene literarische und künstlerische Frühgeschichte, in der ein nationales Bewußtsein zunächst in naiven und instinktiven Formen erscheint, die noch nicht durch den Rationalisierungsprozeß abstrahiert worden sind. Diese Suche nach den Wurzeln ist eine Art Historisierung von Rousseaus Evangelium der Rückkehr zur Natur.

Mit Herder ist die nationale Kultur zu einem festen Begriff geworden. Jede Kultur erscheint zu der ihr angemessenen Zeit auf der Bühne der Geschichte und spiegelt einen Teil der idealen Menschlichkeit wider, auf die sich die Menschheit zubewegt. Der Begriff der Unterordnung der Nation unter die Menschlichkeit war für die deutsche Gedankenwelt bis weit ins 19. Jahrhundert charakteristisch.

Herder fühlte sich von der kühlen und abstrakten Philosophie Kants abgestoßen, die das Individuum aus seiner Verwurzelung im Boden der Nation löste, den Menschen offenbar zum Schöpfer und Geschöpf eines abstrakten moralischen Imperativs machte und ihn damit in eine neue, strengere Form hineinzwängte. Es steht außer Zweifel, daß Kant tiefer in dem rationalistischen Strom der Aufklärung stand als Herder. Kants Ausgangspunkt war die neue Sicht des Weltalls, wie sie von den mathematischen Wissenschaften entworfen worden war. In einem Frühwerk leistete er einen Beitrag zur Theorie der planetarischen Evolution. Doch stand er andererseits auch unter dem Einfluß der mehr irrationalen Strömungen, wie sie im Pietismus und bei Rousseau zu finden sind.

DIE KOSMISCHE ORDNUNG UND DIE VERPFLICHTUNG DER VERNUNFT

Immanuel Kants Werdegang steht in völligem Gegensatz zu dem Herders. Niemals hat er Ostpreußen oder auch nur Königsberg verlassen. Er studierte an der Universität, begann 1755 zu lesen und verblieb auch dort, bis sein langes Wirken als Professor der Philosophie im Jahre 1804 ein Ende fand. Niemals wich er von seinem Rhythmus des Lehrens, Studierens und Schreibens ab; das eiserne Gleichmaß seiner Gewohnheiten wird dadurch bezeugt, daß die Hausfrauen ihre Uhren nach seinem Spaziergang stellten, den er immer zur gleichen Zeit unternahm, und dies mit nur einer Unterbrechung, nämlich an dem Tag, als er Rousseaus »Gesellschaftsvertrag« zu lesen begann und ihn nicht fortzulegen vermochte. Ein Porträt von Rousseau hing an der Wand von Kants Studierzimmer. Der einzige weitere

Zwischenfall, der die gewohnte Ruhe seines Lebens gestört zu haben scheint, war der Verweis, den Wöllner ihm 1794 erteilte, weil er zur Entwürdigung der Grundlehren des Christentums beigetragen hatte.

Kant stellte der Philosophie, die die Entwicklung der Wissenschaften überaus wichtig gemacht hatte, drei Fragen: Was kann ich wissen? Was soll ich tun? Was darf ich hoffen? Für Kant ergaben sich die zweite und dritte Frage definitiv aus der ersten. Schon allein die Formulierung dieser Fragen deutete eine Abkehr von dem optimistischen Glauben der Aufklärung an, daß der menschliche Verstand die Grenzen des Wissens unendlich weit hinausschieben könne; da es keine Grenzen der Ausdehnung des Wissens gäbe, gab es für die Aufklärung auch keine Grenzen der moralischen Besserung und des wachsendenden Glücks der Menschheit: Alles in der Welt war von einem mildtätigen Schöpfer zum Wohl des Menschen erschaffen, wenn dieser nur den rechten Gebrauch entdeckte, so wie er vom Schöpfer gedacht war. So wurde die Ethik nach der populären Auffassung jener Zeit zu einer bloßen Erweiterung des Wissens.

Kant versetzte diesen Vorstellungen den Todesstoß, indem er zunächst die Grenzen unserer Erkenntnis der Umwelt zeigte. Bereits der englische Philosoph Hume hatte die Ansicht vertreten, daß die herrschende Auffassung vom Universum als Kausalzusammenhang eine Illusion sei, daraus erwachsen, daß der Mensch gewohnheitsmäßig annehme, zwischen Ereignissen, die regelmäßig aufeinander zu folgen scheinen, müsse notwendig eine Kausalrelation bestehen. Kant ging noch einen Schritt weiter und behauptete, die Kausalität, mit deren Hilfe wir notwendige Relationen herstellen, sei nur ein Rahmen des menschlichen Denkens. »Raum« und »Zeit« seien ebenfalls derartige theoretische Rahmen oder Denkformen, die der Verstand sozusagen über die Phänomene lege; und diese Rahmen füllen wir mit konkreten Informationen, die uns die Sinne liefern. Die Ideen, die wir der Außenwelt zuzuschreiben pflegen, sind in Wahrheit unserem Denken immanent. Aber wir können die Außenwelt als solche nicht kennenlernen; wir kennen sie nur in den Erscheinungsformen, die uns von den Sinnen übermittelt werden.

Kant verlegte damit den Schwerpunkt des Wissens von einer objektiven Außenwelt in die subjektive Welt innerhalb des Individuums; aber er machte die Erkenntnis nicht zu einem willkürlichen Vorgang, denn der Verstand folgt seinen eigenen logischen Gesetzen.

Dieser neue Gesichtspunkt brachte für Kant und seine Zeitgenossen eine Befreiung des Menschen; denn er wurde jetzt der Gestalter des Universums und war nicht mehr nur der fast passive Empfänger von Einflüssen, die von außen auf ihn einwirkten. Folglich konnte er das Universum unter dem

Gesichtspunkt von Zwecken und Zielen betrachten statt nur als Netzwerk kausaler Beziehungen. Der Mensch verlor auf diese Weise aber auch an Sicherheit; denn was er wissenschaftlich vom Weltall wissen konnte, mußte nun einen problematischen Charakter haben: Er konnte es nicht als solches kennen, sondern nur in seinen Erscheinungsformen. Deshalb aber konnte er auch keinen moralischen Rückhalt in einer äußeren Ordnung finden.

In Hinsicht auf das Problem der Sittlichkeit war die revolutionäre Bedeutung Kants noch größer. Hier war er stark von Rousseau beeinflußt. War die theoretische Vernunft im Hinblick auf die Außenwelt als autonom erwiesen, welches ist dann die Stellung der praktischen Vernunft, die das menschliche Verhalten regelt? Gibt es objektive Moralgesetze? Gibt es sie, dann ist der Mensch nicht wirklich frei, da diese Gesetze von außen kommen. Ihrem Wesen nach verlangt die Sittlichkeit, daß der Mensch, wenn er für sein Tun verantwortlich ist, auch sich selber die Gesetze für sein Verhalten geben muß; und je unabhängiger er von äußerem Zwang ist, desto größer ist seine Verantwortung. Die Verantwortung verlangt auch, daß der Mensch nicht nur seinem eigenen Verlangen und seinen eigenen Wünschen nachgibt, sondern daß seine Verhaltensregeln am Allgemeinwohl orientiert sind. Jedoch geht es nicht um die bloße Aufstellung von Moraltheorien auf intellektueller Ebene; denn durch das Theoretisieren gelangt der Mensch nicht zum rechten Verantwortungsbewußtsein. Nur im Handeln, in einem Tun, das ihn völlig in Anspruch nimmt, kann er Maximen oder Regeln von universeller Gültigkeit aufstellen. Das ist der kategorische Imperativ, nach dem der Mensch jederzeit so handeln sollte, daß die universelle Nutzanwendung seiner Handlung zur Aufstellung einer moralischen Regel oder Maxime führen könnte. Nur so kann er sich zu dem vollkommenen Verantwortungsbewußtsein erheben, das seine innere moralische Natur verlangt.

Obwohl Rousseau mit seinem »Gesellschaftsvertrag« den unmittelbarsten Einfluß auf Kant ausgeübt haben dürfte, steht Luthers Einwirkung, verstärkt durch den Pietismus, auf Kants Denken außer Zweifel, besonders in der Betonung, die Kant auf die Freiheit der inneren sittlichen Erfahrung legt. Bei Kant ist offensichtlich in moralische und rationale Form gefaßt worden, was bei Luther religiös und emotional ausgedrückt ist. Es folgt daraus, daß für Kant nur eine Gesellschaft, in der das Individuum diesen autonomen Akt der moralischen Gesetzgebung ausüben kann, dem Menschen wirkliche Freiheit bietet. Der Staat muß deshalb nicht nur Macht verkörpern, sondern auch die Gesetze, die die Menschen über sich selbst verhängt haben. Kant geht so weit, für einen Weltstaat zu plädieren, in dem Zwang und Krieg als für die moralische Natur des Menschen unnötig ausgeschaltet sind. Er war optimistisch genug, die Errichtung eines solchen Staates für möglich zu halten.

Die tiefen philosophischen Fragen, die Kant stellte, lösten eine revolutionäre Bewegung in der modernen Philosophie aus und befreiten sie nicht nur von dem religiösen Traditionalismus, sondern auch von dem starren Rationalismus der Aufklärung.

ORGANISCHE FORM UND INDIVIDUELLES STREBEN

Durch Philosophen wie Kant haben die Deutschen ihren größten Einfluß auf die westliche Gedankenwelt ausgeübt. Auf dem Gebiet der Literatur und der bildenden Künste liegt Deutschlands Einfluß weit unter dem anderer Länder. Doch in der Epoche, die wir hier behandeln, erschien ein überraschender literarischer Geist, Goethe, der gewöhnlich mit Dante und Shakespeare auf eine Stufe gestellt wird. Er überragte andere deutsche Schriftsteller in einem solch hohen Maße, vielleicht mit Ausnahme Schillers, daß diese fast im dunkeln verblieben, zumindest für Nichtdeutsche. Aber selbst Goethes Vorrangstellung kann der Tatsache zugeschrieben werden, daß für ihn die Kunst von der Wissenschaft und Religion nicht zu trennen war. Es waren seine philosophischen Anschauungen von Natur und Menschen, übertragen in eine Vielzahl literarischer Medien, die ihm zu durchdringender Wirkung verhalfen.

Wir sind Goethe bereits im Zusammenhang mit dem älteren Herder begegnet, den Goethe nach Weimar holte und der ihn zweifellos in den Jahren des Sturm und Dranges mehr als andere zu seiner schöpferischen Ursprünglichkeit und Vielseitigkeit inspirierte. Doch später, als Goethe ein Empfinden ästhetischer Vollendung und organischer Harmonie erlangt hatte, wurden die Rollen vertauscht. Berühmt war auch die Freundschaft, die Goethe mit Schiller verband, obgleich sie verschiedenen Temperaments waren und sich ihre Auffassungen von der Aufgabe des Künstlers stark unterschieden. Goethe besaß die wertvolle Eigenschaft, den Enthusiasmus anderer zu teilen und in ihre Interessensphäre einzudringen, auch wenn sie nicht seinem eigenen Empfinden entsprach. In Weimar hatte er die Möglichkeit, vielen Schriftstellern und Denkern Hilfe und Anregung zu geben. Unter der aufgeklärten Gönnerschaft seines Landesherrn, der auch Goethes Freund und Förderer war, wurde Weimar zu einer Art von deutschem Athen oder Florenz. Zu klein, um eine Rolle in der Machtpolitik jener Zeit zu spielen, wurde Weimar eine Zeitlang durch die glückliche Freundschaft eines Landesherrn und eines Genies zum literarischen Zentrum Deutschlands.

Johann Wolfgang von Goethe entstammte einer wohlhabenden Bürgerfamilie aus Frankfurt am Main, einer Weltstadt mit intellektueller Atmosphäre. Er studierte anfangs Rechtswissenschaft an der Universität Straßburg, gab jedoch die juristische Laufbahn auf und trat in die Dienste des Großherzogs von Weimar. Er wurde eine Art Premierminister des kleinen Landes und hatte die Möglichkeit, sich neben seinen praktischen Aufgaben wissenschaftlichen und künstlerischen Werken zu widmen. Seine Position ähnelte der seines älteren Zeitgenossen Möser, dessen Integrität und dessen Ansichten er sehr schätzte.

In der Zeit seines langen, fast ununterbrochenen Aufenthalts in Weimar von 1788 bis 1832 fielen die gewaltigen Ereignisse der Französischen Revolution und der Napoleonischen Kriege; doch bereiteten sie ihm kaum größere Aufregung. Wie Möser war auch Goethe davon überzeugt, daß der reine Rationalismus, wie er in der Revolution zum Ausdruck kam, die natürlichen, organischen Bindungen der öffentlichen Ordnung und der Gesellschaft auflösen mußte; sie führte zur Atomisierung der Volksmassen und zu Napoleon, den er im übrigen als notwendig betrachtete, um den Aufruhr zu beenden und ein Minimum an Ordnung wiederherzustellen, damit das organische Wachstum wieder einsetzen konnte.

In der gleichmäßigen Entfaltung von Goethes Persönlichkeit und seiner künstlerischen Produktivität entdeckt man keine innere Krise; das einzige wichtige Ereignis, von dem man sagen darf, es habe einen deutlichen Wandel in seinen Werten und seinen Neigungen hervorgerufen, war eine Reise nach Italien (1786–1788). Sie führte ihm die unvergleichliche Harmonie der antiken Kunst vor Augen, die bereits Winckelmann in seinem großen Werk über die griechische Kunst ans Licht gebracht hatte. Hier in Italien fand Goethe auch die ersten Ansatzpunkte zu seiner Theorie der morphologischen Struktur der Tier- und Pflanzenwelt.

Auf der Suche nach jener natürlichen, spontanen Freiheit, die Rousseau so verlockend vorgezeichnet hatte, kam Goethe zu der Erkenntnis, daß der Weg weder über die historischen Ursprünge noch über den moralischen Imperativ führt, sondern über die Kunst, in der das schöpferische Streben des Menschen einen Selbstzweck finden kann, ohne Nützlichkeitserwägungen anstellen oder eine transzendentale Erhöhung suchen zu müssen. Das Griechentum stellte das Modell einer Kultur dar, die zugleich natürlich – das heißt naiv und spontan – war und eine ideale Norm verkörperte. Griechenland wurde daher ein »inneres Vaterland«, das allerdings ein wenig in die idyllische Atmosphäre einer Rokokolandschaft getaucht war.

Goethes Lebenslauf führt uns die allmähliche Entfaltung einer schöpferischen Persönlichkeit vor Augen. Seine Werke erstrecken sich über eine weite Skala verschiedenster Gegenstände philosophischer, naturwissenschaftlicher, literarischer und künstlerischer Thematik und sind in mannigfaltigen Formen abgehandelt. Jedes seiner Werke ist eine Stufe in dem bewußten Bemühen, eine immer weitere Interessensphäre und immer vollkommenere Meisterschaft der Form zu gewinnen. Sein Weg als Schriftsteller ist ein Vorgang der Selbsterziehung und Selbstverwirklichung; in seinen Hauptwerken, dem »Wilhelm Meister« und dem »Faust«, wird dieses Bemühen zum autobiographischen Vorwurf [3]. Goethe selber nannte seine Werke »Bruchstücke einer großen Konfession«.

Es ging Goethe vor allem anderen darum, die individuellen Bestrebungen mit der inneren Form der Welt der Kultur und der Natur in Einklang zu bringen. Diesem künstlerischen Ethos lag die Auffassung zugrunde, daß das Kunstwerk ein geschlossenes Ganzes mit einer eigenen inneren Form sei, die nicht von äußeren, sogenannten realen Umständen abhängt. Ebenso war auch das faustische Streben, die Grenzen des gewöhnlichen Wissens zu überschreiten, durch das undruchdringliche Geheimnis des Universums, das an das Kant'sche Ding an sich erinnert, vor eine letzte Schranke gestellt. Für Goethe begann der Lebenslauf eines Menschen mit der Konstellation der Sterne zur Stunde seiner Geburt; er setzte also das geschlossene Universum der Astrologie, nicht das unbegrenzte Newtons voraus [4].

Goethes Streben war nicht eine Suche nach dem moralischen Imperativ wie bei Kant, sondern nach einer Form für seine eigene Persönlichkeit wie auch nach der Form des Weltalls. Dieser besondere Aspekt seines Denkens verrät sich insbesondere in seinen naturwissenschaftlichen Interessen. Im Gegensatz zu der herrschenden mathematischen und mechanistischen Auffassung Newtons verstand er die Welt als organische Ganzheit; der Mensch war ein lebendiger Teil der Welt und sollte sich ihr nicht als bloßer Beobachter und Ausbeuter gegenüberstellen. Nur das verstehende Auge des Künstlers konnte wirklich ihren schöpferischen Vorgang in der Entfaltung der organischen Formen erkennen. Der Künstler konnte die archetypischen Formen des pflanzlichen und tierischen Lebens entdecken, aus denen sich alle anderen ableiten ließen. Die gegenwärtig bestehenden Strukturen waren nur Variationen der Urformen, die jedoch bei aller Vielfalt und allem Formenreichtum eines proteushaften Universums nie ihre Identität verloren.

Wir haben hier wieder jene Denkweise vor uns, die auf Leibniz und weiter bis auf Paracelsus und Nikolaus von Cues zurückgeht und in der die »innere Form« ein Entwicklungsprinzip sowohl der Persönlichkeit als auch des Weltalls bildete.

Ein synthetisches Weltverständnis ist besonders in Goethes Farbenlehre offenkundig, die er selber in späteren Jahren als seine bedeutendste Leistung ansah [5]. Er ging darin von einer Hypothese aus, die der Grundlage der Newtonschen Optik direkt entgegengesetzt war, nämlich der Annahme, daß das, was uns als farbloses Licht erscheint, aus allen Einzelfarben des Spektrums zusammengesetzt ist. Goethe dagegen legte eine alte Metapher des Neuplatonismus zugrunde und sah im Licht den Urquell allen Lebens, damit auch aller Einheit in der physischen Welt; es war damit der Urpflanze vergleichbar. Goethes Einspruch gegen Newtons Farbensynthese offenbart noch einen weiteren Aspekt seines Naturverständnisses: Goethe verließ sich auf die Wahrnehmung des Lichts, das durch das Auge eindringt, nicht über ein Prisma oder einen Raster; dies zeigt Goethes Meinung, wenn man es zuließe, daß sich ein Apparat zwischen den Menschen und die Natur stellte, so würde der Mensch ein Zuschauer werden; er würde aufhören, ein unmittelbarer Teilhaber der Natur zu sein, und die Ehrfurcht vor den Naturformen verlieren.

In der deutschen Kultur nimmt Goethe eine überragende Stellung ein. Obgleich er viel zitiert und beinahe angebetet wurde, hat man ihn selten uneingeschränkt geschätzt oder kongenial verstanden. In dieser Hinsicht erinnert er an Erasmus: Beiden ging es um die innere Freiheit der Entfaltung der Persönlichkeit, beide versuchten, sich mit Hilfe der Ironie einer Entweder-Oder-Frontstellung zu entziehen, und bei keinem von ihnen finden wir den Seelenkampf eines Luther oder die moralische Spannung eines Kant. Herders dionysischer Schöpfungsrausch wird bei Goethe durch appolinische Harmonie ausgeglichen; Goethes olympische Ruhe und die Universalität seines Geistes hoben ihn weit über die üblichen politischen und religiösen Streitigkeiten seiner Tage, woraus sich die zwiespältige Haltung seiner Landsleute ihm gegenüber erklären mag.

Goethe selber war sich im Alter (er starb mit zweiundachtzig Jahren) bewußt, an seiner Zeit vorbeigelebt zu haben. Große Ereignisse leiteten ein neues Europa politischer und sozialer Veränderungen ein, für die er keine Sympathien aufbringen konnte. Er vertrat das alte Europa des kultivierten Aristokraten und Patriziers, der ausgesuchten Geselligkeit und der idealen klassischen Normen. Am Schluß des »Wilhelm Meister« und des »Faust« gestaltete er die Vision einer utopischen Zukunft der technischen und wissenschaftlichen Vervollkommnung und der dazugehörigen Naturbeherrschung und Massenorganisation, großen materiellen Wohlstandes und persönlicher Freiheit.

GESCHICHTE ALS ERLÖSUNG

Aus dem bisher Gesagten ergibt sich, daß es zwei Grundgedanken waren, die die Auffassungen der Deutschen von der Freiheit des schöpferischen Geistes bestimmten:

1. Das Fortbestehen einer spiritualistischen Tradition, die durch die Leibnizsche Monadenlehre und durch Spinozas Pantheismus beeinflußt wurde, führte dazu, daß die Auffassung beibehalten wurde, Gott und die Welt bildeten eine Einheit in einem großen Schöpfungsvorgang, der zu einer unendlichen Vermehrung individueller Formen in Natur und Kultur führe. Zwar wurde zwischen Natur und Geschichte unterschieden, doch zugleich die Annahme gemacht, daß diese beiden Bereiche aufeinander bezogene Pole in der Selbstverwirklichung des Geistes oder der Vernunft seien. Dieser ganzen Vorstellung von der Einheitlichkeit der Welt lag die Auffassung zugrunde, der Mensch dürfe nicht auf eine Beobachter- oder Zuschauerrolle gegenüber Natur und Geschichte reduziert werden. Gott und Mensch sollten sich gewissermaßen zu einem Partnerschaftsverhältnis zusammenfinden und gemeinsam die Entwicklung der Menschheit und des Kosmos vorantreiben, um alle darin angelegten Möglichkeiten zu verwirklichen.

2. Das Gefühl der Teilhaberschaft des Menschen wurde noch weiter durch den Einfluß verstärkt, den Rousseaus Säkularisierung der christlichen Heilsgeschichte ausübte. In Frankreich wurden seine Ideen im Laufe der Revolution in eine revolutionäre Ideologie verwandelt; in Deutschland machte man daraus den Kern einer evolutionären Geschichtsphilosophie. Erst der Marxismus machte um die Mitte des 19. Jahrhunderts den Versuch, eine revolutionäre Ideologie, die ein Aktionsprogramm zu bieten hatte, mit einer evolutionären Geschichtsphilosophie zu verbinden, die einen unausweichlichen Geschichtsverlauf voraussagte.

Die deutsche idealistische Geschichtsphilosophie war das Produkt zweier Ideenrichtungen, von denen die eine die spiritualistische Tradition fortsetzte, während die andere aus dem Gefühl entstand, der einzelne bedürfe angesichts der unpersönlichen Mächte Wissenschaft und Staat einer moralischen Erlösung. Die Verbindung beider Komplexe fand ihren letzten großen Ausdruck bei Hegel.

Bei Herder wurde dieselbe Verbindung zum erstenmal deutlich, als er den Erlösungsvorgang in drei Phasen gliederte: in die ursprüngliche Spontaneität, die künstliche Zivilisation und endlich die spirituelle Menschlichkeit. Die Nation, ein Begriff, der der rationalistischen, kosmopolitischen »Zivilisation« entgegengesetzt ist, stellt die kulturelle Brücke her zwischen dem ursprünglichen, in der Natur verwurzelten »Volk« und der idealen

Menschheit der Zukunft. In dieser Neuformulierung der drei Zeitalter erhält die mittlere Periode, die gegenwärtige Zivilisation, einen fast negativen Charakter, woraus sich später, zum Beispiel bei Marx, die Vorstellung eines dialektischen Prozesses entwickelt. Bei Hegel wurde demgegenüber der Gedanke wiederaufgenommen, daß die Erfüllung in der Gegenwart geschehe: Sie verwirkliche sich im preußischen Staate. Auch bei Saint Simon sollte der bereits unmittelbar bevorstehende Triumph der wissenschaftlich-technisch begründeten Ordnung in der Gegenwart geschehen, so daß die Gegenwart eine positive Rolle innerhalb der Selbstverwirklichung der Vernunft erhält.

Herder war es also, der die romantische Flucht aus der Gegenwart in die Vergangenheit und die Hinwendung zur Nation als erster vollzog, wobei die Nation als eine ideale Gemeinschaft aufgefaßt wurde, in der Vergangenheit, Gegenwart und Zukunft zu einer dynamischen Ganzheit verschmolzen. Die Neoromantik des späten 19. und frühen 20. Jahrhunderts ging noch einen Schritt weiter, indem sie »Urzeit« und »Spätzeit« als ihrem Wesen nach unhistorisch und daher mythisch beschrieb, wobei die eine den Anfängen der Menschheit, die andere der technischen Massenzivilisation zugeordnet wurde.

Im Gegensatz zu Herders ausdrücklicher Ablehnung der Gegenwart versuchte Kant, sie zum Ausgangspunkt der menschlichen Freiheit zu erheben: Er stellte den Übergang von der Natur zur Zivilisation als einen Fortschritt in Richtung auf die ihrer selbst bewußte Freiheit dar. Der Mensch im Naturzustand mochte zwar in seinem bloß von den Sinnen geleiteten Leben eine paradiesische Existenz geführt haben, aber überlegener ist das Leben der Vernunft, die Zivilisation, in der die Geschichte entsteht und mit ihr die bewußte Setzung von Zielen. Nur die Herrschaft des Gesetzes, die von den Bürgern geschaffen und im Staate verkörpert ist, kann der Menschheit schließlich den Frieden bringen, der sich auch auf die Gesellschaft der Nationen ausdehnen wird. Dies aber ist das oberste Ziel der Zivilisation.

Kants Geschichtsphilosophie begründet die für den Idealismus charakteristische Annahme, die Erlösung der Menschheit könne nur dadurch erfolgen, daß man das Leben der Vernunft als eine Verpflichtung auffaßt, nicht etwa durch eine allmähliche Vermehrung unserer Kenntnisse von der Natur und unserer Macht über sie. Fichte, der den Nationalstaat als Verschmelzung von Natur und Vernunft feierte, ging noch über Kant hinaus, indem er behauptete, nicht das Individuum sei es, das sich zum Leben der Vernunft bekennt, sondern die Nation, die sich den Staat einrichtet.

Wenn Goethes Denken auch im wesentlichen um den gleichen Problemkomplex kreiste wie die Bemühungen Kants und Herders, so nahm er doch den Dualismus zwischen Natur und Vernunft weit weniger deutlich wahr. Natur und Kultur waren für Goethe gleichermaßen von einem unaufhörlichen Schöpfungsgeschehen durchflutet. Jeder dieser Bereiche ist in sich geschlossen, und ihre Bewegungen vollziehen sich nur in zyklischen und polaren Rhythmen. Diese zeitlose Wiederkehr wird jedoch durch das faustische Streben des Menschen durchbrochen, der diese natürlichen und zugleich normativen Grenzen zu überschreiten sucht; doch er scheitert tragisch, oder er muß resignieren.

Nietzsche und Spengler wurden später die erklärten Verfechter dieser Goethischen Geschichtsphilosophie. Beide kritisierten sie die europäische Zivilisation ihrer Zeit, ohne ein Drittes Zeitalter am Horizont heraufsteigen zu sehen; beide hielten die Zivilisation für eine Erscheinung der Dekadenz und sehnten sich nach der Urzeit und dem Mythos zurück, und sie folgerten, der Mensch müsse sich ganz seiner Zeit anheimgeben und seinem Schicksal ins Auge sehen.

In diesem geschichtsphilosophischen System hatte jedoch eine Schwerpunktverlagerung stattgefunden; aus der Hoffnung auf eine künftige Erfüllung war die Sorge geworden, wie man sich den Drohungen der Gegenwart gegenüber verhalten sollte. In der Französischen Revolution wurde die Antwort innerhalb des traditionellen nationalen Rahmens gesucht; aber die Deutschen, denen eine solche Orientierungsmöglichkeit fehlte, entwarfen statt dessen eine universale Geschichtsphilosophie. Der Marxismus weiterhin versuchte, diese Geschichtsphilosophie mit dem Willen zur Revolution auf der Basis einer Klasse zu verbinden; und in unseren Tagen verschmelzen Hoffnung und Neubeginn in der technischen Revolution.

IX. Revolution, Romantik und Nationalismus

Im Laufe des 18. Jahrhunderts wurde das neue Schlagwort »Revolution« in den intellektuellen Kreisen Europas Mode. Wir haben gesehen, daß im späten Mittelalter das Verlangen nach einer grundlegenden Veränderung vor allem der Kirche, aber auch der Kultur durch eine Rückkehr zu ihren antiken Quellen in dem Begriff »Renaissance« oder »Wiedergeburt« seinen Ausdruck fand. Der Begriff »Revolution« drückte im 18. und 19. Jahrhundert sowohl den Wunsch nach einem grundsätzlichen Wandel als auch die Art und Weise aus, wie solch ein Wandel herbeigeführt werden könnte. Die Substitution des Begriffs der »Renaissance« durch den der »Revolution« kennzeichnet eine strukturelle Veränderung der Auffassungen, die der westliche Mensch vom Wesen der Veränderungen im menschlichen Zusammenleben und in der Geschichte hatte.

DIE RENAISSANCE UND DER FORTSCHRITTSGEDANKE

Der Begriff der Wiedergeburt geht zurück auf ein frühmittelalterliches Wort, *renovatio*, womit eine Erneuerung oder Wiederherstellung des Römischen Reiches und die mit ihm verbundenen Vorstellungen von Sicherheit und Kultur gemeint waren. Doch »Renaissance« bedeutet mehr als nur Restauration; sie war der Ausdruck eines Verlangens, zu den antiken Quellen der Kultur und Religion zurückzukehren, um die dynamische Aussagekraft der Kunstnormen und die prophetische Verheißung der Religion zu erneuern. Die Vorstellung von der Wiedergeburt war mit einem tiefgehenden Wandel des Selbstverständnisses verbunden: Die Humanisten betrachteten sich als Bahnbrecher eines neuen Zeitalters und negierten die Zwischenzeit (das »Mittelalter«), die zwischen der neuen Zeit und der verherrlichten Antike lag.

Das Gefühl, eine neue, »moderne« Zeit eingeleitet zu haben, gab der westlichen Welt ihre charakteristische Geisteshaltung. In zunehmendem Maße richtete sich das Bewußtsein der Modernität nicht auf eine Rückkehr zur Antike, sondern sehr bestimmt auf die zukünftige Entwicklung des

Menschen. Erste Anzeichen dieser Neuorientierung wurden im 16. und 17. Jahrhundert im Zusammenhang mit dem Einfluß der neuen Wissenschaft und Kosmologie erkennbar. Der Mensch sollte nicht mehr der astrologisch beschriebenen Schicksalsmacht der Natur und den zufälligen Geschehnissen der Geschichte unterworfen sein. Die Umdrehungen der Himmelskörper spiegelten vielmehr die im Innern des Universums waltende Vernunft, die auch in den menschlichen Beziehungen zur treibenden Kraft werden sollte.

Die Neuorientierung im 17. Jahrhundert manifestierte sich ebenfalls in dem Streit zwischen den Anhängern des Alten und denen des Neuen. Die Verfechter des Alten behaupteten, daß die Antike Philosophen und Kunstwerke von einer Größe und Erhabenheit hervorgebracht hätte, die niemals mehr übertroffen werden könnten, und daß diese allen zukünftigen Epochen als Vorbilder dienen sollten. Dieser Auffassung lag die Betonung der Kontinuität innerhalb der hellenistisch-römischen Kulturgemeinschaft zugrunde. Die Verteidiger der Moderne hingegen standen auf dem Standpunkt, daß die Leistungen der letzten Jahrhunderte auf den Gebieten der Kunst, der Literatur und Philosophie denen der Antike zumindest gleichwertig waren; gewiß könne der moderne Mensch, der auf den Schultern der Alten stand, weiter schauen, als sie es gekonnt hatten.

Die Verschmelzung des Begriffs der Revolution mit dem Fortschrittsgedanken begann mit der Aufklärung und erreichte ihren Höhepunkt in der revolutionären Epoche von 1789 bis 1848 [1].

Auf den ersten Blick erscheinen die Vorstellungen von der Revolution und der Fortschrittsgedanke unvereinbar, da für uns »Fortschritt« eine allmählich ansteigende, geradlinige Entwicklung ist und nichts mit der gewaltsamen abrupten Veränderung zu tun hat, die das Wort »Revolution« bezeichnet. Erst in jüngster Zeit hat die geläufige Redensart von der sogenannten »permanenten Revolution«, wie sie auf die Wirtschaftsplanung und den technischen Fortschritt angewandt wird, eine ziemlich lockere Verbindung der beiden offensichtlich unvereinbaren Komponenten zustande gebracht.

Abgesehen von den deutschen Idealisten, die aber erst gegen Ende des Jahrhunderts in Erscheinung traten und völlig isoliert dastanden, verstanden die meisten Intellektuellen des 18. Jahrhunderts unter dem Fortschritt keine positive Entwicklung, da sie in der Vergangenheit hauptsächlich eine Anhäufung von Irrtümern und das Resultat von Ignoranz und Aberglauben sahen. Die Zukunft eröffnete allerdings die Möglichkeit einer zielgerichteten Veränderung durch die Anwendung der wissenschaftlichen Methode, in der die kritische Vernunft des Menschen ihren höchsten Ausdruck erreichte. Die Ausbreitung des Wissens und der Aufklärung mußte sich, das wurde anerkannt, allmählich summieren und eine fortschrittliche Wirkung haben. Aber bot der Fortschritt des Wissens eine Garantie für die Verbesserung der menschlichen Beziehungen, angesichts des launischen Despotismus und der Leidenschaften des Pöbels? Wie konnte Freiheit durch die bloße Ausbreitung des Wissens erreicht werden, außer gelegentlich unter einem aufgeklärten Herrscher? Voltaires Auffassung von der Geschichte der Zivilisation basierte tatsächlich auf der Vorstellung, daß eine Blüte der Wissenschaften und Künste nur unter aufgeklärten Herrschern zu beobachten sei.

Die Frage, wie das einfache Volk überhaupt dazu veranlaßt werden könnte, Neuerungen zu bejahen oder sie wenigstens zu dulden, ist von den Philosophen des 18. Jahrhunderts nie beantwortet worden. Sie hatten im allgemeinen für das, was heute unter »Masse« verstanden wird, nur Verachtung übrig. Eine andere, für das späte 18. Jahrhundert sehr wesentliche Frage war die, wie die Masse dazu gebracht werden könnte, die allmähliche Anhäufung des Wissens abzuwarten, bis die öffentlichen Probleme sich lösen ließen, anstatt vorzeitig in einer unvernünftigen Rebellion und Empörung zu »platzen«.

Da die Intellektuellen der Zeit vor 1789 kein Geschichtsbild hatten, das Vergangenheit, Gegenwart und Zukunft umschloß, und da sie einer möglichen Ausdehnung der Aufklärung auf das einfache Volk skeptisch gegenüberstanden, sahen sie sich außerstande, das dringende Bedürfnis nach einer sofortigen und vollständigen Umgestaltung von Staat und Gesellschaft mit der allmählichen und fortschreitenden Ausbreitung von Wissen und Aufklärung zu vereinbaren. Wenn sie ihr Ideal einer natürlichen Staats- und Sozialordnung mit den herrschenden Mißständen und Ungerechtigkeiten konfrontierten, dann konnte es keine allmähliche Verbesserung geben: Es mußte ein radikaler Umschwung kommen.

DIE IDEE DER REVOLUTION

Die vielfältige Bedeutung des Wortes »Revolution« erklärt vielleicht die Schwierigkeit, Revolution und Fortschritt miteinander zu vereinbaren, eine Schwierigkeit, die letztlich erst durch die Revolution selbst gelöst wurde.

1. Der Ausdruck »Revolution« bezeichnete den Wechsel des politischen Regimes, der durch Rebellion, Aufruhr oder Bürgerkrieg herbeigeführt sein konnte, mit dem jedoch kein Strukturwandel in Staat oder Gesellschaft verbunden war, so daß auch keine Anstöße etwa in Richtung auf demokratische Reformen davon zu erwarten waren. Dieser Begriff war also

nicht allzuweit von der Vorstellung des Barockzeitalters entfernt, daß Staatsaktionen auf das Intrigenspiel, die Verschwörung und die Launen der Könige und ihrer Mätressen zurückgingen. Infolgedessen wurden politische Veränderungen immer noch weitgehend als zufällig betrachtet.

2. »Revolution« hießen aber auch die grundsätzlichen Veränderungen in der Menschheitsentwicklung, seien sie nun auf Naturkatastrophen (Erdbeben, Vulkanausbrüche), auf kulturelle Veränderungen (zum Beispiel Erfindungen) oder, wie Voltaire annahm, auf religiöse Umgestaltungen zurückzuführen (wie die Papstherrschaft im 11. und 12. Jahrhundert oder die Reformation im 16. Jahrhundert).

Noch heute unterscheiden wir zwischen politischen Geschehnissen, die eine gewaltsame Veränderung herbeiführen, wie zum Beispiel die Französische und die Russische Revolution, und allmählichen Umgestaltungen, wie die industriellen und die wissenschaftlichen Revolutionen; eine Unterscheidung, die einen Beweis für die Tatsache birgt, daß wir noch immer nicht Revolution mit Fortschritt vereinbaren können.

3. Höchst bedeutsam war Voltaires Anspielung auf eine grundlegende Veränderung der Geisteshaltung, die in der Aufklärung aufgekommen war und die sich in der Zukunft zu einer neuen Sicht der Welt durchringen und neue Gesetze zur Beherrschung des Menschen aufstellen sollte. Unter den Intellektuellen war die Vorstellung weit verbreitet, man stehe am Rande einer neuen Ordnung der Dinge, in der die Intellektuellen die herrschende Macht in der Gesellschaft werden und die Könige und vor allem die Priester verdrängen würden. Die Vorstellung, daß die Intellektuellen die Stellung der Priester einnehmen würden, sollte im 19. Jahrhundert eine bedeutende Rolle in der Entwicklung des Fortschrittsgedankens spielen.

Das Gefühl von der Bedeutung der Intellektuellen wurde nun in den gärenden Ideen hochgespielt, die in Freimaurerlogen, Klubs, Kaffeehäusern und Salons umgingen, und fand seinen Ausdruck auch in der außerordentlichen Blüte der Zeitschriftenliteratur aller Art. Weiterhin wurde es noch gesteigert durch die Freundschaft zwischen aufgeklärten Despoten und Intellektuellen, besonders in Preußen unter Friedrich dem Großen. Berlin war der Brennpunkt vorurteilsloser Meinungsäußerung, besonders dank seiner französischen Immigranten und Friedrichs persönlicher Vorliebe für die französische Kultur. Aufgeklärte Herrscher schienen die einzige Garantie gegen die Unterdrückung der Meinungsfreiheit zu sein, die immer von der kirchlichen Autorität und der verbreiteten Ignoranz der niederen Stände bedroht war. Darüber hinaus schien der aufgeklärte Despotismus durch die Aufstellung von einheitlichen Gesetzbüchern und die sozialen Einrichtungen für Bauern und Städter auf einen Fortschritt hinzuarbeiten.

Jedoch war das Bündnis zwischen Herrscher und Intellektuellen nicht eben sehr fest: Schon unter Friedrichs Nachfolger wurde eine Kampagne gegen »subversive« Gesellschaften eingeleitet.

Die Widerstandsbewegungen in Korsika, Polen und schließlich in Amerika wurden als Vorboten der kommenden Veränderungen betrachtet und riefen überall Interesse und Diskussionen hervor. Die Diskussionen drehten sich in der Hauptsache um das Recht zum Widerstand gegenüber der Tyrannei und weniger um das Recht auf Revolution, obgleich man begann, diesen Unterschied einzusehen, vor allem im Zusammenhang mit dem Amerikanischen Unabhängigkeitskrieg. Für viele deutsche Intellektuelle im letzten Jahrzehnt vor 1789 waren diese Bewegungen die Träger einer Revolution, die die Grundpfeiler der historischen Ordnung zerstören könnte. Die Teilung Polens durch seine mächtigen Nachbarn im Jahre 1772 rief bei allen kleinen Staaten ein Gefühl des Unbehagens hervor. Von oben und von unten drohte der bestehenden Ordnung der Dinge Gefahr. Dieses Gefühl einer unmittelbar drohenden Gefahr fundamentaler Veränderungen war von der Furcht vor einer Anarchie von unten begleitet; zugleich aber glaubte man immer weniger an die Möglichkeit aufgeklärter Herrscher, Reformen durchzuführen[2].

DIE IDEALISTISCHE REAKTION AUF DIE FRANZÖSISCHE REVOLUTION

Der abrupte Stimmungsumschwung, der die Nachrichten von den Ereignissen in Frankreich 1789 begleitete, war bezeichnend für die höchst labile Haltung der intellektuellen Meinung. Deutsche Intellektuelle begrüßten die Ereignisse als Wendepunkt der menschlichen Entwicklung. Der anfängliche Enthusiasmus galt nicht eigentlich der Revolution als solcher, sondern der Revolution als einem utopischen Abbild des Freiheitskampfes der Menschheit. Die »Erklärung der Menschenrechte« wurde bejubelt, weil sie eine neue Perspektive des Aufstiegs der Menschheit zu Freiheit, Gleichheit und Brüderlichkeit eröffnete. Die drei jungen Freunde Hegel, Schelling und Hölderlin, die damals in Tübingen Theologie studierten, wurden von dem allgemeinen Jubel mitgerissen und schlossen sich »dem Tanz um den Baum der Freiheit« an[3].

Dieser Enthusiasmus war ganz idealistisch und romantisch; mit einem echten Gefühl der Solidarität mit dem französischen dritten Stande hatte er wenig zu tun. Gedanken und Gefühle gingen auf in der klassischen Vorstellung von dem Aufstand gegen den Despoten oder Tyrannen. Die nachdrückliche, lautstarke Verkündigung der Grundsätze der Freiheit bedeutete dieser rhetorischen Generation viel mehr als ihre Verwirklichung in konkreten Institutionen und Regierungsmethoden. Einigen erschien es wirklich, als ständen sie auf der Schwelle eines Dritten Zeitalters. Nicht nur die alten Rechte, die sich die Könige und der Adel widerrechtlich angeeignet hatten, sollten wiederhergestellt werden, sondern erstmalig in der Geschichte der Menschheit sollte eine neue Ordnung auf der Grundlage der fundamentalen Prinzipien der Menschenrechte errichtet werden.

Als die Revolution in ihre grausame Phase eintrat, die mit den Septembermorden von 1792 begann und ihren Höhepunkt in der Herrschaft der Guillotine während des Terrors 1793/94 fand, änderte sich die Haltung der Intellektuellen allmählich.

Der Kampf der Parteien um die Vorherrschaft resultierte schließlich in dem Übergewicht einer Partei, der Jakobiner, die die Technik des Terrors und der Propaganda anwandten, um ihre Gegner im Namen einer »Republik der Vernunft und der Tugend« zu liquidieren. Der König und die verfassungsmäßige Regierung wurden abgeschafft, damit der Wille des Volkes herrschend werde. Allmählich aber änderte sich das Bild: Man wurde der Neuerungen und Wirren überdrüssig, und der Wunsch regte sich, im Innern Ordnung zu schaffen und außerhalb der Grenzen auf Eroberungen und auf Beute auszugehen; die Jakobiner wurden von dem militärischen Führer abgelöst, der von nun an das Werkzeug des Volkswillens darstellte.

Diese grausame Phase fand im Ausland ein sehr unterschiedliches Echo. Vielen erschien es, als sei die Revolution in die Hände radikaler Sektierer gefallen, die ganz Frankreich in ein einziges gigantisches »Münster« verwandeln wollten. Für andere war diese Phase die logische Anwendung des Rousseauschen Evangeliums, der Übergang von der Gesellschaft mit ihrem freien Spiel der Interessen zu der Gemeinschaft der Gegenseitigkeit und der Solidarität.

GOETHE, KANT UND DIE REVOLUTION

Von den drei intellektuellen Führern der Bewegung des Idealismus folgte Herder im wesentlichen dem oben beschriebenen Kreislauf, während sich bei Goethe und Kant Abweichungen zeigten: Goethe betrachtete die Revolution von Anfang an mit objektiver Zurückhaltung, Kant dagegen verfocht ihre Ideale von Anfang bis Ende.

Goethe erlebte die Ereignisse aus der Nähe und kam daher in einen engeren Kontakt mit der Revolution als Kant. Er nahm an dem Feldzug der Koalition gegen das revolutionäre Frankreich im Jahre 1792 und an der Belagerung von Mainz (1793) teil, das zur Revolution übergegangen war.

Weimar wurde zum Zentrum einer konterrevolutionären Tätigkeit, die die westlichen Gebiete und das Rheinland in eine Art Westwall zum Schutz gegen die Revolution umformen wollte.

Der konkrete und integrale Charakter von Goethes Lebensphilosophie ist aus seiner Haltung zur Revolution abzulesen. Er war vor allem erfüllt von Ehrfurcht vor der Individualität der bestehenden Lebensformen in Natur und Geschichte. Er sah sie nicht aus der Perspektive des Fortschrittsgedankens. Abstrakte politische Prinzipien stellten für ihn nur ein Hindernis dar, solche lebendigen Strukturen wie die Monarchie und die Aristokratie zu verstehen, so wie ihn das Prisma bei der Beobachtung des Lichtes störte. Die Natur hat jedoch schöpferische wie destruktive Aspekte; die Revolution war eine Naturerscheinung, die ihren Lauf nehmen und wahrscheinlich die Fundamente des historisch gewachsenen Europa erschüttern würde. Sie war ein Ausbruch unterirdischer Kräfte, die durch an die Oberfläche gekommene Massen repräsentiert wurden. Die oberen Klassen, die Aristokratie und die Patrizier, waren teilweise für diese Eruption verantwortlich, weil sie mit den abstrakten Prinzipien der Gerechtigkeit und fortschrittsbeflissenen Reformgedanken gespielt und damit gerade die organischen Formen untergraben hatten, in denen ihre eigene Existenz verwurzelt war.

Goethe betrachtete die Revolution weder als eine Empörung oder eine Rebellion noch als einen Durchbruch zu einer neuen Epoche der Freiheit, sondern als ein Ereignis, das, wenn es einmal seinen Anfang genommen hat, seinen natürlichen Entwicklungsgang durchmacht. Der Aufstand der Massen, das charakteristische Merkmal dieses Ereignisses, kündigte das Erscheinen einer neuen historischen Matrix an, die ihrerseits wieder ihrem Entwicklungszyklus folgen würde.

Diese Auffassung von der Revolution als einer in sich geschlossenen dynamischen Wesenheit fand ein Echo in dem Denken konservativer Romantiker in Deutschland und Frankreich. Aber für viele dieser Romantiker war die Revolution so etwas wie ein apokalyptisches Gericht, das über die Menschheit verhängt wurde, weil sie Altar und Thron verworfen hatte. Goethe hingegen, sosehr er auch mißbilligte, daß die Revolution das alte Europa zerstört hatte, erkannte in ihr doch das »Neue«, das zu einer Erweiterung der schöpferischen Prozesse im geistigen und im natürlichen Kosmos beitrug. Er assoziierte Freiheit eher mit den allgemeinen Schöpfungsprozessen im Universum als mit der moralischen Besserung der Menschheit, wie Kant es tat[4].

Obwohl Kant in dem fernen Königsberg lebte und dort an der Universität lehrte, schenkte er allen erreichbaren Berichten über die Geschehnisse in Frankreich größte Beachtung. Er war ein großer Bewunderer der Franzosen und ein Verteidiger der Wiederannäherung des deutschen und französischen Volkes, die sich, wie er meinte, in dem Ausscheiden Preußens aus der konterrevolutionären Koalition im Jahre 1795 ankündigte.

Wir finden deshalb bei Kant eine Ansicht von der Revolution, die der Goethes diametral entgegengesetzt ist. Wieder handelt es sich nicht um eine oberflächliche Reaktion auf ihren Idealismus oder ihre Gewalttätigkeit, sondern um die Konsequenz eines definitiv formulierten philosophischen Standpunktes. Kant war und blieb ein Verfechter der Revolution; er betrachtete sie als einen Abschnitt in der langen Entwicklung der Menschheit von ihrem ursprünglichen natürlichen Zustand zu einer Reife der Vernunft, die es dem Menschen gestattet, in Übereinstimmung mit selbsterlassenen Gesetzen zu leben. Revolution war für Kant Philosophie in Aktion. Der aufgeklärte Despotismus konnte vielleicht eine einheitliche Gesetzgebung sichern, aber er tat nichts, um die menschliche Initiative zu steigern. Folglich blieb er ein Despotismus. Aber das Leben der Vernunft war eine Verpflichtung und nicht allein eine Natur- oder Kulturerscheinung, und das französische Volk war dieser Verpflichtung in der Revolution nachgekommen.

Innerhalb der Gedankenwelt des 18. Jahrhunderts stand jedoch diese Auffassung von der Vernunft als einer aktiven und dynamischen Macht in scharfem Widerspruch zu dem Versuch, Fortschritt und Revolution in Einklang zu bringen.

Auf der einen Seite bedeutete der Fortschrittsgedanke im Sinne der Aufklärung eine allmähliche und friedliche Entwicklung, die sich endlos in die Zukunft erstreckte und darum niemals zur Vollkommenheit führte. Auf der anderen Seite gelangte die Französische Revolution in ihrer radikalen Phase zu der fast apokalyptischen Anschauung, das Reich Gottes könne jetzt und hier in Gestalt einer Republik der Vernunft und Tugend errichtet werden. Der Versuch, diesen Widerspruch zu überwinden, lag mehr als einem philosophischen Konflikt des 19. und 20. Jahrhunderts zugrunde.

DIE ENTSTEHUNG DER IDEOLOGIEN

Die Revolution hatte die Frage auf die Tagesordnung gesetzt, wie die bestehenden Verhältnisse geändert werden könnten. Auf diese Frage fanden sich drei Antworten: eine radikale, eine liberale und eine konservative. Daß die Änderung unausbleiblich war, wurde als historische Tatsache akzeptiert; die Meinungsverschiedenheiten konzentrierten sich hauptsächlich auf die Frage des Vorgehens.

Georg Forster (1754-1794), der bekannte Weltreisende, der an der Spitze der revolutionären Bewegung in Mainz stand und Mitglied des französischen Nationalkonvents wurde, vertrat die radikale Richtung. Er sah in der französischen Bewegung mehr als eine Empörung oder Rebellion; sie war eine Bewegung zur Liquidierung des alten Regimes, und dies nicht nur in Frankreich: Die Bewegung würde ganz Europa umfassen. Die Französische Revolution war nur der Beginn einer Epoche der Erhebungen. Überall würden sich die unverbrauchten Energien der Massen gegen die privilegierten Klassen richten.

Die öffentliche Meinung in der Revolution war identisch mit dem Willen des französischen Volkes. Die Einheit des Volkswillens war das Bleibende, nicht die gewalttätigen Exzesse oder die Verfassungsreformen. Aber wer sich der Bewegung anschloß, bejahte damit auch ihre Gewalttätigkeit, was mit dem moralistischen Idealismus der Intellektuellen unvereinbar war – ein Paradoxon, das den Radikalismus des frühen 19. Jahrhunderts kennzeichnen sollte [5].

Eine zweite intellektuelle Gruppe sah hauptsächlich England als Modellfall erwünschter Entwicklung an. Das Hauptzentrum englischen Einflusses lag in Hannover; Professoren der Universität Göttingen und Regierungsbeamte verfochten die Ansichten Justus Mösers und des Engländers Edmund Burke über Reform und Revolution.

Möser und Burke stimmten darin überein, daß die Vereinheitlichungstendenz des Rationalismus, ob er als aufgeklärter Despotismus oder als Revolution auftrat, der organischen Kontinuität der Geschichte nicht gerecht werde. Burke (1729-1797) behauptete, daß die Franzosen nicht das Recht hätten, auf der Basis der Forderung nach Volkssouveränität ein politisches und gesellschaftliches Gebäude einzureißen, an dem zahllose Generationen vor ihnen gebaut hatten. Waren doch die fünfundzwanzig Millionen Franzosen nur ein lebendiges Glied in der endlosen Kette von Generationen; sie mochten ihr Erbe umgestalten, aber vernichten durften sie es nicht. Nur die konkreten Rechte, die im Verlauf der Geschichte einer Gemeinschaft von den einzelnen erworben werden, machen die Freiheit aus, nicht die abstrakten Prinzipien von Verfassungsvorschriften. Der amerikanische Aufstand war deshalb gerechtfertigt, weil die Kolonisten für ihre alten Rechte als Engländer kämpften; aber die französischen Revolutionäre stellten sich in Gegensatz zu ihrer eigenen Geschichte.

Weder Burke noch Möser verteidigten den *status quo* ohne Einschränkung; sie erkannten die Notwendigkeit von Reformen an, waren aber der Ansicht, daß diese allmählich und pragmatisch eingeführt werden sollten. Burke und Möser können als Ausgangspunkt der liberalen Opposition gegen den Radikalismus der Revolution und den Imperialismus Napoleons angesehen werden. Burkes »Reflections on the Revolution in France« wurden 1790 veröffentlicht und schon 1793 ins Deutsche übertragen. Sein intellektueller Einfluß war in Deutschland größer als in seinem Heimatland. Sein Übersetzer Friedrich Gentz (1764–1832) war ein Preuße und im ersten Jahrzehnt des folgenden Jahrhunderts der bedeutendste deutsche Publizist, der gegen Napoleon und die Revolution schrieb.

Er war von dem französischen Zirkel in Berlin, dann von Kant und schließlich von Burke beeinflußt worden und versuchte, die Grundgedanken des Naturrechts, des moralischen Imperativs und der britischen Verfassung miteinander zu vereinigen. Als Realist, der alte und neue Prinzipien und Institutionen kombinieren wollte, erkannte er, daß die Idee des Naturrechts die notwendige Grundlage für die Freiheit im Innern bilden mußte und daß das Gleichgewicht der Kräfte das außenpolitische Gegenstück dazu sein mußte. Die Revolution zerstörte nicht nur die historisch gewachsene Ordnung; sie löste auch die rationale Ordnung auf, die ihre Initiatoren errichtet hatten. Darüber hinaus bedrohte sie auch die politische Ordnung Europas; denn sie führte zum Auftreten des Mannes auf dem Pferde, Napoleon, der das Staatensystem liquidierte, auf dem die Freiheiten der Menschen beruhten.

Die dritte Gruppe erwuchs aus der Romantik, dem deutschen Gegenstück zur Französischen Revolution. Sie wurzelte in der idealistischen Reaktion des 18. Jahrhunderts auf den französischen Rationalismus, entwickelte sich jedoch in polarer Spannung zur Revolution.

Gleich der Revoltuion hatte die Romantik zwei Phasen. Im Anfang war sie ein Versuch, die Künstlerpersönlichkeit und durch sie den proteushaften Geist in der Welt zu befreien. Die frühen Romantiker haben die Französische Revolution als einen Anreiz oder, wie sie es nannten, als einen »Antrieb« zu dieser Befreiung betrachtet. Die Romantik war für sie die »Deutsche Revolution«. In ihrer zweiten Phase jedoch wandte sich die Romantik der Volksgemeinschaft zu, um die Verbindung mit der Vergangenheit wiederherzustellen, da die Revolution und Napoleon den europäischen Menschen seiner traditionellen Bindungen zu berauben schienen. Diese Rückkehr zu den mittelalterlichen Quellen der europäischen Kultur wurde ein Grundzug der konservativen Phase der Romantik.

QUELLEN DER ROMANTIK

Die Romantik entstand in den Jahren zwischen 1795 und 1805, und zwar im Norden, in Berlin und an der Universität Jena bei Weimar. In ihrer Frühzeit wurde ihre Entwicklung entscheidend durch die Tatsache bestimmt, daß die nördlichen Länder Deutschlands in dem Jahrzehnt der sich überstürzenden Ereignisse, die Napoleon Bonapartes Aufstieg und seine Eroberungen begleiteten, eine isolierte Stellung innehatten.

Die Koalition, die der preußische, der österreichische und der russische Herrscher eingegangen waren, um Mitteleuropa gegen die Revolution zu verteidigen, begann auseinanderzubrechen, als sich Konflikte wegen Polen ergaben und die alte Rivalität zwischen Preußen und Österreich wiederauflebte.

Preußen trat aus der Koalition aus und schloß einen Separatfrieden mit Frankreich. Im Frieden von Basel (1795) trat es das ganze linke Rheinufer an Frankreich ab. Die norddeutschen Staaten Hannover, Sachsen und Hessen-Kassel schlossen sich an, so daß ganz Norddeutschland als neutrale Zone aus dem Konflikt zwischen Frankreich und dem, was noch von der Koalition übriggeblieben war, ausschied.

Die westlichen Staaten des Reiches brachen jetzt unter dem Druck Frankreichs endgültig zusammen; Fürsten und Städte kamen unter französische Abhängigkeit. Preußen sollte für seine Verluste auf der westlichen Rheinseite durch die wohlberechnete Auflösung rechtsrheinischer Kirchenfürstentümer, den Symbolen des alten »Reiches«, entschädigt werden; somit war der Frieden zu Basel ein entscheidender Schritt in dem Prozeß, der zur Auflösung des Reiches führte.

Der Umstand, daß der Norden Deutschlands zwischen 1795 und 1805 von den großen politischen Ereignissen isoliert blieb, hatte eine höchst bedeutsame Auswirkung auf das intellektuelle Klima dieses Gebiets. Herder, Kant und Goethe waren imstande, ihr schöpferisches Werk zu vollenden, ohne unmittelbar vom Kriegsgeschehen behindert zu werden. Ganz besonders wichtig war es, daß sich der deutsche Geist jetzt gänzlich nach innen wenden und neue Dimensionen des Fühlens und der Phantasie entdecken konnte, die wiederum zu einer neuen Würdigung, ja zu einer Neuentdeckung der irrationalen Werte des Glaubens, der Gemeinschaft und der Geschichte führen sollten. Auch der Sturm und Drang hatte den Weg beschritten, die Unbeweglichkeit äußerer Verhältnisse durch inneres Aufbegehren zu überwinden. Die Romantik allerdings war weniger eine Revolte gegen die Tyrannei der Regel, der Konvention und der Sitte als vielmehr ein positiver Ausdruck der schöpferischen Künstlerpersönlichkeit.

Auf die aufwühlenden Ereignisse und Neuerungen, die die Revolution brachte, antwortete sie mit der Akzentuierung innerer Lebendigkeit und Beweglichkeit.

Der besondere Charakter der Romantik wurde nicht allein durch die politischen Verhältnisse, sondern auch durch die wirtschaftliche und soziale Situation geformt. Die allgemeine Verzögerung der wirtschaftlichen Entwicklung Mitteleuropas im 18. Jahrhundert hat zweifellos dazu beigetragen, daß die Begabten den Regierungsdienst oder intellektuelle und literarische Berufe wählten; viele Führer der Aufklärung und des Idealismus hatten Stellungen in der Regierung, der Kirche oder der Universität inne. Aber für die Generation der jungen Leute, die in den neunziger Jahren des 18. Jahrhunderts großjährig wurden, waren solche Positionen kaum noch vorhanden.

Der reformatorische Schwung des aufgeklärten Despotismus hatte sich verzehrt. Jedenfalls wurde er von den radikalen Veränderungen in Frankreich in den Schatten gestellt, die zu prophezeien schienen, daß alles, was bisher in der natürlichen und traditionellen Ordnung der Dinge verwurzelt schien, der Vergänglichkeit unterworfen war; und selbst das nördliche Deutschland, das seit 1795 nur noch am Rande der großen Ereignisse lag, konnte sich den emotionellen und intellektuellen Schwankungen der Zeit nicht entziehen: Unter den jungen Intellektuellen entstand ein Gefühl der Wurzellosigkeit, Unsicherheit und Sinnlosigkeit.

Junge Künstler, Schriftsteller und Denker waren stolz darauf, von dem, was die Bourgeoisie »Wirklichkeit des Lebens« nannte, unabhängig zu sein. Die Verteidigung bürgerlicher Lebensformen hatte durchaus nicht eine so große Bedeutung mehr wie in der Aufklärung und noch im Sturm und Drang. Freundeskreise und bohemienhafte Lebensweise verrieten eine entschiedene Abneigung gegen die Banalität und Langeweile des bürgerlichen Lebens. Der Salon begann nun in den deutschen literarischen und künstlerischen Kreisen eine bedeutende Rolle zu spielen. In dem neuen schöpferischen Leben hatten Frauen als Schriftstellerinnen und als Persönlichkeiten eine ebenbürtige und positive Funktion. Die Ehe basierte auf intellektueller und künstlerischer Verwandtschaft; die Seelen sollten »aufeinander abgestimmt« sein; daher wurden manche Ehen zu schnell eingegangen und mit gleicher Leichtigkeit wieder geschieden.

Im ganzen genommen spüren wir, daß hier ein viel stärker gefühlsbetontes und subjektiveres Leben entstand, als es in dem Weimarer Kreise zu finden war, der sich um den erhabenen Genius Goethes scharte. Die Romantik entwickelte sich innerhalb intimer, obwohl oft nur kurzlebiger Freundeskreise, die durch eine gemeinsame Gefühlslage, ästhetische Visionen und geistigen Wert zusammengeführt wurden. Man könnte die Romantik als eine Art von künstlerischem und intellektuellem Pietismus bezeichnen.

Mochten ihre Mitglieder auch wechseln, so vermehrten sich die romantischen Zirkel doch wie durch Zellteilung. Von der ersten Gruppe in Berlin, zu der unter anderem die Gebrüder Schlegel, Schleiermacher und Novalis gehörten, sonderten sich bald einige der führenden Köpfe ab, um in Jena, unweit von Weimar, eine sehr einflußreiche Gruppe zu gründen. Das neue Jahrhundert erlebte in der Mitte seines ersten Jahrzehnts die Entstehung weiterer Gruppen in Wien und Heidelberg. In ihrer letzten Phase verlor die Bewegung jeden Zusammenhalt und verstreute ihre Saat überall.

Dichtkunst und Philosophie waren die wichtigsten Ausdrucksmittel der deutschen Romantik; aber auch Musik und Malerei brachte das neue phantasievolle Sehen und Fühlen zum Ausdruck. Die Gründer der Bewegung, Friedrich Schlegel (1772–1828) und Friedrich Hardenberg (1772–1801), der sich Novalis nannte, waren Dichter und Philosophen zugleich. In der Zeitschrift »Athenaeum«, die von 1796 bis 1800 herauskam, stellten sie Theorie und Programm der Romantik auf. Das enge Verhältnis von Dichtung und Philosophie begünstigte vermutlich die Entstehung eines umfassenden Welt- und Lebensbildes, das die deutsche Romantik auszeichnete, während sich verwandte Strömungen in anderen Ländern im allgemeinen nur auf Kunstformen und Stil auswirkten.

Eine wechselseitige Befruchtung zwischen der Romantik und dem von Kant ausgegangenen philosophischen Idealismus kam an der Universität Jena zustande, als dort drei bedeutende Philosophen wirkten: Fichte von 1794 bis 1798, Schelling von 1797 bis 1806 und Hegel von 1801 bis 1806; Fichte und Schelling waren auf Goethes Veranlassung nach Jena gerufen worden. Aber nur Schelling kann ohne Einschränkung als Philosoph der Romantik bezeichnet werden; Fichte schlug eine Brücke zwischen Kant und der Romantik, während Hegel die große Synthese von Rationalismus und Romantik gelang, von der das Denken des 19. Jahrhunderts nachhaltig beeinflußt werden sollte.

DIE BEFREIUNG DES SCHÖPFERISCHEN GEISTES IN NATUR UND KUNST

Wir haben an Hand der Grundtendenzen des deutschen Denkens von Eckehart, Paracelsus und Böhme bis zu Leibniz, Herder und Goethe den Entstehungsprozeß einer Auffassung verfolgt, nach der die Welt einen lebendigen Organismus darstellt, mit dem sich der Mensch in Übereinstimmung setzen muß, damit der immanente schöpferische Geist sich offenbaren und der Mensch mit ihm zusammenarbeiten kann, um seinen göttlichen Zweck zu erfüllen. Gott und Mensch begegnen einander in dem allumfassenden schöpferischen Prozeß, der Natur und Geist zugleich ist. Der Dualismus wurde dadurch überwunden, daß Natur und Geist als Polaritäten innerhalb des universellen Schöpfungsprozesses angesehen wurden.

Von Kant wurde ein neuer Dualismus zwischen dem erkennenden Verstand und dem unerkennbaren Ding an sich aufgedeckt. Die Natur liefert danach nur den Rohstoff, der die Sinneserfahrung an den Verstand herangebracht und von diesem verarbeitet und gemäß seinen Denkkategorien geformt wird. In seinem Verhalten hat der Mensch die Freiheit der Wahl, doch sollte er in Übereinstimmung mit dem kategorischen Imperativ handeln, damit in ihm die Menschlichkeit wirksam wird.

Fichte (1762–1814), ein Schüler von Kant, ging noch einen Schritt weiter, als er behauptete, die Welt außerhalb des individuellen Verstandes sei nur dazu da, um Material für die eigenschöpferische Tätigkeit des Ich zu liefern. Das Ich ist ständig auf dem Wege zu sich selber, zu vollkommenem Selbstbewußtsein, nicht nur, indem es das Nicht-Ich entwirft, sondern indem es das fremde Nicht-Ich überwindet und so zum absoluten Subjekt gelangt. Die Bejahung des Ich, seine Verneinung im Nicht-Ich und die Wiederbejahung des Ich stellen also einen dialektischen Prozeß dar[6]. Es gibt daher keine Substanz der Kategorie, noch ein kontemplatives Herabsinken zu einem Zustand der Ruhe in statischem Sein, sondern eine fortwährende Aktivität, die aus der Bejahung des reinen Selbst durch das Ich erwächst. Dieser Vorgang ist dem analog, durch den der Mystiker Meister Eckehart Gott auf dem Grund der Seele fand, indem er seinen Blick völlig nach innen kehrte und sich vollkommen von der Außenwelt abschloß.

Aus diesem dialektischen Standpunkt ergibt sich die Folgerung, daß die Welt dem Menschen nur so weit bekannt sein kann, wie er sich an ihrer Schöpfung beteiligt, und daß diese schöpferische Aktivität aus dem vollkommen sich selbst bewußt gewordenen Ich entsteht. Dies waren die philosophischen Grundvoraussetzungen der Romantik.

Die jungen Romantiker sahen in Fichtes schöpferischem Ich, wie es in seinem Frühwerk »Grundlage der gesamten Wissenschaftslehre« (1794) dargestellt ist, nicht nur eine Befreiung des Menschen von der Bindung an eine objektive Welt der Natur mit ihren eigenen Gesetzen und Prinzipien, sondern sie fanden darin ein Aktionsprogramm. Während Fichte die intellektuelle Qualität, den Geist des Ich in den Mittelpunkt stellte und von einer Vergeistigung der Natur nichts wissen wollte, verlagerte die Romantik den Schwerpunkt und formte die Natur nach dem Bilde ihres eigenen schöpferischen Ichs.

Die Auffassung von einem proteushaften Weltgeist war für die Romantik grundlegend wichtig. Das Leben des Universums ist wie ein Ozean, dessen Wellen und Gezeiten aus der schöpferischen Tiefe immer neue Formen in unerschöpflicher Fülle zutage fördern. In dieser dionysischen Lebensanschauung, die an Herder erinnert, drückt sich der schöpferische Drang in dem Rhythmus von Gegensätzen aus, der neue und höhere Einheiten hervorbringt, aus denen sich wieder neue Gegensätze bilden. Der Geist manifestiert sich in der Bewegung von einer ursprünglichen Einheit zur Polarität von Licht und Schatten, Geist und Materie, Seele und Körper, die wiederum die Vereinigung in einer höheren Einheit suchen. Da es sich um eine dynamische Gesamtbewegung handelt, kann sie nur durch intuitive Einsicht, nicht aber durch Analyse erkannt werden.

Die Romantik versuchte, das enge Band zwischen dem Menschen und der Natur wiederherzustellen, das der wissenschaftliche Rationalismus zerrissen hatte, als er, wie wir gesehen haben, sich die Natur als einen toten, seelenlosen Mechanismus vorstellte, der nur zum Nutzen des Menschen da ist. Diese Ansicht leitete das ein, was man treffend die »technische Hybris« genannt hat [7]. Im besonderen war es Schelling, der, darin Paracelsus und Böhme folgend, versuchte, die Entfremdung der Natur vom Geist zu überwinden. Natur und Geist bilden eine dynamische Polarität, in der das schöpferische Absolute zum Bewußtsein seiner selbst zu kommen versucht. Nur die Kunst kann zu einer wirklichen Harmonie zwischen dem individuellen Bewußtsein und dem schöpferischen Gesamtprozeß führen.

Der Künstler ist in Wirklichkeit ein Zauberer, in dem der Geist der Natur beschworen und der dadurch von seinen hemmenden materiellen Fesseln befreit wurde. Alles in der Natur will seiner bewußt werden und sich zu vollkommener Freiheit erheben. Der Mensch ist jener Teil der Natur, in dem der Geist seiner selbst am vollkommensten bewußt geworden und der deshalb von dem schicksalhaften Kreislauf der Natur am ehesten frei ist.

Die Bewußtheit des Künstlers kann als die vollkommene innere Beweglichkeit des subjektiven Selbst angesehen werden. Um jeden Preis versucht es, der Projektion in definitive Formen zu entgehen. Das Gedicht, das Gemälde, die musikalische Komposition sind nur Funken, die von der inneren Flamme aufsprühen. Daher schufen die Romantiker keine fertigen Kunstwerke wie die der klassischen Periode; sie glaubten, die schöpferische Persönlichkeit dürfe nicht gefangengesetzt werden, indem man sie in eins setzte mit ihren eigenen Schöpfungen; sie ist wie das proteushafte Leben selbst ein ewiger Strom, und die schöpferische Subjektivität manifestiert sich charakteristischerweise in der romantischen Sehnsucht nach dem Unbeschränkten und Grenzenlosen.

Die Romantiker strebten danach, die Gefühle und die Phantasie unter die Kontrolle des Verstandes zu bringen, ohne sie lediglich einzudämmen; die Gefühle sollten durch die Überlegung geleitet werden; das Rationale hatte dem Irrationalen als Ausdrucksmittel zu dienen und nicht etwa ein Mittel zur Unterdrückung oder Überwindung des Irrationalen darzustellen.

Die Romantiker waren die ersten, die die Tiefen des Unbewußten würdigten, besonders des heute sogenannten »kollektiven Unbewußten«, dessen elementare Triebe und Wünsche in den Legenden und Märchen der Frühzeit der Menschheit ihren Ausdruck finden. Seit der Renaissance haben sich die Menschen der Vergangenheit, insbesondere der Antike zugewandt, um kulturelle und religiöse Normen wiederzuentdecken, die Romantik ging jedoch noch weiter zurück in die dunkle Zeit des Ursprungs der Menschheit, um die archetypischen Fundamente der Kulturen zu finden.

Obwohl auch die Antike ihre Macht über die Gedanken und Gefühle der frühen Romantiker ausübte, repräsentierte Griechenland für sie nicht wie für Winckelmann die Entwicklung einer idealen Norm, die in den unvergleichlichen Kunstwerken der klassischen Hochblüte gipfelte. Doch glaubten sie mit Herder, daß die griechische Kultur ihre Schöpfungsquellen in den dunklen, mysteriösen Tiefen des dionysischen Fruchtbarkeitskultes hätte. In den bacchanalischen Rasereien der Riten dieses Kults sahen sie den heiligen Rausch, der der schöpferische Ursprung aller Kunst und Dichtung war. In diesen Riten bestätigte der Grieche sein Einssein mit der spontanen Natur; dagegen war die klassische Kunst bereits die Widerspiegelung einer »Gesellschaft« und basierte auf rationalen Regeln. Diese Polarität von apollinischer Harmonie und dionysischer Produktivität, die schon von Herder und Goethe angeführt wurde, spielte später eine bedeutsame Rolle in der Gedankenwelt Nietzsches und seiner Schüler.

Auf ihrer Suche nach den Quellen gingen die Romantiker sogar bis in die dunklen vorhomerischen Zeiten zurück und von diesen zum Orient, um nicht nur den Ursprung der griechischen, sondern auch den der westlichen Kultur im allgemeinen zu entdecken. Diese Suche erreichte ihren Höhepunkt mit Friedrich Schlegels »Sprache und Weisheit der Inder« (1808). Es ist behauptet worden, Orientalistik sei nur ein anderes Wort für Romantik.

Im Sinne einer Kenntnis historischer Fakten wußten die Romantiker jedoch nur wenig über den Orient. Was sie anzog, war vielmehr gerade seine Abgelegenheit. Sie suchten ihn auch nicht um seiner selbst willen, sondern als ein Reich unbegrenzter Möglichkeiten für die Phantasie; ein Land voller Zauber und dabei anders als das klassische Griechenland, noch unberührt von ästhetischen und archäologischen Forschungen über seine Monumente und Ruinen. Asien bedeutete für sie die ewige Mutter des Mythos und der Religion.

Nach Joseph Görres (1776–1848) bedeutete diese Rückkehr zum Uranfang, daß dem Menschen die Polarität seiner beiden Naturen wieder bewußt werde: die eine Hälfte seines Wissens repräsentiert die Nacht; sie wird symbolisiert von der Mutter, die dunkel, nachdenklich und schöpferisch ist; die andere ist der männliche Tag, der Licht und Aktivität repräsentiert; und da sich das Menschenleben zwischen Schlaf und Wachen, zwischen Geburt und Tod bewegt, so schwankt er zwischen dem Despotismus, der die Nacht, und der Republik, die der Tag ist.

Es darf nicht angenommen werden, daß das Interesse der Romantik für die mythischen Anfänge nur durch den Wunsch motiviert war, aus einer unangenehmen Gegenwart in eine glorreiche Vergangenheit zu entfliehen. Diese Auffassung wird jedoch vertreten, oft verwechselt man auch die Vertiefung ins Mittelalter, »als das Rittertum in Blüte stand«, mit Romantik. Den Romantikern ging es darum, etwas mit einer ganz bestimmten Gegenwart anzufangen, von der sie annahmen, daß sie zu einer fortschreitenden Vernichtung aller Werte führe. Nach ihrer Meinung demonstrierte die Französische Revolution die zerstörende Macht des Rationalismus über einen sektiererischen Utopismus zu einem militaristischen Nihilismus, der die organische Struktur der europäischen Ordnung zu zerstören drohte.

RELIGIOSITÄT UND ROMANTIK

Auf der Suche nach den Wurzeln der nihilistischen Tendenzen ihrer Zeit unterwarfen die Romantiker auch die Religion einer neuen Prüfung; sie stießen dabei zuerst auf die religiösen Spaltungen, die die Reformation herbeigeführt hatte; sie hatten die Einheit des Mittelalters zerbrochen und damit zu einer allmählichen Säkularisierung beigetragen. Dieses bedeutete jedoch nicht, daß die Romantiker eine Wiedervereinigung des Protestantismus mit dem Rest der Mutterkirche befürworteten. Einige Romantiker – die meisten von ihnen waren protestantischer Herkunft – traten zwar zum Katholizismus über, darunter Friedrich Schlegel und Adam Müller; im allgemeinen aber sehnten sie einen neuen Katholizismus herbei, in dem die Verschiedenheiten auf einer höheren Ebene ausgeglichen werden könnten.

Novalis stellte sich die neue christliche Einheit in seinem berühmten Aufsatz »Die Christenheit oder Europa« (1799) hierarchisch und evangelisch zugleich als Restauration der mystischen christlichen Solidarität in einem allumfassenden Reich vor. Schelling wollte eine Synthese des petrinischen Prinzips der katholischen Solidarität mit dem paulinischen Prinzip der subjektiven Dynamik des Protestantismus zu einem dritten, dem johanneischen Prinzip der Kirche des Geistes. Hier begegnen wir wieder der Vorstellung von einem Dritten Zeitalter. Tatsächlich meinten die Romantiker auf der Schwelle einer neuen Einheit zu stehen, in der alle Gegensätze, wie Mythos und Logos, Mythologie und Offenbarung, Heidentum und Christentum, Mittelalter und Neuzeit, miteinander versöhnt werden[8]. Der destruktive Nihilismus der damaligen Zeit war eine notwendige Wanderung durch die Wüste, die die Menschheit schließlich in das Gelobte Land führen werde, wo sich alle Konflikte in einer geistigen Einheit lösen würden.

Lessing hatte die Frage gestellt, ob Religion einen eigenen von Philosophie und Ethik unabhängigen Charakter habe. Die Rationalisten entblößten die Religion faktisch aller ihrer übernatürlichen Elemente und ließen kaum mehr als den Glauben an eine Gottheit übrig, die notwendig war, um die Schöpfung der Welt zu erklären. Lessing jedoch gestand der Religion im herkömmlichen Sinne eine positive Rolle in dem immerwährenden Offenbarungsprozeß zu, der die Erziehung der Menschheit ausmacht; man konnte sie nicht einfach als Aberglauben abtun. Nach der Vorstellung der Idealisten und der Romantiker war Gott ein alles durchdringender Geist; damit wurde der Gottheit offenbar eine über den einmaligen Schöpfungsakt hinausgehende positive Wirksamkeit zugeschrieben. Weiterhin »entdeckten« die Romantiker den Ursprung der Kultur in den irrationalen Aspekten der frühesten Religionsformen. Friedrich Schleiermacher (1768–1834) ging einen großen Schritt weiter, als er die Auffassung vertrat, daß die Religionen ihren eigenen Charakter haben, der aus spezifischen inneren Erlebnissen stammt. Er kehrte damit in gewissem Sinne zu Luther zurück, ohne seine dogmatische Position zu teilen.

Als Sohn eines Pfarrers wurde Schleiermacher in den Schulen der Zinzendorfschen Brüdergemeine erzogen. Im Alter von achtzehn Jahren löste er sich aus der Isolierung dieser Sekte und wandte sich der Welt des Geistes zu. Zunächst studierte er Theologie in Halle; 1796 ging er nach Berlin und wurde Geistlicher in einem Krankenhaus. Er fand Anschluß an den Kreis der Romantiker und wurde ein enger Freund Friedrich Schlegels, mit dem er eine Wohnung teilte.

Die Atmosphäre künstlerischer und geistiger Gärung nahm ihn jedoch nicht völlig gefangen. Während er die Verachtung der frühen Romantiker für die Nüchternheit des rationalistischen Deismus und der dogmatischen Orthodoxie teilte, blieben seine Gedanken seinen jugendlichen Eindrücken von der brennenden, auf Christus bezogenen Frömmigkeit der Brüdergemeine verhaftet.

Seine Überlegungen brachten die berühmten »Reden über die Religion« hervor, die 1799 anonym veröffentlicht wurden und an »die Gebildeten unter ihren (der Religion) Verächtern« gerichtet waren. Der große Eindruck, den diese Reden hervorgerufen haben, ist wiederholt hervorgehoben worden. Ihr Gegenstück bildeten offenbar die nicht weniger berühmten »Reden an die deutsche Nation« von Fichte (1807–1808), in denen eine neue Auffassung von der Nation vorgetragen wurde.

Die Bedeutung des Werkes von Schleiermacher liegt darin, daß er den Versuch unternahm, die Religion ohne Rückgriff auf Philosophie, Ethik, Offenbarung, Mythologie, Natur oder Geist zu definieren. Religion war für ihn der Augenblick »klarer Einsicht«, wenn das Ewige »in die Seele des einzelnen eindringt«. Sie kann auch als die unmittelbare und ureigene Aktivität Gottes im Menschen beschrieben werden, die sich in Gefühlen äußert. Von Bedeutung ist dabei, daß das Ewige geheimnisvoll und verborgen bleibt und dadurch im Menschen ein Abhängigkeitsgefühl erzeugt[9]. Gott wird nicht erwähnt, obwohl sich Anspielungen wie Universum, Ewigkeit, Weltgeist auf ihn beziehen. Die Kirche ist eine Gemeinschaft derjenigen, die das individuelle religiöse Erlebnis teilen.

Schleiermacher wollte von der rationalistischen Auffassung abgehen, die die Religion als das nicht weiter reduzierbare Minimum des Unbekannten ansah, und die Einzigartigkeit des Unbekannten in der Religion hervorheben, ohne das es keine Religion geben kann. Er betonte die Tatsache, daß das religiöse Erleben im wahren Sinne, das Wissen von der Ewigkeit, nur einigen wenigen auserwählten Helden des Geistes gewährt wird; Jesus hatte eine besonders klare Einsicht in seine Aufgabe, seine eigene religiöse Erfahrung anderen Menschen weiterzugeben.

Das Wesen der Religion offenbart sich nicht in rationalen Formeln, sondern in ihren konkreten historischen Formen, die die Erfahrungen der Menschen in ihrem Streben nach dem Ewigen widerspiegeln. Das Christentum ist aber nur eine dieser Erfahrungen; es könnte im Laufe der Zeit durch eine neue, höhere Form der Religion ersetzt werden. Das Ewige und Grenzenlose läßt sich nicht in einer Gesamtschau des schöpferischen Geistes in der Natur oder durch bloße subjektive Religiosität erfahren; es enthüllt sich vielmehr in den verschiedenen historischen Formen, die aus den Erfahrungen eines großen einzelnen oder eines Volkes stammen.

DIE ENTDECKUNG DES VOLKSGEISTES

Mit Natur und Religion wurde zugleich auch die Gemeinschaft wiederentdeckt, und zwar dank einer neuerwachten Einsicht in die Quellen der Wiedergeburt und Regeneration, die in der großen Gemeinschaft der Christenheit und ihrer Komponente, der Nation, zu finden sind. Den Spuren Mösers, Herders und Burkes folgend, entdeckten die Romantiker, daß die Nation mehr war als ein Machtkomplex, eine Interessengemeinschaft oder ein natürlicher Organismus; sie war in Wirklichkeit eine geistige Wesenheit, da sie Teil einer geistigen Ökumene war.

Was teilweise zu dieser Einsicht beitrug, war die Tendenz der Romantiker, nicht nur die Natur und die Religion, sondern auch die Gemeinschaft zu subjektivieren. Als dieser extreme Subjektivismus seine Grenzen erreicht hatte, schien er sich in die Suche nach einer objektiven Verwurzelung in lebendigen historischen Formen zu verwandeln. Zweifellos waren das Abebben der revolutionären Welle und die Reaktion auf die Napoleonische Aggression in Deutschland zwei Faktoren, die diese Entwicklung entscheidend beeinflußten. Die Kultivierung subjektiver Wurzellosigkeit wurde durch die Suche nach Wurzeln in einer objektiven Tradition abgelöst. 1808 ging Friedrich Schlegel vielen anderen auf dem Weg in die katholische Kirche voran.

Die Romantiker hatten damit eine Kreisbewegung vollzogen. In ihrer Jugend waren sie unter den Einfluß des Rationalismus, der alle traditionellen Formen von Religion, Kirche und Politik auflöste, zu einem extremen Subjektivismus gelangt. Sie suchten nach einer innerlichen, den ursprünglichen Quellen angepaßten freien Beweglichkeit. Doch die zunehmende Betonung der Rückkehr zu den Quellen der Kultur, vor allem den religiösen, führte sie unvermeidlich zurück zu einer Berücksichtigung der Quellen der westlichen Kultur im Christentum und im besonderen zu den Ursprüngen der christlich-germanischen Kultur im Mittelalter.

Einige Romantiker glaubten, daß Napoleons Sieg über das militärisch-bürokratische Preußen (1806/07), das Friedrich der Große und seine Nachfolger aufgebaut hatten, notwendig war, um den Weg für eine nationale Wiedergeburt und Neubelebung frei zu machen.

Die Wiedergeburt sollte jedoch nicht dadurch herbeigeführt werden, daß man der Nation eine neue politische Struktur gab, so wie es die Revolutionäre in Frankreich getan hatten und wie es die preußischen Reformer Fichte und Scharnhorst auch für Deutschland erwogen. Die französischen Revolutionäre sahen nur eine bestimmte Klasse, den dritten Stand, und die preußischen nur einen bestimmten Staat als den Kern der Nation an. Die

Romantiker aber entwarfen den Gedanken vom »Volk«; sie waren dabei gewiß von Herders Auffassung beeinflußt, daß die organische Gemeinschaft wie eine Pflanze wachse und im Boden einer bestimmten Gegend verwurzelt sei, aber auch von Burkes Gedanken von der Kontinuität der Generationen. Doch vielleicht kam der Pietismus mit seiner Anschauung von der religiösen Gemeinschaft, die durch mystische innere Bande verknüpft ist, dem am nächsten, was die Romantiker suchten, wenn sie vom »Volksgeist« sprachen.

In der Vergangenheit hatte man unter »Volk« die Untertanen eines Herrschers verstanden. Auch hatte dieser Ausdruck eine abwertende Bedeutung, nämlich Pöbel. Nun aber erhoben die Romantiker das »Volk« zu einer neuen Würde, indem sie die Kulturgemeinschaft mit den Banden gemeinsamer Vorfahren, gemeinsamer Sprache und der Heimaterde verknüpften. Auf diese Weise wurde der Volksbegriff der in Frankreich herrschenden Vorstellung von der »Nation« gegenübergestellt; unter einer Nation verstand man eine souveräne Gesellschaft, die sich auf gleichen Rechten und Interessen aufbaute und die durch ein bedeutendes Ereignis, einen Befreiungskrieg oder eine Revolution, begründet worden war.

Der romantische Volksbegriff läßt sich wohl am besten an Hand der Anschauungen eines Rechts- und eines Sprachgeschichtlers, Friedrich Karl von Savigny (1799–1861) und Jacob Grimm (1785–1863), veranschaulichen. 1814 wurde Savigny in einen Streit über die Frage verwickelt, ob Deutschland ein allgemeines Gesetzbuch nach Art des Code Napoléon erhalten solle. Es wurde folgendermaßen argumentiert: Da eine neue Gesellschaft im Entstehen war, die auf den Voraussetzungen des Naturrechts und des Naturgesetzes beruhte, sollte ein neues, allgemeines, auf einheitlichen Prinzipien aufgebautes Gesetzbuch das bestehende ersetzen, das mit historisch bedingten uneinheitlichen und komplizierten Vorschriften belastet war. Wir haben bereits gesehen, daß sich im 18. Jahrhundert manche Herrscher, darunter Friedrich der Große, schon in dieser Richtung orientierten. Savigny vertrat demgegenüber die Ansicht, der Gedanke eines allgemeinen Gesetzbuches gehe von zwei falschen Voraussetzungen aus: daß eine Einheitlichkeit der Gesetze erwünscht sei und daß das Gesetz von der Staatsmacht ausgehe. Diese Voraussetzungen stammten aus jüngster Zeit: Sie waren dem aufgeklärten Despotismus und der Revolution zuzuschreiben, die beide den Staat über die Gemeinschaft stellten. Savigny aber meinte, das Gesetz sei so alt wie die Sprache und die Gepflogenheiten eines Volkes und stelle nicht das Produkt der Ideen oder der politischen Machtverhältnisse einer bestimmten Epoche dar. Das Gesetz lebe im Bewußtsein eines Volkes und nicht in Gesetzbüchern, ebenso wenig wie der Glaube im

Dogma. Die Tradition bewahre es von Generation zu Generation. Savigny legte also das Hauptgewicht mehr auf die unbewußte Evolution als auf die bewußte Schöpfung von Gesetzen und Verfassungen, sei es durch einen Gesetzgeber, einen Herrscher oder eine verfassunggebende Versammlung.

Gesetz und Sprache strömen aus dem »Volksgeist«, dem schöpferischen Geist eines Volkes, der nach Ansicht der Romantiker durch dessen ganze Geschichte hindurch seinen unzerstörbaren Charakter beibehält; er ist das ewige Band, das die endlose Kette von Generationen verbindet, die irgendwo im Dunkel der Vergangenheit auftaucht und sich in der Ewigkeit verliert. Er ist die unversiegbare Quelle, aus der alles Ursprüngliche und Einmalige in der Kultur eines Volkes fließt.

Gleich Herder wandte sich die romantische Schule von Historikern der Jugend oder Frühzeit des »Volksgeistes« zu, um dort die authentischen Quellen der nationalen Kultur vor dem Eindringen fremder Einflüsse aufzuspüren. Die Welt der Sagen, Mythen und Bräuche stellt den Mutterboden alles dessen dar, was eine Kultur später hervorbringt. Wenn einmal bewußtes und gewolltes Künstlertum aufkommt, dann wird die echte Dichtung, die Volksdichtung, zu einem kümmerlichen Dasein unter dem einfachen Volk verurteilt.

Die Suche der Romantik nach dem Ursprung von Sprache, Gesetz und Literatur förderte eine gewaltige Menge von Folklore, von Märchen und Legenden zutage. Ihr umfassender Einfluß läßt sich an der Verbreitung der berühmten Märchensammlung ablesen, die die Gebrüder Grimm 1812 veröffentlichten. Die Erschließung der nationalen Kulturquellen schlug das geschichtliche Interesse des 18. Jahrhunderts, das man oft das Jahrhundert der Geschichte genannt hat, weithin in seinen Bann. Die Herausgabe der ältesten Gesetzestexte und Literaturdenkmäler förderte auch in starkem Maße den zunehmenden Nationalismus jener Zeit und nährte falsche Vorstellungen von nationaler Besonderheit und Einzigartigkeit. Es sei jedoch darauf hingewiesen, daß die Vorstellung von einer nationalen Mission mehr von der jakobinischen Revolution als von der romantischen Versenkung in das Quellenstudium gespeist wurde.

DAS MITTELALTER ALS QUELLE DER EUROPÄISCHEN
EINHEIT UND FREIHEIT

Auf der Suche nach den Quellen wandte sich die allmählich stärker werdende konservative Richtung innerhalb der Romantik einer weniger weit zurückliegenden und wirklichkeitsnäheren Vergangenheit zu, dem Mittelalter, das natürlich mit den nationalen Ursprüngen eng verknüpft war. Mit ihrer Verherrlichung des mittelalterlichen Reiches, der Kirche und des Feudalismus gaben die Konservativen unter den Romantikern dem deutschen Volk einen ganz bestimmten historischen Rückhalt. Während die Antike und die germanische Frühzeit in mythischer, legendärer Ferne lagen, lebten die Reste des Mittelalters überall fort, und deshalb wandten sich die Romantiker lieber solchen konkreten Institutionen wie der katholischen Kirche und dem Heiligen Römischen Reich zu als solch mystischen Entelechien wie dem »Volksgeist«. Das Mittelalter galt ihnen als die große schöpferische Epoche des Westens und nahm einen nahezu normativen Charakter an.

Für die Humanisten der Renaissance, die religiösen Reformatoren und die aufgeklärten Rationalisten war das Mittelalter gleichermaßen eine rein negative Erscheinung gewesen. Die Romantik wertete diese Epoche nun positiv: Sie stellte die Antithese zu den von den Romantikern verabscheuten Haupttendenzen der Gegenwart dar, zu Rationalismus, Klassizismus und Bürokratie.

Aber nicht jeder sah im Mittelalter nur das Reich und die Kirche. Anhänger von Möser, wie zum Beispiel Stein, die in strikter Gegnerschaft zum bürokratischen Absolutismus und zur revolutionären Konzeption der Volkssouveränität standen, sahen im Mittelalter eine Zeit, in der alle Arten von Vereinigungen und Körperschaften, wie Stände, Gilden und Ritterorden, jene Gemeinschaftsbindungen und Abhängigkeit zum Ausdruck brachten, die für die germanische Freiheit charakteristisch waren. Diese Form von körperschaftlicher und kommunaler Freiheit wurde auch als die Grundlage der englischen Freiheit angesehen, wie sie durch Parlament und Geschworenengerichte repräsentiert wurde.

Einige wenige sahen die mittelalterlichen Überbleibsel am besten in dem katholischen Süden bewahrt und siedelten nach Wien und München über, um in einer kongenialen Atmosphäre zu arbeiten. Ihr Einfluß war es, der wenigstens teilweise dazu beitrug, Österreich zu einem Symbol der konservativen Reaktion zu machen.

Unter jenen, die nach Wien übersiedelten, war der führende Sozialtheoretiker der konservativen Romantik, Adam Müller (1779–1829), der auch zum Katholizismus übergetreten war. Er war ein entschiedener Gegner der liberalen Auffassung von Adam Smith, daß der Wettbewerb individueller Interessen zu einer Harmonie führen würde, wenn man ihn nur gewähren ließe. Konflikte von Wirtschaftsinteressen ließen sich nach Müller am besten in solch mittelalterlichen Schöpfungen wie Zünften und Feudalismus bereinigen, in denen die Eigentumsrechte den Interessen der ganzen Gemeinschaft untergeordnet waren. In gleicher Weise sollten

Nationalstaaten nicht als unabhängige souveräne Ganzheiten betrachtet werden, sondern als Mitglieder einer ökumenischen Gemeinschaft, die in einem gemeinsamen christlichen Glauben geeint war. Für den wirklich konservativen Romantiker war das Mittelalter das große Zeitalter christlicher Einheit, die zu der modernen Anarchie des Individualismus und der Machtkämpfe im Gegensatz stand. Einige sehnten sich nach dem *sacrum imperium* zurück, das auf einer organischen hierarchischen Gesellschaftsordnung und einem charismatischen Herrscher beruht. Aber die meisten rühmten die Synthese von Feudalismus und Kirche, wie sie sich in dem religiösen Charakter des Rittertums und in der großen Bewegung der Kreuzzüge äußerte.

Schließlich war jedoch die dynamische Vorstellung vom »Volkstum« von viel stärkerem Einfluß als diese religiöse Konzeption des Verhältnisses von Nation zu Ökumene, für die es keine wirkliche materielle oder spirituelle Basis in dem Europa jener Tage gab. Die Idee des Volkstums indessen kam dem Gefühl der Deutschen für die kulturelle Individualität entgegen, die sich der Gefahr einer kulturellen und politischen Hegemonie Frankreichs gegenüber sahen. Darüber hinaus stellte die Romantik mit dem Volkstumsbegriff dem westlichen Begriff der »Gesellschaft« als eines Produkts gemeinsamer Rechte und Interessen die Auffassung von einer organischen »Gemeinschaft« geistiger und kultureller Werte gegenüber. Kultur sollte nicht mehr als ein Erzeugnis der Gesellschaft angesehen werden, das die Verfeinerung des Geschmacks und der Manieren widerspiegelte, sondern man hatte ihr als dem mystischen Ausdruck der Volksseele Ehrfurcht und Verehrung entgegenzubringen. Das »Volkstum« sollte im 19. und 20. Jahrhundert eine neue dynamische Bedeutung gewinnen, als es in dem Rassenbegriff eine naturalistische Färbung annahm.

NAPOLEON UND DER AUFSCHWUNG DES NATIONALBEWUSSTSEINS

Es darf gesagt werden, daß das deutsche Nationalbewußtsein von innen heraus durch die Idealisten und die Romantiker, von außen her durch seinen Widerstand gegen Napoleon entwickelt wurde. Im Innern hatte man den Begriff des »Volkes« als der spontanen schöpferischen Quelle, aus die Formen einer kulturellen Individualität hervorgingen. Der Druck, der von außen kam, gab dem Staate eine neue Bedeutung; er war nicht mehr eine bloße Quelle der Ordnung und eine Basis für Eroberungen, sondern eine Festung, in der das Volk seine Individualität beschützen ließ.

Napoleon trug sowohl positiv als auch negativ zur Einheitsbewegung bei. Er reorganisierte einen großen Teil der deutschen Länder, die unter seine Kontrolle kamen, indem er ungefähr dreihundert Staaten auf neunundreißig reduzierte. Andererseits erregte er erbitterten Widerstand, besonders nach 1806/07, weil er die deutschen Interessen, politisch wie ökonomisch, seinem Krieg gegen England und dem Ziel einer vollkommenen französischen Hegemonie unterordnete.

Die Verminderung der Anzahl der Staaten berührte natürlich am meisten den westlichen Teil des Reiches, weil dort die Kleinstaaterei besonders ausgeprägt und die Erinnerung an das Reich am lebendigsten gewesen waren. So wurde die Basis des alten Reiches, das alte mittelalterliche Gefüge von kaiserlichen Rittern, Städten und geistlichen Fürstentümern, das dort neben den modernisierten Staaten Preußen und Österreich fortbestanden hatte, durch eine auswärtige Macht mit einem Schlage ausgelöscht.

Diese Reorganisation entlang der rechten Rheinseite machte nicht bei bloßen territorialen Vereinheitlichungen halt. Die inneren Strukturen wurden nach dem in Frankreich angewandten napoleonischen Modell umgeformt. Das »dritte Deutschland« wurde Preußen und Österreich an die Seite gestellt. Da es mit einem modernen System von Verwaltung, Gerichten und finanzieller Organisation versehen war und Berufe und Stellungen allen offenstanden, war es fortschrittlicher und moderner als die anderen deutschen Staaten. Eine neue Klasse von Beamten, Rechtsanwälten und Juristen entstand, die einen weiteren nationalen und internationalen Horizont hatten, da sie nicht mehr den engen Grenzen der Kleinstaaterei unterworfen waren. Sie wurden später der Kern der liberalen und nationalen Bewegung, die in der Revolution von 1848 gipfelte.

Die Abschaffung der geistlichen Fürstentümer, der Reichsstädte und des Ritterstandes sowie die Bildung des Rheinbundes durch Napoleon im Jahre 1806 machten das Heilige Römische Reich völlig überflüssig. Kaiser Franz II. legte in jenem Jahr die alte Kaiserkrone ab und nahm den Kaisertitel lediglich für die habsburgischen Länder an. Während das Kaiserreich politisch zu bestehen aufgehört hatte, lebte es als wehmütige Erinnerung weiter.

Napoleons Feldzug nach Mittel- und Osteuropa machte nicht bei seiner faktischen Eroberung der westdeutschen Staaten halt. In zwei Schlachten bei Jena und Auerstedt im Jahre 1806 wurde die preußische Armee entscheidend geschlagen. Ein vollkommener Zusammenbruch war die Folge. Mit wenigen Ausnahmen – zum Beispiel das von Gneisenau verteidigte Kolberg – ergaben sich die preußischen Festungen fast ohne Widerstand, und Napoleon marschierte in Berlin ein. In dem militärisch-bürokratischen Staat fehlten stabilisierende Elemente, wie sie das traditionalistische Österreich immer besaß; wie ein Kartenhaus brach Preußen in sich zusammen.

Als besonders gefährlich für das Napoleonische Reich, das nach dem Vertrag von Tilsit (1807) den größeren Teil Mittel- und Südeuropas umfaßte, erwies sich das wachsende Nationalgefühl, das in verschiedenen Teilen Europas aufzukommen begann. Die französische Intervention in Spanien (1808) war von einem langwierigen Guerillakrieg gefolgt, der von örtlichen Widerstandszentren ausging. In Österreich veranlaßte diese neue Kraft des Nationalgefühls und die Nachrichten von Napoleons spanischen Niederlagen Kaiser Franz II. sogar dazu, zu einer Volkserhebung gegen die Franzosen aufzurufen. Aber nur in dem gebirgigen Tirol erhoben sich die Bauern unter Andreas Hofer, um die fremden, gottlosen Franzosen zu vertreiben. Erzherzog Karl schlug Napoleon im Jahre 1809 bei Aspern, wurde dann aber selber im gleichen Jahre bei Wagram besiegt. Diese Ereignisse setzten der kurzen Verbindung der Habsburger mit der nationalen Bewegung ein Ende. Der Widerstand gegen die Franzosen wurde zwar in Tirol fortgesetzt, aber Hofer wurde schließlich gefangengenommen und erschossen. Das Zentrum der nationalen Widerstandsbewegung gegen die Franzosen verlagerte sich jetzt nach den norddeutschen Staaten.

In Preußen kam der stärkste Antrieb zur nationalistischen Opposition nicht von der Dynastie oder den Bauern, sondern von Professoren und Beamten. Man hob hervor, daß der Ausdruck kultureller Individualität nicht genügte; das Volk könne seine vollkommene Erfüllung nur im Staate finden. Aber es wurde auch erkannt, daß die Freiheit von der politischen Vorherrschaft Frankreichs nicht durch den alten militärisch-bürokratischen Staat errungen werden konnte. Stein (1757–1831) und Arndt (1769–1860) argumentierten, daß dieser Staat den Kontakt mit den Quellen des aufkeimenden Nationalbewußtseins verloren habe, das Nationalgefühl müsse sich in geeigneten, volkstümlichen und historisch begründeten Formen einer politischen Teilhaberschaft auswirken können. Die sogenannten preußischen Jakobiner Fichte und Scharnhorst (1755–1813) betonten besonders die Notwendigkeit, den kollektiven nationalen Willen nach dem Vorbild der französischen Revolutionäre durch nationale Aushebung und öffentliche Erziehung zur Geltung zu bringen.

Fichte und Schleiermacher gingen, wie oben schon erwähnt, vom idealistischen und romantischen Subjektivismus ab und erkannten die Wichtigkeit der äußeren Formen der historischen Aktion und geschichtlichen Entwicklung. Schleiermacher unterstrich die christliche Erfahrung der Erlösung und die daraus folgende Notwendigkeit, ihre Verkörperung, die Kirche, von der staatlichen Kontrolle zu befreien und sie an der nationalen Wiedergeburt mitarbeiten zu lassen. Fichte andererseits begann im Staate ein Instrument zu sehen, das Volk für seine Aufgaben der Menschlichkeit zu erziehen. Beide wurden auf ein Lehramt an der neugegründeten Berliner Universität (1810) berufen, die im 19. Jahrhundert in der Geschichtsforschung führend wurde.

DER STAAT ALS NATIONALER WILLE

Fichte, als Sohn eines einfachen sächsischen Webers vom Haß gegen die Aristokratie erfüllt, war ein leidenschaftlicher Anhänger der Französischen Revolution. Er wollte an einer französischen Universität lehren und die französische Staatsbürgerschaft annehmen, da er davon überzeugt war, daß Frankreich berufen sei, die Menschheit zu befreien. Obwohl er im Laufe der Zeit diesen Enthusiasmus verlor und der Revolution gegenüber eine kritische Haltung einnahm, erkannte er ihre große Bedeutung, besonders in ihrer zweiten jakobinischen Phase, nach wie vor an.

Er hielt die Erringung individueller Freiheit im Wege der Anerkennung von Naturrechten, die die Revolution in ihrem Frühstadium angestrebt hatte, für ein unzulängliches Ziel. Naturrechte hatten für ihn nur einen negativen Charakter; sie setzten lediglich der staatlichen Aktionssphäre Grenzen. Damit aber beraubten sie den Staat in Wirklichkeit seiner wahren Funktion, die darin bestand, der menschlichen Freiheit einen positiven Inhalt zu geben. Fichte befürwortete einen Staatssozialismus zur Förderung der Allgemeinbildung sowie die Arbeit für das Gemeinwohl als ein Mittel zur höchsten ethischen Entwicklung der Bürger. Der Staat sollte nicht wie unter dem aufgeklärten Despotismus eine Wohlfahrtsinstitution werden, sondern eine Staatsbürgerschule, wie sie Rousseau vorgeschlagen hatte, in der der kollektive Wille Auftrieb bekommt.

Fichte wurde auch über die Korruption des öffentlichen und privaten Lebens besorgt, die die revolutionären Veränderungen hervorgerufen hatten; denn sie hatten zwar traditionelle Kontrollinstitutionen beseitigt, aber nichts an ihre Stelle gesetzt, sondern nur einen Kampf zwischen egoistischen Interessen entfacht. Auch glaubte Fichte, ähnlich wie Macchiavelli, den er »wiederentdeckt« hatte, daß die Restauration des Staates als Gesetzgeber im Sinne der alten Römer notwendig war, um die Bevölkerung zu veranlassen, wieder das Primat der Gemeinschaft anzuerkennen. Aber das Gesetz sollte nicht von außen durch den Machtspruch eines Herrschers oder durch das natürliche Wachstum einer Sitte eingeführt werden; es sollte vielmehr den kollektiven Willen des deutschen Volkes zum Ausdruck bringen, das seiner eigenen besonderen Mission bewußt geworden ist.

Obwohl der Nationalstaat sich im Innern mit einer ethischen Mission befaßte, war er nach außen noch in den Kampf ums Überleben verwickelt. Durch die besondere Betonung der Tatsache, daß der Nationalstaat seine Aufgabe oder Mission von innen heraus angreifen müsse, wurde Fichte dazu veranlaßt, die Existenz einer objektiven internationalen Ordnung außer Betracht zu lassen, ob sie nun auf einer natürlichen und harmonischen oder auf der historischen Ordnung der christlichen Ökumene beruhte. Diese außerordentliche Betonung der inneren Motive ohne Berücksichtigung einer äußeren Ordnung sollte ernste Folgen für das deutsche liberale Denken im 19. und 20. Jahrhundert haben.

Die theoretische Grundlage der Konzeption des Staates als der Verkörperung eines moralischen Imperativs wurde von einer Philosophie oder Metaphysik der Geschichte geliefert, in der offensichtlich eine Fusion des Kantschen Idealismus und des Romantizismus vorliegt.

Nach Fichte schreitet die Menschheit in Etappen zur Erreichung des höchsten moralischen Bewußtseins fort; diese Etappen erinnern an Rousseaus Konzeption vom moralischen Aufstieg. Zunächst ist der Mensch ein Geschöpf mit Instinkten und Trieben. Dann führt die Vernunft, die ihre Sanktion von äußeren Quellen ableitet, den Menschen zuerst durch autoritative Prinzipien wie im Mittelalter, bis sie schließlich im Zeitalter der Aufklärung zum Mittel wird, die Autorität abzuwerfen und individuelle Freiheit zu erlangen. Zum Schluß folgt der Mensch dem moralischen Gesetz als einem Produkt seines eigenen Gewissens. Er will freiwillig das Gute, und er folgt ihm willig, da es von seinem inneren Selbst diktiert ist.

Der moralische Imperativ nahm im Dritten Zeitalter, auf dessen Schwelle die Menschheit jetzt stand, die Form einer Aufgabe zum Wohl der Menschheit an, einer Mission, die jede Gemeinschaft für sich selbst bestimmt. Hier sollte sich der kollektive Wille der Gemeinschaft über das bloß Vegetative eines kulturellen Nationalismus erheben.

In den »Reden an die deutsche Nation« behauptete Fichte, daß die Deutschen das Volk seien, durch das die Menschheit dieses höchste moralische Ideal ausdrücken könne. Im Gegensatz zu allen anderen europäischen Völkern seien sie ein Urvolk, das noch nicht durch die Zivilisation verdorben sei. Herders Idee, daß die Zivilisation die starre Form sei, in der die ursprünglich spontane Schöpferkraft eines Volkes schließlich verhärte, wurde von Fichte in dieser Richtung abgewandelt. Die lateinischen Völker seien nicht ursprünglich, da sie von der alten römischen Gemeinschaft abstammten, wie ihre Sprachen bewiesen. Die Deutschen seien im Besitz ihres ursprünglichen Heimatlandes und hätten eine ursprüngliche Sprache bewahrt, die durch die Begriffe, die sie aus dem politischen Arsenal eines anderen Staates entlehnt hatte, nicht verdorben worden sei. Weil ihre

Sprache nicht aus zweiter Hand komme, seien die Deutschen den Quellen des Menschentums am nächsten. Um als Nation der Menschheit zu dienen, sollten sie sich von lateinischen Entlehnungen reinigen und eine politische Sprache entwickeln, die ihr eigenes Gruppenbewußtsein ausdrücke. Sie müßten das kulturelle wie auch politische Joch des französischen Eroberers abschütteln, um zur Nation zu werden und ihre messianische Rolle im Namen der Menschheit zu übernehmen.

Fichtes Ruf zur Tat war an alle Deutschen gerichtet, aber im besonderen zielte er auf Preußen ab, den einzigen Staat, der unter Friedrich dem Großen das wirksame militärisch-bürokratische Instrument eines genialen Herrschers gewesen war und der noch jetzt einer moralischen Führerschaft fähig wäre, wenn er sich so reformieren würde, daß er den Volkswillen verkörperte. Auch die Reformer Stein, Scharnhorst und Humboldt waren nicht daran interessiert, die preußische Macht um ihrer selbst willen zu erhöhen. Sie sahen in der Wiedergeburt Preußens ein Mittel, das französische Joch abzuschütteln; dazu mußte Preußen seinen streng militärisch-bürokratischen Apparat, sein Klassensystem und seine königliche Kabinettspolitik aufgeben und den Staat auf den moralischen Willen der Gemeinschaft gründen, die ihre Wurzeln in den schöpferischen Kräften des Volkes habe.

DER STAAT ALS BOLLWERK DES VOLKES

Eine weitere Nuance der hervorbrechenden deutschen Nationalidee wurde durch Ernst Moritz Arndt (1769–1860) vorgebracht. Er betrachtete das Nationalproblem aus der Perspektive der deutschen Landschaft als dem wichtigsten Rahmen des »Volkes«.

Arndt war der Sohn emanzipierter Bauern auf der Ostseeinsel Rügen, die sich zu einigem materiellen Wohlstand emporgearbeitet hatten, zumindest über den Durchschnitt ihres Berufsstandes hinaus. Arndt entwickelte daher früh ein Interesse an der Bauernemanzipation. Er argumentierte, daß vor allem das römische Recht und der Territorialstaat zur Unterdrückung der Bauern in der Gegenwart beigetragen hätten. Da der Bauer im Boden verwurzelt war, war er die Grundlage des Volkes und mußte in eine organische Beziehung zum Staate gebracht werden.

Obwohl er zunächst in Greifswald und später in Bonn als Professor amtierte, stellte Arndt niemals den typischen Akademiker dar, noch entwickelte er ein systematisches Ideengebäude. Er schrieb Gedichte im Stil der Volkslieder und erging sich in Polemiken gegen die Mißstände seiner Zeit, besonders solche, die mit französischem Einfluß und französischer

Vorherrschaft zu tun hatten. Zunächst hatte ihn die Politik der Bauernemanzipation angezogen, die auf die Revolution folgte, und er hatte Napoleon sogar als einen großen Helden betrachtet, der nötig geworden war, um sein Volk aus der Wüste hinauszuführen. Eine Reise durch Frankreich, Süddeutschland und Italien erweiterte seinen Horizont. Die nationale Bewegung in Österreich, die in dem österreichischen Krieg gegen Napoleon im Jahre 1809 gipfelte, ließ ihn zeitweilig eine Restauration des Reiches unter habsburgischer Führung erhoffen und veranlaßte ihn, sich dem Katholizismus mit seiner Würdigung bäuerlicher Kultur zuzuneigen. Aber unter dem Einfluß Steins und des Befreiungskrieges gegen Napoleon (1813 bis 1814) wurde er ein Anhänger der deutschen Einheit unter preußischer Führung und ein frommer Lutheraner. Diese Wandlungen spiegeln unter anderem die enge Verflechtung politischer Gesichtspunkte mit religiösen Glaubensbekenntnissen wider.

Arndt würdigte die deutsche Landschaft in einer Weise, die wir bei seinen mehr philosophisch eingestellten Zeitgenossen nicht antreffen. Für ihn war Deutschland durch seine wichtigen Ströme repräsentiert: die Elbe, die Donau und den Rhein. Daß er ihre politische Bedeutung erkannte, beweist ein Pamphlet, das er schrieb, »Der Rhein, Deutschlands Strom, nicht Deutschlands Grenze«. Mit ihm begann der Rhein ein Symbol des nationalen Antagonismus zwischen Deutschen und Franzosen zu werden. Durch die Einbeziehung der Donau in die Ströme Deutschlands brachte er die Nachbarländer ins Spiel und faßte auch ein großes mitteleuropäisches Gebiet deutscher Siedlung und Expansion ins Auge.

Seine geopolitische Orientierung ließ ihn natürlich die kulturelle Bedeutung der deutschen Mittelposition wahrnehmen. Den fremden Strömungen gegenüber, die von allen Seiten auf sie eindrangen, befanden sich die Deutschen natürlich in der Defensive: Sie hatten ihre kulturelle Individualität zu verteidigen. Der Staat als Machtgebilde, so meinte Arndt, sollte als Bollwerk nationaler Individualität dienen; aber dazu mußte er in der Volksgemeinschaft verwurzelt und nicht ein bloßer bürokratisch-militärischer Apparat sein. Arndt trug viel zur Popularisierung der romantischen Konzeption des »Volksgeistes« bei, indem er sie mit Landschaft und Bauernkultur verknüpfte und dadurch konkretisierte.

In Arndts bodenständigem Nationalismus und Fichtes recht abstrakter Konzeption eines moralischen Imperativs des Nationalstaates sehen wir bereits die beiden Hauptpole, zwischen denen die deutsche Nationalidee länger als ein Jahrhundert hin- und herschwankte. Fichte ging vom Kantschen Imperativ der Mission im Namen der Menschlichkeit aus, während Arndts Ausgangspunkt, die Freisetzung der schöpferischen Kräfte des in einer besonderen Landschaft verwurzelten Volkes, von Herder und den Romantikern übernommen war.

Arndts Einfluß wirkte sich unmittelbar aus. Er schloß sich im Exil in Rußland an den Freiherrn vom Stein an und wurde sein Sekretär und der Propagandist seiner Reformideen, die einen ganz unmittelbaren Einfluß auf die Wiederbelebung Preußens hatten. Nachdem Stein im Jahre 1808 gezwungen worden war, als preußischer Staatsminister zurückzutreten, trat er in den Dienst des Zaren Alexander, der damals der Hauptgegner Napoleons war.

DER STAAT UND DIE AUFLÖSUNG NATIONALER ENERGIEN

Karl Freiherr vom Stein (1757–1831) entstammte einer sehr alten Familie des Reichsadels aus dem Rheinland. Im Gegensatz zu anderen seiner Klasse und Familie suchte er keine Anstellung in Österreich, sondern zunächst in der hannoverschen Regierung, danach, seit 1780, in der preußischen Verwaltung. Er war an der Universität Göttingen ausgebildet worden und dort mit Bewunderern englischer Einrichtungen und dem liberalen Konservatismus Mösers und Burkes in Berührung gekommen.

Im Gegensatz zu den meisten aufgeklärten Beamten seiner Zeit stand Stein der Tendenz des aufgeklärten Despotismus, Gleichförmigkeit und Wohlfahrt zu betonen, sehr kritisch gegenüber. Er suchte die örtliche Initiative des Adels und des Mittelstandes und der Landwirtschaft anzuregen, sich der Tendenz zur Ausweitung zentral geleiteter bürokratischer Aktionen zu widersetzen. Er sah die englischen Formen der parlamentarischen Herrschaft mit ihrer ministeriellen Verantwortlichkeit, ihrer Gewaltenteilung – in Rechtsprechung, Administration und Legislative – und einer mächtigen öffentlichen Meinung als ein Modell für die Deutschen an.

Während er die Französische Revolution als einen großen Segen für das französische Volk anerkannte, da es die Menschen von korrupten Herrschern befreit hatte, war Stein mit den Ausschreitungen der Revolution, ihrer sozialen Nivellierung, dem Staatszentralismus und dem Terror nicht einverstanden. Die gleichmacherischen Tendenzen der revolutionären Bewegung bahnten, so meinte er, dem Emporkömmling und Abenteurer Napoleon den Weg und förderten das Interesse der unteren Volksschichten an Brot auf Staatskosten und an den Zirkusspielen militärischen Ruhms. Er wurde der entschiedene und unermüdliche Gegner der Franzosen, als sie dazu übergingen, im Laufe ihrer Eroberungszüge die gesamte korporative Struktur des alte Reiches an beiden Rheinufern über den Haufen zu werfen.

Auch war er ein scharfer Kritiker der preußischen Politik nach 1795, einer Politik der Neutralität und der eigensüchtigen Isolierung gegenüber den allgemeinen Anliegen des Reiches; und er befürwortete immer wieder ein Zusammengehen mit Österreich, um dem französischen Imperialismus Widerstand zu leisten. Die unheilvolle Niederlage Preußens war, so glaubte Stein, dieser Politik der Isolierung vom Reich sowie der Tatsache zuzuschreiben, daß sich der militärisch-bürokratische Staat des alten Regimes vom Volke getrennt und der revolutionären französischen Nation, die die kollektiven Energien eines Volkes verkörperte, nichts entgegenzusetzen hatte. Seine beherrschende Idee war es, die Vitalität der einzelnen sozialen Gruppen, Landwirtschaft, Mittelstand und Adel, wiederherzustellen und so eine organische politische Gemeinschaft in Preußen zu schaffen, die ihre Rolle in einem gestärkten und neubelebten Reich übernehmen konnte.

Da sich Preußen in einem Stadium fast vollkommener Entkräftung befand, waren Stein und die übrigen Reformer, Scharnhorst, Gneisenau und Humboldt, in der Lage, Reformen trotz widerstrebender Souveräns und der Opposition der meisten ostelbischen Junker einzuleiten. Angesichts eines unbarmherzigen Eroberers, der jederzeit im Interesse seiner imperialistischen Pläne alles das vernichten konnte, was von Preußen noch übriggeblieben war, sah sich der König aus reiner Selbsterhaltung gezwungen, sich an diese Reformer zu wenden, die von seinen konservativen Vertrauten als Jakobiner betrachtet wurden, um Preußen wieder zur Macht zu verhelfen. Ein bürokratisch-militärischer Staat preußischen Typus ohne den Rückhalt einer Tradition mußte in der Niederlage zu außerordentlichen Mitteln greifen, um sein Prestige und seine Macht wiederherzustellen. Was dem Staate jetzt an materiellen Mitteln fehlte, sollte durch den Einsatz der geistigen Energien des Volkes wieder wettgemacht werden.

Stein war die Haupttriebkraft hinter dem Reformprogramm, das in seinen Grundzügen auf den aufgeklärten Despotismus zurückgriff und dessen allgemeines Ziel die Schaffung eines Staatskörpers von moralischer und geistiger Frische und Aktivität war. Den verschiedenen Gesellschaftsgruppen, dem Adel, dem Bürgertum und den Bauern, sollten Gleichheit und Freiheit der Berufswahl und beim Austausch von Ländereien und Gütern gesetzlich garantiert werden. In dem Vorschlag einer kommunalen Selbstbestimmung für die Städte und eines gewissen Grades der Verwaltungskontrolle durch das Volk schlug sich Mösers Bewunderung für die korporative Struktur des Mittelalters nieder. Schließlich hatte Stein ebenfalls im Sinn, als Krönung des neuen Staatskörpers eine repräsentative gesetzgeberische Körperschaft und die ministerielle Verantwortlichkeit einzuführen, vielleicht nach dem Vorbild des englischen Parlaments und Kabinettsystems.

Diese Vorschläge bedeuteten weder eine Revolution von oben noch von unten. Aber der preußische König, der sie mit Widerwillen betrachtete, nutzte innerhalb eines Jahres nach dem Beginn des Steinschen Reformprogramms das steigende Mißtrauen Napoleons gegen Stein aus, um diesen zu entlassen. Ganz allgemein widersetzte sich der Adel, besonders die ostelbischen Junker, jeder Reform, und eine ganze Anzahl der Bürger und Bauern blieb gleichgültig. Tatsächlich stammten ja die Reformvorschläge von einer kleinen Gruppe idealistischer Beamter, von denen einige Nichtpreußen waren, die das Allgemeinwohl des Reiches meist über die preußischen Interessen stellten. Obwohl sie aus verschiedenen Gesellschaftsklassen stammten, spiegelten sie wohl vor allem die allgemeinen Werte einer kleinen Mittelstandsschicht wider, nämlich des besitzenden und gebildeten Großbürgertums. Unter dem Einfluß der idealistischen Philosophie von Kant, Schelling und Fichte suchten sie den Staat zu befreien und ihn mit der Dynamik eines neuen moralischen Imperativs zu erfüllen.

Genauso wie viele Reformen Steins sabotiert wurden, war auch die Absicht Scharnhorsts, Gneisenaus und anderer, nach französischem Beispiel eine Nation in Waffen zu schaffen, schließlich zum Scheitern verurteilt. Obwohl die allgemeine militärische Dienstpflicht eingeführt wurde, stand die Armee im 19. Jahrhundert weiter unter dem beherrschenden Einfluß der Offizierskaste, die sich aus dem Adel rekrutierte.

Dies hatte eine große Bedeutung für die Erhaltung ihrer politischen und sozialen Vorherrschaft, da Armeen in steigendem Maße als Staatsbürgerschule betrachtet wurden und die preußischen Könige dazu neigten, die Armee als die Hauptstütze des Thrones anzusehen.

HUMANISTISCHE ERZIEHUNG UND NATIONALE BEFREIUNG

Die Erziehungsreformen sind mit dem Namen Wilhelm von Humboldts (1767–1835) verbunden. Humboldt hatte zwischen der Bekleidung diplomatischer Posten – zum Beispiel in Rom und Wien – und der gelehrten Welt der Sprachwissenschaft und der humanistischen Studien hin- und hergeschwankt, bis er von Stein in die Regierung berufen wurde.

Er hatte ein Buch geschrieben, das die These vertrat, die Aktionssphäre des Staates solle auf das absolute Minimum beschränkt werden, das zur Aufrechterhaltung der Verteidigung und Ordnung notwendig war, so daß der harmonischen Entwicklung der individuellen Persönlichkeit ein möglichst großer Spielraum vorbehalten bliebe. Dies sollte indessen kein selbstgenügsamer, isolierter Individualismus sein; denn es sei für den Bürger am besten, wenn ihn möglichst viele Fäden mit seinen Mitbürgern und möglichst wenige mit dem Staate verbänden. Das gut durchstrukturierte Gemeinwesen der alten griechischen *polis* ließ die freie Entwicklung der schöpferischen Persönlichkeit zu; der bürokratisch-militärische Wohlfahrtsstaat Friedrichs des Großen tat es nicht. Das organische Gemeinwesen sollte sich selbst durch verschiedene Vereinigungen verwirklichen, die dem Staat gegenüberstanden und die die Entwicklung der Persönlichkeit durch freie und gemeinsame Anstrengungen im Namen des Allgemeinwohls gestatteten.

Die wichtigsten Organe der nationalen Selbstverwirklichung waren das Erziehungswesen und die Armee. Die Armee war nötig, um den Staat vor äußeren Angriffen wirksam zu schützen, während die Erziehung die freie schöpferische Tätigkeit des Geistes förderte.

Hier wurde wieder die deutsche Zweiteilung zwischen dem nach außen hin starken Staat und der Freiheit im Innern sichtbar.

Zwei Bewegungen trugen in besonderem Maße dazu bei, die Erziehung in eine lebendige Beziehung zur Nation und zur Wiedergeburt des Geistes zu bringen. Die eine, die von Rousseau ausging und in Deutschland besonders von dem schweizerischen Reformer Pestalozzi (1746–1827) verbreitet wurde, wollte die Überbetonung der Disziplinierung von Verstand und Gefühl abschaffen; die Persönlichkeit sollte sich vielmehr durch die Wiedergeburt des Gemeinwesens und seines kulturellen Erbes frei entfalten können. Fichte hatte Pestalozzi in seinen Reden gerühmt, und Humboldt schlug nun vor, seine Ideen und Methoden einzuführen.

Die andere Bewegung vertrat die Auffassung, die Entfaltung der Persönlichkeit sei in dem alten griechischen Ideal der harmonischen Persönlichkeit in vorbildlicher Weise verwirklicht worden; die Normen und Werte der griechischen Kultur sollten daher an Stelle der starren Vorschriften der sogenannten klassischen Regeln eine Quelle der Inspiration werden. Diese Hinwendung zu dem griechischen Vorbild wurde durch die Schriften von Winckelmann und von Friedrich A. Wolf vorangetrieben, der allgemein als Vater der Philologie gilt.

Diese humanistischen Ideale lieferten zusammen mit der Tatsache, daß Napoleon im Jahre 1806 die Universität Halle wegen ihrer propreußischen Haltung geschlossen hatte, den Hintergrund für die Gründung der Universität Berlin im Jahre 1810. In der ersten Hälfte des 19. Jahrhunderts gewannen die Naturwissenschaften eine ähnliche Bedeutung. Die Philologie genoß ein außerordentlich hohes Ansehen; die Techniken der sorgfältigen Prüfung und Erläuterung alter Texte, die die deutschen Gelehrten entwickelten, dienten den Wissenschaftlern anderer Länder als Muster objektiver Forschung. Die Universität Berlin lieferte künftig mit ihrer Betonung der Einheit von Forschung und Lehre das Ideal akademischer Forschung und wurde eine der wichtigsten Triebkräfte der ungeheuren Ausdehnung historischer und naturwissenschaftlicher Kenntnisse im 19. Jahrhundert.

In der höheren Schulbildung wurden zwei Schultypen unterschieden: das klassische Gymnasium, in dem Latein und Griechisch an erster und die Vorbereitung auf den Beruf durch Deutsch- und Mathematikunterricht erst an zweiter Stelle stand, und das Realgymnasium, das die Vorbildung für einen Beruf stärker in den Vordergrund stellte. Diese Teilung tendierte dahin, den Gegensatz zwischen den Gesellschaftsklassen zu verschärfen, besonders bevor die Naturwissenschaften in der zweiten Hälfte des 19. Jahrhunderts in den Vordergrund traten. Im allgemeinen begünstigten die Erziehungsreformen das Bürgertum, dessen Söhne auch den größten Anteil an Studenten stellten. In dem Maße, wie die formale Bildung zum Wertmaßstab im öffentlichen und im privaten Leben wurde, erhöhte sich die soziale Bedeutung des Mittelstandes; er hatte auch nicht mehr den engen Horizont, der ihn noch in einem großen Teil des 18. Jahrhunderts charakterisiert hatte.

Natürlich konnten die Reformer nicht die Endergebnisse ihrer Errungenschaften absehen. Sie waren unmittelbar damit beschäftigt, die Franzosen zu verdrängen. Dies, so meinten sie, konnte nur durch eine nationale Wiedererweckung erreicht werden. Manche von ihnen, darunter Stein und sogar der alte Soldat Gneisenau, befürworteten eine Erhebung des Volkes gegen die verhaßten Franzosen. Aber den Herrschern von Preußen und Österreich widerstrebte es sehr, zu revolutionären Mitteln zu greifen, um die Franzosen zu überwinden: Diese Medizin hätte sehr leicht schlimmere Wirkungen haben können als die Krankheit. Selbst nach den verheerenden Verlusten, die Napoleon in dem Russischen Krieg von 1812 erlitten hatte, handelten die preußische und die österreichische Regierung nur langsam. Die Bewegung des Nationalgefühls war ihnen weit voraus, wie sich in sporadischen Revolten und in den Aufrufen zur Tat zeigte, die von führenden Patrioten, meist Schriftstellern und Publizisten, ausgingen. Manche Reformer, unter ihnen Stein, Arndt und Clausewitz, gingen nach Rußland, der stärksten Stütze ihrer Hoffnung auf einen baldigen Sieg über Napoleon. Stein wurde ein enger Berater Alexanders I. und mahnte unermüdlich, den Krieg gegen die Franzosen über die russischen Grenzen hinaus nach Westeuropa zu tragen.

Der Befreiungskrieg (1813–1814), der zur Niederlage Napoleons führte, wurde durch eine Koalition der Herrscher und einen sorgfältig ausgearbeiteten Feldzugsplan zustande gebracht. Aber von den deutschen Historikern im späten 19. und im 20. Jahrhundert wurde er als eine nationale Erhebung betrachtet, die sich von 1806 bis 1814 erstreckte und künftig schärfere Konturen annahm als die mißglückte Revolution von 1848 und selbst die spätere Einigung Deutschlands unter preußischer Führung; er symbolisierte später das unerfüllte Versprechen einer wirklichen deutschen Einheit, die in der Feuerprobe des Krieges gegen den fremden Eindringling geschmiedet werden sollte.

DIE DYNAMIK DES KULTURELLEN NATIONALISMUS

Das nationale Selbstbewußtsein der Deutschen floß nicht in historisch gewachsene Formen und verwandelte sich auch nicht in ein nationales Sendungsbewußtsein, wie es bei Engländern und Franzosen der Fall gewesen war. Es war im Widerstand gegen die rationalistische französische Aufklärung, gegen die Revolution und vor allem gegen Napoleon entstanden; da es sich keine politische Gestalt gab und diesen negativen Charakter hatte, nahm es eine eigentümlich kulturelle Färbung an. Es kümmerte sich in der Hauptsache nicht darum, wie der kollektive Wille verwirklicht, sondern wie der einzigartige kulturelle Charakter des Volkes bewahrt werden könne. Die Deutschen neigten dazu, die Nationalität an der kulturellen Individualität zu messen, zu der die Besonderheiten von Sprache, Literatur und Religion gehörten, nicht aber die politische Selbstbestimmung eines Staates nach dem Willen derer, die ihm angehörten oder angehören wollten; dies eben wäre nationale Selbstbestimmung, während man den deutschen Standpunkt als »kulturellen Determinismus« bezeichnen könnte.

Wie wir gesehen haben, hatte die Romantik ebenso wie die Revolution sowohl individualistische als auch kollektivistische Aspekte. In der Romantik sollte die künstlerische Persönlichkeit mit den spontanen schöpferischen Kräften einer proteushaften Natur in Einklang gebracht werden; aber auch das Volk sollte in dieser schöpferischen Natur verwurzelt werden. Gegenüber dem napoleonischen Frankreich mußte es aber auch einen Staat als Bollwerk zum Schutze seiner Individualität haben. Da der Staat schließlich im deutschen politischen Denken des 19. Jahrhunderts immer stärker hervortrat, ergab sich, abgesehen von einigen isolierten Denkern, die Tendenz, die kulturelle Verwurzelung des Volkes aus den Augen zu verlieren. Im 20. Jahrhundert wurde die Konzeption des Volkes als einer einzigartigen kollektiven Individualität, die in der Landschaft verwurzelt und mit einer besonderen Bestimmung ausgestattet sei, durch den Nationalsozialismus in aller Schärfe zum Ausdruck gebracht.

In ihrer radikalen Phase suchte die Revolution ihr utopisches Ziel nicht in besonderen Institutionen zu verwirklichen, sondern in der Dynamik des kollektiven Willens. Ebenso befaßte sich auch die Romantik nicht mit Ergebnissen der Kultur, sondern mit dem schöpferischen Geist, der rationale und klassische Regeln mißachtete und von Ehrfurcht vor der organischen und spontanen Entwicklung von Kultur und Natur erfüllt war. Diese revolutionäre und romantische Dynamik war die Hauptursache der ideologischen und kulturellen Konflikte im 19. und 20. Jahrhundert.

X. Der Zusammenprall der Ideologien

Der in Wien ausgehandelte Frieden (1814–1815) demonstrierte, zumindest nach außen hin, daß die Koalition der Herrscher einen größeren Anteil am Sieg über Napoleon als das Aufbegehren des Volkes hatte. Mitteleuropa behielt die von Napoleon begründete politische Struktur bei; die deutschen Länder wurden in einer losen Konföderation zusammengefaßt. In den einzelnen Staaten wurden die alten Dynastien und Adelsgeschlechter wieder eingesetzt, die während der Herrschaft Napoleons eingeführten Reformen jedoch in der Regel beibehalten. Von 1815 bis 1830 verließen sich Europas Herrscher, angeführt von dem österreichischen Staatsmann Metternich, auf die Möglichkeit, durch die Zusammenarbeit der Großmächte nicht nur einen weiteren französischen Angriff auf die Herrschaft über den Kontinent zu verhüten, sondern auch jedes Streben des Volkes nach Einheit und Freiheit zu unterdrücken.

RESTAURATION DURCH STAATSFORM, REICH UND ÖKUMENE

In Wien hatte das Interesse Englands und Österreichs an Stabilität und Ordnung auf dem Kontinent den Ausschlag gegeben. Sowohl Alexander I. von Rußland, dem der Plan einer neuen christlichen Gemeinschaft von Herrschern und Völkern vorschwebte, als auch die preußischen Reformer, die darum bemüht waren, in irgendeiner Form eine deutsche Einheit zu errichten, wurden mit Mißtrauen betrachtet. Natürlich handelte es sich um ein Treffen von Königen und Aristokraten, nicht von Volksvertretern. Der Wiener Kongreß suchte Größe und Glanz des alten Regimes wiederzubeleben, aber auf dieser aufpolierten Herrlichkeit lag ein Hauch Dekadenz. Völker und Territorien wurden auf Bällen und Banketten verschachert, die von den üblichen Hintertreppenintrigen, diplomatischen Manövern und Krisen begleitet waren; die größte Krise wurde durch Napoleons Rückkehrversuch ausgelöst.

Fürst Metternich (1773–1859), Hauptorganisator der Koalition, die Napoleon besiegt hatte, war selbst ein typischer Diplomat der alten Schule aus dem 18. Jahrhundert: beredt, elegant, charmant, ein Kavalier alten Stils. Im Gegensatz zu vielen Konservativen seiner Zeit hatte er sich nicht zum Anwalt der Allianz zwischen Thron und Altar als wichtigstem Mittel zur Wiederherstellung einer organischen christlichen Gesellschaft gemacht. Er blieb ein aufgeklärter Aristokrat, dem es vor allem um politische Zweckmäßigkeit zu tun war. Monarchie, Aristokratie und Kirche hatten für ihn nicht die Bedeutung wie für einen konservativen Romantiker wie Adam Müller; doch hatte er erkannt, daß diese Institutionen in Österreich als Gegenkräfte gegen Nationalismus und Liberalismus notwendig waren.

Der wichtigste Faktor bei der Aufrechterhaltung der noch bestehenden Ordnung in Zentraleuropa war jedoch die Zusammenarbeit der Großmächte. Das alte, auf die kosmopolitischen Kräfte der Monarchie und der Aristokratie gegründete Gleichgewicht der Kräfte mußte gleichzeitig mit einem hohen Maß an lokaler Selbstverwaltung wiederhergestellt werden, um ein Bollwerk gegen Revolution und Nationalismus darzustellen. Metternich war durchaus willens, die alte imperialistische Rolle Habsburgs aufzugeben, die unter anderem die kulturelle und religiöse Mission einschloß, den Rhein gegen die Franzosen und die Donau gegen die Türken zu verteidigen, weil eine solche Politik in einem Zeitalter weltlicher Machtpolitik ihre Bedeutung eingebüßt hatte.

Deutsche Patrioten wie Stein, Humboldt, Görres und Arndt befürworteten eine Wiederherstellung des alten Reiches unter den Habsburgern, um die Einheit Zentraleuropas aufrechtzuerhalten. Sie hatten nicht die Schaffung eines Machtstaates im Sinn, sondern die Wiederherstellung eines Symbols der deutschen Kulturmission und die Errichtung eines legalen und konstitutionellen Rahmens, in dem die neuerwachten moralischen Kräfte des Volkes den Staatsegoismus in Grenzen halten könnten. Die Nation könnte dann auch ihre Wurzeln in eine eigene historische und kulturelle Landschaft senken und brauchte nicht nur Ausdruck eines subjektiven Verlangens nach nationaler Selbstbestimmung zu sein. Darüber hinaus bedeutete »Volk« bei ihnen nicht das mehr oder weniger mystische Wesen, das die Romantik meinte, und auch nicht die breite Masse des Volkes, sondern den besitzenden Landadel und das gebildete und besitzende gehobene Bürgertum.

Nur in ihrer historischen Orientierung wiesen die Anschauungen von Stein, Humboldt, Görres und Arndt einige Ähnlichkeit mit der gängigen konservativen Romantik Friedrich Schlegels und Adam Müllers auf, denen es um die Wiederherstellung einer christlichen europäischen Ordnung ging und nicht um die Freisetzung nationaler Energien, die sie mit Revolution und Auflösung der christlichen Gesellschaft in Verbindung brachten.

Alexander I. von Rußland (1801-1825) brachte einen ähnlichen Plan vor. Er schlug den Abschluß eines Bündnisses der europäischen Monarchen, die Heilige Allianz, vor. Anstatt Machtinteressen zu vertreten, sollten sich diese Herrscher verpflichten, ihre Völker gemeinsam im Geiste christlicher Brüderlichkeit zu regieren. Deshalb mußte jeder Herrscher persönlich seine Unterschrift unter diesen Vertrag setzen, statt ihn durch einen Minister oder diplomatischen Gesandten unterzeichnen zu lassen, wie es sonst bei solchen Dokumenten üblich war.

Man hat die Heilige Allianz ein »tönendes Nichts« genannt, aber auch das Hauptwerkzeug der Reaktion in der Gegenwart und sogar eine etwas nebelhafte Vorwegnahme des Völkerbundes. Sie war ein typischer Ausdruck der romantischen Religiosität, mit der die Atmosphäre dieser Phase des Konservatismus und der Restauration aufgeladen war. In seiner Jugend war Alexander vom rationalen Humanismus eines Schweizer Erziehers namens De la Harpe beeinflußt worden. Aber die großen Ereignisse der napoleonischen Invasion, des Brandes von Moskau und des katastrophalen Rückzuges des fremden Eindringlings hatten Alexanders empfängliches Gemüt religiöser und mystischer Grübelei zugewandt. Seine Verbindung mit Madame Krüdener, einer führenden Schweizer Pietistin und Mystikerin ihrer Zeit, verstärkte diesen Zug noch; es war ihr Einfluß, der zum Vorschlag der Heiligen Allianz führte.

Die Allianz sollte die vorderste Linie eines ökumenischen Bundes christlicher Herrscher und Völker sein, in der die griechisch-orthodoxe Kirche mit dem römischen Katholizismus und dem Protestantismus vereint wären. Solche Vorschläge für die Restauration der Einheit der Christenheit gehen zurück auf Nikolaus von Cues und auf Leibniz und waren von Romantikern wie Novalis und Schelling wieder aufgegriffen worden. Der pantheistische Philosoph Schelling schloß sich, als er Professor in München war, einem katholischen Romantiker und Theosophen namens Franz von Baader (1765-1841) an, der seine Hauptanregungen von Böhme und Leibniz empfing. Sowohl Schelling als auch Baader suchten ein undogmatisches Christentum, das als Grundlage einer Vereinigung der verschiedenen Glaubensbekenntnisse dienen, die konfessionellen Streitigkeiten beenden und dem atheistischen Rationalismus der Revolution und der Diktatur eine einheitliche Front entgegenstellen würde. Baader war mit der Mittellage Deutschlands zwischen dem mystischen Osten und dem rationalen Westen besonders gut vertraut. Er stand in engem Kontakt mit Alexander Golitzin, dem Freund Zar Alexanders, Prokurator der Heiligen Synode und damit politisches Oberhaupt der russischen Kirche.

RELIGIÖSE UND NATIONALISTISCHE GÄRUNG

Die Vorschläge für eine Wiederherstellung der Einheit und Lebenskraft der Christenheit wurden begleitet von einer religiösen Unruhe, die von unten aufstieg und ganz Mitteleuropa erfaßte. Besonders die deutschen Ostgebiete, die sich von der Ostsee über Sachsen und Böhmen bis nach Österreich erstreckten, waren davon betroffen, obwohl auch ganz Deutschland eine neue pietistische Erweckung erfuhr. Von den Grenzlanden breitete sich der Impuls weiter nach Osten hin bis Rußland aus, vornehmlich über die Siedlungen, die von süddeutschen Sektierern – darunter viele aus dem katholischen Bayern und dem evangelischen Württemberg – gegründet worden waren. Diese religiöse Unruhe zeigte eine Vielfalt von Meinungen und Bestrebungen; sie war durchsetzt mit utopischen Visionen, mystischer und orgiastischer Ekstase und fanatischer Bigotterie. Nach ihrer »Verweltlichung« im Laufe des 19. und 20. Jahrhunderts verwandelte sie sich in eine politische und soziale Triebkraft, deren explosive Gewalt wir erst kürzlich erlebten.

Auf verschiedenartige und seltsame Weise verflochten mit diesen religiösen Bestrebungen der Romantik und in sich ähnlich vielgestaltig waren die nationalen Erhebungen der Zeit. Sie wurden vor allem von Universitätsstudenten und Professoren getragen. Der Geist der nationalen Erhebung tauchte erstmals im Befreiungskrieg auf: als Forderung nach nationaler Erhebung gegen den fremden Eindringling. Er war nicht auf eine politische, rationalistische Weise revolutionär, das heißt nicht im westlichen Sinne, daß er eine neue Ordnung auf der Basis allgemeingültiger Grundsätze von Freiheit und Gleichheit zum Ziel gehabt hätte; er war vielmehr romantisch und antirationalistisch, insofern er jeden Universalitätsanspruch vermied und an den heldenhaften einzelnen zu appellieren, sein »Gefühl« anzusprechen und ihn zur »Tat« aufzufordern versuchte – alles unter dem recht großsprecherischen Motto »Ehre, Freiheit, Vaterland«.

Es gab unter den Aufständischen auch eine ganz radikale Richtung mit revolutionären republikanischen Idealen, die in ihrer Befürwortung des Tyrannenmordes kaum vom anarchistischen Terrorismus zu unterscheiden war. In den deutschen Ländern war sie hauptsächlich bei Professoren und Studenten vertreten; aber in Spanien, Italien und Rußland waren um 1820 Offiziere des Heeres ihre Hauptvertreter.

Die deutsche Bewegung war weitgehend beeinflußt durch Fichtes Vorstellung von den Deutschen als einem »Urvolk« und besonders durch Arndts gefühlvolle Vaterlandsdichtung. Den unmittelbarsten Einfluß aber übte Friedrich Ludwig Jahn (1778–1852) aus, der Gründer der Turnvereine. Er suchte dem einseitigen Intellektualismus in der Erziehung durch Leibesübungen und durch die Weckung einer nationalen Gesinnung entgegenzuwirken. Charakteristisch war auch hier wie bei Arndt die Verbindung von Nationalismus mit einer vom Volk getragenen Demokratie, wobei die Bauern als das Mark des Reiches hingestellt wurden. Die Mitglieder seiner Turnvereine gingen in einer Tracht, die sie für altdeutsch hielten: graue Jacken, einen Dolch an der Seite, offene Kragen und langes Haar. Als Mitglied einer Freiwilligenkompanie im letzten Kriege hatte Jahn die Erfahrung gemacht, daß Gewehre und Schießpulver nicht mit seiner romantisch mittelalterlichen Vorstellung eines Kampfes Mann gegen Mann mit Lanze, Axt und Dolch harmonierten, und war bald aus dem Militärdienst entlassen worden.

Jahn war auch einer der eifrigsten Werber für gewisse Studentenverbindungen, die »Burschenschaften«, deren erste 1815 in Jena gegründet wurde. Sie sollten die alten Mißstände überwinden, die bei den bis ins Mittelalter zurückreichenden Studentenverbindungen entstanden waren; diese Korporationen hatten eine mehr regionale als nationale Bedeutung und beschäftigten sich hauptsächlich damit, Gelage zu veranstalten und sozialen Dünkel zu züchten. Die Burschenschaften dagegen waren ein Produkt des nationalen Idealismus, der die aus dem Krieg gegen Napoleon heimgekehrten Studenten erfüllte; der Partikularismus und Provinzialismus des deutschen Lebens sollte durch die Gründung patriotischer Vereinigungen auf Universitätsebene überwunden werden, die 1818 zu einer nationalen deutschen Organisation zusammengefaßt wurden.

Den schon erwähnten Charakteristika, die die nationale Erhebung mit der nach dem ersten Weltkrieg gemeinsam hatte, muß noch der Antisemitismus hinzugefügt werden, der Deutschland nach den Napoleonischen Kriegen überzog und von Intellektuellen jeder Richtung vertreten wurde, besonders auch in den Burschenschaften. In der toleranten Atmosphäre der Aufklärung hatten die Juden einen hohen Grad intellektueller und gesellschaftlicher Gleichberechtigung erlangt; allerdings waren sie noch von der Offiziers- und Universitätslaufbahn sowie vom Richteramt ausgeschlossen. Die Einführung des Code Napoléon im Rheinland brachte ihnen die Möglichkeit, volles Bürgerrecht zu erwerben. Sowohl die preußische als auch die österreichische Regierung suchten die gesetzliche Gleichstellung der Juden in den Plänen für die Errichtung des Deutschen Bundes zu verankern. Das Versäumnis, dieses Vorhaben auszuführen, kennzeichnete das Wiederaufleben des Antisemitismus in der Nachkriegszeit.

Juden waren in der Regel von den Burschenschaften ausgeschlossen, und die Freien Städte Hamburg, Bremen, Lübeck und Frankfurt beraubten die

Juden der erworbenen Rechte. In Lübeck und Bremen wurden jüdische Familien sogar aus der Stadt ausgewiesen. Hier und da kamen Angriffe des Mobs auf die Juden vor. Doch sei nicht vergessen, daß sie zuweilen auch in Schutz genommen wurden; so bewog in Heidelberg der berühmte Jurist Anton Thibaut, Befürworter einer Gesetzesreform und Gegner Savignys, die Studenten, den Juden zu Hilfe zu kommen [1].

In den antisemitischen Schriften wurden zwei Forderungen erhoben: Entweder sollten sie durch ein Kennzeichen an ihrer Kleidung auf ein ghettoähnliches Dasein beschränkt werden, oder sie mußten gezwungen werden, sich durch Aufgabe ihrer Religion und Heirat mit Nichtjuden zu assimilieren. Während der romantische Nationalismus die Idee der Reinigung des Volkes von fremden Bestandteilen kannte, handelte es sich hier um religiöse, nicht um rassische Beweggründe, sie waren durch die religiöse und nationalistische Gärung im Lande erregt worden.

Zweifellos trug die ernste wirtschaftliche Depression, die auf die Kriege folgte – und die durch die katastrophale Mißernte des Jahres 1816 mit nachfolgender Hungersnot und erheblichen Preisschwankungen noch verstärkt wurde –, zu der Massenhysterie bei, die periodisch durch die Straßen wogte. Die Umstände glichen denen des Mittelalters, als es zur Vernichtung vieler blühender jüdischer Gemeinden gekommen war, die über ganz Europa verstreut waren.

Die Vermengung von romantischem Nationalismus, religiöser Wiederbelebung und demokratischen Bestrebungen fand ihren charakteristischen Ausdruck im Wartburgfest von 1817, das zur Erinnerung an Luthers Thesenanschlag begangen wurde. Dort errichteten Burschenschafter und Mitglieder von Jahns Turnvereinen einen riesigen Scheiterhaufen und warfen antivölkische Symbole der Reaktion und des Liberalismus ins Feuer: Haarzöpfe, Korporalstöcke und die verschiedensten Bücher wie den »liberalen« Code Napoléon und Kotzebues konservative Geschichte Deutschlands. Man mag diese Handlung als eine Travestie von Luthers Verbrennung der päpstlichen Bulle ansehen. Sie war aber auch ein konkreter Ausdruck des Glaubens, daß alle kulturellen Formen von innen, aus dem Volksgeist, kommen sollten; sie sollten die Schöpfung eines von fremden Elementen gereinigten nationalen Genius sein.

Die Ermordung Kotzebues durch den Studenten Sand rief eine ungeheure Verwirrung hervor. August von Kotzebue (1761–1819), ein sehr populärer Verfasser recht mittelmäßiger Stücke, hatte rund vier Jahrzehnte in Rußland verbracht und war als eine Art politischer und kultureller Beobachter der russischen Regierung zurückgekehrt. Aus skeptischer, aber konservativer Geisteshaltung hatte er die nationale Intoleranz und die Exzesse der Studenten lächerlich gemacht. Seine Ermordung wurde in Universitätskreisen als eine Art von Tyrannenmord verherrlicht.

Hinter Sand stand als sein ideologischer Inspirator ein Robespierre ähnlicher Charakter, wie man ihn selten unter Deutschen trifft. Es war Karl Follen (1795–1840), der Gründer der Burschenschaft an der Universität Gießen, an der er lehrte, bevor er nach Jena ging. Unter dem Einfluß Arndts und Jahns, später auch Fichtes wurde er der Führer des radikalen Flügels der Burschenschaften, der »Unbedingten«. Er predigte eine egalitäre Demokratie und völlige Unterwerfung des Willens des einzelnen unter den allgemeinen Willen der Gruppe, ohne Rücksicht auf Leben oder Moral. Nach dem Meuchelmord floh er zuerst in die Schweiz und dann nach Amerika, wo er an der Harvard-Universität Professor für deutsche Literatur wurde und, wie es seiner Einstellung entsprach, ein eifriger Kreuzzügler gegen die Sklaverei in diesem Land. Er war ein charakteristischer Vertreter des Fichteschen Radikalismus im Denken und Handeln, der das Aufgehen des Einzelwillens im Kollektivwillen durch die Tat für das radikale Ideal bedeutete. Es gab viele von seinem Schlag in den russischen Terroristenbewegungen der zweiten Hälfte des Jahrhunderts und einige wenige in ihrem deutschen Gegenstück während der Weimarer Republik.

UNTERDRÜCKUNG UND KONSERVATIVES DENKEN

In den Augen der Regierung bewies die Ermordung Kotzebues das Bestreben einer weitverbreiteten Verschwörung, die die Vernichtung der bestehenden Ordnung durch revolutionäre Terrormaßnahmen zum Ziel zu haben schien. Die führenden Häupter Österreichs und Preußens taten sich zusammen, um vor dem Deutschen Bund eine Reihe von Entschließungen durchzusetzen, die – nach dem Ort ihrer Veröffentlichung – als Karlsbader Beschlüsse (1819) bekannt sind; sie sahen eine Auflösung der Burschenschaften vor und verhängten eine allgemeine Zensur über die Universitäten und über Bücher und Zeitschriften.

Die Unterdrückungsmaßnahmen gegen nationale und liberale Ansichten erreichten ihren Höhepunkt in der sogenannten Demagogenverfolgung, besonders während der Unruhen des Jahres 1820. Görres wurde gezwungen, die Herausgabe seiner berühmten Zeitung, des »Rheinischen Merkurs«, einzustellen. Schleiermacher und Arndt wurden unter Polizeiaufsicht gestellt, Arndt aus seiner Professur in Bonn entlassen. Jahn kam in Haft, seine Turnvereine wurden aufgelöst. Wilhelm von Humboldt und Boyen wurden aus dem preußischen Dienst entlassen. Damals emigrierten erstmals deutsche Intellektuelle in die Schweiz und nach Frankreich.

Die in den Untergrund gedrängte revolutionäre Romantik verlor viel von ihrer spontanen Unruhe. Sie sollte im 20. Jahrhundert in neuem Gewande wieder auftauchen.

In den zwanziger Jahren gewann die konservative Gesinnung fast völlig die Oberhand über die revolutionären Bestrebungen, die sowohl vom Rationalismus als auch aus der Romantik herrührten. Diese konservative Einstellung schlug tiefe Wurzeln im religiösen, kulturellen und ideologischen Nährboden Deutschlands. Sie errang hier größeren Einfluß als anderswo, da sie eine verläßlichere Klassenbasis hatte; konnte sie sich doch außer auf den Adel und das Großbürgertum, die das politische Leben beherrschten, auch auf die Beamten und die Akademiker stützen, die im kulturellen Leben den Ton angaben. Liberale und Radikale waren dagegen nur am Rande des politischen Lebens von Bedeutung, obwohl sie die Sympathie der Historiker einer späteren, liberaleren und demokratischeren Ära gewannen.

Die wichtigsten konservativen Stützen der Gesellschaft waren aber nach wie vor die protestantische und die katholische Kirche. Letzten Endes trug die religiöse Unruhe der Zeit wenig dazu bei, der »Gemeinschaft der Gläubigen« eine besondere Lebenskraft zu geben, so daß sie den kirchlichen oder staatlichen Autoritäten hätte gegenübertreten können; und im Laufe des nächsten Jahrhunderts wurde die Gemeinschaft der Gläubigen mehr und mehr in die Solidarität des Proletariats und der »völkischen« Gemeinschaft transformiert. Die Kirche wurde in den Hintergrund verwiesen.

Die konservative Richtung der Romantik wandte sich, wie wir sahen, dem Mittelalter als dem idealen Zeitalter zu, als die Christenheit noch geeint war und die religiösen Werte ihren höchsten Ausdruck in Kreuzzug und Kirchenbau erfuhren. Die neue katholische Religiosität jedoch hatte einen eindeutig subjektiven Charakter; sie war eine sonderbare Mischung ästhetischer und emotionaler Elemente. Die einflußreichen Arbeiten des französischen Schriftstellers und Staatsmannes Chateaubriand (1768–1845) verliehen dem Glanz der Liturgie und der Inbrunst der Andacht eine romantisch-ästhetische Färbung. So wurde die neue Religiosität all denen schmackhaft gemacht, die, wie Chateaubriand selbst, in früheren Jahren unter den Einfluß des rationalen Skeptizismus geraten waren, die nun aber in der Religion eine Stütze der Gesellschaftsordnung sahen.

Im Protestantismus fand eine ähnliche Verschmelzung statt: Die neuen, vom Pietismus hervorgebrachten religiösen Gefühlswerte verbanden sich mit dem politischen und sozialen Konservatismus. Die religiöse Wiederbelebung war angeregt worden durch die Befreiungskriege, die von

Schleiermacher gepredigte Religion des Herzens und die Betonung pietistischer und mystischer Andacht auf evangelischer Seite. Aber nach einigem sporadischen und sektiererischen Aufruhr trat sie in die orthodoxen kirchlichen Bahnen zurück, nicht ohne wie der frühe Pietismus alte Dogmen und Glaubenssätze mit neuer Kraft und spiritueller Frömmigkeit zu durchdringen. Damit aber gab sie die Idee eines von der Staatskirche unabhängigen Gemeinschaftslebens der Gläubigen auf.

Die Zeit unmittelbar nach den Napoleonischen Kriegen war ebenfalls, wie wir schon bemerkten, durch wirtschaftliche und soziale Vorgänge gekennzeichnet, die sowohl die intellektuelle als auch die politische Unruhe erheblich verstärkten und gleichzeitig die konservative Reaktion unterstützten. Diese Vorgänge waren das Ergebnis von Erschütterungen, die ihren Ursprung in Krieg, Naturkatastrophen und Bevölkerungszuwachs hatten. Die Voraussetzungen für eine umfassende, von unten aufsteigende politische und soziale Unruhe fehlten noch: Es gab weder eine überwiegend urbane Gesellschaft noch eine von der Industrie beherrschte Wirtschaft.

Die Bevölkerung Zentraleuropas nahm beträchtlich zu, sie stieg zwischen 1816 und 1830 um fünf Millionen auf insgesamt über dreißig Millionen, von denen ungefähr fünfundachtzig bis neunzig Prozent zur Landbevölkerung gehört haben dürften. Es gab nur ein oder zwei größere Städte; Berlin hatte rund zweihunderttausend Einwohner und Hamburg, die zweitgrößte Stadt, ungefähr hunderttausend; mindestens die Hälfte der Stadtbevölkerung lebte jedoch in Kleinstädten mit weniger als zwanzigtausend Einwohnern [2]. In diesen kleinen Städten herrschte noch die Ständewirtschaft, wenn auch mit einer gewissen Modifikation durch die Familienwirtschaft; und die Landwirtschaft bildete natürlich die wichtigste Grundlage der Volkswirtschaft. Die Krise in der Landwirtschaft, verschlimmert durch die Mißernten von 1816 und 1817 und durch überaus reiche Erträge in den folgenden Jahren, zeitigte beträchtliche Preisschwankungen bei den landwirtschaftlichen Erzeugnissen und eine völlige Zerrüttung der Agrarwirtschaft. Eine Stabilisierung, die in eine Periode allgemeinen Wohlstandes hinüberleitete, setzte erst gegen Ende der zwanziger Jahre ein.

Im allgemeinen standen sich die Großgrundbesitzer der östlichen Grenzgebiete nach den Kriegswirren und der Wirtschaftskrise besser als zuvor. Die Landwirtschaftskrise zwang einige Junker zu verkaufen; aber diejenigen, die sich bis zur Wiederkehr des Wohlstandes über Wasser halten konnten und neue agrartechnische Methoden einführten, hatten eine viel solidere wirtschaftliche Grundlage als vorher. Die Ersetzung der alten patriarchalischen Beziehungen zwischen dem Gutsherrn und seinen Bauern durch eine gegenseitige Bindung auf finanzieller Grundlage enthob die Gutsherren überdies der Verpflichtung, für ihre Bauern Sorge zu tragen.

Der preußische Landadel entwickelte eine Klassenideologie, mit der er seinen neuen wirtschaftlichen und politischen Status zu schützen gedachte. Sie bildeten einen konservativen Agrarblock, der die Monarchie mit Mißtrauen betrachtete, da sie seinerzeit dem Druck der Reformer nachgegeben hatte. Erst recht widersetzten sie sich dem aufkommenden Liberalismus des Bürgertums; fast das ganze 19. Jahrhundert hindurch befürworteten sie eine Zusammenarbeit mit Österreich: Dies sei das beste Gegenmittel gegen die Kräfte, die die bestehende Ordnung bedrohten.

Ihr bester und einflußreichster Vertreter während dieser Zeit war Friedrich August Ludwig von der Marwitz (1777–1837), ein Großgrundbesitzer, dessen Familie dem preußischen Heer nicht weniger als sechs Generale gestellt hatte. Er schrieb die Niederlage Preußens 1806–1807 nicht militärischer Unzulänglichkeit zu, sondern dem zersetzenden Einfluß der Freimaurer und der bürgerlichen Liberalen, die die Franzosen zu imitieren versuchten. Seine tiefe lutherische Frömmigkeit wurde durch den vermessenen Rationalismus dieser Bewegung beleidigt, der das Gefühl des Menschen untergrub, von Gott abhängig zu sein. Er wandte sich entschieden gegen die Reformen Steins, weil er zur Entwurzelung des Bauerntums und des Adels beitrage, und ebenso gegen die von Hardenberg, weil er eine allein dem Regiment des Monarchen unterstehende bürokratische Regierung befürworte.

Marwitz hielt, deutlich von Möser beeinflußt, am Vorrecht des Adels auf Grundbesitz und Militärdienst fest und behielt den Mittelklassen Handel, Lehre und Gewerbe vor. Nur durch diese funktionalen Einteilungen konnte man nach seiner Meinung die einzelnen Klassen davor bewahren, bloße Interessengruppen zu werden. Sein Konservatismus war wie der Mösers pragmatisch und stand folglich im Gegensatz zu dem von Müller und Hegel, deren Ideen er für doktrinär hielt.

DAS BIEDERMEIER

Mit Ausnahme einiger weniger, aber rühriger Intellektueller neigten die Mittelklassen dazu, wieder in ihren traditionellen Provinzialismus und ihre Passivität zurückzufallen. Ihr Gesichtskreis beschränkte sich auf Familie, Freunde und Geschäfte. Zufriedenheit mit der Restauration der guten alten Zeit verband sich mit allgemeiner Geselligkeit und Heiterkeit zur sprichwörtlichen »Gemütlichkeit«.

Die Gefühlsbeladenheit und der Klassizismus in Literatur und Kunst während der Zeit von 1815-1848 werden nach einer wohlbekannten komischen literarischen Figur jener Zeit oft als Biedermeier bezeichnet. Seinen charakteristischsten Ausdruck erlangte es in Österreich, vornehmlich in Wien. Österreichs Kultur hatte immer schon starke assimilierende Kräfte besessen; im Biedermeier vereinigten sich barocke, romantische und klassische Elemente. Wie wir sahen, hatte die konservative Romantik in Süddeutschland ein äußerst günstiges Klima gefunden. Klassische Elemente herrschten vor, wenn auch nicht im großartigen Stile Weimars, so doch auf die gediegene Art des Mittelstandes. Barocke Elemente hielten sich besonders beim Theater, das während des ganzen 19. Jahrhunderts das wichtigste Ausdrucksmittel österreichischer Kultur war. Große Dichter wie Franz Grillparzer (1792-1872) folgten den Vorbildern der spanischen Dramatiker des Goldenen Zeitalters, ohne jedoch ihren barocken Glanz zu erreichen. Grillparzer hielt es für die wichtigste Aufgabe Österreichs, die unter seinem Schutz stehenden Nationalitäten zu ermutigen, ihre eigene einheimische Literatur und kulturelle Individualität zu entwickeln.

Es war charakteristisch für die Biedermeierzeit, daß die Musik als echte Rivalin des Theaters in die Häuser des Mittelstandes einzog: Man trieb Hausmusik im Familienkreise. Ihre Beliebtheit spiegelt sich in den Werken von Schubert, Strauß und Mendelssohn. Die großen Meister des ausgehenden 18. Jahrhunderts, Mozart und Beethoven, waren noch einflußreich; im allgemeinen jedoch stieg die Musik von den Höhenflügen der Klassik und des Barock herab auf eine gefühlsbetonte Ebene, die sich schon im Rokoko abgezeichnet hatte.

Während die alte aristokratische Gesellschaft weiterhin in Salons und Ballsälen strahlende Pracht entfaltete, wurde die bürgerliche Gesellschaft dadurch, daß sie sich in ihr Heim zurückzog, endgültig von ihr abgesondert. Die Interessen des Bürgertums konzentrierten sich auf Innendekoration, Kleidermode und Geselligkeit im Familien- und Freundeskreis. Hatten Kunst und Literatur in der Klassik und im Barock die Spannung zwischen Ideal und Wirklichkeit gestaltet, so traten jetzt Sprache, Gesang und Kunst als Schöpfungen des Volkes in den Mittelpunkt der Aufmerksamkeit. Die Verbreitung von Sagen und Märchen durch die Gebrüder Grimm, das Interesse an alten Sitten und Bräuchen und die Wichtigkeit des historischen Schauplatzes und der Ausschmückung in Literatur und Kunst zeugen von der romantischen Abkunft.

KONSERVATISMUS GEGEN RADIKALISMUS

Bisher war Konservatismus nur eine allgemeine Geisteshaltung, nicht das Programm einer Partei gewesen. Er richtete sich gegen »Revolution von oben und von unten«, das heißt gegen einen bürokratisch-absoluten Staat einerseits und gegen die demokratische Volkssouveränität andererseits. Beide, so empfand man, untergruben die religiösen Werte und die durch Kirche, Stände und Zünfte repräsentierte korporative Gesellschaftsordnung, beide trugen zur »Atomisierung« der Gesellschaft und einer nachfolgenden Nivellierung traditioneller Institutionen und Strukturen bei.

Der Konservatismus hatte im allgemeinen keine politische und soziale Triebkraft, da er für langsames Wachstum und organische Entwicklung war. Karl Ludwig Haller (1768–1854) gab ihm jedoch eine neue Richtung, indem er behauptete, daß die Feudalgesellschaft dadurch entstanden sei, daß die Starken Besitz an sich gerissen und damit die Herrschaft über die Schwachen errungen haben. Haller berief sich nicht auf historische Tradition, sondern appellierte an das natürliche Wettbewerbsstreben. Entscheidend für den Konservatismus wurde diese naturalistische Tendenz erst gegen Ende des 19. Jahrhunderts, als die Idee der Aufrechterhaltung mittelalterlicher korporativer Formen und der Wiederherstellung einer christlichen Weltordnung unter den Einwirkungen von Industrialismus und Wissenschaft verblaßt war.

Man kann die Ansicht vertreten, daß der Gegensatz von Konservatismus und Radikalismus für Deutschlands ideologische Entwicklung von geringerer Bedeutung war als die Kluft zwischen denen, die im »Volk« die große schöpferische Quelle kultureller und industrieller Entwicklungen sahen, und jenen, die die Bedeutung des Staates als Mittel zur Erreichung humaner Ziele hervorhoben. Diese Spaltung war schon im Idealismus angelegt – zum Beispiel zwischen Herder und Kant, zwischen Arndt und Fichte – und trat deutlich zutage in der Polarität von Romantik und Revolution. Es war überdies eine Polarität, die sowohl im konservativen als auch im radikalen Lager zu finden war.

Die Konservativen unter den Romantikern wünschten die korporative Form, die Sitte und das Brauchtum des Mittelalters zu erhalten, weil diese vor der Errichtung des aus der Fremde importierten Staatswesens in Erscheinung getreten waren und somit ein aus dem »Volksgeist« entstandenes Produkt spontanen Wachstums waren. Die Radikalen unter den Romantikern dagegen waren von fast fanatischer Anbetung alles dessen erfüllt, was spezifisch deutsch war, und stellten deshalb eine Reinigung der »völkischen« Gemeinschaft als das oberste Ziel hin.

Unter denen, die die Führerrolle des Staates befürworteten, gab es solche, wie die Konservativen Metternich und Gentz, die darin ein Mittel sahen, kulturelle und soziale Kräfte in Schach zu halten, die die auf das Staatssystem und das Gleichgewicht der Klassen gegründete Ordnung bedrohten. Auf der anderen Seite sah die radikale Fichtesche Auffassung im Staat die Verkörperung des kollektiven moralischen Willens der Gemeinschaft, die zu einem rationalen Bewußtsein ihrer selbst gelangt war.

VERHERRLICHUNG DES STAATES: RANKE UND HEGEL

Der alte idealistische Gegensatz von Geist und Staat begann sich zu entschärfen, sobald der Geist eine echte Verkörperung im »Volk« fand und damit seine weitreichenden moralischen Implikationen weitgehend einbüßte und andererseits auch der Staat eine ethische Funktion erhielt, nämlich die Verwirklichung der menschlichen Freiheit, so daß er über die kleinen Sonderinteressen hinauswachsen konnte, mit denen man ihn bislang in Verbindung gebracht hatte. Dieser sehr bedeutsame Wandel wurde besonders von dem Historiker Leopold von Ranke und dem Philosophen Georg Wilhelm Friedrich Hegel gefördert; ihr Verdienst bestand wohl vor allem darin, Volk und Staat einander nähergebracht zu haben. Ihre großen Zusammenfassungen der geschichtlichen Entwicklung sollten einen entscheidenden Einfluß auf das deutsche Denken der beiden letzten Drittel des Jahrhunderts haben. Beide trugen dazu bei, daß dem Staat von konservativer wie von radikaler Seite eine beherrschende Rolle zuerkannt wurde.

Sowohl Hegel (1770–1831) als auch sein jüngerer Zeitgenosse Ranke (1795–1886) kamen vom Theologiestudium zur Geschichte, der eine durch Kants Philosophie, der andere über die klassische Philologie. Beide erhielten einen Ruf an die Berliner Universität: Hegel im Jahre 1818, Ranke im Jahre 1825, und sie vertraten dort ihre gegensätzlichen Ausgangspunkte der Geschichtsbetrachtung.

Vom individuellen Schicksal der in der europäischen Völkerfamilie zusammengefaßten Gemeinschaften ging Ranke aus; Hegel suchte die großartige Entwicklung des Weltgeistes bis zu seiner vollkommensten Selbstverwirklichung und Freiheit im preußischen Staat zu erklären. In dem Bestreben, das Allgemeine und das Besondere zu vereinigen, legten beide die Vorstellung einer der Geschichte innewohnenden göttlichen Vorsehung zugrunde; beide sahen sie auch in der westlichen Völkergemeinschaft das Endziel der Geschichte und im Staat den vernunftgemäßen Rahmen, in dem ein Volk seinem Schicksal zu begegnen hat.

Bei der Behandlung der Geschichte des europäischen Staatensystems seit dem 15. Jahrhundert sah Ranke die Idee und die Praxis der Staatsräson nicht nur im Sinne der zweckmäßigen Anwendung der Macht durch einen Staat; sondern zur Staatsräson zählte er auch den Versuch eines Staates, zu einer nationalen Individualität zu finden, indem er seine Sonderinteressen innerhalb der europäischen Kulturgemeinschaft verfolgte. Er neigte dazu, den Streit zwischen den Staaten um ihre Machtinteressen als idealistische Auseinandersetzungen darzustellen und damit wenigstens den Anschein nackter Machtkonflikte zu vermeiden. Diese europäische Gemeinschaft, die auf einer Synthese germanischer und romanischer Werte und Institutionen beruhte, stellte daher den notwendigen geistigen Rahmen dar, innerhalb dessen sich das Staatssystem auswirken konnte.

Das Staatensystem bedeutet, zumindest implizit, daß die Unverletzlichkeit der einzelnen Gemeinschaften durch ein Gleichgewicht der Kräfte zwischen den einzelnen Staaten gegen eine Vernichtung oder Unterwerfung geschützt werden mußte. Kriege aus religiösen und ideologischen Gründen galten als unheilvoll, da sie die Interessen der Einzelstaaten übergeordneten Gesichtspunkten unterwarfen und dadurch internationale Bürgerkriege hervorriefen, die die Existenz der unabhängigen souveränen Staaten bedrohen mußten.

Die zahlreichen Geschichtsdarstellungen, die Ranke während eines langen, von rastloser Forschung ausgefüllten Lebens verfaßte und die die verschiedensten Länder einbezogen, konzentrierten sich hauptsächlich auf die Zeit zwischen dem 15. und dem 19. Jahrhundert, auf die Zeit, in der die europäische Staatengemeinschaft entstand. Diese Geschichtsdarstellungen werden von den deutschen Historikern bis auf den heutigen Tag als stilistische und methodische Vorbilder politischer Geschichtsschreibung angesehen.

Zwei Gesichtspunkte, die Ranke am Herzen lagen, haben die späteren deutschen Historiker in besonderem Maße beeinflußt. Erstens handelt es sich um Rankes These, daß »jedes Zeitalter unmittelbar zu Gott« ist; er wies damit die Ansicht zurück, daß die Vergangenheit und ihre Bedeutung für die Gegenwart mit der Elle des Fortschritts gemessen werden müßte; vielmehr sollte jede Zeit, aber auch jede Nation auf Grund ihrer eigenen Wertvorstellungen beurteilt werden. Dieser historische Relativismus lief Hegels Annahme zuwider, ein umfassender Zweck durchziehe die gesamte Geschichte; für Ranke enthielt die Geschichte nur eine Pluralität von Einzelzielen, deren Gesamtsinn verborgen blieb.

Andererseits ordnete er die Innenpolitik eines Landes seinen außenpolitischen Beziehungen unter, und zwar mit der Begründung, die Hauptaufgabe des Staates bestehe darin, seine Souveränität und Macht zu erhalten, um in der Lage zu sein, sein individuelles Ethos zu bewahren und zu beschützen. Dieser Gedanke hat noch bei späteren deutschen Historikern nachgewirkt, wenn sie bei der Interpretation der Entwicklung einer Nation den Nachdruck auf das Primat der Außenpolitik legten. Sowohl die revolutionäre als auch die romantische Auffassung hatten besagt, daß sich die äußeren Beziehungen entweder aus dem inneren Streben nach Freiheit ergäben, wobei die Freiheit durch verfassungsmäßige Garantien und durch demokratische Mitbestimmung verwirklicht wurde, oder in der kulturellen Produktivität des Volksgeistes zum Ausdruck kam.

Hegel befaßte sich mit dem Staate nicht im Hinblick auf die wechselnden Erfordernisse der Staatsräson, sondern er betrachtete ihn als den höchsten Ausdruck der Entwicklung des Weltgeistes, der auf seinem Gang durch die Geschichte nacheinander die Griechen, die Römer und die Germanen in das Weltgeschehen eingeführt hatte. Er verwirklichte sich in jedem dieser Völker, solange es auf der Bühne des Weltgeschehens stand, und jedes Volk trug zum Fortschreiten des Weltgeistes im Maße seiner besonderen politischen und kulturellen Leistungen bei. Dieser Vorgang erreichte nach Hegel nun seinen Höhepunkt in Gestalt jener idealen, vernunftgemäßen Ordnung, die das Wesen des militärisch-bürokratischen preußischen Staates ausmachte.

Hegel ging es im besonderen darum, zu beweisen, daß sich der Geist nicht in statischen Idealformen ausdrücke, die über dem konkreten Zeitgeschehen schwebten; vielmehr verkörpere er sich im einzelnen jeweils in den konkreten Staaten, Reichen, Kunststilen, Philosophien und Religionen. Der Vorgang, durch den sich der Geist offenbart, besteht in der Vereinigung der Gegensätze, die sich in der Geschichte ebenso ereigne wie im Denkvorgang des einzelnen Menschen. Das will sagen, daß jeder Standpunkt, den man gegenüber einem Problem einnimmt, nur eine Teilwahrheit ergreift, also keinen Absolutheitscharakter hat, und daher automatisch seine Gegenposition hervorruft. Die Versöhnung der entgegengesetzten Standpunkte, der These und der Antithese, findet in der dialektischen Vereinigung auf einer dritten, höheren Ebene statt, auf der Ebene der Synthese. Dieser Vorgang läuft beständig in der Geschichte ab und ist für die fortschreitende Entfaltung aller Möglichkeiten verantwortlich, die in dem Weltgeist angelegt sind.

Hegel stimmte mit Ranke darin überein, daß jede Staats- und Kulturform, die zu einer gegebenen Zeit vorliegt, ihrem Zeitalter angemessen ist; aber abweichend von Ranke betrachtete Hegel überdies jedes Zeitalter als ein Durchgangsstadium innerhalb des Fortschritts des Weltgeistes auf dem

Wege zu seiner Erfüllung. Daher rührt der Doppelsinn in Hegels berühmter Formel: »Das Wirkliche ist vernünftig, und das Vernünftige ist wirklich.« Die Bezeichnung des Wirklichen, des historisch Gegebenen, als vernünftig mußte den Konservativen gefallen, denen es um die Rechtfertigung des *status quo* zu tun war; die Radikalen ihrerseits legten mehr Wert auf den zweiten Teil des Satzes, eben »das Vernünftige ist wirklich«, sagte er doch nichts anderes aus als das revolutionäre Postulat, daß sich die Geschichte ohne Zweifel auf die Idealgesellschaft hin bewege. Demgemäß hielten sich die preußischen Konservativen an den ersten Teil der Formel, während die Radikalen wie Karl Marx sich den zweiten Teil zu eigen machten; ebenso übernahmen sie die Konzeption des unaufhaltsamen dialektischen Prozesses, der bei ihnen allerdings nicht im preußischen Staat, sondern in der proletarischen Gesellschaft gipfeln mußte.

Dieses Hegelsche Geschichtsbild von der Entwicklung des Weltgeistes auf dem Wege über die Individualität der einzelnen Völker und Kulturen bedeutet das Ende der großen schöpferischen Phase des deutschen Idealismus. Nach diesem Höhepunkt schien es nichts anderes mehr zu tun zu geben, als die einzelnen geschichtlichen Vorgänge zu prüfen, um zu sehen, wie sich in ihnen jeweils der Geist offenbare. Nur die Radikalen wie Karl Marx und seine Anhänger stellten ausdrücklich die Frage, wie der revolutionäre Sprung mit der organischen Geschichtsentwicklung in Einklang zu bringen sei. Die meisten liberalen und konservativen Historiker nach der Mitte des 19. Jahrhunderts nahmen hingegen eine konterrevolutionäre Haltung ein und meinten, die geschichtliche Entwicklung vollziehe sich nur in kleinen Schritten. Noch von 1830 bis 1850 allerdings, als das Bürgertum um seine politische und soziale Freiheit und Gleichberechtigung kämpfte, stand das Gespenst einer revolutionären Erhebung am Horizont.

REVOLUTIONÄRE UND LIBERALE GÄRUNG

Am Anfang und am Ende dieser beiden Jahrzehnte zwischen 1830 und 1850 nahm die revolutionäre Bewegung einen Aufschwung. Die politische und soziale Agitation in den deutschen Ländern wurde im wesentlichen von Frankreich aus angeregt. Der Geist des Widerstandes gegen fremdländische Einflüsse, der die Burschenschaften charakterisiert hatte, war kaum zu bemerken. Eine Internationale von Gesellschaften, Klubs und Intellektuellen erhob sich in den dreißiger und vierziger Jahren gegen die konservative Front aus Monarchie, Aristokratie und Kirche, die bis dahin herrschend gewesen waren. Wien war das Hauptquartier der konservativen, Paris das der fortschrittlichen Internationale.

Die wichtigsten intellektuellen Bewegungen, das Junge Deutschland und die Linkshegelianer, beabsichtigten eine Befreiung des Menschen von Konvention, Tradition und Religion. Eisenbahnbau und Zollvereine schufen gleichzeitig eine neue wirtschaftliche Atmosphäre, in der sich Handel und Industrie von den Beschränkungen der Kleinstaaterei frei machen konnten, und ebneten der industriellen Revolution und der nationalen Einigung den Weg.

Diese Bewegungen bildeten die Haupttendenzen im frühen Liberalismus, der eine mittlere Position zwischen Konservatismus und Radikalismus einnahm; er wollte zwar die Fesseln der Vergangenheit abschütteln, hatte aber keine positiven Vorstellungen über die Bewahrung oder Neugestaltung der Lebensformen der Gemeinschaft. Die Errichtung eines bürgerlichen Regimes durch die Julirevolution von 1830 in Frankreich und durch die Wahlrechtsreform von 1832 in England war ohne Blutvergießen und ohne heftige Erschütterungen der politischen und sozialen Ordnung vor sich gegangen. Das mag der Tatsache zuzuschreiben sein, daß die Veränderungen nur so weit gingen, daß die politische Vorherrschaft des Großbürgertums gesichert war, das sich durch Bildung und Besitz auszeichnete; damit blieb die große Masse der unteren Bevölkerungsschichten, die durch Agitation und Demonstrationen zum Gelingen des Umsturzes viel beigetragen hatten, von der Mitbestimmung ausgeschlossen. Das Kleinbürgertum und die Arbeiter in den Städten fühlten sich denn auch hintergangen. Aber die bürgerlichen Liberalen vertrauten allgemein darauf, daß sich grundlegende Reformen ohne weitreichende Erschütterungen der Sozialordnung durchführen ließen. Nichtsdestoweniger war die Revolution ein zweischneidiges Schwert; konnte sie eine reaktionäre Regierung stürzen und die verfassungsmäßigen Freiheiten einführen, so konnte sie auch, wie die Französische Revolution bewiesen hatte, über die Absichten ihrer Initiatoren hinausgehen und Aktionen des Pöbels, Diktaturen und Kriege nach sich ziehen.

In den deutschen Ländern gab es keine Erhebungen von einiger Bedeutung, sondern nur Ereignisse, die denjenigen nach 1815 vergleichbar sind. Mit dem Treffen auf der Wartburg läßt sich das Hambacher Fest vergleichen, auf dem sich etwa fünfundzwanzigtausend Menschen versammelten, um sich Reden anzuhören, die von Freiheit und nationaler Einheit handelten. Im Gegensatz zum Wartburg-Treffen bezeugte diese Versammlung ein starkes Interesse an republikanischen Bestrebungen und einer europäischen Konföderation.

Im nächsten Jahre griff eine bunt zusammengewürfelte Gruppe von Studenten, Städtern und Flüchtlingen die Hauptwache in Frankfurt an; sie hofften, ihre Demonstration werde die Revolution auslösen. Neue Maßnahmen zur Unterdrückung der Anhänger liberaler und demokratischer Überzeugungen waren die Folge; sie trafen jedoch mehr die kleinen Leute als die prominenten Schriftsteller und Akademiker.

Aber im Jahre 1837 wurden sieben Professoren der Universität Göttingen entlassen, weil sie gegen die Aufhebung der Verfassung durch den neuen König von Hannover protestiert hatten, und drei von ihnen, darunter Jacob Grimm, wurden sogar des Landes verwiesen. Diese Maßnahmen riefen einen Sturm der Entrüstung hervor. Diese und andere Ereignisse zeigen aber auch, wie dünn die Schicht der Liberalen im Lande war; die große Masse der Bevölkerung verhielt sich passiv.

Das Hauptorgan des liberalen Gedankengutes war die »Enzyklopädie der politischen Wissenschaft«, die von Karl von Rotteck und Karl Welcker herausgegeben wurde und von 1834 bis 1848 einen großen Einfluß ausübte. Beide Herausgeber waren Professoren an der Universität Freiburg – Baden hatte unter den mittleren Staaten die liberalste Regierung – und Mitglieder der unteren Kammer der Legislative. Nach Rottecks Ansicht mußte eine Liberalisierung vor allem die Pressefreiheit bringen, den Bauern von seinen drückenden Belastungen befreien und eine konstitutionelle Regierungsform hervorbringen; die nationale Einheit schien ihm demgegenüber zweitrangig. Diese Auffassung ist charakteristisch für den linken Flügel der Liberalen.

Die »Enzyklopädie« war das erste Werk seiner Art in Deutschland, das den Extremen, der konservativen Reaktion und der radikalen Revolution, aus dem Wege ging und eine mittlere Linie suchte. Es war zwar als politisches Lehrbuch gedacht, aber in seiner Uneinheitlichkeit und mit seinem Mangel an Klarheit ist es ein Abbild der Verwirrungen des liberalen Denkens jener Zeit. Immerhin war der Liberalismus damals noch eine Geisteshaltung, ebenso wie auch der Konservatismus; erst nach der Revolution von 1848 wurde er zum Programm einer politischen Partei. Die liberalen Ideen waren daher noch in der Schwebe. Eine wichtige Rolle im liberalen Denken spielte die scharfsinnige Beobachtung, daß das Ideal der Freiheit und Gleichheit mit der Realität des Despotismus und der aristokratischen Privilegien im Streite lag.

Die Verwirrung wurde unter anderem durch die Tatsache hervorgerufen, daß die Liberalen in ihrer Bewunderung für die Länder des Westens nicht recht wußten, ob sie sich für Frankreich oder für England entscheiden sollten. Frankreich symbolisierte den revolutionären Sprung, die Naturrechte und die darauf beruhenden, von Konventionen umrahmten Verfassungen. England dagegen war das Symbol eines organischen Wachstums auf Grund von verbindlichen Gewohnheiten und parlamentarischen Praktiken. Diejenigen Liberalen, die eine Republik befürworteten, blickten auf Frankreich; wer aber unter dem starken Einfluß der historischen Schule von Savigny und Grimm stand, richtete seinen Blick auf England.

DAS JUNGE DEUTSCHLAND

Wesentlich radikaler war die unter der Bezeichnung Junges Deutschland bekannte Gruppe. Sie war von dem italienischen Nationalisten Mazzini inspiriert, der das »Junge Italien« gegründet hatte, um die Jugend für die Sache der Revolution zu gewinnen. Das deutsche Gegenstück dazu hatte seinen Schwerpunkt unter den Flüchtlingen, die vor den neuen Unterdrückungsmaßnahmen in die Schweiz ausgewichen waren. Ihre sporadische Agitation und selbst ihre terroristischen Aktionen gegen die Tyrannei und gegen Verrat in den eigenen Reihen erinnern an den linken Flügel der Burschenschaften.

Bedeutsamer war das andere Junge Deutschland, das von der erwähnten politischen Vereinigung zu unterscheiden ist; es handelte sich um eine Gruppe junger Schriftsteller, die durch die Literatur, durch Freundschaft und durch das gemeinsame Interesse verbunden waren, den Menschen von den Fesseln der konventionellen Moral, der orthodoxen Religion und der politischen Zensur zu befreien. Ähnlich wie die Schriftsteller des Sturm und Drang, denen ihre ganze Bewunderung gehörte, waren sie ausgeprägte Individualisten und scheuten jede soziale oder berufliche Verwurzelung. Ganz im Gegensatz zu den Konservativen unter den Romantikern, die sich dem kulturellen und geschichtlichen Erbe eines bestimmten Landes oder einer Gegend verbunden fühlten, war ihnen ein radikaler Kosmopolitismus zu eigen.

Die beiden einflußreichsten Schrifststeller unter ihnen, Heinrich Heine (1797–1856) und Ludwig Börne (1786–1837), machten Paris zu ihrem Hauptquartier. In der erstickenden Biedermeier-Atmosphäre und der politischen Reaktion in Deutschland konnten diese jungen Juden aus dem Rheinland nicht leben. In Paris aber hatten sie die Freiheit der Aussage, Literatur und Politik befruchteten sich gegenseitig, während es in Deutschland keine Politik gab und die Literatur noch immer von der strengen Klassik Goethes und der plumpen Romantik des Biedermeier beherrscht war. Heine und Börne wurden, wie wir heute sagen würden, Auslandskorrespondenten; sie berichteten an Freunde und an Zeitungen über die neusten Geschehnisse in Kunst, Literatur und Politik der kulturellen Hauptstadt Europas. Sie schrieben anschaulich nach Journalistenart, und ihre

Romane hatten die Form von Briefen und Tagebüchern. Oft dienten auch Reisebeschreibungen dazu, ein besonders realistisches Bild von den Besonderheiten der Nation oder einer Klasse zu entwerfen.

Hatte der Idealismus eine olympische Zurückhaltung beobachtet und die Romantik sich in eine idealisierte Vergangenheit versenkt, so sollte die Literatur jetzt ein Mittel der politischen und sozialen Umgestaltung werden. Sieht man von Heine ab, so war nur weniges von dem, was die junge Generation produzierte, ästhetisch so wertvoll und bemerkenswert, daß ihm eine größere Dauer beschieden gewesen wäre. Aber sie waren ernsthaft damit beschäftigt, das darniederliegende politische und soziale Leben in den deutschen Ländern anzuregen, und sie nahmen es in Kauf, daß man ihre Schriften unterdrückte und sie selber ins Gefängnis warf, wenn sie nur die Mauern des Absolutismus, der Orthodoxie und der gesellschaftlichen Konventionen einreißen konnten. In der Persönlichkeit eines Künstlers, der an sich arbeitete, sich aber zugleich dem sozialen Radikalismus verschrieben hatte, mußte sich die Spannung zwischen den Polen des anarchischen Individualismus und des Strebens nach allgemeiner Solidarität besonders intensiv bemerkbar machen. Die Schriftsteller des Jungen Deutschland kämpften insbesondere um die Emanzipation der Frau und die Gleichberechtigung der Juden. Ihr Schlagwort von der »Befreiung des Fleisches« stammte aus dem französischen Sozialismus Saint-Simons (1760 bis 1825).

Der Saint-Simonismus, der die Religion des Jungen Deutschland wurde, verband gewisse Vorstellungen der französischen Aufklärung und des deutschen Idealismus. Pantheistische Religion, sozialistisches Gemeinschaftsdenken und technokratischer Industrialismus sollten sich vereinen, um jenes neue Himmelreich auf Erden herbeizuführen, das diese schwärmerische Generation anstrebte. Der Dualismus von Geist und Materie, der das Christentum veranlaßt hatte, das Sinnenleben zu verdammen, sollte in einer funktional organisierten Gesellschaft überwunden werden, in der alle Völker in einer Universalreligion der Menschlichkeit geeint wären. Der Saint-Simonismus nahm an, daß dieses Zeitalter der Solidarität und Harmonie die Erfüllung aller früheren Epochen bedeuten werde, in denen der Mensch die Welt zunächst in den Bildern der Mythen und Sagen, danach in den Abstraktionen der Theologie und der Metaphysik wahrgenommen hatte; jetzt also stand der Mensch auf der Schwelle eines Dritten Zeitalters der positiven, konkreten Erkenntnis zum Wohle der Menschheit.

Die Möglichkeiten einer Vervollkommnung des Menschen – könnte er nur die Fesseln abschütteln, die seine guten Impulse hemmten – wurden mit einem überwältigenden Optimismus beurteilt; man kann geradezu von einer Wiederkehr des Rationalismus des 18. Jahrhunderts in ganz Europa sprechen. In Deutschland traf er dabei nicht nur auf die konservative Tendenz, die organische Entwicklung durch Gewohnheit und Tradition zu betonen, sondern auf den romantischen, christlich-germanischen Nationalismus der wiedererstandenen Burschenschaften, denen der internationale Charakter von Liberalismus, Sozialismus und Katholizismus ein Dorn im Auge war. Bei Wolfgang Menzel (1798–1873), der sich eine Zeitlang als Schiedsrichter in literarischen Dingen aufspielte, läßt sich ablesen, wie dieser radikale romantische Nationalismus mit den Auffassungen der konservativen Rechten verschmilzt. In den Burschenschaften hatte er seinerzeit dem radikalen Republikanismus Karl Follens angehangen, war dann in die Schweiz geflohen und wandte sich nach seiner Rückkehr, vor allem aber nach der Juli-Revolution, immer mehr gegen seine einstigen Freunde unter den Schriftstellern des Jungen Deutschland. Im Jahre 1835 denunzierte er sie vor dem Parlament als Mittler subversiver Gedanken, die sich gegen die christlich-germanische Religion, Sozialordnung und Moral richteten[3]. In seiner Literaturkritik ging er von völkischen und rassischen Gesichtspunkten aus, die von der extremen Rechten übernommen wurden.

Alle, die auf der Linken standen und sich, wenn auch nicht alle in demselben Maße, für politische Demokratie und zugleich für soziale und wirtschaftliche Solidarität einsetzten, glaubten sich in ihren Hoffnungen vom Großbürgertum hintergangen, dem es jetzt nur noch um den Schutz des Eigentums und der humanistischen Bildung ging; wurden doch Besitz und Bildung als Beweise für den geistigen Fortschritt des Menschen gewertet. Bei den Linken führte daher das Ressentiment gegen den Bourgeois und die Isolierung von der bürgerlichen Gesellschaft zu einem bewußten Angriff gegen die religiösen und philosophischen Grundannahmen dieser Weltanschauung. In Deutschland wurde diese Frontstellung der Linken zusammen mit den Angriffen, die gleichzeitig von der romantisch-konservativen Rechten her geführt wurden, eine der wichtigsten Ursachen dafür, daß diejenigen politischen und sozialen Werte, die für das Bürgertum charkateristisch sind, sich nicht wie in Frankreich und England durchsetzen konnten.

DIE LINKSHEGELIANER

Innerhalb dieser antibürgerlichen Front zeichneten sich die Jung- oder Linkshegelianer dadurch aus, daß sie in philosophischer Hinsicht die radikalsten Fragen stellten und im ganzen genommen den größten Einfluß für sich buchen konnten. Es gehörten zu ihnen vor allem Ludwig Feuerbach, Bruno Bauer, Max Stirner, David Friedrich Strauß, Karl Marx und Sören Kierkegaard. Ihr Angriff auf die religiösen Voraussetzungen der bestehenden Ordnung sollte überaus weitreichende Wirkungen zeitigen, zuletzt noch in der Entwicklung eines radikalen Säkularismus und Existentialismus, der sich in mannigfaltigen Formen verwirklichte: als idealistischer Agnostizismus, materialistischer Sozialismus und spiritueller Anarchismus. Hier trat eine neue sektiererische Opposition zutage, die nicht nur die konservative, auf göttliche Bestätigung gestützte Welt, sondern auch die bürgerlich-liberale Gesellschaft bedrohte, die auf der Autonomie des geistigen Bereichs basiert.

Nachdenklichen Beobachtern war es nicht entgangen, daß der Dämon der Revolution weder durch die konservative Restauration noch durch die liberalen Reformversuche gebannt worden war, vielmehr noch erschreckende Möglichkeiten barg, durch seinen Rationalismus alle politischen und sozialen Bande aufzulösen. Sowohl für Goethe als auch für Hegel war die Vorstellung einer rechtmäßigen Ordnung eine grundlegende Voraussetzung gewesen; für Goethe bestand sie in der organischen Harmonie und Einheit der Natur, für Hegel in der organischen Entfaltung des Weltgeistes in der Geschichte. Die neue radikale Auffassung jedoch orientierte sich zunehmend an polaren Extremen, zwischen denen man unablässig hin- und herschwankte, ohne eine feste Position zu finden, von der aus man Mensch und Welt in den Blick bekommen könnte. Dieses Schwanken zwischen Extremen drohte, die beherrschende Geisteshaltung zu werden und eine humanistische, ausgewogene Mittelposition, die von allen Intellektuellen als selbstverständlich vorausgesetzt werden könnte, in den Hintergrund zu drängen [4].

Die Linkshegelianer sind mit den spätmittelalterlichen Spiritualisten verglichen worden, die, wie man sich erinnern wird, aus Joachim von Fiores Konzeption eines kommenden Dritten Zeitalters, der Erfüllung der gesamten Geschichte, revolutionäre Konsequenzen gezogen hatten [5]. So wurde auch Hegels dialektischer Prozeß von seinen Schülern aus den theologischen Zusammenhängen herausgelöst und als eine Technik benutzt, die Grundannahmen der Kirchen, Klassen und Nationen auszuhöhlen. Die Spiritualisten waren in den Untergrund getrieben worden, als sie die Grundvoraussetzung angriffen, daß die bestehende Kirche in die Endzeit hinüberleiten werde. In ähnlicher Weise stellten die Linkshegelianer eine Voraussetzung in Frage, auf der die bürgerliche Gesellschaft beruhte: daß sie nämlich die Widerspiegelung einer gottgewollten kosmischen Ordnung sei, auf die sich die gesamte bisherige Geschichte zubewegt habe. Es konnte nicht ausbleiben, daß auch die Linkshegelianer aus dem öffentlichen Leben verdrängt wurden: Feuerbach, Bauer und Stirner verloren ihr Lehramt, und die beiden letzten mußten unter den elendesten Bedingungen weiter existieren. Unter anderen wurde auch Marx ins Exil getrieben und mußte ständig in Angst vor der Polizei leben. Die einsamste Gestalt unter ihnen war vermutlich Kierkegaard, ein Däne, der zunächst dem Zauber Hegels verfallen war, dann sich aber gegen ihn wandte und auch die religiöse Orthodoxie angriff, um sich wie Luther nach innen zu kehren und Gott in der Isolation der menschlichen Einsamkeit zu begegnen.

Die bedeutsamen Werke dieser Gruppe radikaler Denker erschienen im wesentlichen in den vierziger Jahren und zeigen eine bemerkenswerte Einheitlichkeit der Anschauungen, besonders in bezug auf die Ablehnung der Voraussetzungen, die der bürgerlichen Gesellschaft zugrunde liegen. Ihr allgemeiner Ausgangspunkt war der zweite Teil jener Hegelschen Formel: »Das Vernünftige ist wirklich.« Institutionen, Religionen und Philosophien sind danach nur der Ausdruck des Fortschritts des Geistes; an sich haben sie keinen Anspruch auf Unverletzlichkeit. Sie stellen nur Übergangsstadien zu den nächsten Schöpfungen des Weltgeistes dar. Das Christentum, der Kapitalismus, der Staat, sie alle waren nur Stationen auf dem Wege des Weltgeistes zu seiner Erfüllung. Für jede positive historische Gestaltung kann eine negative Schöpfung in der Zukunft vorausgesehen werden.

Der Angriff auf die bestehenden Werte und Institutionen richtete sich zuerst gegen die Religion, die Quelle der Unverletzlichkeit aller historischen, politischen und sozialen Formen. Seit der Reformation schon war die Religion eng mit dem Staat verbunden; nun hatte Hegel überdies diese Union zementiert, indem er den Weltgeist im protestantischen Christentum und im preußischen Staat kulminieren ließ, in ihnen vollzog sich die Synthese und die Erfüllung der geschichtlichen Entwicklung und des dialektischen Prozesses der Vernunft.

Außerdem setzte Hegel das Dritte Zeitalter mit der Gegenwart gleich, die die Erfüllung der Antike und des Mittelalters sei; somit war das Zeitalter des Geistes faktisch verwirklicht – es war kein Gegenstand der Hoffnung und Erwartung mehr, und der Philosoph gab die Rolle des Propheten auf und wurde ein bloßer Funktionär der bestehenden Ordnung. Hegel setzte damit der spiritualistischen und idealistischen Fragestellung ein Ende, die jahrhundertelang die bewegende Kraft des deutschen Denkens war [6].

Die Linkshegelianer jedoch benutzten Hegels eigene Logik, um diese Identität von Vernunft und Gegenwart zu zerstören. Damit aber unterhöhlten sie nicht nur weitgehend den Glauben an das historisch gewordene

Christentum, sondern sie demaskierten auch die religiös-philosophischen Illusionen im allgemeinen.

David Friedrich Strauß (1808–1874) wies in seinem 1835 erschienenen »Leben Jesu« darauf hin, daß das vorliegende offizielle Bild von Jesus eine mythische Auffassung darstellt, die aus dem jüdischen Messianismus hervorgegangen und im Laufe der Geschichte stark ausgebaut worden war. Der geschichtliche Jesus ist nicht zu verwechseln mit dem Bild, das der Glaube von Christus hat; denn dieser, eine Nachschöpfung späterer Zeiten, hat seine eigene Geschichte, unabhängig von der realen Gestalt, zu deren Bedeutung er scheinbar einen Zugang sucht.

Ludwig Feuerbach (1804–1872) ging in seinem »Wesen des Christentums« (1841) noch radikaler vor, indem er erklärte, die Religion entstehe aus den egozentrischen Antrieben des Menschen, aus denen er einen Überbau theologischer Ideen errichte, die sämtlich illusorisch sind. Allein die allgemeine Idee der Humanität besitzt eine bestimmte Realität dank den ethischen Konsequenzen, die sich aus ihr ergeben und die zu Toleranz und menschlicher Bruderschaft führen.

In seinem Werk »Der Einzige und sein Eigentum« (1845), in dem die theoretischen Grundlagen des Anarchismus niedergelegt sind, ging Max Stirner (1806–1856) seinerseits noch über Feuerbach hinaus und vertrat die These, daß alle Ideale illusorisch seien; es gebe keine Realität außer dem Ich und den Zielen, die es sich setzt.

Für Karl Marx (1818–1883) waren alle Ideale und Ideen nur egoistische Reflexe der Klassen. Er war der Sohn einer jüdischen Familie mit rabbinischer Tradition, die zum Protestantismus übergetreten war. Er studierte Rechtswissenschaft und Philosophie in Bonn, Berlin und Jena. In seiner Dissertation bot er auf dem Wege über eine Betrachtung zur Philosophie Epikurs eine kritische Würdigung der Philosophie Hegels. Er fand Anschluß an den Kreis der Junghegelianer um Bruno Bauer. Da er wegen seiner radikalen Ideen kein Lehramt an der Universität Berlin erhalten konnte, wandte er sich dem Journalismus zu. Als die Behörden die vom ihm herausgegebene »Rheinische Zeitung« unterdrückten, wanderte Marx im Jahre 1842 mit seiner Frau nach Paris aus. Dort kam er mit sozialistischen und kommunistischen Zirkeln in Kontakt und begann sein überaus fruchtbares theoretisches und polemisches Werk. In Paris begann auch seine lebenslange Freundschaft mit Friedrich Engels (1820–1895).

Die wichtigsten Ausgangspunkte für Marx waren Hegels dialektische Auffassung vom Geschichtsprozeß und Feuerbachs Kritik der Religion. Er vertrat die Auffassung, daß Feuerbach recht daran getan habe, die Befreiung des menschlichen Geistes mit dem Angriff auf die Religion zu beginnen. Gerade dies sei notwendig gewesen, bevor man an eine Kritik der Gesellschaft herangehen konnte. Die Religion hatte seit jeher den Herrschenden dazu gedient, die Ausgebeuteten von einer Besserung ihrer Verhältnisse im Jetzt und Hier abzulenken und ihre Aufmerksamkeit auf das Versprechen eines himmlischen Paradieses zu richten; die Religion hatte daher als »Opium für das Volk« gedient.

Jedoch meinte Marx auch, daß Feuerbach eine andere Illusion geschaffen habe, und zwar durch seine Auffassung von der Bruderschaft der Menschheit. Im dialektischen Prozeß der Geschichte stellen Kapitalisten und Arbeiter Gegenpole dar; die Kapitalisten sind dazu verurteilt, dank dem wirtschaftlichen und technischen Fortschritt von den Arbeitern verdrängt zu werden. Von besonderer Eindringlichkeit ist Marxens weithin schallender Aufruf zur Revolution, das »Kommunistische Manifest«, das er 1847 zusammen mit Friedrich Engels auf Anregung einer Gruppe von Kommunisten in Brüssel zu entwerfen begann, wo er Zuflucht gefunden hatte, nachdem er auf Betreiben der preußischen Behörden von der Pariser Polizei ausgewiesen worden war.

DIE ÖKONOMISCHE BEFREIUNG

Die Befreiung und Emanzipation des Denkens war das Hauptmotiv jener Bewegung, die in den Revolutionen von 1848 ihren Höhepunkt erreichte. Doch dürfen auch gewisse Entwicklungen nicht übersehen werden, die eine Befreiung des wirtschaftlichen Unternehmertums innerhalb des nationalen Rahmens herbeizuführen suchten; zu diesen Faktoren gehören der Zollverein und der Eisenbahnbau.

Adam Smith (1723–1790) hatte in Deutschland nach der Veröffentlichung seines »Wealth of Nations« im Jahre 1776 wachsende Anerkennung erlangt. Seine Ideen wurden in den deutschen Staaten des frühen 19. Jahrhunderts hauptsächlich von Universitätsprofessoren und Verwaltungsbeamten zu allgemeiner Geltung gebracht. Die wirtschaftlichen Verhältnisse sprachen für die Abschaffung der mannigfaltigen Zölle und Tarife, die mit der Kleinstaaterei zusammenhingen: Während an den Grenzen des Deutschen Bundes keine Zollgebühren erhoben wurden, verlangte man mindestens zehn verschiedene Zölle für Waren, die von Berlin nach der Schweiz transportiert wurden. So war der Balken des Schlagbaums neben dem Korporalstöckchen zu einem weiteren Symbol der Kleinstaaterei und der Tyrannei geworden.

Der eigentliche Antrieb zu einer Zollunion kam von Preußen. Hier wurde die Entwicklung durch den Einfluß der Ideen von Smith und durch die wirtschaftlichen Bedürfnisse des Landes gefördert; die Zerstreutheit der preußischen Gebiete, die voneinander durch andere Staaten oder Inseln fremden Territoriums getrennt waren, machten die Zollbeschränkungen besonders lästig.

Ein weiterer Anreiz kam durch den Bau der Eisenbahnen hinzu. Die erste deutsche Eisenbahn wurde 1839 zwischen Leipzig und Dresden gebaut. Das meiste rollende Material wurde zunächst in England beschafft; doch in den vierziger Jahren begann der Bau von Lokomotiven Fortschritte zu machen, und nun spornte die steigende Nachfrage nach Eisen die Schwerindustrie an. Auch wurden in steigendem Maße Dampfschiffe auf dem Rhein eingesetzt; vor allem handelte es sich um Schlepper für Lastkähne. Die Telegrafie, die 1830 von Gauß und Weber in Göttingen entwickelt wurde, und die Produktion von Guttapercha, das zur Isolierung von Leitungsdrähten diente, durch Werner von Siemens bewiesen zur Genüge, daß Deutschland mit dem großen technischen Fortschritt dieser Zeit Schritt hielt.

Der Fürsprecher des Eisenbahnbaus und der Zollunion, Friedrich List (1789-1846), war auch der beredteste Anwalt einer Volkswirtschaft, die die Grundidee des freien Handels und des freien Unternehmertums – innerhalb einer Zollmauer zum Schutz gegen ausländische Interessen – verwirklichte.

List, ein Württemberger, war von der Position eines kleinen Beamten zum Professor für politische Wissenschaften in Tübingen aufgestiegen. Er fand sich bald in Opposition zu der an der Universität herrschenden Wirtschaftstheorie, die die Idee des Freihandels von Adam Smith ohne Vorbehalt unterstützte. List war ein Fürsprecher des freien Handels innerhalb eines Staates, nicht aber zwischen den Staaten. Er argumentierte, daß die Idee Smiths von einem freien Handel auf einem Weltmarkt, der auf die spezialisierten Bedürfnisse und Möglichkeiten der einzelnen Regionen eingestellt wäre, nur eine Rationalisierung der gegenwärtigen industriellen Vormachtstellung Großbritanniens sei; dank seiner fortgeschrittenen Mechanisierung würde es einen freien Weltmarkt beherrschen können, und die deutschen Länder würden im wesentlichen als Agrarländer eine wirtschaftliche Kolonie Großbritanniens bleiben.

Seine enthusiastische und oft aggressive Art, diese Ideen vorzubringen, brachten ihn in Konflikt mit den Behörden; er wurde nicht nur gezwungen, Tübingen zu verlassen, sondern sogar des Landes verwiesen. Er fand schließlich, wie eine beträchtliche Anzahl seiner Landsleute, ein Asyl in den Vereinigten Staaten. Dort kam er in Berührung mit einem jungen und tatkräftigen Land, das damit beschäftigt war, unter einem wirksamen

Schutzzoll eine junge Industrie aufzubauen. Als er als Konsul der Vereinigten Staaten in Leipzig nach Deutschland zurückkam, nahm er seine Agitation wieder auf und stellte seine Hauptideen in dem einflußreichen Werk »Das nationale System der politischen Ökonomie« dar, das 1841 veröffentlicht wurde.

List vertrat die These, eine Volkswirtschaft sollte so aufgebaut werden, daß sie eine harmonische Entwicklung der schöpferischen Kräfte des Volkes fördern könne. Hier stützte er sich eher auf die Ideen des konservativen Romantikers Adam Müller als auf die von Adam Smith. Müller sah die wirtschaftliche Entwicklung im Gegensatz zu Smith nicht als autonom an, sondern als einen untrennbaren Bestandteil der nationalen Kultur. List übernahm diese romantische Konzeption der Ganzheit, betonte aber mehr die dynamische Freisetzung der schöpferischen Kräfte innerhalb des Rahmens der politischen und wirtschaftlichen Einheit als die Verewigung einer mittelalterlichen Ständestruktur. Der Nationalstaat, der Hauptträger der Kultur, sollte als Mittler zwischen dem Individuum und der Menschheit dienen. Mit Fichte und Wilhelm von Humboldt teilte er die Auffassung, daß jedes Volk seinen besonderen Beitrag zu der Menschheitskultur leiste und der Fortschritt nicht durch Einzelpersonen in einem weltweiten Wettstreit bewirkt werde.

List machte seinem Leben im Jahre 1846 verzweifelt selbst ein Ende; aber seine Ideen einer nationalen Wirtschaft sollten später einen großen Einfluß haben und, wenn auch stark abgeändert, den Bedürfnissen des Bismarckschen Reiches entsprechen. In seinem enthusiastischen Vertrauen auf die bewegende Kraft von Gedanken im menschlichen Geschehen und in seinem optimistischen Glauben an die Fähigkeit der Menschheit, den Weg zu einer besseren Gesellschaft zu finden, exemplifizierte er den überwiegend idealistischen Charakter des Liberalismus seiner Zeit.

Den meisten Liberalen und Radikalen seiner Zeit fehlte ein realistisches Programm der sozialen und wirtschaftlichen Aktion, teilweise deshalb, weil die deutschen Länder gerade zwischen der alten Agrar- und Ständewelt und einer neuen kapitalistischen Industriegesellschaft lagen, die sich gerade am Horizont zeigte. Selbst das Kommunistische Manifest von 1848 war für die deutschen Länder utopisch, da sein Aufruf an den Arbeiter, seine Fesseln abzuwerfen, in einem Lande, das noch ohne echtes Proletariat war, nur ein schwaches Echo finden konnte.

In der nationalen Frage gab es dieselbe zwiespältige Geisteshaltung. Begeisterung für westlichen Liberalismus und Kosmopolitismus standen Seite an Seite mit Ausbrüchen nationalen Eifers, wie zum Beispiel im Jahre 1840, als die Franzosen zum Rhein zu marschieren schienen; dieser Vormarsch brachte die beiden berühmten Nationalhymnen hervor: »Die Wacht am Rhein« und »Deutschland über alles«. Beide waren das Werk von Dichtern, die zum Jungen Deutschland gehörten.

Dem Liberalismus stand die Beharrlichkeit der alten hierarchischen Gesellschaftsordnung gegenüber, die noch durch den Umstand gefestigt wurde, daß jede Schicht ein Klassenbewußtsein und eine eigene Ideologie entwickelte. Auf der einen Seite stand die konservative Ordnung, vom Staat und von einer romantischen Ideologie gestützt und bei den in Kirche und Staat herrschenden Klassen fest verankert. Auf der anderen Seite regte sich unter den Handwerkern, Bauern und Industriearbeitern soziale Unzufriedenheit, die von radikalen Intellektuellen formuliert wurde. Schließlich war es das tragische Schicksal des deutschen Liberalismus, zwischen diesen beiden Mühlsteinen zerdrückt zu werden.

DER FEHLSCHLAG DER LIBERALEN REVOLUTION

Vor der Mitte des Jahrhunderts waren sich die bürgerlichen Liberalen noch keiner Gefahr einer Erhebung der unteren Volksschichten bewußt. Das Bündnis mit diesen Kräften beim Kampf um die menschliche Freiheit und die nationale Selbstbestimmung war stillschweigend angenommen worden, und erst im Laufe der Revolution von 1848 mit der nachfolgenden Enttäuschung und dem Gefühl des Betrogenseins auf beiden Seiten wurde die Spaltung völlig offenbar.

Die europäischen Revolutionen, die im Februar 1848 begannen, kamen nicht unerwartet. Unter Konservativen wie Liberalen bestand das gleiche Gefühl, daß die Atmosphäre gespannt war und revolutionäre Änderungen bevorstanden. Der Brand wurde durch die Erhebung vom 24. Februar in Paris entfacht. Aufstände verbreiteten sich während der Monate März, April und Mai wie eine Kettenreaktion durch ganz Mitteleuropa. Der ausgedehnte Charakter dieser revolutionären Unruhen ist wahrscheinlich auf die Gemeinsamkeit der Geisteshaltung zurückzuführen, die durch die Herrschaft der Intellektuellen im sozialen und kulturellen Leben der Zeit entstanden war[7]. Die daraus folgende Gemeinsamkeit der revolutionären Kräfte und Ideen mag auch ein Grund für die Spontaneität der Bewegung im Vergleich mit den Revolutionen des 20. Jahrhunderts sein.

Ebenso mag der plötzliche Zusammenbruch der herrschenden Regime der geistigen Spaltung unter den Konservativen zugeschrieben werden, die aus dem Konflikt zwischen der Verehrung historischer, traditioneller Institutionen und der Notwendigkeit entstand, an die Macht des Staates zu appellieren, sobald sich diese Formen nicht mehr behaupten konnten.

Die Liberalen befanden sich in einem ähnlichen Dilemma. Der plötzliche Zusammenbruch der alten politischen Machtverhältnisse stiftete Verwirrung unter den liberalen Intellektuellen; die Einbuße an Macht und Autorität hinterließ ein Vakuum, in das nur zu leicht revolutionäre Kräfte von unten her einströmen konnten; überdies drohte eine ausländische Intervention. Konstitutionelle und parlamentarische Regierungsformen sollten nach ihrem Willen nur im Rahmen der bestehenden Königsmacht und Verwaltungsorganisation verwirklicht werden; sowohl die wirtschaftlichen als auch die politischen Energien des Volkes sollten freigesetzt werden, aber im Rahmen eines Staates, der stark genug war, die innere Ordnung und die nationale Integrität zu gewährleisten.

Der plötzliche Zusammenbruch der Staatsautorität und die Volkserhebung wurden gedanklich mit den Befreiungskriegen gegen Napoleon identifiziert. Damals waren beiden Phänomene durch die Fremdherrschaft hervorgerufen; jetzt hatte jedoch die Volkserhebung zum Zusammenbruch der Staatsmacht beigetragen. Viele Konservative und wohl alle Liberalen romantisierten die Episode der Befreiungskriege, ohne sich dieses Unterschiedes voll bewußt zu werden. Beide Gruppen waren vor allem von dem Wunsche geleitet, das Gefühl einer gemeinsamen, großen Anstrengung zurückzugewinnen, der die auseinanderstrebenden Gruppen und Klassen in dem Willen zu nationaler Selbstbestimmung zusammenführen sollte. Das Volk würde so in der Kristallisierung gemeinsamer Bestrebungen und Handlungen zum Bewußtsein seiner selbst kommen.

Vielen Liberalen wurde es zu ihrem Unbehagen bald klar, daß ein nationaler Aufstand, der gegen die Regierung statt gegen eine fremde Macht gerichtet war, revolutionäre Folgen haben mußte, die über ihre eigenen Absichten hinausgingen. Die Linksliberalen und die meisten Radikalen sahen eine revolutionäre Erhebung des dritten und vierten Standes kommen, die sich jetzt wie in der Französischen Revolution zu der souveränen Nation erklären würden. Aber die meisten Deutschen, sowohl Konservative wie Liberale, faßten die Nation in dem romantischen Sinne von »Volk«, also als eine kulturelle Individualität auf und dachten kaum an die Volkssouveränität im Sinne der Revolution.

Ihr idealistisches Vertrauen auf die moralischen Kräfte des Volkes und der daraus folgende Mangel einer realistischen Einschätzung der politischen Macht schwächte die Position der Liberalen während der revolutionären Unruhen. Sie billigten die Unterdrückung der radikal demokratischen und sozialistischen Bewegungen in Köln, Baden, Wien und Frankfurt, da sie zur Aufrechterhaltung der Ordnung notwendig sei; sie gingen davon aus, daß der spontane Ausdruck moralischer und geistiger Kräfte nur innerhalb einer solchen bestehenden Ordnung stattfinden könnte. Sie gaben ihr Einverständnis aus demselben Grunde, aus dem Luther die Unterdrückung der Bauernaufstände gebilligt hatte: Nur innerhalb der bestehenden Ordnung könne die Freiheit des Glaubens verwirklicht werden.

Die Liberalen erkannten nicht, daß die Staatsmacht nie neutral ist, sondern ein Instrument von Gruppeninteressen darstellt, und daß sie die mächtigste Gruppe waren; sie waren letztlich mehr damit beschäftigt, die beiden Stützen des bürgerlichen Daseins, Privateigentum und Kultur, zu erhalten, als die Freiheit unter einer konstitutionellen und parlamentarischen Regierung zu erstreben. Die radikalen Bewegungen stellten in ihren Augen die Hauptbedrohung dieser Stützen dar und ließen eine Willkürherrschaft des Pöbels befürchten.

Der Zusammenbruch der großen Hoffnungen des Jahres 1848 bildete auch den Anfang der großen Auswanderung aus Mitteleuropa in die Neue Welt. Mehr als eine Million Deutscher wanderten in den Jahren 1849 bis 1851 aus. Um die Mitte des 19. Jahrhunderts galten die Vereinigten Staaten den Völkern Westeuropas als das Gelobte Land. Aber es gab noch ein zweites Utopia; Karl Marx hatte es den Arbeitern in seinem Kommunistischen Manifest gezeigt. Marx und sein Mitarbeiter Engels glaubten, daß nun, da die Hoffnungen des liberalen Bürgertums in Mitteleuropa vernichtet waren, die große Stunde der Arbeiter geschlagen hatte. Sie hielten nichts von der neuen Lebenskraft, die Bismarck dem Machtstaat gegeben hatte; sie erkannten auch die dynamischen Qualitäten nicht an, die in dem Begriff des Volkes verkörpert lagen, nachdem er sich von dem liberalen Idealismus getrennt und mit Mythos und Rasse verknüpft hatte, wie es in der Musik und den Schriften von Richard Wagner geschah.

DIE ZUNAHME DER ZENTRIFUGALKRÄFTE

Wenn wir die ideologischen Konflikte der ersten Hälfte des 19. Jahrhunderts mit den vergleichbaren konfessionellen Kämpfen der Reformationszeit vergleichen, fällt uns eine fundamentale Ähnlichkeit auf, nämlich ihre Ergebnislosigkeit. In den konfessionellen Kämpfen errang keine der verschiedenen Reformbewegungen – die erasmische, die lutherische oder die sektiererische – einen entscheidenden Sieg; und es gelang auch keiner der Ideologien, die aus der Revolution oder aus der Romantik hervorgingen, eine unbestrittene Alleinherrschaft zu erringen. Ebenso wie den Konfessionen mißlang es ihnen, die zentrifugalen Tendenzen innerhalb der hierarchischen Gesellschaftsstruktur und den politischen Separatismus zu überwinden.

Um die Mitte des 19. Jahrhunderts wurden diese Zentrifugalkräfte noch durch ideologische Antriebe verstärkt; die Hindernisse auf dem Weg zur politischen und kulturellen Einigung schienen unüberwindlich.

Die napoleonische Neuordnung hatte das unübersichtliche Gemisch von klerikalen Fürstentümern, freien Städten und feudalen Strukturen liquidiert und etwa dreihundert von ihnen so zusammengefaßt, daß fünfunddreißig Staaten zurückblieben. Zusammen mit dieser Verschmelzung geschah die endgültige Auflösung des Heiligen Römischen Reiches. Aber daraus ergab sich kein unmittelbarer Nutzen für die nationale Einheit; wohl aber hatte die Machtpolitik nun endgültig freie Hand; denn als Fürsten, Bischöfe und Freistädte in den einzelnen Staaten aufgingen, entfielen damit alle bisherigen Souveränitätsabstufungen. Mitteleuropa wurde auf diese Weise völlig in das europäische Staatensystem integriert. Ranke und Hegel lieferten die historische und philosophische Rechtfertigung für den Vorrang des Machtstaates, indem sie argumentierten, er sei das notwendige Instrument zur Verwirklichung der höchsten sittlichen Ziele eines Volkes.

Der Begriff des Volkes als »Geist« entstand bei dem Versuch, eine bindende Kraft über und jenseits des staatliche Partikularismus zu finden. Aber die romantische Idee des Volksgeistes als innerer Schöpferkraft schien mit dem Machtstaat unvereinbar zu sein. Ranke und Hegel hatten versucht, die Kluft zu überbrücken, und waren zu dem Schluß gelangt, daß den bestehenden Machtstaaten eine beherrschende rationale und historische Funktion zuzuerkennen sei. Konnte aber ein preußischer oder österreichischer Staatspatriotismus der deutschen Einheit als Fundament dienen? Bejahte man diese Frage, dann mußte man sich mit dem Problem auseinandersetzen, wie sich das Volk als geistige, über den einzelnen deutschen Staaten stehende Ganzheit damit vertrüge. In der Tat sind denn auch innerhalb der nächsten hundert Jahre zwei einander entgegengesetzte Entscheidungen gefällt worden: Bismarcks Reich sollte die Einheit auf der Basis des preußischen Staates unter Ausschluß Österreichs verwirklichen; das kurzlebige und explosive Dritte Reich war im Gegensatz dazu bestrebt, das deutsche Volk zur einigenden Kraft eines Großdeutschlands zu machen. Beide Versuche scheiterten, da die einseitige Hervorhebung eines bestimmten Staates oder eines als einzigartig bezeichneten Volkes ein Hegemoniestreben erzeugte, das zu verheerenden Kriegen zwischen großen Machtkoalitionen führte.

Das Problem wurde noch komplizierter durch das Fortbestehen zweier traditioneller Faktoren, die dem Staat und dem Volk gegenüberstanden: das Ideal des »Reiches« und die hierarchische Klassenstruktur.

Obwohl das Heilige Römische Reich offiziell aufgelöst und durch den blutarmen Deutschen Bund ersetzt worden war, wurde das Ideal des Reiches durch die romantische Rückkehr zu der mittelalterlichen Idee einer ökumenischen Vereinigung der Völker wiederbelebt, die die gegenwärtigen Rivalitäten zwischen Staaten und Nationen überwinden sollte. Die Revolutionen der Jahrhundertmitte hatten gezeigt, daß die Äußerungen des deutschen Nationalgefühls ähnliche Reaktionen unter den Völkern an der Ostgrenze hervorriefen, die seit dem frühen *sacrum imperium* unter dem Einfluß der deutschen Kultur gestanden hatten. Die Tschechen, die am weitesten germanisiert waren, befürworteten am eindringlichsten eine slawische Wiedergeburt, die sich gegen die deutsche Hegemonie richtete. Wie konnte die nationale Einigung mit der kulturellen Vorherrschaft und der Mission der Deutschen gegenüber dem Osten in Einklang gebracht werden?

Die traditionelle hierarchische Klassenstruktur blieb größtenteils intakt, da der Adel seine politische und militärische Vorrangstellung und sein gesellschaftliches Prestige behielt. Infolgedessen hatte der Mittelstand, der zwischen dem Adel und den unteren Klassen, den Bauern und Arbeitern, eingeklemmt war, nicht das Gefühl, die Nation zu verkörpern, wie es bei der politisch und gesellschaftlich herrschenden französischen Bourgeoisie der Fall war. Die Lutheraner betonten ganz besonders, daß es wichtig sei, sich mit dem Stand in der hierarchischen Gesellschaftsordnung abzufinden, den Gott einem zugeteilt habe, und an dieser Stelle sein Bestes zu leisten. Marxens antireligiöse Propaganda richtete sich nicht gegen die nationale Einigung; sie wollte vielmehr die Klassengegensätze hervortreten lassen. Der Arbeiter, so behauptete er, hat weder Kirche noch Vaterland – ebensowenig wie er Privateigentum hat – und hat daher auch nichts mit der sakrosankten Gesellschaftsordnung gemein. Dem Marxismus gelang es in beachtlichem Maße, die religiösen Bindungen zu lösen, allerdings nicht die nationalen, wie der Nationalsozialismus später zeigte.

Begriffe wie Staat, Volk, Reich und Klasse hörten mehr und mehr auf, Ausdrücke für universelle Kräfte zu sein wie etwa den moralischen Imperativ, den proteushaften Weltgeist und die heilige Ordo; sie wurden lediglich zu Äußerungen des »Zeitgeistes«. Bismarck, Marx, Wagner und ihre Nachfolger bis auf den heutigen Tag wurden hauptsächlich von dieser historischen Orientierung und ihrer wechselseitigen Angepaßtheit an die Bedürfnisse der Zeit geleitet. Die Konzentration auf die Bedürfnisse der Gegenwart, auf dem historischen Hintergrund gesehen, führte schließlich zu dem großen Umbruch des 20. Jahrhunderts mit seinem so wichtigen Begriff des »Veraltens«.

DRITTER TEIL
Vom Historismus zur technischen Existenz
1850-1950

XI. Ideen: Mythos, Staatsräson und ökonomischer Determinismus

Nach den Revolutionen um die Jahrhundertmitte verlor der ideologische Gegensatz viel von seiner Intensität. Das lag zunächst daran, daß eine neue Ära der Unterdrückung und Reaktion einsetzte, in der die Vertreter liberaler und radikaler Ideen den Kontakt miteinander verloren, in den Untergrund gedrängt wurden oder ins Exil gehen mußten. Außerdem verloren die Ideologien viel von ihrem idealistischen Schwung, sobald sie in Programme politischer Parteien umgewandelt wurden, die sich mit Fragen der Organisation, der parlamentarischen Taktik und der Propaganda auseinandersetzen mußten.

DER ANTRIEB ZU KÜNSTLERISCHER, SOZIALER UND POLITISCHER BETÄTIGUNG

Eine entsprechende Akzentverlagerung vollzog sich auch in bezug auf Volk, Staat und Klasse: Die Frage nach ihrer Substanz wurde durch das Problem verdrängt, wie Energien freigesetzt werden könnten, um der deutschen Dekadenz, der Auslöschung Preußens oder der Degradierung des Menschen zum Proletarier entgegenzuarbeiten. Richard Wagner trachtete danach, das deutsche Volk durch die enge Verbindung eines Rassemythos mit der Verschmelzung von Musik und Theater neu zu beleben; Karl Marx versuchte, dem Proletariat als dem Erben allen technischen Fortschritts zum Bewußtsein seiner geschichtlichen Aufgabe zu verhelfen; Otto von Bismarck suchte das preußische Staatswesen mit dem gleichen Machtwillen zu erfüllen, der seine großen Herrscher bewegt hatte, um auf diese Weise die Kräfte des Nationalismus und der Demokratie zu zügeln, die die Existenz des preußischen Staates ernstlich in Frage stellten.

Offensichtlich förderten diese Auffassungen von Volk, Staat und Klasse gewisse Divergenzen; sie waren die Folge des Versuchs, die Mittel planmäßig den Zwecken anzupassen: Das Barocktheater sollte eine Kultstätte, die sozialistische Partei ein Mittel zur Bewußtseinsbildung des Proletariats, der preußische Staat zum Brennpunkt des Nationalgefühls werden. Da der alte spirituelle und idealistische Motivkomplex in den Hintergrund geschoben wurde, war es nur natürlich, daß die Mittel über die Zwecke die Oberhand gewannen.

Während sich Wagner an der Vergangenheit als Mythos und Marx an der Zukunft als Utopie orientierten, lebte Bismarck ganz in der geschichtlichen Gegenwart. Dementsprechend war der Einfluß von Wagner und Marx im allgemeinen eher tiefgehend und nachhaltig als unmittelbar politisch. Schließlich sollten aber doch der Sozialismus und die recht heterogenen Rassentheorien und -mythen das Bismarcksche Reich untergraben.

Die frühe ideologische Entwicklung von Richard Wagner (1813–1883) und Karl Marx (1818–1883) verlief in ähnlichen Bahnen. Beide standen unter dem Einfluß der antichristlichen Theorien Feuerbachs; beide verschrieben sich anfangs einem revolutionären Republikanismus, den sie später zugunsten eines »grundsätzlicheren« Standpunkts aufgaben, um die Entfremdung des modernen Menschen von Rasse oder Gemeinschaft, den Quellen des Menschentums, zu überwinden; und beide beteiligten sich an den turbulenten Ereignissen der Jahre 1848/49 und mußten anschließend ins Exil gehen. Doch hier endet die Ähnlichkeit. Marx agitierte von seinem englischen Exil aus weiter für den revolutionären Umsturz der bestehenden Gesellschaftsordnung; Wagner dagegen kehrte nach Deutschland zurück und begrüßte zuerst voller Enthusiasmus das neue Bismarcksche Reich, teilte aber bald die Enttäuschung Nietzsches über sein materialistisches Machtstreben. Wagners Grundvorstellungen von Rasse und Mythos waren mit den Grundlagen des Zweiten Reiches unvereinbar; sie ebneten schon dem Dritten Reich den Weg.

DAS GESAMTKUNSTWERK UND DER RASSENMYTHOS

Nach 1848 floß Wagners revolutionärer Elan in die Schöpfung einer neuen Kunstform, mit deren Hilfe eine Regeneration der deutschen Kultur erreicht werden sollte. Er ging ganz in der Entwicklung des »Gesamtkunstwerks« auf, das wie die griechische Tragödie und die Barockoper Musik und Drama vereinigen wollte. Dies waren die führenden Künste des 19. Jahrhunderts; aber ebenso wie Malerei, Bildhauerei und Architektur waren sie voneinander isoliert. Malerei und Bildhauerei hatten sich von der Architektur, der großen öffentlichen und organischen Kunst, gelöst. Im bürgerlichen Zeitalter führte die Autonomie der Künste dazu, daß sie nur noch eine private und dekorative Funktion behielten. Analog dazu argumentierte Marx, daß die bewußte Trennung der bürgerlich-kapitalistischen Ordnung – das heißt der ökonomischen Funktionen von Produktion und Güteraustausch – von Politik und Gesellschaft bewirkt hatte, daß diese ihre wirkliche Funktion verloren und, zumindest für die Masse des Volkes, nur noch einen dekorativen Zweck hatte.

In seinem Gesamtkunstwerk verband Wagner Musik und Drama nicht in der Weise, wie es die Barockoper tat, wo die Musik nur die dramatische Handlung untermalte. Er wollte eine organische Einheit erreichen, in der jedes Ausdrucksmittel seine Eigenart behielt, ohne dem anderen untergeordnet zu werden. In seinen großen Musikdramen, besonders im »Ring der Nibelungen«, führen sowohl Musik wie dramatische Handlung das Thema aus. In den Tongedichten spiegelt die Musik Stimmung und Leidenschaft wider. Das Leitmotiv ist das besondere musikalische Thema, das durch die ganze Oper hindurch mit einer Person oder einem dramatischen Gedanken verbunden wird. Trotzdem wird die Musik zum Medium der sinnlichen Form, während das Drama die Handlung trägt.

Wagner war auch stark beeindruckt von der Vorstellung, daß die westliche Kultur dekadent sei – eine Auffassung, die gegen Ende des Jahrhunderts wachsende Anerkennung bei Literaten und Intellektuellen fand. Schon die Romantiker hatten behauptet, daß der zunehmende Rationalismus die westliche Kultur von ihren Wurzeln in den Mythen der Rasse abschneide. In diesem Zusammenhang begann Wagner, sich Friedrich Nietzsche zu nähern, der damals als junger Professor für klassische Philologie in Basel wirkte. Nietzsche betonte in seinem Werk »Die Geburt der Tragödie aus dem Geiste der Musik« (1873) den dionysischen Mythos des schöpferischen Rausches, in dem die Ursprünge des griechischen Dramas zu finden seien, wie es die Romantiker schon angenommen hatten. Das griechische Drama sei nicht nur ein Gesamtkunstwerk, sondern auch, da es ganz unmittelbar aus mythischen Quellen schöpfte, die höchste Leistung griechischer Kultur schlechthin. Im Gegensatz dazu hatte sich nach Nietzsche die idealistische Philosophie von Sokrates und Plato durch einen Abstraktionsvorgang von jenen mythischen Quellen entfernt und dadurch zum Niedergang der antiken Kultur beigetragen. Der Mythos mußte daher als Quelle der Regeneration wiederbelebt werden.

Bei seiner Umformung der Rasse zu einer geistigen Wesenheit war Wagner auch stark beeinflußt von den Theorien seines französischen Freundes, des Grafen Gobineau. Nach Gobineau war die Rasse als geistige Wesenheit durch den Zustrom fremder Rasseelemente ständig der Entartung ausgesetzt und durch den Rationalisierungsprozeß der Zivilisation der Dekadenz unterworfen.

Wagner folgerte daraus, daß die Quellen für eine Regeneration des deutschen Volkes nur in seinen eigenen Rassemythen zu finden seien. Da das Musikdrama ein Medium war, diese Quellen zu erschließen, sollte es nicht Liebe und Haß gewöhnlicher Menschen im überladenen Stil der Barockoper darstellen, sondern das Heldenlied von der Errettung einer Rasse durch heroischen Pessimismus vorführen.

Einige von Wagners Musikdramen vereinigen den mythischen Geist des Pessimismus mit politischen und sozialen Überzeugungen von der Art der revolutionären Utopien des Vormärz; in diese Richtung wirkten auch die langen Gespräche, die er mit einem russischen Freund führte, dem berühmten revolutionären Anarchisten Michail Bakunin. Die Mythen des »Rings« sollten nichts anderes als die Desillusionierung gegenüber dem intellektuellen Fortschritt, die Verachtung des kapitalistischen und materialistischen Bürgertums und die Abscheu vor der wachsenden Staatsallmacht zum Ausdruck bringen. Der Jude war das hervorstechende Symbol bürgerlicher Dekadenz, von der die Gesellschaft gereinigt werden mußte; sie sollte hinweggefegt werden in einer Art politischer und sozialer Götterdämmerung, die von einem neuen gottmenschlichen Erlöser, Siegfried, ausgehen sollte. Das konnte nicht durch die Abstraktionen des liberalen Konstitutionalismus oder durch proletarischen Kollektivismus gelingen, sondern nur durch die wirkliche schöpferische Freiheit der Arbeit in einer Gemeinschaft der Solidarität und der Zusammenarbeit.

Im Grunde blieb Wagner ein Optimist, der davon träumte, mit dem heroischen Pessimismus des Mythos und dem philosophischen Skeptizismus die Illusionen des mittelständischen Liberalismus auszuräumen. Er unterlag nie wirklich dem zyklischen Fatalismus der Rassentheorie wie manche seiner späteren Anhänger. Was gewisse Nationalsozialisten an ihm anzog, war die Vision, ein Erlöser werde eine radikale Umwälzung herbeiführen und ein neues *sacrum imperium* schaffen.

PESSIMISMUS UND KÜNSTLERISCHE GEWALTANSTRENGUNG

Der Pessimismus in einigen von Wagners Spätwerken ist dem Einfluß der Schriften des Philosophen Arthur Schopenhauer (1788–1860) zugeschrieben worden, den er in der letzten Phase der Komposition des »Rings« zu lesen begann. Immer wieder las er Schopenhauers »Welt als Wille und Vorstellung« (1819); er entdeckte darin eine philosophische Rechtfertigung seiner eigenen Gedanken.

Schopenhauers Philosophie des Pessimismus war, zumindest anfangs, weniger populär als der rationalistische Optimismus seines akademischen

Gegenspielers Hegel; aber nach der Revolution von 1848 paßte sein Pessimismus zu der veränderten Stimmung, und eine Zeitlang war er der Modephilosoph.

Seine Philosophie stand in Einklang mit der herrschenden Ansicht, die wesentlichen schöpferischen Geisteskräfte seien erloschen, und nun dominierten materialistische Interessen. Man glaubte weithin, daß Rationalismus und Idealismus nur die Oberfläche menschlicher Existenz berührt hatten. Hatte sich Hegel mit den Beziehungen der Dinge untereinander und mit den Wirkungen beschäftigt, nicht aber mit dem Ding an sich, so suchte Schopenhauer in die Tiefen des Lebens zu schauen, wo er nur Leiden und Tragödien fand. Der tragische Charakter menschlicher Existenz, so argumentierte er, entsteht aus dem unersättlichen Streben des Willens, der die Dauer in einer Welt von Formen sucht, die in Wirklichkeit illusorisch sind. Der Geschlechtstrieb ist dabei eine der stärksten Kräfte; entrinnen kann man ihm nur in der Kunst, wo man es mit Selbstzwecken und nicht mit bloßen Mitteln zu tun hat wie in einer rationalen Ordnung. Für Schopenhauer war die Kunst eine Art Nirwana, in dem die Triebkräfte des Willens geläutert wurden und eine passive Ruhe finden konnten. Die Geschichte hat nach ihm natürlich nichts mit Fortschritt zu tun; nur der einsame Genius kann die Grenzen der Existenz, wie sie vom Willen gezogen sind, überschreiten.

Dieser gedankliche Rahmen entsprach Wagners Denkweise und gab seinen Gedanken den philosophischen Unterbau; Schopenhauer lieferte der Idee des tragischen Schicksals in der »Götterdämmerung« und der geschlechtlichen Läuterung im »Tristan« und im »Parsifal« die metaphysische Verkleidung.

Außerdem war es in einem Land, in dem der Philosoph den Theologen als Volksidol abgelöst hatte, besonders wichtig, sich ihm anzuschließen. Wagners auffallende Persönlichkeit und sein unkonventioneller Lebensstil trugen ihm viel Spott ein. Viele Leute nahmen ihn nicht ernst; sie hielten ihn für einen Blender größten Ausmaßes.

Wegen seiner grandiosen künstlerischen Pläne, die an Cecil B. De Mille erinnerten, und seiner recht extravaganten und bizarren Lebensweise hatte Wagner ständig Schulden. Doch hatte er das Glück, die Hilfe eines so hochgestellten Mäzens wie des jungen Königs Ludwig II. von Bayern zu gewinnen, der sein Freund und finanzieller Halt war und ihm das Bayreuther Festspielhaus für die Aufführung seiner Werke erbaute.

Wagner erreichte mehr als nur eine Revolution der Musik: Er wurde der Gründer eines Kultes. Seine Musik wurde das subtile und bleibende Medium, durch das er jene irrationalen Grundtriebe weckte, über die er sich in seinen Schriften nur dürftig mitzuteilen wußte. Sein Schwiegersohn Houston Chamberlain brachte seine Gedanken später in eine systematischere Form. Das große Festspielhaus in Bayreuth, das speziell für die Aufführung des gigantischen »Rings« erbaut und 1876 eröffnet worden war, wurde zum Tempel des Wagner-Kultes. Seine Witwe und sein Sohn Siegfried haben zusammen mit vielen ergebenen Anhängern dieses Heiligtum reiner germanischer Musik erhalten.

Wagners Bedeutung beruht nicht allein auf seiner Idee, daß das Gesamtkunstwerk durch die Rückkehr zu mythischen und ewigen Schöpferkräften die Regeneration der Rasse herbeiführen werde; er war auch das Musterbeispiel eines Künstlers des ausgehenden 19. und beginnenden 20. Jahrhunderts, der mit den sozialen und moralischen Konventionen brach und sich von bürgerlicher Sentimentalität und den gängigen Vorstellungen von Erhabenheit in Form und Stil befreite, um die neue Kunstform so zu handhaben, daß er die gewünschte besondere Wirkung erzielte.

Wagners Gesamtkunstwerk war das Ergebnis der Gewaltanstrengung einer Künstlerpersönlichkeit mit hochentwickeltem Gefühl für Theaterwirksamkeit. Er schrieb den Text, komponierte die Musik, entwarf das Bühnenbild, probte mit den Sängern, inszenierte auch selber und führte bei der Aufführung seiner großen Opern Regie. Er war ein Theatergenie von unübertroffener Vollkommenheit; er wußte genau, was er zu tun hatte, um sein Publikum mitzureißen. Im Kern verwirklichte er das Führerprinzip in der Kunst, ein Prinzip, von dem später Hitler ebenso angezogen wurde wie von Wagners besonderen Rassevorstellungen. Der Demagoge Hitler besaß ein Wagnersches Gefühl für Schaustellung und Theatralik.

DAS ERSCHEINEN DES INDUSTRIEKAPITALISMUS

In der zweiten Hälfte des 19. Jahrhunderts tauchten auch neue wirtschaftliche und soziale Kräfte auf, die an die deutsche Gesellschaft assimiliert werden wollten. Mit der Entwicklung des Industriekapitalismus entstand eine Klasse von Industriearbeitern.

Bis zur Jahrhundertmitte war Deutschland vorwiegend ein Agrarland gewesen. Aber schon um 1870 hielten sich Industrie und Landwirtschaft die Waage. In Preußen vollzog sich nun die gleiche Abwanderung der Bevölkerung vom Land zur Stadt, die früher in England stattgefunden hatte. Zwischen 1816 und 1871 stieg die Bevölkerung im agrarischen Osten um einundneunzig Prozent, während sie im Süden und Westen nur um dreiundzwanzig Prozent zunahm. Zwischen 1871 und 1890 war es umgekehrt; im ostelbischen Raum wuchs die Bevölkerungsziffer nur noch um sechsundzwanzig Prozent, während sie in den Industriegebieten des Südens und Westens um neunundsiebzig Prozent anstieg. Diese Verschiebung wurde von einem starken Geburtenüberschuß im ganzen Lande begleitet.

Der idealistische Liberalismus des frühen 19. Jahrhunderts basierte auf der Heimarbeit und dem Handwerker, der dazu neigte, sich der Führung des Bildungsbürgertums anzuvertrauen. Aber der Industriearbeiter, der nach 1850 ein bedeutender sozialer und politischer Faktor wurde, war eher geneigt, sich Richtlinien von seinen eigenen Organisationen, den Gewerkschaften und der Arbeiterpartei, geben zu lassen. In den sechziger Jahren des 19. Jahrhunderts erlangten die Arbeiter das Recht, Gewerkschaften zu gründen. Etwa zur gleichen Zeit fanden die ersten Streiks in der Industrie statt, und Verbrauchergenossenschaften bildeten sich ähnlich wie in England.

Auch die Organisation des Industriekapitalismus schritt in Deutschland nach der Jahrhundertmitte schnell voran. Banken und Kreditanstalten wurden errichtet. Die Länge des Eisenbahnnetzes stieg von zweitausend Kilometern im Jahre 1845 auf achtundzwanzigtausend Kilometer im Jahre 1875. Die größte deutsche Schiffahrtslinie, der Norddeutsche Lloyd, wurde 1857 gegründet. In den fünfziger Jahren entstand eine Vielzahl von Aktiengesellschaften, neunundfünfzig allein im Bergbau und in der Schwerindustrie. Die Verwendung von Maschinen griff immer mehr um sich, zuerst in der Textil-, dann auch in der Schwerindustrie. In der gleichen Zeit hatte sich die chemische Industrie zu einem Machtfaktor der deutschen Wirtschaft und zu einer internationalen Konkurrenz entwickelt.

Das recht plötzliche Auftauchen einer großen Zahl von industriellen Unternehmern und Fabrikarbeitern störte das Gleichgewicht in der deutschen Gesellschaftsordnung. Es war nicht möglich, die beiden neuen Sozialtypen allmählich zu absorbieren, wie das in England geschah. Der alte Typ des kaufmännischen Unternehmers hatte sein Geld in Landkäufen angelegt; der Industrieunternehmer dagegen wurde oft einzig von dem Willen geleitet, seinen Umsatz zu steigern. Der gleiche Mangel an sozialer Verpflichtung charakterisierte den Industriearbeiter, der nur seine Arbeitskraft zu verkaufen hatte. Das Ergebnis war, daß das Verhältnis von Arbeitnehmer und Arbeitgeber immer unpersönlicher wurde; die früheren patriarchalischen Bande lösten sich.

Der neue Unternehmer war hauptsächlich mit wirtschaftlichen Realitäten beschäftigt, um sein Industrieunternehmen auszudehnen. Er verband sich natürlicherweise mit dem preußischen Machtstaat, mit dem er etwas gemeinsam hatte: den Ausdehnungsdrang. Im Gegensatz dazu fand der Arbeiter, der dem preußischen Staat und dem liberalen Verfassungsdenken fremd gegenüberstand, einen Lebenssinn in der neuen Sozialdemokratischen Partei, die sich auf die Ideen von Karl Marx und Friedrich Engels gründete.

PROLETARISCHES BEWUSSTSEIN UND ÖKONOMISCHER DETERMINISMUS

Der neue Sozialismus, von seinen Hauptvertretern »wissenschaftlicher Sozialismus« genannt, war ein typisches Produkt deutschen Zeitgeistes. Sein ideologischer Begründer, Karl Marx, hatte die Universität besucht und hätte die akademische Laufbahn einschlagen können, wäre er nicht durch die Veröffentlichung einer radikalen Zeitschrift und des »Kommunistischen Manifests« im Jahre 1848 in die revolutionäre Bewegung verwickelt worden. Nach dem Zusammenbruch von 1848 ging er nach England in der Hoffnung, bald auf den Kontinent zurückkehren zu können, um an der nächsten und entscheidenden Revolutionswelle teilzunehmen. Tatsächlich aber blieb er in England bis zu seinem Tode im Jahre 1883.

Marx und seine wachsende Familie litten oft größte Not und überlebten nur dank der regelmäßigen Unterstützung durch Friedrich Engels, der in seines Vaters Textilgeschäft in Manchester arbeitete, wo er die notwendigen Mittel erwarb, um Marx bei der Publikation seiner sozialistischen Schriften mit Geld zu unterstützen. Durch die Hilfe von Engels und durch Gelegenheitsarbeiten für verschiedene Zeitungen und Zeitschriften – unter anderem war er als Militärkorrespondent für eine New Yorker Zeitung tätig – gelang es Marx, sich und seine Familie am Leben zu erhalten. Er verbrachte die meiste Zeit in der Bibliothek des Britischen Museums, wo er Material sammelte für sein Hauptwerk »Das Kapital«, dessen erster Band 1867 veröffentlicht wurde; der zweite und der dritte Band wurden erst nach seinem Tode von Friedrich Engels herausgegeben.

Obgleich sich Marx nicht mehr viel Illusionen über das unmittelbare Bevorstehen der proletarischen Revolution machte, hielt er bis zu seinem Tode an der Überzeugung vom schließlichen Sieg der Sache der Arbeiter fest. Diese Einstellung spiegelt sich im »Kapital« wider, in dem er zu beweisen versuchte, daß der Untergang des Kapitalismus unvermeidlich sei. Die Betonung liegt dabei auf der historischen Entwicklung, während sie im »Kommunistischen Manifest« noch auf dem Revolutionseifer und dem Glauben an einen schnellen Sieg lag. Im »Kapital« suchte Marx nicht nur ökonomische und soziale Entwicklungen darzustellen, sondern auch den Arbeitern ihre missionarische Aufgabe zum Bewußtsein zu bringen, indem er ihnen zeigte, daß die Geschichte auf ihrer Seite stehe und der Kapitalismus an seinen eigenen Widersprüchen zugrunde gehen werde. Marx selber war erfüllt von der prophetischen Vision eines auserwählten Volkes, das das Erbe der Erde antreten werde. Während seines ganzen Exils blickte Marx voll Hoffnung auf den Kontinent, um Anzeichen einer kommenden Revolution zu erspähen. Frankreich, das Mutterland der Revolution, war logischerweise die Stelle, an der sie ausbrechen mußte. Der Aufstand der Pariser Kommune und seine Niederschlagung im Jahre 1870/71 schienen ihm zu beweisen, daß die Furcht der kapitalistischen Herren vor der Erhebung der ausgebeuteten Massen wuchs.

Trotz seiner Enttäuschung über die fruchtlosen Aufstände und die Unfähigkeit der Arbeiterführer hatte Marx das Gefühl, daß das Ende unabwendbar sei. In seinen Hauptschriften versuchte er, den Zusammenbruch der kapitalistischen Herrschaft als unvermeidlich zu erweisen; aufs genaueste analysierte er ihre Endphasen, die schon durch das Aufkommen einer klassenlosen Gesellschaft gekennzeichnet sind. Besonders eindrucksvoll ist die zwingende Logik seiner Argumentation, mit der er den sicheren Sieg des Proletariats ableitet. Die Gewalt der Marxschen Logik werde durch das folgende klassische Zitat aus »Zur Kritik der politischen Ökonomie« (1859) verdeutlicht: »In der gesellschaftlichen Produktion ihres Lebens gehen die Menschen bestimmte, notwendige, von ihrem Willen unabhängige Verhältnisse ein, Produktionsverhältnisse, die einer bestimmten Entwicklungsstufe ihrer materiellen Produktivkräfte entsprechen. Die Gesamtheit dieser Produktionsverhältnisse bildet die ökonomische Struktur der Gesellschaft, die reale Basis, worauf sich ein juristischer und politischer Überbau erhebt und welcher bestimmte gesellschaftliche Bewußtseinsformen entsprechen. Die Produktionsweise des materiellen Lebens bedingt den sozialen, politischen und geistigen Lebensprozeß überhaupt. Es ist nicht das Bewußtsein der Menschen, das ihr Sein, sondern umgekehrt ihr gesellschaftliches Sein, das ihr Bewußtsein bestimmt. Auf einer gewissen Stufe ihrer Entwicklung geraten die materiellen Produktivkräfte der Gesellschaft in Widerspruch mit den vorhandenen Produktionsverhältnissen, oder, was nur ein juristischer Ausdruck dafür ist, mit den Eigentumsverhältnissen, innerhalb deren sie sich bisher bewegt hatten. Aus Entwicklungsformen der Produktivkräfte schlagen diese Verhältnisse in Fesseln derselben um. Es tritt dann eine Epoche sozialer Revolution ein. Mit der Veränderung der ökonomischen Grundlage wälzt sich der ganze ungeheure Überbau langsamer oder rascher um. In der Betrachtung solcher Umwälzungen muß man stets unterscheiden zwischen der materiellen naturwissenschaftlich treu zu konstatierenden Umwälzung in den ökonomischen Produktionsbedingungen und den juristischen, politischen, religiösen, künstlerischen oder philosophischen, kurz: ideologischen Formen, worin sich die Menschen dieses Konflikts bewußt werden und ihn ausfechten.«

Hier wird das Marxsche Gesetz der gesellschaftlichen Entwicklung dargelegt, das für die marxistische Doktrin genauso unumstößlich ist wie das zweite Gesetz der Thermodynamik oder wie Darwins Gesetz von der natürlichen Auslese. Diesem Gesetz unterlagen große geschichtliche Umgestaltungen, zum Beispiel von der Sklavenhaltergesellschaft zur feudalistischen Ordnung. Noch zu Lebzeiten von Marx vollzog sich durch die Wirkung dieses Gesetzes der Übergang von der kapitalistisch-proletarischen Gesellschaft in eine neue Phase der Menschheitsentwicklung: die klassenlose Gesellschaft. Marx nahm an, daß die Menschheitsentwicklung drei Phasen durchlaufe: den Urkommunismus, den Klassenkampf und die Erhebung des Proletariats, der am stärksten unterdrückten und ausgebeuteten Klasse. Der Sieg des Proletariats würde das unabwendbare Ergebnis des technischen Fortschritts sein; er würde die Not überwinden und den Existenzkampf gegenstandslos machen.

Der Sieg der Arbeiter war also durch die Tatsache determiniert, daß sie nur das Produkt einer historischen Entwicklung waren. Gerade ihre Lage, im Vergleich mit früheren Klassen völlig besitzlos zu sein, mußte notwendigerweise zu ihrem Sieg führen, wenn die Produktionsmittel einen vollkommenen Wohlstand für alle ermöglichten. Der bürgerliche Kapitalismus hat sein eigenes Grab geschaufelt, indem er alles, sogar Kunst und Literatur, von seinem Handelswert abhängig machte. Als Folge davon hat er das Proletariat der schöpferischen Teilnahme an der Kultur beraubt und eine Klasse geschaffen, die bis aufs letzte ausgebeutet wurde. Da aber das Proletariat den Tiefpunkt erreicht hat, muß sein Sieg zur klassenlosen Gesellschaft führen.

Der Umschwung wird nur noch dadurch aufgehalten, daß sich das Proletariat seiner Rolle, das heißt seines unabwendbaren Sieges, noch nicht bewußt ist. Es ist aber nicht notwendig, ihm ein Ideal oder auch nur ein Programm im liberalen Sinne zu geben, um seine Sache zu fördern. Seine historische Existenz genügt; nur eines muß getan werden: es jener Existenz bewußt werden zu lassen.

DIE SOZIALPOLITISCHE ORGANISATION

In Übereinstimmung mit diesen Gedanken gab Marx nach 1848 die Hoffnung auf, daß eine spontane Revolution von unten zu erwarten sei. Statt dessen nahm er eine bewußte Taktik der Organisation und Propaganda auf, um dem Proletariat seine besondere Rolle zum Bewußtsein zu bringen. Erstens, so betonte er, könne es keine Zusammenarbeit mit der kleinbürgerlichen Revolution und ihrem Ziel, den demokratischen Regierungsformen, geben. Solch eine Zusammenarbeit würde nur dazu führen, daß die Arbeiter geködert und assimiliert würden. Als zweiten und entscheidenden Schritt sah er die Organisation von Arbeiterparteien an, die gerade während der fünfziger und sechziger Jahre im Entstehen waren, da ihre begrenzten Ziele, nämlich bessere Arbeitszeiten und Löhne zu erreichen, die Schärfe des Kampfgeistes der unteren Klasse abstumpfen würden. Andererseits war er überzeugt, daß das frühere Ziel, eine Elite revolutionärer Führer zu schaffen, die die Arbeiter zur Revolution führen würden, aufgegeben werden müsse; dieser Plan hatte sich als erfolglos erwiesen, da sich das Proletariat seiner Rolle noch nicht bewußt war. Es war also dringend notwendig, Parteien zu organisieren, die das Proletariat zu seiner Mission erziehen sollten.

Die Organisation einer deutschen Arbeiterpartei war eigentlich von Ferdinand Lassalle (1825-1864) begonnen worden. Er war ein hochbegabter junger Jude; über Hegels Philosophie, den Einfluß Heines, das Beispiel der französischen Sozialisten und schließlich durch den Einfluß von Marx und Engels war er zum Sozialismus geführt worden. Nur seine ausgezeichneten Plädoyers vor Gericht retteten ihn vor Schlimmerem als wiederholten kleinen Gefängnisstrafen wegen Auflehnung gegen die Staatsgewalt und wegen revolutionärer Agitation; und wahrscheinlich entging er nur dadurch, daß er während der radikalen Erhebungen von 1849 im Gefängnis saß, nach dem Sieg der Reaktion einer Ausweisung.

Lassalle war nicht nur ein ausgezeichneter Redner, sondern auch ein fähiger Organisator. Eine Kundgebungsreise durch die deutschen Industriegebiete im Jahre 1859 trug zur Organisierung von Arbeitervereinen bei und führte schließlich zur Gründung einer sozialdemokratischen Partei. Lassalles Ziel war es, kraft großer Zahlen und zusammenhängender Organisationen auf demokratisch-konstitutionellem Wege die Kontrolle über den Staat zu erlangen.

Der Sozialismus Lassalles bedeutet den Übergang vom Idealismus des Vormärz zum marxistischen Realismus. Er spiegelt die sozialen Bedingungen der deutschen Staaten um 1860 wider: Es gab damals in Preußen ungefähr siebenhundertfünfzigtausend Industriearbeiter gegenüber einer Million Handwerker und dreieinhalb Millionen Bauern; somit waren die Industriearbeiter, die Marx als Rückgrat des Proletariats bezeichnete, noch eine relativ kleine Minderheit.

Lassalle neigte mehr zu der humanistischen Annahme, Gedanken könnten die soziale Aktion bestimmen, als zu der Marxschen Ansicht, Gedanken seien die Reflexion von Klasseninteressen. Lassalle folgte Fichte in seiner Konzeption von den drei Stadien des menschlichen Aufstiegs in die Freiheit: Bis zur Französischen Revolution wurde die Solidarität unter den Menschen durch Autorität erzwungen; dann folgte die Ära der negativen und abstrakten Freiheit, das heißt die Freiheit vom Zwang verschiedener Art; der Triumph des Arbeiters würde die letzte konkrete Freiheit des Produzierenden sein, gestützt auf die Einheit von Freiheit und Solidarität. Auch für Lassalle war der Staat das Mittel, diese positive Freiheit zu erlangen, indem er eine »Korporation der Arbeiter« würde.

Lassalle war tatsächlich ein Vertreter des Staatssozialismus; er korrespondierte mit Bismarck über die Möglichkeit, sich gegen den bürgerlichen Liberalismus zu vereinigen. Er war ein Anwalt der Einigung Deutschlands unter der Führung Preußens, wodurch er einen Nationalstaat zu schaffen hoffte, den die Arbeiter schließlich übernehmen könnten. Marx, der Lassalle zuerst mit Sympathie begegnete, begann bald, seiner glänzenden Begabung und seinen sehr entschiedenen nationalen Tendenzen zu mißtrauen.

Auch war Marx besorgt wegen des Einflusses, den eine solche Persönlichkeit auf das Klassenbewußtsein der Arbeiter haben könnte. Die Ergebenheit zu einem Führer konnte leicht an die Stelle des überaus wichtigen Gefühls der proletarischen Mission treten. Der vorzeitige Tod Lassalles in einem Duell 1864 beseitigte diese »gefährliche Persönlichkeit« und ließ Marx zum Führer der sozialistischen Bewegung aufsteigen. Obwohl die Ideen von Marx das Denken der deutschen Sozialisten beherrschten, wurde die Bewegung auch weiterhin stärker von mächtigen Führerpersönlichkeiten geleitet, als das im englischen oder französischen Sozialismus der Fall war.

Die Ausbildung nationaler Parteien und die drohende Zersplitterung der Arbeiterbewegung bewogen Marx, aus der Isolierung seiner Studien herauszutreten und maßgebend an der Organisation mitzuarbeiten. Er nahm aktiven Anteil an der Gründung der internationalen Arbeiterassoziation (Erste Internationale) im Jahre 1864. Interne Meinungsverschiedenheiten, hervorgerufen durch die Disziplin, die Marx einzuführen suchte, und der nationale Antagonismus, den der französisch-deutsche Krieg (1870/71) geweckt hatte, trugen zu ihrer Auflösung im Jahre 1876 bei. Der Hauptgegner von Marx war Bakunin (1814–1876), der eine Art totaler Revolution forderte: die Vernichtung der gesamten bestehenden politischen und sozialen Ordnung, damit sich eine neue spontan an ihrer Stelle erheben könne. Er war natürlich gegen Parteiorganisation und parlamentarische

Taktiken. Mit Bakunin begann die Trennung von der syndikalistischen Bewegung in den romanischen Ländern. Aber die deutsche und russische marxistische sozialdemokratische Partei sollten die Führung der proletarischen Bewegung im In- und Ausland übernehmen.

Der starke Einfluß des Marxismus in Deutschland und Rußland kann der Tatsache zugeschrieben werden, daß in diesen Ländern, die beide halb feudal und militärisch-bürokratisch waren, nicht nur die Kirche, sondern auch die Großindustrie eng mit dem Staat verbunden waren. Beide Länder hatten ein schwach entwickeltes gehobenes Bürgertum, und die Entwicklung großer Unternehmen trug viel zur Verbreiterung der Kluft zwischen Groß- und Kleinbürgertum bei. Da beiden Ländern eine echte parlamentarische Regierung fehlte, wurden viele Arbeiter und Kleinbürger veranlaßt, Gegenorganisationen zu bilden, die sozialdemokratischen Parteien. Diese Parteien standen der Regierung und der mit ihr verbundenen kapitalistischen Ordnung in kämpferischer Opposition gegenüber; diese unversöhnliche Haltung mußte das neue Kaiserreich, das Bismarck errichtet hatte, fühlbar schwächen.

Die tiefgehenden Spaltungen, die von allen in diesem Kapitel erwähnten Kräften geschaffen wurden, können als Teil der Säkularisierung der westlichen Gesellschaft angesehen werden, die bei den Deutschen ganz unvermittelt und in einer äußerst krassen Form eintrat. Wagners Verbindung von Kunst und Rassenmythos, Marxens Verbindung von Klasse und Technik und, was noch zu betrachten sein wird, die liberale Verbindung von Freiheit und Wissenschaft waren alle ein radikaler Ausdruck dieses Säkularisierungsvorganges. Die divergierenden Tendenzen des Theaters, der Partei und der Universität traten an die Stelle der verbindenden Kraft, die einst von der Kirche ausging. Als Bismarck dem preußischen Staat zu neuer Machtentfaltung verhalf, fügte er den schon bestehenden säkularen Kräften nur eine weitere hinzu.

NATIONALISMUS UND PARTEIIDEOLOGIE

Die bedeutendste Entwicklung sowohl in Österreich als auch in Preußen nach dem Abklingen der demokratischen Leidenschaften von 1848 war die Wiederherstellung der Staatsgewalt. Der Nationalismus verlor in zunehmendem Maße seinen früheren revolutionären Charakter und wurde in die bestehenden Staaten eingebettet. Nationale Einigungsbestrebungen machten nun eher von diplomatischen und militärischen Mitteln Gebrauch als von verfassunggebenden Versammlungen und Barrikadenkämpfen. Diese Umformung stand ganz in Einklang mit dem Geist der Zeit, der durch die neuen empirischen Wissenschaften und den neuen historischen Realismus bestimmt wurde.

Konservatismus und Liberalismus nahmen eine doktrinäre Färbung an. Beide betonten institutionelle Formen: jener die monarchisch-aristokratische Ordnung, dieser das konstitutionell-parlamentarische Vorgehen. Beiden Richtungen fehlte die soziale Dynamik von Männern wie Marwitz, Stein oder Marx, denen es weit weniger um institutionelle Rahmen und Rechtsformen als um die lebendige Funktion sozialer Gruppen im Leben der Gesellschaft zu tun war.

Aber es gab auch bedeutende Differenzen in Färbung und Inhalt. Der Konservatismus verband eine pietistische religiöse Orthodoxie mit der Konzeption des Staates als dem Wahrer der traditionellen Ständeordnung, die die Monarchie, den Großgrundbesitz und die Kirche einschloß. Der Liberalismus betonte andererseits das individuelle private Gewissen in Religionsangelegenheiten und den Rechtsstaat als den Rahmen, innerhalb dessen individuelle Freiheit und Selbstbestimmung zu fördern seien, besonders durch die Abhängigkeit der Krone von der Mehrheit im Parlament. Konservative und Liberale unterschieden sich auf das stärkste in bezug auf die Idee des Nationalismus; für die meisten Konservativen war sie eine revolutionäre und umstürzlerische Kraft, während die Liberalen den Nationalismus, obwohl sie sich seiner radikalen Auswirkung bewußt waren, dennoch für notwendig hielten, um die in den einzelnen Völkern angelegten Möglichkeiten zu realisieren. Dieser Unterschied war von entscheidender Bedeutung für das Verhältnis Bismarcks zu den Konservativen und Liberalen.

Die meisten Deutschen der oberen Klassen reagierten natürlich viel empfindlicher auf krasse Veränderungen, die von unten kamen, als auf solche, die von oben kamen. Außerdem waren die alten Begriffe von Reich, Staat und Volk während der Erhebungen von 1848 von ihrem traditionellen geschichtlichen Hintergrund gelöst und Manipulationen von oben wie von unten zugänglich gemacht worden.

Für die Deutschen gab es keinen traditionellen nationalen Rahmen wie in Frankreich, England und Rußland, in den neue Kräfte hineinfließen und dem Volk ein Gefühl von Kontinuität und Richtung geben konnten. Die alte Einrichtung des Reiches als *sacrum imperium* war in einer Welt des Säkularismus anachronistisch geworden, und die vielen einzelnen Länder schienen sogar in ihren größten Vertretern wie Preußen und Österreich zu klein angelegt. Weder der Universalismus der Reichstradition noch der betonte Partikularismus der Länder war ein angemessener Rahmen für die neue Mission des Volkes, die durch die technischen und industriellen Perspektiven vorgezeichnet wurde. Die Fusion der freibeweglichen Elemente von Reich, Staat und Volk setzte die katalytische Aktion einer großen Persönlichkeit voraus.

RELIGION UND STAATSRÄSON

Otto von Bismarck (1815-1889) gab der deutschen Nation eine neue Richtung, indem er die preußische Machttradition der großen Hohenzollern (vom Großen Kurfürsten bis zu Friedrich dem Großen) wiederbelebte. Er stimmte mit Ranke darin überein, daß die Staatsinteressen während der Ära der Revolution verzerrt worden waren, als man sie allgemeinen Zielen unterordnete. Wie Friedrich der Große zielte er darauf ab, Preußens Machtinteressen zu sichern; aber er erkannte auch die Existenz solcher neuen Faktoren wie Liberalismus und Nationalismus an, die in den Dienst des Staates eingespannt werden mußten.

Bismarck mußte zweimal umlernen, bevor er sich zu dieser Auffassung durchgerungen hatte. Ursprünglich teilte er den legitimistischen Konservatismus des preußischen Adels; er trennte sich aber von ihm und ebenso von den Liberalen, da er ihre Voraussetzung bestritt, daß die Politik mehr an Weltanschauungsprinzipien als an Machtinteressen orientiert sein sollte.

Väterlicherseits entstammte Bismarck einer alten brandenburgischen Adelsfamilie, deren Tradition so weit zurückreichte, daß sie die Hohenzollern als Eindringlinge und Emporkömmlinge betrachtete. Seine Mutter kam jedoch aus einer bürgerlichen Juristenfamilie. Er studierte Rechtswissenschaft, zuerst in Göttingen und dann in Berlin, und trat 1836 in den Staatsdienst. Aber drei Jahre später wandte er sich, mit dem Beamtenleben unzufrieden, der Verwaltung des Familienbesitzes in Pommern zu. Unter dem Einfluß pietistischer Kreise überwand er die Zügellosigkeit und den Atheismus seiner Jugendjahre und heiratete Johanna von Puttkamer, die in diesen frommen Kreisen verkehrte.

Die Historiker sind geneigt, Bismarcks religiöser Konversion den Haupteinfluß bei der Formung seiner ganzen Haltung gegenüber den Problemen der Politik zuzuschreiben. Zunächst stabilisierte der pietistische Einfluß sein Gefühlsleben; man kannte seine Trinkgelage und wilden Geländeritte und nannte ihn den »tollen Bismarck«. Dieser Einfluß bewirkte in ihm aber auch jene Kombination von vorbehaltlosem Gottvertrauen und absoluter Loyalität zum Monarchen, die die psychologischen Hauptstützen des Konservatismus darstellten. Aber anders als bei den meisten Konservativen fehlten seinem religiösen Glauben alle dogmatischen oder kirchlichen Obertöne; er hatte eine ganz persönliche und sogar mystische Färbung und wies kaum eine Verbindung zu der offiziellen Kirche auf. In der Religion wie in der Politik schreckte Bismarck vor einer allgemeinverbindlichen Ordnung zurück.

Bismarck teilte ursprünglich die politischen Ansichten seiner Klasse, für die die liberale und nationale Bewegung, die 1848 ihren Höhepunkt erreichte, der Todfeind bedeutete. 1847 war er Mitglied des Landtags, dann (1849–1851) Abgeordneter im Landtag des neuerrichteten preußischen Parlaments. Er kämpfte leidenschaftlich für die Aufrechterhaltung der monarchischen Gewalt im Innern und der preußischen Interessen nach außen. Er behauptete, daß Österreich die wahre Stütze der konservativen Ordnung gegen die Kräfte der Revolution sei und die Kooperation mit ihm die Grundlage der preußischen Politik sein sollte.

Bismarcks politischer Gesinnungswandel vollzog sich zwischen 1851 und 1859, als er preußischer Gesandter am Bundestag in Frankfurt war. Hier kam er schnell zu der Meinung, daß ein Krieg zwischen Österreich und Preußen um die Hegemonie unter den deutschen Ländern unvermeidlich sei. Er sah, daß Österreich nach 1848 mit Bestimmtheit darauf ausging, seine Macht innerhalb des Bundes auszudehnen und ihn den österreichischen Interessen unterzuordnen. Außerdem wurde ihm klar, daß die Kraft des Nationalismus in Deutschland und den anderen Völkern Mitteleuropas nicht unterdrückt werden durfte, daß er vielmehr einen Keil zwischen Preußen und Österreich trieb, da er sie mit ganz verschiedenen Problemen konfrontierte. Österreich sah sich der drohenden Auflösung in Nationalitäten gegenüber, während Preußen das Aufgehen in einem deutschen Nationalstaat zu fürchten hatte. Bismarcks Erkenntnis des grundlegenden Machtkonflikts zwischen Österreich und Preußen und der Tatsache, daß man sich positiv mit dem Nationalismus beschäftigen mußte, kennzeichneten seine Konversion vom Konservativen zum Realpolitiker, der die Interessen des Staates über die weltanschaulichen Standpunkte stellte.

Mit seiner Politik des Staatsegoismus stand Bismarck praktisch allein. Die Konservativen hingen an der traditionellen Freundschaft mit Österreich. Obwohl die Liberalen Österreich als Hindernis für die deutsche Einheit ansahen, glaubten sie, daß die Einheit durch einen langsamen, allmählich wachsenden Druck der öffentlichen Meinung verwirklicht werden könnte, die die Auflösung des habsburgischen Reiches und die Assimilation Preußens an eine nationale Einheit erzwingen würde. Bismarck aber stand ganz für die Sicherung der preußischen Machtinteressen ein, nötigenfalls durch Krieg.

Er versuchte nicht, seine Stellung zu idealisieren. Er war überzeugt, daß die Verantwortung einem Staatsmann gebiete, sich nur mit den Interessen seines Staates zu befassen, nicht aber mit Überlegungen über die internationale Ordnung. Anders zu denken – das heißt, sich auf eine internationale Ordnung oder eine traditionelle Freundschaft zu verlassen –, hätte für ihn tatsächlich bedeutet, sich mehr auf menschliche Formen der Unterstützung zu verlassen als auf Gott. Wie er es sah, waren die im Staat verkörperte Macht und die um den Monarchen zentrierte Autorität die angemessenen Mittel, die Gott für die Aufrechterhaltung der Ordnung in der Welt der Politik an Hand gegeben hatte. Die liberale Vorstellung von einer progressiven Anpassung der Welt an eine nationale Ordnung der Dinge war eine Illusion.

DER VORRANG DES STAATES VOR DER NATION

Daraus folgt, daß für Bismarck der Primat der Außenpolitik galt. Zuerst mußte Preußen den Konflikt mit Österreich über die Herrschaft in Mitteleuropa und über die Führung der Nationalbewegung ins Auge fassen. Eine Führung der nationalen Bewegung durch Preußen würde nicht nur die Auflösung des eigenen Staates verhindern, sondern auch die anderer Staaten einschließlich Österreichs. Eine preußische Hegemonie in Zusammenarbeit mit Rußland konnte auch die revolutionären Kräfte des Nationalismus unter den Völkern des Ostens im Zaum halten, die den Landadel und die deutsche kulturelle Vorherrschaft bedrohten. Ein starker Staat konnte diese auseinanderstrebenden Kräfte zügeln, wenn er sich nicht damit begnügte, sie einzudämmen. Bismarck erkannte, daß der Staat die Kräfte des Nationalismus als Werkzeug im Ringen um Deutschlands politische Einheit benutzen mußte, ohne dabei die monarchisch-aristokratische Ordnung oder die preußische Vorrangstellung zu opfern.

In den Ereignissen zwischen dem dänischen Krieg von 1864 und dem Deutsch-Französischen Krieg von 1870/71 zeigte sich Bismarcks großes Talent, die Konflikte zu isolieren und zu lokalisieren. Im Rückblick hat es den Anschein, als habe Bismarck wie im Schachspiel eine Reihe vorherberechneter Züge ausgeführt. In Wirklichkeit aber – was auch im Einklang mit seinen religiösen Anschauungen stand – war Bismarck in der Behandlung aktueller Ereignisse ein Opportunist. Im Gegensatz zu den Liberalen sah er das Geschehen nicht als notwendige Phase einer Entwicklung auf ein angestrebtes Ziel hin an. Da er sich weder Traditionen noch Doktrinen unterwarf, konnte er sich die Ereignisse, so wie sie eintraten, zunutze machen.

Bismarcks unerwartete Erfolge, die Österreich aus der deutschen Politik ausschlossen und die Grundlage einer deutschen Einheit unter preußischer Führung schufen, brachten ihm als Belohnung die Zustimmung weiter Kreise des Volkes ein. War er einst der am meisten gehaßte Mann in Preußen und auch im übrigen Deutschland gewesen, so wurde er jetzt fast als Halbgott betrachtet. Ein so vollständiger Meinungsumschwung war symptomatisch für die wachsende Bewunderung praktischer Erfolge.

Für Bismarck war der Nationalismus eine Art Naturgewalt, die kontrolliert und in die geeigneten Kanäle gelenkt werden mußte. Er stand ihm immer distanziert gegenüber und ließ sich nie von nationalistischen Leidenschaften hinreißen. Doch um die nationalistische Bewegung zu lenken, sah er sich gezwungen, von Napoleon III. die Taktik des demokratischen Bürgerkönigtums zu übernehmen, mit der er die öffentliche Meinung des Liberalismus ausschaltete und den Weg geschickter Appelle an das Volk einschlug, dessen Haßgefühle und Vorurteile leicht manipuliert werden konnten. Diese Taktik bewährte sich besonders in den Jahren zwischen 1866 und 1870 bei der Ausnutzung des Nationalgefühls, das im Krieg gegen Frankreich seinen Höhepunkt erreichte.

Um die Mitte des 19. Jahrhunderts waren die Franzosen große Bewunderer der deutschen Kultur. Es war die Zeit, als die deutsche Literatur der Romantik, die Philosophie des Idealismus und die kritische Geschichtsschreibung ihren starken Einfluß auf Europa auszuüben begannen. Aber um 1860 hatte der emotional übersättigte Nationalismus beiderseits des Rheins seine frühere Ausgewogenheit verloren und war einem sehr schnellen und launischen Wandel unterworfen. In Deutschland war sogar die Meinung vorherrschend, daß ein Blutopfer in einem Krieg mit Frankreich als einigende Kraft wünschenswert sei.

Die Verfassung des neuen deutschen Kaiserreiches, das im Deutsch-Französischen Krieg geboren wurde, war ein deutlicher Ausdruck der Machtpolitik. Sie war nicht die Verkörperung theoretischer Prinzipien wie die frühen französischen Verfassungen, noch das Ergebnis einer langsamen Weiterentwicklung von Gemeinschaftsformen wie in England; sie war nicht das, was sich Stein und die frühen Reformer vorgestellt hatten. Sie hatte einen zugleich eigenständigen und eklektischen Charakter, sie umfaßte föderale, zentralistische und partikularistische Machtelemente, die an sich unvereinbar waren, jedoch von einem Meister der Politik verknüpft wurden, dessen Denken fast ausschließlich um außenpolitische Machtkonstellationen kreiste. Die Tatsache, daß sie mehr ein Abbild der bestehenden Kräfte als ein wirklich konstitutionelles Gebilde war, erklärt vielleicht seine verhältnismäßig kurze Lebensdauer.

Trotz oberflächlicher Ähnlichkeiten hatte das Bismarcksche Reich wenig wirkliche Ähnlichkeit mit Struktur oder Ethos des alten Heiligen Römischen Reiches. Es war das Produkt historischer Verschmelzungen. Sein wahrer Kern war das partikularistische und funktional-rationale Ethos des preußischen Staates. In seiner Struktur zeigte es Spuren des alten Reiches, viel Länderpartikularismus und eine sehr große Dosis Nationalismus. Der Reichstag als die Vertretung des deutschen Volkes war in gewissem Sinne nur die Wiedergeburt der Frankfurter Paulskirche. Die wirkliche Neuerung war die Stellung des Reichskanzlers, der zum wichtigsten Einigungsfaktor des Reiches in seinen ersten beiden Jahrzehnten wurde. Während dieser Zeit hielten Bismarcks Geisteskraft und Persönlichkeit die anderen Regierungsfaktoren in ihren vorgeschriebenen Grenzen.

DER STAAT IM KAMPF MIT INNEREN UND ÄUSSEREN FEINDEN

In den ersten Jahren hatte es Bismarck im Reichstag mit zwei Parteien zu tun, den Konservativen und den Liberalen. Die Mehrheit in beiden Parteien war zumindest teilweise zufrieden mit der neuen Reichsgründung, wenn auch aus verschiedenen Gründen. Die Nationalliberalen fanden Befriedigung in der nationalen Einheit und im Reichstag, die Konservativen billigten den föderativen Aufbau und die monarchische Hegemonie. Aber weder die Liberalen noch die Konservativen akzeptierten die Stellung des Kanzlers, der dem Parlament nicht verantwortlich war und dadurch den Reichstag gegen den Kaiser und umgekehrt ausspielen konnte.

Obwohl viele Liberale und Konservative anfangs nur eingeschränkt der Struktur des neuen Kaiserreiches zustimmten, wurde ihre Einstellung zum Reich viel positiver, als sich Erfolg auf wirtschaftlichem Gebiet einstellte und die Machtstellung Deutschlands wesentlich gestärkt wurde. Doch trotz dieser Zustimmung splitterten sich Minderheiten ab, die an der Verteidigung von Prinzipien festhielten; sie mahnten ständig an den Zerfall der politischen Integrität. Als Folge davon wurde der Gegensatz zwischen materiellen Interessen und Erfolgen und zwischen grundlegenden sozialen und politischen Prinzipien und Werten unübersehbar hervorgehoben.

Die beiden anderen Parteien, das katholische Zentrum und die marxistischen Sozialdemokraten, waren, um damit zu beginnen, Parteien der Opposition gegen das Regime selbst, da sie um eine Kirche und eine Klasse gruppiert waren, die beide eine mehr internationale als nationale Orientierung hatten.

Die Entstehung eines neuen Deutschland mit Preußen als Mittelpunkt fiel zeitlich zusammen mit dem Auftreten von Weltanschauungsparteien, die sich an den römischen Katholizismus, den proletarischen Sozialismus und den rationalen Liberalismus anlehnten. Der Partikularismus und das lutherische Ethos des Preußentums standen der Anerkennung einer objektiven internationalen Wertordnung, wie sie diese Ideologien vertraten, entgegen. Das Preußentum beharrte auf dem Primat der Staatsinteressen in Innen- und Außenpolitik. Bismarck sah in diesen ideologischen Kräften, besonders im Katholizismus und Sozialismus, Staatsfeinde, die mit ähnlicher diplomatischer Taktik behandelt werden mußten, wie er sie gegen äußere Feinde anwandte. Selbst wenn er oder seine Nachfolger die Versöhnung mit einem dieser innenpolitischen Gegner erreichten, pflegte das Verhältnis nur die Form einer Allianz anzunehmen; die oppositionellen Kräfte wurden nicht wirklich in den neuen Nationalstaat eingeschmolzen.

Der Kampf ums Dasein, den diese Parteien mit Bismarck führten, ließ sie auf ihre weltanschaulichen Positionen und den Appell an die Massen zurückgreifen. Der römische Katholizismus kehrte zur mittelalterlichen Tradition der Freiheit der Kirche zurück, der marxistische Sozialismus zu der sektiererischen Sicht eines neuen Zeitalters, das durch eine Revolution ausgelöst werden sollte. Sie suchten den Mittelpunkt ihrer Wertordnung außerhalb von Staat und Kultur: die einen in der Kirche, die anderen im Industriebetrieb. Katholizismus und Sozialismus wurden als riesige Interessengruppen organisiert mit dem Ziel, die öffentliche Meinung zu beeinflussen und den preußischen bürokratisch-militärischen Staat zu bekämpfen.

Dieser Gegensatz rief eine innere Zersplitterung des deutschen politischen und kulturellen Lebens hervor, die schlimmer war als die frühere Kleinstaaterei, da sie in einem Kampf der Ideologien gipfelte, als in der Weimarer Republik der preußische Staat vernichtet wurde und die Parteien übereinander herfielen. Der Sieg im Namen der »Volksgemeinschaft«, für den die völlig opportunistische Ideologie des Nationalismus eintrat, schien zu dieser Zeit für die meisten Deutschen die einzige Möglichkeit, die innere Einheit und äußere Machtstellung wiederherzustellen.

Um das Reich zu schützen, baute Bismarck ein großes Netz von Bündnissen auf, dessen Mittelpunkt der Zweibund war. Der nächste Kreis schloß Italien ein, und jenseits davon, an der Peripherie, lagen Rußland und England. Nur ein Meister der Diplomatie wie Bismarck konnte die verschiedenen Planeten in ihren angemessenen Bahnen halten; weder Ideologie noch Gefühl hielt sie auf diesen Bahnen, sondern die gegenseitige Anziehung und Abstoßung von Staatsinteressen. Aber das Ganze war zu scharfsinnig geplant, zu sehr die Gewaltanstrengung eines diplomatischen Genies. Der Erfolg hing zu sehr von der geistigen Wendigkeit und der kalten Berechnung eines einzigen Menschen ab; sobald er die Leitung nicht mehr in Händen hielt, zerbrach das Gebilde in den Stürmen des Nationalismus und Imperialismus.

DIE SCHÖPFERISCHE PERSÖNLICHKEIT UND DIE GESCHICHTE

Die Vorherrschaft der großen Persönlichkeit und die absolute Unterordnung anderer, vielleicht ebenso fähiger, aber weniger mächtiger und rücksichtsloser Persönlichkeiten war während der zweiten Hälfte des 19. Jahrhunderts charakteristisch für das Bild Europas im allgemeinen und für das Deutschlands im besonderen. Das schöpferische Einzelwesen wurde nicht mehr als Medium des Geistes oder formaler Größe angesehen, wie es sich zuletzt im Barock zeigte. Nach der Mitte des Jahrhunderts wurde die schöpferische Kraft nicht mehr aus dem wandlungsfähigen Charakter eines Weltgeistes hergeleitet, sondern aus der Originalität eines Individuums, das die neuen Bedürfnisse oder Geschmacksrichtungen der Zeit ausspricht. Diese schöpferische Kraft manifestierte sich besonders im Bewußtsein der Individuen, die sich als Brücke zwischen Vergangenheit und Zukunft dienen sahen.

Ein solches historisches Bewußtsein äußerte sich auf zwei Weisen: Da waren erstens die Wiederbelebung alter Baustile, das Interesse von Gelehrten und Publizisten, historische Vorbilder für Institutionen aller Art zu finden, und das Bemühen der Philosophen um die Wiederherstellung alter Denkformen; zweitens gab es eine Gruppe von Künstlern und Philosophen, die diese Abhängigkeit von der historischen Vergangenheit zu transzendieren suchten, indem sie nach einer Kunst und Philosophie strebten, die mehr die starken und funktionellen Energien des Lebens selbst ausdrücken sollten als die Wiederbelebung von Formen der Vergangenheit. Diese Absicherung der schöpferischen Persönlichkeit als Auflehnung gegen die mittelständische Einbeziehung der Vergangenheit – als ob Erbschaft eine Art des Besitzes sei – äußerte sich in Frankreich besonders charakteristisch in der Malerei von Manet und Cézanne, in Deutschland in der Philosophie von Nietzsche und Dilthey. Es war eine Auflehnung gegen die Annahme des Mittelstandes, daß sich die gesamte Geschichte auf die Verwirklichung der Werte hin bewegt habe, für die er selbst eintrat. Neben der proletarischen Revolte tauchte hier eine neue Art der Revolution auf, die des schöpferischen Einzelwesens; sie richtete sich gegen die mittelständische Enteignung der Vergangenheit und der Gegenwart.

Die große Persönlichkeit des 19. und besonders des 20. Jahrhunderts war sich voll bewußt, daß ihre schöpferische Kraft von ihrer Identifizierung mit dem geschichtlichen Augenblick abhing, in dem sie stand, und nicht aus einer Tradition nationaler Eigenart oder aus der Erwartung einer neuen Ordnung entstand. Die völlige Immanenz und zugleich Transzendenz der großen Individuen wurde im 20. Jahrhundert von Lenin und Hitler erreicht, die sich als Bewegung der Geschichte selbst ansahen, nicht als Teilnehmer am Geschichtsablauf.

XII. Wissenschaftliche Technologien, machtstaatliche Geschichte und Kultur

Die mittleren Jahrzehnte des 19. Jahrhunderts bilden eine intellektuelle Wasserscheide in der europäischen Geistesentwicklung. Sie kennzeichnen die Wende von einer idealistischen und spekulativen Lebensauffassung zu einer realistischen und materialistischen Haltung gegenüber Natur und Geschichte und zu einem starken Interesse an den exakten Verfahren der Einzelwissenschaften. Dieser Wechsel ging in den deutschen Staaten sehr abrupt vor sich, weil hier idealistische und romantische Denkformen weitgehend die rationalistische Haltung der Aufklärung vernichtet hatten, deren starker Einfluß in Frankreich und England im 19. Jahrhundert noch deutlich spürbar war.

Der Umschwung des deutschen Denkens ins entgegengesetzte Extrem des Realismus und Materialismus war ein neues Beispiel für die deutsche Tendenz zu radikalem Denken. In dem Bestreben, alle Möglichkeiten zu entwickeln, die der neue Gesichtspunkt enthielt, zielten die Deutschen darauf ab, ihn in eine Welt- und Lebensanschauung zu verwandeln. Die neue Denkrichtung mußte totalitär werden, weil sie auf das ganze geistige, politische und soziale Leben angewendet wurde. Der Säkularismus wurde eine immanente Kraft. Umgekehrt tauchte in den westlichen Ländern die säkulare als natürliche Ordnung neben einer geistigen auf, die beide ihre Selbständigkeit zu behaupten suchten.

DIE ERHEBUNG DER POSITIVISTISCHEN WISSENSCHAFT

Seit der zweiten Hälfte des 19. Jahrhunderts dominierten die Naturwissenschaften über die humanistischen Disziplinen wie Philosophie, die den Ruhm der deutschen Universitäten der vorhergehenden Epoche begründet hatten. Die empirische Einstellung der spezialisierten Wissenschaften löste die frühere spekulative Methode der Naturphilosophie ab. Das Studium von Einzelphänomenen trat an die Stelle der Forderung nach einem allumfassenden Denkmodell des Universums. Die Medizin rückte die Klinik, Physik und Chemie das Laboratorium, die historisch-philologischen Fächer das Seminar in den Mittelpunkt; die Erforschung der Fakten ging über alles.

Das letzte, wirklich große enzyklopädische Werk war der »Cosmos« (5 Bände, 1845–1858) von Alexander von Humboldt, dem Bruder von Wilhelm, dem humanistischen Erziehungsreformer. Aber selbst dieser Versuch, eine zusammenhängende Anschauung des Universums zu gewinnen, fußte hauptsächlich auf Einzeluntersuchungen positiver Phänomene, vorwiegend im Bereiche der Geographie. Die beiden bedeutendsten Verallgemeinerungen der Epoche, die von der Erhaltung der Energie von Robert Mayer (1842) und Charles Darwins Auffassung von der Entwicklung durch natürliche Auslese (1859), zeigen den begrenzten und hypothetischen Charakter der Ideen, die von den Wissenschaftlern der Zeit vorgetragen wurden. Der große Physiker und Physiologe Hermann von Helmholtz (1821–1894) verwarf die gesamte organische Auffassung des Paracelsus zugunsten der mechanistischen Ansicht, die Descartes vertreten hatte. Er wollte Physik und Physiologie auf einer gemeinsamen mechanistischen Basis vereinigen; er machte sich daran, für diesen Zweck geeignete Instrumente zur genauen Messung zu erfinden.

Die Philosophie folgte den Wissenschaften darin, das Universum als kausale, mechanische Ordnung zu betrachten. Mit Hegel war die idealistische und spekulative Bewegung zu Ende gegangen. Zwar gab es in der zweiten Hälfte des Jahrhunderts bedeutende Wiederbelebungen in der Gestalt der neuhegelianischen und der neukantianischen Bewegung, aber sie eröffneten keine neuen Ausblicke. Wie die Namen andeuten, lieferten sie nur Variationen zu den Themen ihrer großen Meister. Die Philosophie wurde entweder die Magd der empirischen Wissenschaften, wie sie im Mittelalter die Magd der Theologie gewesen war, oder sie stand in steriler Opposition zu ihnen.

Die Welle der mechanistischen und materialistischen Auffassungen während der 1850er, 1860er und 1870er Jahre läßt sich an der Popularität der Werke von Jacob Moleschott (1822–1893) und Ludwig Büchner (1824 bis 1899) messen. In ihnen werden Philosophie und Naturwissenschaft als ununterscheidbar angesehen. Chemische Reaktionen, mechanische Gesetze und Anpassung an die Umgebung dienten zur Erklärung aller Phänomene nicht nur der physikalischen Natur, sondern auch der Psyche des Menschen.

Die Popularität dieser materialistischen Welt- und Lebensanschauung begann gegen Ende des Jahrhunderts zu schwinden. In einer berühmten

Vorlesung aus dem Jahre 1880 behauptete der bekannte Physiologe Emil Du Bois-Reymond, die Hälfte der sogenannten Welträtsel, die die Natur der Materie und Energie und die Ursprünge der Bewegung und des Lebens beträfen, seien für die Wissenschaft unlösbar. Aber noch 1899 entwarf Ernst Haeckel in einem sehr populären und einflußreichen Buch »Die Welträtsel« eine umfassende Lösung.

DIE DEUTSCHE FÜHRUNG IN DER VERBINDUNG VON WISSENSCHAFT UND TECHNIK

Das wohl bemerkenswerteste Charakteristikum der Entwicklung der Wissenschaft seit 1850 war ihre immer engere Verknüpfung mit der Technik. Die Technik war angewandte Naturwissenschaft. Im frühen 19. Jahrhundert wurden die Deutschen führend in der Anwendung der Wissenschaft auf die praktischen Probleme der Landwirtschaft und der Industrie. Das war im Hinblick auf den radikalen Umschwung von einer idealistischen und spekulativen Haltung zu einer empirischen und pragmatischen Einstellung in den Einzelwissenschaften naheliegend. Auch gab es in Deutschland keine Untermauerung der Wissenschaften durch eine herrschende Philosophie des Naturgesetzes wie in England und Frankreich.

In England und Frankreich nahmen die empirischen Wissenschaften während des 17. und 18. Jahrhunderts eine beherrschende Stellung ein. Folglich waren in Frankreich die Wissenschaften mit Aufklärung und Revolution verbunden, in England mit dem liberalen Streben um die Freiheit des einzelnen und der Entwicklung eines Weltmarktes. Aber in Deutschland traf die Vorherrschaft der empirischen Einzelwissenschaften mit dem industriellen Aufschwung und der Entstehung von Bismarcks Machtstaat zusammen. Im späten 19. Jahrhundert ging die Wissenschaft von der Annahme aus, die Herrschaft über die Natur könne nun verwirklicht werden, und diese Vorstellung verband sich eng mit den neuen industriellen Prozessen und dem imperialistischen Machtmotiv des neuen Nationalstaates.

Die Entwicklung der Chemie in Deutschland war typisch für die enge praktische Zusammenarbeit der Wissenschaft mit Industrie und Landwirtschaft, vielleicht deshalb, weil der Chemie die Tendenz zur Theorie fehlte, die in der Physik durch breit angelegte mechanistische Verallgemeinerungen gefördert wurde. Das Werk Justus von Liebigs (1803–1873) legte den Grundstein zu dieser Verbindung, besonders mit der Landwirtschaft. 1822 ging er nach Paris, um bei dem berühmten Chemiker Gay-Lussac zu studieren, bei dem er die Beherrschung der experimentellen Methode erlernte.

Nach seiner Rückkehr wurde er Professor in Gießen, wo er das erste Experimentierlabor einrichtete, das für die Ausbildung von Chemikern bestimmt war.

Liebigs Gesamtbild von der Natur, das von seiner Bewunderung für Paracelsus zeugt, trug sicherlich zu seiner Assoziation von Chemie und Pflanzenwuchs bei. Die vorherrschende Meinung unter den Landwirtschaftlern war die, daß nur die Erde selber ihr eigenes natürliches Gleichgewicht wiederherstellen könne; Liebig dagegen behauptete, der Mensch beute die Natur aus und müsse sie für die Verluste entschädigen, die er ihr zugefügt habe. Er behauptete ferner, daß der Niedergang ganzer Reiche, Völker und Rassen der rücksichtslosen Ausbeutung und Ausplünderung der Nährstoffe der Erde zugeschrieben werden könne. Die Chemie könne der Natur zu Hilfe kommen, ihre erschöpften Vorräte durch künstliche Dünger wieder auffüllen und dadurch eine unbegrenzte Entwicklung der Nahrungsquellen und Bevölkerung ermöglichen.

Die mittleren Jahrzehnte des 19. Jahrhunderts, das heroische Zeitalter der modernen industriellen Technologie, waren voll des Optimismus, daß der Mensch schließlich die Plagen der manuellen Arbeit und den Geiz der Natur überwinden würde. Wenige teilten die Ehrfurcht vor der Natur, die Liebig immer noch bewegte. Die vorherrschende wissenschaftliche und technologische Ansicht besagte, die Erde sei ein toter Mechanismus, der beliebig ausgebeutet werden könne. Die Ausbeutung von Feld, Wald und See wurde mit unvergleichlichem Eifer betrieben. Der Bergbau mit seinen Schlackenhalden und den Wunden, die er der Erde schlug, war der Entstehung eines neuen Gefühls für Kulturformen nicht förderlich. Tatsächlich kam es in der Architektur zu einer »Ausgrabung der Vergangenheit« in Gestalt der Verwendung klassischer und gotischer Elemente, die den stark eklektischen Stil der zweiten Hälfte des Jahrhunderts hervorbrachte. Nur in der Malerei, der Musik und dem Roman, wo das individuelle Genie über die Erinnerung an große historische Formen dominierte, gab es eine beträchtliche schöpferische Tätigkeit.

Deutschlands industrielle Entwicklung gegen Ende des 19. Jahrhunderts war überwältigend. Sie traf mit der zweiten Phase der industriellen Revolution zusammen, die folgende ins Auge fallende Entwicklungen brachte: eine Revolution im Verkehrswesen; den Beginn der großangelegten Aktiengesellschaften und der Massenproduktion; die Anwendung wissenschaftlicher Technologie auf die Produktion durch die Zusammenarbeit von Laboratorium und Fabrik. In diesen Entwicklungen war Deutschland führend, besonders in der Anwendung wissenschaftlicher Forschung auf die technische Entwicklung. Der nötige Rohstoff für diesen großen industriellen Fortschritt lag in den reichen Kohlenlagern an der Ruhr und den Eisenvorräten Lothringens. Aber noch wichtiger war, daß die Arbeiterklasse ein starkes Gefühl für Disziplin, Pflicht und Gehorsam gegenüber der Autorität hatte. Auch wenn der deutsche Arbeiter der sozialdemokratischen Partei beigetreten war, zeigte er kaum eine Neigung zu Streik und Sabotage wie etwa der französische Arbeiter, der weit eher die direkte Aktion der Syndikalisten bejahte, die im deutschen Wirtschaftsleben keine Rolle spielte.

Die großen Fortschritte in der chemischen und der Elektroindustrie waren ein besonders charakteristisches Produkt der Verbindung von Labor und Fabrik. Die Grundlagen der elektrischen und der chemischen Industrie wurden von Siemens und Liebig gelegt, vom ersten durch Erfindungen im Bereiche der Elektrizität, vom zweiten durch chemische Forschung.

Wie Edison verband Werner von Siemens (1816–1892) eine große Erfindergabe mit geschäftlicher Tüchtigkeit. Noch stärker als Edison spiegelte er den Geist der Zeit bei der Verwandlung wissenschaftlicher Kenntnisse in die Praxis. Er war der eigentliche Vater der deutschen Elektroindustrie. Seine größte Erfindung war der Dynamo. Im Jahre 1867 gründete er die Siemens-Halske-Elektricitätsgesellschaft, aus der sich der Elektrotrust entwickelte, der als Allgemeine Electricitäts-Gesellschaft (AEG) bekannt ist.

Die chemische Industrie nahm ebenfalls einen gewaltigen Aufschwung. Als Großindustrie war sie überhaupt eine Erfindung der Deutschen. Obwohl auch anderswo grundlegende Entdeckungen gemacht wurden, waren es die Deutschen, die eine industrielle Anwendung dafür fanden. Bayer legte durch die Entwicklung von synthetischem Indigo den Grundstein zur Anilinfarben-Herstellung aus Steinkohleteer. Auch hier erwuchs ein großes Syndikat. Die Stickstoffgewinnung aus der Luft ermöglichte große Fortschritte in der Landwirtschaft. Deutschlands führende Stellung in der chemischen Industrie blieb bis weit ins 20. Jahrhundert unangefochten.

DIE UNIVERSITÄTEN WERDEN ZU FORSCHUNGSZENTREN

Wie die humanistischen Disziplinen fanden auch die Naturwissenschaften ihr Haupttätigkeitsfeld in den Universitäten, denen sie bald das Gepräge gaben. Seit den Tagen Luthers war der Professor der Schiedsrichter in theologischen Kontroversen und Rechtsstreitigkeiten gewesen. Man könnte sagen, das deutsche Gewissen habe seine Heimstätte in den Universitäten gefunden. In der zweiten Hälfte des 19. Jahrhunderts begann die Bedeutung des Professors als Richter in moralischen und kulturellen Fragen zu verblassen; er wurde mehr und mehr nur noch als Fachmann in bestimmten Wissensgebieten angesehen.

Es sollte betont werden, daß die Kleinstaaterei wenigstens eine uniforme Erziehung verhindert hatte, wie sie für Frankreich charakteristisch ist. Universitäten wurden in Deutschland von fast jedem Land gegründet. Die Folge war, daß sie eine gewisse lokale Färbung und Eigenheit entwickelten. Die unterschiedliche Glaubenssituation trug ebenfalls zur Nuancierung der Standpunkte bei. Die protestantischen Gründungen paßten sich im allgemeinen besser der neuen Geisteshaltung an als die katholischen Hochburgen, die schließlich im Neuthomismus ein Mittel der Versöhnung mit den neuen Strömungen fanden, ohne fundamentale religiöse Überzeugung aufgeben zu müssen.

Eine enge Verbindung bestand zwischen Bürokratie und Gelehrtentum. Der Universitätsprofessor erhielt in der Regel seinen Ruf durch einen Staatsminister. Aber trotz dieser Verbindung mit dem Staat erfreuten sich die deutschen Universitäten eines hohen Grades von Selbstverwaltung, in die der Staat selten eingriff. Es galt noch immer, daß die Gelehrsamkeit im Reiche des Geistes lag und von der Staatsgewalt frei sein sollte. Die idealistische und humanistische Auffassung des frühen 20. Jahrhunderts übte somit auf die deutschen Universitäten eine nachhaltige Wirkung aus.

Wie bisher kamen die Gelehrten hauptsächlich aus dem Mittelstand, besonders aus seinen unteren Schichten. Wie vorher stellten Söhne lutherischer Pfarrer den Nachwuchs für die Lehrstühle; aber jetzt, um die Jahrhundertmitte, kam eine zunehmende Anzahl auch aus Bauern- und Handwerkerfamilien. Sie vermittelten dem Gelehrtentum den Geist von Disziplin und Fleiß, der ihre sozialen Schichten durchdrang. Das ausgeprägte Gefühl für ihre untergeordnete Stellung innerhalb der sozialen Hierarchie ließ sie die Anonymität in der Erkundung eines begrenzten Forschungsgebietes suchen.

Was dem deutschen Gelehrtentum weiterhin dynamische Qualität verlieh, waren die akademischen Fehden, die sich jetzt hauptsächlich mehr um Fragen der historischen Interpretation solcher Bewegungen wie der Renaissance und der Reformation als um theologische Streitfragen drehten. Die großen Historiker, Philosophen und Philologen – Savigny, Ranke, Hegel, Sybel und Wilamowitz-Moellendorff – brachten die großen Kontroversen ins Rollen, die die akademische Welt erschütterten. Die akademischen Fehden waren ein Ausdruck der Freiheit des Geistes, deren Hüter die Universitäten sein sollten. Es erschien eine ungeheure Anzahl gelehrter Zeitschriften, die Forschungsergebnisse und die oft beißende Rezensionen akademischer Kritiker brachten. Die kleineren Leuchten der Wissenschaft hielten sich im Gefolge der großen. Wenn auch oft regelrechte Verleumdungen diese gelehrten Turniere verdarben, so verliehen sie doch der deutschen Gelehrsamkeit eine Lebhaftigkeit und Intensität, die man in den meisten anderen Ländern vermißte.

Die zunehmende Betonung der Spezialisierung und methodischen Forschung führte oft bloß zu betriebsamer Mittelmäßigkeit, die angelegentlich Tatsachen innerhalb eines begrenzten Gebietes zusammentrug. Lehre und Forschung wurden aufs engste miteinander verknüpft; der Professor trug seinen Studenten vorwiegend Forschungsergebnisse vor und beschäftigte sich nicht so sehr damit, Normen und Werte zu formulieren. Das ganze Prüfungs- und Promotionssystem diente hauptsächlich dazu, die Befähigungen derjenigen zu testen, die sich an diesen peinlich gewissenhaften Forschungen beteiligen wollten. Gelehrte aus anderen Ländern, besonders aus England und Amerika, kamen, um aus den Quellen der deutschen Gelehrsamkeit zu schöpfen, und sie trugen die deutschen Methoden heim in ihre eigenen Länder.

DAS VORHERRSCHEN DES HISTORISCHEN POSITIVISMUS

Die überwiegend empirische und realistische Einstellung zeigte sich auch in der Geschichtswissenschaft. Der Historismus begann in den deutschen Ländern die Oberhand über rationalistische oder naturalistische Anschauungen in Recht und Wirtschaft wie auch auf den allgemeinen Gebieten von Kultur und Politik zu gewinnen. Wir sprachen schon von dem romantischen Interesse an den Ursprüngen von Recht und Sprache, wie es sich besonders bei Friedrich von Savigny und Jacob Grimm zeigte. Sowohl Friedrich List als auch Karl Marx beschäftigten sich – aus entgegengesetzten ideologischen Richtungen kommend – mit der Stellung des aufkommenden Industriekapitalismus in der Entwicklung der deutschen Nation einerseits und des Arbeiterproletariats andererseits.

Die Anwendung der historischen Betrachtungsweise auf diese verschiedenartigen Gebiete führte dazu, daß die Beziehungen von Recht und Wirtschaft zu anderen Erscheinungsformen der Kultur stärker beachtet wurden als ihre individuelle Autonomie; der Nachdruck lag mehr auf der Darstellung historischer Fakten als auf theoretischen Prinzipien, mehr auf der Durchsetzung allgemein ethischer und gruppengebundener Ziele in der Wirtschafts- und Rechtspolitik als auf Wettbewerb und individueller Beteiligung.

Diese Schwerpunkte spielten eine noch größere Rolle in der um die Jahrhundertmitte höchst einflußreichen national-liberalen oder, wie sie häufiger genannt wird, preußischen Schule von Historikern. Ihre Hauptvertreter waren Friedrich Christoph Dahlmann (1785–1860), Johann Gustav Droysen (1808–1884), Heinrich von Sybel (1817–1895) und Heinrich von Treitschke (1834–1896). Aktiver in Staatsangelegenheiten als ihre Kollegen aus anderen Ländern dienen sie als Beispiel für einen weiteren augenfälligen Charakterzug deutscher Gelehrter. Dahlmann und Droysen waren führend an den Beratungen des Frankfurter Parlaments von 1848 beteiligt. Alle spielten eine führende Rolle bei der Vertretung nationaler und liberaler Standpunkte in der Politik.

Die national-liberalen Historiker betonten nachdrücklich die Bedeutung der Macht der Geschichte; für sie bildeten nicht moralische Kräfte, sondern Staatsmacht und Klasseninteressen die bestimmenden Faktoren. Die Revolution von 1848 hatte den entscheidenden Vorrang dieser Faktoren vor den geistigen Kräften in menschlichen Dingen sichtbar gemacht. Droysen richtete bei der Beschäftigung mit der Antike seine Aufmerksamkeit mehr auf die hellenistische und die römische Periode, in denen der Machtstaat Bedeutung hatte, als auf das Athen des Perikles, wo Kultur und Freiheit als dominierende Kräfte angesetzt wurden. Alexander der Große und Julius Cäsar wurden nicht mehr als Vernichter der Freiheit und Geschöpfe einer dekadenten Kultur angesehen, sondern vielmehr als die Genies, die die Forderung der Kultur und das allgemeine Wohlergehen mit politischem Machtinteresse verbanden. Gepriesen wurde der realistische und empirische Geist in Kunst und Gelehrsamkeit der hellenistisch-römischen Kultur. Sybel versuchte in seiner Darstellung der Französischen Revolution zu zeigen, daß die Parteiideologien und die Politik der Versammlungen weniger wichtig waren als die Eigentumsinteressen des Bürger- und Bauerntums.

Diese Historiker enthielten sich großartiger spekulativer Geschichtskonzeptionen, wie Hegel sie vertrat. Ihre Geschichtsbetrachtung scheute auch vor der romantischen Suche nach dunklen Ursprüngen von Brauch und Gemeinschaft im »Volksgeist« zurück; sie neigten zu einer nüchternen Darstellung politischer Formen und Kräfte auf Grund sorgfältiger Analyse der Primärquellen. Selbst wenn ihnen Rankes farbenprächtige Schilderungen von Persönlichkeiten und Ereignissen zu weit gingen, schenkten sie den in seinem Seminar mit größtem Nachdruck vertretenen sorgfältigen Forschungsmethoden große Beachtung.

DIE HISTORIKER UNTERSTÜTZEN DEN MACHTSTAAT

Höchst bedeutungsvoll war die Abweichung von Rankes Auffassung, der Historiker solle nicht über ein Zeitalter, sein eigenes eingeschlossen, zu Gericht sitzen. Sie vertraten die Meinung, der Historiker müsse Stellung beziehen, da er ethisch gebunden sei, sich sowohl in seinen Schriften als auch in seinen Betätigungen als Bürger für Freiheit und nationale Einheit einzusetzen. Ihrer Meinung nach könne und solle man keine bloß kontemplative Haltung einnehmen. Diese Frage lag der Kontroverse zwischen dem preußischen Historiker Sybel und dem Österreicher Julius von Ficker über die Bedeutung des mittelalterlichen Reichs zugrunde.

Für Ficker war das Heilige Römische Reich die wahre Verkörperung deutscher Tradition und Sendung. Es hatte jene unwägbaren Werte hervorgebracht, die sich in den Habsburgern und in Österreich fortsetzten. Deutsche Kultur hatte, als Folge des Reichs, in Mitteleuropa einen herrschenden Einfluß erlangt.

Auf der anderen Seite vertrat Sybel die Meinung, die mittelalterlichen Herrscher hätten nicht auf imperialistische Abenteuer in Italien ausgehen sollen. Wie die Capetinger in Frankreich hätten sie zu Hause bleiben, einen festen Machtkern rings um ihre angestammten Besitzungen aufbauen und so zur nationalen Vereinigung Deutschlands beitragen sollen. So wie die Dinge lagen, waren die deutschen Länder der Kleinstaaterei erlegen. Eine starke deutsche Nation konnte jetzt nur noch um den festen Kern eines einzelnen deutschen Staates errichtet werden. Es ist offensichtlich, daß Sybel dabei an Preußen dachte. Für ihn und seine gleichgesinnten Kollegen war Österreich das Haupthindernis für die deutsche Einigung, weil es katholisch war, viele Nichtdeutsche umfaßte und von seinem imperialistischen Erbe nicht loskam.

Diese nationalistischen, politisch denkenden Historiker forderten mit Entschiedenheit für den Staat Festigkeit nach außen und auf konstitutioneller und parlamentarischer Basis beruhende Freiheit im Innern. Zur Zeit seiner Kontroverse mit Ficker leistete Sybel als Mitglied des preußischen Parlaments Bismarcks Methoden der starken Hand im Umgang mit der Versammlung heftigen Widerstand. Bekanntlich wurde England als das große Vorbild konstitutioneller Entwicklung angesehen, und man hoffte, Deutschland würde einen ähnlichen Kurs einschlagen. Diese Auffassung, die bei vielen liberalen Historikern des 19. Jahrhunderts einen fast doktrinären Charakter annahm, hatte ihren Ursprung in der Überzeugung, die uns schon früher begegnete: daß die besondere Form der englischen Freiheit unter den frühen Germanen entstand und allen germanischen Völkern gemeinsam war. In der graduellen Entfaltung des englischen Common Law und der Parlamentspraxis hatte sich erwiesen, daß die ursprüngliche Freiheit zu der revolutionären Volksherrschaftsidee romanischen Ursprungs, wie sie im französischen Staat verkörpert schien, im Widerspruch stand. Der zunehmende Nachdruck auf die allmähliche legale und politische Entwicklung spiegelt die wachsende gegenrevolutionäre Einstellung der bürgerlichen Liberalen wider.

Ebenso bedeutsam war das gewandelte Verständnis der Nationalität unter den deutschen Gelehrten. Zu Anfang des 19. Jahrhunderts hatte man angenommen, nationale Einigung werde durch langsame und friedliche Zunahme des nationalen Selbstbewußtseins erreicht; entweder durch die Ausbreitung konstitutioneller und parlamentarischer Einrichtungen oder durch den organischen Ausdruck des »Volksgeistes« innerhalb historisch vorgegebener Institutionen. Durch Bismarcks militärische und diplomatische Erfolge waren jetzt jedoch viele aus dem liberalen und auch aus dem konservativen Lager dazu übergegangen, den Staat als Machtinstitution zu verherrlichen.

Der Hauptvertreter dieser Richtung war Heinrich von Treitschke (1834 bis 1896). Er war der Sohn eines sächsischen Generals und hatte sich dem akademischen Leben zugewandt, als zunehmende Taubheit eine militärische Karriere unmöglich machte. Er war tief erregt durch die nationale und liberale Erhebung von 1848 und hatte sich gegen die rücksichtslosen Taktiken Bismarcks im Parlament gewandt. Aber nach dem Schleswig-Holsteinischen und dem Preußisch-Österreichischen Kriege waren ihm Bismarcks Anstrengungen klargeworden, Preußen zu dem Rahmen zu machen, innerhalb dessen sich die deutsche Einheit verwirklichen konnte. Er trat nun dafür ein, daß Freiheit und Kultur nur in diesem Rahmen verwirklicht werden konnten, und versuchte in zahlreichen Schriften und Vorlesungen, besonders an der Universität Berlin (nach 1874), zu zeigen, daß der Preußische Staat die sichtbare Verkörperung kommender deutscher Größe sei.

Es sei ausdrücklich betont, daß der Staat weder für Treitschke noch für die National-Liberalen (die liberalen Anhänger Bismarcks) ein Selbstzweck war; er war nur der Nährboden für die Entwicklung der Freiheit und Kultur. Obwohl die Nationalliberalen daran festhielten, daß innere Freiheit auf parlamentarischer Grundlage notwendig war, so gaben sie doch der staatlichen Einigung den Vorrang gegenüber der Selbstregierung im Innern. In bezug auf den Staat entwickelten sie eine scharfe gedankliche Trennung zwischen der irrationalen Kraft einer Machtpolitik nach außen und dem Herrschen von Gesetz und Recht im Innern; dazu gehörten Beratungen und Debatten im Parlament. Die zunehmende Vorrangstellung der Außen- vor der Innenpolitik führte jedoch zu der Schlußfolgerung, daß der Staat im Innern eine starke, autoritäre Regierung brauche.

DAS CHARISMA VON REICH UND VOLK UND DER MACHTSTAAT

Der preußische Staat hatte seine dynamische Entwicklung in der Vergangenheit von der Führungskraft einer großen herrschenden Persönlichkeit bezogen. Für Bismarck war der Staat kein abstraktes Wesen, sondern der Ausdruck eines einzelnen, konkreten Herrscherwillens. Sein Ethos war verkörpert im politischen Vermächtnis der Hohenzollernherrscher; mehr als die konstitutionell-legale Ordnung verbürgten diese die wirkliche Kontinuität des Staatswillens.

Der Staat an sich repräsentierte nur Form und Funktion, keine Idee wie Frankreichs Fortschritt der Zivilisation, Englands »Last des weißen Mannes« oder Rußlands Drittes Rom. In Deutschland verkörperte nur das »Reich« die Idee einer Sendung. Die politische Form des Reiches hatte längst die mittelalterliche Sendung, den Osten zu zivilisieren und zu christianisieren, verloren. Eine Spur seiner früheren Bedeutung blieb nur in der Idee vom deutschen »Lebensraum« erhalten. Seinen religiösen Universalismus verlor es im Bismarck-Reich, welches auf lutherisch-protestantischer Basis errichtet war und in polarer Spannung zum römischen Katholizismus und seiner säkularisierten Form, der französischen Aufklärung, stand.

Schon bei der Errichtung des Zweiten Reichs waren kritische Stimmen laut geworden, weil es Reich und Volk durch ihre Unterordnung unter den Staat ihrer universellen und geistigen Implikationen beraubt hatte. Die schärfsten Kritiker, die das Charisma von Reich und Volk wiederzubeleben trachteten, waren Einzelgänger, zum Beispiel Constantin Frantz (1817 bis 1891) und Paul de Lagarde (1827–1891); sie stammten aus dem Kleinbürgertum, und ihr Standpunkt war weder betont konservativ noch liberal. Frantz und Lagarde verfaßten die meisten ihrer Schriften in den ersten zwanzig Jahren des Bismarckschen Reichs, wirklich spürbar wurde ihr Einfluß aber erst später. Ihre Meinung war eindeutig geprägt durch eine Rückwendung zur romantischen Auffassung von Reich und Volk. Neoromantische Gesellschaftsphilosophen hatten versucht, dem Reich wieder etwas von seiner alten geistigen Atmosphäre zu vermitteln, die Volksgemeinschaft wieder zu beleben und dadurch etwas von dem Gemeinschaftsgefühl und Sendungsbewußtsein wiederzuerwecken, das die Deutschen befähigt hatte, im Mittelalter eine große Rolle zu spielen.

Für den konservativen und sehr scharfsinnigen preußischen Publizisten

Constantin Frantz lag der Schlüssel zu den Problemen Mitteleuropas im Föderalismus. Frantz stellte den Föderalismus dem Nationalismus und Etatismus gegenüber; er sei Ausdruck natürlichen Wachstums, im Gegensatz zum konstruierten Bismarck-Reich. Überdies sei der Föderalismus der Gesinnung nach wirklich christlich, während sowohl Nationalismus als auch Etatismus egoistische Beweggründe hatten. Im Föderalismus konnten sowohl das Machtmotiv des Etatismus als auch das Streben nach Eigenständigkeit des Nationalismus in einer dritten, höheren Form zur Harmonie gelangen.

Diese neue Harmonie hatte sich schon im Heiligen Römischen Reich abgezeichnet. Sie hatte tausend Jahre relativer Ruhe größtenteils dadurch bewirkt, daß sie Spiritualien und Temporalien vereinte, deren Trennung in der Moderne die Hauptursache der Streitigkeiten wurde. Das Haupt des Imperiums stützte sich auf göttliches Recht und auf Wahlen. Die Wahlen wurden nicht, wie moderner Liberalismus und Demokratie es verfochten, von Individuen abgehalten, sondern von Körperschaften und Vereinigungen.

Frantz führte aus, daß Deutschland auf Grund seiner Mittellage und seiner Tradition des *sacrum imperium* den natürlichen Kern eines europäischen Bundes bilde. Es hatte viele Dynastien hervorgebracht und konnte deshalb die notwendige monarchische Führung stellen. Die Monarchie war wesentlich, weil sie das charismatische Element lieferte, ohne das eine politische Macht zur bloßen Gewalt wird oder in die Zweckmäßigkeitserwägungen der Parteien abgleitet. Da Frankreich Hauptexponent des Rationalismus war, der zersetzend auf die Gemeinschaft wirke, sollte man ihm die Führung nicht übertragen. Weder England noch Rußland gehörten streng genommen zur europäischen Völkergemeinschaft. Sowohl Rußland als auch Amerika stellten wegen ihrer weiten Ausdehnung und ihrer Kraftreserven eine mögliche Bedrohung dar, angesichts deren sich Europa vereinen sollte. Eine europäische Vereinigung sollte auf die Dauer einen überkonfessionellen Typ des Christentums entwickeln, der seinerseits als Grundlage für eine ökonomische Gemeinschaft dienen könnte [1].

Paul de Lagarde bemühte sich hauptsächlich darum, eine religiöse Grundlage für den deutschen Nationalismus zu finden. Als Orientalist war er durch seine Forschungen über die Septuaginta bekannt. Sein höchstes Ziel war die Veröffentlichung einer Bibelausgabe, aber in späteren Jahren richteten sich seine Energien immer mehr auf die Abfassung »kulturphilosophischer« Artikel und Essays. Lagardes heftigste Kritik an Bismarck bestand in dem Vorwurf, dieser verfolge eine Linie, die, begründet von Luther und fortgeführt von Hegel, in einer Vergottung des Staates gipfele.

Das deutsche Volk wurde dabei seiner geschichtlichen Rolle beraubt. Um diese wiederzuentdecken, werde der Deutsche eine eigene Religion entwickeln müssen. Lagardes Studien der jüdischen messianischen Idee hatten ihm die Wichtigkeit dieses Antriebes im Volksleben enthüllt. Aber er war durchaus dafür, das gegenwärtige Christentum vom jüdischen Einfluß zu säubern. Sein scharfer Antisemitismus kann möglicherweise dem Umstand zugeschrieben werden, daß er im raschen Aufstieg des Juden in allen Schichten des deutschen Lebens die Auswirkungen eines rivalisierenden Messianismus sah. Auf jeden Fall war dieser säkularisierte Messianismus für den Deutschen mit seiner obrigkeitsfreundlichen Einstellung eine Gefahr.

Lagarde war auch fest durchdrungen von der theosophischen Meinung des 17. Jahrhunderts, eine neue Weltreligion tue not, die sowohl von jüdischen als auch von römisch-katholischen Elementen gereinigt wäre und auf das Urchristentum zurückginge. Luthers direktes Verhältnis zu Gott wurde befürwortet, aber in der Art der ersten Christen, für die Gott reiner Geist war, der unmittelbar durch die Natur und die Herzen der Menschen sprach. Für Lagarde waren die Evangelien die große Offenbarung dieser Religion des Geistes.

Hier erstand wieder der alte mystisch spekulative Glaube, der sich von Meister Eckehart und Jacob Böhme über Schelling bis ins 19. Jahrhundert fortsetzte. Bei Lagarde erfuhr er jedoch jene nationale Färbung, die später bei Alfred Rosenberg so stark hervortrat.

Nach Lagardes Meinung führte Bismarcks Vergottung des Staates ihn zu reinem Zweckmäßigkeitsdenken. Bismarck ging nicht weit genug; er hätte Europa von den zwei in der Hauptsache militaristischen Nationen Frankreich und Rußland befreien sollen. Er hätte seine Eroberungen nach Osten und Westen ausdehnen sollen, um ein neues *sacrum imperium* unter deutscher Führung zu errichten.

Frantz und Lagarde sind Beispiele aus dem 19. Jahrhundert für jene typisch deutschen Denker, die wir schon früher antrafen, die versuchen, jenem unterirdischen Verlangen nach Einheit und Unmittelbarkeit Ausdruck zu verleihen, und damit vom zweckmäßigen Verhalten in der Politik ablenken.

Das sind die wahren deutschen Revolutionäre. Sie planen keine politischen und sozialen Neuordnungen auf rationalen Prinzipien, sondern greifen auf eine angebliche frühere Harmonie und Solidarität zurück wie beispielsweise im *sacrum imperium*, das sie gern wiedererstehen sähen.

Zwei Merkmale kennzeichnen dies Verlangen nach einer umgekehrten Utopie: Erstens stellte es eine Reaktion auf den zur Zeit herrschenden funktionalen Rationalismus dar, der sich hauptsächlich mit der Anpassung der Mittel an den Zweck befaßte und zunehmenden Nachdruck auf Technik und Verwaltung legte. Beide trachteten in der rationalen Lösung – ob in Bismarcks *raison d'état*, im liberalen Konstitutionalismus oder im marxistischen ökonomischen Determinismus – politische und soziale Wurzeln eines neuen religiösen Bewußtseins zu finden.

Beide dachten an die Wiedergeburt einer spirituellen Religion, die keine kirchlichen Formen nötig hätte und das ganze Staatsleben durchdränge. Sie dachten an die Entstehung einer irrationalen Strömung, die dann endgültig in der Zeit zwischen den beiden Weltkriegen zum Durchbruch gelangen sollte.

Zweitens zeigen diese Verfasser das steigende Interesse der Intellektuellen an der Frage der deutschen Rolle oder Mission in der westlichen Gesellschaft. Eine ähnliche Fragestellung taucht zur gleichen Zeit in anderen Ländern auf, am deutlichsten in Rußland bei Danilewski und Dostojewski. Aber die Deutschen wurden nicht so völlig wie die Russen von dem Problem mit Beschlag belegt, ob sie nun zum Osten oder Westen gehörten, ein Problem, das das russische Denken im 19. und 20. Jahrhundert bis zur Außerachtlassung jeglicher objektiver Probleme beherrschte. Nichtsdestoweniger wurde sich der Deutsche bewußt, daß er zwei Kulturfronten gegenüberstand, was besonders deutlich wurde im Kulturkampf, der in den letzten Jahrzehnten des Jahrhunderts aufkam.

DIE QUELLEN DES DEUTSCHEN KULTURBEWUSSTSEINS

Wir müssen kurz die unterschiedliche Bedeutung von ›Kultur‹ und französischer Zivilisation betrachten. Im 18. Jahrhundert hatte Herder bekanntlich die Tatsache hervorgehoben, daß jedes Volk seine eigene urtümliche Kulturform hervorbringt und daß diese spontan dem geistigen Bewußtsein entspringt. Für die Romantik war Kultur ebenfalls der Ausdruck der schöpferischen Kraft des Volksgeistes. Die Franzosen des 18. Jahrhunderts mit ihrer Salon-Anschauung der Zivilisation betrachteten kulturelle Formen als Ausdruck gesellschaftlichen Umganges, begleitet von Toleranz und gutem Geschmack. Zivilisation hatte demnach kosmopolitischen Charakter.

Die Meinungsverschiedenheiten über den Ursprung der Kultur wurden durch zwei Faktoren verschärft. Erstens führte die ungeheure Ausbreitung des historischen Gesichtspunktes vorzüglich in Deutschland zu der Annahme, kulturelle Formen könnten nur aus dem Zeitgeist, dem Geist ihrer Entstehungszeit, beurteilt werden. Jede Gesellschaft und jedes Zeitalter müßten nach dem einzigartigen Charakter der Werte, die es hervorbringt, bewertet werden. Dieser Standpunkt stimmte durchaus mit dem wachsenden Nationalbewußtsein der Zeit überein. Er schien jedoch jeden allgemeinen Maßstab für die Beurteilung kultureller Ideale und Werte über Bord zu werfen.

Einen zweiten und entgegengesetzten Faktor bildete der große wissenschaftliche und technische Fortschritt, der offenbar weder schöpferische Eigenarten eines Volkes noch eines Zeitalters anerkannte; er schien eine unpersönliche und unwiderstehliche Macht zu sein, deren Dauer und deren Auswirkungen unbegrenzt waren.

Der Zwiespalt zwischen diesen beiden Entwicklungen wurde besonders in Deutschland empfunden, wo der Historismus tiefe Wurzeln in der romantischen und idealistischen Periode der Philosophie, Literatur und der Kunst hatte, wohingegen der wissenschaftlich-technische Fortschritt in der Mitte des 19. Jahrhunderts ganz abrupt aufgetreten war. Wir haben gesehen, daß der wissenschaftliche Fortschrittsbegriff in den deutschen Staaten des 18. Jahrhunderts nur geringen Einfluß erlangte; er war in den idealistischen und romantischen Strömungen mit ihrer Betonung der spontanen Schöpferkraft von Mensch und Natur untergegangen. Sogar die technische Sehweise, die von Paracelsus ausging und von Liebig fortgesetzt wurde, war nicht auf seelenlosen Mechanismus gegründet, sondern mit einem felsenfesten Glauben an die im All wirkende göttliche Schöpferkraft durchtränkt[2].

Aber in der zweiten Hälfte des 19. Jahrhunderts erfaßte die experimentelle Wissenschaft das deutsche Denken und ging mit der gleichzeitig aufkommenden Maschinenindustrie eine enge Verbindung ein. Mechanistische Theorien, die hauptsächlich im 17. und 18. Jahrhundert in England und Frankreich entstanden waren, fanden nun ihre Anhänger unter den deutschen Denkern, die, wie wir gesehen haben, monistische Philosophien vom Menschen und vom Universum auf Grund mechanistischer und materialistischer Gesetze errichteten. Die populärste, wenn auch etwas verspätete Darstellung dieses Standpunktes erfolgte in Ernst Haeckels berühmten »Welträtseln«, die 1899 erschienen, im Jahre 1926 eine Auflage von hunderttausend Exemplaren erreicht hatten und in fünfundzwanzig Sprachen übersetzt wurden. Haeckels (1834–1919) Popularität mag darin begründet sein, daß er die Fragen nach dem Wesen von Materie und Energie, nach dem Ursprung des Lebens, nach dem Evolutionsprozeß und nach der Entwicklung der Sprache und des Wissens in einem optimistischen und lebensnahen Stil beantwortete: Seine evolutionistischen und materialistischen Begriffe waren dem Laien verständlich; der Leser brauchte sich nicht durch verworrene metaphysische oder theologische Erörterungen hindurchzuquälen.

Die letzten Jahrzehnte des Jahrhunderts waren durch Bewegungen gekennzeichnet, die sich entschlossen von den offiziellen Kirchen abkehrten und sich auf die Suche nach einer Philosophie oder einem Glauben begaben, der mit den neuesten wissenschaftlichen Erkenntnissen in Einklang stünde oder eine Wiedergeburt spiritueller Werte mit sich bringen würde, wie dies etwa Lagarde vorschwebte.

Die Frage nach der Kultur erhob sich auch angesichts der zunehmenden Bedeutung der Großstadt mit ihrer Neigung, Kleidung, Benehmen und Freizeit zu uniformieren und zu standardisieren. Da diese Tendenzen auch auf das Land übergriffen, war es offensichtlich, daß die traditionell gegebene Mannigfaltigkeit der Formen zum Aussterben verurteilt war. Vielen Intellektuellen widerstrebte es jedoch, den Überfluß an materiellen Gütern, die Eindämmung zahlreicher Krankheiten und Leiden und den Prestige- und Machtzuwachs, den Deutschland dank seiner wirtschaftlichen und industriellen Erfolge gewonnen hatte, mit einer Nivellierung der traditionellen Vielfalt zu erkaufen.

Nirgends fanden der Gegensatz zwischen Altem und Neuem und die Sehnsucht nach Echtheit und innerer Freiheit stärkeren Ausdruck als in der Jugendbewegung, die 1897 mit dem Wandervogel ins Leben gerufen wurde. Sie erinnerte an die Rebellion gegen Disziplin und konventionelle Denkungsart, die den Sturm und Drang des 18. und die Jungdeutsche Bewegung des 19. Jahrhunderts charakterisiert hatte. Aber die Jugendbewegung vom Ende des Jahrhunderts war nicht etwa auf Literaten und Intellektuelle beschränkt; sie war vielmehr eindeutig eine Massenbewegung aller Schichten. Sport, lange Wanderungen, ungehemmte Sprechweise und freies Benehmen sollten zurück zur Natur und die Wiederbelebung alter deutscher Volkslieder, Tänze und Feste zurück zum Volke führen.

Es sei jedoch nicht vergessen, daß die Jugendbewegung nichts zu tun haben wollte mit der billigen Romantik, in der der Kleinbürger schwelgte, wenn er sein Haus mit allem möglichen pittoresken Krimskrams nebst einer ledergebundenen Klassikerausgabe füllte, zu Turnfesten altdeutsche Trachten trug und sich die Namen alter Recken zulegte. Hierin aber, und nicht etwa im Frühstadium der Jugendbewegung, liegen die wahren Quellen der NS-Kultur.

Die Reaktion der Jugendbewegung auf Philistertum und bürgerliche Unnatur drückte sich teilweise in absonderlicher Kleidung und Sprechweise aus; viele ihrer Anhänger lasen auch Nietzsche, Langbehn und Chamberlain und berauschten sich am dionysischen Mythos und am Führerprinzip.

DIE FRAGE NACH DEN GESCHICHTLICHEN URSPRÜNGEN DER KULTUR

Das neue Kulturbewußtsein, das als Reaktion auf die »Barbarei« der mechanistischen Wissenschaft, der Massengesellschaft und des Machtstaates entstand, trat in verschiedenen Ausprägungen hervor.

Die idealistische Reaktion leitete sich von Kant her, der die wechselseitige Begrenztheit von Verstand und Sinneserfahrung aufzuzeigen versucht hatte, so wie Thomas von Aquin die Grenzen zwischen Vernunft und Glauben. Kant brachte die schöpferische Funktion des Geistes, insbesondere im Bereich der Werte, zur Geltung.

Gerade dieser Teil der Kantschen Philosophie diente als Ansatzpunkt für den Protest gegen die Vorrangstellung mechanistischer und materialistischer Anschauungen gegen Ende des Jahrhunderts. Charakteristisch für diese Reaktion waren die vielen Neo-Bewegungen: Neo-Kantianismus, Neo-Hegelianismus und Neo-Romantik, die sämtlich auf den philosophischen Idealismus zurückgingen und sich von der Vorherrschaft der Naturwissenschaften zu befreien suchten.

1891 hatte der Historiker Karl Lamprecht eine größere Kontroverse hervorgerufen, als er die Veröffentlichung seiner monumentalen Deutschen Geschichte begann, die er 1909 abschloß. Nicht an seiner Zusammenschau der deutschen Entwicklung nahmen die Historiker und Philosophen Anstoß, sondern an der Voraussage einer fortschreitenden Entwicklung des deutschen Selbstbewußtseins in aufeinanderfolgenden und eindeutig begrenzten psychologischen Stufen; diese Stufen seien wahrscheinlich auch auf die Entwicklung des Volkscharakters anderer Nationen anwendbar.

Die Kritiker argumentierten, daß die verallgemeinernden Methoden der Naturwissenschaften, die Gleichheiten und Regelmäßigkeiten zur Ableitung physikalischer Gesetze suchen, nicht auf die Entwicklung der Kultur anwendbar seien. Die historische Methode beschäftige sich nicht mit regelmäßig wiederkehrenden Phänomenen, um Voraussagen machen zu können, sondern mit den unwiederholbaren individuellen Ausdrucksformen menschlichen Geistes.

Der Konflikt zwischen der naturwissenschaftlichen und der historischen Methode nahm fast die Ausmaße des Kampfes zwischen Vernunft und Glauben unter den Gelehrten des Mittelalters an. Man mag argumentieren, daß die Geschichte für den Deutschen des 19. Jahrhunderts solch große Bedeutung hatte, weil er im Grunde traditionslos war. Seine Beziehung zur Vergangenheit war für ihn nichts Selbstverständliches, keine Identifizierung mit nationaler Geschichte und Kultur, sondern sie mußte immer wieder gedeutet werden durch eine Rückwendung entweder zu den Werten des Altertums oder zu denen des Mittelalters. Reformation und Romantik, typisch deutsche Bewegungen, suchten eine Wiedergeburt durch Rückkehr zum Ursprung; sie blickten zurück nach einem mythischen Utopia, nicht vorwärts nach einer rationalistischen Utopie, wie es die Haupttendenz der Renaissance und der Französischen Revolution war.

Die Frage nach den Quellen einer Wiedergeburt war ein besonderes Anliegen von Jakob Burckhardt (1818–1897) und Friedrich Nietzsche. Beide standen gleichermaßen außerhalb der deutschen Entwicklung und beobachteten sie kritisch, in erster Linie als Europäer, erst in zweiter Linie als Deutsche. Burckhardt, obgleich in Basel geboren und erzogen, wo er fast sein ganzes Leben verbrachte, wurde an deutschen Universitäten ausgebildet und erachtete sich selbst als zum deutschen Kulturbereich gehörig. Er lehnte jedoch einen Ruf auf den durch den Tod seines verehrten Lehrers Ranke 1886 frei gewordenen Lehrstuhl in Berlin ab. Der viel jüngere Nietzsche (1844–1900), in Deutschland geboren, begann seine Laufbahn in Basel als Lehrer der klassischen Sprachen, ließ sich dort nieder und geriet unter den Einfluß Burckhardts. Als eine Krankheit ihn zwang, die Lehrtätigkeit aufzugeben, fühlte er sich mehr und mehr von seinen deutschen Landsleuten isoliert, ja auch von seinen Mitmenschen. Viele seiner letzten Lebensjahre verbrachte er in Italien. In seinem letzten Jahrzehnt war sein Geist umnachtet.

Diese Männer betrachteten das Bismarck-Reich als eine Verbindung von preußischem Etatismus und bürgerlichem Philistertum, die jeder geistigen Kultur feindlich gesinnt sein mußte. Doch kritisierten sie in gleicher Weise die Tendenzen der westlichen Demokratie in Richtung auf eine Massengesellschaft und ihre nihilistische Nivellierung der Werte. Etatismus und Nationalismus drohten den schöpferischen Einzelnen in bürokratische Reglementierung und engen Patriotismus hineinzudrängen. Sie bewunderten die kleinen Stadtstaaten, in denen höchst schöpferische kulturelle Entwicklungen stattgefunden hatten, wie das perikleische Athen und das Florenz der Renaissance bezeugen.

Burckhardt ist hauptsächlich durch seine »Kulturgeschichte der italienischen Renaissance« bekannt; er schrieb aber auch über das Rom Konstantins und das Athen des Perikles. Mit Bedacht wählte er Perioden aus, in denen die alten Schranken von Brauchtum und Tradition zusammenbrachen.

Ebenso überlegt vermied er die modische evolutionistische Methode, weil er sie für implizit deterministisch hielt; Hegels große Konzeption von der Entwicklung des Weltgeistes war ein klassisches Beispiel für den Versuch, den schöpferischen Geist des Menschen in ein Schema zu pressen. Burckhardts eigene Methode war analytisch. Im Laufe seiner Darstellung der italienischen Gesellschaft des Quatrocento zeigte er in einem Überblick, wie überall dort, wo einengende Institutionen wie das mittelalterliche Reich und die Kirche zerfielen, ein Raum für die schöpferische Einzelpersönlichkeit entstand, die nun nicht mehr durch korporative und religiöse Fesseln in ihrer freien Entfaltung behindert war.

Als die Renaissance-Menschen Welt und Mensch nicht mehr »durch einen Schleier aus Aberglauben und Unwissenheit hindurch« betrachteten, wurden sie sich ihrer eigenen Schöpferkraft bewußt. Sie begriffen die unendlichen Möglichkeiten, Kultur zu formen und zu gestalten, um sich dem neuerworbenen Sinn für Proportion und Harmonie anzupassen, den sie ebenfalls in der antiken Welt entdeckt hatten.

Diese Interpretation der Renaissance als Zeitalter einer Wiedergeburt der Kultur und der Trennung von Mittelalter und säkularer Neuzeit beschwor unter den deutschen Gelehrten und Intellektuellen eine bemerkenswerte Kontroverse über den Ursprung der Kultur herauf. Wenn diese Kontroverse auch einigen Widerhall bei Gelehrten in anderen Ländern hervorrief, so lag das Sturmzentrum doch in Deutschland, wo es zu einem Kulturkampf kam, der die wichtige Frage nach der Besonderheit und Individualität der deutschen Kultur einschloß und seinen Höhepunkt in den zehn Jahren nach dem ersten Weltkrieg erreichte.

Es tauchten verschiedene Fragen auf, wie die nach dem Verhältnis der Renaissance zum Mittelalter, dem großen Zeitalter des Heiligen Römischen Reiches, das seine Macht schließlich auch über Italien ausdehnte, und zur Reformation, der typisch deutschen religiösen Bewegung. Eine bedeutende Schule von Interpreten behauptete, daß die Renaissance ihre Wurzeln in einem Streben nach allgemeiner kultureller und spiritueller Wiedergeburt hatte, wie sie schon die franziskanische Lehre angeregt hatte (besonders in ihrer letzten, spiritualistischen Phase), in der drei Zeitalter der Erlösung des Menschen unterschieden wurden. Das Verlangen nach spiritueller Wiedergeburt gipfelte in der Reformation, wenn auch nicht bei Luther selbst, so doch zumindest in den sektiererischen und spiritualistischen Bewegungen, die ein Drittes Zeitalter erwarteten, das Zeitalter des Geistes, der Harmonie und Eintracht unter den Menschen und des Einsseins mit dem schöpferischen Weltgeist. Man wies ferner darauf hin, daß die Sehnsucht nach Wiedergeburt und nach einer kommenden Neuordnung in der Folgezeit zum festen Bestandteil intellektueller und religiöser Strömungen in Deutschland wurde, so zu einem guten Teil im Pietismus, im Idealismus und in der Romantik.

DIE VITALISTISCHEN QUELLEN DER WIEDERGEBURT

Nietzsche teilte mit Wagner den romantischen Wunsch, den griechischen Geist der Tragödie in der Seele der Deutschen wiedererstehen zu sehen. Die Musik, diese spezifisch deutsche Kunstgattung, die dem griechischen Drama in seiner ursprünglichen Form verwandt war, sollte das wichtigste Mittel sein, diese Wiedergeburt zu bewirken. Aber Nietzsche fand sich von Wagner enttäuscht, da er, wie Nietzsche meinte, nur theatralisch im modernen Sinne war, und, zum Beispiel im Parsifal, wieder die unheroischen, daher ungriechischen Tugenden wie Demut, Entsagung und Askese einschmuggelte, die aus dem Christentum stammten. Der Versuch, in der Fortschrittsidee, in Pazifismus und Toleranz, die doch nur idealistische Aufgüsse überlebter Glaubensvorstellungen waren, einen modernen Religionsersatz zu finden, war für Nietzsche schlimmste Dekadenz. Die dionysische Lebensbejahung, die er pries, wurde aus verschiedenen Quellen gespeist: aus dem frühgriechischen Fruchtbarkeitskult mit seinem Vitalitätsrausch, aus dem darwinistischen Kampf ums Dasein mit seinem Drang nach Beherrschung der Umwelt und aus dem heroischen Vitalismus von Renaissance-Charakteren wie Cesare Borgia, dessen rücksichtsloser Machtwille die Welt vielleicht von idealistischen Phantomen gereinigt, wenn Luther nicht den Konfessionsstreit vom Zaune gebrochen hätte.

Die Biologie leistete, nach Nietzsche, eine unschätzbare Hilfe: sie zeigte, daß der Mensch, der sich selbst durch die Erfindung von Werkzeugen erhielt, ein integrer Teil der Natur sei. Aber letzten Endes ist er wie jede andere Spezies zum Aussterben verurteilt, und das Universum wird dadurch nicht besser und nicht schlechter werden. In Wirklichkeit ist die Situation des Menschen höchst ungesichert, da er anstatt auf den Instinkt auf den Intellekt vertraut, was ihn sehr selbstbewußt werden läßt, ihn aber gleichzeitig des Gefühls der Geborgenheit beraubt, das die anderen Arten besitzen. Für die Menschen gibt es keine »ewigen Horizonte oder Perspektiven«, weder biologisch noch transzendental. Daher sollte der Mensch stets so leben, als ob das Stundenglas seiner Existenz jeden Augenblick gedreht werden könnte, um ihn mit einer völlig neuen Situation oder sogar mit dem Tod zu konfrontieren [3].

Nietzsche sagte, ganz besonders der Deutsche habe sich der Geschichte zugewendet, um dieser im Grunde tragischen Sicht der menschlichen Existenz zu entgehen. Dadurch habe er die Geschichte von einer monumentalen Kunst, die die großen Taten der Menschheit aufgezeichnet hatte, in eine Wissenschaft verwandelt, die es sich angelegen sein ließ, den langsamen Fortschritt des Menschen zu Sicherheit durch Gesetz und Ordnung zu registrieren. Große Persönlichkeiten und große Ereignisse werden ihrer individuellen Schöpferkraft beraubt, wenn sie auf alltägliche Mittelmäßigkeit reduziert werden. Eine solche Reflexion der Vergangenheit führt angesichts der Unsicherheit der menschlichen Existenz offensichtlich zu Passivität und Resignation.

Bisher war von Nietzsche hauptsächlich als dem kritischen Beobachter der Kultur seiner Zeit die Rede; von seiner Philosophie der ewigen Wiederkehr, des Übermenschen und der Umwertung aller Werte, wodurch der Nihilismus überwunden werden sollte, wird später zu sprechen sein. Erst nach der Katastrophe des Ersten Weltkrieges gewann er an Einfluß; vorher galt er mehr als intellektuelle Mode denn als Welt- und Lebenserfahrung.

DIE UNVERGÄNGLICHEN EIGENSCHAFTEN DER RASSE

Auch in der erneuten Hinwendung zum romantischen Volksbegriff, der jetzt weitgehend seiner früheren idealistischen und humanistischen Züge entkleidet war und einen vorwiegend naturalistischen und egoistischen Charakter angenommen hatte, suchte man eine Wiedergeburt der Kultur. Da der Deutsche nicht über die politische Einheit und Macht verfügte, seine kulturelle Eigenständigkeit zu untermauern, hatte er bisher Trost in der Erkenntnis gesucht, daß er, wenn man kulturelle Individualität nur als einen Ausschnitt aller menschlichen Wirkungsmöglichkeiten ansah, am gemeinsamen Wirken der europäischen Völkergemeinschaften beteiligt war. Nachdem die äußeren Voraussetzungen der politischen Einheit und Macht gegen Ende des Jahrhunderts erfüllt waren, wurde er dieser Gemeinsamkeit zunehmend unsicher, da er sich zwei Kulturfronten gegenüber sah, der liberal-nationalistischen im Westen und der autokratisch-spiritualistischen im Osten. Er wurde sich in zunehmendem Maße seiner Mittellage bewußt, und sein Streben nach kultureller Individualität richtete sich völlig nach innen, auf die Suche nach sogenannten unvergänglichen Eigenschaften des Nationalcharakters und der Rasse.

Dieser Wandel trat unter der Einwirkung des Realismus der zweiten Hälfte des 19. Jahrhunderts ein, der sich im wissenschaftlichen Empirismus, in der Realpolitik Bismarcks und im wissenschaftlichen Sozialismus von Marx und Engels widerspiegelte. Die Machtkonflikte zwischen Staaten und Klassen wurden als die wichtigsten gesellschaftsbildenden Kräfte angesehen.

Die einflußreichste wissenschaftliche Verallgemeinerung der Zeit war Darwins Lehre von der Entwicklung der Arten durch natürliche Auslese.

Sie umfaßte drei Grundgedanken: erstens, daß sich alle Arten bis an die Grenzen der Ernährungsmöglichkeit vermehren und damit den Kampf ums Dasein hervorrufen; zweitens, daß weitreichende Umweltsveränderungen diesen Kampf so weit verschärfen, daß die Existenz einer ganzen Art in Frage gestellt wird; und drittens, daß sich unter diesen Voraussetzungen die augenscheinlich nur geringen individuellen Unterschiede, die die Überlebenschance erhöhen, vererbt werden und dadurch neue Arten entstehen.

Diese Ideen wurden zwar gewöhnlich nicht direkt auf die soziale Entwicklung angewandt, schufen jedoch Denkgewohnheiten, deren weitreichender Einfluß nur dem von Marx nachstand; viele Leute hatten nun für die Ungleichheit unter den Menschen eine unverkennbar wissenschaftliche Erklärung bei der Hand, und der »Kampf ums Dasein« wurde zum bevorzugten Schlagwort der Imperialisten, Nationalisten und Rassentheoretiker. Was die Rassenunterschiede angeht, so waren die Siedler in den Kolonien ihre natürlichen Propagandisten, da sie sich fern der Heimat mit ihren Landsleuten nur noch durch Kultur und Rasse verbunden fühlten. Aber auch jene Deutschen, die in den östlichen Nachbarländern unter Slawen lebten, neigten dazu, ihre Nationalität als Summe unzerstörbarer Rasseeigenschaften zu interpretieren, die völlig unabhängig von ihrem Vaterland und seinen nationalen Institutionen existierten.

1890 erschien ein anonymes Werk mit dem Titel »Rembrandt als Erzieher«, das viel Beachtung erregte. Es stammte von Julius Langbehn, einem Kunsthistoriker, der unter dem Einfluß von Lagarde und Nietzsche das moderne wissenschaftliche Interesse an der Ausweitung empirischer Kenntnisse auf Kosten des Charakters einer scharfen Kritik unterzog. Früher bildete sich Charakter durch die dynamische Kraft von Eliten – wie in Venedig, den holländischen Stadtrepubliken oder im Deutschen Orden –, die sich zur Erlangung schöpferischer Kulturen einer besonderen Landschaft bedienten. Diese Art Kultur, die in einer besonderen Landschaft wurzelte, fand ihren stärksten Ausdruck in der Kunst Rembrandts. Der zunehmende Nachdruck auf der Bodenständigkeit zeigte sich deutlich in der wachsenden Anzahl von Regionalstudien über Literatur und Kunst.

Ungefähr zehn Jahre später erschien ein anderes Werk von ähnlicher Bedeutung; es war Houston Stewart Chamberlains »Grundlagen des 19. Jahrhunderts«, in dem nicht der Boden, sondern die Rasse als Grundlage einer kulturellen Vorherrschaft hingestellt wurde. Der gebürtige Engländer Chamberlain lebte in Deutschland und verehrte die deutsche Kultur. Er war begeisterter Wagner-Anhänger und heiratete Wagners Tochter. Er schrieb Biographien Wagners und Goethes, ist aber am bekanntesten durch seine »Grundlagen«, die weitgehend von den sogenannten Halbgebildeten gelesen wurden, aber auch zur Lieblingslektüre Wilhelms II. zählten.

Die meisten Gedanken der »Grundlagen« waren (ebenso wie die von »Rembrandt als Erzieher«) von anderen entliehen, in der Hauptsache von Gobineau, Lagarde und Wagner. Das Buch erklärt die Entwicklung der westlichen Kultur als die große Schöpfung der arischen Völker, die allesamt Nachfahren eines einzigen Volkes sind. Diese arischen Völker umfassen Griechen, Romanen, Slawen und nicht zuletzt die Germanen als führende Gruppe. Die Juden, die nicht dazu gehören, sind die wohl schlimmsten Feinde der christlich-germanischen Kultur. Jesus, der aus dem palästinensischen Grenzland kam, galt als Arier. Die römisch-katholische Kirche in der Gestalt der Gegenreformation war ebenfalls ein Feind. Auch Chamberlain suchte einen neuen Glauben für den Deutschen – eine neue undogmatische Religion, die Gott in der Unmittelbarkeit der Natur erfahren sollte. Diese Kombination von Naturpantheismus und Mystizismus vermutete man auch als Charakteristikum der alten Arier.

Der Reiz dieser Ideen für viele Deutsche, besonders aus dem Mittelstand, mochte darin liegen, daß in Massengesellschaften ein Mythos oft an die Stelle der geschichtlichen Wahrheit tritt. Die Geschichte wurde als Prozeß verstanden, in dem so unpersönliche Kräfte wie wirtschaftliche Voraussetzungen, Machtpolitik und intellektuelle Strömungen über Völker hinwegrasten, die nur noch Marionetten waren; der Mythos verkündet eine Wiedergeburt durch Rückkehr zu einer ursprünglichen Situation, in der der einzelne noch durch die mystischen Bande der Blutsverwandtschaft eng mit der Gruppe verbunden war. Desgleichen schafft er die Freund-Feind-Beziehungen unter Stämmen, die den Gruppenausschluß jedes Fremdem mit ausländischen Bräuchen zur Folge hat.

Der augenfälligste Fremde war der Jude, da er, wie man jedenfalls glaubte, sein angestammtes Brauchtum und seine Religion mehr oder weniger bewahrt hatte und sie mit sich nahm, wohin er auch ging. Als die Religion dank der allgemeinen Aufklärung und der Indifferenz gegenüber Theologie und Dogma kein Kriterium mehr für die Unterscheidung der Juden von anderen war, trat etwas anderes an ihre Stelle: die Rasse. Gerade als sich die Deutschen gegen Ende des Jahrhunderts der eigenen Kultur bewußt wurden, setzte der Antisemitismus ein.

Das Kulturproblem, aufgeworfen durch den wissenschaftlich-technischen Fortschritt und durch die nationale Machtpolitik, verlagerte den Akzent von der Frage nach den Quellen der Kultur in universellen Spiritualien, in Persönlichkeit und Volksgeist auf ihre historische Verkörperung im klassischen Idealismus, im Renaissance-Individualismus und in der arischen Herrenrasse. Man verstand unter Kultur das Produkt all dieser geschichtsbildenden Momente, das eine fast autonome Entwicklung nahm, unabhängig von der formenden Kraft einer Einzelpersönlichkeit oder des Volksgeistes. So kam es, daß man ihr eine eigene immanente Dynamik zusprach, die sie aus Wissenschaft, Staat und Kapitalismus bezog, den Antriebskräften ihrer fortschrittlichen Entwicklung. Für den Deutschen gewann diese Ansicht besondere Bedeutung auf Grund der ungeheuren Fortschritte, die die Vereinigung von Wissenschaft und Technik und die Verbindung der Reichsidee mit dem preußischen Etatismus ermöglicht hatten. Für die Generation vor dem Ersten Weltkrieg schien das Bewußtsein von der eigenen Kultur der Höhepunkt der bisherigen deutschen Geschichte zu sein.

XIII. Der Einbruch des Irrationalismus in Politik und Denken

Die Kontroverse über die Kultur bewegte sich noch weitgehend in den alten Bahnen des Idealismus und der Romantik. Sie reflektierte Skepsis gegenüber der Wissenschaft und der mechanistischen und materialistischen Weltanschauung, aber Haeckels sehr populäres Buch vertrat noch gegen Ende des Jahrhunderts die Meinung, daß das Problem des Universums auf diesem Wege zu lösen sei. Der Deutsche spürte, daß die Geschichte ihm im Zweiten Reich das Gebäude zugewiesen hatte, innerhalb dessen er zur nationalen Einigung gelangen sollte.

DIE KRISE IM POLITISCHEN ETHOS UND IN DER WELTANSCHAUUNG

Wie die meisten westlichen Völker, so glaubten auch die Deutschen um die Jahrhundertwende, daß die großen Fortschritte in Wissenschaft und Technik zum menschlichen Wohlergehen beitragen würden, da sie die Muße und die Kultur förderten. Auch nahmen sie an, daß die hundert Friedensjahre seit den Napoleonischen Kriegen, die nur durch »notwendige«, aus Gründen nationaler Einheit geführte begrenzte Kriege unterbrochen waren, ein Beweis für diesen Fortschritt seien.

Die ersten zwei Jahrzehnte des 20. Jahrhunderts zeigten jedoch, daß diese Hoffnungen illusorisch waren. Insbesondere zwei Faktoren trugen zur Desillusionierung bei. Erstens schienen die deutschen Herrscher die politischen Faktoren (die der Staatsräson) aus den Augen zu verlieren, die ein Aufstieg Deutschlands zu einer führenden Stellung in Zentraleuropa mit sich brachte; daß nämlich das friedliche Einverständnis mit einer starken Macht, die den größten Teil des Territoriums zusammenhielt, weitgehend dem Geschick eines einzigen Mannes zuzuschreiben war, nämlich Bismarck, der das neue Deutschland für saturiert erklärt hatte.

Der Umstand, daß die Deutschen die Gefährdung des europäischen Friedens und der deutschen Stellung aus den Augen verloren, mag einer Illusion zugeschrieben werden, die ihren Grund in dem ununterbrochenen wirtschaftlichen Fortschritt hat, der Deutschland schon 1914 in die Spitzengruppe der Stahlproduzenten unter den europäischen Staaten brachte. Die Ausdehnung der deutschen Industrie, die Errichtung seiner großen Schiffahrtslinien und das Erscheinen von Produkten mit der Aufschrift »Made in Germany« auf dem Weltmarkt waren geeignet, die wahre Situation zu verschleiern. Man nahm sogar an, daß Deutschland dank diesen Fortschritten einen Anspruch auf einen Platz an der Sonne neben den alten imperialistischen Mächten hatte, die Afrika und Asien unter sich aufteilten.

Der Hegemonieanspruch des eben errichteten deutschen Reichs war der Hauptfaktor in den großen Kriegen des 20. Jahrhunderts und trug beträchtlich zum technischen Wahnsinn dieser Kriege und ihren revolutionären Unruhen bei[1].

Der zweite Faktor war die gründliche Neuorientierung im Denken, die mit der Betonung der nationalen Hybris Hand in Hand ging. Die früheren Anschauungen vom Universum und vom Menschen waren ausgehöhlt. Sowohl Geschichte als auch Naturwissenschaft suchten sich von der naiven Vorstellung eines kausalen Determinismus zu lösen. Die subatomare und die unterbewußte Welt wurden jetzt mit der herkömmlichen rationalen Ordnung verglichen und als unvereinbar mit den alten Auffassungen von Zeit, Raum und Kausalität erwiesen. Philosophisch gesprochen: Das alte Weltbild hatte klar umrissene Möglichkeiten für die Unterwerfung der Natur vorgesehen.

Die Liquidierung dieses philosophischen Erbes hatte nun zwei Ergebnisse: sie verlieh den experimentellen und technischen Interessen, die durch die Kriegserfordernisse noch gesteigert wurden, neuen Auftrieb, und sie ließ die wissenschaftliche Erkenntnis trotz des ungeheuren Fortschritts als problematisch erscheinen.

Das Zusammentreffen dieser politischen und intellektuellen Krisen machte Deutschland im 20. Jahrhundert zum Brennpunkt des Weltinteresses. Obwohl die Deutschen Niederlagen und Gebietsverluste erfuhren, sind ihre hervorragenden Leistungen auf intellektuellem Gebiet, besonders in der Philosophie, den Naturwissenschaften und der Technik, immer noch von weltweitem Einfluß.

VON BISMARCKS MASSHALTEPOLITIK ZUM IMPERIALISMUS

Als Deutschland im ausgehenden 19. Jahrhundert mit seiner beengten Lage auf dem europäischen Kontinent unzufrieden wurde und in die Arena der Weltpolitik eintrat, sah es sich solch riesigen Systemen gegenüber wie dem britischen Weltreich in Übersee und dem eurasischen Imperium der Russen, die, ebenso wie Frankreich, einer deutschen Expansion entgegenstanden.

Bismarck hatte sich damit zufriedengegeben. Deutschland eine gefestigte Position in Mitteleuropa zu sichern. Er hatte zwar in die Erwerbung einiger tausend Quadratkilometer Land in Afrika eingewilligt, im wesentlichen aber aus politischer Zweckmäßigkeit. Für ihn lagen diese Ankäufe noch in der merkantilistischen Tradition und dienten dazu, tropische Produkte wie Tee, Tabak und Baumwolle für das Heimatland zu liefern. Er sah nicht voraus, daß diese dürftigen Kolonien als Symbol für Deutschlands Drang zu einem Platz an der Sonne dienen sollten.

Im allgemeinen zeigten die Deutschen in den Jahrzehnten vor dem Ersten Weltkrieg wenig Interesse für die Ausdehnung der nationalen Grenzen in Europa, beispielsweise durch die Angliederung der großen Gruppe Deutscher in Österreich. Solch eine Vereinigung, später »Anschluß« genannt, hätte im Grunde die Auflösung Österreich-Ungarns bedeutet. Da überdies das vorwiegend protestantische Deutschland keine weiteren Katholiken wünschte, gab es für die Ausweitung in Mitteleuropa klar umrissene Grenzen.

Es fehlte nicht an Stimmen, die, wie Frantz und Lagarde, Bismarck wegen seiner Politik des Maßhaltens in Mittel- und Osteuropa angriffen. Der Alldeutsche Verband, der 1890 gegründet wurde und aus einer ebenso kleinen wie lautstarken Gruppe von Anhängern des Imperialismus bestand, agitierte für eine Expansion in Mitteleuropa und in Übersee. Alles in allem jedoch hielt man in Regierungskreisen an Bismarcks Mitteleuropapolitik fest, die nur eine überseeische Expansion zuließ.

Angehörige des Großbürgertums waren die Hauptverfechter des neuen Imperialismus – nicht die konservativen Agrarier oder gar die marxistischen Sozialdemokraten. Die Liberalen, von den National-Liberalen auf dem rechten bis zu der Fortschrittspartei auf dem linken Flügel, waren die Hauptverfechter einer Vergrößerung von Deutschlands Prestige und Machtstellung. Unter ihnen fanden sich viele, die wie Friedrich Naumann und Paul Rohrbach in Wirklichkeit Sozial-Imperialisten waren. Diese Sozial-Imperialisten hatten zu Ende des Jahrhunderts über ein Drittel der Wahlstimmen auf sich vereinigen können.

Naumann (1860–1919) war ein Pastor, der sich darum bemühte, den Entrechteten das soziale Evangelium zu predigen und eine Aussöhnung der Sozialdemokraten mit dem Bismarck-Reich herbeizuführen. Er gründete den National-Sozialen Verein, der, wie man hoffte, der Kern einer politischen Massenpartei werden sollte. Er zog viele führende Köpfe unter den liberalen Intellektuellen an, jedoch sehr wenige Arbeiter. Immerhin gab er den ersten wirklichen Versuch zu erkennen, Nationalismus und Sozialismus miteinander zu verbinden. Durch ihre Vereinigung hoffte Naumann, die immer noch bei den Sozialdemokraten bestehende fruchtlose Opposition gegen den Staat zu beenden – eine Opposition, die keinen Sinn mehr hatte, da es im Grunde nicht mehr in ihrer Absicht lag, auf eine Revolution hinzuarbeiten.

Naumann nannte sich selbst einen Christen in seinen religiösen Anschauungen, einen Darwinisten in seiner Auffassung von der Natur und einen Imperialisten seiner politischen Haltung nach [2]. Diese Konstellation ziemlich ungleichartiger Überzeugungen deutete auf den Zerfall des alten logischen Zusammenhaltes des Liberalismus. Er hatte in der Anschauung gegipfelt, Macht müsse um jeden Preis in Grenzen gehalten und ausgeglichen werden. Nun begann sogar die Fortschrittspartei, deren eigentlicher Führer Naumann wurde, positiv über die Macht zu denken. In einem geeinten Deutschland unter der Führung eines »sozialen und demokratischen« Herrschers – den sich Naumann in Wilhelm II. erhoffte – würde der Konflikt der Klassen und Parteien überwunden werden. Politische Macht würde dann ein Mittel zur Erlangung sozialer und politischer Vorteile sein. In dem sehr einflußreichen Werk »Mitteleuropa«, das im Ersten Weltkrieg veröffentlicht wurde und sich auf diesen bezog, stellt er seine Konzeption einer einheitlichen politischen und wirtschaftlichen Entwicklung für ganz Mitteleuropa dar.

Beispielhaft für die positive Einstellung der Liberalen zum Kolonialismus waren die Bücher von Paul Rohrbach, einem Mitglied des Naumann-Kreises, der weite Reisen im Orient und in Afrika unternommen hatte. In seinen Büchern »Deutschland unter den Völkern der Welt« (1906) und »Der deutsche Gedanke in der Welt« (1912) führte er aus, daß Deutschland keine Kolonien nötig hatte, um einen Bevölkerungsüberschuß oder Fertigwaren loszuwerden oder um Rohstoffquellen zu gewinnen.

Die deutsche Auswanderung nahm allmählich ab, und vom wirtschaftlichen Standpunkt aus gab es anderswo bessere Absatzmärkte und reichlichere Quellen für wichtige Rohstoffe als gerade in den Kolonialgebieten. Rohrbach hatte einen Plan, der dem von Wakefield und den englischen Reformern des frühen 19. Jahrhunderts nicht unähnlich war, die in den Kolonien durch planmäßige Kolonisierung »Little Englands« errichten wollten. In ähnlicher Weise wollte Rohrbach Techniker und Fachleute aller Art – aus Verwaltung, Landwirtschaft und Industrie – in die Kolonien versetzen; Universitäten und technische Hochschulen drohten ohnedies zu viele davon auszubilden. So könnte fern von den alten Standesdünkeln und Klassengegensätzen ein neuer Menschentyp geschaffen werden [3]. Die tatsächlichen Erfahrungen bei der deutschen Kolonisierung in Afrika standen jedoch in krassem Gegensatz zu seinen Vorstellungen. Die Härte und Brutalität der preußischen Beamten- und Soldatentugenden wurden in den Kolonien nur noch übertrieben; Unruhen unter den Eingeborenen waren die Folge und führten zum Herero-Aufstand (1904-1908).

Man muß diese idealistischen Beweggründe im deutschen imperialistischen Streben des ausgehenden 19. und des beginnenden 20. Jahrhunderts genauso in Betracht ziehen wie den krankhaften Chauvinismus der Alldeutschen, der Ausländer oft stärker beeindruckte als die Deutschen selbst; der Idealismus macht es erklärlich, warum sich viele prominente Liberale, besonders in akademischen Kreisen und unter den Literaten, von dem lärmenden Gerede über die Sendung Deutschlands in den Kolonien angezogen fühlten oder doch zumindest eine Entschuldigung dafür hatten.

DIE DEUTSCHE FURCHT VOR DER EINKREISUNG

Im Gegensatz zu den Engländern und Franzosen hatten die Deutschen bisher nie überseeische Territorien besessen. Ihre Expansion war eine Ausweitung der Reichsgrenzen, besonders nach Osten, um angrenzende Länder und Völker anzugliedern. In diesen angrenzenden Gebieten ging nun der deutsche kulturelle Einfluß zurück, ein Zeichen dafür, daß man sich an die eigene verlorengegangene Kultur erinnerte. Naumann behauptete sogar, daß die Deutschen den Slawen nichts mehr zu bieten hätten und daß Gebietseroberungen im Osten nicht mehr in Frage kämen, da die Grenzen in Europa einen fast »sakrosankten Charakter« hätten.

Viel von dem expansiven und sogar missionarischen Eifer, der einst ein Ventil an den Ostgrenzen fand, richtete sich jetzt nach Übersee. Der idealistische Anstrich fehlte nicht, wie wir bei Naumann und Rohrbach sahen, aber der Nachdruck lag durchaus auf der Prestigepolitik. Deutschland hatte die Weltbühne spät betreten und hatte deshalb keine Interessen zu wahren oder bestimmte Ziele zu verfolgen wie zum Beispiel Konstantinopel, Sues, Singapur, Syrien und der Sudan, die andere Länder in früheren Phasen europäischer Expansion erworben hatten. Im ausgehenden 19. Jahrhundert gab es kein noch so abgelegenes Gebiet auf der ganzen Erde, das nicht besetzt oder auf das nicht wenigstens ein Anspruch erhoben war. Da Deutschland keine besonderen Interessen zu verteidigen hatte, aber auch keine Gelegenheit zur Expansion fand, mußte es sich sein Nationalprestige in der Begegnung mit den anderen Weltmächten bestätigen.

Nicht gewillt, die gegebene historische Situation hinzunehmen, war Deutschland geneigt, mit der Idee eines diplomatischen Durchbruchs zu spielen, ohne es zu einer Offensivhandlung kommen zu lassen, die zum Kriege führen würde. Es sah sich der enttäuschenden Situation gegenüber, daß es seine Nachbarn zwar an Wirtschafts- und Militärmacht übertraf, in seiner Ausdehnung jedoch an die einengenden Grenzen Mitteleuropas gebunden blieb, da es zu spät gekommen war.

Bei der Beurteilung von Deutschlands Verhalten muß man seinen plötzlich erwachten Sinn für Macht und die damit verbundene abrupte Erkenntnis seiner eingeengten Lage in Europa im Auge behalten.

Unter diesen Umständen mußte Deutschland als Eindringling und Störenfried in der internationalen Politik betrachtet werden. In der Tat war sein Verhalten oft recht ungeschickt; da ihm das Gefühl für eine gesicherte Stellung fehlte, war es immer in Sorge, übergangen zu werden. Daher war Deutschland oft unangemessen hart und aggressiv in der Formulierung seines Anspruchs, gehört zu werden; mochte seine Berechtigung auch noch so gering sein – es machte immer Miene, sich hart durchzusetzen. Das zeigte sich besonders deutlich in den Marokko-Krisen von 1905 und 1912, die Deutschlands internationale Lage erheblich verschlechterten.

Zu dem Bewußtsein der eingeengten Lage in Mitteleuropa gesellte sich bald das Gefühl, von Feinden eingekreist zu sein. Es bedurfte des Ersten Weltkrieges und seiner Folgen, um dies vollkommen deutlich zu machen. Das Gefühl, eingekreist zu sein, wurde bestärkt durch den Rückzug der Deutschen in den östlichen Nachbarländern, als eine neue aggressive Welle des Nationalismus durch die slawischen Völker ging.

Waren die Deutschen Neulinge im Orient und in Afrika, so waren sie alterfahren in der Kolonisierung der Grenzländer im Osten – von den östlichen Ufern der Ostsee bis zur Adria. Deutsche Kolonien hatten sich weit nordöstlich entlang der Ostseeküste und südöstlich nach Siebenbürgen und entlang der Wolga ausgebreitet. Überall waren Inseln von Deutschen unter anderen Nationalitäten eingestreut. Nur entlang der Südküste der Ostsee, in Ostpreußen, und im Südosten entlang der Donau hatten sich ziemlich geschlossene deutsche Siedlungsgebiete herausgebildet.

Die wirtschaftliche und kulturelle Vormachtstellung der Deutschen ermöglichte es ihnen, sich in den slawischen Agrargesellschaften festzusetzen, wo sie oft städtische Zentren mit Kaufleuten und Handwerkern bildeten. Die kulturelle Überlegenheit und das Fehlen nationaler Vorurteile vor dem 19. Jahrhundert hatte zur Germanisierung vieler tatkräftiger einzelner unter der einheimischen Bevölkerung beigetragen. Wenn jemand aus dem Bauerntum zum neuen sozialen Stand eines Beamten, Lehrers, Arztes oder Rechtsanwaltes aufstieg, übernahm er die deutsche Sprache und nahm wahrscheinlich auch einen verdeutschten Namen an, was größeres Sozialprestige einbrachte. Natürlich wurde Deutsch die Kultursprache in Prag und sogar in Budapest; Universitäten wie in Prag waren fast rein deutsch.

Unter den als Balten bekannten Deutschen, die die Gebiete an der östlichen Ostsee bewohnten, spielten Mitglieder des Landadels eine führende Rolle in der russischen Politik, wie die Namen vieler prominenter russischer Militärs und Staatsmänner bis weit ins 19. Jahrhundert hinein zeigen. Auch die großen Judengemeinden, die gewöhnlich Handel und Gewerbe beherrschten, waren ihrer Kultur nach deutsch.

DER NATIONALISMUS DER SLAWEN

Frühere Rebellionen gegen die Deutschen waren weitgehend politisch und religiös motiviert gewesen; aber im 19. Jahrhundert begannen die nationalistischen Reaktionen einen rein kulturellen Charakter anzunehmen. Die erste nationalistische Welle von Bedeutung trat in den Revolutionen von 1848 auf. Selbst diese frühen nationalistischen Bestrebungen waren aber von den Ideen Herders, später Hegels inspiriert. Aber gegen Ende des 19. Jahrhunderts und zu Anfang des 20. Jahrhunderts erhielt der Nationalismus der Nachbarvölker eine viel breitere soziale Basis. In seiner frühen idealistischen Phase hatte sich der Nationalismus weitgehend auf die Intellektuellen und eine sehr dünne Schicht des gehobenen Bürgertums beschränkt; jetzt sickerte er durch bis in die niederen sozialen Schichten – den unteren Mittelstand und das Bauerntum.

Die Industrialisierung steigerte die Anziehungskraft der Städte, die zu den Hauptzentren nationalistischer Agitation wurden. Aber sogar die Bauern auf dem Lande ließen sich vom nationalen Virus anstecken – als Reaktion auf die Ausbeutung durch fremde Landbesitzer und jüdische wie deutsche Händler.

Als der Nationalismus Massencharakter annahm, verlor er offensichtlich sein anfängliches idealistisches Gepräge und wurde mit wirtschaftlichen und sozialen Belangen belastet. Er tendierte dahin, universale humanitäre Zielsetzungen zu verlieren und eine regionale Beschränktheit anzunehmen. Er kämpfte mehr und mehr um lokale Autonomie und sogar nationale Unabhängigkeit; daraus erklärt sich der Verfall des Panslawismus gegen Ende des 19. Jahrhunderts. Dieser spontane Nationalismus stand in krassem Gegensatz zu dem Zentralismus, der der Eckstein der Staatsgewalt gewesen war, seit die Entfaltung der Königsmacht die lokal begrenzte Autonomie der großen Feudalherren überspielt hatte.

Bismarck erkannte, daß der Nationalismus für den Westen ein Einigungsfaktor war, im Osten aber eine revolutionäre Kraft darstellte, die die auf Dauer angelegte Staatsordnung unterminieren könnte. Dies erklärt sein entschiedenes Interesse an der Aufrechterhaltung der monarchischen

Autorität in den drei Staaten Deutschland, Rußland und Österreich-Ungarn, die innerhalb ihrer Grenzen ganz Mitteleuropa umfaßten. Wie Metternich spürte auch er, daß die Zusammenarbeit der drei souveränen Herrscher dieser Staaten das beste Mittel war, um die öffentliche Ordnung in Mitteleuropa aufrechtzuerhalten. In seinem Verhalten gegenüber dem Westen war er ein Nationalist, der sich vor allen Dingen mit der deutschen Einigung befaßte; im Osten jedoch war er der konservative preußische Junker, der die Hauptaufgabe des Staates darin sah, die Kräfte in Schach zu halten, die eine jahrhundertealte Sozialordnung bedrohten.

Mitgefühl mit der traurigen Lage der Balten und anderer deutscher Gruppen im Ausland, die in die Räder der nationalen Assimilierungsprozesse geraten waren, ging Bismarck offensichtlich ab. Er war sich nicht völlig klar über die elementaren Kräfte, die in dem neuen Nationalismus beschlossen lagen und die noch zu seinen Lebzeiten einen der drei Staatsblöcke aufzulösen drohten, auf denen die öffentliche Ordnung in Mitteleuropa ruhte.

Der Staat konnte seine den Nationalitäten übergeordnete Stellung nicht länger aufrechterhalten, zumindest nicht in Österreich-Ungarn. Selbst in Deutschland, das es nur mit einer kleinen polnischen Minorität zu tun hatte, ergab sich für den Staat die Notwendigkeit, in Gebieten, wo die Deutschen in der Minderheit waren, nachdrücklich zu intervenieren. Darüber hinaus wurde es immer schwieriger, eine alte Sozialordnung aufrechtzuerhalten, in der eine aristokratische Grundbesitzerklasse über Bauern anderer Nationalität herrschte und eine Handels- und Industrieklasse mit deutscher Kultur slawische Arbeiter ausbeutete. Als diese ›niederen‹ Stände ihre Beschwerden durch Parteien und Abstimmungen einbrachten, war die Zahl der slawischen Stimmen gewichtiger als deutsche Kultur und deutsches Sozialprestige.

Sowohl der Deutsche zu Hause als auch derjenige im Ausland zeigte sich außerstande, mit dem neuen slawischen Nationalismus fertig zu werden. Man hat das dem Umstand zugeschrieben, daß der Slawe eine größere Fähigkeit zur volksverwurzelten Solidarität aufweist als der Deutsche, der zum Staat aufsieht, wenn es um Zusammenhalt geht.

SEKTIERERISCHER NATIONALISMUS IN ÖSTERREICH-UNGARN

Die Lage der Deutschen in Österreich wurde zwiespältig; einerseits stellten sie traditionell die herrschende Elite dar, die gegenüber den ›niederen‹ Völkern, über die sie herrschte, als Ordnungshüter auftrat und sich als solcher durch das Prestige auswies, das die Staatsform, Besitz und Kultur verliehen. Andererseits eröffnete die Schaffung eines deutschen Nationalstaates die Aussicht auf eine Vereinigung aller Deutschen in einem großen nationalen ›Reich‹.

Der Konflikt zwischen den herrschenden Deutschen und dem unter den unterworfenen Nationalitäten wirtschaftlich und kulturell am weitesten fortgeschrittenen Volk, den Tschechen, wurde nicht nur für die Entwicklung Österreich-Ungarns, sondern auch für die Geschichte der Deutschen im allgemeinen bedeutsam. Die Tschechen hatten 1848 die Rebellionen gegen das Deutschtum angeführt. Ihre älteren romantischen Historiker hatten nicht nur die Konzeption der Bruderschaft aller Slawen als Abkömmlinge eines einzigen Volkes, sondern auch die Anschauung von der friedfertigen Natur der Slawen im Vergleich mit den kriegerischen Deutschen vertreten. Ihre jungen Historiker betonten indessen nachdrücklich die historische Einheit der böhmischen Länder und die Tatsache, daß sie in den Hussitenkriegen vorübergehend politische Autonomie und religiöse Eigenständigkeit gegenüber den Habsburgern erlangt hatten. Auf diese Weise versahen sich die Tschechen mit einer vollentwickelten nationalen Vergangenheit, in der die Deutschen unter der Herrschaft der Habsburger als Bösewichte fungierten.

In der zweiten Hälfte des 19. Jahrhunderts gingen die Tschechen wie die Polen dazu über, Massenverbände zu gründen, um nationale Selbsthilfe und Einheit von unten her zuwege zu bringen. Hier stoßen wir auf einen Nationalismus, den wir sektiererisch nennen wollen, da er die Bevölkerung von oben bis unten erfaßte und so die alten Klassenunterschiede niederriß, auf die sich die deutsche Überlegenheit an Kultur und Besitz gründete. Dieser Nationalismus widersetzte sich somit der Tendenz intellektueller und wohlhabender Tschechen, sozusagen in das Lager der herrschenden Klasse hinüberzuwechseln.

Viel später als die meisten anderen Nationalitäten begannen die Deutschen, eine in diesem Sinne sektiererische Abspaltungstendenz zu entwickeln, die Massenorganisationen, ethnische Unversöhnlichkeit und Obstruktionstaktik einschloß. Eine viel gefährlichere Begleiterscheinung als die als selbstverständlich vorausgesetzte Antipathie gegenüber anderen Nationalitäten war die erklärte Feindschaft gegen alle Formen des Internationalismus, wie beispielsweise den Finanzkapitalismus, den marxistischen Sozialismus und den römisch-katholischen Klerikalismus. Bei dem Pan-Germanisten und Irredentisten Georg Schönerer (1842–1921) war die Opposition gegen diese Arten des Internationalismus keine Grundsatzfrage, sondern konkretes Deutschtum, das die im unteren Mittelstand und im Bauerntum herrschende Einstellung gegen Panslawismus, Romanismus und Judentum widerspiegelte. Die Juden wurden von den Kaufleuten, Händlern und Bauern des unteren Mittelstandes als eine große Gefahr angesehen, weil sie, wie die Namen Rothschild und Marx bezeugen, den Großkapitalismus und den proletarischen Sozialismus repräsentierten. Die größte Gefahr bestand aber in einer möglichen Slawisierung Österreichs auf Betreiben des römisch-katholischen Klerus. Schönerer wurde Protestant und verfocht eine ›Los von Rom‹-Bewegung, ebenso das Ziel ›Los von Habsburg‹. Dieser vorwiegend negative Standpunkt richtete sich auf die endgültige nationale Einigung Deutschlands durch den »Anschluß« der österreichischen Gebiete. Ein germanisiertes Böhmen würde auch dazugehören, aber die restlichen habsburgischen Territorien müßten den Ungarn überlassen werden, ohne Rücksicht auf die dort lebenden Deutschen.

Diese Ideen, die die emotional gespannte Atmosphäre Wiens in den zehn Jahren vor dem Ersten Weltkrieg erfüllten, übten einen großen Einfluß auf den jungen Hitler aus, der die Jahre seiner intellektuellen und emotionalen Bildungsfähigkeit von 1900 bis 1913 in Wien verbrachte. Er kam von der slawischen Grenze, war aber deutscher Abstammung. Sein Vater war aus dem Bauerntum zur Stellung eines kleineren Beamten emporgestiegen und gehörte daher zum Mittelstand. Die von Schönerer und ähnlichen Extremisten vertretenen Anschauungen sollten zum Kernpunkt der NS-Ideologie werden. Der Nationalsozialismus verdankte seine Massenorganisationen, seine Freund-Feind-Psychologie und seine Taktiken legaler, im Rahmen der Verfassung bleibender Sabotage dem sektiererischen Nationalismus der Grenzlande.

Hand in Hand mit den neuen imperialistischen Konflikten beschworen die nationalen Feindseligkeiten in Europa eine Reihe großer Kriege herauf, die die historisch gewachsenen Grundlagen der mitteleuropäischen Ordnung vernichteten. Der Erste Weltkrieg bildete den Markstein der beginnenden revolutionären Phase in der Entwicklung der Völker auf dem Kontinent, wie das Ende des 18. und der Anfang des 19. Jahrhunderts die Wende in der Geschichte der Küstenvölker gebracht hatte.

VOM MILITÄRISCHEN DURCHBRUCH ZUR MASSENKRIEGSFÜHRUNG

Der Erste Weltkrieg, der Deutschland in eine belagerte Festung verwandelte, hatte die völlige Einkreisung zur Folge und machte einen Durchbruch notwendig. Der Hegemonialanspruch der Deutschen war weniger durch das Verlangen nach bestimmten Territorien als vielmehr durch den Zwang motiviert, aus den beengenden Grenzen ihrer zentraleuropäischen Lage auszubrechen.

Der während des Krieges zunehmende Druck dieser Lage im Verein mit der Mechanisierung führte zum absoluten Vorrang militärisch-technischer Gesichtspunkte vor der Politik: Kaiser, Kanzler und Reichstag wurden nicht beachtet, politische Erwägungen spielten keine hemmende Rolle mehr; ein militärischer Sieg um jeden Preis wurde geradezu zu einer Zwangsvorstellung. Folglich hatte man, sowohl im Hinblick auf die Stärke des Gegners als auch im Hinblick auf die Vorhaben der deutschen Nationalen, wenig Sinn für Mäßigung und praktisch gar keinen Blick für die Grenzen des Erreichbaren.

Das deutsche Militär hatte den sogenannten »Schlieffen-Plan« entwickelt, um die scheinbar unvermeidliche Gefahr eines Zweifrontenkrieges gegen eine Koalition zu bannen; mit seiner Hilfe sollte auf militärischem Wege eine Reihe von diplomatischen Fehlern kompensiert werden, die Rußland, Frankreich und England in eine Frontstellung gegen Deutschland gebracht hatten. Der Schlieffen-Plan stellt in sich ein schreckliches Spiel dar: Man setzte alles auf eine Karte, auf die Fähigkeit Deutschlands, Frankreich eine Niederlage beizubringen, bevor die Russen sich überhaupt in Bewegung setzen konnten. Die relative Schnelligkeit der russischen Mobilmachung und der russische Einmarsch in Ostpreußen machte Divisionsverschiebungen von der Westfront notwendig und entzog ihr die notwendige Durchschlagskraft.

Man darf wohl sagen, daß der ganze Plan zu sehr auf historischen Vorbildern beruhte – auf Friedrich des Großen Krieg mit der großen Koalition und noch mehr auf der glänzenden Strategie des älteren von Moltke, der die Niederlage Frankreichs bei Sedan in einer einzigen großen Schlacht herbeiführte. Man dachte auf deutscher Seite nicht daran, daß sich die Kriegsbedingungen mit der Entwicklung der »Nation in Waffen« grundlegend geändert hatten. Man übersah auch, daß, selbst wenn die Marne ein zweites Sedan geworden wäre, dies nicht unbedingt den Zusammenbruch Frankreichs, erst recht nicht den Englands, bedeutet hätte. Hitler gelang später gerade dieser Durchbruch und die Vernichtung der französischen Militärmacht, aber er gewann deshalb nicht den Krieg. Die Besessenheit des Militärs von der Durchbruchsidee und von einer »Schlacht bei Cannae« – Hannibals große Schlacht gegen die Römer – durchzog das militärische Denken des Generalstabs wie ein roter Faden. Infolgedessen verlor man den allgemeinen Kriegsführungsplan aus den Augen. Der Fehlschlag des Schlieffen-Planes scheint dem deutschen Militär keine andere Alternative gelassen zu haben, als blindlings auf den Feind einzuschlagen.

Der Krieg bestand nicht aus Entscheidungsschlachten, sondern vielmehr aus einem hinausgezogenen und langdauernden Kampf zwischen Menschenmassen, die befestigte Stellungen und Schützengräben besetzt hielten. Die kämpfenden Fronten waren in einem komplizierten Netzwerk von Schützengräben und Stacheldrahtverhauen erstarrt. Der Soldat paßte sich sozusagen dem im Krieg zum Ausdruck gekommenen Bergbau an und ging im wahrsten Sinne des Wortes unter die Erde. Konnten die Fronten in einem der periodisch unternommenen Sturmangriffe um einige hundert Meter verschoben werden, so mußte dieser Erfolg mit Tausenden von Gefallenen erkauft werden. Die Fronten im Westen verschoben sich während der vier Kriegsjahre kaum um zwanzig Kilometer. Die hohe Feuergeschwindigkeit der Maschinengewehre und der Artillerie erklärte die vorwiegend defensive Haltung und die dadurch bedingte statische Art der Kriegsführung. Wegen der relativ festen Fronten konnte man auch Giftgas benutzen.

Diese Kriegsführung bestand im wesentlichen darin, Massen von Menschen und Material aufeinanderzuhetzen: Massenproduktion ersetzte die Verluste. Der rasche Verschleiß bei den kämpfenden Truppen war gleichsam nur eine Ausstrahlung der Produktionslage an der Heimatfront, wo man die Gürtel enger schnallen mußte, was Konsumgüter und Nahrung anging. Deutschland hielt es schon 1915, als die Aussicht auf einen schnellen Sieg schwand, für nötig, Rohstoffe und Nahrungsmittel zu speichern.

Als der Krieg andauerte, wurden alle Nahrungsmittel und Rohstoffe auf eine Vorzugsliste gesetzt, was eine sorgfältige Koordinierung der Finanzen, der Industrie und der Landwirtschaft notwendig machte. Dieser sogenannte »Kriegssozialismus« hatte schon die wesentlichen Merkmale einer Planwirtschaft an sich.

KRIEGSSOZIALISMUS UND »FESTUNG MITTELEUROPA«

Der Hauptplaner des neuen Kriegssozialismus war Walter Rathenau (1867 bis 1922), der Sohn des Gründers der AEG, der er später selber vorstand. Obwohl er Zivilist und überdies Jude war, konnte er den Generalstab davon überzeugen, daß die geplanten Vorräte an Rohstoffen wichtig waren; so wurde er Leiter der neuen für diese Aufgabe zuständigen Abteilung des Kriegsministeriums. Der Generalstab wurde sich allmählich bewußt, daß man sich einem Kriege gegenübersah, für den es in den Lehrbüchern der Militärstrategie und Taktik keine Präzedenzfälle gab. Folglich waren sie gegen ihren Willen gezwungen, Rathenau und andere Zivilisten zu ihren militärischen Beratungen zuzulassen.

Rathenau war nicht nur ein Organisationsgenie, sondern besaß auch die

Fähigkeit, die Auswirkungen der neuen politischen und wirtschaftlichen Strömungen gedanklich vorwegzunehmen. Die Bücher, die er geschrieben hat, zeigen tiefes Verständnis für das aufkommende Problem der Beziehung zwischen Technik und Geist. Er befaßte sich besonders mit den Fesseln, die Mechanisierung und Bürokratisierung dem menschlichen Geist anlegten. Auch erkannte er sehr bald, daß der Krieg eine neue Wirtschafts- und Sozialordnung hervorbringen würde. Obgleich er davon überzeugt war, daß eine Rückkehr zum *laissez-faire* der Vorkriegswirtschaft so gut wie unmöglich wäre, bedauerte er doch die Einschränkung des freien Unternehmertums. Wie aber hätte man eine totale Bürokratisierung vermeiden können, wenn staatliche Aufsicht und Kontrolle immer weiter um sich griff?

Die Weltanschauung dieses aufgeklärten Kapitalisten erkannte die Polarität zweier immer stärker werdender Kräfte an: der des rationalen Funktionalismus in Technik und Wirtschaft und der der irrationalen Werte in Politik und Propaganda. Rathenau war ein entschiedener Nationalist und Etatist; er wollte die Massendemokratie mit der Monarchie kombiniert sehen, die ein wesentliches charismatisches Element verkörperte. Friedrich der Große, der erste Diener des Staates, war für ihn die Idealgestalt eines Herrschers. Er sah jedoch ein, daß es im 20. Jahrhundert unvermeidlich war, das Organisationstalent des Preußentums irgendwie mit dem romantischen Irrationalismus des Volkes zu verbinden. So dachten im übrigen nicht wenige unter den sensibleren Köpfen der neuen industriellen Mittelklasse, als es immer offensichtlicher wurde, daß das Bismarck-Reich nicht im Volke verwurzelt war.

Als der Krieg die Schaffung der Festung Deutschland erzwang, rückte er zugleich die Struktur der territorialen Grundlage der deutschen Stärke in den Blick; es wurde deutlich, daß die österreichischen Gebiete eine natürliche geographische Einheit mit dem Deutschen Reich bildeten. Überdies brauchten die Deutschen wegen ihrer Mittellage nicht nur größeren Lebensraum, sondern auch eine Verschmelzung dieses Gebiets in wirtschaftlicher, kultureller und politischer Hinsicht.

Diese Konzeption wurde besonders idealistisch und nachdrücklich in Friedrich Naumanns Buch »Mitteleuropa« (1915) vertreten, dem meistgelesenen Buch seiner Art. Der Krieg, so wurde darin versichert, eröffnet neue Horizonte, da er die politischen Verkleidungen beseitigt und die wahre Natur der Dinge ans Licht bringt.

Naumann sah ein vereinigtes Mitteleuropa vor sich, das sich von der Adria bis zur Ostsee, von den Grenzen Rußlands bis zum Rhein erstreckt. Diese Einheit sollte nicht aus einer lose aus den einzelnen Regionen zusammengefügten politischen Organisation bestehen: sie sollte vielmehr eine bewußte Verschmelzung der militärischen, kulturellen und wirtschaftlichen Kräfte darstellen und dem neuen Raum- und Zeitbewußtsein entsprechen, das der Krieg erzeugt hatte: die Schützengräben, die schon Arndt idealisiert hatte, waren nicht bloße Naturformen wie Flüsse und Gebirge, sondern bildeten die natürlichen Grenzen des neuen Europa. Hatten doch auch die Römer und Chinesen schon Grenzwälle errichtet, aber auch das Heilige Römische Reich, von Otto dem Großen bis zu Friedrich Barbarossa.

In der Gegenwart hatte Deutschland dank seiner wirtschaftlichen und technischen Fortschritte die Möglichkeit bewiesen, die Gesellschaft in eine funktionale Wirtschaft zu integrieren. Das bedeutete für Naumann die Verwirklichung des Sozialismus, allerdings nicht auf einer Klassenbasis, sondern als Ausdruck des solidarischen Gemeinschaftsgefühls des Volkes. Im Kriege hatten preußische Ordnung und Disziplin das ganze Volk erfaßt; jetzt war der Augenblick gekommen, den geschlossenen Handelsstaat Fichtes zu verwirklichen und die nationalistische Wirtschaftskonzeption des Bürgertums mit den sozialistischen Forderungen der Arbeiter zu versöhnen.

DAS BEWUSSTSEIN VON DER EIGENART DEUTSCHER KULTUR

Im Schmutz und Schlamm der Schützengräben und in der geisterhaften Verlassenheit des Niemandslandes hatte der Krieg allen Glanz von Ruhm und Heldentum eingebüßt. Aber nichtsdestoweniger verlangten die ungeheuren Menschenopfer nach einer Rechtfertigung; der Krieg durfte daher nicht als Machtkampf, sondern mußte als ein Kampf um ideelle Werte hingestellt werden. Für die westlichen Völker wurde er daher automatisch ein Krieg des demokratischen Prinzips gegen Autokratie und Militarismus. Zahlreiche Bücher und Streitschriften alliierter Publizisten und Propagandisten versuchten zu beweisen, daß die Wurzeln der autoritären und militaristischen Geisteshaltung der Deutschen in den Idealismus, die Romantik, ja selbst bis zu Luther hinabreichten. Die Philosophen Kant und Hegel und die Historiker Ranke und Treitschke hätten dem deutschen Volk eingehämmert, daß Macht und Stärke höher stünden als Recht und Vernunft; und selbst die vielgerühmten deutschen Universitäten, an denen sich immerhin Generationen englischer, französischer und amerikanischer Gelehrter einen Teil ihrer Ausbildung hatten geben lassen, sollten jetzt als Quellen der Verherrlichung des Machtstaates gelten.

Es ist offensichtlich, daß der totale Krieg die prinzipielle Diffamierung der Gedanken und der Kultur des Gegners ebenso erforderte wie seine völlige Vernichtung auf dem Schlachtfeld. Blickt man auf die vergangenen zwei Jahrzehnte zurück, so sieht man ein, daß dies eine Entstellung der deutschen Geschichte durch eine Reihe von Halbwahrheiten war. Man hatte offenbar außer acht gelassen, daß die Ideen aller großen Denker mehr als einer Interpretation unterworfen werden können. Man kann noch weiter gehen und sagen, daß die Deutschen, die an den ewigen Konflikt zwischen Macht und Geist glaubten, nur die Elemente von Gewalt und Macht konsequenter von den Werten und Idealen unterschieden und daß sie schärfer erkannt hatten, daß die Macht ebensowenig aus der Welt geschafft werden kann wie der Geist.

Aber nun war der Deutsche ein Paria unter den Völkern der Erde und konnte sich nicht auf die universelle Geltung der liberalen und demokratischen Prinzipien berufen; kein Wunder, daß er sich wieder seinen eigenen Traditionen zuwandte, ganz besonders aber zu denen, die der Westen jetzt so scharf angriff: dem Idealismus und der Romantik des großen klassischen Zeitalters. Darin fand er eine Rechtfertigung für die Sonderstellung seiner Kultur. Eine Anzahl deutscher Schriftsteller sprachen diese Ansicht aus, am überzeugendsten Thomas Mann (1875-1955) in einer Reihe von Essays, von denen einige später unter dem charakteristischen Titel »Betrachtungen eines Unpolitischen« (1918) veröffentlicht wurden. In seinen Romanen beschrieb Thomas Mann eindringlich und lebendig den Zerfall der Ideale und Werte des Bürgertums.

Seine Grundannahme besagte, daß die Sonderart Deutschlands aus seiner Mittellage zwischen Ost und West herzuleiten sei. Diese Ansicht vertrat er auch in seinem bedeutendsten Roman, dem »Zauberberg« (1924). Nach Mann stand der Deutsche zwischen der Mystik des Ostens und dem rationalen Intellekt des Westens und nahm damit eine Position ein, die jene grundlegende Polarität des deutschen Denkens und seine beständige Sehnsucht hervorrief, die Widersprüche zu verbinden oder zusammenfallen zu lassen; nirgends trat das deutlicher in Erscheinung als in der deutschen Romantik.

Thomas Manns Hauptgegenstand war die Polarität zwischen dem deutschen Begriff Kultur und dem westlichen Begriff Zivilisation. Kultur bezeichnete in der idealistischen und romantischen Tradition eine Schöpfung des Volkes; ihre Wurzeln lagen in den Gemeinschaftswerten, die ihrerseits aus den mythischen und geheiligten Verbindungen von Aristokratie und Bauerntum hervorgegangen waren. Zivilisation dagegen hatte mit Politik und Technik zu tun, die Erzeugnisse des Massendaseins sind, Produkte der Rationalisierung. Eine weitere Polarität wurde durch die Begriffe Gemeinschaft und Gesellschaft gebildet; in der Gemeinschaft wurden Selbstzwecke verwirklicht, einst auf der Ebene ursprünglicher Stammesinteressen, jetzt aber verfeinert und sublimiert durch den Geist; in der Gesellschaft dagegen handelte es sich um die Anpassung der Mittel an Zwecke, die sich in bestimmten Zusammenhängen ergaben, etwa in der Politik oder in Übereinkünften. Das »Volk« war die höchste Form der typisch deutschen »Gemeinschaft«, die westliche »Nation« dagegen ein Musterfall der »Gesellschaft«.

Thomas Mann war sich der Gefahren bewußt, die in der neuromantischen Rückwendung zu den primitiven und dionysischen, irrationalen Wurzeln der Kultur beschlossen lagen. Dennoch ließ er sich von der Suggestivkraft der Ideen Wagners und Nietzsches ebenso stark beeinflussen wie von Goethe; sie kamen seiner Abneigung gegen die demokratischen, humanitären Wertvorstellungen des Westens entgegen, obwohl ihm nie entging, daß seine persönliche Vorliebe für Ironie in der Welt des westlichen Rationalismus zu Hause war.

Diese drei bürgerlichen Denker, Rathenau, Naumann und Thomas Mann, die sich der polaren Spannung zwischen dem preußischen Ordnungswillen und der romantischen »Volksgemeinschaft« bewußt wurden, spiegelten damit die Tendenz wider, diese Pole ihrer spezifischen historischen Form zu entkleiden und sie während des Krieges für Propagandazwecke einzusetzen; die Polaritäten erhielten auf diese Weise nämlich eine Dynamik und einen revolutionären Elan, der ihnen in ihrer historisch gewachsenen Gestalt nicht zukam. Aber auch die Phänomene Kriegssozialismus, Festung Mitteleuropa und Gemeinschaftskultur sollten später mit neuer Dynamik wiederkehren: Unter der Einwirkung der Niederlage, der nationalen Erniedrigung und der sozialen Krise tauchten sie in Form des Autarkiestrebens, des »Lebensraums« und der Rassentheorie in der Ideologie des Nationalsozialismus wieder auf.

DER VORRANG MILITÄRISCHER VOR POLITISCHEN ERWÄGUNGEN

In Europa hatten die Kriege seit dem 17. Jahrhundert im wesentlichen politische Ziele; sie gipfelten im Abschluß von Friedensverträgen, die neue Machtverhältnisse herstellten. Nun aber, im Ersten Weltkrieg, waren die militärischen Operationen kein Mittel der Diplomatie mehr; sie wurden von der Politik getrennt, dafür aber auf deutscher Seite mit den Werten von Kultur und Geist verbunden, bei den Westmächten aber mit Zivilisation und Demokratie.

Der Vorrang militärischer vor politischen Erwägungen und vor allem die Verbindung militärischer mit ideologischen Faktoren wurde unübersehbar, als der Krieg im Herbst 1916 in seine letzte Phase eintrat und die Militärdiktatur Hindenburgs und Ludendorffs zur vollendeten Tatsache wurde.

Hindenburg (1847-1934) war zum Chef des Generalstabs ernannt worden, und Ludendorff (1865-1937), der eigentlich führende Kopf, war ihm beigeordnet. Die Siege an der Ostfront wurden allgemein Hindenburg zugeschrieben; seine große, schwere Gestalt wurde zum Symbol des Sieges, und auf allen öffentlichen Plätzen Deutschlands war sein grobes Gesicht zu sehen. Die öffentliche Meinung hatte offensichtlich jedes Vertrauen zur politischen Führung verloren.

Ludendorff, der in der Tradition des preußischen Generalstabs erzogen worden war, war gegen eine offene Militärdiktatur. Er war ein engstirniger Militarist, hatte keine kulturellen Interessen und nur wenig Verständnis für Politik. Er hoffte, daß ein deutscher Lloyd George aus dem Volke aufstehen und es zur äußersten Kraftanstrengung für den Sieg anspornen werde; diese Hoffnung mag weitgehend seine spätere Verbindung mit Hitler erklären. Man darf mit Bestimmtheit sagen, daß dieser Mann, der zwei Jahre lang die beherrschende Figur Deutschlands war, weit mehr ein deutscher als ein preußischer Nationalist gewesen ist; darin unterschied er sich von Hindenburg, der den Traditionen der preußischen Monarchie und Aristokratie verbunden und dem daher die Begrenztheit der Ziele und Zwecke selbstverständlich war [4].

Ludendorff beabsichtigte eine totale Mobilmachung aller Kräfte, um einen Massenkrieg ausfechten zu können. Alle Männer bis zu sechzig Jahren sollten eingezogen werden, Frauen sollten in den Fabriken arbeiten, weitere Arbeitskräfte aus den besiegten Völkern beschafft werden. Durch eine rücksichtslose Politik des Kriegssozialismus sollten alle Hilfsquellen nutzbar gemacht werden. Allerdings konnten diese Maßnahmen angesichts allgemeiner Unlust und Opposition nur teilweise durchgeführt werden.

Zur neuen Phase des Krieges gehörte auch das Ende des Burgfriedens, den die Parteien geschlossen hatten; der Kaiser hatte zu Beginn des Krieges gesagt, er kenne keine Parteien mehr, er kenne nur noch Deutsche. Selbst die Sozialdemokraten, deren Führer in Gefahr standen, unter dem Verdacht des Landesverrats ins Gefängnis geworfen zu werden, stimmten in der Mehrzahl für die Bewilligung der Militärkredite. Diese Einmütigkeit, an die man später wehmütig zurückdachte und die mit der Stimmung der Befreiungskriege verglichen wurde, entstand aus dem Gefühl der Deutschen, sie seien vorsätzlich eingekreist und überfallen worden.

Der Streit über die Kriegsziele, der in der zweiten Hälfte des Jahres 1916 ausbrach, trieb jedoch einen tiefen Keil in die öffentliche Meinung. Die regierenden Kreise waren für einen Kampf bis zur Entscheidung um der Möglichkeit willen, Annexionen zu machen. Andere waren überzeugt, daß Deutschland in einem länger andauernden Krieg eine Niederlage erleiden müßte und daß daher ein Verhandlungsfrieden angestrebt werden sollte, solange die militärische Stärke noch eine Verhandlungsgrundlage darstellte. Beide Ansichten erwiesen sich als unrealistisch; nicht nur, daß der militärische Sieg unerreichbar war – auch ein Verhandlungsfrieden konnte nicht zustande kommen, da der ideologische und technische Einsatz bereits zu hoch war.

Die Befürworter von Annexionen betrachteten jeden, der nicht ihrer Meinung war, als Verräter, so daß ein tiefer Riß durch den Staat ging, der noch weitreichende Konsequenzen haben sollte, insbesondere als während der Weimarer Republik die Legende vom Dolchstoß in den Rücken aufkam. Sowohl die Rechte als auch die Linke nahm den Gegner im Innern ernster als den Feind von außen; beide Flügel nahmen auf diese Weise bereits die Positionen vorweg, von denen aus sie später die Weimarer Republik angriffen.

Als 1917–1918 die Vereinigten Staaten in den Krieg eintraten und die russische Revolution ausbrach, ergab sich eine neue Mächtekonstellation, die bereits die neuen Verhältnisse in der Welt von morgen erkennbar werden ließ. Der Krieg wurde aus einer innereuropäischen Auseinandersetzung zu einem Weltkonflikt. Damit kündigte sich das Ende des alten konservativen Europa an, das sich um die drei großen Reiche monarchistisch-aristokratischer Struktur gruppiert hatte: Deutschland, Rußland und Österreich-Ungarn. Gerade dieses Europa wollte Reichskanzler von Bethmann-Hollweg retten, als er 1916 in Friedensverhandlungen mit Rußland und den Vereinigten Staaten eintrat.

Das konservative Europa stellte eine Welt verschiedenartiger sozialer, politischer und kultureller Gestaltungen dar, die sich seit dem Mittelalter herausgebildet hatten, und es lag ihm natürlich sehr daran, diese seine Mannigfaltigkeit zu verteidigen, zumal, da es sie als die Grundlage seiner Freiheit gegenüber der Gleichmacherei und den Nivellierungsprozessen der westlichen Demokratie, des Kriegssozialismus und der kommunistischen Diktatur betrachtete. Die unterschiedlichen Interessen, die dabei im Spiele waren, widersprachen einander zwar und hoben sich gegenseitig auf; aber ein Verhandlungsfrieden zur Wiederherstellung des *status quo ante* blieb die gemeinsame Hauptsorge.

Ludendorffs großes Wagnis – der Einsatz aller Deutschland noch verbliebenen Hilfsquellen und Hoffnungen in einer letzten großen Offensive im Frühjahr 1918 – und sein Fehlschlag trugen nicht nur zum plötzlichen

Zusammenbruch der deutschen Moral bei, sondern beraubte die Deutschen der Mittel, mit den Alliierten auf einer günstigen Ebene zu verhandeln. In den Waffenstillstandsverhandlungen bestanden die Alliierten auf einer vollkommenen Entwaffnung Deutschlands, die es vollständig der Gnade seiner Gegner auslieferte. Obwohl die deutsche Armee noch schlagkräftig war, zeigte sich die Kriegsmüdigkeit, nicht nur der Armee, sondern des ganzen Landes, in Revolten und seperatistischen Bewegungen. Die Vorschläge, die von Rathenau und Ludendorff für einen letzten äußersten Widerstand gemacht wurden, schienen nur eine dekorative Geste.

OBERFLÄCHEN-RATIONALISMUS UND TIEFEN-IRRATIONALISMUS

Zusammen mit dem Drang nach Vorherrschaft, der schließlich Krieg und Niederlage mit sich brachte, ereignete sich ein grundsätzlicher Wechsel im geschichtlichen Ausblick und in der Vorstellung vom Universum. Obwohl dieser geistige Umbruch der ersten Hälfte des 20. Jahrhunderts eine allgemeine europäische Erscheinung war, nahm sie ihre radikalste Form bei den Deutschen an. Sie hatte eine Bedeutung, vergleichbar mit dem geistigen Umbruch in der ersten Hälfte des 16. Jahrhunderts, in welchem die Deutschen ebenfalls eine führende Rolle spielten.

Im 20. Jahrhundert sind wir wieder Zeugen der Auflösung eines rationalen Gebäudes, das seit dem 17. und 18. Jahrhundert aufgebaut worden war. Eine neue Orientierung zum Universum und zum Menschen hin erschien in den Welten des Subatomaren und des Unbewußten, welche in ihrer Unbestimmbarkeit und Zerrissenheit dynamisch neben der Oberflächenwelt der rationalistischen Bestimmbarkeit stehen. Es besteht eine Spannung zwischen diesen Welten; den Aufbruch der unteren Welt mag die Rückkehr jener dämonischen Kräfte bedeuten, die früher durch den Rationalismus gebannt wurden, der mit der Aufklärung begann.

Das Tiefenbewußtsein sucht eine neue, einigende Grundlage unter der Oberfläche des Mechanismus und Rationalismus zu finden. Es entdeckt dort eine vitalistische Lebenskraft oder eine existentielle Situation, welche ihrerseits wieder zu metaphysischen und metahistorischen Auffassungen führt, die sehr alte philosophische Wurzeln haben.

Daß diese Revolution in der Gedankenwelt zunächst einmal eine deutsche Angelegenheit ist, zeigt sich in den Namen ihrer Teilnehmer. Die Hauptnamen in den Naturwissenschaften waren Einstein und Planck; in der Psychologie Freud und Jung; in den Sozialwissenschaften Karl Marx und Max Weber; in der Philosophie Nietzsche und Heidegger; und in der Theologie Kierkegaard und Karl Barth.

Da die Geschichtswissenschaft die Hauptrolle in der Entwicklung der Gedankenwelt des 19. Jahrhunderts spielte, trat ein starkes Bewußtsein geschichtlichen Abstandes in Erscheinung, das unter anderem den kulturellen Formen der Vergangenheit eine Tiefendimension gab, wodurch sie im wesentlichen ihre eigenen Zeitsituationen erreichten. Hierdurch erlangte jedes Zeitalter, jede Ära und Epoche ihre eigene geschichtliche Individualität und spielte ihre einzigartige Rolle in der Perspektive der Menschheitsentwicklung. Diese Eigenschaft der Einzigartigkeit, die jedem Zeitalter und jeder Bewegung zugeschrieben wurde, schien die Begriffe Restauration, Renaissance und sogar Revolution gegenstandslos zu machen. Dies war die Essenz des Historismus des 19. Jahrhunderts.

Natur und Geschichte, als eine kausale Verflechtung von Kräften aufgefaßt, schienen eine Erwägung letzter Fragen, wie der nach dem Woher und Weshalb von Mensch und Universum, überflüssig zu machen. Es genügte, die vorhandenen Fakten zu sammeln, um das Gebäude des Universums aufzurichten, dessen Entwürfe von Newton und Darwin vorgezeichnet worden waren.

Die natürliche Ordnung, wie sie diesen Denkern vorschwebte, mit ihrem regelmäßigen, gleichförmigen und unveränderlichen Wechsel in der Anordnung der Teilchen oder in der Entwicklung der Arten, lieferte den Hintergrund der Geschichte. Die Historiker fuhren fort, den Zufall in der menschlichen Entwicklung anzuerkennen und das Einzigartige und Individuelle in der kulturellen Schöpfung zu betonen, aber hauptsächlich nur als eine Art Korrektiv zu dem vorherrschenden kausalmechanistischen Rahmen, wie er von den Naturwissenschaften dargeboten wurde. Überdies entwickelte auch die Geschichte ihre Art von Determinismus: Hatte die Naturwissenschaft den Begriff eines unveränderlich gleichförmigen Prozesses weitgehend als Reaktion gegen den Interventionismus erarbeitet, der mit Wundern und Katastrophen argumentierte, so entwickelte die Geschichte im 19. Jahrhundert eine anti-apokalyptische Haltung in ihrem vorwiegend gegenrevolutionären Rahmen, besonders nach der romantischen Reaktion auf die Französische Revolution.

KONTINUITÄT UND UNUMKEHRBARKEIT DER ENTWICKLUNG

Für Ranke und seine Nachfolger war die Essenz der geschichtlichen Entwicklung ihre Kontinuität. Ganze Generationen seiner Studenten betrachteten künftig die Geschichte mehr und mehr als eine schrittweise Entwicklung, wobei jeder Schritt nur ein mikroskopischer Fortschritt gegenüber dem vorhergehenden war. Ein Ereignis wie die Französische Revolution mochte als eine plötzliche Veränderung erscheinen, aber in Wahrheit gingen die grundsätzlichen, institutionellen Veränderungen, welche so plötzlich an die Oberfläche kamen, schon lange vor sich und würden ohnehin einmal zum Durchbruch gekommen sein; Revolutionen konnten die Änderungen allenfalls beschleunigen, und viele Historiker meinten, daß alles Geschrei und aller Elan revolutionärer Aktionen mehr oder weniger vergeudete Energie bedeutete.

Nirgendwo wurde die Beständigkeit der historischen Entwicklung überzeugender illustriert als in der Außenpolitik moderner Staaten. Hier drückte die Clausewitz-Formel, daß der Krieg die Fortsetzung der Politik mit anderen Mitteln sei, vollkommen diese Kontinuität aus. Die Revolution konnte ganz analog gedeutet werden: als die Durchsetzung der Tendenzen einer institutionellen Entwicklung mit anderen Mitteln. Die zwei heftigsten Formen der Veränderung, Krieg und Revolution, wurden ihres spezifischen zufälligen und schöpferischen Charakters beraubt.

Ein anderer Aspekt dieses historischen Gesichtspunktes war seine Betonung einer unvermeidlichen, unumkehrbaren Vorwärtsbewegung. Eine Wiedergeburt durch die Rückkehr in ein anderes Zeitalter war so phantastisch-romantisch, wie der Sprung in eine zukünftige Idealgesellschaft eingebildet und utopisch erschien. Der Fortschritt fand statt durch langsame, geordnete Handlungen, gewissermaßen nach der Verfahrensweise gesetzgebender Körperschaften. Der Historiker verabscheute Unterbrechungen der kontinuierlichen Entwicklung ebenso sehr wie die Naturwissenschaftler einen Bruch in der Kausalkette des physischen Geschehens.

Die drei einflußreichsten Denker des 19. Jahrhunderts, Hegel, Darwin und Marx, befaßten sich besonders damit, die Kontinuität und Unumkehrbarkeit der Entwicklung zu betonen. Jeder lehrte eine objektive Entwicklung, die ohne Unterbrechung und unabhängig von schöpferischen Eingriffen stattfand. Hegel machte die ganze westliche Entwicklung zum Produkt der allmählichen Entfaltung des Selbstbewußtseins des Weltgeistes, in deren Verlauf die Fackel der Vernunft von einem Volk zum anderen weitergereicht wurde; jedes Volk erschien auf der Bühne der Geschichte zu einer ihm angepaßten Zeit und trat dann in den Hintergrund, um einem anderen Platz zu machen. In gleicher Weise entwickeln sich für Darwin die verschiedenen Arten aus ursprünglich einfachen Formen durch einen Prozeß allmählicher Anpassung an ihre Umwelt; sie kommen und gehen im Rhythmus der Veränderungen in dieser Umwelt, welche sich auch selber in einem Entwicklungsprozeß befindet. Marx stellte die Geschichte als Aufstieg und Niedergang von Klassen dar, die ihren Höhepunkt in der proletarischen Gesellschaft erreichen würden; jede ausbeutende und jede ausgebeutete Klasse erhob sich in Abhängigkeit von den Produktionsmethoden, und wenn diese aufhörten, sie zu stützen, machte sie Platz für andere.

Die Schüler jedes der drei Denker neigten dazu, die Bedeutung irrationaler Faktoren wie zum Beispiel die der dialektischen Einheit der Gegensätze, des Kampfes ums Dasein oder der revolutionären Überwindung der Ausbeuter durch die Ausgebeuteten im Interesse einer unumkehrbaren, kontinuierlichen Vorwärtsbewegung zu verkleinern. Sie taten dies weitgehend unter dem Eindruck des vermeintlichen unaufhaltsamen Fortschritts der Menschheit zu einem immer höheren Niveau von Aufklärung und Toleranz, von Naturbeherrschung und materiellem Wohlstand. Diese Haltung änderte sich jedoch früh im 20. Jahrhundert fundamental, als die Berechtigung der deterministischen Auffassung von Natur und Geschichte in Frage gestellt wurde.

Die Auflösung der Konzeption eines universalen Kausalzusammenhanges der Naturerscheinungen ist besser bekannt als das ähnliche Geschick, das die Auffassung von einer unumkehrbaren historischen Kausalkette ereilte. Wie es nicht länger angeht, das Universum durch ein mechanisches Modell zu repräsentieren, so kann Geschichte nicht länger als eine Folge von Ereignissen hingestellt werden, die durch berechenbare politische, ökonomische, soziale und intellektuelle Beziehungen zusammengeknüpft sind. Sowohl die physische als auch die historische Welt bekam eine Tiefendimension, wobei die oberflächlich verknüpfte Ordnung als eine Vereinfachung, aber auch als eine Verzerrung der fundamentalen Unbestimmbarkeit und Unbeständigkeit des Lebens betrachtet wurde.

Bis ungefähr um 1900 galt die physische Welt als aus solidem festem Stoff zusammengesetzt, sozusagen als ein Gefüge aus Billardkugeln, deren größte die Sterne darstellten, während die kleinsten mit den Atomen identisch waren. Hypothetisch wurde immer noch angenommen, das Atom sei tatsächlich das kleinste Teilchen, bis Planck und andere seine innere Struktur entdeckten, die mit ihren Protonen, Neutronen und Elektronen die physische Welt als unendlich komplizierter enthüllten, als früher vermutet wurde. Energie war danach in der subatomaren Welt nicht dem beständigen Fluß unterworfen, der in der makrophysischen Ordnung gegeben schien. Weiterhin enthüllten die Relativitätstheorie und die Atomforschung, daß solche absoluten Begriffe wie Kausalität, Zeit und Raum, auf denen die Wissenschaft basierte, nicht charakteristisch für das Universum seien, sondern nur abgeleitet von gewissen metaphysischen Annahmen über das Universum. Kurzum, es wurde erkannt, daß sich die Methoden der Wissenschaft nicht notwendig in ihren Grundsätzen ändern müssen, während sich die Eigenschaften, die der Welt zugeschrieben werden, durchaus ändern. Die Wissenschaft sucht in immer stärkerem Maße diese vorweggenommenen Annahmen zu erkennen, um nicht von ihnen beherrscht zu werden.

Die Geschichte, die sich mit den menschlichen Angelegenheiten und der Kultur befaßte, unterlag einer vergleichbaren Veränderung. Im Mittelalter und in der Renaissance sah der Mensch sich und das Universum in Beziehung zu einer transzendentalen Welt der Höhen und Tiefen. In der Aufklärung und in der Romantik sah er vorwärts und rückwärts, um eine ideale Ordnung zu finden oder aber eine idealisierte Ordnung der Vergangenheit wiederzugewinnen. Im 20. Jahrhundert werden sowohl die vertikal-transzendenten als auch die horizontal-historischen Orientierungen aufgegeben; die Welt wird in steigendem Maße entzaubert, sie wird der Magie und des Mythos beraubt. Sowohl der transzendentale Mythos von Himmel und Hölle als auch der immanente Mythos einer Hinbewegung auf eine neue Ordnung verloren zum größten Teil ihre Substanz, wenigstens im Denken der Gebildeten. Der Mensch des 20. Jahrhunderts orientiert sich daher an einem Weltbild, in dem das Verhältnis von Rationalität zu Irrationalität nach dem Modell von Oberfläche und Tiefe oder aber von Außen und Innen beschrieben werden können.

Die Überleitung zu dieser Auffassung im geschichtlichen Denken wurde besonders von Wilhelm Dilthey, Max Weber und Oswald Spengler widergespiegelt. Sie befaßten sich nicht mit dem Rationalen als der Widerspiegelung ewiger Wahrheiten und ebensowenig als eines Instrumentes des Fortschritts bei der Errichtung einer neuen Weltordnung, sondern als einer historischen Erscheinung, welche die Welt um sie her formte. Sie befaßten sich angesichts des Verlustes der Religion auch mit dem Bedürfnis nach einer Weltanschauung, die eine Gesamtauffassung des Universums widerspiegeln und als ein Orientierungsmittel in der Welt dienen könnte. Schließlich waren sie alle, wenigstens indirekt, von der Polarität von Kultur und Zivilisation beeinflußt, wobei der Begriff Kultur Spontaneität und schöpferische Fähigkeit widerspiegelte, während Zivilisation Technik und Massengesellschaft beinhaltete.

DIE LEBENSKRAFT UND DIE TYPOLOGIE DER WELTANSCHAUUNGEN

Wie so viele seiner akademischen Vorgänger, studierte Wilhelm Dilthey (1833–1911), der Sohn eines Pastors, zunächst Theologie und wechselte dann zur Philosophie über. Der Ausgangspunkt seines Denkens war der positivistische Rationalismus des 19. Jahrhunderts. Er versuchte jedoch, zu einem schöpferischeren Ausdruck für den Rationalismus zu gelangen, indem er zu dessen Quellen in der Aufklärung und sogar der Renaissance zurückging. Er wurde ein großer Verehrer von Erasmus und Lessing, besonders insoweit sie eine Religion ohne Dogma befürworteten, eine Religion, in der die vielfältige Schöpfungskraft des Lebens unmittelbar ohne die Intervention von Doktrinen oder Formeln erfahren werden konnte; ein solcher Glaube hätte Raum für eine Toleranz allen Formen gegenüber des menschlichen Ausdrucks und würde den Blick wieder auf die Welt als Ganzheit richten – das heißt, er wäre eine Weltanschauung.

Diltheys historische Schriften handelten hauptsächlich von den Beziehungen zwischen philosophischen und religiösen Ideen und der Weltanschauung des Einzelmenschen, wie sie sich in den großen Denkern von der Renaissance bis zur Romantik ausdrückte. Ebenso charakteristisch war sein Einspruch gegen die modische Betonung der Urkunde als eines objektiven geschichtlichen Dokuments. Man müsse über die kritische Würdigung der Dokumente hinaus zu einem intuitiven Verstehen der Denkformen des großen Denkers gelangen, um die fundamentalen ethischen und religiösen Ausmaße des schöpferischen Lebensgeistes zu ergründen [5].

Nach Dilthey bildet sich unser Wirklichkeitssinn für die Außenwelt durch die Erfahrung, die wir aus dem Widerstand gegen die Verwirklichung unserer Absichten gewinnen. Eine Erkenntnis der Grenzen und Schranken des Wissens ist erreicht. Auch gewinnt die Subjekt-Objekt-Beziehung eine Erfahrungsgrundlage, die sowohl im Willen und Gefühl als auch im Intellekt wurzelt.

Dieser Gesichtspunkt war auch die Grundlage für Diltheys Betonung der Psychologie. Die Psychologie, so meinte er, sollte sich nicht der Entdeckung von Grundsätzen oder Gesetzen des Denkens widmen, sondern der Entwickulng eines intuitiven Verstehens, wie Gedankensysteme unter den gleichartigen Erfahrungen individueller Denker entstehen und wie sie zu einem rationalen Selbstbewußtsein kommen. Das Verstehen scheint hier einer Form von Einfühlung nahezukommen; es wird zu einer Fähigkeit der Erkenntnis, die rein abstrakten Gedanken überlegen und dem mystischen Funken vergleichbar ist.

Nach Dilthey kann der Mensch nur durch den Nachvollzug der Strukturen und Formen seiner Gedanken verstanden werden, in welchen sich der schöpferische Strom des Lebens in der Geschichte ausdrückt. Die schöpferische Lebenskraft enthüllt sich in ihren höchsten Augenblicken besonders im Denken und in der Kunst großer Philosophen und Schriftsteller. Aber um den großen Denker zu verstehen, ist es nötig, seine Ideen zu jenen fundamentalen und ganzheitlichen Erfahrungen des Universums zurückzuverfolgen, von denen die Ideen lediglich eine bewußte Widerspiegelung darstellen. Eine Analyse der Gedankenstrukturen drückt Grundtypen der Weltanschauungen aus, die in verschiedenem Gewande immer wiederkehren; sie zeigen, daß es nicht nur eine einzige gültige philosophische Auffassung gibt, sondern daß die Pluralität der Standpunkte einen gemeinsamen Ursprung in dem schöpferischen Quell des Lebens hat.

Die Hervorhebung einer schöpferischen Lebenskraft und ihr intuitives Begreifen auf dem Wege über eine Typologie der Weltanschauungen erfüllten die Forderung nach dynamischer Wirklichkeit, die in dem Zeitraum zwischen den beiden Weltkriegen erhoben wurde; erst zu dieser Zeit wurden die zerstreuten und fragmentarischen Schriften Diltheys gesammelt und leicht zugänglich gemacht.

DIE RATIONALE VERFOLGUNG IRRATIONALER ZIELE

Anders als Dilthey befaßte sich der Soziologe Max Weber (1864–1920) hauptsächlich mit der Erweiterung der Welt der Vernunft auf Kosten des Irrationalen. Die planmäßige Anpassung der Mittel an die Verwirklichung von Zwecken oder Zielen stellte, so sagte er, das wichtigste Merkmal des westlichen Rationalismus, das nicht von den östlichen Kulturen geteilt wurde; es manifestierte sich besonders in der Entzauberung der Welt, die der westliche Mensch erlebte.

In einer Universitätsvorlesung über »Wissenschaft als Beruf« (1919) wies Weber darauf hin, daß das Leben des Geistes eine Verpflichtung mit sich bringe – genauer einen Glaubensakt. Die Wissenschaft als höchster Ausdruck des westlichen Rationalismus befaßt sich ihrer Natur nach nicht mit letzten Zielen, sondern nur mit denjenigen gemeinsamen, unmittelbaren Zwecken, für die angemessene Mittel zu ihrer Verwirklichung angegeben werden können. Die Wissenschaft sollte die Erforschung ewiger Wahrheiten unterlassen. Man muß sich auf empirische Tatsachen verlassen, auf den fortschreitenden, kumulativen Charakter der wissenschaftlichen Erkenntnis vertrauen und den Versuch meiden, Probleme zu stellen, die nicht mit ihren analytischen Methoden gelöst werden könnten.

Aber Weber stellte auch die Frage, warum die Entstehung solcher rationalen Strukturen wie Wissenschaft, Kapitalismus und Bürokratie so charakteristisch für die westliche Kultur geworden ist. Durch ein vergleichendes Studium der Einwirkung der Religion auf verschiedene Kulturen suchte er zu zeigen, wie das Irrationale seinen Ausdruck in rationalen Formen finde. Die westlichen Glaubensrichtungen, besonders der Calvinismus, entwickelten eine Lehre von der »Berufung«, die einen auf Erwerb gerichteten Aktivismus zugleich mit einer rationalen Berechnung förderte, wie sie beide für den Kapitalismus charakteristisch sind. Die »Berufung« war der wichtigste rationale Rahmen, in dem der westliche Mensch der Gegenwart seine größten Erfolge errang, besonders auf den führenden Gebieten, der Wirtschaft und der Wissenschaft.

Im Calvinismus wurde die Verherrlichung Gottes umgewandelt in die rationale Dynamik einer Berufung.

Im Gegensatz zu Marxens Idee gingen religiöse, irrationale Motive den ökonomisch-rationalen voran. Der Marxismus bestand auf der Priorität der ökonomischen oder materiellen Basis, und Marx hielt Religion für einen bloßen ideologischen Überbau. Für Weber repräsentierte der Sozialismus nur eine bis zur äußersten Grenze getriebene Bürokratie.

Um Webers allgemeinen Standpunkt zu verstehen, sollte man die wichtige Unterscheidung zwischen **einem substantiellen und einem funktionellen Rationalismus** machen. Der substantielle Rationalismus, wie er für die Aufklärung und im wesentlichen auch für die Gedankenwelt des 19. Jahrhunderts charakteristisch war, akzeptierte den Begriff einer rationalen Ordnung, die dem Universum immanent sei und sich in Staat und Gesellschaft offenbarte – zum Beispiel in den Vorstellungen von den Naturgesetzen. Funktioneller Rationalismus andererseits ist ein deutlicher Ausdruck eines technischen Gesichtspunktes; er ist pragmatisch und befaßt sich nur mit den Beziehungen zwischen Mittel und Zweck.

Für Weber verwirklichte sich diese funktionelle Auffassung besonders in der Verwendung von »Idealtypen«, um die Welt der empirischen Wirklichkeit zu meistern. Diese treten an die Stelle der Konzeption eines Naturgesetzes mit seiner Annahme einer immanenten und unveränderlichen Wirkungsweise. Ein Idealtyp stellt ein Modell menschlichen Wirkens dar, wie es vor sich gehen würde, wenn es einen unmittelbaren logischen und funktionellen Weg zum geplanten Ziel nähme und nicht mutwillig abgelenkt würde.

Wir haben bereits gesehen, daß Weber solche Idealtypen von Wissenschaft und Kapitalismus entworfen hatte, um zur Erkenntnis ihrer rationalen Struktur zu gelangen. Auf der Basis ähnlicher historischer Abstraktionen entwarf Weber die drei Haupttypen der Führerschaft, die auf verschiedenen Auffassungen von Legitimität beruhen: die erste auf den traditionellen Formen von Aristokratie und Monarchie, die zur Verehrung der Vergangenheit anregen; die zweite auf der Gesetzgebung eines Amtes, wie sie vom Gesetz umrissen wurde, und die dritte auf dem charismatischen Führertum, das von der Annahme ausgeht, der Führer sei die Stimme Gottes oder des Volkes, und bedingungslosen Gehorsam fordert. Weber neigte dazu, diesem letzten irrationalen und revolutionären Typus eine wichtige

Rolle in der Geschichte zuzuschreiben. Er selbst war ein Gegner der persönlichen Herrschaft Wilhelms II. und befürwortete eine Demokratie, aber großenteils deshalb, weil diese ein besseres System zur Rekrutierung einer herrschenden Elite erlaubte.

Da Weber einerseits die irrationale Welt der Werte und andererseits die Welt rationaler Mittel lehrte, wurde das einheitliche, substantielle und rationale Universum der Welt des 19. Jahrhunderts auseinandergerissen; der Bereich des Rationalen wurde auf den Status des bloß Instrumentalen und Funktionellen reduziert. Diese Auffassung beinhaltet die gefährliche Folgerung, was in letzter Instanz am meisten zähle, sei die Entwicklung der wirksamsten Mittel zur Erreichung von Zielen; denn eine rationale Wahl von Zielen auf Grund ihres Eigenwertes könne es nicht geben. Diese Haltung ähnelte derjenigen, die die Sophisten in einem kritischen Einschnitt der griechischen Geschichte gegen Ende des 5. Jahrhunderts v. Chr. einnahmen.

KULTUR GEGEN ZIVILISATION

Oswald Spengler gab dem Dualismus des Irrationalen und des Rationalen eine neue Bedeutung; er übertrug sie in die Polarität von Kultur und Zivilisation. Sowohl Dilthey als auch Weber sahen die Freisetzung des individuellen Schöpfertums als die besondere Leistung des Westens an; Dilthey betrachtete sie von der Seite der schöpferischen Lebenskraft, wie sie sich in der Vielfalt rationaler Formen ausprägte; umgekehrt sah Weber sie von der Seite des Rationalismus als der spezifisch westlichen Folge der Entzauberung der Welt, die den Menschen befähigte, eine zunehmende Meisterschaft über die Mittel zur Wertverwirklichung zu gewinnen. Als Spengler die Lebenskraft als die Schöpferin einer Pluralität von Kulturen – nämlich der bisherigen acht voneinander vollkommen unabhängigen Kulturen – ausgab, negierte er die Rolle des Westens als des Befreiers des einzelnen von Magie und Mythos; dieser Rationalismus repräsentierte für ihn nur die Endphase einer besonderen Kultur, der des Westens.

Oswald Spengler (1880–1936) war der Welt der Forschung vollkommen unbekannt, als im Jahre 1918 der erste Band seines Werkes »Der Untergang des Abendlandes« erschien; der zweite Band folgte 1922. Spengler war von 1908 bis 1911 Mathematiklehrer an einem Gymnasium in Hamburg und zog sich danach nach München zurück, um als freier Schriftsteller zu leben. Seine Doktorarbeit schrieb er über den alten Philosophen des Fließens, Heraklit, der auch Nietzsche beeinflußt hatte; Nietzsche wiederum hatte zusammen mit Herder, Goethe und Bergson den größten Einfluß auf Spengler. Der erste Band seines »Untergangs des Abendlandes« erschien in einem psychologischen Augenblick, der wenigstens zum Teil seine erstaunliche Volkstümlichkeit erklärt. Er ließ Deutschlands Niederlage nur als Teil eines allgemeinen Versagens des Westens erscheinen, das sowohl Sieger als auch Besiegte betraf. Spengler erzählt uns, daß er sein Werk unter dem Einfluß der zweiten Marokko-Krise (1911) begann. Er hatte das Gefühl, daß der Westen kurz vor einem Wendepunkt stehe, der Krieg und Krise mit sich bringen und schließlich die bürgerliche, individualistische Gesellschaft und Kultur zerstören werde, um eine Massengesellschaft unter diktatorischer Herrschaft zur Blüte zu bringen.

Spenglers Auffassung stand der herrschenden Auffassung der Geschichte als einer einheitlichen, linearen Entwicklung der Menschheit entgegen. Die Vorstellung von der Einheit der Menschheitsgeschichte war sowohl in den christlich-theologischen als auch in den liberal-progressiven und den marxistisch-sozialistischen Konzeptionen enthalten. Spengler kehrte in gewissem Sinne zu der alten Zyklus-Theorie zurück, nach der der Kreislauf der Natur, wie er sich im Rhythmus der Jahreszeiten und in der zyklischen Bewegung der Himmelskörper zeigt, zur Basis der historischen Perspektive wurde. Die linearen Konzeptionen, die mit der christlich-theologischen begannen, brachen mit dem Naturzyklus und nahmen an, daß der Mensch in seiner religiösen, kulturellen oder technischen Entwicklung über die Natur hinausstrebt und sich auf ein fernes Ziel der Vollendung zubewegt. Aber Spengler ging über die alte zyklische Idee und auch über die von Goethe hinaus, indem er jede Kultur als eine geschlossene Einheit darstellte, als eine fensterlose Monade, die ihre eigene, besondere Seele besitzt und daher allen ihren Formen eine unverwechselbare Eigenart verleiht.

Statt der kontinuierlichen Entwicklung der Menschheit konfrontiert uns Spengler mit dem Rhythmus des Entstehens und Vergehens von Kulturen, von denen jede wie eine Pflanze in einer ganz bestimmten Landschaft auftaucht und die Phasen von Frühling, Sommer, Herbst und Winter durchläuft. Der Zyklus kann in aller Kürze wie folgt zusammengefaßt werden: Jede Kultur durchläuft eine frühe Phase kollektivistischer Mythenbildung; dann verläßt der individuelle Genius die Gruppe; und endlich setzt mit dem Erscheinen des Funktionärs, der das Streben der großstädtischen Massen nach Wohlstand widerspiegelt, der Niedergang ein.

Nähert sich eine Kultur dem Ende ihres schöpferischen Kreislaufs, so wird sie in zunehmendem Maße rationalisiert – das heißt intellektualisiert und technisiert, da sie sich von ihren schöpferischen Quellen ihrer Lebenskraft entfernt. Sie kommt diesen Quellen im Frühling der Mythenbildung am nächsten; am weitesten davon entfernt ist sie im Winter des Rationalismus, genannt Zivilisation. Das moderne Abendland habe die Stufe der Zivilisation erreicht, der römischen Phase des Altertums vergleichbar, in der eine Schöpfung im Sinne von mythischer, empirischer und philosophischer Reflexion der ontologischen Ordnung nicht länger möglich ist, da gewissermaßen eine Verhärtung der kulturellen Arterien eingetreten ist. Alles, was der Mensch in diesem Stadium tun könne, sei Brücken, Maschinen und Weltreiche zu bauen; er kann nur noch in einem funktionellen Sinne schöpferisch sein.

Schließlich geht der Mensch in der Megalopolis mit ihrer Massengesellschaft wieder in der Herde unter. Der große Cäsar, der die Eigenschaften eines Demagogen mit denen eines militärischen Führers verbindet, wird der natürliche Führer dieses Endstadiums sein, in dem das Leben jeden Sinn verliert und dem Menschen nur noch der Kampf ums Dasein bleibt.

Spengler nahm an, daß der Geist des Preußentums, der aus dem Deutschen Ritterorden stammte und der sich in der jüngsten Vergangenheit in einem wirksamen militär-bürokratischen Staate verkörperte, der angemessenste Ausdruck des Rationalismus in der gegenwärtigen Etappe der westlichen Entwicklung sei. Er war für diese Phase besser geeignet als der angelsächsische Individualismus, der in Wirklichkeit ein Anachronismus war. Der preußische Staatssozialismus war ebenfalls für dieses neue Klima besser geeignet als der marxistische Sozialismus, der in einem Entwurf einer künftigen idealen Ordnung nur einen Ersatzmythos für die Massen lieferte. Das Preußentum hielt keine schöpferische Lösung für die Krankheiten einer sterbenden Kultur bereit. Es steckte den Patienten nicht nur in eine Zwangsjacke, es disziplinierte auch seine Seele, damit er seinem Schicksal ins Auge sehen konnte.

Spengler zog in diesem pessimistischen Gemälde eines unvermeidlichen Niederganges keine kausalen Faktoren in Betracht. Er argumentierte, Ursache-Wirkung-Beziehungen seien nur auf einen räumlichen Bewegungsbegriff anwendbar, während nur die Konzeption des Schicksals mit ihrer Zeitdimension der Geschichte angepaßt sei. Das Schicksal hat indessen keinen rationalen Charakter, dieser Begriff bezeichnet nur einen unvermeidlichen spezifischen Lauf der Entwicklung wie etwa das Leben einer Pflanze oder eines Tieres. Es gibt hier keine Freiheit außer der Lebenskraft, welche aus ihrem unerschöpflichen Reservoir die Kulturseelen hervorbringt, die dann den Weg zu ihren besonderen Bestimmungen einschlagen.

Das menschliche Dasein pendelt zwischen zwei großen Polen hin und her, nämlich zwischen schöpferischer Kultur und rationalisierter Zivilisation; dieselbe Polarität erscheint auch als Gegensatz von Intuition und Vernunft, von Gestalt gegen Gesetz oder, im weitesten Sinn: von Leben und Tod. Sie sind nicht nur Pole, zwischen denen man im täglichen Leben hin- und herschwankt, sondern sie sind die Endpunkte jedes geschlossenen kulturellen Daseins. In dieser ewigen Wiederkehr gibt es keine allgemeinen Wahrheiten religiöser oder humanistischer Art, die über den Kulturen stünden und dem menschlichen Dasein einen Sinn geben könnten.

Der deutsche intellektuelle Protest gegen Zivilisation, der im späten 19. Jahrhundert begann, hatte in Spenglers »Untergang des Abendlandes« seinen Höhepunkt erreicht. Beweise dafür, daß die westliche Gesellschaft endgültig die letzte Phase ihrer Entwicklung antrat, wurden in der Massendemokratie, der Technik, der Fortschrittsidee und dem proletarischen Sozialismus gesehen. Aber während das Preußentum Spengler die geeignete Reaktion auf diese Endphase zu bieten schien, da es den Verlust der Schöpferkraft stoisch hinnahm, war es vielen anderen zu arm an emotionalem und vitalem Gehalt; diese wandten sich der Vorstellung eines irrationalen Durchbruchs zu.

DIE SELBSTENTFREMDUNG DES MENSCHEN

Drei Denker des 19. Jahrhunderts, Marx, Kierkegaard und Nietzsche, wurden in der Nachkriegsperiode die Hauptpropheten eines neuen Weges, sich vom Ballast der Vergangenheit und dem sinnlosen Fortschritt der Zukunft frei zu machen. Wir haben uns schon mit ihnen befaßt, nämlich als Kritikern der herrschenden kleinbürgerlichen Ordnung ihrer Zeit. Während sie zu Lebzeiten weitgehend als Kritiker eines besonderen (religiösen, ökonomischen oder kulturellen) Aspekts jener Ordnung betrachtet wurden, galten sie im 20. Jahrhundert als Protagonisten einer radikalen Kritik.

Von diesen dreien war Kierkegaard der am wenigsten bekannte, bis im Ersten Weltkrieg die Übersetzung seiner Werke ins Deutsche zu erscheinen begann. Marxens Prestige wurde durch die Russische Revolution bedeutend gestärkt, und seinem Gedankengut wurde daraufhin eine viel tiefere Deutung zuteil. Nietzsche hatte vor dem Krieg wohl den größten Einfluß in den romanischen Ländern, wo er als Philosoph der Dekadenz galt; aber nach dem Kriege wurde er von den Deutschen geradezu als eine neue Offenbarung aufgenommen. Alle drei fanden starken Widerhall, da sie auf die Entfremdung des Menschen von seinem wahren Ich hinwiesen, die durch den veräußerlichenden Rationalisierungsprozeß hervorgerufen wurde.

Marx erklärte, daß der Mensch im Kapitalismus eine bloße Ware werde; er ist kein Mensch mehr, sondern eine Arbeitskraft mit einem Preisetikett;

er ist keine Ganzheit mehr, sondern ist in seine Fähigkeiten aufgeteilt, um den höchsten Preis auf dem Markt der Massenproduktion zu erreichen.

Kierkegaard sah in der deutschen idealistischen Philosophie, besonders in Hegel, die rationalistische Neigung, die Religion auf das Niveau von Staat und Kultur herabzuziehen, wobei die Religion zu einer bloßen Sphäre menschlichen Interesses wurde. Indem die Religion weitgehend ein Ausdruck kleinbürgerlicher Humanität wurde und von sozialer Wohlfahrt und individueller Philanthropie nicht mehr zu unterscheiden war, verlor sie das Gefühl für den unpassierbaren Abgrund, der das Transzendente von Mensch und Welt trennte. Dieser Abgrund verursachte jene Spannung zwischen Gott und dem Einzelmenschen, die den Menschen durch Innerlichkeit und Subjektivität zu einem »konkreten spirituellen Einzelwesen« werden läßt [6].

Nietzsche argumentierte, daß die Selbstentfremdung des Menschen mit Sokrates und Jesus begonnen habe. Sokrates leitete sie ein, als er die theoretische und kontemplative Haltung auf Kosten der Emotion und des Willens betonte. Jesus beschleunigte den Prozeß, indem er Demut, Selbsterniedrigung und Buße pries und den naturgegebenen heroischen Instinkten keine Entfaltung gönnte. Gegen Ende des 19. Jahrhunderts hatte der westliche Mensch einen Punkt erreicht, an dem die Nivellierung seiner natürlichen Instinkte und Werte durch Rationalismus und Humanität so weit fortgeschritten war, daß er kein Gefühl mehr für Qualität und Überlegenheit hatte; damit war ein Zustand eingetreten, den Nietzsche Nihilismus nannte. Schließlich, so argumentierte er, wird der Massenmensch dahin gelangen, alle Werte abzulehnen, die er von der Vergangenheit geerbt hat, und ihre Zerstörung vollenden.

Ein Gefühl der Entfremdung von ihren Mitmenschen befähigte alle drei Denker, ihre Gesellschaft und Kultur sowohl von außen als auch von innen zu beurteilen. Im Falle von Marx haben wir bereits erwähnt, daß er während der langen Periode des Exils in London in bitterer Armut lebte und sich mißverstanden fühlte. Die innere Ablehnung des Exils sollte eine wichtige Rolle im Leben vieler seiner Schüler spielen, zum Beispiel für Lenin und Trotzki.

Bei Kierkegaard hatte die Entfremdung einen überlegteren Charakter. Ein Gefühl der Entfremdung von Gott, das aus der Introspektion und einem morbiden Schuldgefühl abgeleitet wurde, wie es seinen Vater verfolgt hatte und auch den Sohn ergriffen zu haben scheint, ließ ihn auf eine brillante Laufbahn verzichten und sich in die Isolation zurückziehen. Die konsequente Verinnerlichung wurde in einer Reihe autobiographischer und bekennerischer Werke enthüllt, die sich besonders durch scharfsinnige psychologische Analysen auszeichnen und den Weg zurück zu religiöser Gesundung suchen.

Nietzsches Laufbahn verlief ähnlich. Wir haben sie kurz nachgezeichnet: von einer Professur in Basel, seiner Bekanntschaft mit Wagner und seiner Ablehnung bis zum Kulturpessimismus. In den letzten Stadien seiner zunehmenden Isolierung, bevor sich sein Geist verdunkelte, verfaßte er seine größten Werke: »Also sprach Zarathustra« (1883–1885) und »Der Wille zur Macht« (1895). Er bezeichnete sich selbst als »Dynamit«, das die traditionellen Werte zerstören würde. Aber er wurde auch für viele nicht nur eine nihilistische Kraft, sondern der Weg zurück zur Bejahung echter menschlicher Werte.

DER WEG ZUR ERLÖSUNG

Obwohl die von diesen drei Denkern vorgeschlagenen Wege zur Erlösung zu ganz verschiedenen Zielen führten, haben diese Wege doch viel Gemeinsames; vor allem behaupten sie, daß es auf den Weg ankomme; denn indem man ihm folge, werden die Ziele erreicht.

Für alle drei war es ein Abstieg in die Tiefe, sei es in der fortschreitenden Verelendung des Proletariats, sei es in Form der tiefsten Verzweiflung an der Ferne von Gott oder in Gestalt der Nivellierung aller Werte, die zu nihilistischer Zerstörung führte. Aber es ist wichtig zu sehen, daß dieser Abstieg in die Tiefe auch den Anbruch eines neuen Tages bedeutete.

Für Marx muß dem Proletarier bewußt werden, daß er sich ganz unten in einer Gesellschaft befindet, die ihn ausbeutet und seiner menschlichen Eigenschaften beraubt, und daß er nichts zu verlieren hat als seine Ketten; in dem Augenblick, da er und seine Schicksalsgefährten zu dieser Erkenntnis kommen, wird ein neues Zeitalter anbrechen.

Für Kierkegaard, wie auch für Luther, muß der Mensch sich seine eigene vollkommene Ohnmacht vergegenwärtigen, um sich des unüberbrückbaren Abgrundes zwischen sich und Gott bewußt zu werden. Er muß sich den Tiefen von Ernüchterung und Verzweiflung ausliefern. Dieses Gefühl der Ohnmacht zu verspüren, fällt dem modernen Menschen besonders schwer, da er sich dank Wissenschaft und Humanismus daran gewöhnt hat, seine Kräfte und seine Güte zu überschätzen. Er versucht immer, sich Stück für Stück Gott anzunähern und durch Kunst oder Moral einen gemeinsamen Boden mit Gott zu finden. Ein Christ muß aber mehr als ein Glied einer Kirche sein – er muß wieder ein Lernender werden, ein Jünger, der sich tatsächlich allen Dünkels entledigt, um in seinem Alleinsein dem transzendenten Absoluten gegenübertreten zu können.

Auch Nietzsches Weg führte von der Verneinung zur Bejahung. Die Stadien sind: erstens das christlich-jüdische Gebot »Du sollst«, dann die moderne rationale Versicherung »Ich will«, die zu der Erkenntnis führt, daß Gott tot und alle Werte vergangen sind; endlich wird der Übermensch mit dem Ausruf »Ich bin« die Höhen und die Tiefen des Lebens bejahen, seine heroischen und seine tragischen Seiten.

Für Kierkegaard und Nietzsche gab es keinen Endzustand, in dem man zur Ruhe kommt; sie betrachteten diese Auffassung als bourgeoise Illusion. Nach Nietzsche erstrebte der Sozialismus lediglich, die Sicherheit und den Wohlstand, die bisher auf relativ wenige Angehörige des Mittelstandes beschränkt waren, auf alle Menschen auszudehnen. Sogar Marx machte keinen Versuch, Pläne für eine zukünftige kollektivistische Gesellschaft zu entwerfen.

Für Kierkegaard gibt es keine Rast in dem Gefühl, die Gnade Gottes erlangt zu haben. Die Spannung zwischen dem Menschen und dem Transzendenten läßt keinen metaphysischen oder religiösen Vorwand zu, sich der Ruhe hinzugeben; denn das hieße wieder, die Errungenschaften des Menschen auf eine Ebene mit dem Göttlichen zu stellen.

Auch für Nietzsche ist die klare Bejahung nur etwas Vorläufiges; denn das Leben ist für den kommenden Übermenschen immer gefährlich, und dazu gehört die Bejahung oder Annahme einer ewigen Wiederkehr, nicht der Fortschritt zu einem Ziel.

Sogar einige Marxisten, darunter Trotzki, begannen in den zwanziger Jahren, von der Notwendigkeit einer »permanenten Revolution« zu sprechen; es bestand die Gefahr, daß der Proletarier, einmal im Sattel, in bürgerliche Denkgewohnheiten abgleiten würde. Tatsächlich argumentierte der französische Denker Georges Sorel, der sowohl ein Schüler von Marx als auch ein Vater der faschistischen Theorie war, daß der Arbeiter beständig von einem revolutionären Elan erfüllt sein müsse, indem man ihm die Aussicht auf das Gelobte Land, das er in Wirklichkeit niemals betreten würde, vor Augen hielte. Sorel versuchte, die Lehren von Marx und von Nietzsche miteinander zu verbinden.

Ein äußerst wichtiges Merkmal des intellektuellen Klimas des 20. Jahrhunderts in Deutschland war sein synkretistischer Charakter, das Vermischen und Harmonisieren von Ideen und Begriffen aus ganz verschiedenen Quellen. In dieser Atmosphäre wurden Ideen aus ihrem Mutterboden gelöst und nahmen damit einen völlig freischwebenden Charakter an, der die Durchschlagskraft der Ideen dieser Bilderstürmer erklärt.

Ihre Denkweise war in Wirklichkeit nicht revolutionär in einem rationalistischen Sinne, sondern radikal in einem völlig bilderstürmerischen

Sinne; sie entwarfen keine neue Ordnung der Dinge, wenigstens nicht im Falle von Nietzsche und Kierkegaard. Es gibt keine göttlichen oder ideellen Essenzen, die in konkreten, festen Formen verkörpert werden können, weder in der Natur noch in der Geschichte, und die damit einen dauernden und sakrosankten Charakter annehmen könnten. Es gibt nur eine reine Dynamik des Denkens, deren nihilistische und irrationalistische Neigung in den folgenden Tendenzen offensichtlich wird:

Zunächst verwarfen Kierkegaard, Marx und Nietzsche die humanistischen und humanitären Werte des Liberalismus; diese Werte waren ideelle Verdünnungen des alten klassischen Erbes, die eine neue, auf die Person gerichtete Lebendigkeit im Christentum und seinen Ablegern, der Renaissance und dem Protestantismus, erhalten hatten. Sie spiegeln die wachsende Toleranz und Aufklärung in der modernen Gesellschaft wider. Die Bilderstürmer argumentierten, daß sie Ersatz seien, künstliche Substitute für die traditionellen Glaubensinhalte. Daher ermangeln sie der Wurzel in den Grundbedingungen des menschlichen Daseins, welche die alten Glaubensbekenntnisse besaßen. In der Tat dienten sie weitgehend als dekorative Fassade für das bourgeoise Streben nach materiellem Gewinn und Prestige. Kierkegaard und Nietzsche leugneten die Möglichkeit eines historischen Wertzuwachses, wie vom progressiven Liberalismus angenommen wurde.

Zweitens war diese Demaskierung des Dünkels der Mittelstandsgesellschaft und Kultur das Ergebnis eines Rationalismus, der so weit getrieben worden war, daß man den Sprung von der obersten Sprosse der Leiter in den Irrationalismus von Revolution, Bekenntnis oder echter Bejahung wagen mußte. Der Rationalismus erreicht diesen Punkt, wenn er über seine eigene Grundvoraussetzung hinausgeht, daß die Vernunft den Menschen von traditionellen Bindungen befreien solle, und sich die Frage stellt, ob sie ihn nicht auch von den Bindungen der rationalen Ordnung selbst befreien solle. In der Tat wird man dazu geführt, den Zweifel selbst in Frage zu stellen und den Sprung in den Glauben zu wagen, aber nicht als ein System von Doktrinen, sondern als einen Glauben als Glauben. Für viele Exponenten der neuen Dynamik bedeutete dies die Wiederherstellung der Ekstase des Augenblicks, entweder in einem mystischen Sinne oder als heroische Tat auf dem Schlachtfeld oder auf den Barrikaden.

Eine dritte Tendenz, die aus den anderen folgte, war das Beharren auf der Notwendigkeit einer radikalen Änderung, und zwar nicht in Form einer Veränderung von Institutionen, sondern als einen entschlossenen Akt der Revolte gegen die bestehende Ordnung, oder als Bindung eines Jüngers, oder schließlich als Bejahung der ewigen Wiederkehr. Was hier erwogen wurde, war ein vollständiger Umsturz, der von Nietzsche »die Umwertung der Werte« genannt wurde. Dies bedeutete in Wirklichkeit nicht die Umwandlung der Werte von innen heraus, sondern die Ersetzung des bestehenden Wertsystems durch ein neues – zum Beispiel die Ersetzung der aus jüdisch-christlichen Quellen abgeleiteten Werte durch die alten klassischen, heroischen und tragischen, oder auch durch die primitiveren Stammeswerte, die sich auf Freund und Feind und den Heldenmythos bezogen. Diese Umwertung schloß eine vollkommene Verneinung der Vergangenheit als einer historischen Entwicklung und Kontinuität ein, wie sie in einer Tradition oder Erbschaft verkörpert ist.

Diese Ideen repräsentierten eine grundsätzliche Reaktion gegen die Konzeption von einem stetigen Fortschritt, die das späte 19. und das frühe 20. Jahrhundert entwickelt hatten. Die Geschichte sollte wieder eine Folge dynamischer Entscheidungen werden, statt sich langsam auf ein Ziel der Vollendung hin zu entwickeln. Diese Auffassungen standen ganz im Einklang mit der Stimmung der stürmischen Zeiten, die auf den Ersten Weltkrieg folgten.

XIV. Reaktionen auf den Nihilismus

Die deutsche Situation zu Beginn des 20. Jahrhunderts war den Tagen von Erasmus, Paracelsus und Luther zu Beginn des 16. Jahrhunderts vergleichbar: eine ähnliche Sehnsucht nach Wiedergeburt von Mensch und Gesellschaft, ein »Geschmack« für die apokalyptische Umwälzung, die Vision von einem dritten Zeitalter oder Reich. Sogar der Rahmen weist viele Ähnlichkeiten auf: Einen katastrophalen Krieg, die Gefahr einer Umwälzung von unten und die Gewalttätigkeit bezahlter Söldnertruppen.

Man kann auch behaupten, daß der neue Humanismus, die Lebensphilosophie und der Existentialismus sich ebenso bemühten, die Entfremdung des Menschen von einer kulturellen Form, von den antäischen, vitalen Lebensquellen, oder von dem Bewußtsein der Unsicherheit des Daseins zu überwinden, wie es seinerzeit das Denken von Erasmus, Paracelsus und Luther tat.

DER KULT DER FORM UND DES CHARAKTERS

Der moderne Humanismus entstand in der Renaissance als Reaktion auf die Einseitigkeit des scholastischen Menschenbildes; er suchte das wahre Bild des Menschen aus den Schriften des heidnischen und des christlichen Altertums wiederzugewinnen. Auch der Neuhumanismus des 18. Jahrhunderts hatte in seiner Reaktion gegen Utilitarismus und Rationalismus seine Verwandtschaft mit dem griechischen Genius wiederentdeckt. Spät im 19. und 20. Jahrhundert erzwang die Gefahr einer Technisierung des Menschen eine neue Besinnung auf die alten humanistischen Normen.

Man hat gesagt, daß Griechenland das »kulturelle Vaterland« der Deutschen wurde. Griechenland war in der Vergangenheit einfach deshalb stark idealisiert worden, weil die Deutschen keinen unmittelbaren kulturellen Gleichklang mit ihm fühlten, während sich die Lateiner in Übereinstimmung mit Rom wußten. Aber das umfassende philologische und historische Studium der griechischen Kultur und ihrer lateinischen Tradition im 19. Jahrhundert unterstrich, daß das antike Erbe im Westen fortlebte.

Eine ganze Reihe deutscher Gelehrter hatte dieses Studium verfolgt; ihr Einfluß auf die Erziehung spiegelte sich besonders in dem klassischen Gymnasium wider, das diese kulturellen Errungenschaften pflegte.

Es gab auch eine ästhetische und philosophische Richtung, die den Humanismus als Lebensform auffaßte; sie ging von den Romantikern aus und gipfelte in Nietzsche, der behauptete, die Gelehrten hätten die Griechen falsch interpretiert; die Normen der griechischen Kultur könnten nicht allein im perikleischen Athen gesucht werden, sondern auch im Mythos und den orgiastischen Kulturen der archaischen Gesellschaft. Das griechische Leben zeigte tatsächlich zwei Pole: den apollinischen und den dionysischen, die zueinander in dauernder Spannung standen; der dionysische war amorph und schöpferisch, der apollinische scharf profiliert und plastischer Form zugeneigt.

Die philologisch-historische Betrachtungsweise nahm nur zögernd von diesem Gesichtspunkt Kenntnis, jedenfalls konnte sie aber nun doch etwas weiter zu den Ursprüngen der griechischen Kultur vordringen. Man erkannte, daß die *polis* mehr war als nur ein Rahmen, innerhalb dessen sich die griechische Kultur entwickelt hatte. Die Kultur von der *polis* zu trennen, hätte bedeutet, die Kultur in einen historischen Ballast zu verwandeln. Man konnte offensichtlich nicht die totalitären und aristokratischen Formen des politischen und sozialen Lebens der *polis* wiederherstellen, wohl aber konnte man das Ideal der *paideia* wieder zur Geltung kommen lassen, dessen großer Vertreter Plato war. Man konnte deshalb versuchen, Ästhetik und Ethik zu vereinen, Schönheit und Güte zu verbinden und Kultur und Politik nicht mehr als Gegensätze erscheinen zu lassen. Kurzum, griechische Kultur mußte ein verpflichtendes Bekenntnis und nicht lediglich als intellektuelles Ideal von ferne bewundert werden.

Die radikalsten und einflußreichsten Exponenten dieser Auffassung waren Stefan George (1858–1933) und sein Schülerkreis, der ihn als großen Meister verehrte. Er war ein Dichter, der sich als einen Propheten für die Menschheit im allgemeinen und für die Deutschen im besonderen betrachtete, als Führer zu einem rein spirituellen Königreich. Natürliche Vitalität und Geist sollten miteinander versöhnt werden; die amorphe schöpferische Bewegung des Dionysos sollte beständig in den plastischen, harmonischen Formen des Apollinischen ihren Ausdruck suchen, darin aber niemals zur Ruhe kommen. Aus diesen Ideen entstand eine Reaktion gegen den gängigen Naturalismus in der Kunst und gegen das Streben nach Bequemlichkeit und Sicherheit im Wilhelminischen Reich. Die meisten von Georges Dichtungen entstanden zu dieser Zeit, aber ihr Einfluß wurde über seinen Schülerkreis noch bis in die Nachkriegsperiode hineingetragen.

George war der Führer eines Bruderschaftskultes, wie er bei den alten Pythagoräern bestanden hatte. Er hatte seine lokalen Ableger in vier oder fünf Städten; der Meister besuchte diese lokalen Gruppen von Zeit zu Zeit und sprach mit ihren Mitgliedern über das, was sie dachten, schrieben und lasen. Vollkommenheit der Form zusammen mit einer freundschaftlichen Verbundenheit war das Ziel. Diese Kreise, die Intellekt und Ehre verkörperten, sollten ihren Einfluß in das Meer des Chaos um sie herum ausstrahlen. Diese Welt der Formlosigkeit, die all ihre heroischen Qualitäten verloren hatte und nichts suchte als Friede und Behaglichkeit, könne nur noch durch eine Sintflut erlöst werden; aus dieser Sintflut würde ein Retter erstehen, ein Mann aus der Tiefe, der, ein Napoleon, sie von ihren Schlakken reinigen und eine Umkehrung der Werte zustande bringen würde [1].

George ging mit den Deutschen hart ins Gericht. Im besonderen geißelte er den norddeutschen Hang zu romantischer Verworrenheit, den er in Gegensatz stellte zu der großen Klarheit der rheinischen Form; im Rheinland hatte sich römische Tradition ausgewirkt und auch in der Kultur der Hohenstaufen und der Renaissance fortgesetzt.

DAS DURCHTRENNEN DER NABELSCHNUR

Der Mensch der Gegenwart war nicht nur den humanistischen Kulturformen entfremdet; noch wichtiger war, wie viele dachten, seine zunehmende Isolierung von den schöpferischen Quellen der Lebenskraft. Wissenschaft und Technik waren dabei, eine ausgeklügelte Apparatur aufzubauen, die zwischen dem Menschen und dem lebensspendenden Strome stand. Der französische Philosoph Henri Bergson (1859–1941) und Nietzsche waren die einflußreichsten Denker, die die rationale Ordnung dem Lebensstrom und den lebensspendenden Naturkräften gegenüberstellten. Nach Bergson ist der schöpferische Elan des Lebensstromes nur durch Instinkt und Intuition faßbar, durch die man in ihm aufgeht. Die Vernunft hingegen hebt den Menschen aus ihm heraus, da sie von dem lebendigen Wirken der Lebenskraft nur leblose Strukturen abstrahiert.

Die Philosophie des Lebensstromes betrachtete den Geist oder das Denken nicht mehr als eine Erweiterung oder Entwicklung der schöpferischen Lebenskraft, sondern als eine Abweichung, Perversion oder Dekadenzerscheinung. Für Herder im 18. Jahrhundert und selbst noch für Dilthey stellte der Geist den zum Bewußtsein gelangten Lebensstrom und seine höchste Entwicklungsstufe dar.

Jetzt im 20. Jahrhundert war die Kontinuität durch die neuen Ansichten von der primitiven, prähistorischen und archaischen Geistesverfassung radikal unterbrochen. Die alten Vorstellungen vom edlen Wilden, vom primitiven Menschen als unverdorbenem Naturkind und vom verlorenen Paradies waren weitgehend abgetan. Grundlage der neuen Ansicht war die Vorstellung, daß die Urtriebe, wie sie in der archaischen Mythologie und Magie hervortreten, unter der Maske der Vernunft fortleben. In diesem Sinne wurde die These vom kollektiven Unbewußten entworfen, besonders durch Carl Gustav Jung (1875–1961). Im magischen Symbolismus der alchimistischen Schriften des Paracelsus und seiner Vorgänger, behauptet Jung, werde das tiefe archaische Bewußtsein besonders offenkundig. Auch pathologische Geisteszustände bringen die Erinnerungen aus den tiefen Schichten des Unbewußten, die unserem Verhalten zugrunde liegen, ans Licht. Diese Erinnerungen sind nicht auf Einzelmenschen beschränkt, sie finden sich vielmehr im Unterbewußtsein eines jeden Menschen.

Die wohl radikalste Antithese zwischen Vernunft und Lebenskraft tritt im Denken von Ludwig Klages (1872–1956) auf. Er war der recht ungewöhnliche Fall eines führenden Philisophen ohne akademische Stellung. Seine sehr folgerichtig entwickelte mystische Lebensphilosophie basiert auf dem Studium des Charakters und der Art und Weise, wie er sich in der Handschrift offenbart. In der Vorkriegszeit war er führend auf dem Gebiet der Charakterologie und der Graphologie. Er behauptete, daß die Schrift eine Tür zu den Bildern aus Farbe, Ton und Form öffnet, die dem Menschen vor Augen schweben und eine dynamische Verbindung zwischen Mensch und Leben herstellen. Diese Bilder – nicht die Gegenstände – vermitteln die ganze Aktualität des Lebens. Der Mensch ist im Leben des Universums verwurzelt mit Leib und Seele, die in prähistorischer Zeit in unmittelbarer Wechselbeziehung standen. Der Geist ist es, der die Harmonie zerstört hat; er löste den Menschen durch den Prozeß der Intellektualisierung und Mechanisierung vom Leben los. Mit anderen Worten, das Denken war der Feind der Seele und des Körpers, da es einen Keil zwischen beide trieb.

Der nachfolgende Prozeß der Entfremdung des Menschen von der schöpferischen Kraft des Lebens begann, so glaubte Klages, mit der Entwicklung einer Kultur, die auf der Schrift fußt. Die Schrift ermöglichte ein kollektives Gedächtnis und die Anhäufung von Erfahrungen. Sie bedeutete das Ende des Matriarchats, das seinen engen Kontakt zur Lebenskraft in den Fruchtbarkeitskulten ausdrückte. An seine Stelle traten das Vorrecht des Vaters und die Entwicklung von Staat und Geschichte, die zum Bruch des »tellurischen Bandes« führten. Das war der wirkliche »Sündenfall« [2].

Klages trug mit seiner Ablehnung von Geschichte und Staat auch eine neue Auffassung von der Zeit vor. Für ihn schufen diese beiden einen prometheischen Menschentyp, der mit seinem Willen, die Zukunft zu beherrschen, die Gegenwart von einer toten Vergangenheit trennte. Jede Gegenwart hatte ihre Realität nur insofern, als sie ein Schritt in Richtung auf die Zukunft war. Die wirkliche Zeit aber war ein rückläufiger Strom, der in die Vergangenheit führte, in die lebendige Vergangenheit, in deren Tiefe die mythische Lebensanschauung ruht.

Das ist eine radikalere Ablehnung der Geschichte, als man sie bei den Romantikern oder bei Nietzsche findet. Klages betrachtete die Weltgeschichte, die den Mythos ersetzte, als bloßen Ausdruck der Machttriebe des Staates. Er war daher kein Nationalist. Tatsächlich machte ihn sein Pazifismus und Individualismus den Nationalsozialisten verdächtig, obwohl auch sie den Mythos höher stellten als die Geschichte.

EXISTENZ ALS BEWUSSTSEIN DER ENDLICHKEIT

In der Theologie fand ein ähnlicher Rückzug vom historischen Gesichtspunkt statt. Die Situation der Protestanten wurde in der Nachkriegszeit kritisch: die alte historische Bindung von Monarchie und Kirche war zerbrochen, und die Weimarer Republik erstrebte eine vollständige Trennung von Kirche und Staat. Die liberalen Theologen machten sich wenig Hoffnungen mehr auf eine kulturelle Aufklärung und die Wirkung des sozialen Evangeliums; diese schienen der gefährdeten kulturellen Situation des Menschen nicht mehr angemessen. Kriegs- und Revolutionskrise hatten gezeigt, wie tief er sinken konnte.

Die Sehnsucht nach einer Rückkehr zu einem festen religiösen Fundament rief ein erneutes Interesse für Luthers theologische Stellung und die »Entdeckung« Kierkegaards hervor. Kierkegaard wurde der Ausgangspunkt einer neuen religiösen Sehweise, die »dialektische Theologie« oder »Krisentheologie« genannt wurde. Der Schweizer protestantische Theologe Karl Barth (geboren 1886) wurde der führende Vertreter dieser Richtung.

Kierkegaards Einfluß und die Rückkehr zu Luther und Calvin zeigten sich in dem starken Nachdruck, der auf die Kluft zwischen Mensch und Gott gelegt wurde. Hatte die liberale Theologie dahin tendiert, Religion mit moralischem, sozialem und kulturellem Fortschritt gleichzusetzen und Gott mit einem entstehenden Universum in eins zu setzen, so betonte die dialektische Theologie die absolute Transzendenz Gottes und die völlige Nichtigkeit des Menschen.

Gott ist für den Menschen völlig unerkennbar. Er offenbart sich nur in seiner Inkarnation in Jesus Christus; andere Offenbarungen gibt es nicht. Das muß in einem reinen Glaubensakt angenommen werden; seine historische Begründung oder Unbegründetheit durch biblische Tradition hat eigentlich keine Bedeutung. Ferner gibt es kein Weltende, das in die Ewigkeit einmündet. Zeit und Ewigkeit stehen sich in jedem Augenblick gegenüber. Deshalb existieren keine äußerlichen Brücken zwischen Gott und dem Menschen; es gibt nur einen Zustand innerer Spannung, in dem sich der Mensch dauernd seiner völligen Unterlegenheit bewußt ist. Luthers Grunderfahrung der direkten Konfrontation von Mensch und Gott wurde hier zum Extrem geführt, indem sie aller Zwischenträger in Gestalt von Dogma, Mythos und Geschichte entkleidet wurde.

Der Zweck dieser dialektischen Theologie war es, die Religion aus ihrer Verstrickung in moralische Selbstgerechtigkeit und in die Erlösung durch intellektuelle Aufklärung und kulturellen Fortschritt zu befreien, um eine reine religiöse Erfahrung zu ermöglichen. Wie Kierkegaard sagt, muß der Mensch durch einen Akt absoluter, unbedingter Verpflichtung wieder Jünger Christi werden. Es sollte keine Stufung geben, keine allmähliche Annäherung an Gott. Der Glaube sollte keine stufenweise Erleuchtung und kein Gefühl der Sicherheit geben, sondern ein Sprung der Verzweiflung sein.

Das philosophische Gegenstück dieser theologischen Position war der »Existentialismus«. Er berief sich im wesentlichen auf Kierkegaard und Nietzsche und wandte den verschiedenen philosophischen »Neo«-Schulen den Rücken, die auf Kant und Hegel zurückgriffen, welche sich beide mit dem ewigen Problem der Wahrheit beschäftigt hatten. Sie hatten die Frage gestellt: Wie kann der Mensch die Welt erkennen, und mit welcher Sicherheit weiß er etwas über sie? Kant antwortete mit der Lehre von den Vernunftkategorien; Hegel gab die Theorie von der Dialektik des Weltgeistes zur Antwort. Der Existentialist dagegen fragte in erster Linie nach den Grenzen der menschlichen Existenz angesichts des Geworfenseins des Menschen ins Sein. Er versuchte nicht, die Entfremdung des Menschen von der Kultur als Qualität oder Form vom Leben als schöpferischer Kraft zu überwinden, sondern er wollte seine wahre existentielle Lage im Hinblick auf einen Sinn erkennen.

Die Existentialphilosophie wurde an den deutschen Universitäten von Martin Heidegger (geboren 1889) und Karl Jaspers (geboren 1883) weiterentwickelt. Sie gingen das Problem der menschlichen Existenz vom psychologischen Gesichtspunkt an. Das Bewußtsein der Existenz manifestiert sich darin, daß sich der Mensch seiner Umwelt und seiner Auseinandersetzung mit ihr zunehmend bewußt wird. Seine fortschreitende Erkenntnis der Welt läßt ein zunehmendes Gefühl der Getrenntheit von ihr aufkommen, das Gefühl des »Geworfenseins in das Sein«. Weil er kein gemeinsames Schicksal mit der Welt hat, wird er sich mehr und mehr seiner eigenen Endlichkeit bewußt.

Das Wesen der Existenz ist daher das Wissen um die Zeit als Begrenzung und Bestimmung; ist jedoch nicht einfach ein Wissen um die Kürze der Zeit, gemessen an der Dauer des Universums oder einem Begriff wie der Ewigkeit. Es ist vielmehr das Gefühl, etwas Vorübergehendes und »Unwiederholbares« zu sein: In diesem Wissen von der Endlichkeit der Existenz wird der Mensch nach Heidegger ganz aus den natürlichen, historischen und transzendenten Bedingungen herausgehoben und alles Unwesentlichen entkleidet. Indem der Mensch seine Endlichkeit, sein In-die-Welt-geworfen-Sein bejaht, verwirklicht er die völlige Entzauberung der Welt.

Hier beschrieb die Philosophie wirklich einen verborgenen Geisteszustand, und in Anlehnung an die Tiefenpsychologie Freuds und seines Kreises ist sie auch »Tiefenphilosophie« genannt worden. Sie versucht, die fundamentale Angst und sogar die Furcht ins Bewußtsein zu heben, die mit dem menschlichen Endlichkeitsgefühl gegeben sind, ein Gefühl, das sich noch verstärkt, seit die moderne Technik der vorgegebenen Natur eine zweite Natur gegenüberstellt. Diese Tiefendimension kommt besonders im Verhältnis zu Leben und Tod ins Bewußtsein – im Gefühl, daß das Leben unweigerlich, jetzt und hier, abläuft und nicht wiederkehrt.

Auf diese Weise wurden Philosophie und Religion wieder in engere Beziehung gebracht. Philosophie sollte mehr sein als eine bloße akademische Disziplin; sie wollte wieder eine Lebensform werden – jedoch nicht indem sie Vorschriften ableitete, die zu befolgen waren, sondern indem sie die tatsächliche menschliche Existenz erhellte, ihren Grenzcharakter an der Scheidungslinie von Leben und Tod, von Sein und Nicht-Sein.

All diese Vorschläge, die Entfremdung des Menschen von der Kulturform oder von der Lebenskraft oder vom wahren Sein zu überwinden, befürworteten wieder die Notwendigkeit einer inneren Befreiung, diesmal durch die Entdeckung eines Beziehungspunktes, zu dem ein dynamisches Polaritätsverhältnis zu finden war. Dieser Punkt konnte durch die Begriffe Griechenland, Leben oder Gott symbolisiert werden, wenn man sie nur ihrer traditionellen philosophischen oder religiösen Bedeutung entblößte.

DER NEGATIVE CHARAKTER DER WEIMARER REPUBLIK

Auch Reformation und Romantik hatten auf die Notwendigkeit einer inneren Befreiung hingewiesen, hatten damit aber, wie wir gesehen haben, die Forderung nach gemeinschaftlicher Solidarität verbunden, die sich auf eine neue innere Erfahrung gründete. In den anderthalb Jahrzehnten nach dem Ersten Weltkrieg wurde das Bedürfnis nach Gemeinschaftsgefühl zu einer solchen Kraft, daß sie alle Hindernisse wegfegte. Die Auflösung der alten Bande des Reiches, der Bürgergemeinschaft und der Kultur im Strudel der Parteikämpfe, der Inflation und der Krise der Weltanschauung innerhalb des improvisierten Rahmens der Weimarer Republik gaben dieser Tendenz ihre Schwungkraft.

Angesichts der Niederlage, die Deutschland 1918 erlitt, hatten sich zwei extreme Alternativen einer Revolution dargeboten. Die erste, eine Revolution von oben, entsprach durchaus den Traditionen des Kontinentalstaates. Die militärische Niederlage hatte eine Umwandlung der Regierung zur Folge; das war auch die preußische Reaktion auf die napoleonische Eroberung gewesen: Der Staat war reorganisiert worden, um ihn in engere Berührung mit dem Volk zu bringen. Die Monarchie hatte damals wenig von ihren tatsächlichen Vorrechten verloren. Jedoch im Laufe des Ersten Weltkrieges war die Monarchie so sehr in den Hintergrund getreten, daß ein Vakuum in der Staatsführung entstand. Dieses Vakuum war durch eine quasi-militärische Diktatur ausgefüllt worden, als sich die Notwendigkeit einer totalen Mobilmachung ergab. Aber sie hatte nur geringen Anklang bei den Massen gefunden, und die Abwesenheit des Militärs im Jahre 1918 machte eine Revolution von oben sehr unwahrscheinlich. Auf jeden Fall wurde sie unmöglich gemacht, da die siegreichen Alliierten die Errichtung einer Demokratie forderten.

Die zweite Alternative, die Revolution von unten, entsprach weit mehr dem Massencharakter der Gesellschaft des 20. Jahrhunderts. Aber auch sie war ihrem Charakter nach undemokratisch. Ihr Vorbild war die bolschewistische Revolution in Rußland, wo ein Generalstab von Berufsrevolutionären mit Unterstützung der Massen eine »Diktatur des Proletariats« errichtete. Dieses Revolutionsregime sollte provisorisch sein und dem Ziel dienen, eine totale Reorganisation der Gesellschaft durchzuführen und dabei vor allem die feudal-aristokratische Herrschaft über die agrarischen Gebietsteile sowie die Kontrolle der Industrie durch den mittelständischen Kapitalismus zu liquidieren. Ein Versuch, Anfang 1919 in Deutschland eine Revolution dieses Typs durchzuführen, scheiterte: Er wurde von Friedrich Ebert mit Hilfe des Militärs niedergeschlagen. Als Führer der stärksten Partei, der Sozialdemokraten, hatte er die Leitung der Regierung übernommen. Ebert und die Mehrheitssozialisten traten für die Errichtung einer demokratischen Regierungsform ein, wie sie in den westlichen Ländern bestand. Sie waren der Überzeugung, daß daraus schließlich eine sozialistische Republik erwachsen würde. Sie widersetzten sich jeder Verbindung mit dem russischen Kommunismus. Ebert war unter den Fittichen des preußischen Staates mit seiner Armee und seinem Bürokratismus groß geworden und betrachtete beide als Stützen der Ordnung in der Gesellschaft.

Aber die militärische Niederlage und der Sturz der Monarchie im Jahre 1918 wie auch die Niederschlagung der Revolution von links im Jahre 1919 belasteten das neue Regime; letztlich trugen sie zur Radikalisierung der Rechten und der Linken bei: Die Rechte, aus Leuten zusammengesetzt, die während des Krieges Annexionisten gewesen waren, führte die Niederlage auf den »Dolchstoß« der demokratischen und sozialistischen Gruppen zurück; die Linke ihrerseits grollte wegen der blutigen Niederschlagung des Aufstandes und der Ermordung ihrer Führer. Sie nahm ebenfalls eine unversöhnliche Haltung ein und enge Beziehung zum russischen Kommunismus auf, um die Diktatur des Proletariats und die Weltrevolution zu fördern. Die Geschichte der Weimarer Republik ist in der Tat der Kampf der Mitte gegen diese beiden Extreme.

Die Republik hätte Stabilität gewinnen können, wenn sie die Herrschaft einer sozialen Gruppe, zum Beispiel des Mittelstandes, gefördert hätte. Aber die alten Bruchlinien der Gesellschaft bestanden fort, und zwar in verschärfter Form. Die Junker besaßen noch – wenn auch nicht ohne Furcht und Sorgen – ihre Rittergüter; sie konnten immerhin Trost darin finden, daß die Armee weiterhin das Bollwerk der Ordnung war und die kommunistische Revolution unterdrückt hatte. Der gehobene Mittelstand, der am lautesten für einen Siegfrieden mit Annexionen eingetreten war, war der politischen Lage wohl am wenigsten gewachsen; die Bürger ergriffen die Chancen, die die wachsende Inflation bot, um ihre Taschen zu füllen. Das Kleinbürgertum, Händler und Bauern, war dem Druck des Kapitals von oben und der Gewerkschaften von unten ausgesetzt; weder sie noch die steigende Zahl der Angestellten konnten ein positives Programm aufstellen; sie waren nur unzufrieden. Die Arbeiter befanden sich in einer schwierigen Position; ihre Führer unterdrückten auf der einen Seite die Revolution und traten mit Hilfe des Militärs für Ordnung ein, auf der anderen Seite aber versprachen sie soziale Sicherheit mit höheren Löhnen und kürzerer Arbeitszeit.

Keine dieser sozialen Gruppen konnte durch ihre Zahl oder ihre Ideologie eine führende politische Rolle spielen; sie verteilten sie auf eine Anzahl politischer Parteien, von denen keine klare Klasseninteressen vertrat.

DER ZUSAMMENBRUCH DER SOZIALEN ORDNUNG

In den zwanziger Jahren kam in den westlichen Völkern eine Massengesellschaft auf. Ihre Kristallisation war weitgehend das Ergebnis neuer technischer Entwicklungen: Rundfunk, Kino und Kraftwagen hatten eine neue Massenkultur zur Folge, damit aber auch eine Zerstörung der traditionellen Schichtung in höhere und niedere Kultur. Das zeigte sich am deutlichsten in den Großstädten, deren wuchernde Peripherien auf das flache Land überzugreifen begannen.

In Deutschland waren die sozialen und kulturellen Veränderungen allerdings wohl weniger das Ergebnis technischer Entwicklung als vielmehr eine Folge des Krieges. Die Lockerung der traditionellen Bande von Klasse, Familie und Kirche führte zu neuen gesellschaftlichen Organisationen. Besondere Bedeutung kam der Verewigung der Kriegskameradschaft in den verschiedenen Kriegervereinen und Geheimbünden zu. Die Literatur dieser Zeit, etwa Remarques berühmtes Buch »Im Westen nichts Neues«, betonte diesen Aspekt des Soldatendaseins, das sogenannte »Fronterlebnis«. Die Jugendbewegung gab ihre frühere romantische Naturverehrung auf und verlegte sich auf das Gemeinschaftsgefühl und das Ringen um eine neue Ordnung. Noch andere wichtige Einflüsse kamen von den neuen Kulten, vor allem den bedeutenden Sekten, vertreten durch Graf Keyserling und Rudolf Steiner, die das Licht aus dem mystischen Osten kommen sahen.

Nirgends manifestierte sich diese neue Geisteshaltung und Stimmung stärker als im Expressionismus, der kurz vor dem Krieg aufgekommen war und in Deutschland den klarsten Ausdruck fand. Die Kunst bemühte sich nicht länger um die Beschreibung von Natur und Mensch; ihre Funktion wurde umdefiniert: Kunst habe des Menschen innerste Erlebnisse auszudrücken. Kunst, so dachten die Expressionisten, sollte diese Erlebnisse in Formen wiedergeben, die den inneren Trieben und dem inneren Verlangen gemäß waren. Die Suche nach einem neuen Symbolismus und nach einer neuen Intensität des Ausdrucks war besonders offensichtlich bei Paul Klee (1879–1940) und bei Ernst Barlach (1879–1938).

Die Straße wurde ebenfalls zu einem bedeutenden politischen und sozialen Faktor. Aus der Sicherheit und Bequemlichkeit des Heimes, die ohnehin durch Krieg und Inflation zerstört waren, traten die Männer auf die Straße, wo Aufläufe, Demonstrationen und Gangstertum den Gärungsprozeß der Zeit offenbarten. Nicht nur die Reden der Demagogen und die Demonstrationsmärsche, sondern auch politische Morde und Attentate spiegelten den Niedergang der Gesellschaft im Strudel von Gewalt und Irrationalismus wider. Politischer Terror und Gewalt gingen vor allem von der extremen Rechten aus und erreichten ihren Höhepunkt 1920/21 in der Ermordung von Rathenau und Erzberger, die sich des großen Verrates schuldig gemacht hatten, auf die Unterzeichnung und Erfüllung des Versailler Diktates zu dringen.

In den Gedanken der meisten Menschen hatte die Republik nichts mit den Begriffen Volk und Staat zu tun. Sie stellte nur parlamentarische Parteipolitik dar. Die meisten Deutschen zeigten wenig Achtung vor ihr und nannten sie »das System«, ähnlich wie die Russen den Ausdruck »das Durcheinander« gebrauchten, wenn sie von Regierung und Gesellschaft der Zarenzeit sprachen. Die Republik konnte bei den Leitern der Ministerien oder überhaupt der Bürokratie keine wirkliche Achtung erringen. Die Gerichte verurteilten politische Übeltäter, deren Taten die Sicherheit der Republik bedrohten, nur zu leichten Strafen.

Daß die Republik trotz aller Putschversuche bis 1933 bestehen blieb, mag der Tatsache zuzuschreiben sein, daß keine Gruppe stark genug war, die alleinige Herrschaft zu übernehmen. Gleiche Bedeutung kam vielleicht dem Umstand zu, daß die Republik das Ergebnis einer beträchtlichen Anzahl widersprüchlicher Interessen und Kräfte war, von denen viele einen Vorteil aus dem Fortbestehen der Republik zogen. Außerdem verhielten sich Bürokratie und Heeresführung neutral, wenn auch einzelne Beamte und Offiziere gelegentlich an antirepublikanischen Bewegungen beteiligt waren; doch als es zu der tatsächlichen Machtergreifung kam, leisteten weder Armee noch Bürokratie Widerstand.

Das allgemeine Überhandnehmen des Wortes »Krise« in den Jahren 1929–1933 weist auf die große Sorge um die westliche Gesellschaft hin, eine Sorge, die durch die Wirtschaftskrise und ihre politischen Auswirkungen ausgelöst wurde. Die Wirtschaft hatte die Stellung von Kirche und Staat als Hauptfaktor im Leben der Menschen eingenommen. Da die Arbeit zur Grundlage der Stellung eines Menschen in der Gesellschaft geworden war, erzeugte Arbeitslosigkeit in großem Ausmaß und ohne Aussicht auf eine wirtschaftliche Genesung eine Demoralisierung.

Im Unterschied zu den westlichen Demokratien verschärfte die Weltwirtschaftskrise in Deutschland die politische Krise, die schon seit 1918 bestand, in bedrohlicher Weise. Sie begann 1930 mit Börsenzusammenbrüchen. 1932 gab es sechs Millionen Arbeitslose. Diese Wirtschaftskatastrophe kam nur kurze Zeit nach der Krise von 1923, als die Inflation den Mittelstand seiner Ersparnisse beraubt hatte; er hatte sich in den Jahren des Wohlstandes von 1924–1929 von diesem Schlag nicht voll erholen können. Die ländlichen Gebiete befanden sich schon seit dem Ersten Weltkrieg in einer fortwährenden Notlage. Zu diesen Gruppen kam nun die wachsende Zahl der Arbeitslosen, wodurch eine wirkliche soziale und politische Gärung geschaffen wurde.

Die neue Wirtschaftskrise demoralisierte die Parteien der Mitte und machte eine parlamentarische Mehrheitsbildung dieser Parteien unmöglich. Aber statt daß sich die Parteien der Mitte gegen die Drohung von den extremen Flügelparteien zusammenschlossen, wurden sie in Richtung auf die Extreme auseinandergetrieben. Die beiden größten Parteien, die Sozialdemokraten und das Zentrum, wurden dabei von inneren Widersprüchen zerrissen. Die SPD hielt an der marxistischen Doktrin von der gemeinsamen Sache des Weltproletariats fest, obwohl sie den russischen Kommunismus ablehnte. Das Zentrum bewahrte weiterhin seine römisch-katholische Grundhaltung, die es seit dem Kulturkampf einnahm, obwohl zahlreiche Protestanten, die vom säkularen Liberalismus enttäuscht waren, zu seinen Wählern zählten. Beide waren Weltanschauungsparteien mit internationaler Ausrichtung und daher unempfänglich für den grundsätzlichen Wandel der nationalen Stimmung.

Alles in allem bewegte sich der Mittelstand in Richtung des unversöhnlichen Rechtsextremismus der Nationalsozialisten, während die Arbeiterschaft dem Gegenpol auf der äußersten Linken, den Kommunisten, zuneigte.

DER ZUSAMMENBRUCH DES PARTEIENSYSTEMS UND DAS VERLANGEN NACH EINEM UMBRUCH

Der Zusammenbruch der parlamentarischen Parteienherrschaft führte zur Errichtung einer Präsidialrepublik mit plebiszitären Elementen, was logisch einen Verfassungswechsel darstellte, der schon im Dualismus der Weimarer Verfassung angelegt war; denn der Präsident wurde unabhängig von der Legislative gewählt und besaß besondere Notverordnungsrechte. Nach Hindenburgs Wiederwahl im Jahre 1932 wurde der Präsident von der nationalen Opposition gegen die Weimarer Republik als Repräsentant des Staates angesehen, als über den Parteien stehend, die nur Fraktionsinteressen sozialer Gruppen vertraten. Da Bürokratie und Armee natürlicherweise den Präsidenten als Symbol der Staatsgewalt ansahen, nahm der Präsident den freigewordenen Platz des Monarchen ein. Die politische Theorie der Zeit betrachtete ihn als Hüter der Verfassung, als den Mann, der entscheidend gegen die ausweglose Lage angehen mußte, die durch die Parteienpolitik entstanden war, und der die öffentliche Ordnung in einer Krisenzeit aufrechterhalten mußte.

Der Hauptvertreter dieser Ansicht war der Jurist und Ideologe Carl Schmitt (geboren 1888). Wie Pareto in Italien so suchte er eine objektive, das heißt eine wirklich machiavellistische politische Theorie zu entwickeln. Im Gegensatz zum Liberalismus, der den Formalismus in Gesetz und Politik betonte, wie er sich in konstitutionellen Garantien und parlamentarischem Vorgehen zeigte, stellte Schmitt die Frage: Was ist die wahre Grundlage des Gesetzes? Seine Antwort lautete: Es ist die Macht, die das Gesetz wirksam werden läßt. Sie kommt in Notzeiten an die Oberfläche, in denen die Festigkeit der öffentlichen Ordnung geprüft wird. Sie erscheint, wenn die fundamentale Übereinstimmung nicht mehr besteht, die für eine parlamentarische, auf der Zusammenarbeit der Parteien basierende Herrschaft notwendig ist. Wenn diese Übereinstimmung zusammenbricht, ist Diktatur, die nackte Verkörperung der Macht, die unvermeidliche Folge.

Mit dem Zusammenbruch der parlamentarischen Parteienherrschaft kamen die grundlegenden pluralistischen Interessen der Sozialordnung, von Klassen, Korporationen und Vereinigungen vertreten, zum Vorschein, jedoch ihres früheren ideologischen und parteimäßigen Gewandes entkleidet. Die Parteien verkörperten nicht mehr einzelne Ideologien und Programme sozialer Gruppen, sondern suchten die größtmögliche Massenunterstützung. Parlamente waren nicht länger notwendig, und eine plebiszitäre Demokratie mit einem Diktator an der Spitze wurde unvermeidlich.

Die deutschen Parteien der Mitte – die Liberalen, Sozialisten und das Zentrum – hatten noch viel von der Ideologie und Psychologie beibehalten, die sie bei ihrer Gründung im Kampfe mit dem preußischen Staat zu Bismarcks Zeiten ausgebildet hatten. Durch diese weltanschauliche Haltung bedingt, fehlte ihnen die notwendige Geschmeidigkeit für parlamentarische Taktik, deren Grundzug das Eingehen auf den täglichen Wandel der öffentlichen Meinung ist. Das erklärt vor allem die mangelnde Beziehung der Parteiführer, die noch immer in der alten psychologischen Atmosphäre lebten, zu den einfachen Parteimitgliedern, die hauptsächlich über die augenblickliche Krise besorgt waren.

Die konservative nationale Opposition gegen die Republik litt ständig an ideologischer Zersplitterung und dem Hang zum Rechtsradikalismus. Die Aufspaltung in heterogene Klubs und Zirkel unterminierte eine positive ideologische Überzeugung; sie konzentrierten sich auf eine negative Haltung gegen die Weimarer Republik, und zusammen mit den parlamentarischen Gruppen der Mitte hatten sie unter den außerordentlichen Schwankungen der öffentlichen Meinung gelitten; das Ergebnis war, daß sie praktisch den Kontakt mit ihren alten Wurzeln in der Romantik, in der konservativen Weltanschauung verloren hatten. Das bedeutete den Verlust einer umfassenden Weltanschauung und die Hinwendung zu bloßer Machtergreifung. Aber hier wurden sie von den Nationalsozialisten ausgestochen, die, wie schon der Name der Partei sagt, Massenunterstützung suchten durch propagandistische Appelle an rechts und links.

Diese Umformung der Politik in den Tiefen von Welt- und Lebensanschauung wurde bedingt durch das Zusammenwirken von vier Kräften, auf deren Auswirkung schon hingewiesen wurde:

1. Der Prozeß der Säkularisation erreichte jetzt in Deutschland sein nihilistischstes Extrem – stärker noch als in Rußland, wo der religiöse Messianismus in kommunistische Utopie umgeformt wurde. Der Zerfall überkommener religiöser und idealistischer Werte gab jetzt den nötigen Spielraum für die dämonischen Qualitäten frei, die in Machtpolitik, technischer Organisation und Massenerregung ruhten. In den westlichen Demokratien wurden die subversiven Auswirkungen durch die Fortdauer des liberalen Humanismus und eine religiöse Wiederbelebung gemildert.

2. Die Neigung der Deutschen verstärkte sich, in Begriffen wie nationale Erhebung, Umklammerung und nationaler Umbruch zu denken. Im 19. Jahrhundert hatten diese Gedanken noch ein Gegengewicht in dem stark entwickelten Sinn für historische Kontinuität gefunden; aber im 20. Jahrhundert erhielten sie einen Antrieb durch das Gefühl für eine bevorstehende Apokalypse, das sich im Glaubenwollen und in der Umkehrung der Werte ausdrückte. Nach dem Ersten Weltkrieg vertraten auch viele die Ansicht, daß Niederlage und Erniedrigung nur durch entschlossenes Handeln ausgeglichen werden könnten, dem eine nationale Wiedergeburt folgen würde.

3. Die Weimarer Republik besaß wegen ihres improvisierten Charakters kein wirkliches Gefühl für Stabilität oder für eine Mission. Das Leben schien nicht in einem festumrissenen Rahmen zu fließen, sondern war nur das Ergebnis widerstreitender Kräfte. Die Desillusionierung in bezug auf den Fortschritt und die Reduktion der Vergangenheit auf einige ideale Zeitalter trugen zu dem Gefühl bei, daß die Entwicklung eine Bewegung ohne Ziel sei. Das läßt sich mit dem Gefühl vergleichen, an einem Wendepunkt zu stehen, wie wir es in der frühen Reformation und der frühen Romantik bemerkten. Kierkegaard und Nietzsche hatten der bloßen Dynamik des Augenblicks aber neue Bedeutung gegeben: Hier wurden die Höhen und Tiefen menschlicher Existenz wesentlicher als die Bewegung auf ein nebelhaftes Ziel hin, wo ein mythischer letzter Mensch die Anstrengungen aller vorherigen Generationen erbt.

4. Die Hoffnung auf kulturelle und geistige Wiedergeburt, die um die Jahrhundertwende begann, war ein gesamteuropäisches Phänomen, das

jedoch in Mittel- und Osteuropa einen besonderen Charakter annahm: Es ging um das Problem der Rolle, die in bezug auf den Westen gespielt werden sollte. In Rußland manifestierte sich die Antwort in einer Abwendung vom westlichen Materialismus und der dogmatischen Starre des lokalen kirchlichen Etatismus hin zu den besonderen mystischen und metaphysischen Quellen griechischer Orthodoxie. Dostojewski hatte den Anbruch eines neuen Zeitalters des Geistes vorhergesagt, in dem Rußland eine führende Rolle bei der Wiedergeburt und Erlösung der Menschheit spielen würde. Die verweltlichte Parallele dazu stellte die soziale Erlösungslehre dar, die ebenfalls eine neue Ordnung von Rußland ausgehen lassen wollte. Der Sieg dieser säkularisierten Bewegung mit ihrem aktivistischen Elan über die mystisch-religiöse Tendenz ist eine instruktive Parallele zum Triumph des Nationalsozialismus in Deutschland.

DIE ERWARTUNG EINES DRITTEN REICHES

Wiedergeburt und Erneuerung hatten offensichtlich in Deutschland weniger ökonomische und messianistische Bezüge als in Rußland; wohl aber zeigte sich diese Orientierung bei einer Anzahl von deutschen Schriftstellern des 19. Jahrhunderts, von Fichte bis Lagarde. Sie wurde besonders offenkundig in den zwanziger Jahren, zunächst in den ersten Schriften von Arthur Moeller van den Bruck (1876–1925), besonders aber in seinem sehr einflußreichen Werk »Das Dritte Reich der Deutschen« (1923).

Während seines Aufenthaltes in Paris – er hatte freiwillig das Wilhelminische Reich mit seinem abstoßenden Materialismus verlassen – hatte Moeller zusammen mit dem prominenten russischen Schriftsteller Mereschkowski an der Veröffentlichung einer deutschen Übersetzung Dostojewskis gearbeitet. Mereschkowski wollte Joachim von Fiores Vision eines Dritten Zeitalters des Geistes mit Dostojewskis nationalistischer und messianistischer Interpretation Moskaus als des Dritten Rom[3] verbinden. Auch Joachims Anhänger hatten dem Kommen eines messianischen Führers entgegengesehen, der das neue Zeitalter eröffnen würde. Der Dostojewski-Kult, der sich in Deutschland besonders im ersten Jahrzehnt nach dem Ersten Weltkrieg ausbreitete, war sowohl für die deutsche Orientierung nach dem Osten als auch für die Erwartung einer neuen Ordnung kennzeichnend.

Moellers Idee von einem Dritten Reich war anfänglich mit einer Sphäre spiritualistischer und sektiererischer Spekulation verbunden, die sich an der Spannung zwischen der althergebrachten und orthodoxen Art religiösen und politischen Denkens und dem neuen rücksichtslosen technischen Säkularismus entzündete, der sich in den Vordergrund schob. Das Wort »Reich«

hatte für ihn einen messianischen Klang; es bezeichnete die Idee der Mission der Deutschen, ihre Rolle in der Geschichte. Aber er sah das Reich nicht im Sinne der Restauration historischer Größe, sondern als Projektion eines Dritten Zeitalters. Diese vorausschauende Orientierung löste das Reich von seiner historischen Vergangenheit. Die Begriffe Reich, Staat und Volk erhielten einen klar umrissenen Inhalt, der von ihren spezifischen historischen Ursprüngen abstrahiert war, und gewannen damit eine neue, dynamische Aktualität.

Während seines fast zehnjährigen Auslandsaufenthaltes entdeckte Moeller die Individualität und die ganz bestimmte Qualität des Deutschtums. Zwei Bücher, die er nach seiner Rückkehr in die Heimat und unter dem Eindruck des Krieges gegen den Westen schrieb, sprechen von dieser Wiederentdeckung.

»Der preußische Stil« (1915) betont die männlichen und straffen Eigenschaften des Preußentums, die sich nicht nur im Baustil zeigen, sondern auch in Friedrich Wilhelm I., in Kant, in der Armee und der Beamtenschaft. Alle diese waren aus dem gleichen strengen und nüchternen Stoff gemacht und entbehrten der dekorativen Zutaten der dekadenten bürgerlichen Kunst. Dieses spartanische Preußen war eine echte Entdeckung des Bürgertums. Seine Einfachheit und Straffheit kontrastierten mit dem Aufwand Wilhelms II. und der neuromantischen Dekadenz. Das Preußentum trat so nach dem Ersten Weltkrieg an die Stelle des historischen Preußens, als die Dynastie und die Aristokratie als politische Kräfte verschwanden. Es wurde jetzt ein Formprinzip, wie schon bei Spengler festgestellt.

In seinem zweiten Werk »Das Recht der jungen Völker« (1919), das gegen Woodrow Wilson gerichtet ist, wiederholte Moeller im wesentlichen Fichtes nationale Idee, indem er die jugendlichen und lebenstüchtigen Deutschen den dekadenten Völkern des Westens, besonders den Franzosen, gegenüberstellte. Da die jungen Völker keinen bestimmten Stil, keine Form erworben hatten, war Kultur für sie eine dynamische schöpferische Kraft.

Moeller trennte sich von Spenglers Ansicht, daß alle Völker des Westens von dem breiten Strom der Massengesellschaft, des Cäsarismus und der technischen Zivilisation erfaßt würden, die das allgemeine Abnehmen der schöpferischen Kraft widerspiegeln. Er behauptete, daß jedes Volk eine einzigartige Gemeinschaft und fähig sei, ihr eigenes Geschick ins Auge zu fassen. Der Westen hatte den Krieg nur mit Hilfe eines jugendlichen Volkes, der Amerikaner, gewonnen. Ähnlich hatte im Osten ein anderes jugendliches Volk, die Russen, den Durchbruch zu einem neuen Geschick vollzogen. Für Moeller war die bolschewistische Revolution Ausdruck eines russischen nationalen Sendungsbewußtseins, das sich gegen den liberalen und den sozialen Internationalismus richtete. Würden die Deutschen ganz mit der Vergangenheit brechen, so könnten sie ebenfalls diesen Durchbruch in die Zukunft vollziehen; als junges Volk besaßen sie die nötige Lebenskraft und das Überlegenheitsgefühl, die zusammen das Wesen der Rasse ausmachen[4].

In seinem »Dritten Reich« suchte Moeller den rettenden Weg aus der nationalen Zersplitterung und Ohnmacht während der Weimarer Republik zu zeigen. Den Durchbruch in die Zukunft ahnte er in der Revolution der Rechten wie auch der Linken. Die alten Ideologien waren bankrott; sie stammten von den Revolutionen der westlichen Völker her, die international orientiert waren. Nun war es an den östlichen Völkern, besonders den Deutschen, eine nationale Revolution herbeizuführen.

DIE MÖGLICHKEITEN EINER KONSERVATIVEN REVOLUTION

Moeller kam zur Idee der nationalen Revolution durch die Analyse zeitgenössischer ideologischer Bewegungen. Dem Liberalismus, der nur ein Parteiensystem und die Forderung nach einer bloßen Interessenharmonie verkörpert, stellte er den Sozialismus und den Konservatismus gegenüber: Beide seien von Grund auf lebenskräftige Ideologien, da sie eine Weltanschauung hätten. Aber der Sozialismus als internationale Bewegung habe keine wirklich dauerhafte Lebenskraft. Moeller van den Bruck führte die Entstehung nationaler marxistischer Parteien als Beweis für diese These an. Die wahre Schwäche des Marxismus liege in seinem materialistischen Vorurteil und der daraus folgenden Unfähigkeit, die wahren Werte zu erkennen, die in Staat und Volk beschlossen sind.

So begannen die Züge des echten Konservativen hervorzutreten: Er muß sich vom Reaktionär insofern unterscheiden, als dieser wesentlich eine statische Idee vertritt, das heißt die Rückkehr zu einer bestimmten historischen Situation, zum Beispiel dem Reiche Bismarcks. Der echte Konservative erkannte andererseits die Dynamik der Wiederkehr grundlegender Urformen, die im Nationalcharakter angelegt sind.

Die interessanteste von Moellers Grundideen war wohl die Ansicht, daß Proletariat, Demokratie und Revolution verschiedenen Graden der Teilhabe an der nationalen »Gestalt« entsprächen. Das Proletariat war vom Marxismus als dem Wesen nach international angesehen worden; es galt daher als von der übrigen Natur abgesondert. Der Prozeß mußte nun umgekehrt werden: Der Nationalismus mußte sich in erster Linie auf das Proletariat stützen und revolutionär werden. Die Demokratie konnte als

Mittel zum Zweck dienen, da sie Ausdruck des Volkswillens war, der durch seine Führer kundgetan wurde. Die Einheit des Willens rührte von der individuellen Art des Volkes her und nicht von einem angenommenen transzendenten Imperativ wie etwa dem Wohl der Menschheit. In einer Revolution erklärt das Volk mit Bestimmtheit seinen Willen und erlangt dadurch politische Reife.

Moeller van den Bruck behauptete, daß die westlichen Völker ihre Revolutionen schon hinter sich hätten, durch die sie zur Reife gelangt waren, Deutschland aber noch nicht; die sogenannte Revolution von 1918 wurde in Wirklichkeit den Deutschen durch die Sieger von außen auferlegt; sie entsprang nicht dem Willen des deutschen Volkes selbst. Er hoffte auf die Revolution, in der Staat und Volk in einem vereinten nationalen Willen miteinander verschmelzen würden, um ein großes Reich der Mitte zu schaffen, das wiederum als Achse der europäischen Gesellschaft dienen würde.

Es ist offensichtlich, daß Moeller mit der Revolution keine Barrikadenkämpfe meinte, sondern eine grundlegende Umbildung über die Weltanschauung im Auge hatte, die über die Parteien hinausgehen würde; sie würde unter den Deutschen ein neues Nationalgefühl schaffen, das sich auf die Schaffung eines neuen Reiches richte. All seine Schriften zielten auf diese Umformung ab. Sie waren auch der Anlaß zur Gründung des »Juniklubs« im Jahre 1919, dessen führender Geist Moeller wurde. Die Versammlungen dieses Klubs wurden ausschließlich von Gegnern der Weimarer Republik besucht, von denen eine beträchtliche Anzahl aus den östlichen Grenzlandschaften stammte; einige seiner führenden Köpfe spielten später eine wichtige Rolle im Nationalsozialismus; einmal hielt sogar Hitler eine Rede vor dem Juniklub. Das Hauptquartier in der Motzstraße 22 in Berlin beherbergte noch verschiedene andere Vereinigungen, die Verbindungen mit den vielen politischen Nebenlinien der Rechten hatten [5].

Im Vokabular der mehr als hundert gängigen »Ismen«, die in den zwanziger Jahren die antiliberale Richtung verkörperten, kehren folgende charakteristischen Wortgruppen immer wieder: Solche, die Solidarität bedeuten, wie Bund, deutsch, Volk, Reich und national; ideologische Begriffe wie Sozialismus, Konservatismus, Bolschewismus, Imperialismus, Realismus, Nihilismus; und Wörter, die die Dynamik der Bewegung betonen, wie Revolution, Wiedergeburt, Front, Erhebung [6]. Das Auftreten dieser politischen Bezeichnungen in verschiedenen Kombinationen ist für den schon erwähnten Synkretismus bezeichnend. Damit aber wurden prinzipielle Differenzen verwischt, so daß die alten Ideologien wie Konservatismus, Sozialismus und Bolschewismus ihre festumrissene Struktur verloren. Sie wurden zu bloßen Abstufungen und verloren folglich an Bedeutsamkeit im Vergleich zu den nationalistischen Begriffen der erstgenannten Gruppe und zu den Ausdrücken der dritten Gruppe, die eine dynamische Bewegung suggerieren. Da die Extreme von rechts und links sich in der Vorstellung von der nationalen Revolution trafen und nicht mehr als Basis der ideologischen Orientierung dienten, konnte die Revolution von der Rechten wie der Linken ausgehen und verlor ganz ihre frühere rationalistische Bedeutung.

Für Moeller van den Bruck hatte die neue Ordnung immer noch eine geistige Qualität, die schon in der bloßen Erwartung eines Dritten Reiches und im Verlangen nach einer idealen Harmonie vorlag. Die Art ihrer Verwirklichung wurde nicht behandelt. Für Ernst Jünger und Adolf Hitler leitete sich die Dynamik der Bewegung im wesentlichen nicht aus der Erwartung eines neuen Zeitalters her, sondern aus der technischen Umgestaltung und der nationalen Einheit, die der Erste Weltkrieg herbeigeführt hatte. Ihr Ausgangspunkt war daher ein konkretes historisches Ereignis, mehr noch: eine ganz persönliche Erfahrung eben dieses Ereignisses.

TECHNISCHER TOTALITARISMUS

In seiner Jugend lief Jünger (geboren 1895) seinen Eltern davon, um in die Fremdenlegion einzutreten. Er wurde nach Hause zurückgeholt; aber aus dem monotonen Einerlei der Schule befreite ihn der Ausbruch des Krieges. Er meldete sich freiwillig, zeichnete sich in Stoßtruppunternehmen aus, wurde siebenmal verwundet und erhielt eine für einen einfachen Leutnant sehr seltene Auszeichnung: den höchsten militärischen Orden, den Pour le Mérite. Nach dem Krieg blieb er bis 1923 in der Reichswehr. In dieser Zeit veröffentlichte er die vielgelesenen Tagebücher, in denen er seine Kriegserlebnisse beschrieb. Seine Schilderungen verbanden lebendigen Bericht und tiefe Meditation.

Seiner Meinung nach bezeichnete der Krieg das Ende der bürgerlichen Ordnung, die auf Sicherheit, Muße und Kultur beruhte. Die Öde und der zynische Realismus der zwanziger Jahre zeigten, daß die meisten dieser Werte über Bord gegangen waren. Es tauchte die Überzeugung auf, daß ein frischer Wind nötig war, daß es an den alten Werten nichts gab, das verteidigenswert gewesen wäre. Im Krieg erfuhr der Mensch wenigstens eine elementare Gewalt. Daher wünschte Jünger, die intellektuellen Feinheiten und bourgeoisen Luxus und Komfort wieder gegen die harte Einfachheit und die spartanische Disziplin des Krieges einzutauschen.

Für Jünger war der Krieg vor allem eine große nihilistische Erfahrung.

Es gab absolut nichts Romantisches an dieser neuen Art des Kriegshandwerks. Er fühlte sich aufgerufen, nicht in Heldentaten zu schwelgen, sondern eine Art eiskalten Mutes zu bewahren, um auf diese Weise im mechanisierten Krieg unterzutauchen, eine funktionale Einheit darin zu werden und nur eine theoretische Freiheit zu behalten. Der Krieg verursachte eine Beschleunigung des technischen Prozesses. Das Ergebnis war, daß die Maschinen nicht mehr bloße Werkzeuge waren, die vom Individuum als freier Persönlichkeit in Tätigkeit gesetzt, sondern umgekehrt für seine Denk- und Seinsweise bestimmend wurden.

Der Totalitarismus der Technik war das Produkt des langwierigen Prozesses der Entzauberung der Welt, der, wie Nietzsche gezeigt hatte, in absolutem Nihilismus gipfeln mußte. Alles mußte dann einen bloß taktischen oder funktionalen Wert annehmen; Gedanken, Einrichtungen und Persönlichkeiten konnten nur noch einen Stellenwert haben. Es würde keine Vorausschau und keinen Rückblick geben; das einzige, was man tun konnte, war, den Prozeß zu intensivieren, in den alle hineingezogen werden und in dem die elementare schöpferische Kraft sich in ewiger Wiederkunft manifestiert.

Nach Jünger kündigte sich der soziale Aspekt dieser Umwandlung schon durch die Proletarisierung der Bourgeoisie und die Verbürgerlichung des Proletariats an; Krieg und Inflation hatten das Ihre dazu beigetragen. Im Augenblick bedeutete dieser Prozeß sowohl das Ende der alten kulturbewußten Bourgeoisie und des klassenbewußten Proletariats als auch den Triumph der kleinbürgerlichen Mittelmäßigkeit. Aber diese soziale Nivellierung und ihr Gegenstück, die Einebnung der Werte, waren notwendig, damit sich die neue Ordnung endgültig durchsetzen konnte.

In der zweiten Phase des Ersten Weltkrieges sah Jünger die Umrisse der neuen Ordnung besonders offenkundig werden. Er versuchte später, ihre Charakteristika in den Essays »Die totale Mobilmachung« (1931) und »Der Arbeiter« (1932) aufzuzeigen. Darin gibt er seiner Meinung Ausdruck, daß der Krieg in unserem Zeitalter kein Ausnahmezustand ist, sondern lediglich der stärkste Ausdruck jener Totalmobilmachung, die die technische Entwicklung fordert; ihr dynamischer Charakter enthüllte sich in Polaritäten wie Fronterlebnis und Mechanisierung, Stoßtruppunternehmen und funktionale Organisation, und schließlich, bildlicher ausgedrückt, in Analogie zum Verbrennungsmotor als »Explosion plus Präzision«[7]. Diese Polaritäten zeigen, daß die Technik nicht als tote, seelenlose Mechanisierung verstanden wurde, sondern als Prozeß höchster Spannung, in dem sich rationale und irrationale Aspekte gegenseitig ergänzten.

Die Unterschiede zwischen Krieg und Frieden, Soldat und Zivilist verschwinden. Alle sind von der gewaltigen Anstrengung der totalen Mobilmachung betroffen, weil diese und die Technik in gleicher Weise auch dazu eingesetzt wurden, ein Maximum an Energiegewinnung zu sichern. Die Freiheit des Individuums, die einen Dualismus von romantischem Subjektivismus und moralischen Imperativen einerseits und dem Zwang zur Arbeit und Mobilisierung andererseits voraussetzt, ist ausgelöscht. Nur heldenhafte Willensanstrengung und äußerste Präzision in funktionaler Tätigkeit werden sich behaupten. Es wird keinen Fortschrittsbegriff geben; die Vollkommenheit wird in der Anpassung an die Technik gesucht werden müssen.

In dieser neuen Ordnung wird jeder Mensch zum Arbeiter. In der individualistischen bürgerlichen Gesellschaft ist die Arbeit nicht die Hauptsache, sondern nur eine von vielen Beschäftigungen. Man arbeitet vermutlich, weil es notwendig ist, und die Last der Arbeit wird aufgewogen durch das Entgelt und die Muße und Bequemlichkeit, die man dafür kaufen kann. Die langen Arbeitsjahre haben das Ziel, ein ausreichendes Vermögen zu erwerben, das den Ruhestand sichert oder das man der nachfolgenden Generation hinterlassen kann. Die Arbeit hat also wie der Krieg den Charakter eines Zwischenspiels: sie ist nur notwendiges Übel. In der neuen Ordnung dagegen wird die Arbeit nichts mit bloßem Lebensunterhalt oder Erwerb von Besitz zu tun haben. Wo es Leben gibt, wird seine Erhaltung mit Selbstverständlichkeit gesichert sein. Die Arbeit wird der eigentliche Sinn des Lebens sein; in ihr wird der Mensch Erfüllung und sinnvolle Lebensgestaltung finden.

Die Gestalt des Arbeiters wird schon an der Seite des Bürgers sichtbar. Sie ist das unvermeidliche Produkt des Dranges nach technischer Perfektion und nicht die Folge einer dramatischen Machtergreifung. Für den Arbeiter ist die Welt eine Werkstatt zur Eroberung größter technischer Macht; für den Bürger ist sie ein Museum angehäufter Werte, Ideale und Gegenstände zur Freizeitgestaltung. Für den Arbeiter ist die Geschichte, wenn man sie als revolutionäre Entwicklung in Richtung auf das entfernte Ziel menschlichen Glücks und menschlicher Vollkommenheit verstehen will, ohne jede Bedeutung.

Natürlich war Jüngers Kreis mehr nach links als nach rechts orientiert, mehr nach den Sowjets als nach den Demokratien. Tatsächlich werden die Hauptansichten seines Kreises oft als Nationalbolschewismus bezeichnet. Er wandte sich nicht dem mystischen Rußland Dostojewskis zu, sondern der technischen Ordnung, die Lenin mit seiner Elite von Aktivisten durch den umwälzenden Einfluß der Elektrizität herbeiführen wollte.

Im Preußentum, das eine gewisse Affinität zum Bolschewismus hatte,

hatte Deutschland auch einen entschiedenen Ausdruck für den Willen und Trieb zur Organisation gefunden. Entblößte man das Preußentum seiner konservativen und monarchischen Sentimentalität, so blieb die »Gleichschaltung« übrig, der Wille zur totalen Mobilmachung, durch die die individuelle Arbeit in kollektive Arbeit umgesetzt wird.

Jünger schien die preußische *tour de force* an ihre radikalsten gedanklichen Grenzen zu führen, sogar bis zu dem Punkt, wo sie phantastisch erscheinen mußte. Sie muß aber im Lichte der Gärung der Ideen und Werte gesehen werden, in der die Jugend der Zeit begriffen war, besonders die Generation, die während des Krieges herangewachsen war. Sie hatte nie die Ordnung und Sicherheit des Bismarckschen Reiches gekannt; alles schien ihr möglich. Darin war sie der Generation der Frühromantik nicht unähnlich.

Aber Jüngers Preußentum, ein Preußentum für das technische Zeitalter, propagierte die trockene Härte des preußischen Kasernenlebens. Es konnte allerdings kaum bei der breiten Masse Anklang finden; denn es war zu sehr abhängig von gedanklichem Radikalismus, als daß es den politischen und nationalistischen Leidenschaften Genüge getan hätte.

DIE ERFAHRUNG TIEFER ERNIEDRIGUNG UND DEKADENZ

Wer an den Krieg zurückdachte, erinnerte sich gewöhnlich an die Anfangsphase, als eine einmütige nationale Erhebung das Volk ergriff, das von der Gerechtigkeit seiner Sache überzeugt war; galt es doch, einen Verteidigungskrieg gegen die Umklammerung zu führen. Aber oft stand neben dieser Erinnerung an die Solidarität das bittere Bild des Verrates, des Dolchstoßes. Angesichts der alliierten Propaganda mit ihren »heuchlerischen« Vorschlägen für internationale Gerechtigkeit und eine neue Ordnung waren sowohl Sozialisten wie Liberale verleitet worden, die Kriegsanstrengungen zu sabotieren, und hatten die erniedrigende Niederlage und Sklaverei verschuldet.

Diese Gedanken waren in den Kreisen der Konservativen und Nationalisten allgemein verbreitet, aber sie waren auch stark unter Offizieren und Soldaten vertreten, die nach vier Jahren der Gewalt schwer zur Ruhe kommen konnten. Um das Gefühl der Vereinsamung und allgemeinen Sinnlosigkeit des Lebens, das in der turbulenten Nachkriegszeit weit verbreitet war, zu überwinden, schlossen sie sich aus sentimentaler Erinnerung an die Schützengrabenkameradschaft in Vereinen zusammen. Die umfangreiche Literatur über Fronterlebnisse hielt die Erinnerung an den heldenhaften Kampf lebendig; aber auch die inneren Konflikte der Freikorps mit den

Kommunisten und die äußeren mit den Polen wirkten sich so aus. Angesichts der allgemeinen Eintönigkeit und der Hoffnungslosigkeit, eine befriedigende Lebensstellung wiederzugewinnen, bot sich die Rückkehr zum Krieg als ein Weg an, dem Leben seinen Sinn wiederzugeben.

Der Krieg schien eine kurze Zeit lang eine neue Solidarität und eine neue Perspektive unter den Menschen hervorgerufen zu haben; aber die Niederlage brachte Desillusionierung und Zynismus. Das Gefühl, im Stich gelassen worden zu sein, wurde eine Zeitlang durch die Enttäuschung über die neue Regierung und Gesellschaft mit ihrer Parteipolitik und ihren Neureichen noch verstärkt. Aber die schon von der Jugendbewegung ausgedrückte Sehnsucht nach einem einigenden Wind, der die Gesellschaft von Korruption und Materialismus reinigen sollte, gewann wieder an Kraft. Sie drückte sich in dem verschwommenen Traum einer neuen sozialen und politischen Ordnung aus, die sich durch eine für die Deutschen charakteristische Solidarität des Geistes auszeichnen sollte.

Vor dem Kriege hatte die Jugendbewegung die Idee vertreten, die Rückkehr zur Natur werde zu einer organischen Gemeinschaft führen; nach dem Krieg wandte sie sich der Ansicht zu, daß der Kampf das Mittel zur Erreichung der Solidarität sei [8]. Die Wiederholung der Wörter »Bund« und »Front« in den ideologischen Bewegungen spiegelte den Wunsch, eine elementare Solidarität, für die man kämpfen konnte, möge an die Stelle der Verworrenheit der ideologischen Forderungen treten. Die Verbindung von Desillusionierung und Zynismus mit den nebelhaften Träumen von einer neuen solidarischen Gemeinschaft bereitete den Boden, auf dem der Nationalsozialismus heranreifen konnte.

Er bedurfte allerdings eines fanatisch entschlossenen und absolut rücksichtslosen Willens zur geschlossenen Aktion, um aus dem Spiel der ideologischen Nuancen, dem Chaos der moralischen Werte und dem Konflikt der Parteiinteressen die konkrete Vorstellung eines Reiches herauszukristallisieren, nicht im Sinne einer historischen Restauration, sondern als dynamische Ganzheit.

Eine Tatsache tritt bei der Betrachtung der Umstände und Ereignisse, die Adolf Hitler an die Macht brachte, in den Vordergrund – seine eigentümliche demagogische Begabung. Er konnte mit dem Gefühl der Massen spielen wie ein Impresario; und dennoch konnte er außerdem eine geschlossene und disziplinierte Organisation fanatischer Anhänger schaffen.

Es ist vorgeschlagen worden, man solle, um ihn recht zu verstehen, auf die großen Sektenführer des 16. Jahrhunderts zurückgehen, auf Wiedertäufer wie Thomas Müntzer und Johann von Leiden [9]. Ohne Zweifel war Hitler das Produkt des sektiererischen Nationalismus der Grenzgebiete. In seiner Persönlichkeit vermischten sich zwei starke Ressentiments, der sektiererische Nationalismus und das deutsche Gefühl, durch die Einkreisung und den Dolchstoß in den Rücken eine erniedrigende Niederlage erlitten zu haben.

Der Lebensabschnitt, in dem sich seine politische Einstellung ausbildete, war, wie wir sahen, seine Zeit in Wien, wo Schönerer mit seinem irredentistischen Nationalismus den Ton angab und Ressentiments gegen jede Form des Internationalismus züchtete, wie ihn Juden, Marxisten, Klerikale und Liberale repräsentierten. Die Habsburger, die katholische Kirche und die Sozialisten wurden als die Hauptfeinde des Deutschtums angesehen. Die Hauptmerkmale dieses sektiererischen Nationalismus waren seine fanatische Unnachgiebigkeit, die jeden als Freund oder Feind ansah, und seine Vorstellung vom großdeutschen Reich, dem alle Deutschen angehören sollten.

Hitler wurde 1889 in Österreich, nahe der bayerischen Grenze, geboren. Während der vier Jahre seines Wiener Aufenthaltes fühlte er sich ständig zum Reich hingezogen. 1912 ging er nach München. Wien mit seiner verstaubten barocken Pracht, der gärende Treffpunkt der Nationalitäten und der künstlerischen und wissenschaftlichen Launen und Moden schien ihm später die ganze Tiefe der nationalen Erniedrigung und Dekadenz widerzuspiegeln. Auch assoziierte er Wien mit seinem unerfüllten Jugendtraum, Künstler zu werden; es reichte bestenfalls zu einem knappen Lebensunterhalt als Postkartenmaler. Obwohl er während der vier Jahre am Rande des Existenzminimums stand, wimmelte es in seinem Kopf von exzentrischen Plänen für die kulturelle und politische Regeneration der deutschen Nation.

Der Krieg brachte eine große Erleichterung. Er bedeutete für Hitler das Ende seiner hoffnungslosen Existenz und gab ihm das Gefühl, mit dem großdeutschen Volk auf der Ebene einer heroischen nationalen Aktion verbunden zu sein, die den Rahmen der alten bürgerlichen Gesellschaft mit ihren Parteien, ideologischen Auseinandersetzungen und ihrer fieberhaften Gewinnsucht überstieg.

Seine Frontkameraden fanden ihn seltsam; er schimpfte nie, bemühte sich nie um Urlaub und schien ganz in sich selber zu leben. Er hatte sich freiwillig gemeldet, und obwohl er über den Gefreiten nicht hinauskam, errang er das Eiserne Kreuz I. Klasse, das selten an gemeine Soldaten verliehen wurde. Das Ende des Krieges sah ihn als Genesenden in einem Lazarett; er hatte Verwundungen und eine Gasvergiftung erlitten.

Nach Kriegsende ging er nach München zurück, dem Sturmzentrum des Reiches. In dieser Atmosphäre fand er eine neue Lebensaufgabe, als er

1919 politischer Propagandist für die Armee wurde. Naturgemäß kam er mit zahlreichen Kriegervereinen in Verbindung, mit politischen, literarischen und künstlerischen Klubs und Zirkeln und mit neuen politischen Parteien, die über Nacht aus dem Boden zu schießen schienen. In ihren Programmen mischten sich gefährliche Phantastereien, romantische Visionen und die Verirrungen der Boheme, soziale Ressentiments, Fanatismus und der Haß gegen politisch Andersdenkende; all das war für das Bild der Nachkriegszeit charakteristisch. Hitler trat einer kleinen Gruppe bei, die sich ursprünglich Deutsche Arbeiterpartei, später einfach Nationalsozialistische Partei nannte. Da sie klein war – sie hatte nur ein halbes Dutzend Mitglieder –, bot sie Hitler eine Gelegenheit, seine eigentümlichen Begabungen zu entfalten, die in einer größeren Gruppe vielleicht untergegangen wären.

Solange er auf sich selbst gestellt war, fühlte er sich als Gescheiterter, ausgehöhlt und ohne Substanz. Aber als Kriegsteilnehmer und nun als Parteimitglied war er Träger einer Bewegung, er wurde eine in die Zukunft wirkende Kraft. Das wurde ihm bewußt, wenn er im Bierlokal zu seinen Kameraden redete; er entdeckte, welchen Einfluß er auf seine Zuhörer auszuüben imstande war. Sein Denken konzentrierte sich auf eine Idee: Es war wichtiger, Mitgliederzahl und Einfluß der Partei zu steigern, als ihre Lehre und Theorie zu entwickeln, über die die meisten Mitglieder so gern debattierten.

Im Jahre 1920 wurde ein Fünfundzwanzig-Punkte-Programm angenommen, das nationalistische und sozialistische Parolen miteinander verband: Die nationalistischen Abschnitte appellierten an den Widerwillen gegen die ungerechten Verträge und an die Feindschaft gegen Juden und ausländische Einwanderer; sie hoben die Vorzüge des germanischen gegenüber dem römischen Recht hervor und forderten eine Nationalarmee an Stelle eines Berufsheeres. Die sozialistische Linie zeigte sich in dem Ruf nach Verstaatlichung der Trusts, nach Abschaffung der »Interessensklaverei« und nach Beteiligung des Arbeiters an den Wohltaten des technischen Fortschritts. Schließlich wurde eine starke und einheitliche Zentralgewalt im Reich gefordert.

Die fünfundzwanzig Punkte blieben das offizielle Programm der Nationalsozialistischen Partei während ihres ganzen Bestehens. Die sozialistischen Forderungen nach Verstaatlichung und Beteiligung der Arbeiter wurden allerdings später fallengelassen. Aber zunächst waren Sozialismus und Nationalismus gleich wichtig. Naumann hatte diese Verschmelzung des Nationalen und des Sozialen vergeblich als Mittel anzuwenden versucht, die Arbeiter für die Loyalität zum bestehenden Nationalstaat zurückzugegewinnen. Nun aber zielte diese Fusion darauf ab, dem Arbeiter die Errichtung einer neuen staatlichen Ordnung vorzuschlagen, in der er mehr sein sollte als nur Holzfäller und Wasserträger.

In der turbulenten Zeit von 1920 bis 1930 wuchs die Partei schnell. Beim dritten Parteitag am 29. Januar 1923 hatte sie ungefähr zehntausend Mitglieder, von denen bei dieser Gelegenheit etwa sechstausend vor Hitler paradierten und ihm als dem »Führer« zujubelten.

DIE PARTEI ALS BEWEGUNG UND DAS REICH ALS RASSISCHE GANZHEIT

Die Nationalsozialistische Partei nahm die meisten ihrer charakteristischen Merkmale schon in der Zeit an, als sie noch weitgehend eine lokale bayerische Bewegung war, die für die Restauration der Monarchie eintrat. München war das Hauptzentrum der Agitation gegen Kommunismus, Sozialismus und die Weimarer Republik. Bayern hatte sich mit der Vorherrschaft des protestantischen und militaristischen Preußens nie abgefunden. Die Tatsache, daß Mitte der zwanziger Jahre die preußische Regierung von Sozialdemokraten beherrscht wurde, verstärkte die bayerische Opposition nur noch. Sowohl die steigende Inflation, die 1923 ihren Höhepunkt erreichte, als auch die Besetzung des Ruhrgebietes durch Frankreich mit dem Ziel, die Reparationszahlungen zu erzwingen, begünstigten die antirepublikanische Propaganda und auch den berühmten Putschversuch, den die Nationalsozialisten 1923 in München unternahmen.

Das Scheitern des Putsches brachte Hitler die unschätzbare Erkenntnis, daß es bei der Machtergreifung nicht nur darauf ankäme, die Parteienregierung mit dem Reichstag als Zentrum oder in den lokalen legislativen Körperschaften beiseite zu schieben; es gehörte dazu das viel schwierigere Problem, mit den Spitzen von Armee und Bürokratie fertig zu werden, die zwar an sich keine Anhänger der Republik waren, sich jedoch als Repräsentanten des Staates und daher als über den Fragen der Politik stehend betrachteten. Sie beabsichtigten, die Republik gegen jede Partei zu verteidigen, die auf illegalem Wege die Macht an sich zu reißen versuchte. Vor allem schritten Armee und Beamtentum gegen den Seperatismus ein; und diese von Bayern ausgehende Bewegung konnte durchaus als seperatistisch erscheinen. Um legal an die Macht zu gelangen, mußte sich ein Führer eine Masse von Anhängern im ganzen Lande schaffen, um sich so die Mehrheit im Reichstag und dadurch die Kontrolle der Regierung zu sichern.

Während seiner kurzen Inhaftierung, zu der er wegen seines illegalen Vorgehens verurteilt wurde, gelangte Hitler zu dieser Klärung der Taktik.

Darauf diktierte er den ersten Band von »Mein Kampf«, der 1925 veröffentlicht wurde. Das Buch stellte weder ein Parteiprogramm noch eine systematische Erörterung politischer Philosophie dar, sondern eine zusammenhanglose Mischung von Gedanken und autobiographischen Eindrükken. Der Hauptzweck schien der Nachweis zu sein, daß Hitlers Ausgangspunkt eine Weltanschauung war; die Entwicklung der Bewegung sollte aus den starken persönlichen Erfahrungen und Überzeugungen eines einzelnen Mannes erklärt werden. Nur wenige Leute scheinen das Buch gelesen zu haben, aber es wurde das große Symbol der Bewegung.

Als Hitler Ende 1924 aus dem Gefängnis entlassen wurde, war die Partei nicht nur durch Gesetzesbeschluß aufgelöst, sondern auch gespalten. Unter den miteinander im Streit liegenden Unterführern befanden sich bemerkenswerte Persönlichkeiten, die verschiedene Akzente des Parteiprogramms widerspiegeln: den Sozialismus, die Bodenreform, großdeutsche Träume, die politische Romantik, den Nationalbolschewismus und den Antisemitismus. Die tiefste Kluft, die durch die ganze Partei lief, trennte Gregor Strasser, den Anwalt des Sozialismus, der sich Berlin zum Hauptquartier gemacht hatte, und Alfred Rosenberg, den romantischen Nationalisten von der Ostsee, der während Hitlers Haft versucht hatte, in Bayern die Parteiführung zu übernehmen. Beide verband jedoch noch die allgemeine Unzufriedenheit mit dem Stand der Dinge. Die Tatsache, daß Intellektuelle mit romantischen Neigungen, entwurzelte Abenteurer, verbrecherisch gesinnte Befürworter von Gewalt und ehrbare Beamte bereit waren, ihre Meinungsverschiedenheiten zurückzustellen, zeigt nicht nur das Ausmaß dieses gemeinsamen Ressentiments, sondern auch die Macht von Hitlers Persönlichkeit, der das Ganze am vollkommensten verkörperte.

In bezug auf das intellektuelle und kulturelle Niveau waren viele dieser Männer Hitler überlegen; doch hatten sie Ehrfurcht vor ihm und wurden seine willigen Anhänger. Hitler las nie etwas, das nicht seinem spezifischen Zwecke diente. Er fuhr nie ins Ausland; daher wußte er nichts von der Außenwelt. Aber gerade diese Enge, verbunden mit fanatischem Eifer, gab ihm das klar umrissene Ziel und den Glauben an seine schicksalhafte Aufgabe. Die Einfachheit seines Zieles stand im Gegensatz zu der verwirrenden Vielzahl der Ideologien und Werte in der Weimarer Republik. So gewann er nicht nur die Parteimitglieder für sich, sondern auch andere Menschen, die in der Welt etwas galten. Nur Ignatius Loyola, der Gründer der Gesellschaft Jesu, hatte einen vergleichbaren historischen Einfluß ausgeübt.

Im zweiten Band von »Mein Kampf« (1927) wurde Hitlers Glaube an seine prophetische Mission besonders deutlich, und dies trotz der schwülstigen Zusammenhanglosigkeit und der fast hysterischen Ausdrucksweise. Er entfaltete die Grundideen der Partei als Bewegung und des Volkes als einer dynamischen Rasse, woran Hitler während seiner ganzen Laufbahn unerschütterlich festhielt.

Das höchste Ziel war die Erneuerung Deutschlands als Großreich. Es konnte nur erreicht werden, wenn alle Energien der Bevölkerung mobilisiert wurden, und zwar primär nicht durch eine ökonomische und technische Entwicklung, sondern durch eine Zusammenfassung aller Volksklassen. Vor allem die Arbeiter mußten mit der Gesamtnation verschmolzen und der marxistischen Täuschung entrissen werden. Die Trägheit des Bürgertums, die aus dem Glauben an Besitz und Kultur entstand, und seine Neigung zur Zersplitterung, wie sie sich in der Parlamentsherrschaft äußerte, mußten überwunden werden. Eine einzige Partei, der Nationalsozialismus, mußte die Führung der gesamten Nation übernehmen, nicht nur die des unpersönlichen Staates; denn durch ihre Neutralität und das Beharren auf ihrer Autonomie hatten solche Machtträger wie Armee und Bürokratie ihre Unfähigkeit erwiesen, eine solche Führerrolle zu übernehmen. Bei der Einparteienherrschaft handelte es sich nicht um die Vorherrschaft einer Ideologie oder eines Programms; sie war nur die Verkörperung des unbeugsamen Willens eines Mannes, der glaubte, von der Vorsehung erwählt zu sein – Adolf Hitler.

Die breite Basis der Einheit aller Deutschen sollte in der deutschen Rasse bestehen, die von fremden Bestandteilen gereinigt werden mußte. Als Rasse mußte sie alles das zum Wert erklären, was ihr Überleben sicherte; sie mußte ihre Macht erweitern und sich Lebensraum erringen. Nicht Friede, sondern Krieg und Kampf reinigen die Rassen; kein größeres Verbrechen könne begangen werden, so argumentierte Hitler, als es einer Rasse zu erlauben, träge zu werden, im Wirrwarr fremdartiger Rassen unterzutauchen, dadurch zersetzt zu werden und von der Bühne der Weltgeschichte zu verschwinden. Die große deutsche Rasse als Verkörperung der heldischen nordischen und arischen Qualitäten müsse ihre eigentümliche Individualität behaupten.

Diese Gedanken waren nicht neu. Die Konzeptionen von der Partei als Bewegung oder als nationaler Revolution und vom rassischen Imperialismus ließen sich in der Rumpelkammer des italienischen Faschismus, der alldeutschen Bewegung und des irredentistischen Nationalismus in Österreich und den Sudeten finden.

DIE RADIKALISIERUNG DES SEKTIERERISCHEN NATIONALISMUS

Aber die Bedeutung der Propaganda der Nationalsozialisten lag nicht in der Originalität oder Folgerichtigkeit ihrer Ideen; sie waren ideologische Opportunisten, die bei der Rechten wie der Linken Anleihen machten. Der Inhalt ihrer Propaganda war ein Produkt des ideologischen Synkretismus der Zeit, wobei sie ideologische Positionen akzeptierten oder verwarfen, wie es gerade in ihre augenblickliche Taktik paßte. Symbole waren viel wichtiger als Ideen; Worte wie »Blut« und »Boden« standen für Gruppensolidarität und Verwurzelung in der Erde. Die gleiche Bedeutung kam der hierarchischen Parteiorganisation mit ihren Uniformen, Bannern und Marschkolonnen zu.

Die Anziehungskraft des Nationalsozialismus beruhte vor allem auf der militärischen Disziplin der Parteiorganisation und auf dem fast mystischen Einheitsgefühl, das der romantische Begriff »Volksgemeinschaft« ausdrückte.

Aber diese Verbindung von funktionalem Rationalismus mit einem Appell an das Irrationale gewann eine besondere Färbung durch den fanatischen Eifer, mit dem Hitler zu Werke ging und der mittels der bewußten Unversöhnlichkeit, die von dem sektiererischen Nationalismus der Grenzgebiete übernommen war, auf die ganze Partei übertragen wurde und sogar auf die gesamte Nation ausgedehnt werden sollte. Da Deutschland zum Ausgestoßenen unter den Nationen abgestempelt worden war, mußte es dieser Rolle gerecht werden. Die Partei sollte beispielhaft vorangehen, indem sie eine Barriere zwischen ihren Mitgliedern und den Außenstehenden errichtete, um jede Versöhnung und Verschmelzung mit der Außenwelt zu verhindern. Ein einheitlicher Wille sollte geschaffen werden: Die Mitglieder hatten blind zu gehorchen und nicht an das eigene Schicksal zu denken. Terror und Brutalität mußten den Haß der Welt provozieren; daher die ständigen Ausfälle der Partei gegen Juden, Marxisten, Liberale und Klerikale.

Die Nazis waren der Höhepunkt der Sektenbewegung des 20. Jahrhunderts, die durch die Dynamik der Säkularisierung einen ungeheuren Aufschwung gewann. Der Nationalsozialismus trägt die drei wichtigsten Merkmale einer Sekte: erstens den unversöhnlichen Groll gegen die Umwelt; zweitens das charismatische Verhältnis zwischen Führer und Gefolgschaft; und drittens die Erwartung des Anbruchs eines neuen Zeitalters.

Die Ablehnung einer Weltordnung, die auf dem Naturrecht fußte, der legalen verfassungsmäßigen Formen (es sei denn als Tarnung) und der historischen Kontinuität entsprechen genau der Weigerung der Sekten, eine Verkörperung der Dynamik des Geistes in rationalen oder historischen Formen anzuerkennen.

Der Nationalsozialismus stellte keine systematische Doktrin oder Theorie dar. Ebensowenig war er das geheime Werkzeug zur Durchsetzung hintergründiger Interessen einer besonderen Klasse. Es ging ihm aber auch nicht um die Selbstbestimmung der Nation; wenn er sich gelegentlich für bestimmte politische Institutionen oder auch für gewisse historische und kulturelle organische Formen einsetzte, so handelte es sich um bloße Lippenbekenntnisse.

Er hielt sich nicht für verpflichtet, sich vor dem Tribunal der Geschichte zu rechtfertigen. Er war nichts weniger als die Verkörperung des Sendungsbewußtseins einer Klasse oder einer nationalen Aufgabe, die sich als Verwirklichung der in der Menschheit angelegten möglichen Werte versteht. Selbst in der nationalen Erhebung sah er nur ein Mittel, die Machtbeschränkungen aufzuheben, die in Privilegien verschiedener Art innerhalb Staat, Gesellschaft und Religion bestanden.

Ohne sich durch irgendwelche Rücksichten dieser Art hemmen zu lassen, hoffte der Nationalsozialismus einen völligen Bruch mit der unmittelbaren Vergangenheit herbeiführen zu können. Er befand sich dabei in Übereinstimmung mit der Tendenz der Technik, die, wie wir aufgezeigt haben, ihrerseits versuchte, die Grenzen von Raum, Zeit, Kausalität und Substanz zu überwinden. Die unvermeidliche Konsequenz dieses Durchbruchsversuchs auf sektiererischer und auf technischer Ebene war ein Krieg in Permanenz.

Ein säkularisiertes Sektierertum in Verbindung mit der Entwicklungstendenz der modernen Technik charakterisierte den Nationalsozialismus ebenso wie den russischen Kommunismus. Seine hervorragende Bedeutung bei den Deutschen und den Russen kann durch das Bewußtsein dieser Völker erklärt werden, eine Grenzsituation zwischen zwei Kulturwelten inne zu haben und zu den Enteigneten und Entrechteten zu gehören. Aber diese Gefühle waren bei Russen und Deutschen offensichtlich nicht identisch. Bei den Russen hielten sie sehr lange vor, da sie sich zugleich als Mitglieder und als Außenseiter der europäischen Völkerfamilie fühlten und doch ein fast messianistisches Gefühl ihrer ökumenischen Bestimmung besaßen.

Diese Zwiespältigkeit war in gewissem Maße auch in dem Gefühl der Deutschen enthalten, eine Mittellage zwischen dem byzantinischen Osten und dem lateinischen Westen einzunehmen. Bis zum Ersten Weltkrieg empfanden sich jedoch die meisten Deutschen als östlicher Vorposten des westlichen Christentums und der westeuropäischen Zivilisation. Aber die Niederlage Deutschlands führte zu einer Entfremdung vom Westen, und die Deutschen fühlten sich nicht mehr als Grenzmark des westlichen Christentums, wenn sie auch Slawentum und Bolschewismus als fremdartig empfanden. Da überdies Frankreich nicht mehr das schöpferische Zentrum des Westens war, zu dem sich das deutsche Kulturleben in polarer Spannung wußte, verwandelte sich die deutsche Mittellage in eine Position der Isolierung gegen Ost und West.

Die Deutschen übersteigerten ihren Volksbegriff bis zu einem so radikalen Extrem, daß sie ihr Volk nicht nur als einzigartig betrachteten, sondern darüber hinaus als Quelle der kulturellen Überlegenheit und der Herrschaft. Diese Überbetonung läßt sich allerdings auch mit der Tatsache erklären, daß der Westen selbst kein kulturelles Sendungsbewußtsein mehr hatte. Seine Wissenschaft und Technik, auf die er nun besonders stolz war, wurden von fremden Kulturen übernommen, und es schien, als ob diese Errungenschaften nicht notwendigerweise den Ausfluß der historischen Kultur des Westens darstellten, sondern einen Ausdruck des Niedergangs seiner kulturellen Schöpferkraft. Jedenfalls waren Wissenschaft und Technik nicht unbedingt ein Ausdruck des Humanismus und der Menschlichkeit; sie konnten sogar als Antithese zu den spezifischen Ausprägungen der westlichen Kultur gelten.

XV. Der Krieg
der Technologien

Man sollte den Triumph des Nationalsozialismus nicht als eine vorübergehende Verirrung des deutschen Volkes ansehen, als eine Abweichung vom üblichen Wege der geschichtlichen Entwicklung, die inzwischen wieder berichtigt worden ist. Viele Menschen im Westen haben auch den russischen Kommunismus einst so eingestuft. Aber Nationalsozialismus und Kommunismus sind nichts anderes als der Auftakt zum Übergang von der ideologischen in die technisch bestimmte Welt, ein Übergang, der sich im 20. Jahrhundert vollzieht und der in anderen Teilen der Welt ganz ähnliche Ergebnisse zeitigen kann.

Im Nationalsozialismus kann man zwei Phasen unterscheiden. Die erste umfaßt die Zeit der inneren Konsolidierung, der sogenannten Gleichschaltung, die das Ziel hatte, die Aufspaltung in Klassen und Ideologien zu überwinden und einen einheitlichen Volkswillen zu schaffen, der von der Partei und dem Führer gelenkt werden konnte. In der zweiten Phase wurde der Versuch gemacht, die engen Grenzen Mitteleuropas so weit in die Ebenen des Ostens hinauszuschieben, daß Deutschland eine hinreichende Basis für seine Weltmachtstellung gewann. Hier begegnen wir also wieder dem irrationalen Willen zur Einheit in Verbindung mit der funktionalen technologischen Tendenz zur Herrschaft.

Nach Hitlers Machtergreifung am 30. Januar 1933 durchlief die innere Gleichschaltung ihrerseits wieder zwei Phasen. Zunächst festigte der Nationalsozialismus seine Machtstellung und sicherte sich die Unterstützung der herrschenden Kreise; er tat das unter der Maske der nationalen Erhebung und bediente sich dabei scheinbar ganz legaler verfassungsmäßiger Mittel. Anschließend säuberte die Partei ihre eigenen Reihen von denen, die auf der Basis der nationalen Erhebung eine neue Sozialordnung begründen wollten, und nahm eine systematische Gleichschaltung des gesamten Staatsapparates vor, um eine totale Beweglichkeit zu gewinnen.

Sowohl der Faschismus als auch der Nationalsozialismus glaubten, an der Dekadenz und der Niederlage seien im Grunde nicht der Mangel an Rohstoffquellen, nicht eine fehlgeleitete Politik oder gar die falschen Werte schuld, sondern es habe an dem rechten heroischen, einheitlichen Willen gefehlt. Beide wurden von der Vorstellung verfolgt, der Nationalcharakter oder die Rasse seien in der Degeneration begriffen.

EINHEIT DES WILLENS UND NATIONALE ERHEBUNG

Was Hitler beabsichtigte, war nicht eine innere Reorganisation Deutschlands, um die Macht unter den sozialen Gruppen neu zu verteilen, und auch keine Restauration der alten monarchisch-hierarchischen Ordnung; er wollte vielmehr auf der Basis der Partei, der Verkörperung des Führerprinzips und des Freund-Feind-Verhältnisses, einen neuen inneren Zusammenhalt des Volkes erreichen. Sein unmittelbares Hauptziel war die Überwindung der vier wichtigsten Spaltungsursachen innerhalb Deutschlands, nämlich: des Dualismus zwischen Regierung und Volk, die sowohl für das Bismarcksche Reich als auch für die Weimarer Republik charakteristisch war; der Vielzahl der Parteien und Ideologien, besonders in der Weimarer Republik; der örtlichen und landschaftlichen Teilungen, ein Überbleibsel des alten Reiches; und schließlich des Pluralismus der kulturellen Werte und Interessen, der sich nach der Auflösung der alten Sozialordnung und nach der neuzeitlichen technischen Revolution eingestellt hatte.

Sowohl die alten monarchisch-aristokratischen als auch die jüngeren liberal-demokratischen Formen galten als statisch und dem Ausdruck des einheitlichen Volkswillens hinderlich. Die Nationalsozialisten wollten keine grundsätzliche Veränderung der verfassungsmäßigen Ordnung, sondern den ungehinderten Ausdruck des Volkswillens durch eine Partei, die kein Programm, sondern eine Bewegung war. Hitler und seine Unterführer trachteten also nicht danach, die bisherige politische und soziale Struktur durch eine neue zu ersetzen, sondern danach, die Mächte und die hergebrachten Interessen des Staates und der Gemeinschaft durch die Dynamik der als Bewegung verstandenen Partei abzulösen; dies war im Grunde gemeint, wenn man von »permanenter Revolution« sprach. Das Ermächtigungsgesetz, das am 23. März 1933 angenommen wurde, gab der Regierung für die folgenden vier Jahre diktatorische Vollmachten. Es machte den Reichstag unnötig, die Parteien überflüssig. Die endgültige Auflösung und das Verbot aller Parteien erfolgten am 14. Juli 1933; ein Einparteienstaat wurde errichtet, in dem die Nationalsozialistische Partei gewissermaßen die Rolle des Parlaments übernahm. Die Zeit der öffentlichen Diskussionen und der Wahl von Parteien war vorüber. Vor allem ging es darum, durch die Partei und innerhalb der Partei durch ihre monolithische Führung eine

Einheitsfront zu schaffen. Überdies war die Partei nicht mehr nur ein Bindeglied zwischen Volk und Staat, sondern diese verschmolzen miteinander in dem einheitlichen Willen der Partei. Damit war die Dualität der staatlichen Institutionen, nämlich der Beamtenschaft, der Armee und der Gerichte einerseits und des Reichstags und der Parteien andererseits, in dem geschlossenen Gebäude der Partei aufgehoben.

Die Bewegung erhielt ihre immer noch zunehmende Schwungkraft nicht allein durch die Partei, sondern auch durch die allgemeine Erhebung ähnlich der nationalen Begeisterung in den ersten Stadien der Revolution von 1848 und auch in der ersten Phase des Ersten Weltkrieges. Die öffentliche Meinung unterwarf sich mit Enthusiasmus der neuen einheitlichen Führung, die als Kristallisation des Volkswillens angesehen wurde; das bedeutet aber nicht, daß man auch die Nationalsozialisten als solche akzeptierte: Vielen galten sie nach wie vor als Irre oder als Verbrecher. Man hatte allgemein das Gefühl, daß Deutschland nun nach einem Interregnum von fünfzehn Jahren wieder aus der Ohnmacht erwachen werde, die die Streitigkeiten der Parteien und Ideologien verschuldet hatten. Das Ruder wurde wieder von einer starken Hand geführt, und Deutschland würde wieder eine Rolle in der Welt spielen, wenn man auch noch nicht recht wußte, wohin der Kurs führen sollte. Die Nationalsozialisten machten sich dieses Gefühl geschickt zunutze und ließen sich auf den Wogen der nationalen Erhebung zum Gipfel der Macht tragen.

DIE UNTERDRÜCKUNG EINER NATIONALEN UND
SOZIALISTISCHEN REVOLUTION

Aber diese Begeisterung des Volkes drohte sich zu einer nationalen Revolution auszuwachsen, die nur zu leicht die Partei und ihren Führer hätte hinwegschwemmen können. Eine Krise in der Partei war daher unausbleiblich; sie gipfelte in der blutigen Säuberung vom 30. Juni 1934. Ausgehend von der Frage, welches Verhältnis künftig zwischen der SA, der Militärorganisation der Partei, und der Reichswehr bestehen sollte, erhob sich ein heftiger Konflikt über die Ziele der nationalistischen Revolution. Die Kluft zwischen SA und Parteiführung, die sich schon bei der Gründung der SA aufgetan hatte, verbreiterte sich.

Die Führer der Partei hatten inzwischen einflußreiche Positionen eingenommen und sich die begehrtesten Stellen im Staatsapparat und beträchtlichen Reichtum gesichert. Die meisten »alten Kämpfer«, die der Partei in den Tagen der Erniedrigung und der Entehrungen die Treue gehalten hatten, wurden jetzt in den Hintergrund abgeschoben und mußten zusehen, wie viele Emporkömmlinge die Früchte der Machtergreifung zu ernten begannen.

Die Führung und viele einfache Mitglieder der SA hatten offensichtlich die Errichtung einer neuen Sozialordnung im Sinn. Ebenso wie der aus der Führerschaft der Partei ausgestoßene Gregor Strasser nahmen sie den Sozialismus ernst und betrachteten ihn nicht nur als Propagandatrick. Es heißt, daß viele ehemalige Kommunisten, die in die SA eintraten, in besonderem Maße zur Entwicklung eines radikalen Flügels beitrugen, der im Jahre 1934 die Parole ausgab, eine zweite Revolution sei jetzt nötig, um das Ziel zu verwirklichen, von dem die Bewegung ursprünglich ausgegangen war: nämlich den nationalen Sozialismus. Nach Auffassung der SA diente der Zusatz »National« lediglich dazu, die Form zu umreißen, in der der Sozialismus eine genossenschaftlich organisierte Gesellschaft anstrebte.

Diese Vorstellungen waren nur sehr verschwommen. In ihnen spiegelte sich das kleinbürgerliche Ressentiment gegen »Zinsknechtschaft«, Großverdiener und Bürokratie wider. Zwar hatte die Partei diese Parolen ursprünglich in ihr Programm aufgenommen; aber sie waren nun überholt, nachdem die Partei zur Macht gekommen war und sich der Wiederbewaffnung und der Schwerindustrie zuwandte. Aber nach wie vor gingen einige Extremisten auf einen Nationalbolschewismus aus, der eine Umwälzung der Sozialstruktur wie in Rußland bedeutet hätte.

Ursprünglich ging der entschiedenste öffentliche Widerstand gegen die SA von einer konservativen Front aus, die Generale, Politiker und Industrielle umfaßte, denen es darum zu tun war, die revolutionäre Bewegung zu stoppen, um die Stabilität und ein Gefühl der Sicherheit wiederherzustellen. Sie hofften, man werde die Bewegung mittels des Staatsapparates auffangen und zügeln können; dann würden das konservative, das militärische und das industrielle Element die Oberhand gewinnen, und Hitler selbst könnte immer noch als Regierungschef von Nutzen sein. Schließlich hatten ja die Nazis die Parteien der Liberalen und der sozialistischen Linken sowie die Gewerkschaften beseitigt, und Hitler mochte als Rattenfänger für die Massen noch sehr nützlich sein. Aber die eigentliche Macht würde in den Händen der konservativen Front liegen.

Aber die Ideen, die sich sowohl die Linke wie auch die Rechte von der nationalen Revolution machten, liefen dem Prinzip von der Partei als Revolution zuwider. Beide sahen die Partei nur als Mittel zum Zweck an – zum Sozialismus die einen, zum Nationalismus die anderen –, zu einem Zweck, der jenseits der Partei lag und die Errichtung einer sogenannten Neuordnung bedeutete, in der sich die Partei assimilieren und ihre Identität verlieren sollte.

Drei Überlegungen veranlaßten Hitler, gegen die Extremisten innerhalb der SA vorzugehen. Zunächst und vor allem bedrohten sie sein Führertum, da sie vorschlugen, die Vorherrschaft der Partei zu beschneiden; in einer zweiten Revolution wäre die SA durchaus imstande, als Verkörperung der Kräfte des Volkes die Partei zu verdrängen.

Sodann würde die SA, einmal zur Macht gekommen, mit Gewalt zu direkter revolutionärer Aktion übergehen. Die Taktik des schrittweisen Vorgehens und der Ausnutzung legaler, verfassungsmäßiger Mittel, die sich bisher als so erfolgreich erwiesen hatte, würde aufgegeben werden. Damit würde man aber die einflußreichen konservativen Kreise der Gesellschaft in den aktiven Widerstand treiben.

Schließlich brauchte Hitler eine starke Armee, um Deutschland außenpolitisch wieder aktionsfähig zu machen; denn nicht zuletzt war es sein großes Ziel, den Versailler Vertrag rückgängig zu machen. Dem Nationalsozialismus positiv gegenüberstehende Generale wie Blomberg und Reichenau hatten darauf hingewiesen, daß eine Verschmelzung der Reichswehr mit der politischen Soldateska der SA die mühsam aufgebaute Schlagkraft der Truppe zerstören müßte; die SA hatte ihre militärische Unzulänglichkeit bereits im Manöver erwiesen.

Nach langem Zögern entschloß sich Hitler endlich, die Bewegung in der Säuberung vom 30. Juni 1934 von den Rebellen zu befreien. Die revolutionären Kräfte wurden in einem Akt äußerster Gewalt beseitigt. Hitler gab kurz darauf vor dem Reichstag an, es seien nur siebenundsiebzig Personen getötet worden; in Wahrheit wurden Hunderte ermordet, da die Parteiführer und ihre Handlanger die Gelegenheit benutzten, mit all denen abzurechnen, die sie als Feinde betrachteten.

Heute, da die nationalsozialistische Bewegung immer gründlicher untersucht wird, stellt sich heraus, daß diese Säuberung ein entscheidender Wendepunkt in der Geschichte der Partei war[1]. Die Partei war künftig nicht mehr gebunden – weder von rechts noch von links wurden ihr Beschränkungen auferlegt; es bestand auch nicht mehr die Gefahr, daß sie an ein autoritäres oder ein sozialistisches Regime assimiliert werden würde. Die Rechte war nicht nur durch die Furcht, die die Säuberung einflößte, mattgesetzt, sondern auch dadurch, daß die Linke nicht mehr als Gegengewicht gegen die Parteiführer eingesetzt werden konnte.

DIE KALTE REVOLUTION

Hitler hatte nun den Weg frei, eine, wie wir es nennen wollen, »Tiefenrevolution« durchzuführen, das heißt eine allmähliche Auflösung der inneren Substanz der Institutionen, wobei äußerlich alles seinen legalen, geordneten Gang ging, während unterirdisch eine Atmosphäre latenten Terrors verbreitet wurde, um die Opposition einzuschüchtern. Diese »kalte Revolution« mußte den Charakter des Volkes grundlegend verändern, die Menschen psychologisch von ihren bisherigen Bindungen lösen und sie in eine dynamische Masse verwandeln, die von dem »Führer« beliebig geformt werden konnte.

Nach 1934 verlor der Nationalsozialismus spürbar die begeisterte Unterstützung, die ihm bisher zuteil geworden war; nicht nur fehlten ihm jetzt der soziale und politische Radikalismus der SA, sondern auch die allgemeine Volkserhebung sank in sich zusammen. Bisher hatte sie mit der Bewegung Schritt gehalten, und gelegentlich war sie ihr sogar vorausgeeilt. Aber das Blutbad vom 30. Juni hatte den wahren Charakter der Partei enthüllt und den Enthusiasmus des Volkes erkalten lassen. Doch die Partei machte diese Verluste an Zustimmung von außen dadurch wett, daß sie von sich aus ihre Macht nur noch schneller vergrößerte.

Da die breiten Volksmassen der Partei nun nicht mehr enthusiastisch folgten, mußte sie systematisch nach anderen Mitteln Ausschau halten, um sich die Mitarbeit des Volkes zu sichern: Massenpropaganda und heimlicher Terror breiteten ihre Herrschaft über Deutschland aus; die Führer der Partei hatten herausgefunden, daß in den Köpfen der Masse Glaube und Furcht eng benachbart sind [2].

Das frühere sporadische Gangstertum der SA wurde durch das System des latenten Terrors ersetzt; noch die kleinsten Zellen des gesellschaftlichen Lebens wurden sorgfältig überwacht, und der Hausmeister im Mietshaus wurde ebenso zu Spitzeldiensten herangezogen wie der Kellner im Restaurant. Im Hintergrund aber stand immer der geheimnisvolle Terror des Konzentrationslagers und das Erlebnis, daß von Zeit zu Zeit jemand aus dem Bekanntenkreis aus unerklärlichen Gründen verschwand. Handelte es sich um prominente Personen, so wurden sie gewöhnlich des Verrats beschuldigt, wodurch beim Volk mindestens Zweifel geweckt wurden, da die Menschen durch die Demoralisierung der politischen Überzeugungen bereits der Freund-Feind-Unterscheidung zugänglich waren; und es lag nahe, daß der Unterschied zwischen Illoyalität und bloßer Unzufriedenheit allmählich verwischt wurde.

Der systematische Terror veranlaßte die Menschen, das Regime wenigstens passiv zu unterstützen; eine aktive Unterstützung hätte die »Wiederherstellung des politischen Glaubens«, wie man es genannt hat, vorausgesetzt [3].

Die Desintegration der politischen Ideologien hatte das Gefühl für die Teilnahme an der nationalen Gemeinschaft, wie sie besteht, zerstört. Die im Entstehen begriffene Massengesellschaft kannte nur isolierte Individuen, die von einem grenzenlosen Angstgefühl erfüllt waren; Inflation und Wirtschaftskrise hatten diese Angst noch gesteigert. Paradoxerweise behaupteten die Nationalsozialisten, diese pathologische Desintegration ließe sich durch eine Rückkehr zu den Grundformen der Gemeinschaft und ihren mythischen Wurzeln überwinden. Die folgerichtig eintretende Spannung zwischen dem rationalen Funktionalismus der Technik des Terrors und den Appellen an das Irrationale des Rassenmythos wurde eine der Haupttriebkräfte des nationalsozialistischen Regimes.

DAS KOLLEKTIVE UNBEWUSSTE UND DER RASSENMYTHOS

Die Solidarität der »Volksgemeinschaft« wurde immer wieder der Zersplitterung der »Gesellschaft« gegenübergestellt. Von der Gemeinschaft hieß es, sie beruhe auf dem Gefühl enger Zusammengehörigkeit, das aus den Bindungen an Blut und Boden erwachse, auf dem Gefühl für die Unterscheidung von Freund und Feind und ferner auf der Verwurzelung in einer bestimmten Landschaft. In der »Gesellschaft« hingegen seien diese Bindungen durch ausgeklügelte Werte und Konventionen ersetzt, die auf den Egoismus des einzelnen gegründet seien. Auf diesem Eigeninteresse basierten sowohl Liberalismus als auch Sozialismus, wobei der Liberalismus mehr den Wettstreit der Interessen betonte, der Sozialismus mehr den Konflikt der Klasseninteressen; beide wollten aus dem Interessenkonflikt eine Harmonie oder ein Gleichgewicht erwachsen sehen, nicht aber eine wirkliche Solidarität. Die »Volksgemeinschaft« mußte »erlebt« werden, sie war nicht eine künstlich herbeigeführte Harmonisierung verschiedener Interessen.

Die Propaganda arbeitete mit Worten, die in der Vorstellung mit Bildern assoziiert wurden, und wollte auf diese Weise ein mythisches Bewußtsein erzeugen, die notwendige Vorbedingung für ein Gemeinschaftsgefühl. Der Mythos wies auf das Unveränderliche und Ewige, das daher in den Tiefen der menschlichen Beziehungen wiederkehrt, zum Beispiel im Führertum und in der Ungleichheit der Menschen. Diese Haupteigenschaften einer durch die Rasse gegebenen Gemeinschaft wurden den nivellierenden Tendenzen der liberalen Demokratie und des marxistischen Sozialismus gegenübergestellt, die nur eine amorphe Masse atomisierter Individuen erzeugten; und diesen Individuen blieb nichts anderes übrig außer der Abwägung ihrer Interessen.

Der moderne Mensch, der die Welt entmythologisiert, steht bald gelähmt vor der Vielzahl der bewußten Willensentscheidungen, die die unübersichtliche rationalisierte Gesellschaft von ihm erfordert. Daher versucht er, die technische Apparatur so umfassend wie möglich werden zu lassen, und reduziert alles Verhalten auf automatische Prozesse. So entflieht er der Freiheit, flüchtet er vor der Unsicherheit des Entscheidenmüssens in eine Gesellschaft, die einem Ameisenhaufen aus Automaten gleicht; und diese Unsicherheit, so behaupteten nicht nur die Nationalsozialisten, habe die Menschen dem kollektivistischen Sozialismus marxistischer Prägung in die Arme getrieben.

Die Rassenmystik ist als eine unter verschiedenen Formen der sogenannten Rückkehr zu den Kraftquellen des Antäus anzusehen, einer Rückkehr zu »der Erde als Dauerndes, als der ›grundlegenden‹ Sicherheit des Menschen«[4]. Der Mythos von Antäus bedeutete hier eine erneute Betonung der vitalistischen Elemente in der menschlichen Erfahrung, sei es als dionysisches Schöpfertum oder, und dies häufiger, als Sexus, Blut und Boden. Damit sollte das Gefühl der Entfremdung des Menschen von seinen Wurzeln im Erdreich überwunden werden, jene Entfremdung, die die Entzauberung der Welt im Gefolge der technischen Rationalisierung des 19. und 20. Jahrhunderts herbeigeführt hatte.

Dem Hitlerschen Rassenmythos lag die Auffassung zugrunde, daß Völker und Einzelmenschen untereinander fundamental verschieden seien. Er war daher dem liberalen Humanismus, dem demokratischen Egalitarismus und dem marxistischen Kollektivismus direkt entgegengesetzt. In den östlichen Nachbarländern, besonders natürlich in der Sowjetunion, wurde mit großem Nachdruck die Meinung vertreten, daß die Klasse ein Mittel sei, um die nationale Einheit zu verwirklichen. Klasse und Nationalität waren hier schon in der Vergangenheit insofern eine Verbindung eingegangen, als bürgerliche Slawen oft deutsch sprachen, deutsche Namen annahmen und sich tatsächlich als Deutsche fühlten. Die Arbeiter und Bauern hielten allerdings an ihrer Muttersprache fest. In der Sowjetunion war ein Nivellierungsprozeß im Gange, wobei die Gesellschaft von allen denen gesäubert wurde, die vermutlich außerhalb der proletarischen Klasse standen; dadurch wurden Fremde in nationaler wie in klassenmäßiger Hinsicht aus jeder einzelnen ethnischen Gruppe eliminiert.

Aber die Deutschen hatten sich das traditionelle Gefühl für die hierarchische Ständeordnung bewahrt, die auf dem Fortbestehen der aus dem Mittelalter ererbten Sozialstruktur beruhte, und waren daher nicht geneigt, die

Klassensolidarität als Basis der nationalen Einheit anzusehen; statt dessen suchten sie ein einigendes Prinzip in dem Begriff einer rassischen Gemeinschaft. Rasse konnte der Klasse gegenübergestellt werden, es war ein weiterer und allgemeinerer Begriff als Nation; tatsächlich war die Rasse das Mittel, die Nation von der Klasse zu trennen. Diese Trennung war schon vom sektiererischen Nationalismus vorweggenommen worden, vom dem die Rassenmystik in Mitteleuropa, wie wir gesehen haben, ihren wichtigsten Anstoß erhielt.

Ein weiteres wesentliches Merkmal der Rasse war ihr Fortbestand, das heißt ihre Reinheit. Die Rassen waren immer in Gefahr, verwässert zu werden, insbesondere in der modernen Welt des Friedens und der Sicherheit. In früheren, kriegerischen Zeiten erzeugten sie sozusagen ihr eigenes Gegengift in den heldischen Eigenschaften, die ihnen in den Kriegen um ihre Selbstbehauptung anerzogen wurden, ferner durch die Freund-Feind-Beziehung zwischen den Stämmen und durch das von Führern und Eliten gesetzte Vorbild. Die Nationalsozialisten waren überzeugt, zu diesen Formen der Rassenreinigung zurückkehren zu müssen.

KLEINBÜRGERLICHE KULTUR

Die Intellektuellen unter den Nationalsozialisten sprachen gern von der »Krankheit der europäischen Kultur«, die sich, wie sie behaupteten, vor allem im fließenden Charakter des Expressionismus und des philosophischen Relativismus widerspiegele. Der weitreichende Einfluß von Max Weber, Stefan George und Sigmund Freud sowie der Kreise ihrer Schüler förderte die Auflösung aller Normen und festen Strukturen zu einem Spiel von Nuancen, das nur leere Möglichkeiten darbot. Da in diesen Zirkeln eine Reihe jüdischer Denker eine hervorragende Rolle spielten, waren sie schnell bei der Hand, diesem »Kulturbolschewismus« die Verbreitung der »semitischen Krankheit« zuzuschreiben. Daß der Nationalsozialismus selbst ein Ergebnis der Beweglichkeit und Verschiebbarkeit der Macht darstellte, die von allen traditionellen und verfassungsmäßigen Beschränkungen befreit war, wurde jedoch übersehen.

Aber im Gegensatz zu dieser politischen Dynamik stellte sich der Nationalsozialismus auch hinter traditionelle Formen des kulturellen und sozialen Lebens. Hier verriet sich der kleinbürgerliche Charakter der Bewegung. Das Kleinbürgertum, zwischen dem kultivierten und wohlhabenden Großbürgertum und der Fabrikarbeiterschaft stehend, bestand aus kleinen Kaufleuten, Bauern, kleinen Beamten und zahlreichen Angestellten. Diese heterogene soziale Gruppe stand zwischen Großindustrie und Großhandel einerseits und dem proletarischen Sozialismus und den Gewerkschaften andererseits, somit zwischen zwei Flügeln, die beide international orientiert waren. Daher entwickelte das Kleinbürgertum eine nationalistische Xenophobie und wandte sich den traditionellen genossenschaftlichen Formen des Wirtschaftslebens, einem autoritären Familienethos und spätromantischen Kulturformen zu, um seine Mittelposition abzusichern und der fließenden Formlosigkeit an der Spitze und am Boden der sozialen Stufenleiter entgegenzuwirken. Da die Kleinbürger, anders als das liberale Bürgertum und die sozialistischen Arbeiter, keine eigene Ideologie besaßen, klammerten sie sich zum Ausgleich an die traditionellen und provinziellen Werte des Mittelstandes, die ihnen fast als sakrosankt galten und die sie gegen die kosmopolitischen und intellektuellen Einflüsse von oben und unten verteidigen wollten.

Die Nationalsozialisten fühlten sich ebenso wie das Biedermeier der ersten Hälfte des 19. Jahrhunderts von den anheimelnden Formen der Romantik angezogen. Bei der Ausschmückung ihrer Wohnräume schwelgten viele Naziführer nach Kleinbürgerart in Tand und Kinkerlitzchen. Nur bei den öffentlichen Schaustellungen der großen Sportveranstaltungen oder der großen Parteitage mit ihren Marschkolonnen, Bannern und Massenansammlungen schlugen sie ebenso wie die Kommunisten und die Faschisten neue Wege ein, um öffentlich wirksame Formen des kulturellen Ausdrucks ins Leben zu rufen, die der Massengesellschaft des 20. Jahrhunderts angepaßt waren. Während das System der großen Autobahnen das neue technische Zeitalter widerspiegelte, zeigten die vielen neuen öffentlichen Bauten eine dürre neoklassizistische Monumentalität, von der man annahm, sie sei dem Geiste Preußens und des Reiches angemessen.

Der konservative Hintergrund äußerte sich auch in dem Lippendienst, den man der traditionellen Familie und ihrer autoritären Struktur erwies. Die Familie war aus ökonomischen Gründen besonders gut der Führung kleiner Geschäfte angepaßt und bildete überhaupt viel mehr im Kleinbürgertum als in den höheren oder den niederen Schichten die Keimzelle des Zusammenlebens. Die Nazis redeten viel darüber, daß die Würde der Frau durch »Kinder, Kirche, Küche« wiederhergestellt werden müsse. Aber diese Hervorhebung gefühlsbeladener traditioneller Werte neben der Brutalität und Tyrannei der Konzentrationslager und dem Kasernencharakter dieses Staates illustriert nur den Dualismus einer Bewegung, die zwischen romantischen Illusionen und der kalten Realität der Technik hin- und herschwankte.

DAS HEGEMONIESTREBEN DES SEKTIERERISCHEN NATIONALISMUS

Wie die Partei die von der Verfassung gezogenen Machtbeschränkungen durchbrochen hatte, so sollte das Volk aus den Staatsgrenzen des alten Europa ausbrechen, um sich Bewegungsfreiheit zu schaffen. Der nach außen gerichtete Drang war nur eine Fortsetzung der inneren Dynamik; für ihn gab es keine Grenzen wie etwa die Rücksicht auf eine europäische Ordnung, die auf dem Gleichgewicht der Kräfte begründet war.

In seinem Expansionsdrang verriet der Nationalsozialismus die bekannte Polarität zwischen technischem Rationalismus und romantischem Irrationalismus: Technisch und rational verhielt er sich, indem er dank der neuen militärtechnischen Fortschritte seine machtmäßigen Möglichkeiten gewaltig ausdehnte; irrational und romantisch war er dank seiner Betonung des Hegemoniestrebens, das auf dem sektiererischen Nationalismus beruhte.

Das Reich als »Lebensraum« stellte eine dynamische Auffassung von Raum dar. Es handelte sich nicht mehr um die Eroberung bestimmter Gebiete; wie die Geopolitiker betonten, ging es nicht mehr an, vorwiegend an unverletzliche Staatsgrenzen zu denken – man mußte den Raum als Zusammenspiel wirtschaftlicher, kultureller und politischer Faktoren ins Auge fassen, demgegenüber die staatlichen Grenzen sekundär waren. Wie in der modernen Architektur das Haus nicht mehr eine Summe von Wänden, Fußböden und Decken ist, die eine Unterkunft bieten, sondern einen »geformten Wohnraum« darstellt, so ist der Staat nicht mehr eine Herrschaft über ein bestimmtes Gebiet und seine Bewohner, von festgelegten Grenzen umzogen, sondern ein Kraftzentrum, das in alle Richtungen ausstrahlt.

Der Wille zum Krieg, der die nationalsozialistischen Führer bewegte und den sie auch den Volksmassen weiterzugeben versuchten, entsprang nicht dem Gefühl einer Sendung, den deutschen Handel und die deutsche Kultur in der Welt zu verbreiten, was ein bestimmtes Motiv vor dem Ersten Weltkrieg gewesen ist. Was jetzt mit aller Intensität zum Krieg drängte, war vielmehr das aufgestaute Ressentiment des sektiererischen Nationalismus, der nicht nur behauptete, sich einer Welt von Feinden gegenüberzusehen, sondern sich auch von minderwertigen Rassen geknechtet zu wissen. Diese Ressentiments wurden dem deutschen Volk eingeimpft, indem man ihm immer wiederholte, seine Niederlage und seine Erniedrigung seien dem Dolchstoß und der Einkreisung zuzuschreiben.

Hitler, der unter dem Einfluß des beschränkten Nationalismus der östlichen Nachbarländer aufgewachsen war, verstand es nicht, die außerhalb seines Gesichtskreises liegenden Mächte und Kräfte richtig einzuschätzen, insbesondere nicht die Vereinigten Staaten und die Sowjetunion. Hitler verachtete nicht nur andere Völker als rassisch dekadent oder minderwertig; er übertrug diese Wertungen überdies auf die ganze Welt. Er hatte eine gewisse Achtung vor der Dynamik der kommunistischen Bewegung, jedenfalls so weit, daß er einiges von der Taktik und den Techniken der bolschewistischen Parteiführung übernahm. Aber vielen anderen Deutschen galten die russischen Massen lediglich als asiatische Fremdlinge, die in der Vergangenheit durch eine europäisierte herrschende Klasse niedergehalten worden waren; diese Klasse war nun allerdings in einem von jüdischen »Roten« geführten Bauernaufstand ausgerottet.

Amerika lag für sie vollends an der Peripherie; es sei ganz durch die Verfolgung materialistischer Interessen und Vorhaben in Anspruch genommen, ganz wie auch die Engländer. Die Franzosen wurden als so dekadent angesehen, daß ihre Niederlage und sogar ihre Ausrottung unvermeidlich waren.

Diese provinzielle Sehweise verlieh Hitlers Nationalsozialismus die gewaltige Durchschlagskraft, war aber zugleich für den Mangel an psychologischer Einsicht in die Kräfteverhältnisse in der Welt verantwortlich.

Die Herrschaft der Partei als dynamische Bewegung in Staat, Reich und Volk war nicht nur das Ergebnis der Machtergreifung der Nationalsozialisten, sondern auch der Entmachtung der alten politischen und sozialen Formen und Haltungen.

Die preußische Staatstradition hatte die Politik als Verfolgung begrenzter, das heißt möglicher Ziele aufgefaßt. Aber zum Beispiel im Denken Moeller van den Brucks und Ernst Jüngers hatte das Preußentum zunehmend den Charakter einer Gewaltanstrengung angenommen; auch das Reich hatte seine alten, regional bedingten Besonderheiten verloren: der Imperialismus hatte seinen Auftrag, die Grenzvölker zu zivilisieren, in einen Herrschaftsanspruch umgewandelt. Ebenso hatte auch der Volksbegriff seinen humanistischen Gehalt eingebüßt und wurde nun durch unzerstörbare kulturelle oder rassische Merkmale bestimmt.

DIE AUFWEICHUNG DER OPPOSITION

Die Expansion des Dritten Reiches durchlief zwei Phasen, ähnlich wie auch die Machterweiterung der Nationalsozialistischen Partei im Innern durch zwei Phasen charakterisiert war. Im ersten Abschnitt, von 1936 bis 1939, verfolgte das Reich Schritt um Schritt seine Ansprüche, die Landsleute und Gebiete wiederzugewinnen, die infolge der Niederlage im Ersten Weltkrieg verlorengegangen waren; diese Phase war in der Innenpolitik der nationalen Erhebung vergleichbar. Die zweite Phase, die mit dem Krieg gegen Polen im Jahre 1939 begann, brachte die Zerstörung der Grenzen des alten Europa, die der Ausdehnung des »Lebensraums« im Wege standen. Der Ring der Kleinstaaten, die Deutschland umgaben, wurde aufgebrochen, um den Weg für einen Durchbruch vor allem in die östlichen Ebenen frei zu machen.

Wie erinnerlich, erweiterte der Nationalsozialismus seine Machtposition im Innern, indem er nach und nach die einzelnen verfassungsmäßigen Stellungen besetzte. Dieses Vorgehen diente aber nur dazu, das eigentliche Vorhaben zu tarnen, nämlich die völlige Entmachtung der rechtsstaatlichen Ordnung, von der schließlich nur einige äußere Hüllen übrigblieben. Außenpolitisch wurde dieselbe Taktik angewandt, indem zunächst das »Versailler Vertragssystem« aufgelöst wurde; als Vorwand diente genau das Grundprinzip, das ihm zugrunde lag, nämlich die nationale Selbstbestimmung.

Während die Grundlagen der europäischen Ordnung Stück um Stück zerstört wurden, wußten die Westmächte nicht, wie sie sich verhalten sollten; Hitlers Taktik und ihre nationalistische Rechtfertigung in Verbindung mit der vorherrschenden Kriegsmüdigkeit hielten die westlichen Völker von 1934 bis 1939 von entschlossenen Interventionen ab, bis ihnen schließlich, als sie sich der Gefahr bewußt wurden, in der sie selber schwebten, keine andere Wahl mehr blieb.

Dieses Zögern war auch das Ergebnis der ideologischen Demoralisierung, die sich ebenso wie in Deutschland auf die herrschenden bürgerlichen Kreise der westlichen Demokratien ausgewirkt hatte. Sie schwankten zwischen der Furcht vor einer Revolution von rechts und von links. Die Volksfrontpolitik hatte für viele von ihnen den Unterschied zwischen Sozialdemokraten und Kommunisten verwischt. Im allgemeinen aber fürchteten sie sich mehr vor der Gefahr, die von der kommunistischen Linken ausging, und sahen in dem Vorrücken des nationalsozialistischen und des faschistischen Diktators ein erwünschtes Gegengewicht gegen die von Moskau geförderte Weltrevolution.

Mit dem Anschluß Österreichs im Jahre 1938 durchbrach Hitler erstmals den Staatenring, den die Nachkriegsverträge im Osten um Deutschlands Grenzen angelegt hatten. Die Annexion Österreichs hatte noch eine besondere Bedeutung: sie stellte die Verwirklichung des Hauptziels der großdeutschen Träume dar. Nach dem Anschluß seiner eigenen Heimat konnte Hitler nicht mehr als Ausländer betrachtet werden; er stammte nun aus einer alten Provinz des wiederhergestellten Reiches. Das Dritte Reich war nun durch die Verschmelzung der zwei Hauptquellen seiner expansiven

Dynamik vollendet worden: des sektiererischen Nationalismus Österreichs und des technischen Organisationswillens des Preußentums.

Die Invasion Polens am 1. September 1939 bezeichnete den Beginn der großen Expansion. In einer Reihe von »Blitzkriegen« überrollte die deutsche Dampfwalze den größten Teil des alten Europa. Die Wehrmacht wies ihre Geheimwaffen vor, mit denen Hitler dem Westen bisher gedroht hatte. In Wirklichkeit handelte es sich nicht um neue Waffenarten, sondern um eine Koordination von Flugzeugen, Panzern, Kraftwagen und motorisierter Artillerie. Alle diese Kampfmittel waren schon im Ersten Weltkrieg angewendet worden; ihre Kombination aber ermöglichte den Durchbruch zu einer neuen Art der beweglichen, in die Tiefe des Raumes vorstoßenden Kriegsführung. Die Panzerdivision mit der kombinierten Feuerkraft von Panzern, Sturzkampfbombern und motorisierter Artillerie überwand den Stillstand des Schützengrabenkampfes. Die Wirksamkeit dieser Waffe erwies sich im Feldzug gegen Polen; die deutsche Wehrmacht vernichtete die polnische Armee, die noch Kavallerie einsetzte, und nahm innerhalb der kurzen Zeit von vier Wochen die wichtigsten befestigten Stellungen ein. Ein anderer, nicht minder bedeutsamer neuer Aspekt des Krieges war die Einführung einer systematischen Liquidierung der polnischen Intelligenz und des wohlhabenden Bürgertums sowie der Deportation der Polen aus den Grenzgebieten, die mit Deutschen besiedelt wurden.

Die zahlenmäßig starke jüdische Bevölkerung Polens erfuhr eine »Sonderbehandlung«: sie wurde teils getötet, teils in Ghettos eingesperrt. Die antisemitische Bewegung war seit 1938 in eine neue Phase eingetreten, als die Ermordung eines deutschen Beamten den Vorwand für eine bereits vorbereitete Vernichtungsaktion lieferte. In Deutschland und in den besetzten Gebieten wurde die antisemitische Propaganda bis auf den Siedepunkt getrieben; sie sollte nicht nur in Deutschland die öffentliche Meinung gegen den inneren und äußeren Feind aufputschen, sondern auch die brodelnden Haßgefühle und Ressentiments in ganz Mitteleuropa von den Deutschen ablenken und auf die Juden richten, die in dem Wirtschafts- und Kulturleben dieses Gebiets eine so bedeutende Rolle gespielt hatten.

BLITZKRIEG UND LEBENSRAUM

Der gewandelte Charakter des Krieges spiegelte sich auch darin wider, daß sich Spezialtruppen, die zuvor nicht existiert oder der Armee nur Hilfsdienste geleistet hatten, zu selbständiger Geltung entwickelten; dazu gehörten die Abwehr und vor allem die SS, die zur Überwachung der Loyalität gegenüber der Führung und zur Kontrolle der eroberten Gebiete eingesetzt wurden. Die Vermehrung der Sondertruppen und Hitlers eigenmächtige Führung mußten die Bedeutung und das Prestige des Militärs und zugleich seines Nervenzentrums, des Generalstabs, stark beeinträchtigen; die preußischen Elemente waren darin nicht mehr tonangebend. Außerdem verloren gezielte diplomatische und militärische Vorstöße in einem Krieg der Technik und des Terrors an Bedeutung; schon der Erste Weltkrieg hatte bewiesen, daß die Anwendung starker Feuerkraft und der Einsatz großer Menschenmassen eine rationale Truppenführung überaus schwierig gestalteten. Überdies stand der zwiegesichtige Charakter des Zweiten Weltkrieges, die Blitzkriegsstrategie und der Kampf im Untergrund zwischen den Partisanen und der SS, einer Planung im Wege und verlieh dem intuitiven Vorgehen Hitlers besonderes Gewicht. Dementsprechend steigerte sich der Zweite Weltkrieg unter der treibenden Kraft von Hitlers Persönlichkeit von Durchbruch zu Durchbruch bis zu dem Krescendo in den weiten Räumen der russischen Steppen, um schließlich abrupt in sich zusammenzubrechen.

Es erwies sich als bedeutsam, daß sich die Kriegstechnik zwar grundlegend geändert, die allgemeinen strategischen Überlegungen sich jedoch diesen Veränderungen noch nicht angepaßt hatten; jedenfalls galt dies für Hitlers Strategie. Er sah sich zuletzt in der gleichen Lage wie einst Napoleon: Zwar hatte er Europa erobert, stand nun aber außer den geographischen Hindernissen auch der seelischen Widerstandskraft der Randgebiete gegenüber, nämlich der Bevölkerung der britischen Inseln und der Sowjetunion, und diesen beiden Faktoren war er nicht mehr gewachsen.

Hitler entschied sich dafür, England nicht direkt anzugreifen, sondern in Nordafrika und im Vorderen Orient. Dadurch aber begann sich der Kriegsschauplatz weit über die Grenzen Europas hinaus auszuweiten, darüber hinaus aber auch über Hitlers Einsicht und Fassungsvermögen. Hitlers Denken kreiste offenbar in der Hauptsache um Europa; er war blind gegenüber der Situation Europas innerhalb einer Welt, die zu einer Einheit zusammenwuchs. Auch der Einfluß der Geopolitik des Generals Karl Haushofer bezog sich nur auf die Technik der Eroberung, nicht auf die Schaffung einer neuen Weltordnung; dies offenbarte sich im Laufe des Krieges durch Hitlers Unvermögen, die strategischen Anstrengungen der Achse Berlin-Rom-Tokio zu koordinieren.

Mit den Angriffen auf die Sowjetunion und die Vereinigten Staaten im Jahre 1941 trat der Krieg militärisch in seine letzte und entscheidende Phase ein. In dieser Periode des Krieges waren die eigentlichen Ziele der Nationalsozialisten und ihrer japanischen Verbündeten festgelegt: Für die Nazis war es die Eroberung der Rohstoffquellen des großen russischen, für die

Japaner die des pazifischen Hinterlands. Die Habenichtse unter den Nationen oder, wie sie sich gelegentlich selber nannten, die proletarischen Völker versuchten im Grunde, sich eine Weltmachtstellung und Neuland für ihren Bevölkerungsüberschuß zu erobern.

Es galt, für das dicht besiedelte Europa Nahrungsmittel und Erze zu finden, und zwar eben in dem großen Kerngebiet Eurasiens mit seinen unerschöpflichen Rohstoffquellen, die, wie man glaubte, von den minderwertigen Slawen nicht gehörig genutzt wurden. Dieses Ziel bedeutete eine Ausdehnung gegenüber den noch in den Grenzen Europas bleibenden Ambitionen, die die Annexionisten in den letzten Phasen des Ersten Weltkrieges verfochten, als das deutsche Oberkommando vorübergehend Polen, die Ukraine und Rumänien bis hin zum Schwarzen Meer erobert hatte.

Für Japan und ebenso auch für Deutschland schloß das Streben nach mehr »Lebensraum« die Notwendigkeit ein, ihre Eingeengtheit und Isolation zu durchbrechen und ihre schmale Landbasis zu erweitern, in den offenen Raum vorzustoßen und den aufgestauten Energien ihrer Völker freien Lauf zu lassen.

Aber dabei stießen sie mit zwei Völkern zusammen, den Amerikanern und den Russen, die bei der Eroberung ihres weiten kontinentalen Hinterlandes einen ähnlich expansiven Elan entwickelt hatten, und beide Völker waren gerade entschlossen, ihre isolationistische Haltung aufzugeben und Weltpolitik zu treiben. Weder die Japaner noch die Deutschen schätzten die Stärke dieser neuen Mächte richtig ein, denen sie nun auf einem weltumspannenden Kriegsschauplatz gegenübertreten mußten. Ihre anfänglichen schnellen Erfolge verführten sie zu glauben, militärische Tüchtigkeit im Verein mit einer festen Organisation wäre unüberwindlich.

Im modernen Krieg führt das hohe Entwicklungstempo der Technik zu schnellen Veränderungen des Kräfteverhältnisses. Die Alliierten überrundeten die anfängliche technische Überlegenheit der Deutschen, sobald sie ihre Amphibientechnik entwickelt hatten und in Verbindung damit die Taktik des motorisierten Vorstoßes anwandten, während die Deutschen sich natürlich an die Techniken und Taktiken zu halten versuchten, die sich in den Anfangsstadien des Krieges so gut bewährt hatten. Als der Krieg sich dem Ende zuneigte und für Hitler eine schlechte Wendung zu nehmen begann, versuchte dieser, die deutsche Kampfmoral zu stützen, indem er versprach, der Endsieg werde durch neue Waffen errungen werden, darunter Fernlenkgeschosse und Raketen. Zwar glaubten damals viele, es handele sich nur um eine Neuauflage des Glaubens an ein Wunder, durch das die Deutschen im letzten, verzweifelten Augenblick gerettet würden, wenn sie nur lange genug ausharrten. Doch immerhin veranlaßte diese Drohung mit einer völlig neuen Waffe die Vereinigten Staaten, ihre Aufmerksamkeit einem umfangreichen und folgenschweren Unternehmen zuzuwenden, der Herstellung einer Atombombe.

Bis zum letzten Augenblick klammerten sich Hitler und einige seiner Unterführer noch an die völlig irrationale Hoffnung, wenn sie sich bis zum äußersten verteidigten oder, um jenen Ausspruch Lloyd Georges zu gebrauchen, den er im Ersten Weltkrieg auf die Anstrengungen der Deutschen anwandte, bis »fünf Minuten nach zwölf«, dann könnten sie noch den Sieg erhaschen. Vielleicht trat die irrationale Antriebsstruktur der nationalsozialistischen Bewegung nirgends deutlicher zutage als in diesem Fatalismus, der sich aus Kompromißlosigkeit und Ressentiments nährte.

DEUTSCHLAND IN DER WELTSITUATION

In der neuen, zusammenwachsenden Welt muß sich Europa damit abfinden, nur ein Zentrum neben anderen zu sein, darunter den Vereinigten Staaten, der Sowjetunion, dem Britischen Commonwealth, China und Indien. Es hat aufgehört, der alleinige Mittelpunkt zu sein, von dem die weltumspannende Zivilisation ihren Ausgang nimmt. Da es in sich selber keine koordinierende Mitte hat, kann es nicht wie die anderen Zentren einheitlich auftreten und seine Rolle im Weltmaßstab spielen. Die einzelnen nationalen Einheiten, aus denen Europa besteht, stehen in Gefahr, von den gewaltigen Weltmächten in den Schatten gestellt zu werden.

Die nationalsozialistische Bewegung war unter anderen ein Versuch, das Deutsche Reich wieder zur Mitte eines Europa zu erheben, das fähig wäre, sich gegenüber den anderen Weltmächten zu behaupten, wie es das einst unter Karl dem Großen und unter Otto dem Großen gekonnt hatte. Zur Zeit aber, da Europa sich in dem starken Spannungsfeld zwischen den USA und der UdSSR befindet, ist es unwahrscheinlich, daß es seine Einheit unter der Hegemonie einer einzelnen Macht herstellen kann. Der Rhythmus von Hegemoniestreben und Koalitionen, die sich dem Führungsanspruch entgegenstellten, dieser Rhythmus, der das Grundschema der europäischen Politik seit etwa vier Jahrhunderten gebildet hat, scheint nicht wieder in Gang zu kommen, und im Kräftespiel der Weltmächte scheint Westeuropa dazu verurteilt, die frühere Rolle Mitteleuropas zu übernehmen: ein Machtvakuum zu sein.

Innerhalb dieses Europa finden sich die Deutschen politisch zwischen Ost und West geteilt wieder. Faktisch sind alle Deutschen, die in den alten Kolonialgebieten des Mittelalters wohnen, von der Mehrheit ihrer Landsleute im westlichen Deutschland getrennt: Diese Gebiete gehören entweder zur Sowjetzone, darunter das frühere Preußen, oder man hat ihre Selbständigkeit wiederhergestellt wie im Falle Österreichs. Der größte Teil dieses Kolonialgebiets ist wieder im Besitz von Slawen. Der Rückzug der Deutschen aus den Ostgebieten läßt sich wohl am klarsten daran ermessen, daß etwa zehn Millionen von den Tschechen, Polen und Russen vertrieben worden oder aus der Sowjetzone geflüchtet sind. Österreich und Preußen, früher die Gebiete mit der stärksten politischen Dynamik innerhalb des Reiches, verfolgen jetzt einen eigenen Kurs, das letztere als DDR.

Wieder haben wir also Deutschland in geteiltem Zustand vor uns, nur ist es diesmal nicht in neununddreißig oder dreihundert, sondern in drei Teile zerfallen. Das westliche Deutschland hat seine zwei wichtigsten Großstädte eingebüßt, in denen sich, zumindest in dem Jahrhundert vor dem Ersten Weltkrieg, das politische und soziale Leben konzentrierte: Wien und Berlin. Westdeutschland ist jetzt wirklich das Dritte Deutschland; es umfaßt die Gebiete entlang des Rheins, einer Hauptstraße humanistischer und liberaler Strömungen, und es unterscheidet sich von dem preußischen und von dem österreichischen Deutschland; Westdeutschland ist ein vorgelagertes Territorium des christlichen Europa geworden, das dem schismatischen und ungläubigen Osten ins Auge sieht. Der stärkste Einigungsfaktor innerhalb dieses christlichen und konservativen Europas ist das römische Papsttum.

Die kulturelle Wiedereingliederung Westdeutschlands in den Westen wurde durch die Verbreitung von Gedanken und Wertungen vorbereitet, die von den ausgewanderten oder an den Grenzen lebenden führenden Persönlichkeiten Deutschlands in geistiger und kultureller Hinsicht ausgingen: von Einstein, Freud und Schweitzer, Gropius und Mann, Tillich und Jaspers. Ihre Gedanken waren schon in der Zeit kultureller Gärung in den zwanziger Jahren fruchtbar geworden und erlangten in den dreißiger und vierziger Jahren in Gestalt von Relativitätstheorie, Existentialismus, Psychoanalyse und Bauhaus eine weltweite Geltung. Sie stellten einen Versuch dar, eine neue, von Rationalismus und Historismus freie kulturelle Orientierung für den Westen zu finden. Aber neben dem spirituellen und kulturellen Aufschwung ist die Bedeutung der deutschen Techniker nicht zu übersehen; sie haben im Kalten Krieg der Technik zwischen Ost und West eine wichtige Rolle gespielt. Diese beiden Gruppen stellen sozusagen jene grundlegende Polarität des deutschen Denkens wieder her, die inzwischen für die im Entstehen begriffene Welt als Ganzes symptomatisch geworden ist.

DER NATIONALSOZIALISMUS
ALS EINE PHASE INNERHALB DER TECHNISCHEN REVOLUTION

Der Nationalsozialismus hat nicht nur den Krieg der Technik in die Welt gebracht, sondern auch entscheidend zum Anbruch des Atomzeitalters beigetragen. Der Erste Weltkrieg war in Wirklichkeit noch durchaus ein Krieg des Materials und der Menschen; die Technik spielte nur insofern eine größere Rolle, als sie das Kriegsmaterial produzieren half; noch waren es die Ideologien, die den Antrieb zum Handeln lieferten. Im Zweiten Weltkrieg dagegen führten die Nazis nicht nur die Technik als taktisches Hilfsmittel ein, womit sie dem Kriegsgeschehen die Beweglichkeit wiedergaben, sondern sie schufen auch die irrationale Dynamik, die für die technische Kriegführung notwendig ist. Die Förderung der Unruhe im Volke durch die Taktik der Fanatisierung und der Säuberungen hielt die Volksmassen in Bewegung und verhinderte die Herausbildung religiöser und ideologischer Fronten.

Die Neigung mancher Historiker, den Nationalsozialismus als ein völlig fremdartiges Phänomen zu behandeln, kommt im wesentlichen unter dem Eindruck seiner Oberflächenaspekte zustande, des Terrors und der Brutalität des Regimes, und dazu der von ihm vertretenen, anscheinend irrsinnigen und phantastischen Vorstellungen über »Rasse« und »Reich«. Aber all dies waren ihrem Wesen nach Teile der Propaganda, einer Propaganda in Wort und Tat, und dahinter erst wurden die Ursachen sichtbar: der technische Umbruch unserer Zeit.

Es wäre nun aber verfehlt anzunehmen, daß sich die Nazi-Führer selber dieser Haupttriebfeder ihrer Handlungen bewußt gewesen seien. Ihr Führungsanspruch, im Innern und nach außen bis zum Extrem gesteigert, veranlaßte sie, historische Formen und Haltungen auszuhöhlen, während sie gleichzeitig zuließen, daß die Formen nach außen hin weitgehend intakt schienen. Es entstand die für den technischen Umbruch überhaupt charakteristische Illusion, als beträfen die Veränderungen nur die äußeren Mittel und nicht die psychischen Tiefenschichten der menschlichen Existenz. Die ideologische Revolution versuchte, eine neue Ordnung in Gestalt von Institutionen und angemessenen Haltungen zu begründen. Die technischen Umwälzungen setzten die Kollektivseele in Bewegung und ließen die alten äußerlichen Merkmale der konstitutionellen, korporativen und sozialen Ordnung bestehen.

Der wilde Terror und der ideologische Opportunismus des Nationalsozialismus gehörten zum Bild eines beschleunigten Übergangs in einem Lande, dessen traditionelle politische und soziale Formen intakter geblieben waren als sonst in Europa. Dagegen war die Abtrennung der Kollektivpsyche von den historischen Formen gründlicher als anderswo geschehen. Es gab bei den Deutschen keine Tradition der revolutionären Aktion – wohl aber des nationalen Widerstandes –, mit der man die modernen liberalen und demokratischen Institutionen hätte stützen können. Diese Institutionen selber stellten als Zeugnisse der Modernität eine Zurückweisung der noch weiterbestehenden monarchischen, aristokratischen und korporativen Formen dar. Die deutsche Psyche war damit in bezug auf ihre Treuepflichten zerrissen und stand in Gefahr, ihres letzten Halts beraubt zu werden.

Seinen positiven Gehalt entlieh der Nationalsozialismus dem sektiererischen Motiv, der Erwartung eines neuen »Reiches«. Diese Erwartung wurde säkularisiert und im russischen Kommunismus als Übergangserscheinung behandelt, im Nationalsozialismus dagegen als das Hier und Jetzt der dynamischen Intensität des Augenblicks. Der Kommunismus war noch auf das kommende Utopia ausgerichtet, aber für den Nationalsozialismus war das Tausendjährige Reich weder ein Abschnitt innerhalb der politischen Geschichte noch eine Vision Utopias, sondern »die Tat des Augenblicks«, eine totale Mobilmachung aller Kräfte.

Der Nationalsozialismus orientierte sich weder an der Geschichte als der Erfüllung eines Zweckes noch an der Natur als einer rationalen Ordnung, noch auch an der Frage des Einzelmenschen nach einem Sinn in Natur und Kultur. Seine Bedeutung lag nicht darin, daß er neue Institutionen schuf oder neue Gedanken aussprach, sondern darin, daß er die Dynamik der technischen Entwicklung gewaltig beschleunigte.

ANMERKUNGEN

EINLEITUNG

[1] Max Bense, *Technische Existenz*, Stuttgart, 1949, S. 191–231; Friedrich Delekat, *Über den Begriff der Säkularisation*, Heidelberg, 1958, S. 5–73; Alfred Stern, *The Irreversibility of History* in *Diogenes*, No. 29, 1960, S. 1–15.
[2] Cf. Delekat, *op. cit.*, S. 18–43.

KAPITEL I

[1] Die Darstellung der Religiosität der ottonischen Kunst ist verpflichtet: Arnold Hauser, *The Social History of Art*, New York, 1951, I, S. 174–197; Richard Hamann, *Geschichte der Kunst*, Berlin, 1933, S. 231–249; Hans Weigert, *Geschichte der deutschen Kunst*, Berlin, 1942, S. 120–138.

KAPITEL II

[1] Friedrich Lütge, *Deutsche Sozial- und Wirtschaftsgeschichte*, Berlin, 1952, S. 89.
[2] Fritz Gause, *Deutsch-slawische Schicksalsgemeinschaft*, Kitzingen, 1952, S. 76.
[3] Hauser, *op. cit.*, S. 214 ff.
[4] Hamann, *op. cit.*, S. 37.

KAPITEL III

[1] Lütge, *op. cit.*, S. 142–151.
[2] J. Huizinga, *The Waning of the Middle Ages*, London, 1948, *passim*.
[3] Joseph Lortz, *Die Reformation in Deutschland*, Freiburg/Br., 1939, I, S. 124 ff.
[4] Hauser, *op. cit.*, I, S. 273 ff.

KAPITEL IV

[1] Willy Andreas, *Deutschland vor der Reformation*, Stuttgart-Berlin, 1932, S. 555.
[2] *Ibid.*, S. 589–594.
[3] Will-Erich Peuckert, *Die große Wende*, Hamburg, 1948, S. 399.
[4] Margaret Mann Phillips, *Erasmus and the Northern Renaissance*, London, 1949, S. 76 f.
[5] Heinrich Boehmer, *Road to Reformation, Martin Luther to the Year 1521*, Philadelphia, 1946, S. 36.

KAPITEL V

[1] Andrew L. Drummond, *German Protestantism since Luther*, London, 1951, S. 13.
[2] Zitiert in *ibid.*, S. 40.

KAPITEL VI

[1] Cf. Mario Pensa, *Das deutsche Denken*, Erlenbach–Zürich, 1948, S. 65.
[2] Jakob Taubes, *Abendländische Eschatologie*, Bern, 1947, S. 89.
[3] Cf. Donald Brinkmann, *Mensch und Technik*, Bern, 1946, S. 105–131.
[4] *Ibid.*, S. 120–129.
[5] Cf. *ibid.*, S. 141 ff.
[6] H. T. Pledge, *Science since 1500*, New York, 1947, S. 62.
[7] Otto Heckmann, *Galilei und Kepler*, in *Gottfried Wilhelm Leibniz, Vorträge der aus Anlaß seines dreihundertsten Geburtstages in Hamburg abgehaltenen wissenschaftlichen Tagung*. Hrsg. von der Redaktion der Hamburger Akademischen Rundschau, Hamburg, 1946, S. 236.
[8] Cf. George H. Sabine, *A History of Political Theory*, New York, 1937, S. 416 bis 420.

KAPITEL VII

[1] Friedrich Heer, *Europäische Geistesgeschichte*, Zürich, 1953, S. 549 ff.
[2] *Ibid.*, S. 487 ff.
[3] Weigert, *op. cit.*, S. 412.
[4] Cf. Werner Hager, *Die Bauten des deutschen Barock, 1690–1770*, Jena, 1942, S. 43–69.
[5] Richard Alewyn und Karl Sälzle, *Das große Welttheater – Die Epoche der höfischen Feste in Dokument und Deutung*, Hamburg, 1959, S. 44 ff.
[6] Hager, *op. cit.*, S. 23 ff.
[7] Alewyn und Sälzle, *op. cit.*, S. 48–70.
[8] Lewis Mumford, *Technics and Civilization*, New York, 1934, S. 107–167.
[9] Emil Ermatinger, *Deutsche Kultur im Zeitalter der Aufklärung*, Potsdam, 1935, S. 188–189.
[10] Cf. Luis Diez del Corral, *The Rape of Europe*, London, 1959, S. 261.
[11] Emanuel Hirsch, *Geschichte der neueren evangelischen Theologie*, Gütersloh, 1951, II, S. 156–179.
[12] *Ibid.*, S. 401.
[13] Hugo Leichtentritt, *Music, History, and Ideas*, Cambridge, Mass., 1938, Kapitel 7.
[14] Cf. Hans M. Wolff, *Die Weltanschauung der deutschen Aufklärung in geschichtlicher Entwicklung*, Bern, 1949, S. 15.
[15] Cf. Ermatinger, *op. cit.*, S. 21–25.

[16] Cf. Rudolf Stadelmann, *Deutschland und Westeuropa*, Laupheim/Württemberg, 1948, S. 22–25.

KAPITEL VIII

[1] Ermatinger, *op. cit.*, S. 250.
[2] Cf. Taubes, *op. cit.*, S. 135 f.
[3] Thomas Mann, *Goethe's Career as a Man of Letters, Essays of Three Decades*, New York, 1948, S. 49.
[4] Cf. G. H. Streurman, *Goethe, De universale mens*, in *Grote filosofieën en de huidige mens*, Amsterdam, 1959, S. 46–53; Karl Jaspers, *Goethes Menschlichkeit* in *Rechenschaft und Ausblick*, München, 1951, S. 50.
[5] Streurman, *op. cit.*, *S. 49*; Ernst Lehrs, *Man or Matter*, New York, 1950, S. 242–254.

KAPITEL IX

[1] Die Darstellung vom wechselnden Verständnis des Begriffes Revolution und die der deutschen Haltung gegenüber der Französischen Revolution ist verpflichtet:
Karl Griewank, *Der neuzeitliche Revolutionsbegriff*, Weimar, 1955, S. 193 bis 259; Eugen Rosenstock-Huessy, *Out of Revolution*, New York, 1938, S. 126 bis 136; 188–195; Kurt v. Raumer, *Deutschland um 1800* in *Handbuch der deutschen Geschichte*, Konstanz, 1959, Band 3, S. 10–69.
[2] Raumer, *op. cit.*, S. 21–23.
[3] Rudolph Stadelmann, *op. cit.*, S. 22 f.
[4] Friedrich Meinecke, *Die Entstehung des Historismus*, München und Berlin, 1936, Band 2, S. 523–535, 618–627.
[5] Friedrich C. Sell, *Die Tragödie des deutschen Liberalismus*, Stuttgart, 1953, S. 30 f.
[6] Jean-Edouard Spenlé, *Der deutsche Geist von Luther bis Nietzsche*, Meisenheim/Glan, 1949, S. 64.
[7] Rudolf Stadelmann, *Die Romantik und die Geschichte* in *Romantik, ein Zyklus Tübinger Vorlesungen*, Hrsg. Theodor Steinbüchel, Tübingen und Stuttgart, 1948, S. 168.
[8] Adolf Köberle, *Die Romantik als religiöse Bewegung* in *Romantik, ein Zyklus Tübinger Vorlesungen*, Hrsg. Theodor Steinbüchel, Tübingen und Stuttgart, 1948, S. 77.
[9] Cf. Willy Bremi, *Der Weg des protestantischen Menschen*, Zürich, 1953, S. 184 bis 197.

KAPITEL X

[1] Cf. Sell, *op. cit.*, S. 89 ff.
[2] Lütge, *op. cit.*, S. 306 f und S. 337 f.
[3] Sell, *op. cit.*, S. 108.
[4] Karl Löwith, *Von Hegel bis Nietzsche*, Zürich, 1941, S. 42–98.
[5] Taubes, *op. cit.*, S. 166.
[6] Löwith, *op. cit.*, S. 94 ff.
[7] L. B. Namier, *1848: The Revolution of the Intellectuals*, Oxford, 1944, S. 4.

KAPITEL XII

[1] Cf. Louis Sauzin, *The Political Thought of Constantin Frantz* in *The Third Reich*, Hrsg. Maurice Baumont, John H. E. Fried und Edmond Vermeil, New York, 1955, S. 112–147.
[2] Helmuth Plessner, *Das Schicksal deutschen Geistes im Ausgang seiner bürgerlichen Epoche*, Zürich und Leipzig, 1935, S. 60–104.
[3] Cf. Hans Meyer, *Die Weltanschauung der Gegenwart* in *Geschichte der abendländischen Weltanschauung*, Würzburg, 1949, V, S. 484–489.

KAPITEL XIII

[1] Ludwig Dehio, *Gleichgewicht oder Hegemonie*, Krefeld, 1948, S. 196–214.
[2] Cf. Sell, *op. cit.*, S. 292 f.
[3] Cf. *ibid.*, S. 296.
[4] Walter Goerlitz, *History of the German General Staff, 1657–1945*, New York, 1953, S. 4.
[5] Carlo Antoni, *Vom Historismus zur Soziologie*, Stuttgart, o. J., S. 48–56.
[6] F. H. Heinemann, *Existentialism and the Modern Predicament*, London, 1953, S. 33.

KAPITEL XIV

[1] Claude David, *Stefan George: Aesthetes or Terrorists?* in *The Third Reich*, Hrsg. Baumont, Fried und Vermeil, S. 287–317.
[2] Cf. Helmuth Plessner, *Zwischen Philosophie und Gesellschaft*, Bern 1953, S. 24.
[3] Cf. Erich Frank, *Philosophical Understanding and Religious Truth*, London, 1945, S. 170 f.
[4] Roy Pascal, *Revolutionary Conservatism: Moeller van den Bruck* in *The Third Reich*, Hrsg. Baumont, Friedl und Vermeil, S. 333–338.
[5] *Ibid.*, S. 311 f; Armin Mohler, *Die konservative Revolution in Deutschland*, Stuttgart, 1950, S. 92 f.
[6] Mohler, *op. cit.*, S. 88 f.
[7] J. P. Stern, *Ernst Jünger*, New Haven, 1953, S. 44 f.

[8] Theodor Litt, *The National-Socialist Use of Moral Tendencies in Germany* in *The Third Reich*, Hrsg. Baumont, Fried und Vermeil, S. 440.
[9] J. J. Schokking, *Nazism's Way to Success* in *The Third Reich*, Hrsg. Baumont, Fried und Vermeil, S. 479 ff.; Heer, *op. cit.*, S. 60 f.

KAPITEL XV

[1] Cf. Hermann Mau, *Die »Zweite Revolution« – der 30. Juni 1934* in *Vierteljahreshefte für Zeitgeschichte*, 1953, S. 119–137.
[2] Cf. Eric Hoffer, *The True Believer: Thoughts on the Nature of Mass Movements*, New York, 1951, S. 57–125.
[3] Sebastian De Grazia, *The Political Community: A Study of Anomie*, Chicago, 1948, S. 178.
[4] Harry Slochower. *No Voice is Wholly Lost... Writers and Thinkers in War and Peace*, New York, 1945, S. 130.

BIBLIOGRAPHIE

ALLGEMEINES:

Bense, Max, *Technische Existenz*, Stuttgart, 1949.
Dehio, Ludwig, *Gleichgewicht oder Hegemonie*, Krefeld, 1948.
Delekat, Friedrich, *Über den Begriff der Säkularisation*, Heidelberg, 1958.
Gollwitzer, Heinz, *Europabild und Europagedanke: Beiträge zur deutschen Geistesgeschichte des 18. und 19. Jahrhunderts*, München, 1951.
Heer, Friedrich, *Europäische Geistesgeschichte*, Zürich, 1953.
Heimpel, Hermann, *Der Mensch in seiner Gegenwart*, Göttingen, 1954.
Hofer, Walther, *Geschichte zwischen Philosophie und Politik, Studien zur Problematik des modernen Geschichtsdenkens*, Basel, 1956.
Joachimsen, Paul, *Zur historischen Psychologie des deutschen Staatsgedankens* in *Die Dioskuren*, 1922, S. 106–177.
Kohn, Hans, *German History, Some New German Views*, Boston, 1954.
Pensa, Mario, *Das deutsche Denken*, Erlenbach–Zürich, 1948.
Plessner, Helmuth, *Das Schicksal deutschen Geistes im Ausgang seiner bürgerlichen Epoche*, Zürich und Leipzig, 1935.
Ritter, Gerhard, *Europa und die deutsche Frage*, München, 1948.
Sell, Friedrich C., *Die Tragödie des deutschen Liberalismus*, Stuttgart, 1953.
Schüssler, Wilhelm, *Um das Geschichtsbild*, Freizeiten, 1953.
Spenlé, J. E., *Der deutsche Geist von Luther bis Nietzsche*, Meisenheim/Glan, 1949.
Stadelmann, Rudolf, *Deutschland und Westeuropa*, Laupheim/Württemberg, 1948.
Taubes, Jakob, *Abendländische Eschatologie*, Bern, 1947.
Taylor, A. J. P., *The Course of German History, A Survey of the Development of Germany Since 1815*, London, 1945.

Tillich, Paul, *The Interpretation of History*, New York, 1936.
-, *The Protestant Era*, Chicago, 1948.
Troeltsch, Ernst, *Deutscher Geist und Westeuropa*, Tübingen, 1925.
Vietsch, Eberhard, *Die Tradition der großen Mächte*, Stuttgart, 1950.
Weber, Alfred, *Kulturgeschichte als Kultursoziologie*, Leyden, 1935.

TEIL 1

Bechtel, Heinrich, *Wirtschaftsstil des deutschen Spätmittelalters*, München und Leipzig, 1930.
Benz, Ernst, *Ecclesia Spiritualis*, Stuttgart, 1934.
Bremi, Willy, *Der Weg des protestantischen Menschen*, Zürich, 1953.
Burdach, Konrad, *Die seelischen und geistigen Quellen der Renaissancebewegung* in *Historische Zeitschrift*, 1934, S. 477–521.
Dilthey, Wilhelm, *Weltanschauung und Analyse des Menschen seit Renaissance und Reformation* in *Gesammelte Schriften*, Band 2, Leipzig und Berlin, 1929.
Dvorak, Max, *Kunstgeschichte als Geistesgeschichte*, München, 1924.
Erdmann, C., *Die Entstehung des Kreuzzugsgedankens*, Stuttgart, 1935.
Fichtenau, H., *Das karolingische Imperium*, Zürich, 1949.
Hampe, K., *Das neueste Lebensbild Kaiser Friedrichs II.* in *Historische Zeitschrift*, 1932, S. 441–475.
Heer, Friedrich, *Aufgang Europas*, Wien, 1949.
Holl, Karl, *Luther, Gesammelte Aufsätze zur Kirchengeschichte*. Band 1, Tübingen, 1932.
Joachimsen, Paul, *Die Reformation als Epoche der deutschen Geschichte*, München, 1951.
Kämpf, Hellmut, *Das Reich im Mittelalter*, Stuttgart, 1950.
Koehler, Walther, *Dogmengeschichte als Geschichte des christlichen Selbstbewußtseins*, 2 Bde., Zürich und Leipzig, 1943.
Mayer, T., *Das Hochmittelalter in neuer Schau* in *Historische Zeitschrift*, 1951, S. 449–472.
Peuckert, Will-Erich, *Die große Wende*, Hamburg, 1948.
Schramm, Percy E., *Kaiser, Rom und Renovatio*, 2 Bde., Leipzig, 1929.
Stadelmann, Rudolf, *Das Zeitalter der Reformation* in *Handbuch der deutschen Geschichte*, Hrsg. A. O. Meyer, Darmstadt, 1936, Band 2, S. 1–125.
-, *Vom Geist des ausgehenden Mittelalters*, Halle/Saale, 1929.
Tellenbach, Gerhard, *Church, State and Christian Society at the Time of the Investiture Contest*, Oxford, 1940.
Thompson, James W., *Feudal Germany*, Chicago, 1928.
Torsten, Oswald, *Reich, Eine geschichtliche Studie über die Entwicklung der Reichsidee*, München und Berlin, 1943.
Troeltsch, Ernst, *The Social Teaching of the Christian Churches*, 2 Bde., New York, 1949.

TEIL 2

Antoni, Carlo, *Der Kampf wider die Vernunft*, Stuttgart, 1951.
Baeumler, Alfred, *Einleitung* in *Der Mythos vom Orient und Occident, Eine Metaphysik der alten Welt*, aus den Werken von J. J. Bachofen, Hrsg. Manfred Schroeter, München, 1926.
Balet, Leo, *Die Verbürgerlichung der deutschen Kunst, Literatur und Musik im 18. Jahrhundert*, Leyden, 1936.
Brunschwig, H., *La Crise de L'État Prussien*, Paris, 1947.
Bussmann, W., *Friedrich der Große im Wandel des europäischen Urteils in Deutschland und Europa, Festschrift für H. Rothfels*, Düsseldorf, 1951, S. 375 bis 408.
Cassirer, Ernst, *Die Philosophie der Aufklärung*, Tübingen, 1932.
Fischer, F., *Der deutsche Protestantismus und die Politik im 19. Jahrhundert* in *Historische Zeitschrift*, 1951, S. 473–518.
Franz, Erich, *Deutsche Klassik und Reformation*, Halle/Saale, 1937.
Gode-van Aesch, Alexander, *Natural Science in German Romanticism*, New York, 1941.
Gottfried Wilhelm Leibniz, Vorträge der aus Anlaß seines dreihundertsten Geburtstages in Hamburg abgehaltenen wissenschaftlichen Tagung, Hrsg. von der Redaktion der Hamburger Akademischen Rundschau, Hamburg, 1946.
Hintze, Otto, *Die Hohenzollern und ihr Werk*, Berlin, 1915.
Köberle, Adolf, *Die Romantik als religiöse Bewegung*, in *Romantik, ein Zyklus Tübinger Vorlesungen*, Hrsg.Theodor Steinbüchel, Tübingen u. Stuttgart, 1948.
Kohn-Bramstedt, E., *Aristocracy and the Middle Classes in Germany*, London, 1937.
Meinecke, Friedrich, *Die Idee der Staatsräson in der neueren Geschichte*, 3. Aufl., München und Berlin, 1929.
–, *1848, Eine Säkularbetrachtung*, Berlin, 1948.
–, *Weltbürgertum und Nationalstaat*, 7. Aufl., München, 1928.
Meyer, R. W., *Leibniz and the Seventeenth-Century Revolution*, Chicago, 1952.
Mommsen, Wilhelm, *Größe und Versagen des deutschen Bürgertums, Ein Beitrag zur Geschichte der Jahre 1848–1849*, Stuttgart, 1949.
–, *Stein, Ranke, Bismarck, Ein Beitrag zur politischen und sozialen Bewegung des 19. Jahrhunderts*, München, 1954.
–, *Zur Beurteilung des Absolutismus* in *Historische Zeitschrift*, 1938, S. 52–76.
Pascal, Roy, *The German Sturm und Drang*, Manchester, 1953.
Rothfels, Hans, *1848 – One Hundred Years After* in *The Journal of Modern History*, 1948, S. 291–319.
Schieder, T., *Das Problem der Revolution im 19. Jahrhundert* in *Historische Zeitschrift*, 1950, S. 233–271.
Schnabel, F., *Deutsche Geschichte im 19. Jahrhundert*, 3. Aufl., Bd. 1 und 2, Freiburg im Breisgau, 1947.
Stadelmann, Rudolf, *Die Romantik und die Geschichte* in *Romantik, Ein Zyklus Tübinger Vorlesungen*, Hrsg. Theodor Steinbüchel, Tübingen u. Stuttgart, 1948.

Valjavec, Fritz, *Die Entstehung der politischen Strömungen in Deutschland, 1770–1815*, München, 1951.
Vossler, Otto, *Der Nationalgedanke von Rousseau bis Ranke*, München, 1937.
Wittram, R., *Das Nationale als europäisches Problem*, Göttingen, 1954.

TEIL 3

Antoni, Carlo, *From History to Sociology, The Transition in German Historical Thinking*, Detroit, 1959.
Arendt, Hannah, *The Origins of Totalitarianism*, New York, 1951.
Baumont, Maurice, John H. E. Fried und Edmond Vermeil, *The Third Reich*, New York, 1955.
Conze, W., *Die Krise des Parteienstaates in Deutschland 1929–30* in *Historische Zeitschrift*, 1954, S. 47–83.
Daluces, Jean, *Le Troisième Reich*, Band 1, Paris, 1950.
Erdmann, K. D., *Die Geschichte der Weimarer Republik als Problem der Wissenschaft* in *Vierteljahreshefte für Zeitgeschichte*, Stuttgart, 1955, S. 1–19.
Freyer, Hans, *Theorie des gegenwärtigen Zeitalters*, Stuttgart, 1955.
Goerlitz, Walter, *History of the German General Staff, 1657–1945*, New York, 1953.
Holborn, Hajo, *Der deutsche Idealismus in sozialgeschichtlicher Bedeutung* in *Historische Zeitschrift*, 1952, S. 359–384.
Kassner, Rudolf, *Das neunzehnte Jahrhundert, Ausdruck und Größe*, Erlenbach-Zürich, 1947.
Lilge, Frederic, *The Abuse of Learning, the Failure of the German University*, New York, 1948.
Lukács, Georg, *Die Zerstörung der Vernunft*, Berlin, 1954.
–, *Schicksalswende*, Berlin, 1948.
Martin, Alfred v., *Der heroische Nihilismus und seine Überwindung*, Krefeld, 1948.
Mau, Hermann, *Die Zweite Revolution – Der 30. Juni 1934* in *Vierteljahreshefte für Zeitgeschichte*, Stuttgart, 1953, S. 119–137.
Moras, Joachim und Hans Paeschke, *Deutscher Geist zwischen Gestern und Morgen, Bilanz der kulturellen Entwicklung seit 1945*, Stuttgart, 1954.
Plessner, Helmuth, *Deutsches Philosophieren in der Epoche der Weltkriege* in *Zwischen Philosophie und Gesellschaft, Ausgewählte Abhandlungen und Vorträge*, Bern, 1953, S. 9–38.
Rauschning, Hermann, *The Revolution of Nihilism, Warning to the West*, New York, 1939.
Rosteutscher, J. H. W., *Die Wiederkunft des Dionysos*, Bern, 1947.
Slochower, Harry, *No Voice is Wholly Lost... Writers and Thinkers in War and Peace*, New York, 1945.
Veit, Otto, *Die Flucht vor der Freiheit*, Frankfurt/Main, 1947.
Vossler, Otto, *Der Nationalgedanke von Rousseau bis Ranke*, München, 1937.
Westphal, Otto, *Feinde Bismarcks, Geistige Grundlagen der deutschen Opposition, 1848–1918*, München und Berlin, 1930.

REGISTER

Abälard, Peter 40, 43, 67
Adalbert von Prag 36
Addison, Joseph 203
Agricola, Georg 90
Agrippa von Nettesheim,
 Cornelius-Heinrich 102
Albert von Hohenzollern, Erzbischof
 von Mainz 125
Albertus Magnus 68 f, 82
Aleander, Hieronymus 130
Alexander der Große 63, 107, 220, 338
Alexander I. Pawlowitsch, Kaiser von
 Rußland 267, 271, 274 ff
Alexander Nevskij 59
Alkuin 28f
Althusius, Johannes 157, 167f
Andreae, Johann Valentin 163 f, 167
Aristoteles 40, 68, 107, 124, 166
Arminius (Hermann der Cherusker,
 Hermann der Befreier) 113
Arndt, Ernst Moritz 262, 265 ff, 271, 275, 277 f, 280, 285
Arnold, Gottfried 195
Arnold von Brescia 42 f, 50, 52, 97
August der Starke
 siehe: Friedrich August I.
Augustin(us), Aurelius 25, 28, 49, 122, 124
Augustus, Gajus Octavius 113
Averroes 67
Avicenna 104

Baader, Franz von 276
Bach, Johann Sebastian 197
Bacon, Francis 157, 161 ff, 174
Bakunin, Michail 312, 320

Barlach, Ernst 399
Barth, Karl 373, 394
Bauer, Bruno 295 ff
Bayer, Friedrich 335
Beethoven, Ludwig van 191, 284
Bergson, Henri 381, 392
Bernhard von Clairvaux 41 ff, 122
Bethmann-Hollweg, Theobald von 372
Bismarck, Otto von 14, 52, 208, 303, 305, 309 f, 320 ff, 323 ff, 333, 339 ff, 351, 355 ff, 361, 406
Böhme, Jakob 18, 52, 157 ff, 194, 196, 210, 226, 249, 251, 276, 343
Boluslav, Herzog von Polen 36
Bonifatius, Sankt 28
Bonifatius VIII. (Papst) 51
Borgia, Cesare 350
Börne, Ludwig 292
Boyen, Hermann von 280
Brahe, Tycho 165
Büchner, Ludwig 332
Bünau, Heinrich von 218 f
Bunyan, John 163
Burckhardt, Jakob 348 f
Burke, Edmund 223, 245 f, 256, 267

Calixtus, Georg 148
Calvin, Johann 141, 394
Campanella, Thomas 162 f
Canisius, Peter 146 f
Cäsar, Cajus Julius 38, 107, 338
Celtis, Conrad 112
Cervantes Saavedra, Miguel de 163
Cézanne, Paul 329
Chamberlain, Houston Stewart 314, 346, 352 f

Chateaubriand, François de 281
Cicero, Marcus Tullius 107, 110, 116
Clausewitz, Karl von 271
Colet, John 114
Comenius, Johann Amos 157 f, 162 ff, 167, 174, 181
Cook, James 203
Crotus Rubianus 110

Dahlmann, Friedrich Christoph 338
Danilewski, Grigori Petrowitsch 344
Dante Alighieri 36 f, 49, 230
Darwin, Charles 332, 351, 374 f
De la Harpe, Frédéric César 276
De Mille, Cecil B. 313
Descartes, René 157, 188, 198, 200, 232
Dilthey, Wilhelm 329, 377 ff, 381, 392
Dostojewski, Fjodor Michailowitsch 344, 404, 410
Droysen, Johann Gustav 338
Du Bois-Reymond, Emil 333
Dürer, Albrecht 91 ff, 109

Ebert, Friedrich 398
Eck, Johann 125
Eckehart (Meister E.) 18, 69 f, 81 ff, 101, 157 f, 249, 343
Edison, Thomas A. 335
Einstein, Albert 11, 373, 438
Engels, Friedrich 297 f, 303, 316, 319, 351
Erasmus von Rotterdam, Desiderius 80, 95 f, 99, 104, 113 ff, 118, 126, 128 ff, 132, 134, 139, 145, 151 f, 162, 225, 233, 378, 390
Erzberger, Matthias 400
Eugen, Franz, Prinz von Savoyen 180 f
Eyck, Hubert van 91
Eyck, Jan van 91

Faust(us), Johannes 102
Ferdinand II., dt. Kaiser 165
Feuerbach, Ludwig 295 ff, 310

Fichte, Johann Gottlieb 53, 249 f, 255 f, 262 ff, 269 f, 277, 280, 285 f, 300, 320, 404 f
Ficino, Marsilio 99, 108
Ficker, Julius von 339
Fischer von Erlach, Johann Bernhard 185
Follen, Karl 280, 294
Forster, Georg 245
Francke, August Hermann 195 f
Frank, Sebastian 134
Frantz, Constantin 341 ff, 357
Franz II. Karl Joseph, dt. Kaiser, Kaiser von Österreich 261 f
Franz von Assisi 46
Freud, Sigmund 11, 373, 396, 429, 438
Friedrich I. Barbarossa 43, 48, 86, 113, 368
Friedrich II., Kaiser 36, 46 ff, 57, 59, 63, 86
Friedrich II. (der Große), König von Preußen 13, 52, 178, 191, 194, 200 ff, 212 f, 240 f, 256 f, 265, 270, 323, 365, 367
Friedrich III. (der Fromme), Kurfürst von der Pfalz 143
Friedrich III. (der Schöne) 86
Friedrich III. (der Weise) Kurfürst von Sachsen 121
Friedrich August I., Kurfürst von Sachsen, König von Polen 168, 219
Friedrich August II., Kurfürst von Sachsen, König von Polen (August III.) 219
Friedrich Wilhelm von Brandenburg (der Große Kurfürst) 323
Friedrich Wilhelm I., König von Preußen 200, 205, 207, 405
Friedrich Wilhelm II., König 212
Froben, Johannes 104, 115
Fugger, Jakob 88 f, 95

Galilei, Galileo 157, 161, 164 ff
Gattinara, Mercurino 129

Gauß, Karl Friedrich 299
Gay-Lussac, Louis Joseph 333
Gentz, Friedrich 246, 286
Georg I., König von England, Kurfürst von Hannover 178
George, Stefan 391 f, 429
Gerbert von Reims 35
Geyer, Florian 136
Gierke, Otto von 168
Gilbert, William 161
Gluck, Christoph Willibald von 191
Gneisenau, August von 268 f, 271
Gobineau, Josef Arthur 311, 353
Goethe, Johann Wolfgang von 52, 102, 106, 194, 203, 213 f, 223 ff, 230 f, 235 f, 242 ff, 247 ff, 252, 292, 295, 352, 381
Golitzin, Alexander 276
Görres, Joseph 253, 275, 280
Gottsched, Johann Christoph 214
Gregor VII. (Papst) 38 f, 44
Gregor IX. (Papst) 47
Grillparzer, Franz 284
Grimm, Jacob 257 f, 291, 337
Grimm, Wilhelm 258
Grimmelshausen, Hans Jakob Christoffel von 163
Gropius, Walter 438
Großer Kurfürst
siehe: Friedrich Wilh. v. Brandenburg
Grotius, Hugo 157, 167
Grünewald, Matthias 92
Gutenberg, Johannes 90

Haeckel, Ernst 333, 345, 355
Haller, Karl Ludwig 285
Händel, Georg Friedrich 197
Hannibal 113
Hardenberg, Friedrich (Novalis) 249, 254, 276
Harun al-Raschid 26
Harvey, William 161
Haydn, Joseph 191

Hegel, Georg Wilhelm Friedrich 16, 18, 50, 157 f, 234 f, 241, 249, 284, 286, 288 f, 295 ff, 304, 313, 319, 332, 336, 338, 342, 348, 360, 368, 375, 385, 395
Heidegger, Martin 11, 17, 373, 395 f
Heine, Heinrich 292 f, 319
Heinrich II. 30, 34, 37
Heinrich III. (der Schwarze) 37
Heinrich IV. 39, 63
Helmholtz, Hermann von 332
Heraklit 381
Herbert von Cherbury 151
Herder, Johann Gottfried von 16, 52, 194, 200, 206, 213 f, 223 ff, 230, 233 ff, 242, 247, 249, 251 f, 256 ff, 264, 267, 285, 344, 360, 381, 392
Hermann von Salza 57 f
Hieronymus, Sophronius Eusebius 28, 94, 116
Hieronymus von Prag 77
Hindenburg, Paul von Beneckendorff u. v. H. 371, 401
Hitler, Adolf 53, 71, 193, 330, 364, 371, 407 f, 412 ff, 421 ff, 431 ff, 437
Hobbes, Thomas 157, 169
Hofer, Andreas 262
Holbein d. J., Hans 104
Hölderlin, Friedrich 241
Humboldt, Alexander von 332
Humboldt, Wilhelm von 265, 268 ff, 275, 280, 300, 332
Hus, Jan 76 ff, 124, 126
Hutten, Ulrich von 110, 112 f, 125, 130, 135
Huxley, Aldous 162

Innozenz III. (Papst) 44 f, 63
Innozenz IV. (Papst) 47
Innozenz VIII. (Papst) 199

Jahn, Friedrich Ludwig 277 ff
Jaspers, Karl 11, 395, 438
Joachim v. Fiore 50, 159, 217, 295, 404
Johann von Leiden 138, 412

Johannes XXII. (Papst) 51
Jung, Carl Gustav 52, 373, 393
Jünger, Ernst 52, 408 ff, 432

Kant, Immanuel 52, 194, 213 ff, 233, 235 f, 242 ff, 246 f, 249 f, 269, 285 f, 347, 368, 395, 405
Karl, Erzherzog von Österreich 262
Karl I. (der Große) 20, 25, 26 ff, 30, 39, 48, 63, 88, 180, 205, 222, 437
Karl V. 129 f, 139, 173
Karl August, Großherzog von Sachsen-Weimar-Eisenach 212, 215
Karl Eugen, Herzog von Württemberg 202, 212
Kepler, Johann 157, 161, 164 ff, 183
Keyserling, Hermann von 399
Kierkegaard, Sören 295 f, 373, 384 ff, 394 f, 403
Klages, Ludwig 393 f
Klee, Paul 399
Klemens VII. (Papst) 75
Konfuzius 200
Konrad, Herzog von Masowien 57
Kopernikus, Nikolaus 160 f, 164 f, 179
Kotzebue, August von 279 f
Krüdener, Barbara Juliane von 276

Lagarde, Paul Anton de 341 ff, 346, 352 f, 357, 404
Lamprecht, Karl 347
Langbehn, Julius 346, 352
Lassalle, Ferdinand 319 f
Leibniz, Gottfried Wilhelm von 52, 82, 95, 157 f, 177 ff, 188, 200, 210 f, 226, 234, 249, 276
Lenin, Wladimir Iljitsch 330, 385, 410
Leo IX. (Papst) 37
Leonardo da Vinci 91 f, 108 f
Lessing, Gotthold Ephraim 202, 213 ff, 254, 378
Lichtenberger, Johann 86
Liebig, Justus von 52, 333 f, 345
List, Friedrich 223, 299 f, 337

Lloyd George, David 437
Locke, John 169
Loyola, Ignatius von 141, 145, 148, 416
Ludendorff, Erich 371 ff
Ludwig II., König von Bayern 313
Ludwig IV. (der Bayer) 51
Ludwig XIV. v. Frankreich 177, 185 f
Luther, Martin 52, 80 f, 86, 96, 99, 115 ff, 119 ff, 124 ff, 128 ff, 135 ff, 141, 143 f, 148, 151 f, 158, 162, 194, 200, 225, 229, 233, 254, 279, 296, 303, 335, 342, 350, 386, 390, 394

Macchiavelli, Niccolo 100, 263
Manet, Edouard 329
Mann, Thomas 369 f, 438
Martin V. (Papst) 76 ff
Marwitz, Friedrich August Ludwig von der 283, 322
Marx, Karl 16, 53, 235, 289, 295 ff, 303, 305, 309 ff, 316 ff, 337, 351 f, 364, 373, 375, 380, 384 ff
Masaccio 92
Mathys, Jan 138
Mayer, Robert 332
Maximilian I. 87, 95 f, 130, 173
Maximilian I., Kurfürst von Bayern 168
Mazzini, Giuseppe 292
Melanchthon, Philipp 133, 139, 143
Mendelssohn, Moses 216, 284
Menzel, Wolfgang 294
Mereschkowski, Dmitri 404
Metternich, Klemens Wenzel von 274 f, 286, 362
Michelangelo 92, 102, 108 f
Milton, John 157
Moeller van den Bruck, Arthur 404 ff, 432
Mohammed 47
Moleschott, Jacob 332
Moltke, Helmuth von 365
Morus, Thomas 114, 162
Möser, Johann Jakob 202

454 REGISTER

Möser, Justus 168, 206, 214, 217, 220 ff,
245, 256, 259, 267 f, 283
Moses 47
Mozart, Wolfgang Amadeus 191, 284
Müller, Adam 254, 259, 275, 283, 300
Müntzer, Thomas 53, 133 f, 137, 412

Napoleon I. 246 f, 256, 260 ff, 266 f,
269 ff, 274, 278, 302, 435
Napoleon III. 326
Naumann, Friedrich 357 ff, 367 f, 370
Neumann, Balthasar 185
Newton, Isaac 164, 166, 174, 188, 198,
233, 374
Nicolai, Friedrich 202, 216
Nietzsche, Friedrich 11, 17 f, 236, 252,
310 f, 329, 346, 348, 350 ff, 370, 373,
381, 384 ff, 391 f, 394, 403, 409
Nikolaus von Cues 52, 80 ff, 95, 101,
109, 157 f, 160, 178 f, 211, 276
Novalis
 siehe: Hardenberg, Friedrich

Ockham, Wilhelm von 51, 120, 122
Otto I. (der Große) 25, 30, 34 f, 180,
205, 368, 437
Otto III. 32, 35 ff, 46, 48

Paracelsus, Theophrastus von Hohen-
heim 52, 96, 99, 101, 103 ff, 108, 116,
126, 128, 157 f, 160 ff, 210, 225 f, 249,
251, 332, 334, 345, 390, 393
Pascal, Blaise 157
Paulus 35, 122, 124
Pestalozzi, Johann Heinrich 270
Petrus, Simon 35, 38
Pfefferkorn, Johannes 110
Pfeifer von Niklashausen (Hans Böhm)
80
Phidias 219
Philipp II. von Spanien 171
Pico della Mirandola, Giovanni 101,
108
Planck, Max 11, 373

Plato 108, 219, 311, 391
Pöppelmann, Matthäus Daniel 185, 219
Prandtauer, Jakob 185
Praxiteles 219
Prokop (der Große, der Kahle) 78
Puttkamer, Johanna von 323

Raffael 218 f
Ranke, Leopold von 286 ff, 304, 323,
336, 339, 348, 368, 374
Rathenau, Walter 366 f, 370, 373, 400
Reimarus, Hermann 215
Remarque, Erich Maria 399
Rembrandt, Harmensz van Rijn 157,
352
Reuchlin, Johann 110, 135
Richardson, Samuel 203
Rienzi, Cola di 50, 52, 97
Robespierre, Maximilien 280
Rohrbach, Paul 357 ff
Rosenberg, Alfred 343, 416
Rothmann, Bernt 137
Rothschild, Meyer Amschel 364
Rotteck, Karl von 291
Rousseau, Jean Jacques 190, 218,
223 ff, 227, 229, 231, 234, 242, 263 f,
270
Rudolf II. 165

Saint-Simon, Claude-Henri de Rouvroy
235, 293
Sand, Karl 279 f
Savigny, Friedrich Karl von 257 f, 279,
336 f
Savonarola, Girolamo 92
Scharnhorst, Gerhard von 256, 262,
265, 268 f
Schelling, Friedrich Wilhelm Joseph
157, 241, 249, 251, 269, 276, 343
Schiller, Friedrich von 213 f, 230
Schlegel, August Wilhelm von 249
Schlegel, Friedrich von 249, 252 ff, 256,
275

Schleiermacher, Friedrich Ernst Daniel 249, 254 f, 280, 282
Schmitt, Carl 402
Schönborn, Johann Philipp von 177
Schönerer, Georg 363 f
Schopenhauer, Arthur 312 f
Schubert, Franz 284
Schweitzer, Albert 438
Scipio 113
Seuse, Heinrich 70
Shakespeare, William 214, 223, 230
Sickingen, Franz von 135 f
Siemens, Werner von 299, 335
Smith, Adam 259, 298 f
Sokrates 116 f, 311
Sophie, Kurfürstin von Hannover 178
Sophie Dorothea, preuß. Königin 178
Sophokles 214
Sorel, Georges 387
Spener, Philipp Jakob 195
Spengler, Oswald 236, 377, 381 ff, 405
Spinoza, Benedictus 234
Stein, Karl vom und zum 259, 262, 265 ff, 271, 275, 283, 322
Steiner, Rudolf 399
Stirner, Max 295 ff
Strasser, Gregor 424
Strauß, David Friedrich 295, 297
Strauß, Johann 284
Sybel, Heinrich von 336, 338 f

Tacitus, Cornelius 113
Tauler, Johann 70, 122
Taupitz, Johannes von 121
Tetzel, Johann 124 f
Theophano, dt. Kaiserin 35
Thibaut, Anton 279
Thomas a Kempis 81

Thomas von Aquin 44, 51, 68 f, 83, 347
Thomasius, Christian 198 ff
Tillich, Paul 438
Treitschke, Heinrich von 338, 340, 368
Trotzki, Leo 385, 387

Urban VI. (Papst) 75

Valla, Lorenzo 117
Voltaire 193, 239 f

Wagner, Cosima 314
Wagner, Richard 53, 303, 305, 309 ff, 321, 350, 352 f, 370, 386
Wagner, Siegfried 314
Wakefield, Edward Gibbon 358
Wallenstein, Albrecht von 165, 172
Walther von der Vogelweide 63
Weber, Max 11, 373, 377, 379 ff, 429
Weber, Wilhelm Eduard 299
Welcker, Karl 291
Wilamowitz-Moellendorff, Ulrich von 336
Wilhelm II. 353, 358, 381, 405
Wilson, Woodrow 405
Winckelmann, Johann Joachim 213 f, 217 ff, 231, 252, 270
Wolf, Friedrich A. 270
Wolff, Christian 198, 200 f, 204, 208
Wolfram von Eschenbach 64
Wöllner, Johann Christoph von 212
Wiclif, John 77 f, 124

Zinzendorf, Nikolaus von 53, 196 f
Zizka von Trocnov, Johann 78
Zwingli, Ulrich 137, 139, 141